AMÉRICA
LA ÚLTIMA ESPERANZA

VOLUMEN II:
DESDE un MUNDO de GUERRA
HASTA el TRIUNFO de la LIBERTAD
1914-1989

William J. Bennett

GRUPO NELSON
Una división de Thomas Nelson Publishers
Desde 1798

NASHVILLE   DALLAS   MEXICO DF.   RIO DE JANEIRO   BEIJING

Al soldado estadounidense,
cuya fidelidad, patriotismo y valor
han convertido a este país
en la última esperanza de la tierra.

Desarrollo editorial de la versión en español: *Grupo Nivel Uno, Inc.*
A menos que se indique lo contrario, las imágenes en el interior son de Getty Images
Diseño de la portada: *Karen Williams [Intudesign.net]*
Diseño de la presentación original: ® *2008 Thomas Nelson, Inc.*
Fotografía del autor: *Ian Wagreich*

ISBN: 978-1-60255-284-5

MAPA DE RUTA

Estados Unidos, la última esperanza no es un libro de texto tradicional sobre la historia de los Estados Unidos de América. Este es un texto que rompe el molde convencional de los libros de historia que presentan una cronología detallada, pero que al mismo tiempo transmite un amor verdadero por la historia de nuestro legado estadounidense. Los estudios y las evaluaciones más recientes sugieren que en general los libros de texto no logran su cometido, ya que los estudiantes bien pueden no aprender historia o incluso pensar que es aburrida. Para revertir esto, el Dr. William J. Bennet ha decidido contar la historia de los Estados Unidos como una narración, con elementos de drama, romance, comedia, misterio, acción, tragedia y triunfo. El mejor libro de texto de la historia estadounidense tiene que ser uno que los alumnos quieran leer. Los revisores expertos que han analizado esta obra concuerdan en que *La última esperanza* consigue este objetivo.

El plan de estudio disponible en línea que acompaña al libro y se conoce como el Mapa de Ruta tampoco se parece a los libros convencionales que se editan para los maestros y profesores. Este es un recurso para alumnos y maestros que ha sido desarrollado por maestros para los maestros. Cinco educadores de renombre nacional, que conforman el Equipo HOPE (History Opens Eyes, o en español, La historia abre los ojos), lideran este esfuerzo porque creen que *La última esperanza* y el Mapa de Ruta tienen el potencial de darle forma al futuro de la educación en términos del aprendizaje de la historia, mejorando la actitud y los logros de los alumnos.

¿Cómo funciona el Mapa de Ruta en el caso de los maestros?

El Mapa de Ruta representa la mejor pedagogía basada en la investigación, y todos los enlaces a la Internet aparecen preparados y organizados para que el maestro pueda usarlos. El Equipo HOPE contribuye a que la información que se encuentra disponible en la Internet adquiera sentido, ofreciéndonos fuentes confiables y relevantes. Al hacer clic en un sitio de Internet protegido por contraseñas, los maestros encontrarán suplementos y recursos para cada uno de los capítulos de *La última esperanza*, los cuales incluyen planificación de lecciones, resúmenes de los capítulos con sugerencias, presentaciones en PowerPoint, mapas y cuadros, reglas mnemotécnicas, herramientas para la evaluación y preguntas para exámenes, además de acceso a fuentes como discursos, caricaturas políticas y documentos importantes. Además, existen otros recursos como libros, vídeos, música, arte, vínculos a sitios en la red y actividades para el desarrollo profesional. Trabajar en línea implica que uno puede acceder a contenidos actualizados a lo largo del año lectivo a medida que sigue utilizando el libro de texto con los años. Estas opciones tan inclusivas jamás serían posibles si se contara con una edición para maestros del tipo tradicional.

¿Cómo funciona el Mapa de Ruta en el caso de los alumnos?

Con el Mapa de Ruta los alumnos poseen una herramienta de aprendizaje integral que acude a su encuentro allí donde ellos están hoy: el ciberespacio. Cada estudiante tendrá acceso por contraseña a un sitio interactivo en la red que incluye ayudas de estudio que les asistirán en el aprendizaje y contribuirán a sus preparativos para los exámenes estatales y avanzados. Los *podcasts* del Dr. Bennet presentan los capítulos y cuentan historias que complementan lo que el libro les relata. El Dr. Bennet desafía a los alumnos a considerar conceptos e ideas específicos antes de leer el capítulo, al mismo tiempo que sugiere temas de debate que pueden considerar con sus pares. Los alumnos encontrarán también temas y tópicos claves, sucesos y figuras importantes, líneas de tiempo, vínculos predeterminados y mucho más. Este material será evaluado, mejorado y ampliado de manera periódica. El Equipo HOPE invita a los estudiantes y maestros a ofrecer sus comentarios para que continuamente podamos seguir ofreciendo las mejores herramientas de aprendizaje.

¿Qué es el Mapa de Ruta Premium?

Las escuelas que se suscriban al Mapa de Ruta Premium encontrarán un medio único para interactuar con el autor, el Equipo HOPE, y otros maestros y alumnos. El Mapa de Ruta Premium ofrece secciones como «Pregúntale al Equipo HOPE», que invitan a las clases a enviar preguntas relacionadas con el texto, las cuales se responderán y subirán al sitio en la red del Mapa de Ruta. ¡Las clases que envíen vídeos, ensayos, pinturas, música, proyectos, obras y materiales nuevos verán sus aportes publicados en el sitio del Mapa de Ruta! Hay una importante serie de técnicas para memorizar, obras, conferencias de prensa, entrevistas e informes de «noticias importantes» que refuerzan y amplían lo presentado en cada capítulo, y también encontrarán la grabación del texto en audio. Dos veces por semestre habrá debates en línea con el «profesor» Bennett. Las grabaciones de audio de discursos anteriores a 1900, como el Discurso de Gettysburg y el Discurso de Despedida de Washington, se incluyen junto a famosas cartas. En *podcasts* adicionales el profesor Bennett habla sobre la importancia histórica de días o sucesos específicos, como el Día de Conmemoración o Memorial Day, el Día de Cristóbal Colón, el Día de Martin Luther King Jr., Pearl Harbor, El Mes de la Historia Negra, el Mes de la Historia de las Mujeres, y mucho más. Por último, el Mapa de Ruta Premium brinda a los maestros y profesores un plan de estudio extendido, que va más allá de la presidencia de Reagan y llega hasta nuestros días, para las escuelas que necesiten este material. El Mapa de Ruta Premium también se ampliará y actualizará continuamente.

¿Son fáciles de usar estos suplementos de la Hoja de Ruta?

Una vez que la escuela ha obtenido sus nombres de usuarios y contraseñas, navegar por el sitio del Mapa de Ruta no podría ser más sencillo… ¡aun para los principiantes! Solo hay que hacer clic sobre el volumen y el capítulo que se desea ver y el Mapa de Ruta guía a los maestros y alumnos por las áreas del contenido que corresponden. Los maestros tendrán acceso tanto a la «Perspectiva del alumno» como a la «Perspectiva del maestro», pero los estudiantes solo verán su porción. Los maestros y profesores podrán utilizar lo que necesiten, pasar por alto lo que no deseen usar, y compartir materiales que podrán subir a la red para que otros educadores y estudiantes puedan verlos. El Equipo HOPE está integrado por educadores reconocidos en el país así como por especialistas en la Historia de los Estados Unidos, y ellos han diseñado el Mapa de Ruta para que sea fácil de usar. Lo mejor de todo es que el Mapa de Ruta incluye prácticas innovadoras y técnicas de enseñanza orientadas a los resultados, todo preparado con cuidado pensando en los maestros y los alumnos.

El Equipo HOPE le invita a sumarse a esta revolución.
Entusiasme a sus alumnos para que quieran leer acerca de
la Historia de los Estados Unidos.

Acompáñeles mientras conocen y utilizan los motivadores
recursos en línea a través del Mapa de Ruta.
¡Esperamos ver muy pronto sus cometarios, aportes e historias!

Para más información y ejemplos, visite:
www.roadmaptolastbesthope.com

CONTENIDO

AGRADECIMIENTOS

Del mismo modo que en el Volumen I, deseo agradecerles a aquellos que hicieron posible que este libro fuera una realidad. Y por supuesto, una aun mejor que la que se concibió en un principio. Bob Morrison fue detallado, firme y trabajó más de lo que debía todo el tiempo. Él ama la historia, los buenos relatos y las anécdotas. Su conocimiento ha sido una bendición para este libro.

Seth Leibsohn fue, al igual que siempre, fiel en su tarea como consejero en este proyecto. El profesor Vin Cannato brindó sus usuales opiniones y reacciones a los borradores en un comienzo. El profesor Al Felzenberg leyó todo con atención y contribuyó con su crítica en los últimos capítulos, aportando su ingenio, humor y profundo conocimiento. Ken Watson colaboró con su experiencia y conocimiento de la estrategia militar alemana. Noreen Burns se preocupó de que el libro llegara a concretarse de una manera estética, sensible, bien presentada. Un nuevo amigo, Michael Forastiere, «el más cuidadoso de todos», merece un agradecimiento especial por su mirada perspicaz en cuanto a los detalles.

Brian Kennedy, mi jefe en el Instituto Claremont, nos alentó y ayudó en todo. Susan y Lawrence Kadishes, siempre tan geniales, me recuerdan lo que alguien dijo una vez acerca de James Madison: «Cuando lo llamas, siempre hay alguien en casa».

Bob Barnett ofreció sus invalorables consejos.

David Dunham, de la casa editorial, el editor Joel Miller y toda esa gente tan capaz de Thomas Nelson han hecho que fuera un placer producir este libro.

A los que llaman a mi programa de radio «Mañana en los Estados Unidos», que empezaron a pedir el Volumen II una vez que terminaron de leer el Volumen I.

A mis hijos John y Joseph, que pensaron que el libro era bueno y el proyecto valía la pena.

A mi esposa Elayne, que consideró que era un libro necesario y lo bendijo con su sabiduría y amor.

Introducción

En 1921, el escritor inglés G. K. Chesterton viajó a los Estados Unidos para recorrer el país y ofrecer varios discursos. A igual que otros extranjeros a los que menciono en el Volumen I (como Alexis de Tocqueville y John Stuart Mill), él nos vio mejor de lo que nos veíamos a nosotros mismos en diversos aspectos. Lo que observó, lo que descubrió, reafirma lo que intento recapturar en cuanto a nuestro país, describiéndolo como lo hiciera Abraham Lincoln: «la última esperanza de la tierra».

La década de 1920 fue, según se ha dicho, un período en el que muchos querían disfrutar de un buen trago, pero la ley vigente lo prohibía. Acabábamos de salir de una guerra («la guerra que acabaría con todas las guerras») en la que murieron más de cien mil estadounidenses. Habíamos sobrevivido a la influenza que mató a otros seiscientos mil. Esta fue una década que terminaría con una estrepitosa caída de los mercados y la bolsa, y que vio pasar a cuatro presidentes distintos. Los Estados Unidos se encontraban cada vez más aislados en tanto temían al socialismo y la anarquía. Resultó una década que se vio marcada por un escándalo presidencial y una ola de crímenes en crecimiento. En la siguiente década surgiría un tirano en Europa y el mundo entraría en otra guerra. Aun así, Chesterton presenció algo muy diferente aquí.

Él vio algo que había estado y estaría presente por siglos. Vio lo que John Winthrop, nuestros Fundadores y Lincoln vieron, y lo que más tarde vería Ronald Reagan. ¿Cómo pudo ser esto posible para alguien que venía de afuera y en tiempos de tal tumulto? Se debió a que su perspectiva era a largo plazo y reflexiva: «Hay ciertas cosas en los Estados Unidos que solo pueden verse con los ojos cerrados», dijo. En su mente, veía algo en los Estados Unidos y su fundación que estaba ausente por completo en su Gran Bretaña o cualquier otro país y su fundación. Nos vio siendo únicos, como un país fundado y comprometido con una teoría: «la teoría de la igualdad». Él definió esta teoría fundacional nuestra en términos sencillos: «la clásica y pura concepción de que nadie debe aspirar a ser más que un ciudadano, y nadie debiera soportar ser menos que ello». Lincoln no podría haber estado más de acuerdo. Tampoco los Fundadores.

Chesterton continuó: «La ciudadanía es el ideal estadounidense por excelencia, aun hoy. Hay un ejército de realidades que se oponen a ese ideal, pero no hay otro ideal que se le oponga». Al explicar esto ante sus compatriotas, Chesterton esperaba que pudieran «ver que la igualdad no es un crudo cuento de hadas en el que los hombres son todos igual de altos o igual de tramposos; algo que no solo no podemos creer, sino tampoco pensar que pudiera creer alguien más. La mima constituye un absoluto de la moral mediante el cual todos los seres humanos tienen un valor invariable e indestructible, y una dignidad tan intangible como la muerte».

Uno podría mirar a los Estados Unidos y encontrar una gran pobreza, lo mismo que una gran riqueza. Sin embargo, no era de esto que hablaba Chesterton (y para el caso, tampoco los Fundadores o Lincoln). Aunque en ese momento muchos criticaban nuestra Fundación y nuestro compromiso con la igualdad y la libertad (y todavía hay algunos que lo hacen hoy); muchos decían que nuestro país se basaban en la desigualdad y los privilegios (y también hoy hay quienes lo dicen); y muchos argumentaban que nuestro éxito político y económico solo duraría lo que el sistema ficticio de favorecidos y desfavorecidos (y aún hoy hay personas que sostienen esto), Chesterton veía algo diferente en los Estados Unidos:

> *En verdad, es la desigualdad lo que conforma la imagen ilusoria. La extrema desproporción entre los hombres que nos parece ver en la vida es una cuestión de luces que cambian y sombras que se alargan, un ocaso lleno de fantasías y distorsiones. Encontramos a alguien famoso y no podemos esperar a verle caer en el olvido. Vemos una raza dominante y nos impacienta ver su caída. Es la experiencia de los hombres la que retorna siempre a la igualdad de los hombres. Es el promedio el que finalmente justifica al hombre promedio. Es cuando los hombres han visto y sufrido mucho, llegando al final de sus complicados experimentos, que llegan a ver a los hombres bajo una luz igualitaria de muerte y risas diarias. Nada de esto deja de ser misterioso, por mucho que abunde.*

Tampoco es en vano que estos demócratas de occidente hayan buscado los blasones de su bandera en la enorme multitud de luces inmortales que perduran más allá de los fuegos que podamos ver, reuniéndolos en la esquina de la Antigua Gloria, cuyo suelo es como el de la noche estrellada. Porque de veras, en espíritu y símbolo, los soles, las lunas y los meteoros pasan y llenan nuestros cielos con una conflagración fugaz, casi teatral. Y dondequiera que las viejas sombras se ciernan sobre la tierra, volverán las estrellas.

Las estrellas siempre regresan aquí. En eso radican «la gloria y el romance» de nuestra historia, de la historia de los Estados Unidos, como se describe sobre el dintel de la entrada al Archivo Nacional, que contiene esta historia. Hemos sobrevivido a guerras y escándalos. Sobrevivimos a epidemias y asesinatos.

Y aun así...

Aun así seguimos siendo una nación que puede elegir con libertad, y lo ha hecho, a sus líderes y a dirigentes del tipo de los que nos muestra el Monte Rushmore. Suelo afirmar que el Monte Rushmore no es un tributo a los líderes esculpido en la roca de las Colinas Negras de Dakota del sur. Más bien, es un tributo a la gente que los eligió y sigue eligiéndoles una y otra vez, justo cuando más se les necesita. No hay suficientes Colinas Negras que pudieran representarnos a todos.

En 1943, el presidente Franklin Delano Roosevelt dedicó el Monumento a Jefferson, el cual sigue siendo una de las primeras paradas de los ómnibus cargados de turistas en la capital de nuestra nación. En esta dedicatoria, Roosevelt dijo:

Hoy, en medio de una gran guerra por la libertad, dedicamos un santuario a la libertad ... [Thomas Jefferson] debió enfrentarse al hecho de que quienes no luchan por la libertad se arriesgan a perderla. También nosotros hemos enfrentado ese hecho ... Él vivió en un mundo en el que la libertad de conciencia y pensamiento eran batallas inconclusas y no principios aceptados ya por la humanidad. También nosotros vivimos en un mundo con tales batallas ... La Declaración de Independencia y los propósitos mismos de la Revolución Estadounidense, mientras buscan libertades, convocaban a la renuncia de privilegios ... Thomas Jefferson creía, como nosotros, en el Hombre. Creía, como nosotros, que los hombres son capaces de gobernarse y que no hay rey, tirano ni dictador que pueda gobernar a los hombres tan bien como ellos pueden gobernarse a sí mismos.

En resumen, esta es la historia de un gran pueblo que con sabiduría decidió cómo salvarse y salvar a otros, cómo corregir males y errores, y cómo preservar lo que sigue siendo hoy la nación más grande en la historia del mundo. Este volumen, que nos lleva desde la Primera Guerra Mundial hasta fines de la década de 1980, es mi esfuerzo por recapturar esa gloria y ese romance. Lo dedico, una vez más, al soldado estadounidense y a la causa, la idea y el país por el que lucha.

—**William J. Bennett**
Febrero de 2007

Capítulo 1 —————————————————————————————

LOS ESTADOS UNIDOS Y LA GRAN GUERRA

(1914 -1921)

Toda Europa era un barril de pólvora en 1914. Las alianzas secretas daban lugar a la falta de confianza. Y en medio de tal desconfianza, las coronas y los gabinetes de los ministros de Europa se armaron contra la terrible explosión temida por todos y cuya cercanía era una certeza. Sarajevo fue la primera chispa. La mayoría de los estadounidenses quería que su país se mantuviera apartado de la autoinmolación de Europa. Recordaban las advertencias de Washington y Jefferson contra las alianzas permanentes que suelen causar enredos. Para millones de inmigrantes los interminables conflictos de las dinastías de Europa eran un recuerdo desagradable que habían logrado dejar atrás al subir a bordo de la nave desde la que se disponían saludar a la Estatua de la Libertad. Horrorizados ante el poderío de los submarinos alemanes, los ciudadanos de los Estados Unidos seguían viendo los viajes transatlánticos como privilegio de los ricos. Solo a partir del Telegrama Zimmermann, por medio del cual los alemanes buscaron secretamente el apoyo de México para apoderarse del sudeste de los Estados Unidos, fue que los estadounidenses vieron la guerra como una opción. La gente despidió con entusiasmo a sus muchachos mientras eran enviados al frente. Los pocos aunque ruidosos opositores a la guerra —como el perenne candidato presidencial Eugene V. Deb— acabaron poco después condenados a prisión, acusados de sedición. Los estadounidenses cantaban «Por allí», y prometían no volver «hasta que todo haya acabado allí». No obstante, la guerra pronto cobró su precio, como

1

sucedió con todas las anteriores. El heroísmo y la victoria en los campos de batalla pronto dieron lugar a la frustración y la desilusión de la Conferencia de Paz de París y al callejón sin salida en que entró el Senado de los Estados Unidos. Por último, «la guerra que acabaría con todas las guerras» solo logró sembrar las semillas de una segunda y aun más destructiva guerra mundial.

I. «A CASA ANTES DEL OTOÑO»

La causa inmediata de lo que los contemporáneos llamaban la Gran Guerra fue el asesinato del archiduque Francisco Fernando y su esposa, Sofía, el 28 de junio de 1914 en la ciudad de Sarajevo, en Bosnia. Este austriaco autócrata era el heredero al trono del Imperio Austro-Húngaro, y los reformistas tenían la esperanza de que les diera mayor libertad a los millones de polacos, eslavos, magiares (húngaros) y austriacos de habla germana que comprendían este inmenso imperio políglota de Europa.

Cuando se halló que los nacionalistas serbios habían estado involucrados en los asesinatos, Austria exigió que Serbia cumpliera con los términos más estrictos para el arresto y el enjuiciamiento de los sospechosos. Alemania le dio «pase libre» a su aliada, Austria, pero Rusia alentaba a Serbia a resistirse. Los rusos se veían como protectores de los eslavos, y Serbia era una pequeña nación eslava.

Las alianzas a través de los países de Europa creaban una red intrincada. Serbia contaba con el apoyo de Rusia, que a su vez era apoyada por Francia, la cual no tenía un tratado formal con Inglaterra, pero sí un *entente cordiale* (entendimiento cordial), hábilmente preservado por el popular y francófilo rey Eduardo VII. Un conjunto de acuerdos secretos, planes de guerra secretos y armas secretas conformaron un polvorín en Europa Central que amenazaba con destruir la paz del mundo entero. Lo único que hacía falta para que la explosión repercutiera en el planeta era una chispa y nada más.

Ese polvorín había sido alimentado por el Káiser Wilhelm II de Alemania, que en muchos aspectos era la figura más importante en la Europa de 1914. Producto de la preferencia de la realeza por los casamientos entre las potencias, Wilhelm era nieto de la reina Victoria de Inglaterra. Esta reina viuda tenía tantos parientes en las diversas casas reales que se le conocía como «la abuela de Europa». El Káiser vestía con orgullo los uniformes de almirante de la armada real y de mariscal de campo del ejército inglés. Creía conocer Inglaterra de un modo profundo, hablaba inglés y visitaba a sus parientes con frecuencia. Podía, y debería haber sido, la esperanza de paz de los ingleses en el continente. Sin embargo, representó en cambio la más grande amenaza.

Desde sus más tempranos días, Wilhelm había sido un niño problemático. Era inteligente y vivaz, pero parecía haber nacido con mala estrella. En realidad, tenía un defecto congénito: su brazo izquierdo era más corto que el derecho, y esto molestaba mucho a Wilhelm. Lograba disimular su defecto con cierto éxito usando capas militares muy trabajadas y largos y elegantes guantes de piel que exhibía cada vez que le sacaban una fotografía. Incluso sus propios padres sentían temor por lo obstinado que era su hijo.

Su padre era un príncipe afable y bondadoso, la esperanza de millones de personas que querían un Imperio Alemán más libre y humano. Veían al Buen Fritz (Frederick) como la mano que los libraría de la garra con que la casa imperial de los Hohenzollern asfixiaba a la nación. Además, los reformistas esperaban que Frederick pusiera límites al poder que ostentaba el astuto Otto von Bismarck. Aunque Bismarck nominalmente estaba subordinado al káiser alemán, fue él quien creó el Imperio Alemán y cosechó el prestigio. Pocos eran los que se atrevían a enfrentar su autoridad. Aunque hubiera querido hacerlo, Fritz no tuvo muchas posibilidades. Él murió trágicamente de cáncer de garganta en 1888, a solo cien días de haberse convertido en el káiser Frederick III. Poco después, la relación del joven káiser Wilhelm II con su madre viuda empeoró. Cuando ella murió pocos años más tarde que su amado esposo, había dejado órdenes de que su cuerpo fuera envuelto en la bandera inglesa antes de ser colocado en el ataúd.[1]

Bismarck, conocido como el Canciller de Hierro, no era demócrata y tampoco amaba la paz. Él azuzó al tonto de Napoleón III hacia una guerra, aplastando al ejército francés con la fuerza de un rayo. Proclamó el Impero Alemán en el famoso Salón de los Espejos del Palacio de Versailles en 1871. Sin embargo, este Bismarck era también astuto, cauteloso, y conocía muy bien las fortalezas y debilidades de su país. «Las grandes preguntas de hoy no podrán resolverse con decisiones de las mayorías, sino a fuerza de sangre y hierro», dijo. Asimismo de cínicos y cautelosos eran los otros autócratas europeos con los que Bismarck mantenía una alianza cercana: los Habsburgo de Austria-Hungría y los Romanovs de Rusia. De este modo, evitaba con sabiduría lo que todo alemán temía: una guerra en dos frentes.

Como el canciller Bismarck se puso del lado de la Unión durante la Guerra Civil de los Estados Unidos, era muy popular entre los estadounidenses.* El

---

* Su popularidad se evidencia en que Bismarck es el único líder extranjero cuyo nombre se ha empleado para designar la capital de un estado norteamericano: Bismarck, en Dakota del norte.

antiguo presidente Gran había visitado a Bismarck en Berlín, y la nación aplaudió el gesto. Los estadounidenses reían por lo bajo al enterarse de los dichos del canciller: «Hay una Providencia que protege a los idiotas, los borrachos, los niños y a los Estados Unidos de América», dijo una vez. Otra de las perlas que se le atribuyen es: «¡Los estadounidenses se las han arreglados para estar rodeados por dos vecinos débiles en dos lugares, y en los otros dos lados por peces!». Sin embargo, Wilhelm no simpatizaba tanto con Bismarck.

Poco después de ascender al trono que Bismarck creara, el Káiser Wilhelm decidió prescindir de sus servicios. Es que los intentos del ya mayor canciller por restringir los poderes del káiser, causaban resentimiento en Wilhelm, que tenía intención de gobernar Alemania sin limitaciones. Después de todo, el término káiser es la traducción de «César» en alemán. Así, en 1890, Wilhelm obligó a Bismarck a retirarse.

Habiéndose librado de Bismarck en 1890, y con solo treinta y un años de edad, el káiser del gran bigote con puntas peinadas hacia arriba se convirtió en amo de Alemania. La revista humorística inglesa *Punch* publicó una caricatura que mostraba al coronado káiser mirando complaciente desde la barandilla de un barco, en tanto el firme y viejo Bismarck descendía por la pasarela. «Despidiendo al piloto» era el título de la famosa caricatura.[2] No sabían que Wilhelm II llevaría a la nave del estado alemán hacia una fatal colisión con el Imperio Británico. Al despedir al piloto, también hizo a un lado las prudentes políticas del canciller.

Wilhelm había leído *The Influence of Sea Power Upon History* [La influencia del poder naval en la historia], un importante libro que escribió el almirante estadounidense Alfred Thayer Mahan, el cual impresionó no solo al gobernante alemán, sino que leyeron con fruición teóricos del poder naval como Theodore Roosevelt y Winston Churchill. Los líderes de la Armada Imperial Japonesa tradujeron la gran obra de Mahan en una fecha tan temprana como 1896.

Bismarck había sido capaz de ver que Gran Bretaña se alarmaría si Alemania expandía el poder de sus enormes ejércitos, formando una potente armada marítima. Wilhelm hizo caso omiso de la cautela de Bismarck, y a principios de la década de 1900 se ocupó de formar una potente flota de acorazados y barcos de guerra, ordenando que en todo barco de guerra alemán hubiera una copia de la obra maestra de Mahan. La amenaza al histórico aislamiento inglés ante toda guerra europea provocó un intenso temor en Inglaterra, reflejado en el éxito de una obra de ficción: *When William Came* [Cuando llegó William], un título donde el nombre de Wilhem aparece traducido al inglés. Esta historia de 1913 les mostraba a los ingleses el modo en que el káiser Wilhelm podría usar su potente Flota de Alta

Mar para llevar al ejército más formidable del otro lado del Canal de la Mancha. Y aunque era una teoría imaginaria, el éxito de ventas del libro mostraba que el pueblo británico sí temía una invasión.

Wilhem no solo formó una armada. En el pasado, Bismarck jamás había desafiado a Inglaterra o Francia en la competencia por las colonias de ultramar. Sin embargo, Wilhem era diferente y pronto intentó apoderarse de colonias en África y el Pacífico. Él exigía un «lugar en el sol» para Alemania. Su falta de diplomacia hizo que su primo, el Zar Nicolás, se alejara de él y en respuesta, Rusia formó una alianza con Francia. El gobierno del káiser tenía como lema *weltmacht oder niedergang* («poder mundial o caída»).[3] Esto explica la constante puja de Wilhem y sus jefes militares, que provocó que durante un cuarto de siglo la paz fuera algo muy precario antes de que finalmente se desatara la guerra en 1914.

Los estadounidenses estaban protegidos de los embates del káiser por casi cinco mil kilómetros de océano. Al principio, no les preocupó su militarismo ni sus ansias de poder. No obstante, cuando la flota alemana interfirió con las operaciones en Filipinas del comodoro Dewey en 1898, la nación prestó atención y luego, cuando el káiser se inmiscuyó en los asuntos de América Latina en los primeros años de Roosevelt, volvieron los temores. Sin embargo, en esa oportunidad Teddy nos mantuvo a salvo con su política del Gran Garrote.

Con el comienzo del nuevo siglo, los estadounidenses empezaron a ver al káiser Wilhelm II con una mezcla de desconfianza y despectiva condescendencia. En 1903, *Harper's Weekly* publicó un poema que revela esta actitud:

> *Káiser, káiser, tan brillante,*
> *¡Nos diste un lindo susto!*
> *Con tus bandas, cintos y adornos,*
> *Y tus bigotes de puntas hacia arriba,*
> *Que con tal severidad y aspecto mortal*
> *Subrayan tu penetrante mirada,*
> *Que llega hasta el corazón de aquellos*
> *A quienes el infortunio convierte en tus enemigos.*
> *Káiser, káiser, hombre guerrero,*
> *No eres más que un chiste.*[4]

Los lectores reconocían la sátira basada en el escrito de William Blake: «Tigre, tigre, tan brillante». Cuando al final se produjo el choque en los Balcanes en 1914,

Wilhem debió depender de su conexión familiar con Inglaterra para evitar la guerra con Gran Bretaña. Envió a su hermano, el príncipe Heinrich, a hablar con el rey Jorge V, primo hermano suyo por parte de su abuela, la reina Victoria. El rey dijo que esperaba que Gran Bretaña pudiera mantenerse fuera de cualquier guerra continental y el káiser malinterpretó sus palabras, entendiendo que el rey determinaría cuál sería la política británica. «Tengo la palabra de un rey», alardeaba entonces.[5] Al parecer Wilhelm no había aprendido nada de su madre ni de su abuela sobre el sistema de gobierno británico. Gran Bretaña era (y sigue siendo) una monarquía constitucional. La política exterior es determinada por el gabinete, no por la corona.

En julio de 1914, a solo días del asesinato del archiduque Fernando, el mundo dio un suspiro de alivio cuando el káiser partió en su crucero anual de tres semanas por los fiordos de Noruega. Parecía estar desentendiéndose de la creciente crisis entre Austria-Hungría, Serbia y sus aliados. Su magnífico yate, el *Hohenzollern*, de cuatro mil doscientas ochenta toneladas y más de cien metros de largo, parecía un gigante cisne blanco que se deslizaba en silencio por las heladas y oscuras aguas de Noruega ese verano.* Sin embargo, esta imagen pacífica era engañosa, porque mientras el káiser navegaba por las plácidas aguas, el aire se cargaba de electricidad a causa de los mensajes de radio que llegaban y salían desde la nave. Ahora la mecha del polvorín se había encendido.

Debido a la naturaleza de la red de alianzas en Europa, el káiser prácticamente garantizó una guerra mundial en 1905 cuando aprobó el plan militar del general Alfred von Schlieffen, jefe de la Guardia General Imperial. Según el Plan Schlieffen, los soldados alemanes tendrían que invadir Bélgica e ingresar en Francia, anulando así cualquier posibilidad de guerra futura antes de que los aliados rusos de los franceses pudieran movilizarse en el este. «Que el último hombre de la derecha roce el Canal [de la Mancha] con su manga», se decía del Plan Schlieffen.

Wilhem expuso de forma descuidada a Alemania a la temida guerra en dos frentes por su falta de diplomacia y sus constantes amenazas a sus vecinos. Además, no parecía importarle que el Plan Schlieffen implicara violar la neutralidad belga, que tanto Alemania como Gran Bretaña habían garantizado durante un siglo. Gran Bretaña no le había advertido con claridad al káiser Wilhelm que la violación de la neutralidad de Bélgica significaría la guerra. En realidad, ninguna

---

* A diferencia de lo habitual en los yates de la realeza, el Hohenzollern llevaba armas: tres cañones de encendido rápido de ciento cinco milímetros y doce cañones de encendido rápido de cincuenta milímetros.

de las potencias sabía exactamente cuál sería la respuesta de Gran Bretaña si Alemania cruzaba Bélgica al dirigirse a Francia.[6]

Veinte años después, Wilhelm le diría al historiador británico Sir John Wheeler-Bennett que jamás habría invadido Bélgica si hubiera sabido que con tal acción incitaría a los ingleses a la guerra. Es que con Wilhem de nada servían los sutiles indicios o las insinuaciones diplomáticas. Este era el más acabado ejemplo de la política del Gran Garrote.

¿Por qué no le avisó Gran Bretaña al káiser con una advertencia que careciera de ambigüedad? Si anunciaban con anticipación que toda violación de la neutralidad belga significaría la guerra con Gran Bretaña, el impetuoso Wilhelm habría desistido del plan. El estadounidense conocedor de Chesterton, Dale Ahlquist, señala que hay una respuesta en la biografía del notable escritor inglés G. K. Chesterton. El partido liberal gobernaba en Gran Bretaña y dependía en gran medida de un reducido grupo de millonarios de Manchester, los cuales financiaban sus campañas políticas. Entre estos importantes industriales había también pacifistas religiosos (como lo era Andrew Carnegie en Estados Unidos). Gran Bretaña no admitiría una agresión tan clara, sugiere Chesterton, pero al mismo tiempo el Partido Liberal y su gobierno no podían decirlo en público por temor a perder su fuente de ingresos. Chesterton conocía muy bien a los líderes del Partido Liberal de su época, y su testimonio merece consideración.[7]

En años posteriores muchos dirían que Gran Bretaña no les dio a los alemanes una advertencia debida.[8] Sin embargo, esta postura le da muy poca atención a la imprudente conducta de Alemania durante los veinticinco años que precedieron al hecho e ignora el dato básico de que las naciones agresoras no tienen derecho alguno a esperar que sus vecinos les alerten.[9]

El káiser le aseguró a su aliado que Alemania estaría junto a Austria-Hungría «en las buenas y en las malas».[10] Wilhem le dijo al embajador austriaco que no había que preocuparse por Rusia, porque Rusia «no está preparada para ninguna guerra».[11]

Respaldados por Wilhem II, los austriacos rechazaron el pedido urgente de los rusos que buscaban negociar, aun cuando el Alto Comando militar alemán presionaba a los austriacos a la guerra en respuesta al asesinato.[12] El primo Nickie, zar de Rusia, le escribió desesperado una carta a su primo Willy, el káiser, para «rogarle» que frenara a Austria. Wilhem mintió entonces, diciendo que estaba haciendo todo lo posible para que su aliado no atacara.[13] De manera similar, Berlín rechazó la convocatoria inglesa a una conferencia de las Cuatro Potencias.[14]

Hacia fines de julio, los alemanes llenaron las líneas de telégrafo de Europa con ultimatos a Rusia, Francia y Bélgica. Uno de los miembros más importantes del gabinete británico, Winston Churchill, era Primer Lord del Almirantazgo. Su responsabilidad consistía en mantener preparada a la flota británica, y estaba preocupado porque las potencias rodaban cuesta abajo hacia una guerra inevitable. «Me preguntaba si esos estúpidos reyes y emperadores no podrían reunirse para reavivar su reinado salvando a las naciones de un infierno, pero parecía que todo había quedado como en un aletargado trance provocado por la catalepsia».[15]

El infierno parecía acercarse. Alemania le declaró la guerra a Francia e invadió Bélgica.[16] Y con las mutuas declaraciones de guerra, Churchill le envió un cable a la Armada Real: «Inicien las hostilidades contra Alemania».

La invasión de Bélgica justificó el adjetivo que el káiser les había dado a sus tropas en 1900: los hunos. El 5 de agosto el general von Moltke admitió que «nuestro avance por Bélgica es en verdad brutal».[17] Él tenía razón. El ejército alemán asesinó a mujeres y niños en los pueblos de Andenne, Tamine, Seilles y Dinant, con un total de más de doscientos civiles muertos en los primeros días de la guerra.[18] Incendiaron y saquearon la Universidad de Louvain, considerada la «Oxford» de Bélgica, con su tesoro en libros medievales y tapices. Los académicos del mundo entero denunciaron este hecho llamándolo «crimen contra la civilización».[19]

Millones de franceses e ingleses que ingenuamente habían predicho que sus muchachos estarían «en casa antes del otoño» quedaron atónitos al ver la violencia y la crueldad del avance alemán, que hizo retroceder a las fuerzas francesas y a la fuerza expedicionaria británica hasta las defensas de París. Ese otoño, Francia estaba ya casi derrotada. El francés Fernando Foch reunió a sus tropas y envió un mensaje, considerado apócrifo por algunos, en el que decía: «Mi centro está cediendo, mi [flanco] derecho retrocede. Situación excelente. Ataco». No se sabe si el mensaje fue genuino o no, pero lo cierto es que Foch hizo justo eso.[20] Como cientos de taxis parisinos habían sido convocados por obligación a prestar servicio, Foch tuvo cierta ayuda porque en los vehículos llegaban todos los *poliu* que pudieran cargar un rifle en el frente.* El mundo fue testigo entonces de «el milagro del Marno», cuando al llegar junto a ese río en las afueras de París los alemanes encontraron que ya no podían seguir avanzando.[21]

Sin embargo, no fue milagroso el terrible costo de tan desesperada defensa, porque la fatal ametralladora dio fin a la táctica de Francia de la *ofensiva a*

---

* Poliu, literalmente «peludo». Los reclutas franceses no tenían tiempo de cortarse el cabello y afeitarse a causa del constante bombardeo de los alemanes sobre las trincheras.

ultranza. Esta táctica consistía en cargar toda arma de emplazamiento fijo. Era una táctica más suicida que la de las infructuosas corridas de los estadounidenses en Fredericksburg y Gettysburg. En los primeros tres meses de la guerra murieron trescientos cincuenta mil soldados franceses.[22] Ambos bandos se apertrecharon para una larga y amarga guerra, bordeando sus trincheras con alambres de púas y demarcando así un «terreno de nadie» entre una y otra línea. Con el tiempo, esta fea cicatriz se extendió desde Suiza hasta el mar del Norte.

Ya no se veían multitudes animadas por la guerra. Tampoco se veían banderas y estandartes de colores. Los famosos uniformes franceses —chaqueta azul con pantalones y sombreros rojos— se vieron reemplazados por abrigos rústicos de color café que identificaban a los millones de jóvenes manchados de sangre y lodo en esta inhumana guerra entre trincheras.

II. «DEMASIADO ORGULLOSO PARA PELEAR»

El presidente Woodrow Wilson declaró de inmediato la neutralidad de los Estados Unidos. En reacción a las noticias sobre la «violación de Bélgica», Wilson dijo: «Tenemos que ser imparciales en pensamiento y acción, poniéndole freno a nuestros sentimientos».[23] Su postura se hizo muy popular entre los estadounidenses y hasta el siempre belicoso TR dijo que sería «una locura entrar en la guerra».[24]

Además, el presidente Wilson ya tenía bastantes problemas con México, donde Victoriano Huerta había asumido el poder después de asesinar al presidente y vicepresidente de esa nación. Wilson se negó a otorgarle un reconocimiento diplomático a este hombre sangriento y trabajó para que lo derrocaran. Cuando un grupo de marineros estadounidenses que estaban de licencia se vieron acosados por las autoridades mexicanas, el almirante estadounidense Henry Mayo exigió una disculpa y un saludo a la bandera de los Estados Unidos. Huerta dijo que se disculparía y honraría la bandera estadounidense cuando se le diera a la bandera mexicana el mismo honor, gesto que fue denegado.

La tensión aumentaba.

Para impedir que Huerta pudiera rearmarse, Wilson ordenó la toma del puerto de Veracruz. Incluso los demócratas mexicanos expresaban su rechazo contra las humillantes acciones de Wilson. A Huerta le obligaron a abandonar el país poco después, pero en México se produjo un caos en el que varios rivales peleaban por el poder: Emiliano Zapata, representante de los nativos; Pancho Villa, un bandido; y el general Venustiano Carranza.[25]

Wilson justificaba sus intervenciones en México y otros estados caribeños diciendo que «les enseñaría a los latinoamericanos a elegir a hombres buenos».[26]

El secretario de estado William Jennings Bryan, como siempre, estaba confundido: «No puedo entender por qué esta gente provoca peleas entre hermanos».[27] Buscando cómo salir del lío mexicano, Wilson accedió al arbitraje del «ABC» de América latina: Argentina, Brasil y Chile.[28]

Sin embargo, la mirada de todos se volvió hacia Europa cuando el 7 de mayo de 1915 un submarino alemán hundió al lujoso crucero *Lusitania* junto a las costas de Kinsale, Irlanda. El ataque del *U-boot* (por *unterseeboot*)* cobró las vidas de más de mil doscientos civiles cuando la enorme nave de cuatro chimeneas se hundió en solo dieciocho minutos.[29] Entre las víctimas había ciento veintiséis ciudadanos estadounidenses que habían ignorado las advertencias que la embajada alemana había publicado en los periódicos de Nueva York y otras ciudades importantes de los Estados Unidos.[30]

El *Lusitania* llevaba municiones, y a los ojos de los alemanes eso lo convertía en un blanco legítimo. La letra de la ley estaba de su lado. No obstante, aun así los estadounidenses se horrorizaron ante los relatos de los sobrevivientes que describían el llanto de los bebés mientras sus cunitas de mimbre iban hundiéndose irremediablemente en el mar.[31] También sintieron el rechazo de los estadounidenses ante la reacción de los alemanes después del hundimiento. En Alemania los periódicos y sus editoriales hacían alarde del «orgullo de nuestra armada», y las escuelas celebraron la ocasión dando el día. Un ciudadano de Munich incluso acuñó un medallón en conmemoración del hecho para honrar a la tripulación del submarino.[32] Un estadounidense anglófilo que vivía en Londres consiguió una de estas medallas y mandó a hacer tres mil copias que circularon por todos los Estados Unidos y el Imperio Británico como evidencia de la falta de humanidad de los alemanes.[33]**

El presidente Wilson respondió de inmediato ante la furia del pueblo y su exigencia de ir a la guerra contra Alemania. «Existe una cosa tal como el hombre demasiado orgulloso para pelear», dijo, haciéndose eco de sus sentimientos en cuanto a no participar de esta guerra.[34] Tal indiferencia provocó asombro entre los antiguos presidentes Theodore Roosevelt y William Howard Taft, ambos republicanos. La declaración de Wilson los dejó atónitos.[35] Los dos querían ir a la guerra.

---

* Literalmente «barco bajo el agua» en alemán.
** Este estadounidense se llamaba Gordon Selfridge y era propietario de una famosa tienda por departamentos en Londres. Luego se hizo ciudadano inglés (Massie's, Robert K., *Castles of Steel* [Castillos de acero], p. 534).

El primo de TR, Franklin Delano Roosevelt, estaba de acuerdo y tan furioso como ellos.[36] No obstante, FDR era secretario asistente de la Armada del presidente Wilson y un demócrata leal. No podía expresar en público su desacuerdo con el presidente de su propio partido.

En lugar de prepararse para la guerra, Wilson le envió a Alemania una nota diplomática. Cuando no obtuvo respuesta evidente, al mes siguiente le mandó una segunda nota en un tono más severo.

La segunda nota provocó al secretario de estado Bryan. En una reunión del gabinete, Bryan acusó a los presentes con enojo: «Ustedes *no* son neutrales. Están definiendo de qué lado están».[37] Lo que Bryan quería era que Wilson criticara también a los ingleses por su bloqueo contra Alemania. Sin embargo, como Wilson se negó a hacerlo, Bryan renunció. Los bloqueos eran algo legal bajo la ley internacional, un punto que el pacifista secretario de estado jamás se había molestado en averiguar. La renuncia de Bryan causó una crisis política doméstica para el presidente.

No todos los evangélicos, como lo era Bryan, estaban de acuerdo con su opinión. El reverendo Billy Sunday, un famosísimo predicador estadounidense, afirmó con relación al hundimiento del *Lusitania:* «Condenable! ¡Condenable! ¡Absolutamente infernal!». Y otro calificó el hecho como «un colosal pecado contra Dios y … ¡un asesinato premeditado!».[38]

En privado, a Franklin Roosevelt le deleitó ver que el ruidoso populista de Nebraska dejaba su puesto. Y es que Bryan le parecía peligrosamente ingenuo.[39] FDR estaba más de acuerdo con su famoso primo en cuanto a la necesidad de estar preparados que con su propio presidente. Aun así, FDR estaba decidido a seguir en su puesto para ayudar a preparar a la armada para la batalla que consideraba inevitable. Sabía que el secretario de la Armada, Josephus Daniela, no tenía mucho interés en el poder naval, y ni siquiera entendía mucho sobre el tema.* (En esto, la relación de FDR con su jefe no difería de la situación de TR con su mediocre jefe John Long, de la administración McKinley.)

TR, por supuesto, no dudaba para nada. Electrizaba la atmósfera con sus palabras de desprecio hacia el «profesor Wilson», que representaba a los «pacifistas blandos, mojigatos y fofos».[40] Wilson siguió enviando sus insulsas notas diplomáticas durante un año más. Las escribía él mismo en su máquina de escribir.

---

* La única contribución de importancia efectuada por Daniels a la Armada de los Estados Unidos fue la de abolir la ración de ron para reemplazarla por café sin cargo. FDR apoyó esta reforma. Hasta el día de hoy, los oficiales le llaman «una taza de Joe» a su café por Josephus.

Para empeorar las cosas, entre las presiones y el drama de la situación, el presidente Wilson estaba terriblemente dolido por la muerte de su amada esposa, Ellen. Durante todo ese fatídico verano de la guerra en 1914, Ellen había estado agonizando en la Casa Blanca, enferma con el mal de Brights. Woodrow Wilson no tenía amigos varones muy cercanos. Sus mejores amigas eran su esposa y sus tres hijas. Con la muerte de Ellen, pareció perder la voluntad de vivir. Cuando uno de sus más cercanos consejeros, el «coronel» Edward House, salió a pasear con él una noche por las calles de Manhattan, el dolido presidente le dijo que en verdad quería que alguien lo matara.[41] Incluso le confió a su círculo más íntimo sus dudas en cuanto a presentarse o no para la reelección en 1916.

«¿Quién *es* esta bella dama?», le preguntó el presidente a su médico, el almirante Cary Grayson, un día a principios de 1915.[42] Se refería a la atractiva viuda de Washington, Edith Bolling Galt, dueña de una importante joyería. La Sra. Galt era una mujer muy inteligente y vivaz, y fue la primera mujer de la capital en conducir su propio automóvil.[43]

Poco después, el viudo y la viuda habían establecido una amistad y se acompañaban con discreción. El presidente incluso comenzó a mostrarse más contento, y caminaba con paso vivaz. Hasta cantó una de las melodías populares de George M. Cohan:

> *Oh, hermosa muñeca,*
> *Grande y hermosa muñeca*

Ese otoño, la Casa Blanca anunció sin alharaca que el presidente volvería a casarse. Antes de que terminara ese año, Wilson había decidido quién sería su compañero para ocupar la vicepresidencia y comenzaría el Año Nuevo con la determinación de ganar.

Como presidente, Wilson había tenido que ocuparse de las profundas divisiones que existían entre los estadounidenses. El censo de 1910 reveló que más de diez millones de los noventa y dos mil millones de habitantes de los Estados Unidos habían llegado desde Alemania o tenían abuelos de uno o ambos lados provenientes de Alemania o Austria-Hungría.[44] Y de ellos, por supuesto, muchos emigraron a los Estados Unidos porque se oponían al militarismo y la opresión política de los prusianos. Aun así, cuando la propaganda antialemana asumió un tinte un tanto racista, estos estadounidenses-alemanes se sintieron muy ofendidos. Los Estados Unidos tenían además millones de estadounidenses-irlandeses que no sentían afecto alguno por el Imperio Británico y pensaban que la mayor hipocresía de todas era la afirmación de que Inglaterra luchaba por la libertad.

Woodrow Wilson tenía razones igual de convincentes para que los Estados Unidos se mantuvieran apartados de la guerra en Europa. Había logrado promulgar una gran cantidad de reformas legislativas progresistas. Además de la Ley de Reserva Federal de 1913, Wilson había apelado ante el Congreso para que se declarara ilegal el trabajo infantil (aunque la Corte Suprema rechazó esto como inconstitucional). Él también obtuvo la aprobación legislativa para limitar a ocho horas la jornada laboral de los trabajadores ferroviarios. Logró presionar al Congreso para establecer un impuesto a los ingresos y una Comisión Federal de Comercio, y consiguió imponer un impuesto sobre la herencia por encima de las fuertes objeciones de los estadounidenses con propiedades.[45] Wilson y la mayoría de los progresistas de su época creían que si los Estados Unidos se veían obligados a entrar en la guerra contra Alemania, las muy necesarias reformas domésticas se verían demoradas o caerían en el olvido.

Sin embargo, el filósofo John Dewey discrepaba con esta idea. El padre de la educación «progresista» en los Estados Unidos escribió un artículo titulado «Las posibilidades sociales de la guerra», en el cual reconocía que de modo inevitable la guerra produce una gran concentración de poder en el gobierno federal, algo que tanto Dewey como otros importantes progresistas deseaban.

Wilson había reavivado la práctica de dar el Discurso del Estado de la Unión en persona. Era muy buen orador y subió al podio de la Cámara de Representantes con el objeto de convocar a un amplio programa de reformas. «Tenemos que abolir todo aquello que pueda guardar semejanza alguna con los privilegios o ventajas artificiales de cualquier tipo», dijo ante un entusiasta Congreso.[46]

Cuando dijo esto, por supuesto, se refería a las corporaciones. Los grandes negocios —los tan mentados Trust— eran el objetivo de su celo reformista. Era evidente que no se refería a la ventaja artificial o el privilegio que tenía que ver con la raza. En el Congreso había muchos —en especial sus compañeros demócratas— que aplaudían la crítica de Wilson al elitismo, pero que no pensaban ni por un momento en que seguía habiendo segregación racial. Durante el primer mandato de Wilson, no solo omitió ocuparse de la segregación racial para terminar con esta, sino que hasta la afirmó.

Sin embargo, Wilson estaba dispuesto a confrontar la intolerancia de organizaciones como el Ku Klux Klan en diversas designaciones de naturaleza clave. Y sí se enfrentó con el prejuicio étnico y religioso al instalar a Joseph Tumulty como secretario privado, un puesto comparable a la poderosa posición del jefe de personal de la Casa Blanca, por ejemplo. Tumulty era un demócrata irlandés y católico, amigo de Wilson desde que este fuera gobernador de Nueva Jersey durante un breve período. A causa de tal vínculo, Tumulty siempre llamaba «gobernador» al presidente, y Wilson lo aceptaba considerándolo un elogio. No había alguien más leal que Joe Tumulty en su servicio a Woodrow Wilson.[47] Wilson también se enfrentó a los prejuicios al incluir a Louis D. Brandeis, un abogado liberal de Boston, en su círculo de consejeros más cercanos. Wall Street casi entró en pánico al enterarse de que Brandeis, un enemigo acérrimo de los Trusts, podría llegar a ser nombrado fiscal general.[48] Está claro que Wilson no iría tan lejos, pero al poco tiempo hizo mucho más que eso al desafiar de nuevo al Klan y nombrar a Brandeis miembro de la Corte Suprema de los Estados Unidos, el primer judío en formar parte de tan importante tribunal.

El miembro más importante del círculo cercano de Wilson era el «coronel» Edward M. House. Este millonario de Texas en realidad no era un coronel, pero le gustaba este título honorario que le había otorgado un gobernador del estado de Texas. El coronel House jamás ocupó un puesto electivo. Prefería servir calladamente, desde las sombras. Vio la posibilidad de presentar a Wilson como candidato a presidente de los Estados Unidos cuando este asceta académico era aún presidente de la Universidad de Princeton y promovía reformas en esa casa de estudios. Se dedicó por entero a la carrera política de Wilson, y a cambio, Wilson confiaba en él como en pocos: «El Sr. House es mi yo independiente. Sus pensamientos son los míos».[49]

Los estadounidenses se horrorizaron ante la matanza en las trincheras de Francia. Los alemanes no solo iniciaron la guerra submarina contra los barcos de pasajeros, sino que además fueron los primeros en usar el gas venenoso.[50] Cientos de kilómetros de la bella campiña francesa y belga se vieron reducidos a un paisaje árido, casi como el de la luna, una «tierra sin hombres» donde las ratas engordaban a costa de los cadáveres. Los alemanes usaban su potente artillería para convertir pueblos y aldeas en escombros. La «Gran Bertha» era un monstruoso tanque-cañón de cuarenta y tres toneladas, producido por la compañía Krupp y llamado así de manera incongruente debido a la esposa de Gustav Krupp, que podía disparar una bala de mil kilogramos a más de catorce kilómetros.

Los alemanes también hicieron llover la muerte desde el aire con sus dirigibles llenos de hidrógeno, conocidos como zeppelines debido al conde Zeppelin de Alemania, desde los cuales arrojaban bombas sobre la población civil de Londres.[51]

Con todo esto, el Alto Comando del káiser buscaba a conciencia una política de *schrecklichkeit* («horror y miedo») con el fin de aterrar a sus enemigos.[52]

Wilson se refirió a la guerra de Europa en otro controversial discurso en 1916, donde llamó a la «paz sin victoria» ofreciéndose como mediador.[53] Alemania rechazó su ofrecimiento con desprecio. Una vez más, los republicanos y aquellos que apoyaban a los aliados se sintieron ofendidos.

Las posibilidades de que Wilson fuera reelegido mejoraron un poco cuando los alemanes hicieron la Promesa de Sussex en mayo de 916. Este suceso tuvo lugar luego de que un submarino alemán atacara al *Sussex*, un barco de vapor francés que llevaba pasajeros. En el ataque murieron cincuenta personas, entre las que se contaban algunos estadounidenses. Con tal acuerdo los alemanes se comprometían a no atacar barcos mercantes a menos que llevaran contrabando de guerra y a menos que primero se les hubiera permitido a los pasajeros y miembros de la tripulación salvar sus vidas utilizando los botes que a tal efecto llevaban las naves.

Wilson volvió a ser candidato en 1916, pero a causa de las divisiones entre los republicanos no parecía tener muchas posibilidades. TR urgió a sus progresistas del «Partido del Alce Macho» a alinearse tras los republicanos por el bien de la unidad nacional.[54] Las posibilidades del Gran Viejo Partido parecían buenas. Desde Andrew Jackson ningún demócrata había sido reelegido.

Los republicanos apoyaban al juez de la Corte Suprema Charles Evans Hughes. A pesar de que el alto y barbudo Hughes había sido gobernador de Nueva York, no demostró ser bueno en su campaña.

La campaña de Wilson destacaba la frase: «Nos mantuvo fuera de la guerra». En privado, a Wilson le preocupaba que «cualquier teniente alemán» pudiera hacernos entrar en la guerra, y que el presidente nada pudiera hacer al respecto.[55] Wilson sabía que los comandantes de bajo rango en los submarinos tenían un altísimo poder de destrucción en la punta de sus dedos. Cualquiera podía crear un incidente internacional al matar a más civiles. ¿Qué pasaría si un submarino alemán hundiera a un crucero estadounidense frente a las costas de Nueva Jersey, el estado natal del presidente?* Sin embargo, en público Wilson se mostraba contento con su imagen del candidato de la paz. Los demócratas publicaron anuncios de una página entera en los diarios atacando a Hughes y a Theodore Roosevelt:

> Ustedes trabajan;
> No luchan.

---

* Los alemanes hundirían luego naves estadounidenses frente a las playas de Jersey en 1942.

Están vivos y felices;

No son carne de cañón.

¿Wilson y la paz con honor?

¿O Hughes y Roosevelt con la guerra?[56]

Cuando los británicos sofocaron con dureza la Rebelión de la Pascua de 1916 en Irlanda, los irlandeses-estadounidenses se enfurecieron. Ya era grave que mandaran a la horca a muchos patriotas románticos de Irlanda, pero los ingleses también ahorcaron a Sir Roger Casement, un hombre famoso por su labor humanitaria en África. No obstante, Casement había estado directamente implicado en el tráfico de armas desde un barco de carga alemán cerca de Tralee. Los británicos se ganaron la antipatía de muchos irlandeses-estadounidenses cuando revelaron los diarios personales de Casement, donde se hacía evidente que había tenido relaciones homosexuales con jóvenes africanos. Los nacionalistas irlandeses creen incluso hoy que los británicos falsificaron lo que se conoció como Diarios Negros.[57]

El presidente Wilson se benefició políticamente de esta antipatía hacia los británicos proveniente de las comunidades irlandesas y alemanas en los Estados Unidos. Mientras tanto, Hughes cometió el error de negarse a asistir a una reunión con el popular gobernador progresista de California, Hiram Johnson. Johnson había sido compañero de Teddy en 1912 como candidato a la vicepresidencia en la boleta del Alce Macho.[58] TR no contribuyó a la causa de los republicanos al atacar a los «estadounidenses mezclados».

En privado, Roosevelt decía que Hughes era «Wilson con patillas y bigotes».

Sin embargo, a pesar de sus errores, el día de la elección Hughes barrió con el noreste y parecía haber ganado. Según una historia muy difundida en ese momento, un reportero llamó por teléfono a la casa de Hughes, donde el hijo del candidato republicano contestó diciendo que «el presidente» estaba durmiendo ya. El travieso reportero entonces contestó: «No lo despiertes ahora, pero cuando se levante, dile que no es el presidente». Tal vez la historia sea solo una leyenda, pero sirve para ilustrar lo difícil que fue la elección en términos de la diferencia en la cantidad de votos y la confianza que tenían los de la campaña de Hughes en su reputación y su victoria.

Wilson ganó la elección gracias a la pluralidad del voto popular. Obtuvo 9.129.606 votos populares y 49,4%, con 254 votos electorales. Por su parte Hughes obtuvo 8.538.221 votos populares, 46,2%, y 254 votos electorales. Allan Louis Benson, candidato del partido socialista, no terminó en posición tan fuerte como la de Eugene V. Debs en 1912, pero aún así, consiguió 585.113 votos populares, una cantidad respetable.

La elección de 1916 fue la primera en la que los trece votos electorales de California decidieron el resultado. Wilson ganó en ese estado por menos de cuatro mil votos.[59] Al enterarse de que perdió en California, Hughes tal vez haya lamentado el no haberse reunido con Hiram Johnson.

Los aliados se habían desangrado con la guerra en Francia. Las víctimas fatales de los británicos totalizaban los veinte mil hombres, con cuarenta mil heridos solamente en el primer día de la Batalla del Somme.[60] A principio de 1917, los aliados estaban casi en la bancarrota.[61] Con esto, si los alemanes buscaban ganar la guerra, solo tenían que evitar una provocación hacia los Estados Unidos.

Claro que el altivo y temerario káiser no pudo contenerse. En los primeros días de febrero, cedió ante sus almirantes y anunció que se reanudarían los ataques submarinos sin restricciones. Los alemanes ya no tenían en cuenta la reacción estadounidense ante tal decisión. Como habían provocado a los estadounidenses tantas veces sin que hubiera consecuencias de importancia, suponían en su arrogancia que los Estados Unidos no pelearían. Y si lo hacían, no llegarían a gran cosa.

«Ni siquiera podrán venir, porque nuestros submarinos los hundirán», prometió el almirante Capelle al parlamento alemán, el Reichstag, en enero de 1917. Orgulloso, continuó: «Así que los Estados Unidos, desde el punto de vista militar, no significan nada. Repito, nada. Y lo digo por tercera vez: ¡nada!»[62]

Este desprecio era no solo un ejemplo de la sangrienta belicosidad de los militares alemanes, sino un reflejo de las políticas del presidente Wilson y los funcionarios que había decidido designar. Wilson no tenía experiencia como militar. Era muy respetado en el ambiente académico, pero no conocía a profundidad el arte de la guerra y la diplomacia de los Estados Unidos. Y lo peor era que, excepto por Franklin D. Roosevelt, se había rodeado de consejeros que carecían de tal conocimiento también. Buscó pacifistas para los puestos de secretario de estado (William Jennings Bryan) y secretario de la armada (Josephus Daniels).[63] Su fiscal general (A. Mitchell Palmer) era un conocido cuáquero, miembro de un grupo cristiano fundado sobre el principio de la paz.[64]* Incluso su secretario de guerra, Newton D. Baker, de manera improbable era un pacifista.[65] Los diplomáticos alemanes destinados a Washington por supuesto que habían informado de todo esto a Berlín.

---

* Palmer, conocido como «el cuáquero luchador», luego fue objeto de burlas y le llamaron «el luchador que tiembla».

Como si una guerra sin restricciones con submarinos no fuera una provocación suficiente, el ministro alemán de asuntos extranjeros, Arthur Zimmermann, le envió un cable en secreto a su embajador en México. Este tristemente célebre *Telegrama de Zimmermann* proponía la necesidad de acercarse a México y Japón para que se alinearan con Alemania en la guerra contra los Estados Unidos. A cambio de su apoyo, los mexicanos recibirían vastas porciones del territorio sudoeste estadounidense que los Estados Unidos tomaron durante la guerra mexicana.

La Prensa Amarilla de Hearst, que se oponía con uñas y dientes a la guerra con Alemania, puso el grito en el cielo diciendo que todo resultaba ser una treta de los británicos. George Viereck era el editor del diario en idioma alemán de mayor tirada en los Estados Unidos, el *Vaterland* («Madre Patria»). Viereck calificó el Telegrama Zimmermann como «una descarada falsedad, inventada por los agentes británicos».[66] Aunque en realidad, eran tanto Viereck como el corresponsal de Hearst en Berlín los que resultaban ser agentes alemanes pagos.[67]

Viereck tenía razón en una sola cosa: los británicos habían tenido participación. Esto se debió a que el Telegrama Zimmermann había sido interceptado por agentes ingleses, que a toda costa buscaban ocultar lo que sabían. A primera vista, la situación parecía contradictoria. Después de todo, si se conocía este telegrama, los Estados Unidos podrían verse provocados a entrar en la guerra. Sin embargo, la situación no era tan sencilla, ya que el presidente Wilson había permitido ingenuamente que los alemanes usaran los cables diplomáticos estadounidenses porque quería que pudieran conversar sobre las propuestas de paz sin interferencia de parte de los ingleses. Aunque Wilson no lo sabía, los británicos habían interferido no solo los cables alemanes, sino también los estadounidenses. La inteligencia británica era tan experta y eficiente que sus agentes podían interceptar, descodificar y traducir los cables alemanes mucho más rápido de lo que los mismos alemanes podían hacerlo.[68] Los estadounidenses quedaron atónitos al conocer lo del Telegrama Zimmermann, pero no habrían estado dispuestos a entrar en la guerra si hubieran sabido que los británicos lo habían descubierto. En ese caso, sospecharían que podía tratarse de un mensaje falsificado por la inteligencia británica, como afirmaban los hombres de Hearst. Eso, en efecto, habría impedido que los Estados Unidos entraran en la guerra.

¡No obstante, en ese momento, el ministro Zimmermann admitió haber escrito el telegrama![69]

Tal vez se trate del error diplomático más grande en toda la historia.

De la noche a la mañana, el centro de los Estados Unidos cambió de opinión con respecto al lejano conflicto en Europa. El *Omaha World Herald* escribió: «El tema aquí ya no tiene que ver con Alemania en contra de Gran Bretaña. Ahora ese trata de Alemania en contra de los Estados Unidos».[70] Otros periódicos del centro del país, lo que incluía a los diarios influyentes en idioma alemán, dejaron de mostrarse neutrales.[71]

Theodore Roosevelt le escribió a Henry Cabot Lodge, el senador republicano de Massachusetts, un hombre mayor que había sido su amigo y mentor político durante décadas. Si Wilson no pelea ahora, decía TR, «lo *desollaré* vivo».[72]

III. ¿Roosevelt a Francia?

Tomada ya la decisión de ir a la guerra, Woodrow Wilson hizo uso de su don para la oratoria.

Con sabiduría organizó una sesión conjunta del Congreso el 2 de abril de 1917: «No tenemos nada contra el pueblo alemán. Nuestros sentimientos hacia ellos son de amistad y comprensión». Peleamos, decía, porque «hay que mantener al mundo seguro por el bien de la democracia».[73]

> El derecho es más precioso que la paz y pelearemos por las cosas que siempre han estado más cerca de nuestros corazones: la democracia, el derecho de los que se someten a la autoridad a tener una voz en su propio gobierno, los derechos y libertades de las naciones pequeñas, el dominio universal del bien con una conformidad tal de las personas libres como para llevar paz y seguridad a todas las naciones y lograr que el mundo al fin sea libre … ha llegado el momento en que los Estados Unidos tienen el privilegio de dar su sangre … por los principios que hicieron nacer a nuestra nación … con la ayuda de Dios, no se puede hacer otra cosa más que esta.[74]

Durante esta sombría Semana Santa en Washington, el Senado apoyó al presidente con un voto de ochenta y dos a seis. La Cámara de Representantes promulgó la Declaración de Guerra contra Alemania en la madrugada del Viernes Santo, con un voto de trescientos setenta y tres a cincuenta.[75] La mayoría de los cincuenta votantes en contra de la guerra eran congresistas del medio oeste, donde había muchos alemanes-estadounidenses.[76] Uno de esos votos correspondió a la única mujer miembro del Congreso, la diputada Jeaneatte Rankin, una republicana de Montana.*

La mayoría de los estadounidenses abrazó la causa moral de los Estados Unidos con entusiasmo. El compositor irlandés-estadounidense George M. Cohan no tardó en escribir la pegadiza canción que se convirtió en el tema oficial de la primera guerra extranjera importante de la nación:

> ¡Por allí, por allí!
> ¡Envíen el mensaje, envíen el mensaje, por allí!
> Llegan los yanquis, llegan los yanquis,
> Y los tambores resuenan por doquier,
> ¡Así que prepárense, digan sus oraciones, envíen el mensaje para que estén atentos!
> Ya llegamos, ya llegamos,
> Y no volveremos hasta que todo haya acabado por allí.

No solo se contaba con el respaldo del Tin Pan Alley,** nombre con que se conocía a la industria de ediciones musicales de los Estados Unidos. Había millones de estadounidenses que compraban Bonos de la Libertad. Estos eran bonos del gobierno emitidos para ayudar a financiar la guerra.

Theodore Roosevelt estaba desesperado por entrar en acción. Quería ser el Lafayette estadounidense.[77] TR se tragó su orgullo y fue a ver a Wilson a la Casa Blanca. Le rogó al presidente, en realidad le imploró, que le diera permiso para reunir a una compañía de voluntarios que pudieran unirse a la lucha en Francia. Momentáneamente conmovido, el presidente dudó. Le dijo a su ayudante Joseph Tumulty, en quien tanto confiaba, que TR era «un muchacho grande ... que tiene una cierta dulzura que convence. Uno no puede resistirse».[78]

---

*   Rankin era una de las principales sufragistas. Otras defensoras del voto femenino intentaron en vano disuadirla de su voto poco popular. En 1918 fue derrotada, pero volvió a la Cámara en 1940. Allí fue la única que votó en contra de la guerra después del ataque a Pearl Harbor. La policía del Capitolio tuvo que protegerla de la multitud enardecida. Rankin lideró una marcha hasta el Capitolio en 1968 pronunciándose en contra de la guerra. En 1985, el estado de Montana la honró con un monumento en el Salón de las Estatuas del Capitolio.

**   El Tin Pan Alley [Olla de lata] está ubicado en la calle 28 de Manhattan, entre la Quinta Avenida y Broadway. Allí estaban los editores musicales más populares. A principios del siglo veinte, el periodista Monroe Rosenfeld escribió que el sonido de todos los pianos que repicaban se parecía al de ollas de lata que se golpeaban. De ahí el nombre. (Tomado de: http://parlorsongs.com/insearch/tinpanalley/tinpanalley.asp.)

Los dos hombres estaban sentados frente a frente. El presidente de los Estados Unidos y su antiguo rival, el anterior presidente, no podían haber sido más distintos en cuanto a sus historias, temperamentos o perspectivas. Theodore Roosevelt era descendiente de una rica y poderosa familia holandesa de Nueva York. Había vencido la fragilidad de su físico y el asma de su niñez, y ahora era una figura poderosa. Se había ganado el afecto del pueblo como vaquero en Dakota y también como comisionado de la policía que recorría las calles de su ciudad natal de Nueva York. Además, era el ruidoso líder de los Rough Riders [Jinetes Rudos], su regimiento de voluntarios de caballería, conformado por universitarios de familias ricas y rústicos agricultores del oeste, los cuales se sentían atraídos por su afecto personal al carismático TR así como por el entusiasmo de combatir en Cuba. Roosevelt subió inesperadamente a la presidencia cuando un asesino acabó con la vida del modesto y callado William McKinley, último veterano de la Guerra Civil, ocupando así la Mansión Ejecutiva. Después de una breve pausa como duelo por el presidente asesinado, «Teddy» le cambió el nombre a la mansión presidencial, llamándola Casa Blanca, y conmovió a la nación como si se tratara de una tormenta. Él era el presidente más joven que había tenido el país y su fuerza e impulso le valieron el mote de «dínamo». Se enfrentó con los propietarios de las minas y los líderes del sindicato de mineros hasta que logró que le pusieran fin a la devastadora huelga. Acabó con los Trust, ejerció su política del Gran Garrote en la diplomacia, e hizo «que la tierra volara» al mandar a excavar el canal de Panamá. Ganó el Premio Nóbel de la Paz por haberle puesto fin a la Guerra entre Rusia y Japón, pero envió luego a su Gran Flota Blanca por el mundo como una advertencia a los poderes imperiales que en ese momento se mostraban contenciosos. «Nadie me pisa», era el mensaje implícito.

Sin embargo, todo eso había quedado en el pasado.

Ahora, el 7 de abril de 1917, un día después de que el presidente Wilson hubiera firmado la declaración conjunta del Congreso proclamando la guerra contra Alemania, el Theodore Roosevelt sentado ante el escritorio en un cálido día de primavera solo era una sombra de lo que había sido.

Seguía sufriendo las consecuencias de su expedición en 1914 a la selva de Brasil para recorrer las aguas del Río de la Duda, que no figuraba en los mapas. TR y su hijo Kermit habían partido en esta expedición casi como en respuesta a un desafío. Cuando sus amigos expresaron sus dudas, afirmó que tenía que ir: «Es mi última oportunidad de ser niño». Teddy salió tan apurado que ni siquiera eligió los libros que llevaría, aunque tomó *Utopía* de Tomás Moro, las obras de Sófocles, dos volúmenes de *Decline and Fall of the Roman Empire* [Deterioro y caída del Imperio Romano] de Gibbons, y las obras de Marco Aurelio y Epícteto.[79] Cuando terminó de leerlas, después de horas de lectura en alguna canoa o sentado sobre algún tronco caído bajo una tela de tul para protegerse de los mosquitos, el antiguo presidente tomó el libro de poesía francesa de Kermit. «A papá nunca le interesó la poesía francesa. Decía que no tenía melodía. "La canción de Rolando" era la única excepción a su regla», contaba su hijo.[80]

La expedición pronto se convirtió en pesadilla. «No creo que [Roosevelt] pase de esta noche», escribió el veterano explorador George Cherrie en su diario mientras TR deliraba de fiebre.[81] Llegó el momento en que TR estaba tan debilitado a causa de la infección y la falta de alimento que le pidió a Kermit que siguiera sin él, sintiendo que moriría. Milagrosamente, sobrevivió a las pirañas carnívoras,* las serpientes venenosas, los mosquitos transmisores de malaria y el intenso calor. Logró regresar, pero casi no lo consigue. Perdió casi treinta kilos de peso en la selva brasileña, y toda la ropa le colgaba porque le quedaba enorme. Jamás recuperó el vigor de su juventud. En su honor el gobierno brasileño le cambió el nombre al tramo de mil seiscientos kilómetros del Río de la Duda, llamándolo Río Roosevelt.[82]

¿Cómo podría el presidente Woodrow Wilson encontrar un terreno en común con su visitante? Wilson había crecido en circunstancias modestas en el sur. Era hijo de un ministro presbiteriano. Desde su juventud fue un hombre de letras, no de acción. No jugaba al béisbol, pero sí escribía editoriales en el periódico estudiantil *The Princetonian*, opinando sobre cómo había de elegirse al capitán del equipo de beisbolistas.[83] Decía que había que prestar más atención a la oratoria, al poder de la retórica para persuadir. Como estudiante de Princeton, se quejó del «exceso de piel visible en el gimnasio».[84] ¿Qué pensaría el maduro Wilson de las famosas «caminatas punto a punto» de TR siendo presidente? Durante esos paseos, Roosevelt y sus compañeros (oficiales militares, extranjeros diplomáticos) se desnudaban para caminar a través de los arroyos.

Mientras Roosevelt había hecho alarde de que le enorgullecía no tener «ni una gota de sangre inglesa», Wilson sentía un gran respeto por el gran hombre de la Cámara de los Comunes, el primer ministro William E. Gladstone. Como lo había hecho Hamilton antes que él, públicamente abogaba por reformar el sistema

---

* Como estaban tan hambrientos, TR y su grupo comieron pirañas, las cuales sabían sorprendentemente bien. De este modo, Roosevelt se convirtió en el único antiguo presidente de los Estados Unidos que en realidad comió pirañas.

constitucional de los Estados Unidos para que se pareciera más al modelo británico.[85]

Y ahora Teddy Roosevelt rogaba por una oportunidad de entrar en acción. Sentía que la historia pasaba por delante de sus ojos sin que pudiera hacer nada. Tal vez percibía su propia mortalidad. A Roosevelt no le importaba, según dijo, si moría en la guerra: «Si muriera mañana, me conformaría de tener como epitafio, el único epitafio que quiero: "Roosevelt a Francia"».[86]

El primer ministro de Francia, Georges Clemenceau, pedía que TR entrara en acción. Le dijo a Wilson que la presencia de Roosevelt en las trincheras haría maravillas en la moral de los agobiados soldados franceses, que llevaban ya tres años luchando. «Envíeles a Roosevelt», rogaba.[87]

Wilson no se comprometió a nada en esa última reunión en la Casa Blanca. En un momento, hasta el leal Tumulty pensó que el presidente cedería ante el pedido de Roosevelt.[88] Con gran habilidad, Wilson cambió de tema y le pidió a Roosevelt que le ayudara a aprobar la ley de la conscripción a través del Congreso.[89] A los estadounidenses nunca les había gustado el servicio militar, y como TR había estado exigiendo tal legislación durante años, ahora no podría negarse.

Finalmente, Wilson no cedió ante el ruego de TR.[90] Los oficiales de alto rango del ejército recordaban la temeridad de TR en Cuba y no querían que hiciera lo mismo en Francia. Además, esta sombría guerra no era lo mismo que la arremetida en las Colinas de San Juan. TR estaba debilitado por las enfermedades tropicales que contrajo en su viaje por Sudamérica. No estaba en condiciones de luchar en las trincheras.

Roosevelt lo tomó de la única forma en que sabía tomar las cosas: mal. La negativa de Wilson solo sirvió para profundizar la hostilidad del antiguo presidente hacia el hombre que consideraba demasiado inepto para ocupar la Casa Blanca.* Con amargura, le dijo furioso al editor William Allen White, un progresista republicano de Kansas: «La gente de Washington ... quiere convertir esto en una guerra de papel ... pero si no lo logran, lo convertirán en una guerra democrática».[91] Sin embargo, TR tuvo la satisfacción de ver a sus cuatro hijos presentarse como valientes voluntarios. Incluso su yerno, un médico, y su hija, una enfermera, enfrentaron el peligro en las unidades médicas de la frontera.

---

* Con el rechazo de Wilson, también acabó la idea del epitafio de «Roosevelt a Francia». Curiosamente, TR fue el segundo presidente estadounidense que propuso hacer una referencia a Francia en su lápida. Un siglo antes, otro hombre combativo había hecho algo parecido: «Aquí yace John Adams, que asumió la responsabilidad de la paz con Francia en 1800».

Theodore Roosevelt. *Theodore Roosevelt le rogó al presidente Woodrow Wilson que le permitiera pelear en las trincheras durante la Primera Guerra Mundial. El antiguo presidente dijo que si moría allí le gustaría que su lápida llevara como inscripción: «Roosevelt a Francia». Cuando Wilson se negó, el odio entre ambos se hizo más profundo.*

Los soldados estadounidenses durante la Primera Guerra Mundial.
Los soldados estadounidenses contribuyeron a que las cosas mejoraran para los exhaustos aliados durante la Primera Guerra Mundial. En su país, los estadounidenses no llegaban a apreciar los horrores de las trincheras, donde el gas venenoso se acumulaba en los espacios bajos y las ratas se daban un festín con los cadáveres.

El Káiser Wilhelm II. *El Káiser Wilhelm II de Alemania era nieto de la reina Victoria de Gran Bretaña. En una oportunidad les ordenó a los soldados alemanes que fueran tan brutales como los antiguos hunos. Y el nombre se les quedó. Incluso sus padres se asustaban al ver el carácter y la tozudez de Wilhelm*

Vladimir Lenin. *Lenin organizó el partido bolchevique de Rusia, convirtiéndolo en un movimiento de conspiración y justificando toda violencia en pos del avance de la causa comunista en el mundo. Él fue el fundador de la Unión Soviética. Su cuerpo embalsamado permanece en su mausoleo de Moscú hasta nuestros días.*

IV. ¡POR ALLÍ!

Poco después los estadounidenses demostraron que los alemanes se habían equivocado con respecto a su arma submarina. FDR se ocupó con gran energía de proveerle naves antisubmarinas de treinta y tres metros de largo a la Armada de los Estados Unidos, mientras que el almirante William S. Sims organizó un sistema de postas que contrarrestó la amenaza de los submarinos alemanes. Gracias a los esfuerzos de FDR y Sims solo murieron seiscientos treinta y siete de los más de dos millones de soldados estadounidenses durante los ataques provocados por los submarinos alemanes en el cruce a Francia.[92]

La intervención estadounidense llegó en el momento justo para los aliados. En abril de 1917, Gran Bretaña perdió la mayor cantidad de toneladas de equipamiento, tomando en cuenta las dos guerras mundiales, debido a los submarinos.[93]

Al general John J. Pershing le fue asignado el mando de las Fuerzas Expedicionarias Estadounidenses. Y decidió desde el principio que los estadounidenses lucharían bajo un comando unificado. Él rechazó los pedidos de los debilitados aliados de que las tropas norteamericanas llenaran los huecos que habían quedado en sus ejércitos.[94]* Pershing era un hombre decidido, un líder resuelto y determinado.

El año anterior, Pershing había sido convocado para sofocar un disturbio con México cuando el forajido Pancho Villa cruzó hasta Nueva México y asesinó a diecisiete estadounidenses en Columbus.[95] Wilson envió al general Pershing y a doce mil soldados de la caballería para perseguir al líder bandido a través de cuatrocientos ochenta kilómetros durante su regreso a México. Villa escapó por muy poco y la reputación de «Black Jack» Pershing** como resultado de la «Expedición Punitiva» perduró a lo largo del tiempo.[96]

El pueblo estadounidense seguía con entusiasmo los relatos de heroísmo de sus tropas. La Escuadrilla Lafayette, con sus biplanos franceses, se distinguía en los cielos. El teniente Eddie Rickenbacker se convirtió en el primer «As» del aire norteamericano al derribar a veintiséis aviones alemanes.[97] La infantería estadounidense, conocida como los *doughboys*,*** se ganó también el corazón de los franceses.

---

* El presidente Wilson solo hizo una excepción a la regla de Pershing al permitir que los soldados de color sirvieran bajo los comandantes franceses en las unidades de combate. No hubo objeción a que formaran parte de las fuerzas en acción allí.

** Este mote se debió a que había comandado con orgullo a los soldados negros en esa época en que existía la segregación dentro del Ejército de los Estados Unidos.

*** Doughboys [muchachos rosquillas] era el nombre con que se conocía a los soldados de la infantería estadounidense. Hay diversas teorías con respecto al origen de este nombre, y la más probable proviene

El coronel Charles Stanton asombró a los franceses en una ceremonia del Cuatro de Julio realizada en París cuando ante la tumba del Marqués de Lafayette dio un paso al frente, saludó con elegancia, y dijo: «Lafayette, nous voici!» («¡Lafayette, aquí estamos!»).[98]

Los Marines de los Estados Unidos entraron en acción contra las experimentadas tropas alemanas, que pronto vieron que los *Leathernecks* [Cuellos de cuero] eran de temer. Les llamaban *teufelhunden* o perros del diablo. Cuando los generales aliados convocaron a una retirada temporal, el capitán de los Marines Lloyd Willams protestó: «¿Cómo? ¿Retirada? ¡Pero si acabamos de llegar!».[99]

A la industria estadounidense le llevó tiempo ajustarse a una economía de tiempo de guerra. No había equipamiento suficiente para los militares, e incluso el secretario de guerra Newton D. Baker se ufanaba diciendo: «Me deleita el hecho de que cuando entramos en esta guerra no estábamos preparados ni deseosos de ser parte de ella como lo estaba nuestro adversario. Acostumbrados a la paz, no nos encontrábamos listos».[100] Como resultado, los estadounidenses volaban Neiuports hechos en Francia, disparaban rifles británicos y empleaban una artillería francesa de setenta y cinco milímetros, armas que utilizaron casi hasta el final de la guerra.[101]

Los aliados obtuvieron gran apoyo con la llegaba de los estadounidenses, pero perderían a su socio oriental. El zar fue derrocado en marzo de 1917 por una revuelta democrática contra su largo y poco ilustrado gobierno.

El gobierno ruso provisional liderado por Alexander Kerensky juró que continuaría en la guerra, y esto le dio una oportunidad a Vladimir Lenin, líder exiliado de los bolcheviques.* Los bolcheviques afirmaban que eran la mayoría de los comunistas revolucionarios de Rusia. El Alto Comando alemán, que quería eliminar a Rusia de la guerra, puso a Lenin y a varios importantes exiliados bolcheviques en el famoso «Tren Sellado»** y los envió a Petrogrado, la capital de la agobiada Rusia. Lenin les prometía «paz, tierra y pan» a los hambrientos obreros y campesinos

---

de la época de la Guerra Civil, cuando los uniformes de la Unión llevaban botones de bronce con la forma de rosquillas.

* Bolchevique, de bolshoi, que significa «más grande» en ruso. Los bolcheviques eran en realidad la facción más pequeña de los revolucionarios de Rusia. Este fue el comienzo del éxito de su propaganda.

** El Alto Comando alemán, temiendo que las ideas revolucionarias de los comunistas «contagiaran» a su propio pueblo, que padecía de hambre, no permitió que nadie subiera o bajara del Tren Sellado. El tren atravesó Alemania en su paso hacia Rusia y entró a la historia.

El zar le había cambiado el nombre a San Petersburgo por el de Petrogrado al inicio de la guerra, para que la ciudad construida por Pedro el Grande tuviera un nombre con sonido ruso. Poco después, volvió a cambiar de nombre y se llamó Leningrado, en honor al fundador de la URSS. En 1991, la ciudad recuperó el nombre de San Petersburgo.

rusos, cansados de las guerras. A los alemanes les prometió que haría que Rusia abandonara la guerra. Winston Churchill calificó este movimiento imprudente de los alemanes como «la inyección del bacilo de una plaga» en el estado ruso.[102]

Llegado el mes de noviembre de 1917, cuando Lenin tomó el mando del gobierno ruso durante la revolución bolchevique de Octubre Rojo, los alemanes esperaban transferir cincuenta divisiones de veteranos conocedores de la guerra hacia el frente occidental.* Lenin destituyó al gobierno democrático de Alexander Kerensky y hundió a Rusia en una dictadura comunista que duró setenta y cuatro años. Poco después, Lenin firmó un tratado de paz por separado con Alemania y permitió así que cientos de divisiones de soldados se unieran a las filas alemanas en Francia.

La guerra produjo nuevas tensiones en materia de política doméstica para los Estados Unidos, donde el gobierno financiaba al Comité de Información Pública para promover la guerra activamente con propaganda sofisticada. Al mando del comité estaba George Creel, que calificó al esfuerzo como «la más grande aventura en publicidad que haya conocido el mundo».[103] Se les pagó a setenta y cinco mil «hombres de los cuatro minutos» para que se subieran al escenario en teatros y cines, avivando el sentimiento en contra de los hunos.[104] Herbert Hoover, un ingeniero de minas millonario, se había distinguido en la Asistencia Belga al inicio de la guerra, y ahora Wilson lo convocó para que encabezara la Administración de Alimentos. El país se acostumbró entonces a «los lunes sin trigo» y «los martes sin carne».[105] Todo el tiempo Hoover urgía a los estadounidenses a «comerse todo lo que había en el plato», y los carteles del gobierno nos recordaban que «la comida será quien gane la guerra».[106]

Muchos progresistas habían advertido que la guerra desataría un odio virulento hacia todo lo que fuera alemán. Ya no se respetaba el genio de la inventiva de los germanos, demostrado en cosas como la máquina de rayos X del Dr. Roentgen y el motor diesel. Se despreciaba estúpidamente a Mozart y Beethoven, y se rebautizó el *sauerkraut* con el nombre local de «repollo de la libertad».[107]

Sin embargo, todavía no había llegado lo peor. En las bibliotecas se tiraron a la basura los libros en idioma alemán e incluso en algunos estados del medio oeste se declaró *ilegal* la enseñanza de este idioma en las escuelas.[108]** La Ley de Sedición declaró que toda interferencia con la guerra era un crimen y se arrestó a más de mil

---

* Aunque la revolución tuvo lugar el 7 de noviembre de 1917, Rusia todavía operaba bajo el calendario juliano, el cual el Imperio Británico había abandonado por el calendario gregoriano en 1752.

** El sínodo luterano de Missouri, un organismo de la iglesia con millones de adherentes, utilizaba el idioma alemán en los servicios y escuelas parroquiales. El sínodo apeló contra las leyes del idioma hasta llegar a la Corte Suprema, y en 1923 ganó la reivindicación con el caso Meyer vs. Nebraska. La histeria

quinientas personas.[109] El perenne candidato presidencial socialista Eugene V. Debs fue llevado a la corte, sentenciado y enviado a prisión. El sentimiento antialemán desató una ola de odio y sospechas entre los vecinos. Samuel Eliot Morison dijo que era una oportunidad para que «las viejas frustradas de *ambos* sexos» dieran rienda suelta a sus fantasías.[110]

El presidente Wilson acudió ante el Congreso en enero de 1918 para presentar sus objetivos de guerra. Habló con esperanzas del nuevo gobierno bolchevique de Rusia y elogió a «la nueva voz» del pueblo ruso, diciendo que era «convincente, conmovedora y llena de entusiasmo».[111] Pocos líderes occidentales entendían entonces la violencia y la opresión que tal régimen produciría, y la mayoría festejaba el fin de la autocracia de los zares. Él enfatizó una vez más su respeto por el pueblo alemán, pero no por sus brutales líderes. Dijo que los alemanes se distinguían por sus conocimientos y su espíritu emprendedor. Su papel en el mundo los convertía en «un pueblo con un desempeño brillante y muy envidiable».[112]

El contenido de su discurso se conoció luego como Los Catorce Puntos. Wilson convocaba a los «acuerdos abiertos tomados con sinceridad». Esta fue una respuesta a los tratados secretos, que muchos consideraban la causa de la guerra. Los bolcheviques los habían publicado luego de obtenerlos de los archivos del zar. Wilson también llamó a la libertad marítima. Afirmó el principio de la autodeterminación nacional y concluyó con un resonante llamado a formar una «Liga de las Naciones» que defendiera la paz que buscaban los aliados.[113]

Los Catorce Puntos representaban el más alto ideal del progresismo. El coronel House había trabajado con un grupo de intelectuales a los que discretamente llamaba «The Inquiry» [La Investigación] para escribir el borrador de los principios que luego Wilson presentaría con su elevada retórica.[114]* El presidente escribió a máquina su elocuente discurso, y al igual que el grupo que había trabajado en secreto, no le reveló su visión a su gabinete, los líderes del Congreso o los líderes democráticamente elegidos de Inglaterra o Francia, que eran sus principales aliados.[115]

Desesperados por lograr la unidad y obtener préstamos de los Estados Unidos, los aliados no contradijeron a Wilson en público. No obstante, Gran Bretaña jamás compartiría la creencia del presidente estadounidense en la libertad marítima si tal libertad significaba renunciar a su arma más efectiva: el bloqueo. (El primer

---

de la guerra se había aplacado para entonces. Meyer sigue siendo una importante victoria en materia de los derechos de los padres.

* Entre los distinguidos académicos de La Investigación, que luego escribirían obras que pasaron a la historia, se contaban William C. Bullitt, Walter Lippmann y Samuel Eliot Morison.

ministro David Lloyd George podría haberle recordado a Wilson que la Unión no les había dado justamente «libertad marítima» a los confederados durante la Guerra Civil.) El primer ministro francés Georges Clemenceau conocía bien a los Estados Unidos porque había sido reportero durante la Guerra Civil. Al igual que Lloyd George, decidió no criticar los Catorce Puntos públicamente, pero en privado «el Tigre» Clemenceau observó con acidez que «incluso Dios Todopoderoso solo tiene Diez».[116]

Un gran número de estadounidenses comenzó a integrar las líneas de los aliados en 1918. Los Marines se distinguieron en acciones importantes como la de Belleau y Chateau Thierry. Un ataque estadounidense-francés liderado por los Estados Unidos en septiembre contra las líneas alemanas en San Mihiel logró un avance importante para los aliados, que tomaron quince mil prisioneros alemanes.[117] Las fuerzas alemanas habían llegado al límite del debilitamiento.

Los estadounidenses cantaban la pegadiza melodía de Irving Berlin: «Oh, cómo odio levantarme por la mañana», y leían con ansias los relatos de las heroicas acciones en batalla «por allí». Una de las historias más asombrosas es la del sargento Alvin York, proveniente de las colinas de Tennessee. Siendo miembro de una pequeña secta pacifista cristiana, no debería haber sido llamado para unirse al ejército estadounidense en la Segunda Guerra Mundial. Sin embargo, como la junta de reclutamiento no reconocía a la iglesia de York, el joven se convirtió en soldado. El sargento York venció sus dudas iniciales en cuanto al uso de la fuerza letal y se ganó la Medalla de Honor del Congreso al salvar a su batallón de la destrucción que causaban las ametralladoras del enemigo. Su destreza con el rifle, afinada durante veinte años de cazar ardillas y conejos, no se comparaba con la de ningún otro.[118]*

En tanto, miles de hogares estadounidenses recibían los temidos telegramas del Departamento de Guerra durante ese otoño. Uno de esos hogares era Sagamore Hill, en Long Island. Allí el antiguo presidente y la Sra. Roosevelt recibieron la noticia de que su hijo menor, Quentin, había caído en acción tras las líneas alemanas en Francia. Quentin, el niño más travieso de la Casa Blanca, había perseguido a los alemanes en el aire con más celo que destreza, efectuando «ataques repetidos» sobre siete aviones alemanes, según informó su agencia de prensa.[119] Los alemanes, para su propio crédito, le dieron sepultura con honores militares a este joven de veinte años que perdió la vida en la guerra.[120] Aun así, un alemán consiguió una

---

*   Como en toda guerra estadounidense, los cazadores marcaban la diferencia en el campo de batalla.

fotografía del fallecido Quentin y mandó imprimir miles de postales horribles. Una de ellas llegó a la casa de Sagamore Hill.[121] TR, conmovido pero sin quebrantarse, comparó entonces a su hijo con el coronel Robert Gould Shaw y les dijo a los reporteros: «Solo son dignos de vivir los que no temen morir».[122]* Edith Roosevelt, con un coraje similar, dijo de su hijo Quentin: «Uno no puede criar a sus hijos para que sean águilas y esperar que se comporten como gorriones».

El propagandista alemán que hizo circular esa fotografía tal vez no se diera cuenta de lo que estaba haciendo. El rumor llegó muy pronto a las trincheras alemanas, donde los soldados habían soportado castigos inhumanos durante cuatro largos años, y se maravillaron de que los hijos de un presidente estadounidense enfrentaran el peligro como lo hicieron. Sabían que los *seis* hijos del káiser Wilhelm II estaban en el ejército alemán, pero todos bien a salvo del peligro cumpliendo tareas administrativas.[123] Y por primera vez, los combatientes alemanes comenzaron a expresar su descontento.

La bandera roja de la revolución se izó por primera vez en la Flota Alemana de Alta Mar cuando se amotinaron los marineros.** La flota había estado en el puerto de Kiel desde la culminante Batalla de Jutlandia, en 1916. Allí la Armada Real Británica había librado la gran batalla naval de los *dreadnoughts*.***

Aunque los británicos perdieron más barcos y hombres en Jutlandia, el káiser perdió los estribos, ya que su flota era su gran orgullo. Paralizado por el miedo, mantuvo su Flota de Alta Mar en el puerto durante más de dos años, lejos de toda acción. No obstante, los marineros ociosos son marineros listos para amotinarse.

El pueblo alemán y sus fuerzas armadas esperaban una rápida victoria después de la revolución bolchevique de Rusia. Se les había asegurado que podrían ganar antes de que los estadounidenses inclinaran la balanza a favor de Francia. Sin embargo, como el ejército alemán no logró su «gran victoria», los soldados se desanimaron. Además, seguían llegando cada vez más hombres desde los Estados Unidos. Los yanquis demostraron su temple una y otra vez en la ofensiva de Meuse-Argonne. Cuando el mariscal francés Ferdinand Foch, comandante supremo de

---

    *   TR se refería al coronel Shaw, que perdió la vida en 1864 en Fort Wagner, Carolina del sur, cuando iba al frente de sus soldados en el primer regimiento de negros del ejército de la Unión, el 54 de Massachusetts.

    **   La bandera roja representaba al comunismo.

    ***   Los dreadnoughts (literalmente «sin miedo a nada») eran enormes barcos de guerra acorazados. El HMS Dreadnought de Gran Bretaña medía ciento sesenta metros de largo, veinticuatro metros de ancho y pesaba veinte mil setecientas treinta toneladas. Contaba con diez cañones de doce pulgadas, montados en cinco torres (tomado de: http://www.worldwar1.co.uk/battleship/hms-dreadnought.html.).

los aliados, rompió la Línea de Hindenburg de los alemanes el 1 de octubre de 1918, hasta el Alto Comando alemán supo que todo había acabado.[124]

Cuando el liberal príncipe Max, nuevo líder civil de Alemania, buscó firmar un armisticio, se comunicó directamente con el presidente Wilson.[125] Quería una paz basada en los Catorce Puntos. Sin consultarlo con sus aliados, Wilson respondió que antes de que fuera posible un armisticio tendrían que derrocar al káiser.[126] Sin embargo, cuando los líderes militares y civiles de Alemania presionaron a Wilhem para que abdicara, él se resistió: «No soñaría con abandonar el trono por unos cientos de judíos y mil obreros», le dijo al príncipe Max.[127] Con todo, poco después se vio obligado a exiliarse. Buscó refugio en Holanda.[128]

Por todo el mundo corrían los rumores del inminente final de la guerra, y Wilson apeló entonces al apoyo del pueblo estadounidense en las elecciones legislativas de 1918. Solicitó que les devolvieran a los demócratas el control del Congreso. Se dirigió en un discurso a los votantes estadounidenses pidiéndoles que mostraran su respaldo a «*mi* liderazgo» y «*me* sostengan con convicción y sin dudas».[129]

En cuanto a la necesidad de un fuerte liderazgo en los Estados Unidos, Wilson tenía razón. Y también la tenía al afirmar que debía mostrarles tanto a los alemanes como a los líderes aliados el fuerte respaldo del pueblo de su nación. No obstante, su énfasis partidario y el interés en sí mismo fueron un grave error. Los republicanos en realidad apoyaron las políticas de guerra de Wilson con mayor fervor que los mismos demócratas.

TR hizo campaña por los republicanos en las elecciones intermedias de 1918. «Todo voto republicano es un clavo más en el ataúd del káiser», dijo.[130] La cuenta final de los votos arrojó un resultado favorable para los republicanos: los demócratas perdieron el control de *ambas* cámaras en el Congreso. En la Cámara de Representantes los republicanos contaban con doscientos cuarenta miembros y los demócratas con solo ciento noventa. En el Senado, ahora elegido mediante el voto popular y no por las legislaturas estatales, los republicanos obtuvieron seis asientos más que los demócratas, con un resultado estrecho de cuarenta y nueve a cuarenta y siete.[131]

TR se había opuesto públicamente a los Catorce Puntos de Wilson. Dijo que la única base satisfactoria para la paz sería la «rendición incondicional» de Alemania y «la absoluta lealtad a Francia e Inglaterra en las negociaciones de paz».[132]

¿Era una sedición de parte de Roosevelt? A los votantes de los Estados Unidos no les pareció así.

Roosevelt les escribió al primer ministro francés Clemenceau y al ministro de asuntos exteriores de Gran Bretaña, Lord Balfour. Les recordó que bajo un sistema parlamentario, como lo era el suyo, Wilson habría perdido su puesto en la función pública. «Exigió un voto de confianza y la gente ha votado mostrando falta de confianza en él», escribió.[133] Tenía razón. Sin embargo, como ciudadano estadounidense, TR cometió el error de ser impropio e incorrecto al dirigirse de este modo a líderes extranjeros.

TR defendía a los estadounidenses negros que vestían uniforme, afirmando que quería derechos civiles para todos. Exigía el reconocimiento «por los honores ganados y los servicios prestados» para estos soldados negros que habían peleado en la guerra.[134] Wilson se había negado a permitir que los negros lucharan junto a los blancos en Francia. Los separó de las Fuerzas Expedicionarias Estadounidenses y los puso directamente bajo el comando francés.[135]

Pronto, los alemanes formaron una república, presentando el pedido de armisticio. El mariscal Foch obligó a los alemanes a aceptar condiciones muy duras para ponerle fin a la lucha armada. El acuerdo se firmó en el vagón de Foch, en Compiégne, Francia.

La guerra terminó en la *undécima* hora del *undécimo* día del *undécimo* mes: noviembre de 1918. El capitán Harry S. Truman servía en una batería de artillería de la Guardia Nacional de Missouri, disparando su arma por última vez a las diez y cuarenta y cinco de la mañana de ese día.[136] Finalmente, después de cuatro largos años de matanza, la más grande en la historia humana, ya no se oyeron más disparos. Unos diez millones de personas habían muerto en la Gran Guerra. Ahora, por fin, todo estaba «tranquilo en el frente occidental».

Esa noche Harry se quejó de que los hombres de la batería de artillería francesa vecina lo mantuvieron despierto. Estaban borrachos e insistían en pasar junto a la cama de Harry y saludarlo gritando: «*Vive President Wilson! Vive le Capitaine d'artillerie américaine!*».[137]

Del lado alemán, el cabo Adolfo Hitler recibió la noticia en un hospital militar. Había quedado temporalmente ciego a causa del gas venenoso. Lloró con lágrimas de amargura, y por su coraje bajo fuego el cabo Hitler fue condecorado con la Cruz de Hierro, Primera Clase. El capitán Hugo Guttman, que era judío, fue quien lo recomendó para que se le otorgara este inusual alto honor.[138]

En Berlín, los comunistas intentaron formar un *soviet* alemán siguiendo el modelo de Moscú.* Rosa Luxemburg y Karl Liebknecht lideraban a las fuerzas rojas

---

* El término soviet se deriva de la palabra rusa que significa «aconsejar». De modo que el soviet era un consejo de asesoría. En la práctica, los soviets no daban consejos, sino que los tomaban de una única fuente: el partido comunista.

allí, y al ver estos sucesos desde el Kremlin de Moscú, Vladimir Lenin se entusiasmó.* Dijo que Alemania «ardía» con el fuego de la revolución.[139] Los comunistas bajo el mando de Bela Kun formaron un gobierno tipo *soviet* en Hungría, pero poco después Luxemburg y Liebknecht fueron asesinados. El intento de Bela Kun también fracasó.

Más tarde, en su *Mein Kampf* [Mi lucha], Hitler señalaría la participación de algunos importantes comunistas judíos en tales sucesos. Se quejó de que la sangrienta represión de los comunistas no había sido lo suficiente dura. Quería que se usara gas venenoso para «exterminar esa pestilencia».[140]

V. WILSON EN PARÍS

El presidente Wilson rechazó el consejo de su principal consejero militar, el general Pershing. El general le rogó al presidente que les permitiera a las Fuerzas Expedicionarias Estadounidenses terminar la tarea que habían comenzado. «Lo que más temo», decía el líder de las fuerzas estadounidenses en Francia, «es que Alemania no sepa que está acabada. Si nos hubieran dado una semana más, se lo habríamos hecho saber».[141]

Ahora Wilson estaba decidido a ir a Francia para una gran Conferencia de Paz. Hablaría con los líderes de los aliados victoriosos para redactar un tratado que le pusiera fin oficialmente a la guerra. Wilson desdeñó todo consejo de que se quedara en el país. El presidente de los Estados Unidos jamás había salido de viaje durante períodos prolongados y la conferencia de paz prometía alargarse varios meses. ¿Era *constitucional* que el presidente estadounidense se ausentara? Hubo quien ofreció su consejo amistoso, como el periodista Frank Cobb, que apoyaba a Wilson con convicción. Desde París escribió: «En el mismo momento en que el presidente se siente ante la mesa del consejo con estos primeros ministros y secretarios de asuntos exteriores, habrá perdido todo el poder que da la distancia y la imparcialidad. En lugar de seguir siendo el gran árbitro de la libertad humana, se convertirá solo en un negociador que trata con otros negociadores».[142] También Robert Lansing, secretario de estado de Wilson, le aconsejó que no viajara.[143] Opinaba que podría delegar en sus subordinados los detalles de la negociación y mantenerse en una posición ventajosa. Sin embargo, Wilson objetó. Él quería encabezar en persona el equipo estadounidense de negociaciones.

---

* Kremlin significa «fortaleza» en ruso. El Kremlin de Moscú sigue siendo el centro del gobierno de Rusia.

Antes de partir a bordo del *George Washington*, un buque para el traslado de las tropas, Wilson designó a aquellos que lo acompañarían en la delegación.* Fue entonces que cometió un grave error. Azuzado por la furiosa repuesta republicana a su pedido de apoyar la victoria demócrata en las elecciones intermedias, Wilson no eligió a ninguno de los republicanos importantes de su época. Obviamente, TR no iría. Y tampoco el senador Henry Cabot Lodge, a quien Wilson detestaba.[144] No obstante, el presidente podría haber elegido al antiguo presidente Taft o a su adversario de 1916, Charles Evans Hughes. Ambos eran republicanos moderados que habían apoyado las políticas de guerra de Wilson y también su convocatoria a formar una Liga de las Naciones. No obstante, negándose a aceptar este tipo de bipartidismo, Wilson declaró: «No me atrevería a llevar a Taft».[145] Él consideraba que Taft y su moderada Liga por la Paz eran solo unos «entrometidos» y nada más.[146] Como el país acababa de entregarle el control del Congreso a los republicanos, tal desprecio a estos hombres fue un error terrible.

Wilson eligió a Henry White, un diplomático entrado en años que tenía vínculos republicanos, pero no contaba con una influencia especial en ese partido. Además, llevó consigo al secretario de estado Robert Lansing, en quien no confiaba, y al coronel Edward M. House, en quien sí lo hacía.[147] Edith Bolling Galt Wilson, segunda esposa del presidente, lo acompañó también, aunque no tenía una función oficial. Ella ejercía una gran influencia sobre su esposo.

El primer ministro británico, David Lloyd George, se había postulado para las elecciones y obtuvo una enorme victoria al prometer que exprimiría a los alemanes a fin de obtener una compensación por los daños de la guerra «hasta que chillen como pollos». Lloyd George dijo que quería «mandar al káiser a la horca». El leal aliado en el gabinete de Lloyd George, Winston Churchill, se oponía abiertamente a esto.[148]

Al llegar a Francia, Wilson fue invitado a recorrer los campos de batalla donde tanta sangre se había derramado. Como consideró que sería un intento por manipularlo por medio de las emociones, Wilson rechazó la invitación.[149] Los muchachos estadounidenses, casi un millón de combatientes, sintieron un gran desaliento ante su negativa.[150]

---

* A pesar del nombre, el George Washington fue construido en un astillero de Alemania como un crucero de lujo antes de la guerra. Los Estados Unidos lo habían capturado a comienzos del conflicto bélico a fin de convertirlo en un buque para el traslado de las tropas. Sería allí donde viviría la delegación de paz proveniente de los Estados Unidos durante los cuatro viajes a través del Atlántico (Woodrow Wilson, Heckscher, agosto, p. 497).

Finalizado el combate militar en el frente occidental surgió un asesino todavía más letal: la gripe. La gran pandemia de 1918-1919 barrió con Europa y los Estados Unidos, y desde allí con el resto del mundo. Entre cincuenta y cien millones de personas murieron en unos pocos meses. A diferencia de lo sucedido con otras pestes, esta enfermedad conocida como la gripe española parecía llevarse a los jóvenes y fuertes. En un trabajo reciente sobre la pandemia, John M. Barry destaca que «mató a más personas en *veinticuatro semanas* de las que se llevó el SIDA en veinticuatro años, acabó con más personas en un año de las que mató la peste negra de la Edad Media en un siglo».[151] La enfermedad fue en especial devastadora entre los soldados. Más de la mitad de las víctimas estadounidenses en la Primera Guerra Mundial perdieron la vida a causa de la gripe, no de las balas o el gas de los alemanes. Barry también afirma que fue la gripe y no un ataque cardiovascular lo que enfermó al presidente Wilson en un momento importante de las negociaciones de paz en París.[152] Además, Barry opina que el criterio de Wilson estaba afectado por la enfermedad.[153]

A principios de 1919, la delegación estadounidense que estaba en París recibió una noticia que dejó atónitos a todos. Theodore Roosevelt había muerto mientras dormía en su casa de Sagamore Hill. TR tal vez sospechaba la cercanía de su muerte, porque le había dicho a su yerno Dick Derby: «Nos hemos calentado las dos manos ante el fuego de la vida».[154] Archie Roosevelt, su hijo, les envió un cable a sus hermanos uniformados dispersos por el mundo: «El viejo león ha muerto».[155] No hacía falta decir nada más. Tras el cortejo funeral hacia la tumba ubicada en la Bahía Oyster, en el frío de enero, caminaba el gran amigo de Theodore, William Howard Taft, conocido por su capacidad de perdón. Una vez más, Taft lloró por el amigo que había perdido.

La nación y gran parte del mundo lamentaron la muerte del Jinete Rudo. El senador Henry Cabot Lodge de Nueva Inglaterra, habitualmente frío y desapegado, había sido colega y amigo de TR durante más de tres décadas. Era mayor que TR y casi no pudo hablar cuando se dirigió a los deudos en el funeral, ahogado por la tristeza. Para Lodge, TR había sido «el valiente que luchaba por la verdad», el personaje admirado en el *Progreso del Peregrino* de John Bunyan. Cuando «falleció, todas las trompetas sonaron del otro lado», indicó Lodge.[156]

En París, Wilson se dio cuenta de que la muerte se había llevado a su adversario más formidable, su tan detestado enemigo. Sin embargo, el presidente tuvo la deferencia (y el buen criterio) de emitir una declaración pública elogiándolo como uno de los presidentes más queridos de los Estados Unidos.[157]

«Hay un espectro que acecha a Europa, el espectro del comunismo». Así comienza *El Manifiesto Comunista* de Carlos Marx. Aunque Marx había muerto treinta años antes de que se reunieran los aliados victoriosos en Paris, el espectro del comunismo se hacía sentir durante las deliberaciones. Un importante miembro del gabinete británico se refirió a este espectro durante un discurso ante los ciudadanos escoceses de su jurisdicción: «La civilización está siendo extinguida por completo en áreas enormes en tanto los bolcheviques dan saltos y cabriolas como si fueran tropas de feroces babuinos en medio de las ruinas de las ciudades y los cadáveres de sus víctimas».[158] Las palabras de Winston Churchill despertaron fervor y entusiasmo mientras denunciaba la violencia y la brutalidad del nuevo régimen bolchevique en Rusia. Al igual que el resto del mundo civilizado, los escoceses se habían horrorizado cuando los bolcheviques asesinaron al zar y toda su familia.*No obstante, los escoceses abuchearon a Churchill con la misma sonoridad con que lo habían vitoreado cuando explicó que la amenaza del comunismo era la razón por la que los estadistas debían firmar una paz moderada con Alemania.[159] Pocos eran los que sentían el entusiasmo de Churchill por la intervención en la cada vez más sangrienta guerra civil en Rusia. Churchill quería «estrangular al bebé en la bañera». Y el público de las democracias, harto de las guerras, no sentía interés alguno por enfrentarse a los bolcheviques.

Millones de ingleses, franceses e italianos que lloraron y vitorearon durante la victoriosa gira de Wilson por las capitales aliadas gritaban su nombre. En París, viajó en un auto sin techo, pasando bajo el Arco del Triunfo. En Roma, las calles de la ciudad se cubrieron de arena dorada y se le llamaba a Wilson «el Dios de la Paz».[160]

Cuando el presidente Wilson se reunió con el primer ministro británico Lloyd George y el primer ministro francés Georges Clemenceau, a estos tres grandes poco después se les unió el primer ministro italiano Vittorio Orlando. Pronto quedó en claro que los líderes aliados no sentían reverencia alguna por el presidente de los Estados Unidos. Estos políticos experimentados y cautelosos habían llegado a París a reclamar los frutos de la victoria.

Lloyd George quería la parte de las colonias alemanas que le correspondía a Gran Bretaña. No deseaba ningún tipo de interferencia con el gobierno británico

---

* El depuesto zar de Rusia, Nicolás II; su esposa la zarina, Alexandra; su hijo adolescente y hemofílico, Alexei; sus cuatro hermanas, María, Olga, Tatiana y Anastasia; el médico de la familia imperial y varios sirvientes fieles fueron enviados a un sótano en Ekaterimburgo, Siberia. Allí, en las primeras horas del 18 de julio de 1918, los Guardias Rojos, borrachos, fusilaron, golpearon y acuchillaron a todos. Los cuerpos fueron disueltos en ácido y los tiraron en el pozo de una mina.

en Irlanda e India. No quería declaraciones que proscribieran los bloqueos durante la guerra. En realidad, para mantener bajo control a los alemanes que estaban pasando hambre, los franceses y los británicos habían exigido que se continuara con el bloqueo *hasta tanto* Alemania aceptara un tratado de paz definitivo.[161]

El francés Georges Clemenceau no tenía interés alguno por las colonias de Alemania. Solo le importaba la seguridad de Francia. Y, por supuesto, exigió que se le devolviera Alsacia-Lorena, la provincia fronteriza que los alemanes habían tomado al final de la Guerra Franco-Prusiana en 1871. Francia había perdido un millón trescientos mil hombres en la guerra iniciada por Alemania. Los alemanes debían compensar toda la destrucción de la agricultura y la industria francesa, reparando el daño. Si no podía convencer a los líderes aliados de que había que disolver el Imperio Alemán, creando un estado renano independiente (el Rhineland o Renania), al menos quería que se desmilitarizara esa zona.

A causa de su histórica baja tasa de natalidad, Francia contaba solo con la mitad de los hombres mayores de dieciocho años de los que tenía Alemania cada año. Además, Francia también carecía de los recursos naturales que tenía el vecino país, con lo cual solo producía una décima parte del acero que fabricaban los alemanes. Francia jamás estaría segura a menos que se actuara en pos de desarmar y *debilitar* a Alemania. Clemenceau, el Tigre de Francia, sentía poco o ningún interés por los principios idealistas de Wilson. Gran Bretaña contaba con la protección del Canal de la Mancha, de treinta y cinco kilómetros. Y ahora que la flota alemana le sería entregada a Gran Bretaña, los ingleses ya no tenían motivos para sentir miedo. Los Estados Unidos estaban separados de la venganza alemana por casi cinco mil kilómetros de océano. Mientras tanto, Francia solo poseía solo una «barrera de contención» de cincuenta kilómetros en Renania. Clemenceau exigió «el equivalente en tierra» a la protección de que disfrutaban Gran Bretaña y los Estados Unidos en términos de agua.[162]

Italia había obtenido el control de la península de Istria, antes propiedad de Austria-Hungría. Orlando, de Italia, también quería el Tirol del sur y el puerto mediterráneo de Fiume. Italia no se había unido a los aliados debido a un sentimiento de idealismo, al estilo de Wilson. Quería una compensación de los derrotados austro-húngaros. Según los acuerdos firmados con Gran Bretaña durante la guerra, Orlando consideraba que tenía derecho a ello. Los aliados accedieron a que se le cediera el Tirol del sur,* de habla alemana, pero no les gustó la idea de darles

---

* Por eso los seguidores de los Juegos Olímpicos de Invierno ven a alemanes, con nombres muy alemanes, representando a Italia aun en nuestros días.

la ciudad portuaria a los italianos (este fracaso de Orlando en lo que se refiere a obtener ambas cosas conduciría a su derrota política en Italia y al surgimiento del fascismo bajo Benito Mussolini).

Los japoneses obtuvieron concesiones territoriales en la Península de Shantung, en China. Conservaron las estratégicamente importantes Islas del Pacífico que le habían quitado a Alemania al declararse la guerra (la toma de estos territorios fue prácticamente la única «contribución» de Japón al esfuerzo de los aliados en la guerra).

Japón no logró que la Conferencia de Paz adoptara una resolución en cuanto a la igualdad racial. Se resentía por la actitud de las potencias occidentales. Cuando derrotaron a Rusia en 1905, los japoneses esperaban que el mundo les aplaudiera. «Por supuesto, ¿qué hay de malo en que tengamos la piel amarilla? Si fuéramos tan blancos como ustedes, el mundo entero se regocijaría porque le pusimos freno a la inexorable agresividad de los rusos», señaló un diplomático japonés mientras hablaba con un amigo europeo.[163]

No fue solo el káiser el que insistiera en el «Peligro Amarillo». La prensa de Hearst en los Estados Unidos aullaba esta frase cada día.[164] A Wilson le preocupaba que el Senado de los Estados Unidos tuviera que ratificar cualquier tratado que redactara la Conferencia de Paz, ya que allí había racistas fanáticos como el demócrata de Carolina del Sur, Ben Tillman «el Tridente». Wilson rechazó por ello la resolución de los japoneses.

Cuando Wilson regresó por un breve período a su país en febrero de 1919, las señales no eran favorables. El senador Lodge repartió entre los senadores republicanos un «Petirrojo Redondo» (Round Robin). Este era un documento que insistía en que debía incluirse plenamente al Senado al hacer tratados, advirtiéndole con severidad a Wilson sobre los cambios que debían efectuarse en su Liga de las Naciones antes de que los senadores firmantes votaran para ratificar el tratado definitivo de paz.[165] Como en el Petirrojo Redondo había más firmantes de los requeridos para vetar un tratado, Wilson vio que sería necesario hacer concesiones ante el Senado.* Lodge le dijo al Senado que no debía haber «dimes y diretes» en toda pelea sin importancia que hubiera en Europa, y que el Congreso de los Estados Unidos debía tener la autoridad suprema para tomar las decisiones finales.[166] El presidente

---

* Antes de la admisión de Alaska y Hawai había noventa y seis senadores. Para la ratificación de los tratados en el Senado hacía falta la aprobación de dos tercios de ellos. Por lo tanto, treinta y tres senadores podían exigir enmiendas o se perdería el tratado.

Wilson consideró que este era un intento partidario de avergonzarlo, por lo que su odio hacia Henry Cabot Lodge se hizo más profundo.[167]

El presidente acordó reunirse con el Comité de Relaciones Exteriores de Lodge y responder las preguntas sobre la Liga de las Naciones. Aquellos que apoyaban a Wilson pensaban que era una buena decisión, pero sus opositores estaban más decididos que nunca a poner obstáculos en el camino. El senador republicano Brandegee, de Connecticut, se convertiría poco después en uno de los «Irreconciliables», un grupo de catorce senadores republicanos y cuatro senadores demócratas que se opondrían a la Liga de las Naciones bajo cualquier circunstancia. Brandegee comentó de su reunión con el presidente: «Me siento como si hubiera paseado con Alicia en el País de las Maravillas y tomado el té con el Sombrerero Loco».[168]

Al regresar a Paris, el ánimo del presidente Wilson ya no era el mismo. Cuando su devoto amigo, el coronel House, le informó sobre el estado de las negociaciones durante su ausencia, Wilson se quedó impactado: «House ha regalado todo lo que yo había ganado antes de dejar París».[169] El presidente empezó a dejarse influir por la profunda hostilidad que su esposa sentía hacia el coronel House. Esta y otras diferencias en torno a las negociaciones marcaron el inicio de una brecha en la relación del presidente con su más leal y desinteresado subordinado.[170]

Los argumentos de Wilson en contra de Clemenceau fueron vigorosos. En un punto, incluso ordenó que se preparara al *George Washington* para su partida. Estaba listo para dejar París y abandonar la Conferencia de Paz. Clemenceau se burlaba en privado de esta maniobra de Wilson, diciendo que «volvía a casa con mamá», pero delante de Wilson señaló que sería *él* quien se fuera. Se marchó airado de la conferencia, pero regresó muy pronto.

Clemenceau dijo que estaba de acuerdo con Wilson en que todos los hombres son hermanos, pero hermanos «como Caín y Abel».[171] Insistió de forma incesante en la necesidad de brindar seguridad. Incluso durante el almuerzo destacó con humor la elegancia con que se presentó el pollo: «¿Por qué está el pollo en esta bandeja? Porque no tuvo *fuerzas* para resistirse a nosotros. ¡Y eso es bueno!».[172]

Clemenceau no era el único que se impacientaba con el idealismo de Wilson. El primer ministro australiano Billy Hughes expresó su frustración, aunque reconoció el importante papel de las fuerzas estadounidenses. No obstante, señaló que tal aporte no le daba derecho al presidente Wilson a ser un *deus ex machina* para rescatar a Europa y dictar los términos de la paz. Australia había perdido en proporción más hombres que los Estados Unidos y los aliados, más vidas y dinero. Hughes esperaba que Gran Bretaña y Francia se mantuvieran firmes y defendieran sus intereses. Señaló además que Wilson no podía en realidad hablar en representación de los Estados Unidos.[173]

Por último, fue Lloyd George el que le puso fin a esta situación que parecía no tener salida. Convenció a Wilson para que le ofreciera a Clemenceau la garantía que buscaba para la seguridad de Francia. Si el Tigre dejaba a un lado la exigencia francesa de dividir a Alemania, Gran Bretaña y los Estados Unidos acordaban acudir en defensa de Francia en caso de que ese país fuera atacado por Alemania.[174] Solo con la seguridad que le ofrecía a Francia tal protección aceptaría Clemenceau las propuestas de Wilson para la Liga de las Naciones. Clemenceau consideraba el Tratado de Garantías como «la gloriosa coronación» de su política.[175] El escritor de los discursos del antiguo presidente George W. Bush, David Frum, se refiere al Tratado de Garantías a Francia como una «forma precursora de la OTAN».

Los pacificadores acordaron entonces la creación de un estado polaco independiente. Del ahora disuelto Impero Austro-Húngaro surgieron Checoslovaquia, Yugoslavia y una Hungría independiente. Quedó prohibida cualquier unión (*Anschluss*) entre la pequeña república de Austria y el gran estado de Alemania. Obligaron a Alemania a entregarle su Flota de Alta Mar a Gran Bretaña y establecieron una cantidad indeterminada de compensaciones por la guerra que Alemania debía pagar. Exigieron que los alemanes se desarmaran. Y lo más importante para muchos, insertaron en el tratado definitivo una cláusula de «culpa de guerra» que obligaba a los alemanes a reconocer que habían sido los causantes de la guerra. Los franceses no consiguieron un estado renano independiente como barrera de defensa, pero Renania fue desmilitarizada y Alemania despojada de la rica región carbonífera de Saar durante quince años.

El principal objetivo de Woodrow Wilson durante su estadía en París era defender su tan preciado concepto de la Liga de las Naciones. Creía con sinceridad que muchas de las concesiones que se les había obligado a hacer a los británicos y los franceses en cuanto a territorio, colonias, reparaciones y la culpabilidad de los alemanes por la guerra eran cosas necesarias a fin de conseguir su objetivo supremo. La Liga podría corregir todo error que hubieran cometido los negociadores en París, presionados en ese momento por el tiempo. Wilson tenía una fe casi religiosa en que este «concierto de naciones» sería capaz de funcionar en armonía. Tal vez esto explique por qué se negó de modo tan rotundo a negociar o ceder en temas concernientes a la Liga. El Tratado de Versalles tal vez haya sido obra de George y Clemenceau, pero la Liga de las Naciones era idea suya.

La visión de Wilson a veces era conmovedora y convincente, pero en la mayoría de las ocasiones resultaba demasiado vaga. Theodore Roosevelt había pensado siempre que su hijo Quentin y todos los valientes soldados estadounidenses habían «salvado el alma del mundo del militarismo alemán».[176] Lo que TR había querido era la rendición incondicional de Alemania, para quebrar así el orgullo y la voluntad de los militaristas alemanes. Él deseaba que el káiser y su cúpula militar fueran castigados. Roosevelt pensaba que una paz que se basara en los Catorce Puntos de Wilson, a los que él llamaba con sorna «catorce papelitos para tirar a la basura»,[177] significaría la rendición incondicional no de Alemania, sino de los Estados Unidos.[178] Por supuesto, esto era una exageración. Aunque no lo es decir que el concepto de Roosevelt de una liga de naciones (que comenzó con Gran Bretaña y Francia y no representó peligro para la piedra angular de la soberanía estadounidense, la Doctrina Monroe[179]) fue de ambas visiones de post-guerra la más realista. Claro que Roosevelt ya había muerto y ahora era el presidente electo Woodrow Wilson el que tenía la autoridad constitucional para negociar en París.

En junio de 1919, la Flota de Alta Mar de Alemania avanzó flanqueada por barcos de guerra ingleses hasta Scapa Flow, frente a las costas de Escocia. Sin embargo, en lugar de entregar sus magníficas naves, los marineros alemanes abrieron las válvulas de agua, introdujeron allí cargas explosivas, y deliberadamente hundieron los barcos. El orgullo del káiser, estas magníficas naves, se hundió bajo las olas.[180] La competencia para construir buques de guerra más grandes y potentes había sido una de las principales causas de la Primera Guerra Mundial. Y ahora, la flota tan temida por los británicos había desaparecido sin más ni más.

Los alemanes se enfurecieron ante los términos del Tratado de Versalles. Consideraban que eran brutalmente injustos, señalando que ellos solo habían buscado un armisticio, sin ofrecerse a presentar una rendición incondicional. No tuvieron participación en la negociación del tratado y se les convocó al gran Salón de los Espejos en el histórico Palacio de Versalles solo en el momento de firmarlo. La ceremonia de la firma del tratado se realizó el 28 de junio de 1919. Irónicamente, era la fecha del quinto aniversario de los asesinatos de Sarajevo. El Salón de los Espejos era justo el lugar donde Bismarck había anunciado la creación del Imperio Alemán en 1871, pero ahora los delegados alemanes incluso trajeron sus propias plumas para firmar el odiado tratado que le pondría fin a tal imperio.[181] Ellos no querían dejarles a los vencedores nada que les sirviera de recuerdo.

El principal delegado de la República de Alemania, ministro de asuntos exteriores Brockdorff-Rantzau, ofreció la siguiente respuesta:

Conocemos el poder del odio con que nos encontramos aquí ... Se nos exige que nos confesemos como únicos culpables de la guerra ... Tal confesión sería una mentira pronunciada por mis labios ... los cientos de miles de no combatientes que han perecido desde el 11 de noviembre a causa del bloqueo fueron asesinados fría y deliberadamente después que nuestros adversarios conquistaran y aseguraran la victoria. Piensen en ello cuando hablen de culpa y castigo.[182]

Los líderes aliados se sintieron terriblemente ofendidos ante este desafío presentado por los alemanes. «Los alemanes son en realidad personas estúpidas», dijo Wilson.[183] El ministro de asuntos exteriores de Gran Bretaña, Lord Balfour, un hombre de manera habitual apacible, indicó: «Bestias eran y bestias son».[184]

Sin embargo, no todos los aliados sentían odio por los alemanes. El coronel House confesó que sentía compasión y simpatía por los delegados de Alemania: «Esto no es muy distinto a lo que se hacía en la antigüedad, cuando el conquistador arrastraba al conquistado atándolo a su carro de guerra».[185]

Wilson había sido el que hablara de una «paz sin victoria». Él mismo les había ofrecido un armisticio a los alemanes basado en los Catorce Puntos. Era para su satisfacción que los austriacos y los alemanes habían exiliado a sus familias gobernantes, convirtiéndose en repúblicas. Tenían motivos para pensar que Wilson no les impondría pesadas cargas a los pueblos de estos países devastados por la guerra. Alemania y Austria-Hungría habían perdido ya a tres millones de jóvenes debido a la belicosidad del káiser.[186] Sin embargo, no contaron con que Wilson estaba dispuesto a ceder grandes cosas con tal de preservar su preciosa Liga.

El rígido Tratado de Versalles era peligroso, tanto para los ganadores como para los perdedores. Alemania era una gran potencia con una enorme capacidad para recuperar sus fuerzas. No había nada que pudiera impedirlo y Winston Churchill lo sabía. Él también se oponía a una paz vengativa con Alemania. Indicó que el odio de los franceses hacia los alemanes era «más que humano».[187] Y sin ocultar su admiración por su enemigo caído, escribió:

Durante cuatro años Alemania peleó y desafío a los cinco continentes del mundo por tierra, mar y aire. Los ejércitos alemanes sostuvieron a sus tambaleantes confederados, intervinieron en todo teatro de guerra alcanzando el éxito, estuvieron presentes en todos los territorios conquistados e infligieron en sus enemigos más del doble del derramamiento de sangre que ellos mismos sufrieron. A fin de acabar con su fuerza y su ciencia y ponerle freno a su furia, todas las grandes naciones de la humanidad tuvieran que acudir al campo de batalla para enfrentarlos.[188]

Wilson había llegado a mostrarse impaciente e intolerante con cualquiera que criticara la obra de los pacificadores. Su actitud se extendía incluso a las partes más absurdas del tratado. Cuando uno de sus consejeros se quejó de que si se obligaba a los alemanes a pagarles pensiones a los soldados aliados se duplicaría la suma total de la reparación por los daños de la guerra y eso sería ilógico, Wilson respondió enojado: «¡Lógica! ¡Lógica! Me importa un cuerno la lógica. Voy a incluir las pensiones».[189]

El secretario Lansing intentó advertirle al presidente. «Los términos del tratado parecen ser inmensamente duros y humillantes, y muchos de ellos no pueden ponerse en práctica», le escribió a Wilson.[190] Y una vez más, Wilson refrenó a su secretario de estado, afirmando que el tratado era «obra de la mano de Dios».[191]

Los alemanes no fueron los únicos que sintieron un profundo desánimo ante el Tratado de Versalles y el Pacto de la Liga de las Naciones que el mismo contenía. Algunos de los brillantes académicos reclutados por el coronel House para La Investigación renunciaron motivados por su disgusto. El profesor Samuel Eliot Morison fue uno de ellos, y también Adolf Berle y William C. Bullitt.[192] John Maynard Keynes, un economista liberal de Inglaterra, predijo que el tratado provocaría un desastre. Su libro *Economic Consequences of the Pace* [Consecuencias económicas de la paz] fue muy aclamado y el público sintió desilusión ante las secciones referidas a los pagos punitivos por reparación de daños.

VI. «UNA GUERRA QUE PONDRÁ FIN A TODAS LAS GUERRAS»

Woodrow Wilson sabía cómo funcionaba el sistema constitucional de los Estados Unidos. Había disfrutado del constitucionalismo desde sus días de estudiante en la Sociedad Jefferson de la Universidad de Virginia.[193] Publicó libros sobre este tema. En *Gobierno Constitucional* escribió que con «carácter, modestia, devoción, entendimiento y también fuerza», un presidente «puede lograr la unión de los elementos contendientes del sistema».[194]

Desde junio de 1919 el recién regresado presidente estaría llamado a darles vida a esas sabias palabras. Cuando visitó el Senado, llevó el Tratado de Versalles encuadernado con elegancia en cuero. El senador Lodge se ofreció cortésmente a llevar al tratado a la sala de audiencias. «Ni lo sueñes», le dijo Wilson con una gran sonrisa.[195] Todos rieron ante el comentario del presidente, pero no fue el tipo de bromas que rompen el hielo y aflojan las tensiones. Por el contrario, creó mayor tensión.

Las tensiones entre Lodge y el presidente existían desde hacía tiempo. El invierno anterior, Wilson ordenó que el *George Washington* atracara en Boston a su primer regreso de Francia. Con esto, desafiaba a Lodge con relación al Tratado de Versalles y la Liga de las Naciones en el propio estado del senador.

En Boston el presidente habló de una reunión que había tenido en París con algunos de los académicos que formaban parte de La Investigación del coronel House. «Les dije que había disfrutado de una de las más exquisitas venganzas que un hombre puede tener. Toda mi vida he oído hablar a muchos con cierta condescendencia sobre los ideales y los idealistas ... Y esta ha sido mi dulce venganza. Hablando con toda franqueza en nombre del pueblo de los Estados Unidos, pronuncio como el objeto de esta guerra los grandes ideales, nada más que los ideales».[196]

Los objetivos del senador Lodge en cuanto a la política exterior de los Estados Unidos eran sencillos: quería ganar la guerra y frenar la capacidad de Alemania para poner en peligro la paz.[197] Lodge no era uno de los Irreconciliables, pero como muchos de ellos, apoyaba el Tratado de Garantías a Francia.[198] En esto se mostraba tan práctico y obstinado como Clemenceau en cuanto a la paz. Al apoyar la garantía dada a Francia, Lodge estaba representando al liderazgo republicano.

El senador Lodge presionaba en pos de dos enmiendas o reservas al tratado negociado por Wilson: deseaba que la nueva Liga de las Naciones admitiera formalmente la preeminencia de los Estados Unidos en el hemisferio occidental al reconocer la Doctrina Monroe; y quería asegurarse de que los Estados Unidos solo pudieran tomar parte en una guerra extranjera si el Congreso daba su consentimiento.

El antiguo presidente Taft felicitó al presidente por el Pacto de la Liga de las Naciones.[199] Indicó que estaba dispuesto a trabajar con el presidente para obtener la aceptación al respecto. No obstante, el antiguo secretario de estado Bryan, un importante demócrata, también pidió que el presidente cediera.[200]

Wilson les dijo a los demócratas del Senado que el tratado debía aceptarse tal y como se había escrito. El embajador francés acudió a la Casa Blanca para rogarle que aceptara ciertas revisiones al tratado. A los franceses les preocupaba mucho el hecho de que si el Tratado de Versalles fracasaba, perderían el Tratado de Garantías.

«Señor Embajador», respondió el presidente. «No daré mi consentimiento a nada. El Senado tendrá que tragarse su medicina».[201]

Lodge exigía una enmienda al Artículo X para que el Congreso de los Estados Unidos, y no un voto mayoritario de la Liga de las Naciones en Ginebra, pudiera tomar decisiones definitivas en cuanto al envío de muchachos estadounidenses a luchar en guerras extranjeras. Lodge creía firmemente que la Constitución de los Estados Unidos requería esta autorización del Congreso.

El presidente Wilson rechazó todo cambio al Artículo X. Al revisarlo, señaló que «estaríamos cortándole el corazón [al tratado]».[202] Las ideas de Wilson para la Liga de las Naciones representaban un importante rompimiento con la historia y las tradiciones de los Estados Unidos. Como escribió Henry Kissinger: Wilson quería nada menos que un gobierno mundial y la participación de los Estados Unidos en una fuerza policial global.[203] Los republicanos no estaban preparados para darle eso. El republicano Herbert Hoover había servido con lealtad a Wilson durante toda la guerra, pero pensaba que el Tratado estaría mejor sin el Artículo X.[204]

Wilson desechó el ofrecimiento de ayuda de Taft y otros distinguidos hombres que lo apoyaban, como el presidente de Harvard, Charles W. Eliot.[205] Taft se había ofrecido a convocar a los «que tenían ciertas reservas, pero no eran duros», a fin de que apoyaran el Tratado. El secretario Lansing estuvo de acuerdo y señaló que el presidente debía ceder en algo.[206]

El coronel House le dijo al presidente que si era tan conciliador con el Senado como lo había sido con Clemenceau y Lloyd George, el tema podría resolverse de manera favorable. «House», respondió el presidente con tono severo, «he descubierto que uno jamás puede conseguir algo que valga la pena en esta vida si no lucha por ello». House entonces dijo que toda la civilización se había basado siempre en hacer concesiones. No obstante, Wilson invitó a su viejo amigo a abandonar su oficina y jamás volvió a verlo.[207]

Cuando el líder de los demócratas del Senado, Gilbert Hitchcock, le pidió a Wilson que hiciera concesiones, el presidente le dijo: «Soy un partisano que no concede nada».[208] La rígida postura de Wilson preocupaba incluso a algunos de sus seguidores demócratas del Senado.[209]

Su familia y su médico le aconsejaron que no llevara su caso en cuanto a un tratado sin enmiendas y la Liga de las Naciones ante el pueblo estadounidense, pero Wilson igualmente decidió que lo haría a través de una gira nacional. Se trataría de un extenso recorrido de los estados del oeste, cuyos senadores, como Hiram Johnson de California y William E. Borah de Idaho, lideraban el grupo de

Irreconciliables en férrea oposición al tratado. Wilson pensaba dar muchísimos discursos durante esta gira en ferrocarril.

No fue Wilson el que utilizó la frase «una guerra que pondrá fin a todas las guerras». Esas palabras pertenecen a Lloyd George. Sin embargo, este era el punto principal en la defensa que hacía Wilson de la ratificación del tratado tal cual se firmara en París. «Todos los elementos que han tendido hacia la deslealtad se oponen a la Liga, y con buenos motivos», afirmó ante los habitantes de Ogden, Utah. «Si no se adopta la Liga, estaremos sirviendo a los propósitos de Alemania».[210] Les indicó a los de St. Louis lo que tendría que decirles a los que servían en las fuerzas estadounidenses si se rechazaba el tratado:

> Han sido traicionados. Lucharon por algo que no conseguirán.
>
> Y la gloria de los ejércitos y armadas de los Estados Unidos se ha ido como un sueño en la noche, sobreviniendo entonces ... la pesadilla del miedo ... y llegará un día, según la vengativa Providencia de Dios, en que habrá otra guerra en la que no morirán solo unos cientos de miles de estadounidenses, sino tantos millones como hagan falta para conseguir finalmente la libertad definitiva para los pueblos del mundo.[211]

La cuestión era que no se trataba solo de un mero error de parte de sus opositores, ellos eran desleales, según Wilson estaba diciendo. No se oponían solo a él, sino a Dios. Y si no se seguían sus indicaciones para la paz sin presentar reserva alguna, llegaría otra guerra en la que morirían *millones* de estadounidenses.

Wilson estaba física y emocionalmente exhausto cuando llegó a Pueblo, en Colorado, a las tres semanas de iniciar su gira. Allí, el 25 de septiembre de 1919, sufrió un severo colapso nervioso. Hubo que cancelar el resto de la gira mientras el tren presidencial regresaba rumbo al este hacia Washington a toda velocidad y con las cortinas cerradas.[212]

Días después, en la Casa Blanca, Wilson sufrió un ataque que afectó su capacidad motriz y también el habla. Durante los largos meses que siguieron a este episodio la Sra. Wilson, el Dr. Grayson y el siempre leal Joseph Tumulty conspiraron para mantener en secreto la naturaleza y la gravedad de la enfermedad del presidente, de modo que el público estadounidense no supiera exactamente lo que sucedía.[213] Wilson no realizó reuniones del gabinete en esos ocho meses críticos.[214] Tampoco se reunía con el vicepresidente de los Estados Unidos. La Sra. Wilson le prohibió la entrada a la habitación del presidente.[215] Era ella la que revisaba todos

Lloyd George, Clemenceau y Wilson. *Los aliados victoriosos, el primer ministro británico David Lloyd George, el primer ministro francés Georges Clemenceau y el presidente de los Estados Unidos, Woodrow Wilson. Esta muestra pública de tan buenas relaciones enmascaraba una negociación a puertas cerradas, donde existían grandes rencores.*

Senador Henry Cabot Lodge. *Como buen amigo y aliado político de TR, Lodge se oponía a los planes de Wilson para formar una Liga de las Naciones. No obstante, Lodge, aunque poderoso, no buscaba aislar a su país. Quería garantías para la soberanía de los Estados Unidos bajo el Tratado de Versalles.*

Warren G. Harding, 1921. *Elegido por una enorme mayoría en 1920, Harding les prometió a los estadounidenses «la vuelta a la normalidad». Para los votantes, y en especial para las mujeres que votaban por primera vez, esto representaba el final de la parálisis de los últimos años de Wilson. Sin embargo, una mujer importante (Alice, la hija de TR) lo desestimó en privado diciendo que «no es un hombre malo, pero no sirve de mucho».*

los documentos oficiales y limitaba el acceso a un reducido grupo de personas en las que podía confiar. Esas pocas personas solo contaban con unos minutos para conversar con el mandatario, que continuaba en estado grave.[216]

El secretario Lansing, jefe del gabinete, recibió un reproche porque sugirió que había llegado el momento de invocar la Constitución. Lansing quería que el vicepresidente asumiera el poder aunque fuera por un tiempo a causa de la incapacidad del presidente en ese instante.* Cuando Wilson se enteró de que el secretario de estado se había estado reuniendo con el gabinete para tratar de que el gobierno siguiera funcionando, respondió despidiendo a Lansing.[217]

Desesperada por la participación de los Estados Unidos en la paz, Gran Bretaña envió al muy respetado Sir Edward Grey para que le rogara al presidente que aceptara algunas de las enmiendas. Tanto Gran Bretaña como Francia estaban dispuestas a aprobar las enmiendas si con ello se podía asegurar la membresía de los Estados Unidos en la Liga. Wilson se negó a admitirlo en la Casa Blanca.[218]

La enfermedad de Wilson no había atemperado su intransigencia. Parcialmente paralizado y con dificultades para hablar, ordenó que los demócratas del Senado votaran en contra del tratado. ¿Por qué? Porque ya no era su tratado. Lodge lo había enmendado de modo que para que la Liga de las Naciones pudiera ordenar que los soldados estadounidenses combatieran, hiciera falta la autorización del Congreso.[219] El senador Brandegee se alegró de ver que ni la Liga ni el tratado prosperarían. «Podemos depender *siempre* del Sr. Wilson», le dijo al senador Lodge.[220] Aun así, el tratado perdió por solo siete votos.

Los Irreconciliables se oponían firmemente a cualquier forma de participación de los Estados Unidos en la Liga de las Naciones. La prensa los llamaba «*bitter enders*»** y «batallón de la muerte». Algunos de estos Irreconciliables se convirtieron luego en decididos aislacionistas, proponiendo que los Estados Unidos se resguardaran de todo «enredo extranjero» y evitara las peleas en Europa.

No todos eran reaccionarios con estrechez mental. Hiram Johnson, Robert LaFollette y William E. Borah habían sido progresistas importantes. Muchos de los Irreconciliables estaban a favor del Tratado de Garantías a Francia. El mismo representaría al menos un compromiso limitado para los Estados Unidos. Sin embargo, Woodrow Wilson, aislado y amargado, olvidó sus promesas a Lloyd

---

* Lansing tenía razón. Hoy la Vigésimo Quinta Enmienda provee que el gabinete debe declarar la incapacidad del presidente si el mismo se niega a hacerse a un lado.

** El término bitter-ender se usaba para designar a alguien que estaba dispuestos a luchar hasta el final, incluso hasta la muerte.

George y Clemenceau. Se negó a siguiera presentar el Tratado de Garantías a Francia ante el Senado.[221]

Que el presidente estuviera enfermo no significaba que el mundo se hubiese detenido. En los Estados Unidos, el Terror Rojo asoló a la población entre 1919 y 1920. Un anarquista intentó asesinar al fiscal general A. Mitchell Palmer, pero solo logró matarse en una violenta explosión. Su peroné cayó ante el umbral de los vecinos de Palmer, Franklin y Eleanor Roosevelt.[222] Palmer utilizó entonces este y siete atentados más para desatar una serie de redadas contra los comunistas, socialistas y anarquistas en todo el país. Se efectuaron miles de arrestos. Wilson alentaba a Palmer y en su primera reunión del gabinete en casi un año le dijo: «¡Palmer, no permita que este país se vea rojo!».[223]

En los años de la debilidad de Wilson se aprobaron dos importantes enmiendas a la Constitución. El país adoptó la Decimoctava Enmienda, prohibiendo la venta de bebidas alcohólicas. La prohibición se conocería como un «experimento noble». Y dividiría al país terriblemente. Por su parte las mujeres alcanzaron la meta que se había proclamado medio siglo antes en la conferencia de Seneca Falls. La Decimonovena Enmienda les otorgó a todas las mujeres adultas el derecho al voto. Los Estados Unidos fueron la primera nación del mundo en dar este paso de avance.

El país se preparaba para la elección de 1920 y el presidente Wilson estaba cada vez más desconectado de la realidad. Despidió a su eficiente y experimentado ayudante Joseph Tumulty y no volvió a verlo jamás. Como era incapaz de servir al país en un segundo mandato, Wilson supuso de modo absurdo que el partido de los demócratas le nominaría como candidato a un *tercer* mandato, algo sin precedentes.[224] Los demócratas nominaron en cambio al gobernador James M. Cox, de Ohio, y al secretario asistente de Wilson en la armada, el mismísimo Franklin D. Roosevelt. Wilson aceptó recibir a los candidatos. Habiéndosele confirmado que ambos apoyaban con firmeza la Liga de las Naciones, Wilson consideraba que la elección sería un importante referendo. Esperaba que el pueblo estadounidense reivindicara sus esperanzas. «El pueblo estadounidense no rechazará a Cox para elegir a Harding, ya que está en juego un importante tema moral», señaló en tono desafiante.[225]

Los republicanos habían perdido a TR. Contaban con pocos hombres de talento que pudieran apelar a un amplio sector de estadounidenses. En un hoy famoso salón «lleno de humo», nominaron como candidato al senador Warren G. Harding, de Ohio, y al gobernador Calvin Coolidge, de Massachusetts. Harding se había opuesto al Tratado de Versalles y nadie lo consideraba un líder. No obstante, era un candidato disponible y dispuesto a negociar. Les prometió a los votantes «volver a la *normalidad*». Los estadounidenses estaban hartos de la dura guerra partidaria de Washington. Harding había dado en el clavo con su frase y Coolidge logró captar la atención del pueblo al acabar con una huelga de los policías en Boston. «No hay derecho a hacer huelga poniendo en peligro la seguridad pública de nadie, en ningún lugar y en ningún momento», dijo el gobernador. Los estadounidenses estuvieron de acuerdo con él.[226]

Los republicanos obtuvieron una victoria histórica en 1920. Harding ganó con 16.152.200 votos populares y 404 electorales, en tanto los demócratas consiguieron solo 9.147.353 votos populares y 127 electorales. El presidente Wilson quedó sumido en profunda angustia: «Nos han avergonzado ante los ojos del mundo».[227]

Así que a esto se había llegado. Alejado de los líderes de la oposición y su propio partido, de sus más cercanos consejeros y amigos, Woodrow Wilson se volvió en contra del pueblo estadounidense. Fue un triste final para un hombre que había querido «hacer del mundo un lugar seguro para la democracia». Se retiró a una casa de la Calle S en Washington, D. C., donde pasó sus últimos años escribiendo breves artículos ocasionales y recibiendo a muy pocos visitantes seleccionados por la Sra. Wilson. Les decía a los que llegaban a su casa que a la larga sus principios triunfarían: «Ya he visto otras veces cómo los tontos y los locos se resisten a la Providencia».[228]

Uno de los que lo visitaron fue Georges Clemenceau. El partido del viejo Tigre había perdido en las elecciones por no lograr obtener el prometido Tratado de Garantías a Francia.[229] Aun así, Clemenceau no le guardaba rencor a Wilson.

Cuando Wilson murió en 1924, Joseph Tumulty debió rogar que le permitieran asistir al funeral.[230] El coronel Edward M. House tenía la entrada prohibida, por lo que vio la ceremonia desde afuera del Madison Square Garden, parado bajo la helada lluvia y oyendo las palabras que resonaban desde los altoparlantes.[231] En Washington, en la Avenida de las Embajadas, la bandera alemana fue la única que *no* permaneció a media asta. Esta era la bandera de la República de Weimar, una Alemania libre y democrática.

Los Estados Unidos se habían convertido en una potencia mundial en 1898 durante la guerra contra España. Y en las dos décadas siguientes los estadounidenses lograron avanzar mucho en cuanto a las libertades personales. TR había jugado un importante papel para el gobierno en el establecimiento de las relaciones con los sindicatos y en la regulación de la industria para garantizar la pureza de los alimentos y los medicamentos. Luchó contra los «malhechores de una gran riqueza» y el poder de los fideicomisos. Fue un pionero en el establecimiento de la función del gobierno como protector de los preciosos recursos naturales de los Estados Unidos. Además, Theodore Roosevelt siempre insistió en que la fuerza militar de los Estados Unidos era la clave que protegería la libertad de la nación. Taft continuó luego con muchas de las reformas de Roosevelt. La Nueva Libertad de Woodrow Wilson amplió las posibilidades para millones de estadounidenses. En lo que se refiere al sistema bancario y la legislación laboral, él obtuvo el crédito que se merecía como reformador.

Los Estados Unidos enfrentaron los horrores de la guerra mundial con coraje y determinación. Sus fuerzas armadas y la solidez de sus finanzas salvaron a los aliados cuando los mismos estaban a punto de ser derrotados. Lograron impedir que el káiser impusiera el gobierno de una altanera cúpula militar sobre los pueblos libres de Europa.

El hombre sobre quien recae la gran responsabilidad de la Primera Guerra Mundial fue el káiser Wilhelm II. Él y su reducido círculo de cómplices militares fueron culpables de los crímenes de guerra. Buscaron una conflagración y descartaron con desdén tratados centenarios como si fueran «papeles para tirar a la basura». De forma deliberada promovieron una política que llamaban *schrechlichkeit* o política del terror. Fueron los primeros en usar el gas para la guerra, efectuar ataques submarinos indiscriminados y ataques aéreos contra los civiles.

Sin embargo, solo ellos eran culpables, no el pueblo alemán. En sus mejores momentos, Woodrow Wilson lo reconoció, pero su parálisis luego pareció paralizar el corazón de la gran república estadounidense. Wilson había llamado a una guerra para «hacer del mundo un lugar seguro para la democracia». Tenía el deber de al menos lograr la seguridad de democracias como Francia y Gran Bretaña. Si no lo logró, fue por una falla de su carácter.

Wilson cedió ante Clemenceau y Lloyd George cuando debiera habérseles resistido. Les permitió convertir un armisticio en una rendición incondicional y cargar sobre los hombros de los derrotados alemanes el peso de reparaciones imposibles. Aun así, ni siquiera sometió ante el Senado el compromiso más importante que había contraído con Clemenceau: el Tratado de Garantías a Francia.

Cuando en 1918 los alemanes buscaron la paz, apelaron directamente a Wilson, no a sus aliados. Él los presionó para que se libraran del káiser Wilhelm II y la dinastía Hohenzollern. Y así lo hicieron. Les exigió que establecieran una república liberal y democrática. Y constituyeron la República de Weimar. Cumplieron con todas las condiciones de Wilson, pero él los entregó a los franceses, que no tuvieron misericordia. No es de extrañar que luego casi todos los políticos alemanes dijeran que el Tratado de Versalles era «una puñalada por la espalda».

En lo concerniente a la política nacional, Wilson aisló a los republicanos y fue incapaz de cooperar con los «*bitter enders*», cuyos senadores se oponían a todo lo que él había hecho. Permitió que su rechazo personal hacia el poderoso senador republicano Henry Cabot Lodge eliminara toda posibilidad de colaboración. Lodge no era un «*bitter ender*». Él solo había propuesto «enmiendas leves» al Tratado de Versalles. Esas enmiendas leves solo habrían requerido de Wilson dos concesiones: que fuera necesaria la autorización del Congreso antes de enviar tropas estadounidenses a guerras extranjeras y que la nueva Liga de las Naciones respetara la Doctrina Monroe, piedra angular de la política exterior de los Estados Unidos durante un siglo. Wilson se negó rotundamente a hacer esto.

Se opuso a negociar con los que propusieron tales enmiendas moderadas aun cuando su propio líder de los demócratas en el Senado le rogó que lo hiciera para salvar el tratado. Y volvió a negarse cuando intercedieron los franceses y los británicos, diciendo que aceptarían el Tratado de Versalles aun con las enmiendas.

Wilson fue el primer presidente de los Estados Unidos con un doctorado en ciencias políticas. Su especialidad era el sistema constitucional estadounidense. Bajo tal Constitución, que él tenía que conocer, el presidente necesita aceptar «el consejo y el consentimiento» del Senado para ratificar cualquier tratado. La necesidad de llevar a cabo tal cooperación después de ratificarse la Decimoséptima Enmienda a la Constitución para la elección popular de los senadores fue mucho más importante. Este anhelado objetivo de los progresistas como Wilson se consiguió solo un mes después de que el propio Wilson asumiera la presidencia en 1913. Sin embargo, Wilson trató a este Senado del pueblo con desdén y acusó públicamente a su mayoría de ayudar al enemigo y «traicionar» a las tropas estadounidenses.

La inflexible postura de Wilson y su desprecio por el criterio ajeno le granjearon la hostilidad de sus aliados en París. (De forma pedante, Wilson incluso se negó a llamarles aliados a Gran Bretaña y Francia. En cambio, afirmó que los Estados Unidos solo eran una potencia asociada.) Lloyd George, de Gran Bretaña, y Clemenceau, de Francia, tuvieron enfrentamientos con él. Orlando, de Italia, se molestó tanto que abandonó la Conferencia de Paz realizada en París. Los japoneses, profundamente ofendidos por el rechazo a la resolución que proponían por la igualdad racial, también se retiraron de la mesa de conferencias.

Wilson desafiaba a sus opositores republicanos y les demostró su antagonismo deliberadamente al senador Lodge y a TR. Sabía que no podría tratar con los opositores acérrimos que además se ufanaban de su calificativo de Irreconciliables, pero también se negó a trabajar con los republicanos más moderados, como el antiguo presidente William Howard Taft, el candidato republicano de 1916, Charles Evans Hughes y el antiguo secretario de estado de TR, el respetado Elihu Root. Estos tres caballeros soportaron la ofensa de la intransigencia de Wilson.

Debido a la colaboración de Wilson con los franceses y británicos para convertir el pedido de armisticio de los alemanes en una rendición incondicional, la República de Weimar, libre, liberal y democrática, que Wilson había exigido como socio negociador, perdió legitimidad a los ojos del pueblo alemán (Hitler les llamaría a los firmantes del armisticio «criminales de noviembre»).

Wilson apeló al pueblo estadounidense para conseguir su apoyo en noviembre de 1918, pero cuando lo rechazaron, se volvió cada vez más intratable y apartado. Después del ataque que sufrió en septiembre de 1919, se encerró en la Casa Blanca y su esposa y su médico controlaban quién podría tener acceso al presidente, negándole la entrada al vicepresidente de los Estados Unidos, los miembros del gabinete y los senadores, e incluso a importantes emisarios extranjeros como el honorable Sir Edward Grey, de Gran Bretaña, que no pudo entrar a la oficina de Wilson. Este presidente se alejó de sus más leales asociados, como el secretario de estado Robert Lansing, el coronel House y hasta el siempre fiel Joe Tumulty.

En lugar de ceder ante cualquier punto en disputa, el parcialmente paralizado Wilson prefería pasar el tiempo viendo una y otra vez la película de sus triunfantes visitas a Londres, París y Roma. Esas películas, realizadas por el Cuerpo de Señales del Ejército, se exhibían sobre una sábana en el Salón del Este.[232] Las imágenes borrosas de millones de personas vitoreando se convirtieron en la realidad de este líder agobiado por las batallas. El sonido hueco del bastón del hombre que envejeció de repente y las suelas de sus zapatillas arrastrándose paso a paso con dificultad por el corredor de la Casa Blanca simbolizaban la impotencia del que había sido un poderoso líder.[233]

Wilson se resistió a los pedidos de sus más cercanos amigos políticos y personales. Rechazó de plano los ruegos del senador Gilbert Hitchcock, líder de los demócratas del Senado de los Estados Unidos. Hitchcock le rogó en vano que les hiciera alguna concesión a aquellos que proponían enmiendas leves. Si Wilson hubiera tenido las cualidades de Lincoln como un hombre desinteresado, o la capacidad para perdonar que tenía Washington, podría haber pasado a la historia como un arquitecto de la paz. Según resultaron las cosas, ningún hombre fue más responsable por la pérdida de la paz que Woodrow Wilson. Esta fue su tragedia… y también la nuestra.

Capítulo 2:

CRECIMIENTO Y ESTALLIDO

(1921-1933)

No es de extrañar que los estadounidenses, tan desilusionados con la Primera Guerra Mundial, habiendo sufrido tanto por la Depresión, se opusieran firmemente a que su nación se involucrara en otra guerra. El surgimiento de las dictaduras mostraba con toda claridad que la siguiente guerra sería más terrible que cualquier otra cosa que el mundo hubiera visto. No causa sorpresa el hecho de que los estadounidenses discutieran y debatieran sobre qué rumbo tomar. Lo que sí asombra, y es casi un milagro, es que los que tomaran las decisiones más importantes fueran funcionarios elegidos a los que el pueblo podría haber despojado de su poder con solo votar contra de ellos. Este capítulo cuenta la historia de cómo la libertad estadounidense pudo sobrevivir a estos años de desesperación.

I. La arrolladora década de 1920

Cuando los Estados Unidos enviaron dos millones de soldados a Francia en 1918, el idealismo más elevado estaba a la orden del día. Los estadounidenses repetían: «Olvídanos, Dios, si olvidamos nosotros la sagrada espada de Lafayette». La espada de Lafayette y muchas otras cosas sagradas parecieron quedar en el olvido ante la brutalidad de la vida en las trincheras: los alambres de púa, el gas venenoso, las ratas y el bombardeo de artillería que no cesaba jamás. Los Estados Unidos perdieron a cuarenta y ocho mil jóvenes en un breve e intenso período de violento combate. Otros cincuenta mil soldados murieron por la epidemia de gripe española que se llevó a millones en el mundo entero.

Apenas se firmó el armisticio que pondría fin a al Primera Guerra Mundial, surgió un llamado diferente entre las tropas de las Fuerzas Expedicionarias de los Estados Unidos:

> A los boche los echamos del otro lado del Rin
> Al káiser lo echamos de su trono
> Oh, Lafayette, hemos pagado ya la deuda,
> Por el amor de Dios, mándanos a casa ya.[1]

El verso, con su aire cínico y endurecido, nos habla de la desilusión que sentían millones de estadounidenses ante nuestra primera intervención masiva en una guerra extranjera.

La década de 1920 consideraría estos sentimientos de hastío como realismo. Los estadounidenses no estaban dispuestos a sacrificarse por lo que el presidente Harding llamaba «panaceas», y en especial los jóvenes creían que el Tío Sam había sido víctima de una mala pasada. A nadie le gustaba que le tomaran por tonto. La gente se subía a sus «Tin Lisies» (nombre popular con que se conocía al Ford T) y tomaba las carreteras para ir de viaje. La música de Jazz era un ejemplo más de la nueva libertad, tan alejada de los ideales de Woodrow Wilson. La proliferación de las petacas llenas de ginebra daba testimonio de la actitud de millones de personas ante las nuevas restricciones acerca de la producción y venta de bebidas alcohólicas durante la Prohibición.

Podía verse una nueva libertad en las artes, la música, la arquitectura y la moda cotidiana. Las mujeres habían logrado el derecho al voto. La cruzada de medio siglo de Susan B. Anthony y Elizabeth Cady Stanton finalmente había logrado la meta de las sufragistas con la ratificación de la Decimonovena Enmienda a la Constitución en 1919. Estas mujeres lo habían logrado manteniéndose firmes en el rechazo a las tácticas de los radicales, cuyos militantes desfilaban frente a la Casa Blanca con estandartes del «káiser Wilson», protestando contra la postura del presidente en contra de la enmienda del sufragio federal. Tal acción no había aportado nada bueno a su causa.[2]*

---

* Las feministas estadounidenses radicales eran bastante suaves en comparación con sus hermanas británicas. Martin Gilbert escribe que una joven atacó a Winston Churchill con una fusta cuando él acompañó un día a su esposa a la estación del tren en 1909. La mujer luchó con Churchill e intentó

Sin embargo, en esa década arrolladora, aquellas que se conocían como «alocadas» llevaban el cabello corto y vestían faldas que llegaban justo debajo de la rodilla, algo escandaloso para aquella época. Tal frivolidad como forma de liberación asombraba a los sobrios y serios reformistas de antaño, que pensaban que el voto femenino significaría una purificación de la política. Desde la década de 1830, los aparatos políticos en las grandes ciudades habían causado grandes peleas en campañas sucias, que principalmente se forjaban en los bares. La Prohibición del alcohol y el voto de las mujeres eran esfuerzos simultáneos que buscaban terminar con todo eso. Como veremos, las enmiendas posteriores a la Primera Guerra Mundial sí produjeron cambios, aunque diferentes e inesperados. Nadie más que el irreverente columnista H. L. Mencken supo captar el espíritu de la época. Él escribía con estilo mordaz y travieso en el *American Mercury* y el *Baltimore Sun*, llegando a conocérsele como «el dios de los estudiantes universitarios». Después del fracaso de la cruzada de Wilson los estadounidenses estaban ya maduros para un escritor que se regodeaba en el papel de un rebelde intelectual.

Aquí el promedio general de inteligencia, conocimiento, competencia, integridad, respeto por uno mismo y honor es tan bajo, que cualquier hombre que conozca su oficio, no le tema a los fantasmas, haya leído cincuenta buenos libros y practique las normas de decencia comunes se destaca de una forma tan evidente como una verruga en la cabeza de un calvo, siendo lanzado quiera o no hacia una precaria y exclusiva aristocracia. Y aquí, más que en ninguna otra parte que haya conocido o de la que me hayan contado, el panorama diario de la existencia humana, de la insensatez privada o comunitaria —esa procesión sin fin de extorsiones y estafas gubernamentales, de bandolerismo y atracos comerciales, de bufonerías teológicas y peleas estéticas, de acuerdos legales y prostituciones diversas, de villanos y bandidos, de imbecilidades, cosas grotescas y extravagancias— es tan increíblemente burdo y escandaloso, tan perfectamente llevado al voltaje más alto que se pueda concebir, y tan enriquecido todo el tiempo con un casi fabuloso atrevimiento y tal originalidad, que solo el hombre que nació con el diafragma petrificado puede evitar reírse a carcajadas de sí mismo antes de dormir por las noches, y despertar cada mañana con la ansiosa e inagotable expectación

---

tirarlo bajo un tren que pasaba en ese momento. Afortunadamente, Clementine, la esposa de Winston Churchill, no dudó en pegarle a la atacante con su sombrilla, frustrando sus intenciones.

de un director de Escuela Dominical al pasear por las calles de la zona roja de París.[3]

Con total abandono y sin misericordia alguna, Mencken la emprendía contra las instituciones más respetadas. El país tenía en alta estima al presidente Warren Gamaliel Harding, o al menos se les había enseñado a todos que eso era lo que debían hacer. Sin embargo, Mencken no lo hacía. Días después del grandilocuente discurso de toma de posesión de Harding, Mencken atacó la «Gamalielesa»* del presidente con el placer sádico del niño que le arranca las alas a una mariposa:

Sobre la cuestión del contenido lógico de la arenga del Dr. Harding el último viernes, no presumo tener opinión alguna ... Sin embargo, en lo que se refiere al estilo del discurso de este gran hombre, puedo hablar ... con cierta competencia, porque durante los últimos veinte años me he ganado la vida traduciendo el mal inglés de incontables autores a un inglés mucho mejor. Con tal calificación profesional, me pongo de pie y le rindo humilde tributo al Dr. Harding. Apartando a uno o dos profesores universitarios y a media docena de reporteros maniáticos, es él quien ocupa el primer lugar en mi Valhala de literatos. Es decir, que escribe en el peor inglés que haya leído en mi vida. Me recuerda una larga fila de esponjas empapadas, un tendedero de ropa raída secándose al sol, una sopa de guisantes que se ha echado a perder y perros que ladran como idiotas en las noches sin fin. Su estilo es tan malo que hasta parecería tener un dejo de grandeza. Va arrastrándose para salir de un oscuro abismo ... y trepar lenta e insanamente hasta la cumbre de lo elegante. Se trata de pura palabrería. Es el arte de hablar mucho y decir poco. Es una cháchara elegante.[4]

En esta evaluación Mencken no decía nada distinto a lo que expresaban los editores del *New York Times*. La «Dama Gris» había dicho que el estilo del presidente era «excelente». «*Parece* presidencial», decía el *Times*. «En la neblina del lenguaje del presidente la gran mayoría [de los estadounidenses] ven el reflejo de sus propios pensamientos poco definidos».[5]

Mencken respondió diciendo: «En otras palabras, las palabras huecas son la medicina que precisan los bobos».[6] No era la primera vez que un escritor decía que

---

* Un término acuñado por H. L. Mencken con el que pretendía burlarse de la forma de hablar del presidente Harding.

el presidente era un tonto. Que un escritor popular afirmara que las personas eran tontas se había convertido en algo novedoso. No obstante, Mencken se hizo rico llamándoles a sus compatriotas «la gran boborguesía».

II. AMANECER EN CAMPOBELLO

Franklin D. Roosevelt tenía treinta y nueva años y esperaba con ansias sus vacaciones de verano en la Isla Campobello de Canadá, justo del otro lado de la frontera de los Estados Unidos, frente a Lubec, en Maine.* Durante muchos años su familia había disfrutado de la fresca brisa marina y las tonificantes aguas de la Bahía de Fundy. Sin embargo, en agosto de 1921 todo cambiaría. FDR intentó una atrevida aventura, nadando con toda la familia mientras él iba a la cabeza. Estaba imitando conscientemente a su primo Theodore, ya fallecido.[7]

No obstante, en cierto momento el antiguo secretario adjunto de la Armada descubrió que no podía moverse. Había sufrido un ataque. Tenía sensibilidad en los brazos, pero pasó un tiempo hasta que pudiera volver a firmar con su nombre. (Sería su consejero político más cercano, Louis Howe, el que lo haría por él.) Apenas enfermó, perdió toda sensación en las piernas. Su esposa Eleanor y Louis Howe se turnaban para masajearle los pies y los dedos de los pies.[8] Ni siquiera podía hacer sus necesidades, por lo que durante un tiempo tuvieron que insertarle un catéter y recurrir a los enemas. Howe pasó semanas enteras haciendo llamadas a la costa este, buscando desesperadamente las opiniones de médicos competentes. Solo después que Howe le escribiera al tío de Roosevelt, que estaba en Nueva York, se pudo encontrar médicos capaces de hacer un diagnóstico acertado: FDR tenía poliomielitis.[9] En esa época no había cura para la enfermedad. Miles de personas habían quedado incapacitadas o perdido la vida. La poliomielitis en su peor versión dejaba a la persona paralítica desde el cuello hacia abajo, condenándola a vivir en un «pulmón de hierro», un aparato feo e incómodo que respiraba por la persona. Para un hombre en la flor de la vida esto era un informe devastador.

O al menos podría haberlo sido.

Desde el principio FDR se mostró decidido a no aceptar el veredicto de su madre, Sara Delano Roosevelt, una mujer de carácter firme. Aunque los Roosevelt amaban mucho a su «mami» —la familia utilizaba este término, típico de las clases

---

* El título de esta sección se ha tomado de la popular obra de teatro en tres actos, escrita por Dore Schary. La obra se estrenó en el Teatro Cort de la ciudad de Nueva York el 30 de enero de 1958 (cumpleaños de FDR), con actores de la compañía The Theatre Guild.

altas británicas— FDR no se resignaría a ser un inválido indefenso. Sara había cuidado con devoción al padre de FDR cuando enfermó del corazón. No obstante, la vida activa de este hombre mayor llegó a su fin cuando Sara tomó las riendas de su tratamiento.[10] FDR no iba a permitir que le sucediera algo así.

Estaba decidido a vencer a la poliomielitis. A su regreso a la ciudad de Nueva York en el otoño de 1921, Louis Howe se ocupó de asegurarse de que los curiosos reporteros no pudieran conocer todos los detalles de la incapacidad de FDR.[11] Las breves apariciones del sonriente y vital Roosevelt lo presentaban siempre con su cigarrillo en la conocida boquilla, sostenida entre los dientes de una forma elegante.[12] Saludaba con alegría a los espectadores, pero en privado necesitaba mucha ayuda para realizar incluso las tareas más sencillas: vestirse, subir escaleras, pasar de la cama a una silla.*

A pesar de este golpe cruel, FDR continuó con su carrera política. Su antiguo jefe, Josephus Daniels, fue a visitarlo mientras estaba en el hospital y allí FDR se mostró con su habitual encanto. No quería que Daniels lo considerara un inválido, y para subrayar su intención le dio un golpe amistoso en el abdomen al antiguo secretario de la Armada.[13]

Eleanor quería que Franklin fuera exitoso en la política para poder seguir con la vida independiente que se había forjado. Al descubrir la aventura amorosa de Franklin con Lucy Mercer en 1918, decidió que no se divorciaría de él. Por derecho propio, Eleanor se había convertido en una figura importante de la División Femenina del partido demócrata del estado de Nueva York en estos primeros años de derecho al voto para las mujeres.[14] Eleanor viajaba por el estado, a menudo en compañía de dos amigas, la periodista Nancy Cook y la trabajadora social Marion Dickerman, que le brindaban todo su apoyo. Ellas hacían caso omiso de los inevitables chismes, entre los que se incluía el venenoso comentario de Alice Roosevelt Longworth, la incorregible hija de Teddy y prima hermana de Eleanor. Alice decía que las amigas de Eleanor eran «machos disfrazados de mujer» por su aspecto masculino.[15]

Roosevelt mantuvo sus contactos políticos, recibiendo a menudo a figuras de la vida política en su hogar o a bordo de su barco. William Green, sucesor de Samuel Gompers como presidente de la Federación Estadounidense de Sindicatos (AFL, por American Federation of Labor, en inglés), se contaba entre los invitados.[16]

---

* La silla de ruedas de FDR fue hecha por un herrero de confianza de la zona de Hyde Park a partir de una simple silla de cocina sin apoyabrazos. De las treinta y cinco mil fotografías que se hallan en la Biblioteca FDR de Hyde Park, solo hay dos en las que aparece en su silla de ruedas. (Alter, Jonathan, *The Defining Moments*, p. 83.)

También a mediados de la década de 1920 le visitaba el parlamentario británico Sir Osvald Mosley con su esposa. En esa época Mosley era socialista y quedó cautivado por el encanto de FDR. «Este hombre magnífico, de cabeza hermosa y torso robusto, es tan buen mozo como un clásico griego», escribió Mosley describiendo a su anfitrión.[17] El británico notó que la gente ya hablaba de Roosevelt como el próximo gobernador de Nueva York y el posible futuro presidente de los Estados Unidos. A Mosley le parecía que FDR tenía «demasiada voluntad y muy poco intelecto».[18] Con respecto a Eleanor, sus palabras fueron ácidas: «Una mujer excepcionalmente fea, todo movimiento y vivacidad con un aura de cordial benignidad, pero sin un atisbo de su atractivo [de FDR]».[19]

Mosley encontraría pronto una nueva atracción. En la década de 1930 se convirtió en el líder de la Unión Británica de Fascistas, serviles devotos del alemán Adolfo Hitler. No obstante, en la época en que visitaba a FDR, lo que le llamaba la atención de la hospitalidad en la casa de los Roosevelt era que se hacía evidente su pasión por el socialismo. FDR había sido miembro del gobierno de Wilson que encarceló al socialista Eugene V. Debs por sedición y realizaba las redadas de Palmer durante el «Terror Rojo» de 1919-1920.

Aunque Eleanor no quería que lo hiciera, FDR invirtió casi dos tercios de sus ahorros en un abandonado complejo vacacional y un hotel en la Georgia rural. El lugar se conocería luego en el mundo como Warm Springs.[20] Los jóvenes de los Estados Unidos bailaban el Charleston y paseaban en los asientos plegables descubiertos que tenían los autos en ese entonces. Sin embargo, lo único que FDR quería era volver a caminar. Las aguas sulfurosas y placenteras de Warm Spring le permitían ejercitar sus debilitadas piernas. También le levantaban el ánimo, con lo cual FDR se convirtió en una fuente de aliento para cientos de enfermos de poliomielitis que acudían al balneario a medida que se difundía la noticia de sus aguas terapéuticas. La presencia de Roosevelt era un imán. Él se interesaba en el progreso de cada uno de sus pacientes. Su confiada esperanza era contagiosa.[21]

Con ayuda de Eleanor, Louis Howe, su fiel secretaria Missy LeHand y varios otros, Franklin Roosevelt fue capaz de mantener en secreto la gravedad de su incapacidad. Jamás negó padecer de polio, pero lo que la gente veía no era en absoluto la realidad de lo que sucedía. Resultaba obvio que la enfermedad lo había cambiado. Aunque negara la realidad, ya no era un hombre alto y delgado, porque los rigurosos ejercicios de terapia habían desarrollado su cuello, sus hombros y bíceps. Todo esto fue necesario para compensar la falta de vida de sus piernas. En la flor de su vida, FDR medía casi un metro ochenta y siete centímetros y pesaba ochenta y cinco kilogramos. Aunque tenía que apoyarse en alguien más o sujetarse de una baranda para pararse, era un hombre corpulento, de aspecto impactante.

Antes de su ataque, muchos políticos pensaban que FDR era un joven rico y superficial, un luchador ambicioso que quería aprovecharse del nombre de su famoso primo Teddy. Sin embargo, después de contraer poliomielitis, su historia personal de triunfo sobre la adversidad hizo que aun los más duros críticos lo admiraran. Hay que destacar que FDR había ganado dos contiendas políticas antes de enfermar de poliomielitis, ambas para el relativamente poco importante puesto de senador del estado de Nueva York. También había perdido dos importantes carreras, una como candidato a senador por Nueva York y la otra como candidato a vicepresidente de los Estados Unidos. No obstante, estando enfermo ya de poliomielitis, FDR jamás volvió a perder una elección.[22]

III. RENACIMIENTO EN HARLEM

Marcus Mosiah Garvey llegó a los Estados Unidos desde las Indias Occidentales británicas. Para 1919 había organizado la Asociación Universal por Mejoras para los Negros (Universal Negro Improvement Association, UNIA, por sus siglas en inglés) e izado una bandera tricolor negra, verde y roja en representación del nacionalismo negro. Garvey se enorgullecía de sus antepasados y le gustaba hacer alarde de su linaje negro puro.[23] Él y sus seguidores exigían un estricto código de separación de la sociedad blanca. Criticaba a la Asociación Nacional para el Avance de las Personas de Color (Nacional Association for the Advancement of Colored People, NAACP, por sus siglas en inglés) por buscar la integración de los negros a la sociedad estadounidense con plenos derechos civiles.

Garvey fundó la Black Star Line [Línea Estrella Negra], una compañía de barcos a vapor, con el propósito de llevar a los estadounidenses negros «de regreso a África». El desafío de Garvey al sistema de los derechos civiles de los negros le granjeó enemistades potentes. W. E. B. DuBois decía que Garvey era «gordo, negro y feo».[24] DuBois y los líderes de la NAACP se preocupaban mucho de que el separatismo de Garvey acabara con las oportunidades de una mayor aceptación hacia los negros estadounidenses en la tierra donde habían nacido. Garvey respondió que ya no eran tiempos de «aristocracias de venas azules».[25] Esto representaba un ataque verbal solapado hacia algunos líderes de la NAACP, de piel tan blanca que podían verse sus venas.

Garvey se veía a sí mismo como el presidente de un estado pan-africano. Organizó una convención de Los Negros del Mundo que reunió veinticinco mil delegados en el Madison Square Garden de Nueva York, llamando la atención de todos al vestir uniforme de almirante y llegar en un carruaje sin capota.[26]

En ese momento los estadounidenses negros eran discriminados al buscar empleo, se les excluía de las compañías y negocios de los blancos, y sufrían la segregación en muchos aspectos. El llamado de Garvey a la solidaridad entre los negros hizo que muchos sintieran esperanza y entusiasmo. El periódico de su movimiento, *The New Negro* [El nuevo negro], ofrecía propagandas de muñecas negras y rechazaba los avisos de los fabricantes de productos para alisar el cabello o cosméticos destinados a aclarar la piel.[27]

Su organización abrió negocios de alimentos, un restaurante, una editorial y otras empresas comerciales.[28]

Sin embargo, en 1922, Garvey cometió un error fatal. Se encontró en secreto con el líder del Ku Klux Klan en Atlanta. Tenía la esperanza de que si lograba convencer al Klan de la supremacía blanca de que su objetivo era la separación total, la UNIA escaparía a los acosos del KKK.[29] La noticia de esta reunión secreta con un grupo que había aterrorizado a los negros durante tanto tiempo se filtró. Garvey resultó desacreditado y sus opositores comenzaron a pedirles a los que le seguían que ya no lo hicieran.

La Black Star Line de Garvey terminó siendo su punto débil. Había reunido setecientos cincuenta mil dólares provenientes de los estadounidenses negros a los que su desesperación les hacía pensar en emigrar. En 1923, Garvey y otros tres socios de la línea naviera fueron a juicio acusados de cometer fraude con el correo. Resultaba claro que muchos de los socios de Garvey estaban robando, y la Black Star Line cayó en bancarrota de manera espectacular. Garvey se había comprometido con sinceridad, sin enriquecerse a expensas de sus seguidores, pero debió presentarse en la corte ante el juez Julian Mack (miembro de la NAACP) y se le encontró culpable.[30] En 1923, Garvey había advertido que si lo enviaban a prisión habría revueltas. «En todo el país estallará el infierno», dijo. Al parecer el infierno se había ido de vacaciones, porque sus desilusionados seguidores tomaron la noticia de su caída con calmada resignación.[31]

El episodio Garvey nos muestra el estado de la sociedad estadounidense en la década de 1920. Los estadounidenses negros habían migrado al norte en grandes contingentes durante la guerra. Muchos buscaban trabajo en las industrias de la defensa mientras que otros intentaban encontrar oportunidades en las florecientes ciudades. Harlem, en la ciudad de Nueva York, nombrada así por la ciudad holandesa de Haarlem, tenía una población casi totalmente blanca en 1900. Sin embargo, para 1925, eran muchísimos los negros que llegaban al lugar. Fue allí que se estableció la oficina central de la NAACP, desde donde se publicaba su importante boletín de noticias, *The Crisis*. Bajo el liderazgo de James Weldon Jonson, la NAACP proclamaba su propósito con todo coraje:

> Nada más ni nada menos que clamar por la igualdad común para los negros bajo la ley fundamental de los Estados Unidos; proclamar que la democracia se perjudicó a sí misma al impedir que los hombres disfrutaran de sus beneficios basándose solo en su raza o el color de su piel.[32]

Desde el punto de vista político, la atmósfera de Harlem les daba a los estadounidenses negros la libertad de hablar, escribir, organizarse y marchar. La foto de una de las primeras marchas en ese lugar nos muestra a jóvenes negros vestidos elegantemente con trajes de buen corte y modernos sombreros de paja. Sus carteles proclamaban las famosas palabras de la Declaración de Independencia: SOSTENEMOS COMO EVIDENTES POR SÍ MISMAS ESTAS VERDADES ... QUE TODOS LOS HOMBRES HAN SIDO CREADOS IGUALES. Y bajo estas palabras, una leyenda: SI ERES DE ASCENDENCIA AFRICANA, ARRANCA ESTA CUBIERTA.[33]

A causa de la cantidad y concentración de los negros estadounidenses en Harlem, podían hacerse valer con libertad y sin miedo allí. Como resultado, surgió un «movimiento de renacimiento» literario, musical y social. Johnson admiraba la confianza en sí mismos que tenían aquellos que integraban la emergente clase media social de los negros. «La situación el negro en Harlem no tiene precedentes en toda la historia de Nueva York. Nunca antes ha podido sentirse tan seguro, tan asentado, tan dueño de la tierra, tan establecido en la vida de la comunidad».[34]

Los jóvenes neoyorquinos, incluyendo a los blancos que pertenecían al así llamado Smart Set o Club de los Elegantes, se deleitaban con las atracciones culturales de Harlem. La música de jazz y los blues representaron contribuciones vitales y singulares de los estadounidenses negros a la cultura de la nación. Hasta los más sofisticados sentían gusto por tales expresiones de la cultura. En 1922, Edward Kennedy «Duke» Ellington comenzó una campaña de cinco años en el Harlem Cotton Club. Allí dirigía una banda ante espectadores blancos, y con los años interpretó varios clásicos del jazz como «Take the A Train», «Mood Indigo», «Sophisticated Lady», y «I got it bad and that ain't good».[35] Los neoyorquinos conocedores sabían que el tren «A» de la pieza musical se refería a la línea del subterráneo que iba desde las afueras de Manhattan hasta Harlem.

Zora Neale Hurston provenía de una familia pobre de cosecheros contratados de Alabama y llegó a graduarse en el Barnard College de la Universidad de Columbia en 1928. Ella se convirtió en una escritora de fama internacional, principalmente por su novela *Their eyes were watching God* [Sus ojos miraban a Dios], y se enfocó en especial en el folclore negro del sur, el lugar donde había nacido. Conocía muy bien las injusticias, pero también veía el futuro con esperanzas. «No, no lloro por el mundo», decía. «Estoy demasiado ocupada afilando mi cuchillo para ostras».[36]

El poeta Langston Hughes afirmó: «No estudio al hombre negro, lo siento».[37] Hughes enfrentaba los problemas que inevitablemente tenían los escritores negros que buscaban forjar para sí una carrera literaria en esos años del Renacimiento de Harlem. «Después de todos los engaños y las desilusiones, siempre teníamos la música negra, con ese ritmo que jamás te traiciona, con esa fuerza como el latido del corazón humano».[38] De este modo, la libertad de la música negra reforzaba en los escritores negros el anhelo por la libertad. Y a su vez, estos autores le daban expresión poética al alma de su comunidad.

Algo que contribuía en gran parte a la atracción de Harlem era que la aplicación de las leyes de la Prohibición del alcohol no era tan estricta al norte de la calle 125. Los clubes vespertinos y nocturnos donde los «caballeros» de la sociedad podían entrar si «les enviaba Joe» se conocían como «Speakeasy»* o tabernas clandestinas.

Muchos negros del sur miraban a Harlem, su seducción y su estilo de vida como si fuera la Estrella Polar, y para alcanzarla algunos pobres jornaleros huían de los campos en la oscuridad de la noche. Sin embargo, en algunas estaciones de ferrocarril, los esperaban matones blancos que los obligaban a regresar a los campos.[39] Con el fin de controlar esto, James Weldon Johnson convenció a un congresista republicano de Missouri, L. C. Dyer, para que presentara el primer proyecto de ley antilinchamientos. La ley Dyer fue aprobada por la Cámara de Representantes, pero al llegar al Senado los demócratas sureños la condenaron al olvido.[40]

En Washington, D. C., el secretario de comercio Herbert Hoover firmó una orden que prohibía la segregación racial en su departamento. Su acción obligó a otras agencias del gobierno federal a que revirtieran las injustas políticas del

---

*   El termino proviene de la fusión de las palabras en inglés speak [hablar] y easy [despacio, con cuidado], implicando que eran lugares a los que había que referirse con precaución para que no fueran descubiertos por la policía.

gobierno de Wilson garantizando la igualdad de oportunidades de empleo en la capital de la nación.[41] Poco después Washington se convertiría en otra Meca para los estadounidenses negros que buscaban empleo y dignidad.

IV. NORMALIDAD

Cuando Warren G. Harding les prometió «normalidad» a los estadounidenses, la gente sabía lo que esto significaba. Agotados después de tantos años de tumultos, reformas en casa y guerra en el extranjero, con Harding esperaban recuperar el aliento. Harding nombró secretario de estado a Charles Evans Hughes, el candidato presidencial de los republicanos en 1916. Eligió a Andrew Mellon, el gran financista de Pittsburgh, como secretario del tesoro. La reputación de Herbert Hoover como hombre humanitario era excelente. Había ganado renombre durante la Asistencia Belga, cuando el desafortunado país europeo se había visto invadido por los hunos, el implacable ejército del káiser Wilhem, en 1914. Después de la guerra, Hoover encabezó una gran campaña para enviar alimentos a los rusos durante la hambruna causada por las políticas comunistas del Kremlin. A Hoover se le nombró a secretario de comercio.

Y para subrayar su compromiso con la «normalidad», Harding nombró a otra figura republicana, el respetado antiguo presidente William Howard Taft, como juez supremo de los Estados Unidos. Este era el único puesto que Taft había querido ocupar en realidad, y su nombramiento calmó a muchos de los que estaban preocupados. Taft fue el único estadounidense que ocupó la presidencia y el puesto de juez principal de la Corte Suprema.

Harding se había hecho amigo del «Grupo de Ohio», integrado por los camaradas del Buckeye State (Castaños de la Universidad Estatal). Harry M. Daugherty se convirtió en el fiscal general de los Estados Unidos. El agente de campaña Will Hays fue nombrado director general del correo. Jess Smith, llegó a ser un asistente clave de Daugherty, en tanto que Charles R. Forbes fue designado jefe de la importante Oficina de Veteranos.[42]

Harding alentó al secretario de estado Hughes para que insistiera en la realización de una conferencia internacional por el desarme en 1921. Cuando los delegados se reunieron en Washington, D. C., el atrevido discurso de apertura de Hughes dejó boquiabierto a todo el mundo. Hughes dijo que los Estados Unidos estaban dispuestos a desechar construcciones navales nuevas en las que el país había gastado trescientos millones de dólares.[43] Algunos buques de guerra, aún no terminados, serían sencillamente «guardados con naftalina».

Los Tratados de Washington que se negociaron enseguida declararon ilegal el uso del gas venenoso en la guerra. También se prohibieron los ataques submarinos «piratas» contra barcos mercantes, estuvieran armados o no.[44] El aspecto más importante de los tratados fue la proporción de 5:5:3:1:1 para los buques de guerra y la construcción de portaaviones. Los Estados Unidos y Gran Bretaña tendrían el tonelaje más alto permitido; a Japón se le permitiría un sesenta por ciento de los totales de ambos países; y Francia e Italia estaban limitados a la quinta parte del total estadounidense-británico.

Las limitaciones en materia naval fueron bienvenidas, ya que se pensaba que la carrera por las armas navales entre Gran Bretaña y Alemania era lo que había dado lugar a la Primera Guerra Mundial. Aun así, la proporción 5:5:3:1:1 impuesta por los tratados tendría severas consecuencias un tiempo después, cuando los Estados Unidos se vieron en peligro en el Pacífico occidental.[45] Seguramente Theodore Roosevelt habría protestado, pero en ese momento fueron pocos los estadounidenses que hicieron evidente su desacuerdo. Después de años de estériles conflictos entre la Casa Blanca y el Congreso, la nueva administración republicana parecía estar funcionando sin problemas para lograr una era de paz internacional.

Harding era un hombre con capacidad para perdonar. No tardó en perdonar a Eugene Debs, al que Wilson había enviado a prisión por violar la Ley de Sedición. El presidente incluso se apresuró a firmar el perdón de Debs de modo que pudiera salir de prisión a tiempo para pasar la Navidad con su familia.[46] La magnanimidad de Harding impresionó incluso al demócrata FDR.[47]

Harding pudo haber tenido más éxito si hubiera dejado el gobierno en manos de sus hábiles y capaces miembros del gabinete: Hughes, Mellon y Hoover. Él reconocía sus limitaciones: «No entiendo absolutamente nada de este problema impositivo», señaló en una oportunidad. «Oigo a un asistente y me parece que tiene razón y luego ... hablo con otro y me parece que también la tiene. Sé que en algún lugar hay un libro que me diría dónde está la verdad, pero ... no he podido leer ese libro. ¡Cielos, qué trabajo!».[48]

Sin embargo, no todos eran tan capaces y confiables. Cuando el senador Thomas J. Walsh, un demócrata de Montana, insistió en buscar el origen de un préstamo sin garantías de cien mil dólares otorgado al secretario del interior de Harding, se reveló un escándalo de proporciones. Albert Bacon Fall había sido senador por Nueva México, pero no por eso su antiguo colega le brindó una «cortesía senatorial».

Walsh sabía que algo andaba mal. El secretario Fall había permitido que las importantes reservas de petróleo de Teapot Dome, en Wyoming, pasaran a ser de intereses privados sin que mediara una licitación. Por este contrato directo Fall fue llevado a la corte, acusado de corrupción. Se le encontró culpable y lo sentenciaron a prisión, siendo el primer miembro del gabinete en la historia en caer tan bajo.[49]

Y esa no fue la única falta. Cuando Alice Roosevelt Longworth subió las escaleras de la Casa Blanca, que había sido su hogar en el pasado, encontró una mesa de póquer recién abandonada por los jugadores. Había cigarros apagados y vasos de whisky a medio vaciar por todas partes. Jugar al póquer y fumar era una cosa, pero en la nación estaba en vigencia la ley de la Prohibición. Alice no llegó a cruzarse con la joven amante de Harding, aunque esto bien podría haber sucedido también.[50]

A medida que pasaban los días, Harding se sentía cada vez más acorralado e inquieto. Parecía percibir que sus amigos ya no lo acompañaban tanto y le preocupaban las consecuencias que podrían llegar si se revelaban al público algunos de sus oscuros negocios. Sabía que no podía desentenderse con facilidad de las amistades cuestionables, porque eran hombres que sabía mucho sobre su vida. En un discurso, Harding confesó que su padre le había dicho: «Es bueno que no hayas nacido niña, porque estarías siempre encinta. No sabes decir que no».[51]

Por lo general, buscaba refugio de los avatares de la Casa Blanca en el hogar de Jess Smith, en Washington, donde bebía, jugaba al póquer y se olvidaba por un rato de los muchos problemas que iban acumulándose.[52]

Cuando Jess Smith se suicidó, el presidente se enteró de que el «coronel» Forbes había estado recibiendo sobornos con relación a la construcción de los hospitales para veteranos.[53] Poco después el consejero legal de Forbes también se suicidó, y el hedor de la corrupción alcanzó la Casa Blanca y a Harding. En una reunión con el editor William Allen White, de Kansas, realizada en la Casa Blanca, Harding estalló: «Puedo ocuparme de mis enemigos, pero de mis malditos amigos... ¡Cielos, White! ¡Son ellos los que me causan insomnio!».[54]

El presidente decidió hacer entonces lo que muchos otros presidentes en problemas habían hecho antes y han hecho después: un largo viaje por el oeste. Su ruta de escape lo llevó incluso a Alaska. Claro que con eso no escapaba de sus problemas. En cambio, ellos vinieron a su encuentro cuando regresaba: tuvo un ataque y murió el 2 de agosto de 1923. El país no conocía todo lo que sabían los de Washington, por lo que la nación lo lloró. Alice Roosevelt Longworth señaló: «Harding no era un mal hombre. Solo era medio tonto y vago».[55] Ese ha sido también el veredicto de la historia.

El nuevo presidente asumió su cargo el 3 de agosto de 1923 a las dos y cuarenta y cinco de la mañana. No podía haber si más diferente del hombre al que sucedía. Cuando se enteró de la muerte de Harding, Calvin Coolidge estaba de visita en casa de sus padres, en el pueblo rural de Plymouth Notch, Vermont. Hizo su juramento presidencial a la luz de una lámpara de kerosén. Su padre, un juez de paz de la localidad, fue quien lo juramentó.[56] Allí quedó plasmada la imagen de la integridad a la que se aferrarían los estadounidenses poco después.

El país entero sonrió al enterarse de cómo supo Calvin Jr. que su padre era el nuevo presidente. El adolescente se había presentado a trabajar en una plantación de tabaco en el oeste de Massachusetts, su empleo de verano. El agricultor le dijo que su padre había prestado juramento en medio de la noche, pero el muchacho no hizo comentario alguno. Solo preguntó: «¿En qué galpón quiere que trabaje hoy?». Sorprendido, el agricultor le dijo que si su padre hubiera sido nombrado presidente de los Estados Unidos a él jamás se le ocurriría trabajar doce horas al día en un campo de tabaco. «Sí lo haría si su padre fuera mi padre», respondió el joven Calvin.[57] ¡De tal palo tal astilla!

Al presidente Coolidge se le conocía por ser muy reservado. Lo llamaban «el callado Cal», y millones de personas sentían afecto por él. Los estadounidenses se deleitaban con las historias que se contaban sobre su nuevo presidente. Cuando una joven debutante se le acercó en una ocasión, según contaba una historia, le confesó que había hecho una apuesta con sus amigas para ver si lograba que Calvin dijera más de dos palabras. Calvin le contestó: «Tú pierdes». La hija de TR, Alice Roosevelt Longworth, no se dejaba impresionar, por supuesto, y comentó que Coolidge de niño parecía haber «dejado el biberón para comer conservas en vinagre».[58]

Los escándalos del gobierno de Harding eran cada vez más espectaculares, pero el nuevo presidente supo marcar una distancia. Cuando el fiscal general Daugherty protestó porque tenía que presentarle cierta documentación al Congreso debido a una investigación, Coolidge podría haberlo amparado invocando los privilegios de un ejecutivo, pero decidió despedir a este hombre de dudosa moral nombrado por Harding.[59]

Cada vez era más difícil lograr que se cumpliera la ley de la Prohibición. Al momento de promulgarla, durante la guerra, todos la habían tomado como una medida patriótica y atinada, ya que después de todo la mayoría de las cervecerías tenían nombres *alemanes*, como Anheuser Busch, Piels y Pabst.[60] Sin embargo, para el momento en que Coolidge tomó el poder, era evidente que los agentes encargados del cumplimiento de la Prohibición se habían vuelto corruptos. En la ciudad de Nueva York, iban a su lugar de trabajo en limosinas con chofer.[61] El jefe de la unidad decidió hacer una buena limpieza y convocó a los agentes a una reunión. Sentados alrededor de la mesa en el edificio federal, Dan Chapin les pidió que todos pusieran las manos sobre la mesa: «¡Todo hijo de perra que tenga un anillo de diamantes está despedido!», exclamó.[62]

El temor al «elemento foráneo» se esparció con la difusión de las destilerías ilegales. Una guerra urbana se desató entre las bandas que competían por la venta del alcohol, las cuales estaban compuestas en su mayoría por inmigrantes.

La legislación de los congresos republicanos en la década de 1920 restringía severamente la cantidad de inmigrantes. Y la parte principal de esta ley buscaba limitar el ingreso de personas del sur y el este de Europa. Las restricciones a los inmigrantes asiáticos conformaban la parte secundaria de la ley. No se impedía la entrada de inmigrantes africanos, aunque sí se imponían cuotas estrictas. La primera ley se promulgó en 1921, limitando la inmigración en general y creando cuotas del tres por ciento para cada uno de los grupos de extranjeros, para lo cual se tomó como base el Censo de 1910. En 1924 se redujo la cuota de cada grupo al dos por ciento, usándose el Censo de 1890. Esto restringió mucho el ingreso de inmigrantes provenientes del este y el sur de Europa. La resolución acerca de los orígenes nacionales no entró en vigencia sino hasta 1929, estableciéndose que se determinaría el origen nacional de toda la población de los Estados Unidos y fiján-dose cuotas según la información obtenida. No obstante, de forma irónica, esta ley favorecía la inmigración de nuestros enemigos recientes, los alemanes, porque ya había muchísimos alemanes-estadounidenses en el país.

El espíritu contra los inmigrantes se vio avivado por aquellos que defendían la *eugenesia*. El primo de Charles Darwin, Francis Galton, había desarrollado el con-cepto en 1883, el cual significaba en sentido literal «buenos genes».[63] Los partida-rios de la eugenesia creían que la salud física y mental provenía de los buenos genes. Buscaban alentar a las personas que tuvieran buenos genes para que procrearan, desalentando la paternidad de los que poseían genes «de calidad inferior».[64]

El estadounidense William Z. Ripley, un respetado economista, publicó el libro *The Races of Europe* [Las razas de Europa], en el cual dividía a los blancos en tres grupos: nórdicos, mediterráneos y alpinos. Su obra contribuyó a que se avivara un sentimiento contra la inmigración.*

---

* Los científicos alemanes de las décadas de 1920 y 1930 irían más allá de lo que proponía Ripley, con consecuencias letales para toda Europa.

Margaret Sanger, una enfermera del sistema de salud pública que se oponía a las leyes que prohibían distribuir información para el control de la natalidad, creía en la eugenesia. Sanger fundó Paternidad Planificada, un método ostensible para que los inmigrantes pobres y otros estadounidenses limitaran la cantidad de hijos. «Como defensora del control de la natalidad», señaló, «quiero ... destacar que el desequilibrio entre la tasa de natalidad de los "aptos" y los "no aptos", que representa una gran amenaza para la civilización, nunca podrá rectificarse inaugurando una competencia de cunas entre ambas clases...».[65] Ella también se pronunciaba a favor de las restricciones a la inmigración. Pensaba que era una buena política frenar la marea de «no aptos», porque así se impedía la contaminación de «la fuerza de la raza».[66] Más tarde abogaría por un plan nacional para «darles a los grupos disgénicos [los que supuestamente tenían genes malos] de nuestra población la posibilidad de elegir entre la segregación y la esterilización».[67]

En la década de 1920, los estadounidenses se habían enamorado del automóvil. Henry Ford convirtió a Detroit en el centro de la industria automotriz de la nación. Introdujo avanzadas técnicas para llevar a cabo la producción en serie.[68] Y aunque a los empleados de Ford no se les permitía sentarse, hablar o siquiera silbar mientras trabajaban, podrían ganar hasta cinco dólares por día, un salario muy bueno en 1924.* Ford llegó a ser fabulosamente rico. Su fortuna, teniendo en cuenta el valor del dólar en el año 2004, tal vez llegara a los diez mil millones de dólares.[69]

En muchos aspectos Henry Ford era un empresario progresista. Para 1926, ya tenía a diez mil estadounidenses negros trabajando en su empresa. En la Ford Motor Corporation los empleados negros podían llegar a ocupar puestos administrativos.[70] También creó empleos para personas con discapacidades. Los métodos de producción en serie permitían que aquellos que tenían alguna extremidad amputada, los ciegos u otras personas con problemas físicos pudieran realizar una tarea específica, única e importante. Con esto, Ford afirmó la dignidad humana de miles de personas.[71]

Sin embargo, Henry Ford tenía un lado oscuro: su tolerancia no se extendía a la comunidad judía en particular. Su periódico, el *Dearborn Independent*, publicaba a menudo artículos violentamente antisemitas. Sus ataques a los judíos eran tan ofensivos que el presidente Harding y su colega industrialista Thomas Edison le rogaron que moderara su tono. El *Independent* reimprimió la notoria invención de

---

*   «Silba mientras trabajas» era una melodía popular que cantaban los enanitos amigos de Blancanieves en la película de Walt Disney de 1937. Tal vez Disney estaba haciendo una sátira de la política de Ford, que prohibía silbar.

la policía secreta de los zares, conocida como *Los protocolos de los ancianos de Sión*. La obra, que según se probó era falsa, acusaba a los judíos poderosos de querer gobernar el mundo por medio de una conspiración internacional. «El judío internacional: el problema del mundo» era el artículo principal del *Independent* que se hacía eco de los temas del desacreditado *Protocolos*.[72]

En 1922, un corresponsal extranjero del *New York Times* visitó las oficinas centrales de una nueva facción política en Munich: el Partido Obrero Nacional Socialista de Alemania. Luego se les conocería por la abreviatura en alemán para Nacional Socialistas: Nazis. Al líder del partido se le llamaba *der Führer*. Siendo un veterano condecorado de la Gran Guerra, el joven Adolfo Hitler tenía en su oficina un gran retrato de Henry Ford. Y en el pasillo había una mesa con montones de traducciones al alemán del libro de Ford, *The International Jew* [El judío internacional].[73]

Hitler también expresaba su admiración por otro estadounidense influyente, Leon Whitney. Whitney era presidente de la Sociedad Estadounidense de Eugenesia. El *führer* solicitó una copia de *The Passing of the Great Race* [El fin de la gran raza] de Madison Grant, un importante miembro de la Sociedad de Eugenesia. Hitler elogiaba este libro y lo llamaba su «Biblia».[74]

V. «MANTENIENDO LA CALMA CON COOLIDGE»

En 1924, el país quedó atónito cuando se juzgó en Chicago a Richard Loeb y Nathan Leopold por el asesinato de Bobby Franks, de catorce años. Loeb y Leopold eran adolescentes, ambos de familias acaudaladas y con un excelente nivel de educación.[75] Loeb era hijo de un ejecutivo de Sears Roebuck y al mismo tiempo el graduado más joven de la Universidad de Michigan, donde había quedado cautivado por la obra de Friedrich Nietzsche, *Beyond Good and Evil* [Más allá del bien y el mal]. Nietzsche argumentaba que los códigos morales convencionales no podían aplicarse al «superhombre».[76] Leopold se sintió atraído por Loeb y buscaba desesperadamente su aprobación.

Loeb quiso entonces cometer el crimen perfecto. Los dos lograron atraer al joven Bobby hasta su automóvil, y allí Loeb lo mató con un cincel. El cuerpo desnudo del muchacho se encontró al poco tiempo en una zanja. Las familias contrataron al mejor abogado criminalista del país, Clarence Darrow. Como la evidencia que demostraba la culpabilidad de los adolescentes era abrumadora, Darrow decidió presentar un apasionado ruego por las vidas de los asesinos. Convocó como testigos a los mejores psiquiatras para que dieran testimonio de la naturaleza de la compulsión psicológica. La fiscalía ridiculizó a estos expertos, llamándoles «los tres sabios de Oriente».[77]

El argumento final de Darrow tuvo lugar en un caluroso día de agosto de 1924. Ante el jurado, exploró un mundo de impulsos sexuales y psicológicos, presentando una visión «determinista» del universo. «La naturaleza es muy fuerte y no conoce la piedad».[78] La naturaleza, según decía, obra de maneras misteriosas sobre las que casi no tenemos control. Solicitó la sentencia de cadena perpetua aduciendo que era un castigo aun más severo que la horca. «En todo camino sin final por donde se avance, no hay nada más que la oscura noche».[79] Y al rogar por las vidas de los dos asesinos, Darrow gritó con pasión: «¡Si el estado en el que yo vivo no es más humanitario y considerado que la loca acción de estos dos muchachos, lamento haber vivido tantos años!».[80] Muchos de los presentes, incluyendo al juez, lloraron conmovidos ante las palabras de Darrow. La novedosa táctica funcionó al punto de salvarles las vidas. Los adolescentes no fueron sentenciados a la horca, sino a noventa y nueve años en prisión.[81]*

Llegado el momento de la elección de 1924, pocos estadounidenses vinculaban al presidente Coolidge con la actuación de Warren G. Harding. No había dudas sobre la honestidad de Coolidge. El país disfrutaba de un período de paz en el ámbito internacional y de una inusitada prosperidad en casa. O al menos eso parecía. Ya se mostraban algunas señales de advertencia en el cinturón rural al caer los precios de los granos. Sin embargo, la mayoría de los estadounidenses estaban felices disfrutando de los tiempos de bonanza. La economía de la nación parecía avanzar en un curso estable y seguro, con el secretario de comercio Hoover y el secretario del tesoro Mellon inspirando confianza, y la comunidad financiera guiada por hombres como Benjamin Strong.

El gobernador Strong no fue un funcionario elegido por alguno de los cuarenta y ocho estados. Él era gobernador del Banco de la Reserva Federal de Nueva York, la principal institución bancaria del país. Al gobernador Strong se le respetaba en todo el mundo, ya que había liderado a un equipo que trabajó en Europa para reducir el monto de la reparación por daños que debía pagar Alemania, basándose

---

* Richard Loeb fue asesinado en 1936 por otro preso que afirmó que Loeb se le había insinuado sexualmente. Nathan Leopold aprendió veintisiete idiomas, sirvió como técnico radiólogo en el hospital de la prisión y reorganizó la biblioteca de la cárcel. Liberado en 1958, se mudó a Puerto Rico y se casó. Escribió The Birds of Puerto Rico [Los pájaros de Puerto Rico]. Murió en 1971, a los setenta y siete años.

en el buen criterio (en realidad esta era una observación vergonzosamente obvia) de que si se «exprimía» a Alemania, como había querido hacerlo Lloyd George de Gran Bretaña, los alemanes no podrían reconstruir su país.[82] Una Alemania en bancarrota afectaría el comercio del mundo entero. Algo muy malo para los aliados victoriosos. Y Strong lo entendía muy bien.

Cuando los demócratas se reunieron con el fin de elegir a un candidato presidencial, su tarea no era fácil, y lo sabían. Estaban divididos entre los «Mojados» y los «Secos». Los Mojados querían anular la ley de la Prohibición, en tanto los Secos mostraban la misma determinación para lograr lo contrario: mantener cerradas con el corcho legal las botellas de bebidas alcohólicas. En muchos estados del sur y el oeste la proscripción nacional del alcohol encontraba gran apoyo, porque allí el partido demócrata había sido fuerte desde los tiempos de Andrew Jackson. La Prohibición representaba una reforma genuina para millones de mujeres estadounidenses. Para las esposas de los obreros, el derroche de dinero en los bares representaba un desastre familiar y personal a la vez.[83] Estas decididas mujeres ahora tenían derecho al voto y podían castigar así a los políticos que las desafiaran.

El líder de los Secos era William Gibbs MacAdoo. MacAdoo sirvió con gran habilidad como secretario del tesoro de Woodrow Wilson y estaba ansioso de reclamar para sí el aura de popularidad de William Jennings Bryan. Había contraído matrimonio con la hija del presidente Wilson. Se sentía tan comprometido con la causa de los Secos que incluso se disculpó ante sus seguidores por comer en una ocasión un trozo de torta embebida en jerez.[84]

MacAdoo pudo ser nominado con toda facilidad si no se hubiera sabido que fue contratado como abogado de Edward L. Doheny, la figura central en el asunto de Teapot Dome y quien le otorgara ese «préstamo» de cien mil dólares sin garantías al desacreditado Albert Bacon Fall durante los años del gobierno de Harding.

A pesar de que MacAdoo no tenía culpa personal en este asunto, el dato hizo que en la mente de los que votaban su nombre se viera ligado a los escándalos del tiempo de Harding.[85]

Al llegar a la ciudad de Nueva York para la Convención Nacional Demócrata de 1924, MacAdoo criticó al «gobierno siniestro, inescrupuloso e invisible con sede en [esta] ciudadela de privilegios y finanzas».[86] No eligió bien sus palabras, porque para muchos eran un eco del *Dearborn Independent* de Henry Ford en su paranoia con respecto a los judíos.

En oposición a MacAdoo para la nominación a candidato presidencial estaba el gobernador de Nueva York, Alfred Emmanuel Smith. La carrera de Al Smith había captado la atención de todos en 1911, cuando copresidió una comisión que investigó el horrible incendio en la fábrica Triangle Shirtwaist de Manhattan. Decenas de mujeres jóvenes quedaron atrapadas en los pisos superiores y los bomberos no pudieron llegar hasta allí para rescatarlas debido a que las puertas estaban bloqueadas por temor a los ladrones. Los neoyorquinos quedaron impresionados ante los relatos de aquellos que vieron saltar a algunas muchachas desde las ventanas con tal de escapar de las llamas. En Albany, el asambleísta Smith había auspiciado diversas reformas en pos de la seguridad de los trabajadores.[87] Luego fue elegido gobernador de Nueva York, y cuando los reporteros le preguntaron qué pensaba sobre la Prohibición, el inteligente Smith sonrió y contestó con otra pregunta: «¿No les gustaría pisar el apoya pies de la barra y soplar la blanca espuma del borde de un vaso de cerveza?».[88]*

Había al menos un «gobierno siniestro, inescrupuloso e invisible» al que MacAdoo no estaba dispuesto a oponerse públicamente: el «imperio invisible» del Ku Klux Klan. La posición de Al Smith con respecto al Klan no podía ser más clara. Como católico romano, se oponía al Klan. Y como gobernador de Nueva York, firmó una ley que prácticamente declaraba ilegal al KKK.

Cuando los demócratas se reunieron en el Madison Square Garden, se convocó al partido para aprobar una plataforma que condenaba con severidad al Klan. Al Smith y varios de los otros demócratas de la Gran Ciudad estaban decididos a ello. Y también el senador de Alabama, Oscar W. Underwood. La candidatura de Underwood para la presidencia enfrentaba dos grandes obstáculos: era un Mojado declarado y se oponía con toda audacia al KKK.**

En la Convención hubo una gran conmoción por el debate sobre la resolución contra el Klan. «Vamos, levántense *Keagles*»,*** gritaban los delegados contrarios al Klan al ver a los que apoyaban a MacAdoo. Hubo golpes de puño entre los delegados.[89] William Jennings Bryan se puso de pie para ofrecer una resolución un tanto insulsa, que condenaba la *violencia*, pero evitaba con todo cuidado nombrar al Klan.[90] En la votación final, la plataforma contra el Klan perdió por un solo voto: 543 a 542.[91] Parado sobre una silla en medio de los delegados de Kentucky y viendo la derrota de la resolución contra el Klan se encontraba D. W. Griffith, el productor

---

* El Dr. Joseph Walsh, abuelo del autor de este libro, era el médico personal de Al Smith según los relatos de la familia Bennett. En todo caso, el gobernador debe haber sido un paciente interesante para cualquier médico.

** John F. Kennedy elogió la valiente postura de Underwood contra el Klan en su éxito de ventas de 1956: *Profiles in Courage* [Perfiles de coraje].

*** El termino *Kleagle* equivale al título de un líder en la organización del KKK.

de *The Birth of a Nation* [El nacimiento de una nación], una película que glorificaba al KKK.[92] Más tarde, el Klan utilizaría con éxito esta película para reclutar a nuevos miembros.[93]

La Convención Nacional Demócrata de 1924 se realizó durante el sofocante verano de Nueva York. Los ánimos estaban candentes y algunos delegados se desmayaron en el Madison Square Garden, descompuestos por el calor y el aire viciado. Entonces llegó el momento en que debía presentarse al gobernador Smith como candidato a la nominación.

Smith había decidido que lo nominara Franklin Delano Roosevelt. FDR planificó su aparición en esta convención como un «debut» después de su ataque de polio. Había ensayado una y otra vez los cinco metros que debía recorrer para llegar al podio del orador. Apoyado en el brazo de Jimmy, su hijo adolescente, FDR no parecía estar recibiendo ayuda, sino brindándola. Echaba su cabeza hacia atrás mientras hablaba de forma animada y reía con ganas. Solo los que estaban muy cerca podían ver las gotas de sudor que perlaban su frente y la fuerza con que se aferraba al podio para no caer.[94]

Esta fue una actuación increíble. Su discurso resonó en un tono de voz sonoro, confiado, con su inflexión de universitario de Harvard contrastando con el acento de «las aceras de Nueva York» del hombre al que nominaba. El apoyo de FDR al hombre que él llamaba «el guerrero feliz» creó un vínculo entre el patricio Roosevelt, de la iglesia episcopal, y los agradecidos católicos irlandeses.[95] Desde ese momento la lista de contactos telefónicos personales de Roosevelt incluyó a muchos irlandeses, y hubo quien comentó que se parecía a «la guía telefónica de Dublín».[96]

La convención fue difícil, encarnizada, llena de contiendas. El discurso de FDR fue lo más destacado en una ardua reunión que duró diez días y en la que no hubo misericordia alguna para los asistentes. Los demócratas batallaban por una cantidad de votos sin precedentes antes de que los dos contendientes principales, Smith y MacAdoo, se descalificaran el uno al otro. John W. Davis, un abogado de West Virginia que trabajaba en Wall Street, fue el candidato acordado, a quien los agotados delegados nominaron finalmente después de ciento tres votaciones internas.[97]

Mientras tanto, durante esos calurosos días del mes de junio, la vida de Calvin Coolidge Jr., de dieciséis años, se apagaba en la Casa Blanca a causa de una simple ampolla que se había infectado. Durante un momento los delegados dejaron sus discusiones y peleas para orar por el chico y enviarle un mensaje de consuelo al desconsolado padre del muchacho.[98] Más tarde, Coolidge escribiría sobre la muerte de su hijo en su autobiografía. Con esta irreparable pérdida, el Callado Cal se volvió más callado todavía:

> En medio de su sufrimiento me pedía que lo sanara. No podía hacerlo. Cuando murió, el poder y la gloria de la presidencia se fueron con él ... Los caminos de la Providencia muchas veces escapan a nuestro entendimiento. Me parecía que el mundo necesitaba de la obra que él podría haber hecho. No sé por qué debí pagar tan alto precio por ocupar la Casa Blanca.[99]

Los republicanos decían que la elección era «Coolidge o el caos».[100] La reunión de los demócratas de 1924 marcó un hito, ya que fue la primera vez que en los Estados Unidos se emitía una convención política por radio, y para muchos de los que escuchaban el clamor de las peleas mezclado con la estática habrá sonado como las piruetas de la popular tira cómica de los *Katzenjammer Kids*.* En alemán, *katzenjammer* significa borrachera. Y después de la convención de 1924, tanto los Mojados como los Secos sufrieron sus efectos. El candidato acordado, Davis, estaba dispuesto a criticar y denunciar al KKK con todas las letras a pesar de que el partido se resistía a hacerlo. En otros aspectos, no fue un brillante contendiente como candidato presidencial.

El senador Robert M. LaFollete estaba decidido a darles a los votantes una opción real en el mes de noviembre. Tomó el estandarte del partido progresista y organizó una vigorosa campaña. Tanto Davis como LaFollete criticaban las políticas de reducción de impuestos de Coolidge como una concesión a los ricos. El humorista Will Rogers elaboró la teoría de que reducir los impuestos de los ricos y las empresas representaba una política de «goteo hacia abajo»,** término que con los años perduró.[101]

Los republicanos no sufrían los efectos de la época de Harding, pero aun así decidieron postergar los planes de levantar en Ohio un grandioso monumento al querido presidente ya fallecido. Coolidge logró una victoria rotunda en todo el país, perdiendo solo en los estados de la Antigua Confederación, Oklahoma y Wiscon-

---

* La tira Katzenjammer Kids se publicaba en la prensa de Hearts. Hans y Fritz eran dos diablillos descontrolados. A los estadounidenses les encantaba la tira y la leían a diario, aun en los días de la histeria antialemana y el «repollo de la libertad».

** Esta teoría afirma que se puede lograr un mayor desarrollo económico si se les permite prosperar a las grandes compañías, dado que esa prosperidad se «derramaría» luego sobre la población de ingresos bajos y medios.

sin, tierra de LaFollette. El presidente obtuvo 15.725.016 votos populares (54,1%) y 382 votos electorales, en tanto Davis consiguió 8.386.503 votos populares (28,8%) y 136 electorales. LaFollete recibió el voto de 4.822.856 personas (16,6%), con 13 votos electorales solo de su estado.

La elección no era la única contienda que acaparaba la atención nacional en ese momento.

La legislatura estatal de Tennessee meditaba en el aterrador mundo evocado por sucesos como el juicio a Leopold y Loeb. Los legisladores veían en las filosofías ateas de intelectuales como Charles Darwin, Friedrich Nietzsche y Sigmund Freud motivos de alarma. La afirmación de Nietzsche acerca de que «Dios ha muerto» se citaba con frecuencia, aunque muchas veces sin comprenderse el sentido de sus palabras. En realidad, lo que Nietzsche había querido decir era que la *creencia* en Dios había muerto. Los temerosos legisladores de Tennessee, impactados ante tales ideas, estaban de acuerdo con lo que dijera el escritor ruso Fyodor Dostoevsky, cuyo Ivan Karamazov afirma que si Dios ha muerto, todo está permitido. La legislatura debía asegurarse de que no todo estuviera permitido en Tennessee. La solución fue sencilla y directa: se promulgó una ley que prohibía que se enseñara el darwinismo o cualquier otro credo que afirmara que el hombre descendía de una forma de vida «inferior».

Un nuevo grupo, la Unión Estadounidense por las Libertades Civiles (American Civil Liberties Union, ACLU, por su nombre en inglés), vio en esta ley una excelente oportunidad para sumar puntos ideológicos en contra de lo que consideraban un fundamentalismo cristiano intelectualmente atrasado. La ACLU publicó avisos en varios periódicos y el joven John T. Scopes respondió. Este maestro de ciencias de Dayton, Tennessee, indicó que estaba dispuesto a poner a prueba la ley. En 1925 se le acusó de violar esta nueva ley, y ese verano el juicio de Scopes cautivó la atención de todo el país. El famoso Clarence Darrow garantizó la atención nacional cuando aceptó ser el abogado defensor.

William Jennings Bryan estaba ansioso por trabajar con la fiscalía. Bryan no era de Tennessee y jamás se había ganado la vida como abogado. No conocía los argumentos científicos que podrían surgir como base del juicio. No obstante, sí sabía dar discursos y escribir artículos. De eso vivía. Además, el antiguo secretario de estado y tres veces candidato presidencial por el partido demócrata se regodeaba cuando las luminarias se centraban en él.[102]

Bryan tuvo éxito en una importante maniobra durante el juicio. Logró que el juez lo favoreciera, declarando que si Darrow traía expertos científicos como testigos en la defensa de Scopes, la fiscalía también interrogaría a tales expertos.[103] El otro defensor de la ACLU, Arthur Garfield Hays, se encontraba desesperado. «El hecho de que la fiscalía interrogue a los científicos podría demostrar que estos hombres, aunque sean religiosos, porque solo elegiremos a quienes lo sean, aun así no creen en el nacimiento de Jesús de una virgen, ni en los demás milagros».[104] Hays sabía que el testimonio de estos escépticos sería negativo para los planes de la agenda educativa de la ACLU en toda la nación.[105] Él más tarde escribió que la ACLU *necesitaba* el apoyo de millones de cristianos que creyeran en las posiciones doctrinales básicas de sus iglesias.[106] No quería que el radicalismo de la ACLU quedara expuesto al colocar en el banquillo de los testigos a científicos que dudaran de tales doctrinas.[107]

H. L. Mencken se regodeó en esta victoria de la fiscalía, bromeando: «Lo único que le queda a la gran causa del estado de Tennessee contra el infiel Scopes es darle el golpe de gracia condenando a muerte al acusado».[108] Mencken era solo uno de los cientos de periodistas que habían llegado hasta la pequeña ciudad de Dayton para lo que la prensa llamaba «el juicio del mono». No podía dejar pasar la oportunidad de reír ante lo que consideraba un típico ejemplo de atraso sureño. El sur, escribía, era «el Sahara de las Bozarts» (Beaux Artes).[109]*

Darrow fue el que dio el siguiente golpe. Llamó como testigo al «más grande experto en la Biblia»: ¡William Jennings Bryan![110] El pobre Bryan no tardó en demostrar que no estaba equipado para el debate intelectual con que se conducía Darrow en la corte. Y Darrow era el mejor en todo el país. Bryan quedó atascado en los enredos que causaban sus contradicciones, por lo que golpeando la mesa con el puño gritó de modo patético: «¡Solo intento proteger la palabra de Dios contra el mayor ateo o agnóstico de los Estados Unidos!».[111] Todos los presentes estallaron en un aplauso, pero en realidad sus palabras estaban admitiendo la derrota.[112]

Cuando el jurado declaró que John T. Scopes era culpable de haber violado la ley de Tennessee, el juez con toda prudencia lo sentenció al simple pago de una multa de cien dólares. Bryan, actuando de nuevo con poca sabiduría, consideró que el veredicto reivindicaba a Scopes y anunció que pensaba llevar la causa a otros estados. Su esposa Mary expresó sus dudas. No quería verlo como el líder de un esfuerzo que se consideraría un ataque a la libertad intelectual.[113] Sin embargo, días después que terminara el juicio, el «Gran Plebeyo» murió mientras dormía. Mencken dijo con sorna: «¡Dios le había apuntado a Darrow, pero le dio a Bryan!».[114]

---

* Aquí se hace uso de un juego de palabras: Beaux Arts (Bellas Artes en francés) se pronuncia «Bozart».

El juicio fue visto por muchos como un punto de inflexión en la vida de los Estados Unidos. Toda una mitología se desarrolló en torno al suceso. La obra teatral (y más tarde la película) *Inherit the Wind* [Heredarás el viento] contribuyó a que las ideas equivocadas se difundieran. Joseph Wood Krutch, un periodista cauteloso y también un distinguido crítico literario, supo llegar al meollo de la cuestión: «La pequeña ciudad de Dayton se comportó bastante bien en general. La atmósfera estaba tan lejos de ser siniestra que hacía pensar en un día de circo. Los autores de "Heredarás el viento" convirtieron este juicio en ... una cacería de brujas». Krutch señaló que fue la defensa y no la fiscalía la que buscó el juicio. «Por lo tanto, fue algo así como una especie de juicio a una bruja, uno en el que el acusado ganó una beca que le permitiera asistir a la universidad y la única víctima fue el testigo principal de la fiscalía, el pobre y viejo Bryan».[115]

En Europa no habría juicios tan espectaculares por culpa de libros preocupantes. Ese mismo año en que los estadounidenses debatían en torno a Darwin, las imprentas alemanas producían un nuevo libro: *Mein Kampf* [Mi lucha], que Adolfo Hitler publicara al salir de la prisión. El líder del partido Nazi había sido juzgado y enviado a prisión porque intentó derrocar al gobierno de su estado de Bavaria. Hitler pasó su breve período en la cárcel dictando su libro.[*]

Si Darwin describía la lucha entre las especies y la supervivencia del más apto, Hitler aplicaba esta lucha a las relaciones entre las naciones. En su obra, Hitler presentaba con escalofriantes detalles su plan para la nueva Alemania. Los *arios*, aquellos cuyos genes les proporcionaban una piel blanca, un cabello rubio y ojos azules, eran los más aptos por naturaleza. Constituían la *Herrenvolk* («raza superior»). Y la única razón por la que habían perdido la Primera Guerra Mundial fue porque los judíos los traicionaron. Hitler se refería al acuerdo del armisticio como «la puñalada por la espalda», y a los alemanes que lo firmaron como «los criminales de noviembre».

VI. «EL ÁGUILA SOLITARIA»

Parecía que el coronel del ejército Billy Mitchell quería que lo enviaran a la corte marcial. Presionaba a la armada para que le permitieran tratar de hundir el *Ostfriesland*, un buque de guerra alemán capturado como botín de guerra.[116] El 21 de julio de 1921, Mitchel atacó a la nave con torpedos desde el aire, demostrando

---

[*] El partido nazi de Hitler celebraba cada año el aniversario del fallido Golpe del Salón de la Cerveza de Munich durante 1923.

así que los buques de guerra eran vulnerables a los ataques aéreos. Sin embargo, no contento con este golpe a las relaciones públicas, el intrépido y joven coronel atacaba a los superiores en el ejército y la armada, exigiendo una nueva fuerza aérea y presentando sus argumentos en artículos ampliamente publicados donde pedía tener poder en los cielos.[117]

El presidente Coolidge no tuvo más opción que afirmar la sentencia de que una corte marcial juzgara a Mitchell en enero de 1926, ya que había ido demasiado lejos al atacar en público a oficiales militares de alto rango. Aunque el *Ostfriesland* estaba anclado y no respondió al fuego, el hundimiento de este buque acorazado por un avión pequeño le había mostrado algo al pueblo estadounidense. Preocupado, el presidente Coolidge eligió a su compañero de la Universidad de Amherst, Dwight Morrow, como jefe de una junta de aviación que se ocuparía de estudiar el tema. Morrow, un exitoso financista de Wall Street de la Casa de Morgan, demostró ser la persona indicada para el puesto.[118]

Otro joven aviador muy confiado en sí mismo había decidido pasar a la historia. Charles A. Lindbergh no quería regatear ni tener que pedirles dinero a empresarios y banqueros. Con veinticuatro años, y habiendo abandonado sus estudios universitarios, era un estadounidense atípico en la década de 1920. No fumaba ni bebía, evitando a las muchachas que siempre se mantenían cerca de los pilotos.[119] Lindbergh establecía altos parámetros para sí mismo, incluso algunos que alcanzaban la categoría de la perfección, como lo hiciera Benjamin Franklin: conciencia, altruismo, equilibrio, brevedad, desinterés y celo por su tarea.[120]

La «generación perdida» no podría haber tenido un representante menos figurativo. No obstante, Lindbergh, hijo de un congresista de Minnesota, sí compartía una característica con el Jay Gatsby de F. Scott Fitzegerald: le gustaba buscar esa Gran Oportunidad. Y sabía cómo conseguir lo que quería.

Aquel que pudiera volar sin escala cruzando el océano Atlántico obtendría fama mundial. Y no solo fama, sino fortuna: el Premio Orteig de veinticinco mil dólares hacía que muchos arriesgaran sus vidas. El comandante de la armada Richard Byrd, un famoso piloto y el primero en volar sobre el Polo Norte, había estrellado su avión trimotor, el *America*, en abril de 1927.[121] A Byrd, que salió casi ileso, le siguieron dos semanas después otros dos pilotos de la Armada que perdieron la vida al estrellarse su trimotor.[122]

El premio sería para el que cruzara el océano en una dirección u otra, así que los dos pilotos franceses partieron desde París, volando al oeste hacia Nueva York el 9 de mayo.[123] Cuando se informó que el gran Charles Nungesser y Francois Coli se acercaban a las costas de Nueva Inglaterra, Lindbergh sintió que su ilusión se esfumaba. La multitud en París aplaudía con alegría,[124] pero de repente el avión que llevaba a Nungesser y Coli desapareció.

Mientras Lindbergh observaba los preparativos de su avión de un solo motor, *El espíritu de St. Louis*, antes del despegue, la llovizna y el camino enlodado se combinaban con la muerte reciente de Nungesser y Coli paira crear una escena sombría y muy poco festiva. «Parece más una procesión funeral que el inicio de un vuelo a París», pensaba Lindbergh.[125] Había alivianado el avión eliminando todo lo que no fuera estrictamente necesario, ya que necesitaría mucho combustible. El delgado aviador llevaba solo cinco emparedados para comer durante el largo viaje. Cuando le preguntaron si le alcanzaría, dijo en tono lacónico: «Si llego a París, no me hará falta más que esto. Y si no llego, tampoco necesitaré nada más».[126]

En la mañana del 20 de mayo de 1927, Lindbergh despegó del Campo Roosevelt en Long Island.* El avión, con su carga extra de combustible, casi roza un tractor al despegar. Pasó a solo tres metros del mismo y a solo dos de los cables de teléfono en su trabajoso despegue. El país contuvo el aliento y Will Rogers no se animó a bromear esta vez:

Un delgado, alto, tímido y sonriente muchacho estadounidense está allí, en algún lugar sobre el océano Atlántico, donde ningún ser humano se ha aventurado a solas hasta el día de hoy. Las plegarias por él se elevan a todo Ser Supremo en que la gente haya creído por siempre. Si se pierde este joven, será una muerte que llorará el universo entero.[127]

Lindbergh no se perdió. Y en realidad no estaba solo. Harold Anderson, del *New York Sun*, escribió una de las columnas de periódico de mayor circulación en ese momento. El título era «Lindbergh vuela solo»:

¿Solo? ¿Está solo quien vuela junto al Coraje, con la Destreza como copiloto y la Fe a su mano izquierda? ¿Rodea la soledad al valiente cuando la Aventura es la que marca el camino y la Ambición es la que lee los controles del tablero? ¿No hay compañía para quien corta el aire junto a la Intrepidez, para aquel cuya luz es el espíritu del Emprendedor,** que ilumina la oscuridad?[128]

---

*   No era un buen augurio para el que le prestara atención a tales cosas. El Campo Roosevelt se llamaba así en honor a Quentin Roosevelt, el joven y valiente aviador estadounidense que había muerto volando los cielos de Francia.

**   Emprendedor: Que emprende con resolución acciones dificultosas o azarosas (RAE).

Lindbergh aterrizó en el aeródromo Le Bourget, en París, al son de los vítores de una multitud de franceses que deliraban de alegría. Había volado durante treinta y tres horas y treinta y nueve minutos.[129] En la era de la fascinación por los detalles técnicos, se destacó que el motor de *El Espíritu de St. Louis* había tenido que entrar en ignición 14.472.000 veces, sin fallar ni una sola vez, para cubrir los casi seis mil kilómetros que separaban a Nueva York de París.[130]

Charles Augustus Lindbergh se convirtió en el héroe más grande de su época. En París le adoraban, y en Nueva York se le dio una bienvenida digna de un héroe, con un desfile por la calle Broadway. Era tan célebre que ya no podía mandar a lavar sus camisas, porque terminaban repartidas entre los que buscaban tener algún recuerdo suyo. Tampoco podía extender un cheque, ya que su firma valía más que la cantidad que figuraba como monto a pagar. Dondequiera que iba en los Estados Unidos, Lindbergh era agasajado. Durante una cena, George Gershwin interpretó su famosa *Rapsodia en azul* para el joven, y solo hizo una pausa para preguntarle sobre los peligros del vuelo.[131] Lindbergh depositó su dinero en las expertas manos de la Casa de Morgan y allí conoció a Dwight Morrow, que pronto sería el embajador del presidente Coolidge en México.[132]

La Prohibición había causado tensión en las relaciones de los Estados Unidos con sus dos países vecinos. Los contrabandistas de ron cruzaban las fronteras, al norte y al sur, mientras que los gángsteres estadounidenses sobornaban a los funcionarios de la aduana de ambos lados de la línea demarcadora entre países.

Sin embargo, en el caso de México las confiscaciones más problemáticas no eran las de las bebidas alcohólicas como la ginebra. El gobierno de México había confiscado los activos de las compañías petroleras estadounidenses, por lo cual ambos países casi entran en guerra. El presidente Coolidge envió a Dwight Morrow a la ciudad de México para que negociara, pero los mexicanos más escépticos afirmaban que Morrow solo estaba explorando el terreno para los Marines. No obstante, Morrow supo lidiar hábilmente con las diversas facciones de ese país y quería que se invitara de forma oficial a Lindbergh a visitar la ciudad de México.

A Lindbergh le gustaba la publicidad. Afirmaba que volaría sin escalas hasta allí desde Washington, D.C. Y aunque Morrow no quería que su famoso y joven amigo se arriesgara, Lindbergh le dijo: «Consigue la invitación y yo me ocuparé del vuelo».[133] Cuando el hombre al que se le conocía como «el águila solitaria» aterrizó en la ciudad de México, la gente enloqueció de alegría. Miles de personas habían dormido esa noche en la pista solo para poder darle un vistazo a este héroe. Y muchos habían orado cuando Lindbergh, que había tenido problemas con sus rodamientos, llegó con dos horas de atraso. «¡Viva Lindbergh!», gritaban. La Sra. Morrow temía que la entusiasta multitud acabara por romperle la ropa al joven aviador.[134] Ese fue, y sigue siendo, el momento más importante en las relaciones entre Estados Unidos y México. El presidente Coolidge merece el crédito por haber sabido designar a Dwight Morrow como embajador. Con solo comparar este acto de diplomacia con el error de Woodrow Wilson en el asunto del límite sur, podemos apreciar el logro de Coolidge.

Mientras estaba de vacaciones en México, «Lindy el afortunado» conoció a la joven que sería su esposa. Anne Morrow era la hija del embajador Morrow, una joven inteligente, bella y con sentido común.

VII. PAZ Y PROSPERIDAD

Charles Lindbergh no fue el único estadounidense que buscó dejar su marca en París. En la década de 1920, los escritores expatriados como Ernest Hemingway y F. Scott Fitzgerald brillaban en la Ciudad Luz. Gertrude Stein y su compañera, Alice B. Toklas, formaron un salón literario que era el lugar de reunión para los jóvenes escritores estadounidenses que deseaban forjarse una reputación. «Hemingway, las observaciones no son literatura», le señalaba Stein con tono contundente al joven escritor norteamericano debido al estilo de sus obras.[135] Y aunque sus comentarios eran bastante ácidos, la mayoría de los autores respetaban la opinión de Stein. Incluso el sureño por excelencia William Faulkner y el aspirante a dramaturgo Eugene O'Neill acudían a las reuniones en el hogar de las *belles lettres*.

El secretario de estado de los Estados Unidos, Frank B. Kellogg, también tenía puestos los ojos en París. Él respondió a una oferta del ministro de asuntos exteriores de Francia, Aristide Briand, para establecer un tratado. El tratado propuesto aseguraría que las dos naciones jamás se enfrentarían en una guerra. Este era un intento de Briand por obtener el apoyo de los Estados Unidos si alguna vez Francia resultaba atacada. Kellogg amplió el alcance de la oferta haciendo que el tratado tuviera como propósito «renunciar a la guerra como un instrumento de la política nacional» e invitó a todos los estados a firmarlo.[136] El Pacto Kellogg-Briand haría que sus dos autores recibieran el Premio Nóbel de la Paz. Sesenta y dos naciones se suscribirían al pacto con el tiempo, incluyendo a Japón, Alemania e Italia.[137]

Sin embargo, este Pacto Kellogg-Briand tenía sus inconvenientes. A largo plazo brindó la base legal para los futuros tribunales de crímenes de guerra a fin de juzgar a los que se excedieran en las agresiones de la guerra. No obstante, a corto plazo, adormeció peligrosamente a las democracias, que pensaron que podrían confiar en un papel para sentirse seguras. El senador Carter Glass, un demócrata de Virginia, señaló que él no era «tan tonto como para suponer que valdría lo que una estampilla».[138] Aun así, Glass votó con el fin de ratificar lo que se llamó el Pacto de París, siendo aprobado en el Senado con ochenta y un votos contra uno.[139] El *New York Evening Post* se burló del pacto cuando el Congreso aprobó la construcción de quince nuevos cruceros para la Armada. «¿Cuántos cruceros necesitaríamos si no hubiéramos firmado recientemente un tratado de paz con veintiséis naciones?», preguntaba el *Post*.[140] Al parecer, el periódico había olvidado el lema de TR: Hablar con suavidad, pero llevando un gran garrote.

El pacto Kellogg-Briand fue tan popular en parte porque los estadounidenses preferían no pensar en los problemas del extranjero. Y sí que había problemas. En Alemania, la liberal República de Weimar encontraba dificultades para mantener la democracia ante los retos que presentaban los comunistas y los nazis. Desde su exilio en Holanda el káiser Wilhem daba entrevistas y culpaba a los judíos por la derrota de Alemania en la Primera Guerra Mundial.[141] Su casa en Doorn, Holanda, se convirtió en un centro de agitación contra la República de Weimar. El káiser recibió tres mil cartas en su cumpleaños número setenta (el 27 de enero de 1928), proclamando su restauración.[142] Cientos de miles de alemanes que apoyaban al káiser firmaron estas cartas.[143] Con amargura, él les decía a sus más íntimos que habían sido los judíos los que estaban detrás de su abdicación, y que era necesario extirparlos de raíz. ¿Cómo hacerlo? La respuesta de Wilhelm era ominosa, dura y salvaje: «*Das best wäre Gas!*» («¡Lo mejor sería el gas!»).[144]

Si en Weimar había problemas con la libertad, los bolcheviques se habían encargado de exterminarla en la Rusia soviética. Cuando Lenin murió en 1924, la lucha posterior por el poder llevó a Josef Stalin a la victoria. Stalin hizo que diversas facciones del partido comunista de la Unión Soviética se enfrentaran.[145] A pesar de que los partidos comunistas del mundo solían criticar el antisemitismo, Stalin logró maniobrar con gran habilidad contra sus opositores de la vieja guardia bolchevique. Primero Trostky y luego Kamenev y Zinoviev cayeron en la trampa. Un observador atento habría notado sin problemas que los «enemigos» de Stalin eran principalmente judíos.*

---

* Josif Vissarionivich Dzhugashvili nació en Georgia, no en Rusia. Como revolucionario bolchevique adoptó el nombre de Stalin, que significa «hombre de acero».

Los exitosos ataques de Stalin contra sus enemigos le dieron rienda libre para dominar Ucrania. Culpó a los codiciosos *kulaks* por la hambruna que sus propias políticas habían causado. *Kulak* significa puño, un término que los comunistas usaban para describir a los campesinos, cuyos esfuerzos y duro trabajo les habían llevado al éxito en esta región. El novelista ruso Vladimir Tendrayakov describiría el destino de los *kulaks* después que su tierra les fuera expropiada por los comunistas:

> En la plaza de la estación los *kulaks* ucranianos, cuyas tierras habían sido expropiadas, vivían como exiliados. Se echaban en el suelo y morían. Uno se acostumbraba a ver a los muertos allí por las mañanas, y el muchacho del establo del hospital, Abram, llegaba con su carro y apilaba en él los cadáveres.
>
> No todos morían. Muchos vagaban por los sórdidos y polvorientos callejones, arrastrando sus piernas enfermas, azules por el frío y llenas de várices. Con ojos de perro vagabundo, mendigaban a todo el que pasara por allí.[146]

Mientras que la mayoría de los estadounidenses no sabían nada de los seis o siete millones de personas que morían de hambre en Ucrania, había uno que sí se había enterado: Walter Duranty, corresponsal del *New York Times* en Moscú. Él ganaría un premio Pulitzer por su compasiva cobertura de Josef Stalin, pero decidió no informar sobre la terrible hambruna. Al parecer, no todas las noticias eran aptas para publicarse.

En los Estados Unidos el romance de la gente con los automóviles continuaba. La General Motors no trataba de competir con la Ford a través de precios más bajos, sino dándoles a los consumidores más por su dinero. El Chevrolet venía con un encendido automático que aumentó la popularidad de los autos, en especial entre las mujeres.[147]

En la pantalla grande, se proyectó la primera película «hablada» en 1927. Al Jolson protagonizó *The Jazz Singer* [El cantante de Jazz].[148] La trama se enfocaba en el hijo de un cantor judío que con su gran voz llega a hacer gran fortuna gracias a su popularidad. Sus padres están apenados porque piensan que ha prostituido el talento que Dios le dio.[149] La mayoría de los estadounidenses quedaron encantados con la frase que se convertiría en la marca de Al Jolson: «¡Todavía no han oído nada!».[150] Sin embargo, a los estadounidenses de color seguramente no les gustó el hecho de que el cantante de Jazz que interpretaba Jolson se pintara la cara de negro.

Coolidge gozaba de máxima popularidad en el verano de 1927. Estando de vacaciones en las Colinas Negras de Dakota del sur, el presidente realizó una de sus periódicas conferencias de prensa. Mientras los reporteros iban entrando en el gimnasio de una escuela secundaria, Coolidge le entregaba a cada uno un papel que tenía escrito a máquina un mensaje conciso: «Decido no presentarme como candidato a la presidencia en 1928».[151] Breve, rotundo, directo. Ese era el estilo de Coolidge.

Hubo entonces un breve pero intenso período de especulaciones. ¿De veras no se presentaría? ¿Querría ser reclutado? Pocos de los que habían visto al presidente mirando triste por la ventana de la Casa Blanca las canchas de tenis donde había jugado por última vez Calvin Jr. se sorprenderían ante la decisión. Aquellos que hubieran oído lo que Grace Goodhue Coolidge hablaba en voz baja con sus amigas («Papá dice que viene una depresión») con seguridad estarían seguros de su sinceridad.[152] Tal vez Coolidge percibiera su propia mortalidad. Un distinguido médico dijo de él años después: «Pocas veces he conocido a un hombre con la dolencia cardiaca del presidente Coolidge que no haya experimentado algunas señales de peligro».[153] Los que sabían que el presidente dormía casi doce horas al día habrían encontrado una explicación en la angina de pecho… o tal vez en la depresión.

Sin importar cuáles fueran sus razones, Calvin Coolidge sirvió a su patria al dejar su puesto con tanta dignidad. Después de la dureza de Wilson y la flaccidez de Harding, este hombre le había devuelto la honra al Poder Ejecutivo. Tal vez haya sido el único hombre blanco que pudiera ponerse el atuendo de guerra completo de los indios sioux sin verse ridículo. El título que el editor de Kansas, William Allen White, le dio a su libro sobre Coolidge resume muy bien la presidencia de este hombre callado: *A Puritan in Babylon* [Un puritano en Babilonia].

Un estadounidense que sí decidió presentarse como candidato fue George Herman Ruth, a quien millones de fanáticos del béisbol conocían como Babe. Babe Ruth corrió sesenta veces las bases en 1927, estableciendo un récord que duró más de treinta años. No es de asombrarse que el Estadio de los Yankees se llamara «la Casa que edificó Ruth».

Los Estados Unidos también celebraron ese año las hazañas del golfista Bobby Jones. En su biografía de 1927, *Down the Fairway* [En el campo de golf], Jones escribió: «Ojalá pudiera decir que cuando le di a una bola de golf por primera vez mi corazón se estremeció. Sin embargo, no sería verdad».[154] De todos modos, Robert Tyre Jones era un autodidacta que desde los seis años había empezado a jugar, participando a los catorce de un campeonato profesional por primera vez.[155] Llegó a dominar bien el juego, representando el modelo del caballero y deportista del sur.

En ese mismo año de 1927, Nicoló Sacco y Bartolomeo Vanzetti fueron ejecutados por electrocución en Massachusetts. Los dos anarquistas nacidos en Italia habían sido arrestados en los momentos de mayor disturbio del Terror Rojo en 1920. Se les acusó de asesinato y robo, y después del juicio se les halló culpables y se les sentenció a muerte en 1921. Durante los largos años de apelaciones muchos intelectuales, escritores y poetas protestaron por el destino de estos dos hombres, que llegó a convertirse en una causa célebre, y no solo entre los izquierdistas.[156] El respetado profesor de Harvard, Samuel Eliot Morison, estaba entre los miles que firmaron la petición que pedía clemencia (aunque el presidente de Harvard, A. Lawrence Lowell, fue uno de los del panel de académicos que afirmó que el juicio había sido justo). El futuro juez de la Corte Suprema, Félix Frankfurter, entonces profesor de leyes en Harvard, emitió un informe contundente donde criticaba tanto el proceso del juicio como la sentencia. Sacco y Vanzetti enfrentaron su destino con coraje y sencilla dignidad. La declaración final de Vanzetti a la corte que le condenó, en inglés rudimentario, conmueve por su elocuencia:

Si no hubiera sido por esto podría haber vivido mi vida hablando en las esquinas de las calles con hombres que me desprecian. Habría muerto sin dejar marcas, sin que se me conocieran, siendo un fracaso. Ahora no somos un fracaso. Esta es nuestra carrera y nuestro triunfo. En la vida jamás podríamos haber esperado trabajar por la tolerancia, la justicia y la comprensión del hombre como lo hacemos hoy por accidente. Nuestras palabras, nuestras vidas, nuestros dolores… ¡nada! La pérdida de nuestra vida, las vidas de un buen zapatero y un pobre vendedor de pescado… ¡todo! Ese último momento nos pertenece. Esa agonía es nuestro triunfo.[157]

El famoso caso sigue perturbando la conciencia de nuestra nación. No hay dudas de que ante un tribunal moderno, con la poca evidencia que se poseía no podrían haber enviado a la cárcel a estos hombres por el asesinato de un administrador y su guardia. Sacco y Vanzetti también nos muestran el peligro de la justicia politizada, tanto del lado de la defensa como de la fiscalía. La cuestión no tendría que haberse centrado en si eran radicales o no, revolucionarios o no. Claro que lo eran. La única pregunta tendría que haber sido si eran culpables de lo que se les acusaba.

VIII. «Dos pollos en cada olla»

Los republicanos se sentían confiados en cuanto a 1928. La paz y la prosperidad siempre favorecen al partido que está en el poder. Como sucesor de Coolidge, la persona más indicada era el secretario de comercio Herbert Hoover. El presidente Harding había dicho de Hoover: «Es el tipo más inteligente que conozco».[158]

Los estadounidenses admiraban la historia de Herbert Hoover. Nacido en medio de la pobreza en Iowa, quedó huérfano cuando era pequeño. Luego había estudiado en la Universidad Stanford y se convirtió en un ingeniero de minas de renombre mundial. Ganó millones y podría haberse retirado a disfrutar de una vida de lujo. No obstante, decidió en cambio dedicarse a proyectos como la Asistencia Belga, la ayuda a Rusia debido a la hambruna, y finalmente a servir durante ocho años como secretario de comercio en un momento en que, como decía el presidente Coolidge: «La principal ocupación de los estadounidenses es dedicarnos a los negocios y el ideal principal del pueblo norteamericano es el idealismo».

La Prohibición estaba destinada a ser un tema de debate. Hoover decía que era «un experimento noble», pero expresó que estaba dispuesto a mandar a hacer un estudio que investigara cómo andaba el experimento en ese momento. Hoover siempre prefirió que las cuestiones delicadas de la política pública fueran ventiladas por expertos. El demócrata favorito, Al Smith, era un Mojado notorio. «La corrupción de los agentes de la ley, el contrabando y la ilegalidad están hoy presentes en todo el país», acusaba Smith en alusión al supuesto fracaso de la Prohibición.

Un poeta del momento satirizó lo que se conocería como «el informe Wickersham»:

> La Prohibición es un fiasco terrible.
> Nos gusta.
> No logra impedir lo que tiene que impedir.
> Nos gusta.
> Deja un tendal de corrupción y muerte.
> No impide nada que valga la pena,
> Y llenó nuestro país de crímenes y fraudes.
> Pero igual, estamos a su favor.[159]

La economía era, como siempre, un tema clave en las elecciones. Hoover hizo referencia a los logros de los republicanos en la década de 1920: un aumento del cuarenta y cinco por ciento en el ingreso nacional, tres y medio millones de viviendas nuevas, sesenta y seis por ciento más de asistencia a la escuela secundaria. Todo esto era cierto.[160] Luego buscó las alturas de la retórica, como Ícaro al acercarse al sol: «Hoy en los Estados Unidos estamos más cerca que nunca del triunfo total sobre la pobreza», señaló. «Los refugios para pobres están desapareciendo ... [Teniendo] una oportunidad para avanzar con las políticas de los últimos ocho años, con la ayuda de Dios pronto veremos el día en que la pobreza sea desterrada de la nación».[161]

Hoover no era el único en sentir tal optimismo. Hasta Lincoln Steffens, que siempre buscaba causar conmoción, se dejó llevar por el espíritu optimista del momento: «Los negocios en los Estados Unidos están brindando lo que buscaban como objetivo los socialistas: alimento, techo y vestimenta para todos ... Este es un gran país; tan grande como Roma».[162] Un autor republicano, tal vez reclutado de una agencia de publicidad de la Avenida Madison, afirmó que se podía confiar en el Viejo Partido Republicano para lograr tener «dos pollos en cada olla y un auto en cada garaje».[163]

Como a Al Smith le gustaba fumar cigarros, su voz era ronca y gruesa. Bromeaba sobre sus humildes orígenes. No había podido estudiar en la universidad, pero decía tener un diploma del MPF (Mercado del Pescado de Fulton). Al Smith era por cierto muy inteligente y tenía una dignidad natural, pero su rudo acento no sonaba bien en los oídos de los estadounidenses. Fue el primero en dar un discurso por la *radio*, aunque no le ayudó mucho que su voz se pareciá a la de los gángsteres que estaban siendo llevados ante comités del Congreso y grandes jurados en todo el país.

También estaba el factor de la religión. Hoover no soportaría ninguna intransigencia. Sin embargo, esto no detenía a sus seguidores, asustados ante el catolicismo de Smith. Un obispo metodista de Nueva York, el propio estado de Smith, peleó con el gobernador como presidente de la Liga Anti-Bares del estado. Él afirmó en tono rotundo: «Un gobernador no puede besar el anillo del Papa y luego estar tan cerca de la Casa Blanca».[164]

William Allen White, de Kansas, era el editor del *Emporia Gazette*. Había sido progresista, pero aun así escribió: «Toda la civilización *puritana* que ha edificado una nación sólida y en orden se ve amenazada por Smith».[165]

Calvin Coolidge. *«El callado Cal» se hizo muy popular después de la corrupción de los años de Harding. Le llamaban «un puritano en Babilonia». Calvin Coolidge presidió con serenidad los Estados Unidos durante la alocada década de 1920. Sin embargo, en su momento de mayor poder, afirmó: «Decido no presentarme como candidato en 1928».*

El gobernador Alfred E. Smith. *Alfred Emmanuel Smith, aquí con su cigarro, obtuvo la atención de la nación al investigar el horrible incendio de la Compañía de Camisas Triangle en 1911. Ganó su reputación como gobernador reformista del estado de Nueva York. Franklin Roosevelt lo llamaba «el feliz guerrero». Smith fue el primer católico en ser nominado como candidato a presidente en los Estados Unidos.*

Herbert Hoover. *Herbert Hoover hizo una gran fortuna como ingeniero de minas y luego se ocupó de llevar a cabo buenas obras. Rescató a los estadounidenses varados en Europa después de la Primera Guerra Mundial, lideró el esfuerzo de ayuda a los belgas, e impidió que millones de rusos murieran de hambre cuando la Revolución Bolchevique produjo una severa hambruna en ese país. Sin embargo, como presidente, tuvo la mala fortuna de presidir en el momento de la Gran Depresión que sobrevino luego de la caída de los mercados de valores en 1929.*

Pocos se detuvieron a preguntarle a White dónde estaba la civilización *puritana* cuando fueron elegidos Washington, Jefferson, Jackson y Cleveland. ¿Y dónde estaba lo puritano en Hamilton? ¿Y en Henry Clay? ¿O, para el caso, en la famosa tolerancia de Lincoln?

Esto no tenía importancia. Ningún demócrata podría haber vencido a «la Paz y la Prosperidad». En 1928, Hoover era un candidato muy respetable. Y por cierto, no era intransigente. El humanitario Hoover era en especial sensible a las necesidades de las mujeres, los estadounidenses negros y los indios.[166] Al Smith, con todo su coraje, su inteligencia y buen humor, así como con su sólida historia de logros progresistas, no tenía oportunidad. Aunque no hubiera sido católico, habría perdido de todos modos.

Hoover fue elegido por una mayoría abrumadora, con 21.392.190 votos populares (58,2%) y 444 votos electorales de cuarenta y un estados. Smith obtuvo 15.016.443 votos populares (40,8%) y 87 electorales de solo siete estados. Exceptuando a Massachusetts, con su enorme cantidad de votantes católicos, y a Rhode Island, en ese momento el estado más católico de la nación, Smith ganó en el Sur Profundo, un detalle irónico. Entre los estados donde obtuvo más votos se contaban Carolina del Sur, Georgia, Mississippi, Alabama, Arkansas y Luisiana. ¿Era este un alentador desafío a la intransigencia en la tierra del KKK?[*] ¿O era resultado de la voluntad del sólido sur de votar por un «perro amarillo»[**] siempre y cuando fuera demócrata?

Después que se conoció el escrutinio final de los votos, según observa el biógrafo papal George Weigel, una historia se expandió a través de la comunidad católica de los Estados Unidos. Se decía que Al Smith le había enviado este telegrama al Papa Pío XI: «Desempaque».[167]

Una leyenda urbana surgió en torno a la valiente postura de Al Smith. Se comentaba que se había asociado con algunos de los elementos principales de lo que luego se conocería como la coalición del Nuevo Acuerdo: los votantes blancos, los sureños, los agricultores y los votantes urbanos.[168] En realidad, él no hizo tal cosa. Esa enorme tarea le correspondería al hombre al que Al Smith le había torcido el brazo para sucederle en el sillón de la gobernación de Albany, Franklin Delano Roosevelt.

---

[*] El KKK en la década de 1920 se había extendido a Indiana y otros estados norteños, y era muy anticatólico, antisemita y contrario a la inmigración.

[**] Desde la Reconstrucción los votantes blancos del sur apoyaban en su mayoría al partido democrático. Siendo llamado el sólido sur, esto hizo surgir la broma de que ellos votarían por un «perro amarillo» siempre y cuando apareciera en las boletas de los demócratas.

IX. LA CAÍDA

Sin novedad en el frente fue la sensación literaria de 1929. Por su clásica historia del brutal impacto de la guerra en los jóvenes, el autor alemán Erich Maria Remarque ganó renombre en los países aliados. El libro había vendido casi medio millón de copias para la época de la Navidad.[169] Mientras los críticos franceses elogiaban la obra diciendo que cada copia que se vendía era «un plebiscito a favor de la paz», los oficiales del ejército alemán criticaban a Remarque. Más tarde, cuando los nazis accedieron al poder, sus obras se quemarían. Remarque se vio obligado a huir de Alemania, y los nazis asesinaron a su hermana Elfriede.[170]

En los Estados Unidos, *Adiós a las armas*, de Ernest Hemingway, también hablaba del desencanto que tantos jóvenes sentían ante las promesas incumplidas de un mundo donde la democracia estaría asegurada.[171]

En Chicago, el cumplimiento de la Prohibición causaba revuelo. Alfonse («Scarface Al») Capone y su banda contrabandeaban alcohol y se dedicaban a los sobornos, las apuestas ilegales y la prostitución. El Día de San Valentín de 1929, su modo de tratar a la competencia —la banda de George («Bugs») Moran— dejó atónitos a los estadounidenses honestos y amantes de la ley. Daniel Patrick Moynihan escribiría en su famoso ensayo «Definición de la desviación al declive» sobre el impacto de ese día en la vida de la nación:

> En 1929 en Chicago, durante los tiempos de la Prohibición, cuatro gángsteres mataron a siete gángsteres el 14 de febrero. La nación se paralizó. El suceso se volvió una leyenda, la cual ameritó no una, sino dos menciones en la Enciclopedia del Mundo. Dejo a otros la tarea de juzgar los hechos, pero parecería que la sociedad de la década de 1920 sencillamente no estaba dispuesta a tolerar este nivel de desviación y criminalidad. Al final, se enmendó la Constitución y la Prohibición, la razón subyacente a tanta violencia entre las bandas, terminó.[172]

Durante la Prohibición el gobierno luchaba con las dificultades para atrapar a los contrabandistas de bebidas alcohólicas. También en 1929, la Guardia Costera de los Estados Unidos persiguió al barco contrabandista *Black Duck* en la bahía de Narrangansett, en Rhode Island.[173] Tras varias advertencias, el *Black Duck* no se detuvo y por eso los prefectos de la Guardia abrieron fuego, matando a tres de los cuatro tripulantes. Confiscaron quinientas cajas de whisky.[174] Cerca de allí, en

Boston, las multitudes sedientas enfurecieron a tal punto que causaron disturbios ante el Faneuil Hall y golpearon a uno de los reclutadores de la Guardia Costera.

Aun así, el gobierno estaba decidido a hacer cumplir la ley. El agente especial Eliot Ness y sus «intocables» eran famosos por su coraje, ingenio y honestidad, ya que no aceptaban sobornos de la mafia. Ness fue tras la banda de Capone y en 1931 logró enviar a Al Capone a prisión por evasión de impuestos.[175]

En Wall Street, la arrolladora década de 1920 avanzaba viento en popa. El que mejor conocía los vericuetos del sistema era Joseph P. Kennedy, de Boston. Kennedy había armado una operación de «telemercadeo» en una suite de un hotel para salvar de la ruina a la compañía de taxis Yellow Cab. Urgió a cientos de personas para que llamaran por teléfono desde todo el país a fin de comprar y vender las acciones de la compañía, amenazada por los que se dedicaban a las redadas corporativas.[176] Tanto interés en la compra y venta de acciones de la Yellow Cab hizo que la compañía pareciera un activo codiciado. Los que amenazaban con enviar a la Yellow Cab a la quiebra quedaron tan confundidos que las acciones finalmente se estabilizaron.[177]

Millones de personas se apresuraban a entrar en un mercado accionario en alza, comprando a veces acciones con un margen de apenas un diez por ciento y luego revendiéndolas al crearse una «burbuja» especulativa. De este modo, las acciones de las compañías mal administradas podían aumentar su valor de manera artificial. Cientos de miles de personas les hacían caso a los «informes seguros» que oían de otros y corrían a invertir su dinero en acciones de las que no conocían el valor real. Todo el mundo quería «hacerse rico en poco tiempo».

El economista de Harvard, William Z. Ripley, había advertido sobre la atmósfera de Wall Street, comparándola con el Lejano Oeste. Criticó a las juntas corporativas por «endulzar, cornear y pujar».[178] No obstante, sus advertencias cayeron en oídos sordos.

A comienzos de octubre de 1929 hubo una señal de aviso sobre la dificultad que se avecinaba cuando el precio del trigo cayó de modo estrepitoso.[179] Tal suceso tendría consecuencias devastadoras, no solo para los agricultores estadounidenses del medio oeste, sino también para los canadienses y los australianos.[180]

Más tarde ese mismo mes, la Bolsa de Acciones de Nueva York registró una seria baja de valores, con los precios volviendo a los niveles de 1927.[181] El presidente Hoover enseguida emitió una declaración tranquilizadora. Afirmó que los «fundamentos» de la prosperidad estadounidense eran sólidos.[182]

El mensaje del presidente Hoover no podría haber llegado en peor momento. Ese mismo día, el 24 de octubre de 1929, la Bolsa de Valores colapsó. Tal día se conocería por siempre como «el jueves negro». Un mes antes, el precio promedio de las acciones industriales de treinta importantes empresas era de trescientos ochenta dólares. Al cierre de las transacciones en la tarde del jueves negro, las acciones valían solo doscientos treinta dólares.[183] De la noche a la mañana las inversiones de millones de familias estadounidenses se habían esfumado.

Los estadounidenses se vieron sumidos entonces en la peor Depresión que hubieran conocido. Fue una experiencia que dejó marcas y heridas en millones de personas. El país había sido siempre la Tierra de las Oportunidades. Y esa oportunidad se basaba en gran parte en las buenas cosechas. Aun en medio de una guerra civil, la Proclama del Día de Acción de Gracias del presidente Lincoln había estado llena de alabanzas al Todopoderoso por habernos dado campos fértiles y graneros llenos. Esto había cambiado. Para millones de personas, estos eran «los años de hambre».[184]

Los estadounidenses que no habían puesto sus ahorros en acciones y bonos de Wall Street, los cuales eran muchísimos, experimentaron la Gran Depresión a través de las cifras de desempleo. En 1929, la tasa de desempleo era tres por ciento.[185] Para 1930, la cantidad de personas sin trabajo todavía no era tan terrible como lo había sido a principios de los años veinte: nueve por ciento. Sin embargo, en 1931, con ocho millones de desempleados, es decir un dieciséis por ciento de la fuerza activa, el Gran Miedo se apoderó de la población.[186] ¿Se vislumbraba un camino de salida y recuperación? En 1932, el desempleo aumentó al veinticuatro por ciento. Doce millones de personas no tenían empleo.[187]

Las quiebras de los bancos también asustaban a muchos de los ciudadanos más estables. La confianza es esencial para los negocios y las empresas, y esto lo sabían los estadounidenses ya desde el tiempo de Alexander Hamilton. Cuando cientos de bancos «se hundieron», la Depresión se hizo más profunda. La base de la fuerza económica de los Estados Unidos siempre había sido el trabajo y el ahorro. Ahora, de poco parecían servir a los estadounidenses.

El presidente Hoover intentó con hombría levantar el ánimo de la población. «Toda falta de confianza ... en la fuerza básica de los negocios no es razonable», señaló en noviembre.[188] «Ya hemos pasado lo peor», declaró el 1 de mayo de 1930.[189] De modo irónico, «May Day» [día primero de mayo] es una frase que se utiliza en todo el mundo para pedir auxilio. El presidente vio dañada su estima cuando se hizo evidente que todavía no había pasado lo peor. O si había pasado, no era para que las cosas mejoraran pronto. John D. Rockefeller, de la Standard Oil, hizo un torpe esfuerzo por inspirar confianza en la gente anunciando que «las condiciones fundamentales del país son sólidas», y añadió que tanto él como sus hijos «¡estaban *comprando* acciones!».[190]

A medida que cada vez más estadounidenses perdían sus empleos, hubo muchos que decidieron buscar otro lugar donde vivir. Los «okies» de Oklahoma se amontonaban en camiones sobrecargados para viajar a California del sur, donde se decía que había trabajo. El Hijo Pródigo de Oklahoma, Will Rogers, bromeaba diciendo que los Estados Unidos eran el primer país donde «se llegaba al refugio para pobres en automóvil». Muchos jóvenes decidían viajar en trenes de carga, que aunque lentos podían llegar a ser un transporte gratis. Eric Sevareid, el corresponsal de la CBS News, reflexionaría luego sobre su experiencia en estos viajes. Al ver a este periodista elegante y educado, pocos podrían imaginar que había dormido sobre fardos de paja sucia.

John Steinbeck inmortalizaría la conmovedora experiencia de la familia Joad, víctima de las circunstancias, en su novela *The Grapes of Wrath* [Las uvas de la ira]. En todo el país surgían comedores comunitarios y asentamientos para personas sin techo. Estos asentamientos se conocían como «Hoovervilles», en cruel respuesta a la invencible opinión del presidente que afirmaba todo el tiempo que «la prosperidad está a la vuelta de la esquina».

> Hoover es nuestro pastor
> Todo nos faltará
> Él nos hace descansar
> En los bancos de los parques,
> Nos guía junto a las fábricas cerradas.[191]

La Depresión se hacía cada vez más profunda y los estadounidenses esperaban respuestas del Hombre de la Casa Blanca. El presidente Hoover continuaba con su rutina normal tanto como le era posible, intentando así edificar la confianza en la recuperación. Todas las noches se vestía elegantemente para la cena en la Casa Blanca. Asistió a la apertura de la temporada de béisbol (tuvo que soportar la vergüenza de que los fanáticos del deporte lo abuchearan en Filadelfia). Cuando un reportero le preguntó a Babe Ruth cómo justificaba que su salario era superior al del presidente de los Estados Unidos, Ruth contestó: «Mi año fue mejor que el de Hoover».

En junio de 1930, el Congreso colocó al presidente Hoover en una situación difícil, ya que tendría que decidir si firmaría o no la Ley de Tarifas Smoot-Hawley. Herbert Hoover jamás se había identificado con el aislacionismo, ni tampoco con la visión estrecha del lugar de los Estados Unidos como «mendigo de sus vecinos» en términos económicos.[192] Aun así, firmó la ley Smoot-Hawley. Y ese fue quizá su peor error.* Las tarifas elevadas sobre los bienes de importación hicieron que de inmediato otras naciones también elevaran sus tarifas como medida de represalia. De este modo, en un momento en que todos los países necesitaban estimular el comercio internacional, solo se logró asfixiarlo.

El desastroso impacto se hizo sentir casi de inmediato con nuestro vecino y socio comercial más próximo: Canadá. Mil economistas habían insistido en que el presidente debía vetar esta ley, y lo mismo había hecho la Asociación de Banqueros de los Estados Unidos.[193] Cuando el presidente firmó la ley de tarifas, Canadá tomó represalias contra las importaciones provenientes de los Estados Unidos, lo cual hizo que se abrieran ochenta y siete sucursales de fábricas estadounidenses al norte del paralelo 49.[194] Los trabajadores estadounidenses perdieron sus empleos y la posibilidad de exportar sus manufacturas.

Cuando el Congreso, controlado por los republicanos, cerró sus sesiones en julio de 1930, no había planes de que se volviera a reunir antes de diciembre de 1931.** El presidente Hoover desconfiaba del Congreso.[195] Se resistía a convocar a sesiones especiales.[196] Respondió a los pedidos urgentes con severas palabras: «No podemos salir de la depresión económica mundial promulgando leyes».[197]

Esta no fue una postura atinada. Incluso, fue estúpido hacer algo así. Hoover demostró que no confiaba en la forma representativa de gobierno. Y como no quería trabajar con un Congreso donde su propio partido era mayoría, ese mes de noviembre los votantes les otorgaron a los demócratas cuarenta y nueve asientos más en la Cámara de Representantes, llegando a un total de doscientos dieciséis. Los republicanos seguían siendo mayoría, pero solo por dos asientos (doscientos dieciocho).[198] Para el momento en que el Congreso volvió a reunirse más de un año después de las elecciones, incluso esta ventaja se había esfumado.[199]

---

* Los agricultores exigían medidas de protección y sus demandas pesaban más que las de los mil veintiocho economistas que insistían en que Hoover debía vetar la ley de tarifas. La depresión empeoró y se hizo más larga a causa de esto. (Fuente: Taranto, James, Leonard Leo, Presidential Leadership, Wall Street Journal Books, 2004, p. 221).

** Este calendario anticuado cambió luego con la Vigésima Enmienda («Enmienda del Pato Rengo») de 1933. Con esta enmienda constitucional el Congreso sesionaría al menos una vez al año.

Aun hoy se debate sobre las causas, la extensión y la duración de la Gran Depresión. El ganador del Premio Nóbel, Milton Friedman, la llama la Gran Contracción.[200] Él escribe que sus causas han de hallarse en la desastrosa *caída* de la provisión de dinero, citando la prematura muerte del gobernador Benjamin Strong, del Banco de la Reserva de Nueva York: «Sin Strong en escena, ni la Junta [de la Reserva Federal] ni los demás Bancos de la Reserva ... estaban preparados para aceptar el liderazgo del Banco de Nueva York».[201] Hay académicos que sostienen que la Depresión «no *terminó* en realidad sino hasta 1939-40, cuando los Estados Unidos empezaron a rearmarse».[202]

Sin embargo, y como es habitual, la gente juzga según lo que ve. Y en Herbert Hoover verían a un hombre serio, adusto, desprovisto por completo de sentido del humor.[203] Su secretario de estado, el muy capaz Henry L. Stimson, comentó que debió escapar de una reunión en la Casa blanca «para alejarse del permanente sentimiento gris presente en todo lo que tenga que ver con el gobierno».[204] Durante la Primera Guerra Mundial, el coronel House escribió en su diario que Hoover «como siempre, ve las cosas de color gris».[205]

Para muchos Hoover se mostraba indiferente al sufrimiento del hombre común. Y aunque tal opinión estaba muy lejos de la verdad —en realidad, Hoover había sido un gran humanitario durante toda su vida— este hombre tímido y reservado era blanco de infinidad de chistes y bromas. Cuando los desempleados le daban vuelta sus vacíos bolsillos, mostrando el interior, decían que llevaban «la bandera de Hoover».[206] Se afirmaba también que el presidente le había pedido a Andrew Mellon, su secretario del tesoro, que le prestara un centavo porque tenía que llamar a un amigo. La historia continuaba diciendo que el millonario de Pittsburgh le había contestado a Hoover: «Aquí tienes diez, para que puedas llamar *a todos* tus amigos».[207]

El equipo conformado por Mellon y Hoover también servía como tema de inspiración para miles de rimas y sátiras:

> Oh, Mellon hizo sonar el silbato, muchachos
> Y Hoover tocó la campana.
> Wall Street dio la señal
> ¡Y al infierno con todo el país![208]

En realidad, el país no estaba en «el infierno». Aunque la Gran Depresión era muy dura, la expectativa de vida aumentó y la tasa de mortalidad disminuyó durante la década de 1930.[209] Como escaseaban los puestos de trabajo, había más jóvenes que continuaban en la escuela, por lo que estaban mejor preparados al graduarse.[210]

Incluso el automóvil, símbolo de la creatividad y la capacidad de mercadeo de los estadounidenses, era algo así como un arma de doble filo. En 1931 murieron treinta mil personas en accidentes de tránsito en todo el país, una cifra trágica y en proporción más alta que la del año 2006.[211]

Entre los que *escaparon* a la muerte en las calles y carreteras de los Estados Unidos se encontraba un inglés que visitaba el país en 1931. Winston Churchill había llegado para dar una serie de discursos. Necesitaba hacerlo porque había perdido su puesto en el gobierno, además de perder mucho dinero con la caída de los mercados. Al cruzar una calle de Manhattan, por instinto miró a la *derecha* (los ingleses insisten en conducir del lado *equivocado* de la calle). Un auto lo atropelló y Churchill terminó en el hospital. Con los gastos médicos acumulándose, e incapaz de continuar con su gira de discursos, Churchill podría haberse sentido deprimido, pero este inglés irreprimible decidió escribir un artículo sobre su accidente y tuvo mucho éxito.[212] Cuando la vida nos da limones, hay personas que deciden hacer limonada. Y los más emprendedores la *venden*.

El inglés Churchill tuvo suerte al accidentarse en la ciudad de Nueva York. Si hubiera estado de visita en Chicago, habría tenido un encontronazo con «Big Bill» Thompson, el alcalde de la ciudad de las amplias banquinas. Thompson resultó elegido por prometer que «echaría al rey Jorge V de Chicago a las patadas».[213] El candidato republicano vio que su única esperanza de ganar la elección sería tirando de la cola del león. Sin embargo, sus promesas y dichos dejaron de sonar a broma cuando despidió al superintendente escolar por estar «a favor de los británico». Thompson también quemó los libros británicos que habían sido donados a la ciudad después del gran incendio de Chicago.[214]

Durante más de un siglo y medio la política de los Estados Unidos había tenido como plato fuerte el sentimiento antibritánico. Millones de estadounidenses detestaban la idea de la monarquía y la aristocracia. Cada mañana en las escuelas los niños prometían lealtad a la bandera «y a la *República* que representa». Añadamos a ello la creencia de muchos irlandeses-estadounidenses de que Gran Bretaña había oprimido a Irlanda durante siglos. Los alemanes-estadounidenses le brindaron su apoyo a la Primera Guerra Mundial solo después de que el Telegrama Zimmermann revelara los designios agresivos de Alemania contra el sudoeste de los Estados Unidos. Su desilusión ante lo que consideraban una hipocresía de los ingleses se basaba en algo real y era profunda. Después de la guerra, Gran Bretaña no le dio la independencia a la India y el Tratado de Versalles les consignó las colonias de Alemania en África a Gran Bretaña y Francia. «¿Una guerra a fin de hacer del mundo un lugar seguro para la democracia?». No. Para millones de estadounidenses había sido una guerra que solo aseguraba el imperialismo de los franceses e ingleses.

En 1932, los estadounidenses pedían a gritos algo que los distrajera de sus penurias. Y el «Crimen del Siglo» se los brindó. En la noche del 1 de marzo, el pequeño Charles A. Lindbergh Jr., a pocos meses de cumplir dos años, fue secuestrado de la apartada casa de sus padres en su extensa propiedad cerca de Hopewell, Nueva Jersey. El país entero se transformó. En las escuelas los niños de la nación oraban que el bebé regresara sano y salvo a su casa. Los Niños Exploradores y los estudiantes de Princeton se ofrecieron como voluntarios para rastrear los bosques que rodeaban la elegante vivienda de los Lindbergh. Temiendo que borraran las huellas u otra evidencia, el coronel Lindbergh rechazó el ofrecimiento.

El héroe de los Estados Unidos había recibido una nota pidiendo un rescate. Por la forma peculiar en que estaba redactada, era claro que había sido escrita por un inmigrante, probablemente alemán.

> ¡Estimado Señor!
>
> Tenga listos 50.000$ con 25.000$ en billetes de 20$, 1500$ en billetes de 10$ y 1000$ en billetes de 5$. Después de 2-4 días le informaremos donde dejar el dinero.
>
> Le advertimos en contra de hacer público algo de esto o notificar a la polizia el niño está en buenas manos.
>
> Indicación para todas las cartas es firma y 3 agujeros.215

De inmediato, se envió al jefe de la Policía del Estado de Nueva Jersey a Hopewell para encargarse de la investigación del caso de la pareja más famosa del Estado Jardín. El coronel H. Norman Schwarzkopf era un hombre de treinta y siete años, salido de West Point, que conducía a sus hombres como si estuvieran en una organización militar.* El presidente Hoover prometió todos los recursos del gobierno federal para asistir en la investigación. J. Edgar Hoover, director de la Oficina Federal de Investigaciones (FBI, por sus siglas en inglés) estaba ansioso por resolver el caso.216

---

* El hijo del coronel Schwarzkopf, el general Schwarzkopf, también era un distinguido egresado de West Point que lideró a las fuerzas aliadas durante la Operación Tormenta del Desierto en 1991.

Lindbergh pagó el dinero del rescate y siguió muchas pistas falsas. Incluso fue al barco Nelly, como se le había indicado en otro mensaje enviado por el secuestrador. No obstante, en mayo de 1932, se halló el cuerpo del pequeño hijo de Charles y Anne Morrow Lindbergh a unos diez kilómetros de la residencia de Hopewell. El cadáver del pequeño de veintiún meses estaba en avanzando estado de descomposición. Tal vez el coronel debería haber aceptado el ofrecimiento de los Niños Exploradores y los estudiantes de Princeton.

El coronel Schwarzkopf encontró una escalera fuera de la casa de los Lindbergh. La misma estaba rota. Probablemente el secuestrador había subido por allí para llegar a la habitación del segundo piso donde dormía el pequeño. Luego, al descender con el niño cargado, el peso adicional hizo que la escalera se rompiera. Los investigadores y forenses presentaron la teoría de que el niño había muerto al golpearse la cabeza contra el muro cuando se rompió la escalera.[217] Fue evidente que el secuestrador engañó cruelmente todo el tiempo a los Lindbergh para que creyeran que podrían volver a ver a su hijito. El Congreso promulgó de inmediato la Ley Lindbergh a fin de convertir al secuestro en un crimen federal.

Cuando Hoover vetó una ley para pagar más temprano el bono prometido a los veteranos de la Primera Guerra Mundial, la ciudad de Washington se vio invadida por «un ejército del bono» en 1932. El presidente, con toda calma, ordenó que se dispusiera de tiendas y unidades de atención médica para los miembros de la Fuerza Expedicionaria del Bono (BEF por sus siglas en inglés, un hábil juego de palabras que hacía referencia a la AEF o Fuerzas Expedicionarias de los Estados Unidos durante la Primera Guerra Mundial). En un momento, los agitadores comunistas animaron a un reducido grupo de hombres para que lanzaran ladrillos y piedras a los policías, pero Hoover estaba decidido a preservar el orden en la capital de la nación.[218]

Hoover dio órdenes para que el ejército sofocara los disturbios que se producían en el centro de la ciudad, aunque especificó que las tropas no debían estar armadas y los hombres del BEF sencillamente debían ser escoltados hasta sus campamentos o entregados a la Policía Metropolitana.[219]

El General Douglas MacArthur, jefe del ejército, se puso en persona al mando de sus tropas. Utilizó tanques, gas lacrimógeno y soldados con bayonetas fijas para despejar las calles, ocupadas por los manifestantes que arrojaban piedras.[220] El asistente de MacArthur, el mayor Dwight D. Eisenhower, se sorprendió y sintió desilusión al ver que su jefe se preparaba para atacar los campamentos de los que protestaban. Sin embargo, el mayor George S. Patton lideró a la caballería de los

Estados Unidos por la Avenida Pensilvania en lo que sería una de las últimas acciones de los soldados montados.[221]* En la confusión y la pelea murieron dos manifestantes. El *Washington News* manifestó su espanto: «Qué desgraciado espectáculo nos brinda el gran gobierno de los Estados Unidos, el más poderoso del mundo, persiguiendo a hombres, mujeres y niños desarmados con tanques del ejército … Si hace falta el ejército para hacer la guerra contra los ciudadanos desarmados, estos ya no son los Estados Unidos».[222]

Las condiciones en el año electoral de 1932 eran tan desesperadas que miles de prominentes autores e intelectuales pedían el comunismo abiertamente. F. Scott Fitzgerald, autor del tan popular libro *El Gran Gatsby*, anhelaba «producir la revolución».[223] Otros famosos escritores a los que les atraían las ideas marxistas eran Upton Sinclair, Edmund Wilson, Sherwood Anderson, Erskine Caldwell, Malcolm Cowley y Lincoln Steffens.[224] Muchos de estos escritores vivían y trabajaban en la ciudad de Nueva York, proporcionándole al clima intelectual del estado un fuerte tinte izquierdista que también llegó a la atmósfera de toda la nación.

X. «VUELVEN LOS DÍAS FELICES»

«Gracias al cielo por Hoover», proclamaban los titulares de la prensa extranjera.[225] De este modo le daban la bienvenida a la iniciativa de desarme del presidente Hoover en 1932. Cincuenta y una naciones se reunieron en Ginebra para la Conferencia Mundial sobre el Desarme, mientras que los delegados con toda sinceridad aclamaban la voluntad de Hoover de prohibir toda arma «ofensiva» y además reducir *todo* arsenal en una tercera parte. Con Japón avanzando cada vez más hacia el interior de la provincia de Manchuria en China, el dictador fascista Mussolini en Italia prometiendo hacer del Mar Mediterráneo el «Mare Nostrum» (Mar Nuestro) y los nazis de Adolfo Hitler fortaleciéndose cada vez más en Alemania, a los extranjeros les satisfacía tener el prestigio de los Estados Unidos como respaldo a sus esfuerzos por detener la carrera armamentista.[226]

Sin embargo, no son los líderes extranjeros los que eligen a los presidentes de los Estados Unidos. En el año electoral de 1932, los estadounidenses sufrían las peores condiciones económicas desde el Pánico de 1893. Esto garantizaba prácticamente que serían los demócratas los que ganaran la Casa Blanca. Los republicanos conocedores esperaban que Hoover perdiera. El Viejo Partido Republicano solo

---

* El último ataque de la caballería, a menos que uno cuente también las notables imágenes de las tropas estadounidenses en Afganistán en el año 2001 persiguiendo a caballo a los talibanes.

pudo recaudar dos y medio millones para su campaña, en comparación con los casi siete millones que habían gastado en la campaña de 1928.[227]

FDR no era el candidato que los divididos demócratas elegirían por unanimidad. Como gobernador del estado más densamente poblado de la Unión, era por naturaleza el candidato adecuado para su partido, pero Al Smith, el «guerrero feliz» de 1924 y 1928, ya no sentía tanta simpatía por FDR. Le molestaba el hecho de que como gobernador, Roosevelt lo había ignorado.[228] John Nance («Cactus Jack») Garner, de Texas, pensaba que como presidente de la Cámara de Representantes sería el candidato más fuerte, por lo que lanzó su sombrero vaquero tipo Stetson al ruedo presidencial. De Maryland jamás había surgido un presidente hasta el momento, pero en 1932 el gobernador Albert Ritchie sentía que podría ser el primero.[229]

H. L. Mencken le llamaba «Roosevelt Menor» a FDR, asegurándoles a sus lectores que «nadie, en realidad, simpatiza con Roosevelt ... y nadie confía por completo en él».[230] Cuando Roosevelt clamaba por políticas que apelaran al «hombre olvidado en la base de la pirámide económica», Al Smith se sentía alarmado. Esa declaración le sonaba demagógica, como si convocara a una guerra de clases. Por lo tanto, él también lanzó su gorra al ruedo.[231]

Entre los pensadores más serios del país había muchos que descartaban a FDR. El columnista Walter Lippmann señaló que era «un hombre agradable, sin calificaciones importantes para el puesto, con muchas ganas de ser presidente». El juez de la Corte suprema, Oliver Wendell Holmes, comentó que FDR tenía «intelecto de segunda clase, pero temperamento de primera».[232]

Todos subestimaban al neoyorquino. En una movida dramática, FDR voló desde Albany a la Convención Demócrata de Chicago, rompiendo con la tradición que indicaba que un candidato nunca aparece ante la convención que lo nomina. «Que el hecho de que rompo con las tradiciones sea un símbolo. Que desde ahora sea la tarea de nuestro partido romper con las tradiciones tontas ... esto es una promesa que les hago. Me comprometo con el pueblo de los Estados Unidos a lograr un nuevo acuerdo».[233]

El poder de tal llamado fue poderoso. Este hombre, discapacitado por causa de la poliomielitis, se había atrevido a cruzar los peligrosos cielos para llevar su mensaje de esperanza a millones de personas que le oían por la radio mientras se dirigía con toda confianza a su fiel partido. El día después de que FDR diera su discurso de aceptación, el *New York World-Telegram* publicó una caricatura creada por Rollin Kirby. La misma mostraba a un agricultor empobrecido que miraba con esperanzas el avión de Roosevelt, el cual tenía escrito en las alas un mensaje: «Nuevo Acuerdo».[234]

El presidente Hoover avanzó con coraje y su campaña fue más intensa que la de 1928. No obstante, su forma de hablar parecía estar carente de un interés genuino y en algunas de sus paradas durante la campaña encontró que la audiencia no se comportaba de manera amigable.[235]

Hoover era un hombre de carácter adusto, pero muy responsable. FDR era un hombre radiante, que enloquecía con su sonrisa a sus adversarios. Veía el mundo, siendo corto de vista como era, a través de sus quevedos o lentes sin patas, ya pasados de moda cuando los usaba su primo Teddy. En lugar de un sobretodo vestía una capa, ya que le permitía disimular mejor su discapacidad. Sin embargo, este atuendo le daba un aire desenfadado. Roosevelt se quejaba de la «centralización» y decía que Hoover era «muy gastador». Esas eran acusaciones cómicas en ese momento y también lo son hoy, cuando conocemos cómo gobernó FDR. De todos modos, FDR podría haber formado equipo con el Ratón Mickey de Walt Disney como candidato a la vicepresidencia sin que eso afectara el resultado de la elección.*

Roosevelt obtuvo 22.821.857 votos populares (57,4%) y 472 electorales, en tanto que Hoover sufrió el más grande repudio que debiera soportar un presidente al buscar la reelección: 15.761.845 votos populares (40%) y solo 59 electorales. Fue interesante que el candidato del partido socialista, Norman Thomas, solo obtuviera 2,2% del voto popular. Con tanto en juego los votantes se cuidaron de «desperdiciar sus votos», apoyando inútilmente a un tercer partido.

«El pequeño compañero sentía que no tenía oportunidad alguna, y no la tuvo hasta el 8 de noviembre. ¡Entonces sí que la aprovechó!».[236] Así describió Will Rogers el terremoto popular que no solo sacó del poder a Hoover, sino también a la coalición con una mayoría republicana que había gobernado durante más años entre 1896 y 1932. Roosevelt, además de contar con un Congreso en su mayor parte demócrata, barrió con las mayorías republicanas en los puntajes de las legislaturas estatales. Los gobernadores, alcaldes y hasta los candidatos para ocupar los puestos de registrador de testamentos en el condado de Sleepy Eye, Minnesota, obtuvieron su victoria gracias a Franklin Delano Roosevelt. Y más importante todavía, ellos lo sabían. Para los demócratas y sus millones de nuevos amigos, habían vuelto los «días felices».

---

* Los estudios Walt Disney se lanzaron en 1928 con un dibujo animado en blanco y negro, llamado «Steamboat Willie» [Wille, el barco de vapor]. Fue el debut del Ratón Mickey en la pantalla grande.

XI. UN NUEVO ACUERDO

Los Estados Unidos no habían tenido que enfrentar una crisis tan grande desde el Invierno de la Secesión de 1860-1861. El presidente Hoover, muy rechazado por los votantes, continuaría en su cargo durante cuatro meses más, hasta el día de la toma de posesión del nuevo presidente, el 4 de marzo de 1933. El país vivía presa del miedo. Hoover estaba desesperado por terminar su mandato con algo de acción, cualquier fuera, a fin de redimir su malograda presidencia.

Hoover y FDR habían sido amigos cuando servían juntos bajo el gobierno de Wilson. Roosevelt nunca había atacado a Hoover personalmente durante la campaña de 1932. Incluso se negó a escribir un artículo contra «un viejo amigo personal».[237] Aunque sí les dijo a algunos amigos cercanos de forma confidencial que Hoover siempre le había parecido «frío».[238]

También estaba lo de ese incidente en la Casa Blanca meses antes. El presidente Hoover invitó a los gobernadores de la nación a una recepción después de una reunión de la Asociación de Gobernadores Nacionales. De modo inexplicable, el presidente y la Sra. Hoover dejaron a los gobernadores *esperando de pie* en la Sala Este durante treinta minutos antes de recibirlos.[239] Es posible que la causa fuera un error en el horarios de algún asistente de Hoover, pero FDR y Eleanor lo consideraron una ofensa personal. Cuando le ofrecieron una silla a FDR, él se negó (en la sala estaban algunos de sus rivales demócratas). Decidió permanecer de pie, igual que todos los demás. Sin embargo, para él esto representó una agonía, ya que sus piernas estaban sostenidas por flejes de acero que pesaban cinco kilos. FDR transpiraba profusamente en el calor de la primavera.[240]

Como presidente electo, ahora FDR estaba decidido a no enredarse con el rechazado Hoover o sus fallidas políticas. Cuando Hoover le pidió ayuda a FDR para reducir las deudas de guerra de los aliados de los Estados Unidos, sabía que necesitaba el consentimiento del Congreso. Así que apeló a FDR pidiéndole su apoyo en esta política atinada y en pos del bien común. Sin embargo, FDR pensaba que hasta tanto prestara juramento *no* tenía autoridad constitucional para darle instrucción alguna al gobierno federal, por lo que se negó al pedido. Tenía razón. Solo puede haber un presidente en ejercicio a la vez.

El invierno se hacía más frío y la Depresión empeoraba. Hoover continuaba pidiéndole en público a FDR que lo ayudara. No obstante, ante un senador republicano admitió: «Me doy cuenta de que si el presidente electo hubiera hecho estas declaraciones [las declaraciones que había pedido Hoover] habría ratificado todo el programa principal de la Administración Republicana; es decir, que esto significa el abandono del noventa [por ciento] de lo que llaman el nuevo acuerdo. Sin embargo, a menos que esto se haga, corren el grave peligro de precipitar una debacle financiera total».[241]

Tal vez FDR no supiera qué pensaba Hoover al respecto, pero no necesitaba saberlo. Sospechaba que lo estaban presionando para que renunciara justo al mismísimo fundamento de su resonante victoria. El presidente Lincoln había tenido que enfrentar el mismo tipo de presión durante el Invierno de la Secesión de 1860-1861, y al igual que Lincoln, FDR se negó a morder la carnada.

Ante el peligro real de una total ruptura en la cooperación para la transición presidencial, el secretario de estado de Hoover, Henry Stimson, actuó con tacto y habilidad con el fin de mejorar las relaciones. Poco después se encontró actuando como secretario de estado *de facto* para la entrante administración Roosevelt. Uno de los principales consejeros de Roosevelt, Felix Frankfurter, le estaba agradecido a Stimson porque había logrado romper el hielo entre ambos campos. Frankfurter sería un miembro principal de lo que se llamó «Brain Trust» o el grupo de asesores expertos de Roosevelt. Él le dijo a Stimson que tal vez pudiera tener más influencia en la administración Roosevelt que con el hombre que lo había designado.[242]

El presidente electo visitó Miami durante la tarde del 15 de febrero de 1933. Allí se reuniría con el alcalde de Chicago, Anton Cermak. Cermak quería ayuda federal, por supuesto, y también componer la situación causada cuando el verano anterior había llenado el salón de la convención con los ruidosos seguidores de Al Smith.[243] Mientras el presidente electo extendía su mano para saludar al alcalde Cermak, se oyeron disparos provenientes de la multitud. Las balas alcanzaron al alcalde y a un policía. Los guardias de seguridad de FDR se abrieron paso intentando dejar atrás la escena del asesinato, pero Roosevelt ordenó que su auto volviera y llevara al malherido Cermak al hospital.[244] El coraje y la calma de FDR bajo el fuego entusiasmó a todo el país. Y la nación supo luego que el alcalde Cermak dijo antes de morir: «Me alegro que fuera yo y no usted».[245]

En Nueva York, Eleanor indicó sin inmutarse: «Son cosas que sabemos que pasarán».[246] Señalando el peligro de asesinato, el Servicio Secreto quiso destinar agentes para que cuidaran a la que pronto sería la Primera Dama, pero para Eleanor su independencia valía demasiado. «Bien, si la Sra. Roosevelt quiere ir en auto sola por el país, al menos dígale que lleve este revólver consigo», le dijo el frustrado jefe del Servicio Secreto a Louis Howe, asistente de Roosevelt, en quien el presidente electo confiaba.[247]

FDR no podía permitir que le cortaran las alas a Eleanor. Dependía mucho de ella para permitir que algo así ocurriera. Eleanor representaba sus ojos y oídos en todo lugar al que él no pudiera acceder. Siempre le hacía infinidad de preguntas cuando Eleanor regresaba de alguno de sus cientos de viajes:

Cuando volví de un viaje por Gaspé [región de Quebec] quiso saber no solo qué se podía pescar allí, sino cómo era la vida del pescador, qué comía, cómo vivía, cómo eran las granjas, cómo estaban construidas las casas, qué tipo de educación había para los niños y si la educación estaba controlada por completo por la iglesia como lo estaba el resto de la vida de la aldea.[248]

Su peripatético estilo sería objeto de burlas en los años del gobierno de Roosevelt, pero a partir de este relato vemos la extraordinaria sociedad que conformaba este matrimonio. Pocos políticos han podido conocer con tanto detalle e intimidad la vida de la gente común. FDR tuvo este privilegio y fue algo notable, ya que su infancia había estado resguardada de todo tipo de contacto con el pueblo. Su madre, Sara Delano Roosevelt, era tan absorbente que incluso se ocupaba de las cuentas de su hogar cuando FDR era ya un adulto. Aunque Al Smith era buen conocedor de las «aceras de Nueva York», era gracias a Eleanor que FDR conocía la vida de la gente que viajaba apretada en los trenes subterráneos que corrían por *debajo* de esas aceras.

Herbert Hoover hizo un último intento por incluir a FDR en sus decisiones. Apeló al presidente electo para reasegurarles a los círculos banqueros mundiales que no le impediría a los Estados Unidos formar parte del Patrón del Oro. Una vez más, FDR se negó a cumplir con los cada vez más urgentes pedidos de Hoover. Sin el apoyo de Roosevelt, Hoover no quiso actuar[249] y la crisis financiera empeoró.

Llegó el día de la investidura presidencial de 1933. El país anhelaba el fin del *interregnum*. (Los estadounidenses de forma habitual rechazaban la palabra en latín prefiriendo el término popular «pato rengo».) FDR avanzó por la Avenida Pensilvania junto al presidente saliente. Herbert Hoover jamás había sido extrovertido, y cuando Roosevelt vio que no lograba iniciar una conversación con su derrotado rival, se volvió hacia la multitud que gritaba y vitoreaba a un lado y otro de la avenida por la que pasaba el desfile. Sonrió, radiante como siempre, mientras agitaba su sombrero de copa.[250] La extraordinaria escena quedó plasmada de manera exagerada en una caricatura que publicó la revista *New Yorker*. FDR aparecía exultante, optimista y Hoover se veía serio, con los labios apretados. Por desdicha para los republicanos, esa sería la imagen de ellos durante muchos años.

«Permítanme afirmar mi profunda convicción de que a lo único que tenemos que temerle es al miedo mismo», expresó en tono confiado Roosevelt desde la plataforma del Discurso Inaugural, «al terror sin nombre, sin razón, sin justificación, que paraliza los esfuerzos que hacen falta para convertir la recesión en avance». Luego dio señales de su intención de convocar a sesiones especiales del Congreso al afirmar: «Le pediré al Congreso el único instrumento que nos queda para enfrentar la crisis: amplios poderes ejecutivos para librar una guerra contra la emergencia, un poder como el que se me otorgaría si nos hubiera invadido un enemigo extranjero».[251]

Los opositores de Roosevelt aprovecharon las notas de apertura de su administración. ¿Por qué *temían* tanto? ¿Por qué les parecía que la convocatoria de FDR sonaba a desesperación por el poder? Para responder esto, tenemos que comprender que en 1933 las democracias constitucionales estaban debilitadas en el mundo entero. En la Unión Soviética, Stalin apretaba cada vez más fuerte con la tenaza del terror y la tiranía comunista que asfixiaba a millones de rusos. En Alemania, apenas fue nombrado Adolfo Hitler canciller de la República de Weimar, un sospechoso incendio en el edificio del Reichstag le dio la oportunidad de culpar al los comunistas. Y al declarar ilegal al partido comunista alemán, los nazis de Hitler dominaron las elecciones del nuevo parlamento. La única nota de primera plana del *New York Times* al día siguiente de la toma de posesión de FDR que tenía relación con lo que sucedía fuera del país informaba: «Hoy se espera la victoria de Hitler».[252] Cuando volvió a sesionar el Reichstag, promulgó una ley que le permitía a Hitler gobernar por decreto. El *Times* observó que ahora la oposición a Hitler estaba *verboten* [prohibida].[253]

En efecto, la liberal República de Weimar murió a solo semanas de que Hitler llegara al poder. Las dictaduras de Hungría, Polonia e Italia reemplazaban a las antiguas democracias. En Japón, un primer ministro que se había opuesto a los agresivos designios de unos jóvenes oficiales militares terminó asesinado como una advertencia a los que osaran interferir.

El presidente Hoover, en una de sus pocas frases memorables, había dicho que FDR era «un camaleón sobre tela escocesa».[254] Hoover, detallista como todo ingeniero, consideraba que Roosevelt no estaba preparado en lo absoluto para el puesto que había ganado de forma tan estrepitosa. Y Roosevelt hablaba ahora de pedirle al Congreso poderes extraordinarios en un país que no estaba en guerra. No era de extrañar entonces que sus opositores le temieran.

Capítulo 3:

FDR y el Nuevo Acuerdo

(1933-1939)

Franklin D. Roosevelt se convirtió de repente en el ejecutivo democrático más poderoso en un mundo donde la democracia se veía cada vez más amenazada. Roosevelt amplió mucho el poder del gobierno federal, pero lo hizo con el consentimiento de un Congreso elegido y dispuesto. Roosevelt creó toda una «sopa de letras» de agencias y organizaciones: la SEC, Securities and Exchange Commission [Comisión de Valores y Cambio]; la FCC, Federal Communications Commission [Comisión Federal de Comunicaciones]; la WPA, Works Progress Administration [Administración del Progreso de Obras]; y la PWA, Public Works Administration [Administración de Obras Públicas]; entre otras. Toda esta burocracia consumía millones de dólares y comprometía al gobierno a «cobrar impuestos para cubrir los gastos». Los opositores de Roosevelt le temían y hasta lo despreciaban. Pensaban que quería traer el socialismo a los Estados Unidos. Miles de estadounidenses simpatizaban de forma manifiesta con el comunismo y el experimento bolchevique que en ese momento se realizaba en la Rusia soviética. «He visto el futuro, y funciona», había dicho el manifestante Lincoln Steffens de la nueva Unión Soviética en 1919. Sin embargo, FDR pensaba que con sus acciones salvaría al capitalismo y la democracia. Confiaba en el «Brain Trust» o «Grupo de Cerebros», un conjunto de jóvenes brillantes graduados de las mejores *universidades que designó como jefes de estas nuevas oficinas.* FDR se comprometió a una «valiente experimentación», admitiendo en público que algunas de sus ideas tal vez no funcionaran, pero asegurándoles a los estadounidenses que «el inmortal Dante nos dice que los pecados de la gente afectuosa y los de la gente despiadada se pesan en balanzas distintas». Con ello implicaba que sus críticos eran fríos e insensibles. El dominio de FDR sobre el Congreso durante esos años, aunque no fue completo, resultaba sin embargo tan poderoso que logró darle forma al país en el que vivimos hoy.*

I. Los Cien Días... y después

Cuando Franklin Roosevelt prestó juramento como trigésimo segundo presidente de los Estados Unidos el 4 de marzo de 1933, los vehículos del correo tenían que ir acompañados de guardias armados en algunas ciudades. Todo el país se hallaba bajo un pesado manto de incertidumbre y crisis. El nuevo presidente actuó de inmediato para declarar un «receso bancario», cerrando las instituciones bancarias y de ahorros durante una semana. Will Rogers bromeó diciendo que por fin los estadounidenses estaban felices: «No tenemos empleos, no tenemos dinero y no tenemos bancos. Si Roosevelt hubiera incendiado el Capitolio, diríamos: "Gracias a Dios que al menos ha logrado encender alguna cosa"».[1]** Roosevelt tenía que impedir la gran retirada de fondos que causara tanto pánico durante el largo período que transcurrió desde su elección en noviembre hasta su toma de posesión en marzo.

Cuando el Congreso se reunió, el nuevo presidente presentó una gran cantidad de propuestas legislativas, las cuales se convirtieron tan pronto en leyes que hubo pocos legisladores que en realidad pudieran leerlas. Entre el 9 de marzo y el 16 de junio de 1933 se promulgaron quince importantes leyes. Sus títulos nos dan una idea del increíble alcance y la extensión de los nuevos poderes que tenía

---

* Entre los que conformaban el «Grupo de Cerebros» de FDR se contaban Raymond Moley, Rexford Guy Tugwell, A. A. Berle y Harry Hopkins. Thomas («Tommy el corcho») Corcoran fue uno de los primeros miembros y permaneció mucho tiempo en Washington. Cuando el autor de este libro le llevó el café en la mañana al Corcho, gritó: «¡Hebe!». Ante la pregunta de quién era Hebe, este joven asistente respondió: «La copera de los dioses en el monte Olimpo». «Estás *contratado*», exclamó entonces Tommy el Corcho.

** En Alemania no había sido cuestión de broma el incendio de la legislatura nacional. Semanas antes, el Reichstag había sido incendiado por un anarquista holandés y Hitler aprovechó este incidente para declarar ilegales a los comunistas y a muchos de sus aliados izquierdistas. Desde ese momento, en 1933, la Alemania de Hitler se convirtió efectivamente en una dictadura.

ahora el gobierno federal: Ley de emergencia bancaria, Ley de recuperación de la industria nacional, Cuerpo de conservación civil, Abandono del Patrón del Oro, Ayuda de emergencia, Ley de ajustes agrícolas, Hipotecas agrícolas de emergencia, Autoridad del Valle de Tennessee, Veracidad en los préstamos, Corporación de préstamos para el propietario de viviendas, Ley bancaria Glass-Steagall, y Ley de créditos agropecuarios.[2] Este fecundo período se conocería como los Cien Días, y estableció un parámetro de logros legislativos que jamás tuvo igual.[*]

Una de las medidas que aprobó con toda facilidad el nuevo Congreso fue la Vigésimo Primera Enmienda a la Constitución, que revertía la Prohibición. Aunque la victoria de FDR casi había asegurado que se acabaría la Ley Seca, el Congreso no quería correr riesgos. Solo por segunda vez en la historia un cambio constitucional se sometió a convenciones estatales de ratificación en lugar de a las legislaturas de cada estado.[**] A las 3:32 P.M., hora de la montaña, el 5 de diciembre de 1933, Utah se convirtió en el trigésimo sexto estado en votar el rechazo a la Decimoctava enmienda. Fue así que la Ley Seca se convirtió en la única enmienda a la Constitución que luego se revirtió.[3]

H. L. Mencken había sido uno de los Mojados, tanto por sus principios con por su práctica durante la Prohibición, así que celebró bebiendo su primera cerveza legal en trece años en el Hotel Rennert de Baltimore. «Ahí va», dijo después de aceptar un buen vaso con mucha espuma de manos de Harry Roth, que atendía el bar. Lo bebió de un trago y opinó: «Buena, muy buena de veras».[4] También opinó sobre la reversión de la ley: «No es frecuente que los políticos estadounidenses hagan algo bueno para el público, pero esta vez se han visto obligados a actuar con decencia».[5]

Como ambas cámaras del Congreso contaban con una mayoría demócrata, las propuestas de FDR se autorizaban sin cuestionamientos. Había tantos congresistas que habían llegado a sus bancas gracias a FDR que era impensable que se le opusieran.

Para entender el mundo cultural y político en el que hoy vivimos, setenta años después del Nuevo Acuerdo, bien vale leer un párrafo de Samuel Eliot Morison:

---

[*]   La minoría republicana de ambas cámaras resultó vencida porque no podía ir en contra de la legislación del Nuevo Acuerdo justo cuando todos reconocían que hacían falta medidas para solventar la emergencia nacional sin precedentes. Se les habría acusado de obstruir el camino. Sin embargo, no podemos afirmar que las propuestas de FDR hayan sido debatidas con seriedad en el Congreso. El término «Los Cien Días» había sido empleado con anterioridad para designar el momento en que Napoleón regresó de la isla de Elba. Al comparar la gestión de un presidente estadounidense con ese tirano, las legiones de opositores de FDR apenas encontraban consuelo.

[**] La Constitución original se ratificó en las convenciones estatales y en 1933 se usó el mismo método para ratificar la Vigésimo Primera Enmienda.

Una de las características de la WPA (Works Progress Administration [Administración del Progreso de Obras]) que llamó la atención del público y se conocía como «distribución de premios» fue la creación de proyectos para darles empleos a artistas, músicos, escritores y otros trabajadores «no manuales». Las oficinas de correo y otros edificios públicos quedaron decorados con murales, se escribieron guías regionales y estatales, los bibliotecarios que no tenían empleo se encargaron de catalogar los volúmenes en las bibliotecas de los edificios municipales y estatales, y se les proporcionó empleo a los estudiantes graduados que no tenían trabajo para que inventariaran los archivos y copiaran viejas listas de embarque, algo que resultó muy beneficioso para los historiadores estadounidenses. El teatro federal empleaba en su mejor momento más de quince mil actores y otros trabajadores con un salario promedio de veinte dólares a la semana. Dirigidos por John Houseman, Orson Wells y otros, se escribieron y produjeron nuevas obras y se reavivaron los clásicos.6*

Vemos aquí, en apenas unas líneas, el origen de muchos de los lineamientos políticos de hoy. Hollywood, el ámbito académico, la prensa, las bibliotecas y las universidades públicas están habitados por decenas de miles de personas cuyos empleos o instituciones tuvieron su origen en un programa federal creado por FDR. Al llevar al gobierno a su «Grupo de Cerebros», FDR aseguró la adhesión al partido demócrata de lo que hoy conocemos como la «clase del conocimiento». Hay algo que podemos asegurar siempre: Si se desviste a un santo para vestir a otro, podrás contar con el voto del santo que has vestido.

Una de las primeras iniciativas de FDR en política exterior fue acabar con el aislamiento de la Unión Soviética, que había durado quince años. Algunos urgieron al presidente para que le extendiera un reconocimiento diplomático a William Bullit, cuñado del famoso comunista estadounidense John Reed. El libro de Reed, *Diez días que estremecieron al mundo*, era muy popular entre los izquierdistas. El mismo constituía el relato de la revolución bolchevique. Woodrow Wilson se había negado a reconocer lo que consideraba un régimen de bandidos y hasta había enviado tropas a Rusia, evidentemente para evitar que el material de guerra de los

---

* De modo interesante, el mismo John Houseman que comenzó en la WPA federal luego se hizo famoso como el anunciante en la TV de Smith Barney, la firma de inversiones de Wall Street. «Hacen dinero a la antigua», decía Houseman. «Lo *ganan*».

estadounidenses cayera en manos de los alemanes. El choque de las fuerzas estadounidenses con los rojos resultó inevitable. Después de la victoria comunista en la Guerra Civil Rusa, las fuerzas estadounidenses se evacuaron, pero había quedado un sentimiento de amargura contra los comisarios del Kremlin.

Roosevelt le asignó a Bullitt la tarea de trabajar con el Comisario Soviético de Asuntos Exteriores, Maxim Litvinov. Juntos, Bullitt y Litvinov negociaron un acuerdo para iniciar las relaciones entre las dos «grandes repúblicas».[7] Los soviéticos acordaron otorgarles libertad de culto a los estadounidenses que trabajaban en la URRS, una concesión casi sin sentido.[8] También convinieron en dejar de hacer propaganda en contra de los Estados Unidos y no enviar agentes a Norteamérica para tratar de subvertir nuestro gobierno. Cumplieron con la primera condición, pero solo en parte. En cuanto al tercer punto, el más importante, los intentos subversivos de los soviéticos prácticamente comenzaron el día en que se les otorgó el reconocimiento formal.[9]

Las promesas de la ampliación del comercio con la Unión Soviética, rica en recursos, dieron lugar a exageradas expectativas de vínculos más estrechos con el gigante comunista. Estas esperanzas hicieron que las grandes empresas comerciales de los Estados Unidos, agobiadas por la Depresión, estuvieran a favor de abrirle una puerta a la URSS. El industrial Arman Hammer pasó muchos años promoviendo los vínculos comerciales con la Unión Soviética, pero luego se descubrió que era colaborador del Soviet y desde el principio había lavado dinero para el Kremlin.[10] Las promesas de comercio jamás se concretaron.[11]

Considerando el gran apoyo de los católicos y los sindicatos que tenía FDR, es notable que la Conferencia Católica de Obispos y la Federación de Sindicados de los Estados Unidos (AFL) se opusieran tanto a las relaciones diplomáticas con el régimen comunista de Moscú.

Cuando FDR anunció que ambas naciones intercambiarían embajadores, nombró a William C. Bullitt como jefe de la Embajada en Moscú. Bullitt acabó siendo un obstinado realista en cuanto a las relaciones soviéticas-estadounidenses.[12]

El Partido Comunista de los Estados Unidos de América (CPUSA, por sus siglas en inglés) era políticamente ágil y un experto en promover sus objetivos a través de temas progresistas. En la primera mitad de la década de 1930 los comunistas estadounidenses apoyaron el Nuevo Acuerdo. Los agitadores del CPUSA participaron de muchos de los disturbios sindicales, en particular de aquellos en los que se hacía uso de la violencia. Los obreros textiles de Gastonia, Carolina del Norte, y los mineros del carbón del condado de Harlan, Kentucky, lograron que los comunistas enviados por el partido para causar revuelo se hicieran eco de sus reclamos.[13]

De manera similar, el partido asumió la defensa de nueve jóvenes negros falsamente acusados de violar a una adolescente blanca. Se les conocía como «Los muchachos de Scottsboro». La NAACP (Asociación Nacional para el Avance de las Personas de Color) no se decidía a encargarse de la defensa en un caso tan explosivo. Sin embargo, el CPUSA se ganó el respeto de los idealistas estadounidenses que se espantaban ante los linchamientos que predominaban en las comunidades sureñas.[14]*

Aunque los liberales en su mayoría desconfiaban de los comunistas, otros los consideraban nada más que «liberales con prisa». Un popular eslogan del momento brindaba una explicación a los crímenes de Stalin: «No puedes hacer tortilla sin romper algunos huevos». Muchos liberales estaban de acuerdo con el veterano manifestante Lincoln Steffens, que había visitado la nueva Unión Soviética en 1919. Steffens dijo: «¡He visto el futuro, y funciona!». Stalin rompía cabezas en lugar de huevos, y por millones. Hoy sabemos que Moscú controló al CPUSA desde el principio hasta el final.

Algunas de las legislaciones de los Cien Días tenían la intención de ser temporales, mientras que otras leyes permanecen en los libros hasta la actualidad. Una de las medidas temporales fue el Cuerpo de Conservación Civil (CCC). Bajo el CCC, miles de jóvenes acampaban en tiendas y trabajaban en proyectos como la compleción del largo y serpenteante sendero a través de los Apalaches. Estos jóvenes recibían tres comidas al día y aunque ganaban poco, contaban con un seguro de salud y lo más importante, poseían un sentido de logro y dignidad.[15] El mismo FDR insistía en los beneficios espirituales y sociales de las obras de conservación del medio ambiente para los desempleados, en su mayoría jóvenes con mucha energía. En los centros urbanos de cualquier país han podido verse a bandas integradas por jóvenes sin trabajo y sin suerte que crean situaciones adversas. Roosevelt parecía percibir esto por instinto.** La Administración de Obras Públicas (PWA) se dedicó

---

* Muchos comunistas y sus «compañeros de viaje» eran sin duda sinceros en cuanto a la justicia racial en los Estados Unidos. Sin embargo, veían las injusticias aquí, pero en lo concerniente a las injusticias en el extranjero se hacían los de la vista gorda. La Policía Secreta asesinaba o enviaba a millones de personas en la URSS a los campos de concentración, los gulags de Stalin, donde morían de hambre y frío.

** El elogio de FDR a la CCC y su impacto en el espíritu de las personas suele citarse en la fecha de su recordación en Washington, D.C.: «Propongo crear un Cuerpo de Conservación Civil que servirá en obras simples. Sin embargo, más importante que la ganancia material será el valor moral y

a proyectos más grandes como el Puente Triborough de la ciudad de Nueva York, que sigue usándose a diario.[16]

Decenas de miles de personas veían el empleo que brindaba la Administración de Obras en Progreso (WPA) como un camino de salida de la Depresión. Cuando John Reagan llegó a ser administrador de la WPA de Dixon, Illinois, esto ayudó a su familia a mantenerse a flote (y no fue algo incidental que su hijo, Ronald, apoyara con convicción el Nuevo Acuerdo).[17]

La Ley de Recuperación de la Industria Nacional tampoco iba a ser una ley permanente, aunque no por eso carecía de importancia. El Congreso destinó la entonces fabulosa suma de tres mil trescientos millones de dólares para formar un sistema nacional que administrara la vapuleada economía.[18] FDR eligió a Hugh Johnson, graduado de West Point, para que se ocupara de la Agencia de Recuperación Nacional (NRA, por sus siglas en inglés) creada por la legislación. La NRA proporcionaba códigos para los salarios, las horas y las condiciones de trabajo, desalentando la labor de mujeres y niños en las industrias de riesgo. Johnson diseñó un Art Decó que mostraba un águila azul como símbolo de la NRA y organizó desfiles y otras actividades para obtener un apoyo masivo. Los opositores de FDR consideraban que el símbolo de la NRA era demasiado parecido al águila nazi, y que los que marchaban en los desfiles organizados por Johnson se veían como la Juventud Hitleriana. Cuando Johnson, de manera equivocada, elogió el «estado corporativista» del fascista Mussolini, hubo incluso demócratas conservadores que se alarmaron. Les preocupaba la supervivencia de la libertad en un mundo amenazado por las tiranías de derecha e izquierda. Tanto John W. Davis (1924) como Al Smith (1928), los únicos candidatos demócratas presidenciales en algún momento, se unieron a la Liga de la Libertad para organizar la oposición al Nuevo Acuerdo de Roosevelt.

No obstante, otros demócratas pensaban que Roosevelt no iba a llegar tan lejos como se decía. El senador de Louisiana, Huey Long, era un populista alocado que vestía un arrugado traje blanco «como de heladero» y disfrutaba de las querellas. Su filosofía de que «todo hombre es un rey» lo había convertido en el jefe indiscutible del Estado Bayou.* Cuando era gobernador de Louisiana sus ambiciosos proyectos de construcción de caminos y un nuevo rascacielos para el capitolio

---

espiritual de esos trabajos». (Mensaje al Congreso sobre la Ayuda a los Desempleados, Washington, D.C., 21 de marzo de 1933.)

* Un bayou (de la voz choctaw, *bayuk*, que significa arroyo o río pequeño) es un término geográfico que en Luisiana sirve para designar un cuerpo de agua formado por antiguos brazos y meandros del río Misisipi. (Tomado de http://es.wikipedia.org/wiki/Bayou.)

estatal les dieron empleo a miles de personas, pero al mismo tiempo llenaron los bolsillos de cientos de contratistas. Como senador de los Estados Unidos, le gustaba escandalizar a los de la alta sociedad de Washington, conocidos como *Cliff Dewellers* [Habitantes de los acantilados]. ¡Cuando Huey Long fue a la Casa Blanca, se sentó a cenar con el sombrero puesto![19] A ser invitado a la casa del presidente en Hyde Park, Nueva York, se comportó de manera tan maleducada durante la cena que Sara Delano Roosevelt, la formidable madre del presidente, dijo en voz baja, pero con intención de que la oyera: «¿Quién es ese hombre tan *horrendo* que está sentado junto a Franklin?».[20]

Ese hombre horrendo era el Gran Pez, y Franklin se esforzaba por mantenerlo contento, no porque necesitara su voto en el Senado, donde FDR gozaba del apoyo de la mayoría, sino para mantener a Long «en la reserva». El Gran Pez representaba el peligro de un posible candidato de un tercer partido que abogaría por la política de «exprimir a los ricos». Tal vez fuera bufonesco, pero al mismo tiempo era astuto y atrevido. Roosevelt sabía que muchos de sus opositores en las esferas de los negocios estaban dispuestos a financiar la campaña de Long solo para echarlo *a él* de la Casa Blanca.[21] En una reunión secreta, uno de los representantes del mundo de los negocios le había dicho a Long: «Tampoco estamos a favor de usted», a lo que Huey contestó con una sonrisa: «Solo quiero su dinero».[22] En la primavera de 1935, Huey escribió un libro: *My First Days In the White House* [Mis primeros días en la Casa Blanca]. Sus intenciones eran claras.[23]

Una gran brecha se produjo entre los que apoyaban el Nuevo Acuerdo y el conductor de radio Padre Charles Coughlin y el senador Long cuando en marzo de 1935 el director de la NRA, Hugh Johnson, se burló de Coughlin en público: «Esperamos que la política cree parejas dispares, pero si el Padre Coughlin quiere [unirse] a Huey Long, es justo que se quite su sotana romana».[24] Esta broma de Johnson creó el riesgo de que Long se enfrentara a FDR, pero además alejaría a los católicos, que jugaban un papel clave en el apoyo al Nuevo Acuerdo.

El senador Long regresó en septiembre de 1935 a Baton Rouge, el impresionante capitolio que había hecho construir. Se encontraba conformando su propio aparato político cuando se vio confrontado por el Dr. Carl Austin Weiss, un brillante otorrinolaringólogo. Weiss era yerno del Juez Pavy, un opositor acérrimo de Huey Long. El médico le disparó dos veces al Gran Pez antes de que su pequeña pistola belga se trabara. Los guardaespaldas de Long se enfurecieron y atacaron al Dr. Weiss, asesinándolo de veintinueve disparos.

El agonizante Long susurró con esfuerzo: «¿Por qué querría dispararme?». Tal vez Weiss hubiera oído que Huey intentaba difundir el rumor de que la familia del juez Pavy tenía ancestros negros. Long no era de los políticos sureños blancos que buscaba pleitos racistas. Sin embargo, no dudaba en utilizar la táctica que fuera cuando se trataba de un enemigo político. Tal vez jamás sepamos por qué Weiss mató a Huey Long, pero al hacerlo eliminó una gran amenaza para las probabilidades de reelección de FDR.[25]

Cuando el presidente Roosevelt decidió que los Estados Unidos ya no se regirían por el Patrón del Oro en 1933, reclamó los certificados de oro, los cuales se reemplazaron por billetes verdes. La acción tuvo consecuencias fatídicas para los Estados Unidos, la economía mundial, y en especial para un carpintero inmigrante del Bronx.

Bruno Hauptmann atrajo la atención de un empleado al pagar por la gasolina que le echó a su auto con un certificado de oro por valor de cien dólares, algo pocas veces visto a fines de 1934. El empleado sospechó que sería falso y anotó el número de licencia del auto del inmigrante alemán.[26] Poco después la policía arrestó a Hauptmann y en un giro inverosímil de los acontecimientos lo acusaron del secuestro y muerte de Charles A. Lindbergh, Jr.

El juicio de Hauptmann a principios de 1935 se realizó en Flemington, Nueva Jersey. Pronto se convirtió en un circo para los medios. H. L. Mencken lo calificó de «la más grande historia desde la Resurrección».[27] La evidencia que se presentó en contra de Hauptmann incluía certificados de oro marcados, los cuales el hombre había guardado y se identificaron como parte del pago del rescate efectuado por Lindbergh. Los peldaños de la escalera de madera que usó para entrar al cuarto del niño en la casa de los Lindbergh eran iguales a los que se encontraron en el garaje del carpintero. Cuando Charles Lindbergh se presentó como testigo, no demostró emoción alguna y ofreció su testimonio con mucha calma.[28] Cuando le preguntaron si podía identificar la voz del hombre que le había indicado cómo y dónde entregar el dinero del rescate, Lindbergh señaló a Hauptmann.[29] Tan intenso era el interés del público en este juicio que el *New York Times* cedió el espacio del discurso ante el Estado de la Unión del presidente Roosevelt para darle lugar a la noticia: «El coronel Lindbergh señala a Hauptmann como el secuestrador y cobrador del rescate. Calmado durante las tres horas del interrogatorio».[30] Hauptmann apeló, pero no logró que la corte escuchara su reclamo. Acudió a su cita con la muerte insistiendo en que era inocente.

James Weldon Johnson. *Johnson y los demás miembros de la Asociación Nacional para el Avance de las Personas de Color (NAACP ,por sus siglas en inglés) contribuyeron al Renacimiento de Harlem y a incluir en la agenda nacional el tema de la justicia para los estadounidenses negros.*

Henry Ford. *Genio de la inventiva. La producción en serie de Ford fue un símbolo del poderío industrial de la nación. Él puso a los Estados Unidos sobre ruedas. Sin embargo, su publicación Dearborn Independent reimprimió la falsedad llamada «Los protocolos de los ancianos de Sión». Su antisemitismo hizo que el joven Adolfo Hitler lo admirara.*

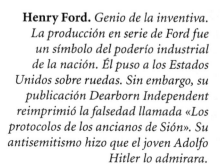

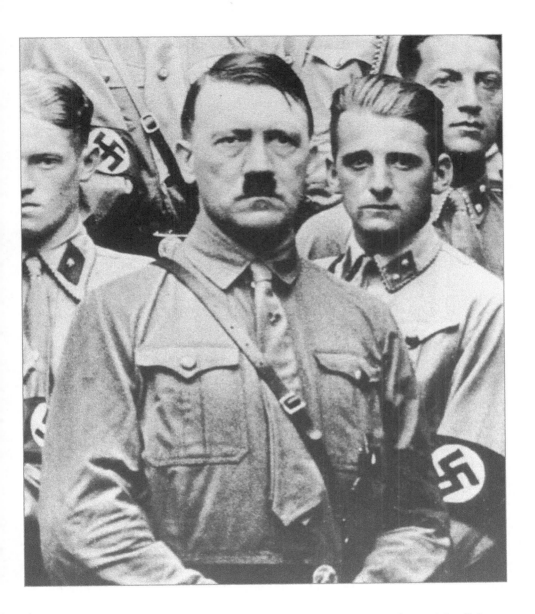

Adolfo Hitler. *Hitler ganó una distinción como soldado en la Primera Guerra Mundial. Luego se unió al Partido Nacional Socialista de los Obreros Alemanes (Nazis). Al no poder derrocar en 1923 al gobierno de su estado de residencia, Bavaria, en el «Golpe del Salón de la Cerveza», escribió Mein Kampf [Mi lucha] durante su breve y relajada estadía en prisión. Allí presentó sus planes para vengarse y ventiló su odio contra los judíos. Diez años después, el 30 de enero de 1933, se convirtió en Canciller de Alemania. A las pocas semanas, un sospechoso incendio destruyó la cámara legislativa (el Reichstag). Desde ese momento Hitler controló el país como dictador. Condujo a Europa hacia una Segunda Guerra Mundial e inició el Holocausto de los judíos.*

Mientras Hauptmann llevaba a cabo su apelación, la familia Lindbergh continuó soportando el escrutinio de los medios a cada paso que daba. Su hijo menor, Jon, era el nuevo objetivo de los que amenazaban con secuestrarlo. El lunes 23 de diciembre de 1935, el *New York Times* publicó en su titular: «La familia Lindbergh navega a Inglaterra para buscar una residencia recluida y segura. Las amenazas a la vida de su hijo les obligan a tomar esta decisión».[31] ¿Era necesaria una medida tan drástica? ¿Podrían haberle puesto fin al acoso algunos juicios notorios contra aquellos que amenazaban a los Lindbergh? No podemos saberlo. Tal vez solo el que ha sufrido la traumática pérdida de un hijo debido a un secuestro puede decir hasta dónde se puede soportar el acoso. Aun así, el viaje de los Lindbergh como exiliados voluntarios era consecuencia de la libertad de prensa en los Estados Unidos ¿Creó la prensa irresponsable esta atmósfera intolerable de manicomio?

II. Los juegos de Hitler: Juegos Olímpicos de Berlín

El 7 de marzo de 1936, Adolfo Hitler le comunicó a su legislatura, la cual solo se dedicaba a firmar las decisiones del dictador, que volvería a ocupar Renania. Mientras hablaba en la cámara, o el Reichstag, las tropas alemanas entraban ya en esta región históricamente alemana.[32*] Tal acción representaba un desafío a los aliados de occidente. En el Tratado de Versalles, los franceses habían insistido en que se incluyera una promesa de seguridad muy importante: Renania debía ser desmilitarizada. Bajo los términos del tratado, Alemania tenía prohibido volver a armarse y ocupar Renania. Ahora Hitler los retaba a duelo, y Francia reaccionó como si París hubiera sufrido un choque eléctrico. Igual de rápido, el gobierno conservador del primer ministro Stanley Baldwin en Londres convocó a los franceses a que «esperaran para que ambos países pudieran actuar en conjunto después de un profundo análisis de la situación». Winston Churchill dijo que tal propuesta era «una alfombra de terciopelo para la retirada».[33] Y así era, en efecto. Churchill no defendía el Tratado de Versalles, ya que pensaba que sus cláusulas económicas en particular eran «malignas, tontas y fútiles».[34] Él no fue tan lejos como el mariscal Foch de Francia, que afirmó con desdén que el tratado no era de paz, sino solo un armisticio de veinte años.[35] Sin embargo, si Alemania podía desafiar las resolu-

---

* Renania siempre fue alemana, pero católica, en tanto que la mayoría de la población de Alemania era protestante. Por ello los franceses tenían esperanzas de que se pudiera convencer con el tiempo a los habitantes de Renania para formar un estado renano que actuara como barrera entre Francia y el poder de la fuerte y en su mayoría protestante Alemania. Renania se encuentra en la orilla oeste del río Rin y limita con Francia y Bélgica.

ciones en cuanto al desarme y el territorio, podía romperse el tratado y los frutos de la victoria de la Primera Guerra Mundial se habrían perdido, ya que el mundo avanzaría, lento pero seguro, hacia un segundo enfrentamiento.

Hitler sintió alivio cuando el gobierno de Baldwin se pronunció contra todo plan de resistencia de los franceses. Sus generales temían que el ejército francés, aún potente, aplastara a las legiones alemanas que avanzaban. Y para ser francos, eso era también lo que temía Hitler. Les había dado órdenes a sus tropas de que debían retirarse ante la primera señal de resistencia de Francia. Si tal cosa sucedía, Hitler sabía que sus propios generales podían derrocarlo, un pensamiento que lo enfermaba. Cuando no se concretó la resistencia, Hitler se envalentonó y ridiculizó a sus generales, afirmando que tenía una «intuición» superior en cuanto a lo que pensaban sus enemigos.[36] Lo arriesgó todo, y tuvo éxito.

Con astucia, al mismo tiempo que ocupaba Renania, Hitler les ofreció un pacto de veinticinco años de paz a las democracias de Occidente. Los apaciguadores británicos le enviaron de inmediato un cable al primer ministro Baldwin. Había que «aceptar la declaración de Hitler sin reservas», señalaban.[37] Lord Lothian, que pronto se convertiría en embajador británico en Washington, dijo que la flagrante violación del Tratado de Versalles equivalía a «un mero paseo de Hitler por su jardín».[38] En Gran Bretaña, muchos pacificadores se cuidaron de criticar la violación de Hitler a los términos que se le impusieron a Alemania después de la Guerra Mundial, pero entre ellos hubo algunos que se aventuraron a decir: «Versalles es un cadáver al que tenemos que sepultar».[39]

Los estadounidenses querían mantenerse fuera de las peleas de Europa. Era de suma importancia lograrlo, y como Estados Unidos no había ratificado el Tratado de Versalles, FDR no tenía demasiada influencia sobre los asuntos de ese continente. Woodrow Wilson y Lloyd George habían prometido apoyar a Francia si Alemania intentaba amenazar a ese país desde Renania. No obstante, Wilson, amargado porque el Senado había rechazado su tan mentada Liga de las Naciones, se negó siquiera a presentar el Tratado de Garantías a Francia para su ratificación. Además, el Congreso había promulgado una serie de Leyes de Neutralidad que reducirían ampliamente la capacidad del presidente para ayudar a las democracias europeas que estuvieran en peligro. Los líderes británicos y franceses entonces, motivados por esta inacción de los Estados Unidos y la preocupación de sus propios electorados, intentaron mantener a raya a Hitler por medio de ciertas concesiones. Sabían que no podían depender de la ayuda estadounidense y esperaban en vano ser capaces de satisfacer las exigencias de Hitler. La pesadilla de Clemenceau se había hecho realidad. Alemania avanzaba amenazante hacia Francia y los «anglosajones» no levantaban ni un dedo para detener la invasión.

La enorme mayoría de los estudiantes de Oxford habían declarado por medio del voto que «*no* pelearemos por el rey o el país». En Gran Bretaña el movimiento por la paz era muy fuerte. Las clases altas, la monarquía en particular, sentían terror ante la idea de otra guerra, ya que todavía padecían los efectos de la Depresión.[40] El rey Jorge V le dijo al primer ministro Baldwin que si se involucraba en otra guerra, iría personalmente a Hyde Park con una bandera roja en alto.* El príncipe de Gales apoyaba a Hitler de forma manifiesta.[41]

Winston Churchill en ese momento era uno de los que los políticos británicos llaman «del último banco». En la Cámara de los Comunes, los que ocupan los últimos bancos son los que física y simbólicamente están más lejos de la Banca del Tesoro, el lugar de prominencia en el frente donde se sientan el primer ministro y su gabinete. Churchill estaba en medio de sus «años del desierto», la década en que no ocupaba un puesto en el gabinete, no tenía poder y tampoco apoyo. Había cumplido sesenta años en 1934 y para muchos resultaba un personaje del pasado.

Con la exitosa remilitarización de Renania, Hitler estaba ansioso por darle un nuevo enfoque a la perspectiva del mundo. Los Juegos Olímpicos de 1936 le habían sido asignados a Alemania mucho antes de que él estableciera su dictadura nazi. Hitler tenía pensado usar los Juegos para exhibir su régimen. Sería una oportunidad para llevar a cabo una propaganda intensa.

El régimen nazi hacía gran énfasis en el estado físico, en especial de los jóvenes. «Tu cuerpo le pertenece a tu país», decía un libro de ejercicios de lectura obligatoria en las escuelas alemanas, «y respondes ante tu país por la salud de tu cuerpo».[42]

Hitler quería hacer alarde de la destreza atlética de la juventud alemana como un modelo de lo que la ideología Nacional Socialista enseñaba sobre la superioridad aria.

Alta y escultural, la alemana de ojos verdes Helene Mayer vivía en California mientras se preparaban en Berlín los Juegos Olímpicos de 1936. Había ganado la medalla de oro en esgrima representando a Alemania en los juegos de 1928. ¿Volvería a competir ahora? Como su padre era judío, bajo las Leyes de Nuremberg recién promulgadas por Hitler se le consideraba oficialmente una *mischling* (mestiza).[43] A pesar de que Hitler les había revocado la ciudadanía a los judíos, que sufrían todo tipo de persecución política, civil, económica y social

---

* La bandera roja siempre representó la revolución. Incluso antes de que la adoptaran para sí los comunistas, era la bandera que hacían flamear los opositores a la monarquía en Europa.

en el estado nazi, Helene quería competir bajo la bandera de la esvástica.* Pronto se encontró envuelta en una gran controversia política en torno a lo que algunos llamaban «los Juegos de Hitler».[44]

Como era de esperar, las acciones de Hitler producían gran incomodidad e inquietud del otro lado del Atlántico, por lo que muchos estadounidenses proponían que se boicotearan los Juegos.[45] Sin embargo, Avery Brundage, jefe del Comité Olímpico de los Estados Unidos, quería que sus compatriotas compitieran en Berlín. Le dijo a la Liga Alemana-Estadounidense, una organización a favor de los nazis, que los Juegos Olímpicos eran «una religión con convocatoria universal, que incorpora todos los valores básicos de las demás religiones. Una religión dinámica, moderna, excitante y viril». Brundage se oponía al boicot: «La política no debe llevarse al plano de los deportes. No he oído nada que indique algún tipo de discriminación contra raza o religión alguna».[46]

Brundage no había leído los carteles que había en cientos de pueblos y ciudades de Alemania: *Juden unerwuenscht* («No se aceptan judíos»). Sin embargo, miles de otras personas sí los habían leído y podían haberle dado esta información al jefe del Comité Olímpico. Al parecer él tampoco tenía conocimiento que se había excluido a los judíos de todos los clubes deportivos de Alemania, aunque todo el mundo en el ámbito del deporte lo sabía. Helene Mayer también había sido excluida, pero el gobierno de Hitler reconocía el valor propagandístico de permitir que Helene compitiera por su patria. «Helene es una buena alemana y no tiene nada que ver con los judíos», informaba el cable del consulado alemán de San Francisco a la Oficina de Asuntos Exteriores de Alemania, ubicada en Berlín.[47]

Helene ganó una medalla de plata en Berlín y la multitud rugió cuando la atleta se paró firme en el podio y levantó el brazo haciendo el saludo de «Heil Hitler».

No todos los competidores judíos tuvieron tanta suerte. Los atletas estadounidenses Marty Glickman y Sam Stoller descubrieron a solo un día de la fecha de la competencia que se les prohibía correr su carrera para aplacar los ánimos de Hitler. Correrían en su lugar Frank Metcalfe y Jesse Owens, les informó su entrenador. Owens protestó: «Entrenador ya gané tres medallas de oro y corrí las carreras que iba a correr. Estoy cansado. Ya no puedo más. Deja que corran Marty y Sam». El entrenador Dean Cromwell le apuntó con su dedo a Owens y dijo: «Harás lo que se te indica». Owens corrió y ganó su cuarta medalla de oro.[48]

---

* La *esvástica* se llamaba «Hakenkreuz» (cruz gamada) en alemán. Adolfo Hitler adoptó personalmente este antiguo signo místico como símbolo de su movimiento nazi. Se incorporó a la bandera alemana y bajo el Tercer Reich se le veía en todos los lugares de Alemania.

El buen talante de Owens le hacía ganar amigos y seguidores dondequiera que iba.[49] Cada vez que aparecía para competir, las multitudes de alemanes gritaban: «*Oh-vens! Oh-vens!*».Hitler, que ya había decidido no estrecharle la mano a cada uno de los ganadores de medallas, se enojó cuando un asistente le preguntó si haría una excepción con Jesse.[50] «¿De veras piensas que voy a dejar que me fotografíen dándole la mano a un negro?», exclamó.[51] Se habló mucho del hecho de que Hitler no quisiera darle la mano a Jesse Owens, pero en realidad fue Owens quien se salvó de la indignidad de estrecharle la mano a Adolfo Hitler.*

«Más allá de lo que sintieran Hitler y los otros líderes nazis», escribe un autor, «los alemanes aclamaban a Owens por su increíble desempeño. En total, los atletas afroamericanos ganaron casi un cuarto de todas las medallas que ganó Estados Unidos en esos Juegos. El honor fue para ellos, su equipo y su nación, y significó una cachetada a las políticas racistas de Hitler».[52]

Los Juegos se inauguraron con gran fanfarria, y dos de los invitados sorpresa eran exiliados estadounidenses: Charles Lindbergh y su esposa, Anne. Lo primero que oyeron los Lindbergh al término de su corto vuelo hasta Alemania desde Inglaterra fue: «Heil Hitler!». Lindbergh había ido a Alemania como invitado oficial de la nueva fuerza aérea de Hitler, la *Luftwaffe*.** El biógrafo de Anne escribiría del aviador mundialmente famoso. «Adolfo Hitler estaba seguro de que Charles Lindbergh personificaba [el futuro del Tercer Reich]. Su talla, su postura erguida, su aspecto juvenil con el cabello rubio y sus penetrantes ojos azules lo convertían en la quintaesencia de los arios. Los nazis no podrían haber inventado una representación más elocuente de su visión».[53]

A Lindbergh le impresionó en especial el avanzado estado de la aeronáutica alemana. Apreciaba el aspecto de orden y disciplina que veía dondequiera que iba. La prensa alemana tenía prohibido acosarlos a él o su esposa. «Lindbergh encontró una atmósfera fraternal, un pueblo simpático, una prensa controlada, oficiales educados y respetuosos, buena disciplina, una moral pura y muy buen ánimo», escribió Tom Jones, un funcionario civil británico cercano al primer ministro Baldwin, al describir la reacción de Lindbergh. «Era un cambio bienvenido … de la degradación moral en la que consideraba que había caído su país, la apatía e indiferencia de los ingleses y la decadencia de los franceses».[54]

---

* ¡Owens, que toda su vida fue republicano, señaló con picardía que tampoco FDR le había dado la mano en su vida! Sin embargo, no hay dudas de que Roosevelt se habría sentido orgulloso de haberlo hecho.

** Según el Tratado de Versalles, a Alemania se le prohibía tener una fuerza aérea. Hitler estaba desafiando de manera más o menos abierta la resolución de desarme del tratado.

Jones señalaba que a Lindbergh le gustó lo que vio porque jamás pidió ver los campos de concentración donde estaban los judíos, los comunistas, los socialdemócratas, los socialistas y todo aquel a quien el régimen considerara indeseable.[55] Los nazis habían abierto Dachau en marzo de 1933, semanas después de que Hitler accediera al poder. Fue el primero de muchos campos de concentración que comenzaron de inmediato a llenarse con opositores al régimen. Para fin de año, los nazis ya habían llevado a cien mil alemanes a estos campos.[56]

Mientras la ceremonia de clausura marcaba el final de unos Juegos Olímpicos muy exitosos, la multitud alemana cantaba «*Sieg Heil*!» (¡Victoria! ¡Viva!).[57] Alemania había ganado la mayoría de las medallas y los propagandistas nazis se habían esforzado por presentar una imagen positiva de la dictadura de Hitler. Y en gran medida lo lograron. No se reportaron incidentes de maltrato o mala educación hacia los atletas olímpicos estadounidenses de la raza negra o judía.[58] La campaña propagandística tal vez se vio beneficiada por la intervención de Max Schmeling, el gran boxeador alemán. Schmeling se convirtió en el héroe «nórdico» al derrotar al boxeador estadounidense Joe Louis en junio de 1936. El «Bombardero Moreno» era amado en especial por los estadounidenses negros. A Schmeling no le gustaba que los nazis racistas lo convirtieran en estandarte de sus políticas. Así que se negó a unirse al partido nazi y logró que Hitler prometiera que todo atleta estadounidense se vería protegido de los insultos durante los Juegos Olímpicos.[59]

A causa de la belicosa agresividad del führer, no volvería a haber Juegos Olímpicos hasta 1948. El espíritu artificial de bonhomía que los propagandistas lograron comunicar en torno a los Juegos no perduró. Cuando Leni Riefenstahl, productora de películas y favorita de los líderes nazis, mostró su documental *Olympiade 1936*, el ministro de propaganda, Joseph Goebbels, se enfureció. La cámara había destacado los músculos de Jesse Owens con admiración y el rostro bien parecido de un atleta japonés.[60] Esto chocaba tanto con el odio racista de Goebbels que durante dieciocho meses prohibió la obra de Riefenstahl.[61]

III. «Según vaya Maine...»

La reelección de FDR no estaba asegurada. El país no se había recuperado por completo de los efectos de la Depresión. Las condiciones económicas no eran ni siquiera similares a las de antes de la Caída de 1929. «Volvieron los días felices» era la canción de los demócratas. No obstante, todavía había que ver si podrían capitalizar sus victorias de 1932 y 1934. Con todo, los indicadores principales mejoraban. La cantidad de estadounidenses con empleo aumentó de treinta y ocho millones a más de cuarenta y cuatro millones. La tasa de desempleo disminuyó de trece millones a ocho millones. Y la economía se vio estimulada con ciento cincuenta mil nuevos puestos de trabajo cada mes durante 1936.[62]

Los negros estadounidenses históricamente habían apoyado al partido de Lincoln, pero ya en 1936 muchos comenzaban a cuestionar este vínculo. Uno obrero negro de la WPA comentó: «No creo que sea justo comer el pan y la carne de Roosevelt mientras votamos por el gobernador Landon».[63] Los estadounidenses de color habían sufrido la Depresión tanto como los demás. Ellos miraban con esperanza hacia Washington y FDR esperando que llegara el alivio.

Eleanor Roosevelt se sentía identificada en particular con los problemas de los negros. En 1936 invitó a la distinguida cantante de ópera Marian Anderson para que cantara en la Casa Blanca. Ella fue la primera artista de color en hacerlo. Aunque no había todavía miembros del gabinete de la raza negra, FDR había designado una cantidad récord de funcionarios de color para ocupar otras posiciones. Cuando algunos de estos funcionarios se unieron bajo el liderazgo de Mary McLeod Bethune, se le llamó a este conjunto de personas «el gabinete negro» de FDR.[64] Este grupo se ocupaba de presentar los problemas que el gobierno federal tenía que resolver, primero a Bethune, luego a la Primera Dama, y de allí a la mesa del desayuno de FDR.

La comprensión especial de la Sra. Roosevelt dio lugar a historias desagradables y odiosos ataques de los racistas que veían amenazada su posición ante tan deliberados intentos por resolver el desequilibrio racial en los puestos de liderazgo. Una rima malintencionada presentaba a FDR diciéndole a su esposa mientras desayunaban:

Tú besa a los negros y yo besaré a los judíos
Y permaneceremos en la Casa Blanca cuanto nos plazca.[65]

En verdad, lo que FDR hacía era formar una nueva coalición que incluiría a muchas minorías: católicos, judíos, negros, occidentales, sureños, miembros de los sindicatos. Todos eran bienvenidos en la nueva mayoría del Nuevo Acuerdo.

Cuando los republicanos nominaron candidato a Alf Landon, gobernador de Kansas, desecharon al antiguo presidente Hoover y su cada vez más fuerte oposición a todo lo que hiciera FDR. Los delegados de la Convención Republicana de 1936 querían nominar al popular senador de Nueva Hampshire, Styles Bridge, como candidato a vicepresidente. Se le veía con muy buenas probabilidades de victoria para el segundo puesto en el poder ejecutivo hasta que alguien notó que de modo inevitable la fórmula Landon-Bridges sería objeto de burlas por su semejanza sonora con «London Bridge is falling down» [«El puente de Londres se está cayendo»], una rima para niños.66 Así que los republicanos decidieron elegir a Frank Knox, uno de los Jinetes Rudos que habían estado con Teddy en Cuba. Lo más significativo es que los republicanos apoyaban la Ley del Seguro Social presentada por FDR y que el Congreso había promulgado rápidamente en 1935. También apoyaban el derecho a la organización de los sindicatos y ciertas formas de regulación del comercio.67 Esta no era una plataforma que apelara a los republicanos conservadores, y en realidad no lo hizo.

La prensa intervino. FDR seducía con su encanto a los reporteros de la Casa Blanca que se reunían periódicamente con él para obtener informes a través de charlas informales. Sin embargo, muchos de los editores se oponían a Roosevelt con uñas y dientes. El coronel Robert McCormick, propietario del *Chicago Tribune*, despreciaba a FDR. Él les dio órdenes a los operadores del conmutador para que respondieran a todas las llamadas diciendo cuántos días faltaban hasta que el país se viera librado del gobierno ineficiente de Roosevelt.68

A FDR le divertía la oposición de los Grandes Empresarios. Le encantaba contar la historia del «educado y anciano caballero» que cayera al agua con su elegante sombrero de seda. Un amigo del caballero corrió por el muelle, saltó al agua y lo rescató, pero el sombrero se alejó con la corriente. Al principio, el anciano le agradeció a su amigo, admirando su coraje. ¡No obstante, cuatro años después empezó a quejarse por haber perdido ese sombrero tan caro!69 El personaje, según FDR contaba la historia, se correspondía con la caricatura del Gran Empresario que en ese entonces se había hecho popular con el juego de mesa conocido como *Monopoly*. La gente veía al «anciano caballero» con su elegante sombrero de copa.*

Ya en un tono más serio, FDR aceptó su segunda nominación con una elocuente convocatoria desde Filadelfia: «Esta generación de estadounidenses tiene una cita con el destino».70

El muy respetado *Literary Digest* intentó efectuar una encuesta de la opinión pública. La ciencia de las encuestas estaba todavía en sus comienzos, así que el *Digest* encuestó a los que tenían teléfono. En lo más profundo de la Depresión,

---

* El juego *Monopoly* se inventó en 1934. Al principio fue rechazado por su complejidad, pero hasta el día de hoy ha vendido más de doscientos millones de copias en más de ochenta países.

tal cosa significó que la opinión de millones de estadounidenses acuciados por la pobreza no se consideró en la encuesta. El *Literary Digest* predijo con toda confianza que ganaría Landon. Los operativos de campaña del Viejo Partido Republicano anunciaban «la gran victoria de Landon» al momento de contarse los votos de Maine. Ese estado vota de forma tradicional en el mes de septiembre. El viejo refrán decía: «Según vaya Maine, irá la nación».

Sin embargo, ese año no fue así. Cuando se contaron los votos, FDR había triunfado una vez más. Ganó la reelección con una victoria sin precedentes: 27.476.673 votos populares, equivalentes a un asombroso 60,6%. Landon obtuvo 16.679.583 votos populares, solo el 36,8%. En el Colegio Electoral, Roosevelt barrió con todos los estados, con quinientos veintitrés votos contra los ocho que obtuvo Landon. El Presidente de la Junta Demócrata, Jim Farley, uno de los lugartenientes políticos de FDR, irlandés y conocedor de la política, bromeaba diciendo que en vista de la victoria abrumadora de Roosevelt en cuarenta y seis estados habría que cambiar el refrán: «Según vaya Maine, irá Vermont».[71] El *Literary Digest*, avergonzado ante su fracaso, dejó de publicarse poco después.

Del otro lado del océano, incluso los que no pertenecían a su partido conservador empezaban a prestarle atención a las advertencias de Winston Churchill. Clement Atlee era el líder del partido laborista en la Cámara de los Comunes. Atlee «te apoyará en cualquier programa de rearme que anuncies», le escribió a Winston su primo en ese momento. Y añadió: «Le caes bien [a Atlee] y te admira».[72] Este apoyo hubiera ayudado a Churchill ahora que el primer ministro Baldwin se preparaba para dejar su puesto. Sin embargo, una crisis en ciernes amenazaba la posición de Churchill. Se trataba de una crisis que tenía que ver con el príncipe de Gales, coronado poco antes, y su amante estadounidense.

A fines de 1936, los estadounidenses devoraban las noticias sobre el romance del nuevo rey con Wallis Walfield Simpson, de Baltimore, la cual se había divorciado dos veces.

En los Estados Unidos todo el mundo sabía del romance, pero en Gran Bretaña los periódicos de Fleet Street ocultaban toda mención al plan del rey de casarse con ella. Por lo tanto, a comienzos de diciembre cuando el gabinete del primer ministro Baldwin le dijo al rey en privado que tendría que dejar a Simpson o renunciar al trono, fueron pocos los ingleses que se enteraron de lo cerca que estaban del escándalo.

Churchill, siempre romántico y apasionadamente apegado a la monarquía, pedía tiempo. Nada más que tiempo. Pensaba que podría convencer al joven y poco inteligente rey para que no se casara con su amante. Lo que Winston no sabía era que el rey Eduardo VII *quería* forzar la crisis como una forma de huir de las tediosas y agotadoras obligaciones que le imponía el trono. El rey había sido príncipe de Gales por veinte años, durante los cuales resultó ser un mujeriego sin ningún sentido de la responsabilidad. Churchill se puso de pie en el Parlamento y rogó para que no se diera «el paso irrevocable», pero sufrió la humillación de que lo hicieran callar. Sintiéndose traicionado por su primer ministro, Churchill se volvió y le gritó con enojo a Baldwin: «No estarás contento hasta que hayas destruido al rey, ¿verdad?».[73]

Harold Nicolson, miembro del Parlamento, escribió en su diario: «[Winston] ha deshecho en cinco minutos el paciente trabajo de reconstrucción que tomó dos años».[74] El *Spectator* de Londres fue más duro: «[El muy honorable Sr. Churchill] ha juzgado muy mal el temperamento del país y la Cámara, y la reputación de la que se estaba librando como hombre de mal genio que no puede prestar servicio al consejo se ha vuelto a posar sobre sus hombros».[75]

El rey, decidido a abdicar, hizo una declaración por la radio de la BBC que se trasmitió al mundo entero. Indicó que le resultaba «imposible continuar sin la ayuda y el apoyo de la mujer que amo». A ambos lados del Atlántico hubo mujeres que lloraron, extasiadas ante tal devoción y apenadas porque perdía la corona. No obstante, en última instancia su decisión fue una bendición tanto para Gran Bretaña como para los Estados Unidos. Como duque y duquesa de Windsor, la pareja luego coqueteaba demasiado con el nazismo.

Nos queda preguntarnos: ¿Qué habría sucedido en el mundo si Winston Churchill y no Neville Chamberlain hubiera sucedido a Stanley Baldwin como primer ministro en 1937?

IV. EL «ARRIESGADO PLAN» DE FDR

Elegido de manera abrumadora y contando con mayorías más fuertes en ambas cámaras del Congreso, FDR se preparaba para ocuparse de la Suprema Corte de los Estados Unidos.

Había reaccionado con enojo ante la decisión de la corte en el año 1935 en el famoso caso del «pollo enfermo». Por nueve votos contra cero la corte declaró en *Schechter Poultry Corp vs. Estados Unidos* que la Ley de Recuperación de la Industria Nacional era inconstitucional. Más tarde, la corte abolió también la Ley de

Ajustes Agrícolas y otras leyes del Nuevo Acuerdo. Roosevelt sentía que ninguno de los logros de su gobierno estaría a salvo mientras los «nueve ancianos» de la Suprema Corte tuvieran poder sin restricción.

El presidente Roosevelt intentó obtener el apoyo de la nación con su discurso durante su segunda investidura, el cual pronunció bajo una fuerte lluvia el 20 de enero de 1937.* «Veo millones de personas a las que se les niega la educación, la recreación y la oportunidad de mejorar su situación y la de sus hijos», declaró. «Veo que a millones de personas les faltan medios para comprar productos agrícolas e industriales, y que debido a su pobreza le niegan el trabajo y la productividad a muchos otros millones. Veo que un tercio de la nación vive mal, se viste mal y come mal».[76]

Con el fin de solucionar estos problemas, arguyó Roosevelt, necesitaba leyes. Y esas leyes estaban siendo atacadas por un poder judicial que no había sido elegido y además se mostraba insensible. Roosevelt respondió proponiendo un plan que pronto se conoció como «proyecto de llenar la corte».

FDR estaba preocupado porque las leyes más importantes de su primer mandato peligraban, incluyendo la Ley Wagner sobre las relaciones laborales, la Ley del Seguro Social y sus leyes con relación a la agricultura.[77] Criticó a Hughes, el juez de la Corte Suprema, por decir: «Estamos gobernados por la Constitución, pero la Constitución es lo que digan los jueces que es». No, dijo el presidente, «queremos una Corte Suprema que haga justicia bajo la Constitución, no por encima de ella. En nuestros tribunales queremos el gobierno de las leyes, no de los hombres».[78] Roosevelt fue elocuente en cuanto al poder de los tribunales. «El río Ohio [inundado] y las tormentas de polvo de estos años no están versados en las costumbres de la Cláusula de Comercio Interestatal».[79] Les dijo a los abogados que se animaran a expresar sus opiniones ante «los hombres sudorosos que apilan bolsas de arena en los diques de Cairo, Illinois».[80]

FDR podría haber logrado concretar su plan de reorganización judicial si hubiera sido directo y sincero con el pueblo estadounidense. En cambio, presentó su proyecto de ley como un intento para ayudar a los jueces ancianos o enfermos. Añadiría un juez por cada uno de los miembros de la Corte Suprema que hubiera pasado de los setenta años y no renunciara. A pesar de esta justificación tan noble y solidaria, los estadounidenses no se dejaron engañar. El plan de FDR evidenciaba una intención de llenar la corte con jueces que se avinieran a sus propósitos.

---

* Como resultado de la Vigésima Enmienda, que se ratificó con rapidez en 1933, la fecha de la toma de poder del presidente se cambió del 4 de marzo al 20 de enero. El Congreso también se reuniría desde ese momento a principios de enero todos los años.

Los demócratas del Congreso se rebelaron: «Muchachos, aquí trazo la línea», dijo el presidente del Comité Judicial de la Cámara, un hombre de Texas, a sus colegas del sur.[81] Los demócratas del sur consideraban que la Corte Suprema era su defensa contra las leyes por los derechos civiles. La decisión del alto tribunal en el caso *Plessy vs. Ferguson* en 1896 permitía la segregación racial. Y la ley Plessy seguía siendo «la ley del país».

La Corte, tal vez reconociendo que se trataba de un ataque, sorprendió a todos al respaldar la Ley Wagner y la Ley del Seguro Social. Cuando uno de los jueces de más edad renunció, FDR tuvo la primera oportunidad de nombrar a un miembro de la Corte Suprema.

«¿Cómo ves la situación de la Corte, Jack?», le preguntó el presidente al vicepresidente John Nance Garner con respecto al estado del proyecto de ley para la reorganización judicial. «¿Se lo digo sin rodeos, capitán?», indagó Garner. «Con toda franqueza», respondió FDR. «Usted está perdido. No tiene los votos que necesita», informó el vicepresidente.[82] FDR recordaría que Garner había dicho «usted» y no «nosotros».

Cuando el senador Robinson, de Arkansas, el líder de la mayoría demócrata, murió de un ataque cardíaco, la última oportunidad de FDR para reorganizar la corte murió con él. Aun así, la Corte Suprema se avino a los planes del presidente en lo que se conoció como un «giro salvador de último momento». Muy pronto, FDR nombraría a miembros claves de la Suprema Corte y ya no tendría más problemas con el alto tribunal durante el resto de su presidencia. Si eso es derrota, fue un perdedor con suerte.

V. «EL PASO DEL TIEMPO»

En la década de 1930, millones de estadounidenses veían los informativos de los noticieros semanales que se pasaban en los cines de cada localidad. El imperio de los medios de Henry R. Luce (que comprendía las revistas *Time, Life* y *Fortune*) también incluía a *The March of Time* [El paso del tiempo]. Estos noticieros breves precedían a las películas en miles de cines de todo el país. El tratamiento pomposo e insulso de temas serios fue satirizado por genios como Orson Welles en su premiada película *El ciudadano Kane*. Incluso las caricaturas que resultaban populares entre los fanáticos del cine de todas las edades se burlaban de *The March of Time*. Sin embargo, una señal de la influencia de esta serie puede verse en el hecho de que el segmento semanal titulado «La Alemania nazi desde adentro» se censuró en dos ciudades de los Estados Unidos. En Nueva York se le consideró demasiado pro-nazi. ¡En Chicago se pensaba que era anti-alemán![83]

«Representa el orgullo de Alemania, la forma en que Alemania muestra su nueva bandera agresiva, con la esvástica ... Es la maravilla de millones de personas en las ciudades del mundo entero ... una ballena blanca, símbolo del lujo y la velocidad de los viajes transatlánticos ... Está aterrizando...»[84] La gigantesca aeronave alemana *Hindenburg* se acercó a la estación de aterrizaje del Aeródromo Naval de Lakehurst, Nueva Jersey. El conductor del programa de la radio WSL de Chicago, Herb Morrison, le describía su arribo a la audiencia de todo el país. De repente, el enorme zepelín estalló en llamas. «Se incendia y cae ... ¡Oh! Es uno de los peores ... ¡Oh! Se trata de una visión terrible...», gritaba angustiado Morrison. Los conductores de radio todavía no habían adoptado esa fachada profesional que esconde sus sentimientos. «¡Oh ... la humanidad!».[85] La explosión de la aeronave llena de hidrógeno fue uno de los mayores desastres de la década del treinta, no solo por las vidas que se perdieron (de modo sorprendente, solo murieron treinta y cinco personas), sino porque fue en público. Los estadounidenses todavía no se habían acostumbrado a los desastres «en tiempo real», grabados por cámaras de rollo y narrados «en vivo» por los conductores de radio.

El desastre del *Hindenburg* alertó también a los estadounidenses sobre otra triste realidad: aunque el viaje de la aeronave vestida con la esvástica terminó en llamas, demostraba el alcance de Hitler. Si la ingeniería alemana podría enviar un zepelín del otro lado del océano, ¿no podría con el tiempo enviar aviones y aun misiles? Los estadounidenses más serios vieron que el ancho Atlántico ya no podía protegerlos.

Eleanor Roosevelt trató de alentar a las mujeres a involucrarse en la vida política con mayor presencia y fuerza. Organizó conferencias de prensa para mujeres periodistas. También respaldó a las mujeres en las artes. Se sumó a la causa femenina en la aviación y hasta invitó a la notable aviadora Amelia Earhart a la toma de poder presidencial. En una ocasión, Eleanor organizó una cena pequeña en Hyde Park a la que invitó entre otras personas a Earhart y a la primera mujer en ocupar una banca en el Parlamento británico, Lady Astor. Un periódico local dijo que la cena representaba la reunión de «tres de las mujeres más sobresalientes del mundo».[86] Earhart era pacifista y lo afirmaba cada vez que se pedía su opinión. Como primera mujer en dar un discurso ante los cadetes de la Academia Naval, habló sobre la necesidad de preservar la paz.[87] Junto a las estrellas del cine

Katharine Hepburn y Marlene Dietrich, hizo que fuera popular que las mujeres vistieran pantalones. Incluso los llevaba puestos en la ciudad, algo muy inusual en esa época.[88]

Earhart había ganado sus alas, y la adulación del público, al volar sobre el Atlántico en el quinto aniversario del histórico vuelo de Lindbergh. Es cierto que solo voló desde Terranova hasta Irlanda, una distancia mucho menor que la de Lindy. Sin embargo, aun así, enfrentó a solas el desafío del Atlántico Norte. Al invitar a la Primera Dama a volar con ella, Eleanor aceptó de inmediato.[89]

Los estadounidenses admiraban a los pilotos jóvenes como Lindbergh y Earhart porque eran muy valientes e increíblemente diestros. Volar era algo muy peligroso todavía, y el hecho se destacaba en los titulares de los periódicos en la década de 1930. El querido humorista de los Estados Unidos, Will Rogers, y el periodista Wiley Post, habían desaparecido en 1935 durante un accidente aéreo en Alaska.

En 1937, cuando Amelia anunció su «vuelo de la vuelta al mundo», Eleanor admitió en su columna periodística que sentía preocupación: «Todo el día he estado pensando que Amelia Earhart está en algún lugar sobre el Atlántico», escribió.[90] Mientras Amelia y su copiloto Fred Noonan volaban sobre el Pacífico, se designó a un barco de la Guardia Costera, el *Itasca*, para que le enviara informes meteorológicos a la valiente y joven aviadora.

Entretanto la familia del presidente se reunía en Hyde Park para un picnic del Cuatro de Julio y una boda, la fiesta de los Roosevelt se vio ensombrecida, al igual que los festejos de todo el país: Amelia Earhart había desaparecido. El *Itasca* y otros diez barcos más, con un total de cuatro mil hombres, recorrieron un área del Pacífico equivalente en tamaño al estado de Texas.[91] Todo fue en vano. Amelia había desaparecido a solo veintitrés días de su cumpleaños número cuarenta. Ella había señalado en una ocasión: «Cuando muera, quisiera morir en mi avión. Y rápido».[92] Durante años los rumores en torno a Amelia Earhart continuaron, sin que ninguno pudiera comprobarse: ¿La habían capturado los japoneses en la isla Saipán? ¿Era espía de los Roosevelt? En especial, después que el USS *Panay* fuera atacado en China por aviones japoneses, una acción por la que la nación nipona se disculpó enseguida, los estadounidenses sentían inquietud en cuanto a la Bandera del Sol Naciente de Japón en el Pacífico.

Joseph P. Kennedy, de Boston, deseaba ser el primer irlandés-estadounidense designado como embajador ante la Corte de St. James, como se conoce a la Embajada de los Estados Unidos en Londres. Kennedy había sido el primer presidente de la Comisión de Valores y Cambio en el gobierno de Roosevelt. Bajo la teoría de que «hace falta un ladrón para atrapar a un ladrón», FDR nombró a un hombre conocido por su habilidad y agudeza para negociar con los más duros.[93] Kennedy era un importante seguidor de FDR que brindaba su apoyo desde la comunidad católica.

«Cuando se lo dije a mi padre», comentó Jimmy Roosevelt, hijo del presidente, refiriéndose a la idea de enviar a Kennedy a Londres, «rió tanto que casi se cae de su silla de ruedas».[94] Sin embargo, mientras más lo pensaba el presidente, más esperaba que pudiera funcionar. Kennedy venía de Boston, donde la opinión irlandesa-estadounidense se oponía con firmeza a *cualquier tipo* de ayuda a Gran Bretaña en caso de que hubiera otra guerra. FDR pensaba que con Kennedy en Londres podría vencer esa resistencia si había amenazas de guerra. No obstante, también quería divertirse un poco con «el viejo Joe».

Convocó a Kennedy a la Casa Blanca y le pidió que se bajara los pantalones. El atónito Kennedy lo hizo. «Joe, solo mírate las piernas», dijo el presidente. Le explicó que todos los embajadores destinados a Gran Bretaña debían vestir pantalones hasta las rodillas y medias de seda. Se trataba de una tradición. «Tienes las piernas más chuecas que haya visto», indicó FDR. «Cuando aparezcan las fotografías de nuestro nuevo embajador, seremos el hazmerreír del país».[95] Joe Kennedy no se inmutó. Se levantó los pantalones y acomodó sus tirantes. Entonces le preguntó al presidente si podría ir a Londres como embajador si lograba que los británicos le permitieran presentar sus credenciales vistiendo pantalones a rayas y un saco. «Déme dos semanas», le dijo Kennedy al presidente.[96]

Roosevelt necesitaba la ayuda de Joe Kennedy más que nunca. El amigo de Kennedy, el padre Charles Coughlin, no quería al presidente. Su programa de radio llegaba a la asombrosa cantidad de cuarenta millones de hogares.[97] El padre Coughlin había simpatizado con FDR y el Nuevo Acuerdo al inicio, pero luego empezó a criticar cada vez más al grupo de asesores de Roosevelt y sus políticas. El padre Coughlin incluso comenzó a sonar más antisemita al atacar a los banqueros y el sistema bancario en términos no muy distintos a los de Henry Ford.

Con Kennedy de su lado, FDR tendría un valioso aliado en caso de que hubiera una guerra. O al menos, eso pensaba FDR en ese momento. Tan pronto como Kennedy se instaló con su numerosa familia en la residencia del embajador en Londres, se hizo evidente que tomaría un curso independiente. Había traído consigo a su esposa Rose y sus hijos: Rosemary, Kathleen, Eunice, Patricia, Jean, Joe Jr., John Fitzgerald, Robert y Edward (Teddy).

Al principio, el vivaz clan Kennedy fue muy popular en Inglaterra. Joe quería ser parte de la vida social, por lo que hizo buenas migas con el «Grupo Cliveden», tan prominente en ese momento. La casa de campo de Lady Astor, Cliveden, era el centro social de la política de contemporización en Gran Bretaña. Esta política se basaba en la creencia de que el Tratado de Versalles había sido demasiado duro y vengativo (algo bastante cierto) y las relaciones con Alemania se podían mejorar apaciguando las exigencias territoriales y económicas de Hitler (algo no tan cierto).

Hitler no se conformó con volver a ocupar Renania en 1936. A comienzos de 1938, amenazó y logró someter por la fuerza a su Austria natal. Cuando sus fuerzas entraron en Viena el 12 de marzo de 1938, la bandera de la esvástica reemplazó a la bandera austriaca de franjas rojas y blancas en todos los mástiles. El poder y el prestigio de Hitler tanto en Alemania como en Europa estaban en su nivel más alto. Había logrado sin guerra lo que ni siquiera el canciller de hierro, Otto von Bismarck, había conseguido.

El Tratado de Versalles le prohibía a Alemania unirse con Austria. Pocas de las resoluciones de este tratado parecían importarle a Hitler. ¿Por qué había de preocuparle ésta entonces? Hitler, nacido en Austria, estaba decidido a lograr tal unión, que él llamaba su *anschluss*. No solo quería tener bajo su control a su tierra natal, sino mostrarles a sus opositores en Alemania y fuera de ella que los triunfadores de la Primera Guerra Mundial nada podían hacer para detenerlo. Con esto, se hizo más poderosos todavía en su país y el extranjero.

Cada uno de los movimientos de agresión de Hitler parecía producir más intentos de apaciguamiento del gobierno británico del primer ministro Neville Chamberlain. Tan pronto entraron las tropas nazis en Austria, trajeron consigo a su Gestapo. Esta temida policía estatal les daba caza a los judíos, los socialistas más conocidos, los intelectuales y los católicos que se oponían a Hitler.[98] Uno de los que escapó de la Viena ahora gobernada por los nazis fue Sigmund Freud, padre del psicoanálisis.

Hitler acababa de someter a Austria y comenzó a amenazar a Checoslovaquia. El estado libre y democrático creado por los líderes aliados en Versalles contenía a una reducida minoría de habla alemana en la región limítrofe, llamada *Sudetenland*. Hitler había enviado dinero, armas y agitadores para levantar a estos «alemanes» de *Sudetenland* contra el gobierno checo con sede en Praga. Ahora, estaba exigiendo que los checoslovacos le cedieran *Sudetenland*. Si no lo hacían, habría guerra.

Hitler habló en una gigantesca reunión del partido nazi en Nuremberg e n 1938.* Demandó que los alemanes «civilizados» fueran liberados de la atrasada Checoslovaquia. El primer ministro de Francia, Edouard Daladier, y el ministro de asuntos exteriores, Georges Bonnet, se alarmaron. Volaron a Londres para pedirle a Chamberlain que se mantuviera firme contra esta nueva amenaza. Le explicaron que si Hitler también se quedaba con el *Sudetenland*, obtendría las formidables defensas de la frontera checa y la mundialmente famosa fábrica de armas Skoda. Su reunión en el número 10 de la Calle Downing, residencia oficial de todos los primeros ministros de Gran Bretaña, fue tormentosa.[99]

Chamberlain no se dejaría doblegar. No quería pensar siquiera en una guerra con Alemania. «Qué horrible, fantástico e increíble es que aquí tengamos que cavar trincheras y probarnos las máscaras antigases a causa de una pelea en un lejano país entre gente de la que nada sabemos».[100] Estaba decidido a hacerlo todo, *cualquier cosa*, con tal de evitar la guerra. En un gesto dramático, propuso reunirse con Hitler para hablar de la paz. Se trató de un gesto dramático porque jamás había volado y los viajes en avión todavía eran peligrosos. Sin embargo, voló a Munich para reunirse con Hitler; el dictador fascista de Italia, Benito Mussolini; y el premier de Francia, Daladier. El presidente de Checoslovaquia, Edouard Benes, ni siquiera fue invitado a la conferencia que decidiría el destino de su valiente y pequeño país.

Las democracias occidentales no se vieron apoyadas debido a la presencia de Mussolini en Munich. El dictador fascista de Italia siempre había aparentado ser más razonable y menos fanático que Hitler. No obstante, el tiempo demostraría que las promesas de Mussolini eran tan inservibles como las de Hitler.

Chamberlain acordó darle a Hitler lo que quería. Cuando regresó a Londres, le dijo a la entusiasta multitud que lo aguardaba en el aeropuerto que Gran Bretaña tendría «paz en nuestros tiempos». Se le otorgó el honor sin precedentes de aparecer en el balcón del Palacio de Buckingham con el rey Jorge VI y su esposa, la reina Isabel. Cientos de miles de ingleses que vitoreaban y lloraban de emoción aclamaron a Chamberlain por considerarlo el paladín de la paz.

Pocos fueron los que no estaban de acuerdo. Winston Churchill era uno de ellos. Logró captar la atención de la Cámara de los Comunes, que quedó muda ante sus palabras:

---

* Leni Riefenstahl, que había caído más o menos en desgracia desde su película sobre los Juegos Olímpicos porque no se avenía a las ideas racistas de los nazis, filmó esta reunión del partido en Nuremberg. Su película, *Der Triumph des Willins* [El triunfo de la voluntad] sigue siendo un clásico ejemplo de la propaganda efectiva. La misma muestra el enorme poder que desplegaban las nuevas técnicas de la cinematografía. Los nazis se deleitaron con el esfuerzo creativo de Leni.

No le guardo rencor alguno a nuestro pueblo, leal y valiente, dispuesto a cumplir con su deber a toda costa, que jamás cedió ante la tensión de la semana pasada. Tampoco le guardo rencor por el estallido espontáneo y natural de alegría y alivio al enterarse de que por el momento ya no tendrían que atravesar tiempos difíciles. No obstante, necesitan conocer la verdad.

Deben saber que ha existido deficiencia y abandono en nuestras defensas. Deben saber que han sufrido una derrota sin que haya habido una guerra ... deben saber que hemos pasado por un hito colosal en nuestra historia, cuando todo el equilibrio de Europa se descompuso, y que las terribles palabras se ... han pronunciado contra las democracias occidentales: «Han sido pesados en la balanza y se les halló insuficientes».[*]

Sin embargo, no debemos suponer que aquí termina todo. Esto es solo el principio de la rendición de cuentas. Es solo el primer sorbo, el anticipo de la amarga copa que se nos dará a beber año tras año, a menos que por una suprema recuperación de la salud moral y el vigor marcial nos levantemos de nuevo y nos paremos con firmeza en defensa de la libertad, como lo hacíamos antaño.[101]

A Churchill lo escucharon, pero no le hicieron caso. Hacía casi una década que ya no formaba parte del gabinete y para la mayoría de los ingleses pertenecía al pasado. Lo habían abucheado en el Parlamento cuando pidió tiempo para que el rey Eduardo VII tomara su decisión con respecto al casamiento con la divorciada estadounidense. También lo criticaron cuando se opuso a que la India se autogobernara. Ahora, pensaban que era un viejo promotor de la guerra, «un hombre de una era que ya pasó». Para muchos de los más serios en Gran Bretaña, nos dice el escritor John Lukacs, Churchill no merecía confianza debido a su temperamento inestable, su criterio poco sano, su exceso de retórica y alcohol.

Uno de los que desconfiaba de Churchill era Joe Kennedy, el embajador estadounidense. Habló el Día de Trafalgar durante una cena ofrecida por la Liga Naval en Londres. Este aniversario celebraba la victoria de Gran Bretaña sobre el tirano continental, Napoleón. Joe Kennedy aprovechó la ocasión para solicitar una mayor pacificación. «Hace mucho sostengo la teoría de que es improductivo que los países democráticos y con dictaduras ensanchen las divisiones que ahora

---

[*] Winston Churchill casi nunca iba a la iglesia, pero su potente retórica le debía mucho a la sonora cadencia de la versión King James de la Biblia. Esta frase conocida es de Daniel 5:27.

Charles A. Lindbergh. *«El águila solitaria». El joven Charles A. Lindbergh voló desde Roosevelt Field en Long Island hasta el aeródromo Le Bourget en París, en un vuelo trasatlántico sin escalas. Su vuelo en un avión de un solo motor, el «Espíritu de St. Louis» lo convirtió en héroe a ambos lados del Atlántico. Recibió tal adulación que no podía firmar un cheque ni enviar sus camisas a la lavandería, porque la gente quería quedarse con algo suyo como recuerdo.*

Lindbergh acompañado por unos nazis. *Lindbergh fue un auténtico pionero de la aviación. Sin embargo, diez años después de su histórico vuelo empezó a hacerse amigo de algunos nazis importantes en Alemania. Aquí lo vemos con el Mariscal de Campo Herman Goering, jefe de la fuerza aérea de Hitler. Lindbergh era un conocido aislacionista en la década de 1930, aunque su vuelo demostró que los Estados Unidos no podían mantenerse alejados de lo que sucediera en Europa.*

Jesse Owens. *Hitler se enojó con sus subordinados cuando le sugirieron que le diera la mano al gran corredor estadounidense Jesse Owens. Aun así, las multitudes alemanas vitorearon el triunfo de Owens, que ganó la medalla de oro en los Juegos Olímpicos de Berlín en 1936. El poder y la dignidad de Owens negaban lo que decía la propaganda racista de los nazis.*

El embajador Joseph P. Kennedy y su familia. *Joseph P. Kennedy había ganado millones en Wall Street y Hollywood. FDR lo eligió como embajador en Gran Bretaña en 1938. A medida que el cielo se oscurecía con los nubarrones de la guerra, Joe Kennedy se convirtió en un profeso defensor de la contemporización con los nazis de Hitler. Culpó a los consejeros de Roosevelt por la Segunda Guerra Mundial, acusándolos de comunistas y judíos.*

El rey Jorge VI, la reina Isabel y sus hijas. *El primer monarca británico en el trono que visitó los Estados Unidos. El rey Jorge VI y la reina Isabel (padres de la reina Isabel II) visitaron a los Roosevelt en Hyde Park. Allí FDR y Eleanor les sirvieron un almuerzo tipo picnic que constaba de salchichas con pan y guisantes. Desesperados por la ayuda de los Estados Unidos debido a que enfrentaban la creciente amenaza de la Alemania de Hitler, la realeza no se quejó del menú.*

existen entre ellos al hacer énfasis en las diferencias que hoy se hacen evidentes»,
señaló. «Simplemente no hay sentido, ni común ni de otra clase, en permitir que
estas diferencias se hagan más grandes y lleguen a convertirse en antagonismos
obstinados. Después de todo, tenemos que vivir todos juntos en el mismo mundo, nos guste o no».[102]

El discurso de Kennedy provocó una tormenta de controversia.[103] Contrade-
cía directamente el poderoso llamado del presidente a «poner en cuarentena a los
agresores». FDR respondió con calma que no puede haber paz si hay naciones que
usan la amenaza de la guerra como «instrumento deliberado de la política nacional».[104] No había dudas de que se refería a Hitler.

El embajador Kennedy no entendió al doble sentido, invitando de forma
ostentosa a Lindbergh a visitarlo en Londres. El mayor pacificador de los Estados Unidos encontró que las ideas de Joe Kennedy sobre la situación en Europa
eran «inteligentes e interesantes».[105] Ellas coincidían exactamente con las suyas. La
esposa de Lindbergh describió a Kennedy como «un terrier irlandés que menea la
cola».[106] El secretario de prensa de FDR, Steve Early, sabía que Kennedy tenía el ojo
puesto en la nominación como candidato presidencial demócrata para la elección
de 1940: «Joe quiere presentarse como candidato a presidente y está negociando
detrás de las espaldas del Jefe en la embajada de Londres».[107]

Después de la conferencia de Munich, el irreprimible Kennedy se cruzó con
el diplomático checo Jan Masaryk en Londres: «¿No es *maravilloso*?», le preguntó
Kennedy al apesadumbrado hombre. «¡Ahora sí puedo ir a Palm Beach después
de todo!».[108]* No obstante, Kennedy les comentó a sus amigos: «En mi vida podré
entender por qué alguien querría ir a la guerra para salvar a los checos».[109]

Para el acaudalado y socialmente importante empresario devenido en diplomático era fácil compartir el mundo con los nazis. En primer lugar, no era judío.
A semanas nada más del discurso de Kennedy, los nazis de Hitler arrasaron con
Alemania. Hitler había medido bien a los líderes de Gran Bretaña y Francia en
Munich. Sabía que no tenía nada que temer de ellos. El 9 de noviembre de 1938,
sus matones nazis rompieron las vidrieras de los negocios de judíos, saqueando la
mercadería, quemando sinagogas, golpeando a judíos inocentes y aterrorizando a
otros. La *Kristallnacht* o «noche de los cristales rotos» fue un escalofriante anuncio de que el Tercer Reich sería brutal contra todo judío que estuviera a su alcance, desafiando la opinión del mundo. La hostilidad comenzó a difundirse hacia

---

* Esto era una referencia a la casa de vacaciones de la familia Kennedy en la elegante comunidad de
Florida. La familia sigue siendo dueña de esta propiedad.

los simpatizantes de los judíos: los nazis maltrataron al Cardenal von Faulhaber y rompieron las ventanas de su estudio de Munich con la intención de reducirlo al silencio después de este susto.*

Joe Kennedy respondió no con furia contra los nazis, sino con un plan para reubicar a todos los judíos de Alemania en África y América latina. Tan impresionada estaba la revista *Life* con las ideas del embajador, que en su editorial publicó que si el Plan Kennedy tenía éxito, «añadiría un nuevo lustre a una reputación que bien puede llevar a Joseph Patrick Kennedy a la Casa Blanca».[110]

Sin embargo, no sería así. El choque directo de Kennedy con el presidente y su ansiedad por apaciguar a Hitler puso fin a sus esperanzas de ser nominado como candidato presidencial por los demócratas. También puso fin a su carrera pública. A FDR no le sorprendió. Le había dado al astuto político de Boston «bastante soga», y en privado afirmaba que «no le molestaba en lo absoluto el resultado final».[111]

VI. La reconstrucción de los Estados Unidos

En la década de 1930, los estadounidenses preferían ocuparse de proyectos más cercanos a casa.

La imaginación pública quedó cautiva cuando se dinamitaron miles de toneladas de roca en el Monte Rushmore de Dakota del sur. El escultor danés-estadounidense Gutzon Borglum había estudiado con el gran artista francés Auguste Rodin.[112] Tenía la visión de crear un gigantesco monumento a los más grandes líderes de la nación: Washington, Jefferson, Lincoln y Theodore Roosevelt. Eligió la ubicación y declaró: «La historia de los Estados Unidos desfilará a lo largo de este horizonte».[113]

Esta monumental obra reafirmaba la confianza de los estadounidenses en sí mismos y en el llamado a la democracia en un mundo cada vez más amenazado por los dictadores sangrientos. Los mineros que al principio vieron el proyecto como una obra más enseguida se contagiaron con el espíritu del monumento. Aun décadas después, un perforador, el «Feliz» Anderson, decía con orgullo: «Yo puse el rizo en la barba de Lincoln, la parte del cabello de Teddy y el brillo en los ojos de Washington. Todavía me lleno de entusiasmo con solo verlo».[114]

---

* El cardenal von Faulhaber tenía un historial ambiguo. Solía apoyar al gobierno de Hitler en ocasiones, pero protestaba a voz en cuello contra el programa de eutanasia de los nazis. Después de la guerra, fue él quien ordenó a Joseph Ratzinger, futuro Papa Benedicto XVI, como sacerdote.

El elegante edificio del Empire State en Nueva York fue creación e idea de Al Smith luego de su fallida contienda presidencial. El mismo coronó el horizonte de la Gran Manzana como el edificio más alto del mundo, hasta que en 1972 lo sobrepasaron las torres gemelas del World Trade Center [Centro Mundial de Comercio].[115]

En California, los votantes de la era de la Depresión mostraban su confianza en el futuro al autorizar la emisión de bonos para la construcción del elegante Puente Golden Gate. Los ingenieros que lo construían enfatizaban la importancia de la seguridad, usando «cascos» y gafas de protección por primera vez. Así como las políticas de FDR estaban creando una «red de seguridad» para los trabajadores estadounidenses del mundo entero, del mismo modo los obreros del Puente Golden Gate tenían una red de seguridad que les protegía de las ráfagas de viento y los mareos causados por la altura. Diecinueve hombres que salvaron sus vidas al caer en la red formaron un grupo al que le llamaban en broma el «club de los que estuvieron a medio camino hacia el infierno».[116]

El gobierno federal también contribuyó al espíritu de cemento y concreto de la década. La presa Grand Coulee del estado de Washington y la Autoridad del Valle del Tennessee son dos ejemplos de los proyectos de la era de la Depresión que cambiaron el paisaje de los Estados Unidos y también llevaron energía hidroeléctrica a las comunidades rurales. La electrificación rural tuvo enormes consecuencias sociales, económicas y políticas. El aislamiento cultural de los habitantes de las áreas rurales terminó cuando la electricidad les dio la posibilidad de escuchar la radio. Electrificar el campo posibilitó un enorme desarrollo de la producción agrícola. Desde el punto de vista político, y por cierto FDR lo sabía, la electrificación rural hizo que millones de agricultores apoyaran el Nuevo Acuerdo.

Vale la pena señalar que el Canal Belomor de Stalin, construido con mano de obra esclava en la Unión Soviética, costó las vidas de decenas de miles de personas y poco después se secó, quedando inutilizable. El hercúleo proyecto de Hitler, la Cancillería del Reich, quedó destruido durante la Segunda Guerra Mundial. Sus grotescos planes de construir *sportspalasts* (gigantescos estadios deportivos) y ciudades totalmente nuevas jamás pasaron de la mesa de proyectos. La arquitectura «gótica estalinista» desfiguró muchos paisajes urbanos de la Europa oriental que siguen afeando las ciudades. Hitler exhibía con orgullo la obra de su arquitecto favorito, Albert Speer. El gran pabellón alemán en la Exposición Mundial de París de 1937 era una torre de piedra y luz, coronada por un águila nazi. Esta estructura imponente e inhumana se veía «como un crematorio y su chimenea», según las palabras de un profético crítico.[117] Las visiones arquitectónicas de Stalin y Hitler eran monumentos horribles a la falta de corazón y alma de sus autores.

En los años treinta los estadounidenses también se regodeaban en los deportes. Joe Louis tuvo una pelea de revancha con Max Schmeling en 1938. Esta vez la ideología nazi no pudo hacer alarde de otro triunfo germánico sobre el Bombardero Moreno. Jimmy Carter recordaba la reacción de los agricultores arrendatarios pobres de la plantación de maní de su padre en la Georgia rural. Al habérseles dado permiso para reunirse en el zaguán del frente de la casa del padre de Carter, los fanáticos negros escuchaban la radio y seguían el informe de la resonante victoria de Joe Louis. Luego le agradecieron con toda educación al «Sr. Earl Carter» y volvieron en silencio a sus modestas casillas. Sin embargo, según recordaba Jimmy, proveniente de ellas se podía oír una explosión de gritos de alegría y frases como «Bendito sea el Señor» que recordaría toda su vida.[118]

El miedo a la guerra hacía que los estadounidenses se sintieran vulnerables ante cualquier tipo de amenaza. La noche antes de Halloween en 1938, el talentoso y joven Orson Welles produjo puna adaptación para la radio del clásico de ciencia ficción escrito por H. G. Wells, *La guerra de los mundos*. La dramatización incluía música e informes amenazantes que sonaban muy realistas, precedidos por la frase: «Interrumpimos esta transmisión...». El conductor de radio informó que había caído un meteorito del planeta Marte, cerca de Princeton, Nueva Jersey, y que habían muerto mil quinientas personas. Luego se anunció que un «cilindro» se había abierto y de él salían criaturas extraterrestres, armadas con «rayos de muerte».[119] El pánico se apoderó de muchas personas, demostrando hasta qué punto los estadounidenses confiaban en la radio como medio de comunicación. La Red Radiodifusora de Columbia (Columbia Broadcasting System o CBS) y el Teatro Mercury de Orson Wells sufrieron la amenaza de millones de demandas legales, aunque ninguna se concretó. Sin embargo, la noticia de los marcianos tuvo un lado gracioso. Un obrero muy pobre y ansioso le escribió a Orson Welles:

Cuando aterrizaron esas cosas, pensé que lo mejor era irse, de modo que saqué de mis ahorros tres dólares y veinticinco centavos y compré un boleto. Después de haber recorrido casi cien kilómetros, escuché que se trataba de una obra de teatro. Ahora no tengo dinero para comprar los zapatos para los que estaba ahorrando. Así que por favor, haga que alguien me mande un par de zapatos negros tamaño 9B.[120]

No había transcurrido un año de ese episodio cuando la cadena de radio CBS y todos los demás medios de comunicación de los Estados Unidos informaban sobre invasiones, destrucción y muerte a escalas inauditas. Los invasores no eran extraterrestres venidos del espacio, pero el terror que esparcían era igual de horrible.

Mientras tanto, los estadounidenses tenían bastante de qué ocuparse en su país. El Nuevo Acuerdo había perdido impulso y se avecinaba una recesión. Transcurría el año 1937 y Roosevelt podía afirmar que había alcanzado grandes logros en materia de legislación. La Ley del Seguro Social de 1935 cambió la sociedad y la política de los Estados Unidos por generaciones. La Ley Wagner se considera la Carta Magna de los trabajadores organizados. Sin embargo, los estadounidenses son personas orientadas a los resultados. Y cuando FDR debió enfrentarse a los miembros de su propio partido en las elecciones de 1938, su intento de castigar a los demócratas conservadores que se oponían al Nuevo Acuerdo tampoco tuvo éxito.

A pesar de todo, FDR dominaba el paisaje político. Y lo hizo con la fuerza de su personalidad. Fue, como observa uno de sus biógrafos en el subtítulo de su libro, «el león y el zorro» a la vez. En *El Príncipe*, la obra clásica de Niccoló Machiavello que data de 1513, el autor señala que el príncipe tiene que saber cómo ser un león y un zorro también. Es decir, que tiene que ser fuerte e inteligente al mismo tiempo. Franklin D. Roosevelt, que tanto revuelto causara entre sus críticos, demostró que sabía ser ambas cosas.

Capítulo 4:

LA CITA DE LOS ESTADOS UNIDOS CON EL DESTINO

(1939-1941)

Cuando FDR le pidió al pueblo estadounidense que lo reeligiera en 1936, le dijo que tenían «una cita con el destino». Fue una de sus frases más memorables. Millones de personas entonces conocían el poema del joven Alan Seeger, un estadounidense que había muerto peleando por Francia en la Batalla del Somme en 1916. Se llamaba «Tengo una cita con la muerte». Roosevelt, con su típico optimismo, le dio al breve y triste poema de Seeger un giro a favor de la vida: «una cita con el destino». Al principio de esta década tumultuosa los estadounidenses estaban muy ocupados solo con pagar sus cuentas, alimentarse y vestirse. Europa, Asia y todos sus interminables conflictos parecían estar muy lejos. Sin embargo, en la década de los años treinta, el tiempo y la distancia parecieron acortarse. Los medios de comunicación llevaban a la sala de estar de los hogares el ruido de los bombarderos submarinos y los disparos contra los aviones. En el cine, el noticiero semanal que precedía a las películas mostraba la marcha de los ejércitos. Ahora, los miles de kilómetros de océano ya no parecían tan vastos. Y a partir de 1939, las cosas fueron dándose mucho más rápido. Hubo muchos que hasta creyeron oír el galopar de los Cuatro Jinetes del Apocalipsis. Jamás había tenido lugar una guerra tan terrible. Jamás tal destrucción había caído desde el cielo, agitado el mar, o estremecido la tierra con tal ferocidad. En medio de todo ello, Franklin D. Roosevelt jamás se mostró dubitativo o inestable. Nunca demostró confusión o duda. Su convocatoria

pública estaba llena de confianza y optimismo, justo lo que más alteraba a
sus críticos. «Ese hombre de la Casa Blanca», murmuraban sin pronunciar a
veces su nombre siquiera. No obstante, ese hombre estaba decidido a dominar
los sucesos en lugar de permitir que ellos lo dominaran a él.

I. El hombre del año

En los inicios de 1939, la revista *Time* asombró al mundo al nombrar a Adolfo Hitler como el «Hombre del Año» de 1938.[1] Los editores de la popular publicación semanal se apresuraban a recordarles a los lectores que haberlo elegido no significaba que aprobaran al dictador nazi. Afirmarían una y otra vez en las décadas siguientes que el «Hombre del Año» (que más tarde se cambió por la «Persona del Año») era una designación que solo implicaba que esta persona, más que cualquier otra, había tenido una influencia sobre los acontecimientos, para bien o para mal.

Hitler les había asegurado a Chamberlain y Daladier en Munich que «ya no tenía exigencias territoriales en Europa». Con el consentimiento de las democracias, le había arrancado el Sudetenland de habla germana a la herida Checoslovaquia. Los occidentales, nerviosos, esperaban que a Hitler le llevara tiempo absorber esta última conquista, casi desprovista de enfrentamientos y sangre. Sin embargo, el cruel y agresivo nazi no dio señal alguna de reducir la velocidad de su marcha. En 1938, Hitler había ampliado el territorio de Alemania de 482.000 km2 a 582.000 km2, con el consecuente incremento en el número de habitantes de sesenta y ocho a setenta y nueve millones.[2]

No importa cuál fuera la lógica de los editores de *Time*, el hecho es que le otorgaron a Hitler un enorme impulso con tal propaganda. Seguramente conocían de su brutal campaña de muerte e intimidación contra los judíos. Se sabía también que los nazis presionaban a los padres para que sacaran a sus hijos de los grupos de iglesias católicas y luteranas a fin de que pusieran a sus pequeños y jóvenes bajo el control de la HJ: *Hitler Jugend*. Esta Juventud Hitleriana era una organización del estado que adoctrinaba a los jóvenes de Alemania y demás territorios ocupados con creencias anticristianas. Los líderes de la HJ acusaban al Papa de ser «mitad judío».[3] «O se es nazi o se es un cristiano comprometido», les dijo un orador a la Liga Nazi de Estudiantes. «Debemos repudiar el Antiguo y el Nuevo Testamentos porque para nosotros solo la idea nazi es decisiva. Para nosotros hay solo un ejemplo: Adolfo Hitler y nadie más».[4] Lamentablemente, millones de alemanes se dejaron convencer por esta enseñanza.

A medida que se ampliaban los límites de Alemania, también el alcance de Hitler llegaba cada vez más lejos. La asistencia militar de Hitler fue la que llevó al generalísimo fascista de España, Francisco Franco, a la victoria en la Guerra Civil Española. Josef Stalin respaldaba a los republicanos antifascistas, y también lo hacían muchos de los izquierdistas estadounidenses. Centenares de jóvenes comunistas estadounidenses y sus «compañeros de viaje» se presentaron como voluntarios para luchar contra el fascismo, conformando lo que se llamó la Brigada de Abraham Lincoln.

Sin embargo, los Estados Unidos estaban obligados bajo los términos de la Ley de Neutralidad a mantenerse alejados de esa guerra civil, que duró tres años. Gran Bretaña y Francia también trataron de mantenerse fuera del conflicto. Con ello, quedaron Alemania, Italia y la Unión Soviética peleando por medio de poderes. Escritores como el británico George Orwell y el estadounidense Ernest Hemingway se sintieron atraídos a la causa republicana y luego volcarían sus experiencias en clásicos como *Homenaje a Cataluña* y *Por quién doblan las campanas.* El artista español Pablo Picasso inmortalizó el primer ataque aéreo sobre blancos civiles con su pintura *Guernica.* Picasso se identificaría con las causas comunistas durante toda su vida. De modo irónico, Stalin procedería a efectuar en la URSS una «purga» de miles de artistas e intelectuales, además de mandar a ejecutar a la mayoría de sus antiguos camaradas bolcheviques. Stalin fue en especial brutal contra los militares soviéticos. En dos años (1936-1938), ordenó la ejecución o el encarcelamiento de 39.157 de sus oficiales militares.[*]

En marzo de 1939, Hitler rompió el acuerdo que había firmado en el mes de septiembre del año anterior. Era el documento que el primer ministro Chamberlain había mostrado con tanto orgullo en su conferencia de prensa al llegar al aeropuerto, el famoso escrito con «el nombre del Sr. Hitler, de puño y letra». El 15 de marzo, durante los idus de marzo, Hitler invadió Praga. Los checoslovacos, ya tan vapuleados, no se hallaban en condiciones de oponer resistencia. Hitler ahora no disimulaba argumentando la intención de «liberar» a los alemanes. Los checoslovacos eran eslavos. «Vergonzosamente abandonados», como diría Churchill, habían puesto su confianza en las democracias que les habían prometido apoyo,

---

[*] Como la cárcel bajo tales circunstancias por lo general significaba la muerte, es curioso que Stalin se ocupara de definir una categoría diferente para aquellos que enviaba a prisión.

pero fueron traicionados por ellas. El avance del fascismo parecía imparable. En abril, Franco triunfó en España.

Presionado por los miembros de su partido conservador, entonces en el gobierno, Chamberlain finalmente respondió a la agresión de Hitler ofreciéndole garantías a Polonia. Gran Bretaña respaldaría a la amenazada nación declarando la guerra contra Alemania si Hitler atacaba. No obstante, esta apariencia de firmeza no quería decir que Chamberlain hubiera renunciado a su política de contemporización. ¡Por el contrario, le pidió al embajador estadounidense Joseph Kennedy que interviniera ante el presidente Roosevelt con el propósito de lograr que FDR presionara en secreto a los polacos para que hicieran concesiones a Alemania! Frustrado, FDR le pidió a su embajador que «pusiera algo de hierro en las espaldas de Chamberlain».[5] Kennedy respondió que los británicos no tenían hierro con el cual pelear.[6]

Al mes siguiente, FDR dio el primer discurso que se emitió por el nuevo invento: la televisión. El mismo tuvo lugar durante la apertura de la Feria Mundial de Nueva York, el 30 de abril de 1939. Roosevelt aprovechó la ocasión para celebrar el ciento cincuenta aniversario de la primera investidura presidencial de George Washington. Habló de «la vitalidad de la democracia y las instituciones democráticas». «Sí, nuestro carro sigue atado a una estrella», indicó. «Pero es una estrella de amistad, progreso para la humanidad, más felicidad y menos dificultades, una estrella de buena voluntad internacional y por sobre todo, la estrella de la paz».[7] Con estas palabras el científico más famoso del mundo, Albert Einstein, operó un interruptor con el fin de iluminar una fuente de agua y encender los reflectores. De este modo, la feria quedó inaugurada.[8]

Dos de los más famosos visitantes de la exposición ese año fueron el rey Jorge VI y su vivaz y decidida esposa, la reina Isabel. Jamás habían pensado que ocuparían los centenarios tronos de Inglaterra, pero con la abdicación de Eduardo VIII luego de negarse a dejar a su novia estadounidense, fue su hermano menor el que debió vencer su tartamudez y cumplir con sus obligaciones.

FDR planificó cada detalle de esta primera visita de los monarcas británicos a los Estados Unidos.[9] Haciendo caso omiso de Joe Kennedy, embajador en Londres, el presidente prefirió trabajar a través de William C. Bullitt, su embajador en París, para organizar este suceso histórico.[10] FDR vio esta visita en muchos aspectos como una respuesta a los estadounidenses de la clase alta que lo consideraban «un traidor a su clase». La actitud de estas personas se expresaría en son de broma en una caricatura del *New Yorker*, la cual mostraba a los ricos saliendo del cine y yendo a cenar con otros de su clase mientras decían: «Vamos, vayamos al Trans-Lux para abuchear a Roosevelt».

Ahora FDR tenía la oportunidad de ser el anfitrión de la más alta sociedad: el rey y la reina. FDR saludó con grandiosidad a la pareja real en su casa de Hyde Park. Apenas los monarcas se vistieron para la cena, FDR apareció con una jarra de martinis que había preparado él mismo. «Mi madre piensa que debo servirles una taza de té. No cree que los cócteles sean adecuados», dijo el presidente. A lo que el rey respondió tomando el martini: «La mía piensa lo mismo».[11] ¡Solo hay que imaginar el horror de aquellos que criticaban a Roosevelt cuando se enteraron de que FDR y Eleanor les ofrecieron a los reyes un almuerzo estilo picnic en Hyde Park, que constaba de salchichas con pan y guisantes![12]

Claro que no todo se remitió a lo social. FDR mantuvo una larga charla nocturna con el joven rey y el primer ministro canadiense, MacKenzie King, sobre el inminente y creciente peligro de la guerra.* Finalmente, FDR le dio un golpecito al rey en la rodilla y señaló: «Jovencito, es hora de que vaya a dormir».[13] Nadie pareció notar que FDR acababa de romper uno de los tabúes más antiguos con relación a los miembros de la monarquía británica: ningún ciudadano que no fuera de la realeza podía tocarlos. Ante la terrible idea de la guerra, y la quizá más terrible posibilidad de invasión por parte de la Alemania de Hitler, quizá el joven monarca se alegró de que Roosevelt tuviera tal trato con él.

La visita real envió un mensaje vital sobre la unidad anglo-estadounidense en un momento en que el mundo parecía ir cuesta abajo hacia una guerra más. Para millones de estadounidenses, las democracias de Europa eran débiles y decadentes, mientras que las dictaduras resultaban fuertes y peligrosas. Mejor sería mantenerse alejados de todo ese tema. Para los cuatrocientos ochenta mil miembros de la *Bund* [Unión] germano-estadounidense, esta postura parecía en especial atractiva. Fritz Kuhn lideró de forma descarada a veintidós mil miembros de su grupo pro-nazi durante una manifestación en el Madison Square Garden de Manhattan. Sobre la imagen de George Washington había una enorme bandera estadounidense, pero los manifestantes reunidos llevaban bandas con la esvástica alrededor de sus brazos y hacían el saludo de «Heil Hitler».[14] No fue una reunión tan masiva como otras que se realizaron en el Madison Square Garden. No obstante, como en

---

* Los reporteros estadounidenses desaprobaban al famosamente callado primer ministro canadiense. El veterano periodista David Brinkley escribió que habían inventado una frase de lo más irrespetuosa: «William Lyon MacKenzie King jamás nos dice una maldita palabra».

Nueva York había gran cantidad de judíos, católicos, polacos, europeos del este y estadounidenses negros, fue un acto increíblemente provocador.

Charles A. Lindbergh no pertenecía a la *Bund*. Aun así, estaba decidido a mantener a los Estados Unidos alejado de los problemas de Europa. Se unió con otros para formar «El Comité para Defender Primero a Estados Unidos». Había regresado al país tras sus tres años de exilio voluntario en Gran Bretaña, siendo al mismo tiempo el más famoso defensor del aislacionismo de su país y tal vez el más polémico: visitó la Alemania de Hitler al menos seis veces mientras residía en Gran Bretaña. Incluso había recibido una medalla nazi de parte de Hermann Goering, jefe de la Luftwaffe, la fuerza aérea alemana. «Si peleamos [contra Alemania]», había dicho Lindbergh, «nuestros países no solo perderán a sus mejores hombres. Además, no ganaremos nada ... Esto no puede suceder».[15] Al igual que al embajador Kennedy, a Lindbergh le había resultado muy simpático y atractivo el Grupo Cliveden y les había aconsejado a sus anfitriones ingleses que no se resistieran a Alemania, sino que formaran una alianza con Hitler. En una de las fiestas de Lady Astor a la que habían asistido Joe Kennedy y el embajador estadounidense en Francia, William C. Bullitt, Lindbergh «dejó atónitos a todos al describir el poderío de Alemania».[16] Ya de regreso en los Estados Unidos, Lindbergh se dedicó a oponerse a los planes del presidente Roosevelt.

Mientras tanto, había otros que intentaban también influir en los planes de Roosevelt. Leo Szilard y Eugene Wigner eran científicos atómicos. Ellos huyeron de Alemania cuando los nazis demostraron tener poder. Ahora, en el verano de 1939 estaban en Estados Unidos tratando de encontrar a Albert Einstein,[17] que había alquilado una cabaña de verano en Peconic, Long Island, donde le gustaba navegar. Wigner y Szilard, que no conocían los caminos ni los nombres de las ciudades, se habían perdido. Confundieron Patchogue, en la orilla sur, con Cutchogue, sobre la Bifurcación Norte de Long Island. Como no pudieron encontrar la cabaña de Einstein, Szilard y Wigner casi desistieron, pero finalmente Szilard sacó la cabeza por la ventana de su auto y le preguntó a un niño: «¿Sabes dónde vive el profesor Einstein?». El pequeño de ocho años los guió hasta la cabaña de Einstein.[18] Allí, los dos convencieron al científico de que le enviara una carta al presidente Roosevelt.[19]

Casi cometen un desastroso error cuando pensaron pedirle a Charles Lindbergh que fuera el mensajero que entregara la carta de Einstein en la Casa Blanca.[20] Ingenuos en términos de la política, todavía no se habían dado cuenta de que Lindbergh no simpatizaba con su causa. Eligieron a Alexander Sachs como mensajero, un hombre que tenía amistad con FDR.

La carta de Einstein le explicaba al presidente que la fisión nuclear crearía una reacción en cadena que liberaría enormes cantidades de calor y radioactividad. Se podía crear una bomba utilizando uranio, explicaba Einstein. Y además, se sabía que los *alemanes* estaban trabajando en la fisión atómica.[21] Einstein conocía a los más importantes científicos alemanes. Hasta el momento en que Hitler se instaló en el poder había sido un respetado miembro de la comunidad intelectual germano-suiza. Sin embargo, como era judío, Einstein no sería aceptado en la nueva Alemania que Hitler estaba construyendo.

El mensajero Alexander Sachs le entregó a FDR la carta de Einstein. Él la leyó, y descartando toda la jerga científica, le dijo a Sachs: «Alex, lo que buscas es que los nazis no nos hagan explotar».

«Precisamente», respondió Sachs.[22]

Con esto, FDR convocó al general Edwin «Pa» Watson, su secretario de citas y hombre de confianza. «Pa, tenemos que actuar».[23] Esas pocas palabras dieron inicio al mayor proyecto secreto en cuestión de armas: la carrera por construir una bomba atómica.

II. Los Estados Unidos camino a la guerra

El mundo despertó estremecido el 24 de agosto de 1939. Desde Moscú y Berlín llegaba la noticia de la firma del Pacto de No Agresión entre los nazis y los soviéticos. Después del acuerdo de Munich el año anterior, Stalin había decidido proteger a la URSS y llegar a un acuerdo con su enemigo declarado, Hitler. Para facilitar esta transición, Stalin despidió a su ministro de asuntos exteriores, Maxim Litvinov, que era judío. Lo reemplazó por Vyacheslav Molotov. El nombre de Molotov significa «martillo», y la firma de este pacto con los nazis golpeó a las democracias de occidente con la fuerza de tal herramienta. Ahora Hitler tendría libertad para entrar en guerra con occidente sin miedo a la guerra en dos frentes, lo más temido por los líderes alemanes.

Hitler no perdió tiempo. Exigió que los polacos accedieran a todas sus exigencias en cuanto a la Ciudad Libre de Danzig (hoy Gdansk).* Quería tener acceso al Corredor Polaco. Ya había apostado y ganado en otras oportunidades: como en Renania, el *anschluss* con Austria, Sudetenland y la invasión de Checoslovaquia.

---

* Esta «Ciudad Libre», en realidad una ciudad-estado, se estableció mediante el Tratado de Versalles. La mayor parte de la población hablaba alemán.

No pensó ni por un momento en las garantías de Chamberlain. Estaba convencido de que Gran Bretaña y las decadentes democracias volverían a agachar la cabeza.

Como advertencia a las democracias que osaran tratar de detenerlo, Hitler amenazó con destruir sus ciudades y ejércitos. Y lo más terrible fue que afirmó que si «los judíos del mundo» sumían al planeta en otra gran guerra, los judíos de Europa serían aniquilados. El gran historiador diplomático británico Sir John Wheeler-Bennet no descartó las palabras de Hitler. «Excepto en aquellos casos en que ha dado su palabra, Hitler siempre dice lo que piensa hacer», señaló Wheeler-Bennet.[24]

El ataque de Hitler contra Polonia dejó sin habla a los pueblos libres de Europa. Después de cuatro años de fratricidio sangriento en las trincheras de la Gran Guerra, no podían imaginar que Hitler de veras quisiera otra conflagración.[25]

Hitler ya se había formado una opinión de los líderes democráticos al estudiar con cuidado sus debilidades y reunirse cara a cara con ellos en Munich en 1938. Podía ver que la acción rápida y decisiva los tomaría por sorpresa y serían incapaces de responder. Y Hitler era un genio para las acciones rápidas y decisivas. Lo había demostrado ya en 1934 cuando atacó una reunión de los hombres de las *Sturmabteilung* (SA) o «camisas pardas» en Munich, los cuales habían ayudado a Hitler a llegar al poder. Él en persona arrestó a su líder, Ernest Röhm, un nazi radical, perturbador callejero y homosexual declarado que representaba un peligro potencial para el poder de Hitler. Hitler avanzó con gran ostentación de poder por los pasillos y salones del hotel de Munich donde se hallaban reunidos y atrapó a algunos de los líderes más importantes de las SA en la cama con muchachos.[26] Mandó a fusilar a Röhm y aprovechó la confusión de «La noche de los cuchillos largos» para asesinar a cuatrocientos opositores a su régimen, incluyendo a los conservadores más conspicuos. Uno de los asesinados representó una advertencia para los demás: Erich Klausener, líder del grupo de Acción Católica.[27] Hitler atacó a Röhm y los otros en la noche del sábado y se percató de que la táctica sería efectiva en otra oportunidad. Cuando marchó para invadir Renania en 1936 y Austria el 12 de marzo de 1938, también lo hizo en noches de sábado. Hitler sabía que a los estadistas británicos les gustaba pasar los fines de semana en el campo, por lo que les dijo a los suyos que «operaran o actuaran rápido ... ya que esto presentaría dificultades para los sistemáticos franceses y los pesados y tediosos ingleses».[28]

El 1 de septiembre de 1939, las divisiones acorazadas de la *Werhmacht* de Hitler traspasaron las fronteras de Polonia mientras su Luftwaffe bombardeaba blancos civiles y militares desde el aire. Las fuerzas de Hitler no mostraron misericordia con los hospitales, las escuelas o las iglesias. Libró una guerra de terror, concebida para destruir la voluntad de resistencia de su enemigo. Se trataba de la *Blitzkrieg* o guerra relámpago.

Polonia logró resistir solo durante un mes. Sobrecogido y vencido, el ejército polaco luchó con valentía, muchas veces a caballo. Las películas de la propaganda alemana enfatizaban el contraste que ofrecía la caballería polaca, que nada podía hacer contra los tanques *Panzer*.*

El primer ministro Chamberlain, enfrentando la ruina de todo aquello por lo que había trabajado, declaró a regañadientes la guerra contra Alemania, aunque se tomó tres días para hacerlo. Al final del lúgubre y tan falto de espíritu anuncio de Chamberlain por la BBC (British Broadcasting Company), las sirenas de Londres comenzaron a sonar, anunciando un ataque aéreo. Armado de una botella de brandy, Winston Churchill acompañó a su esposa, Clementine, al refugio antiaéreo.[29] Sabiendo que necesitaría más apoyo en la Cámara de los Comunes, Chamberlain invitó a su más acérrimo crítico, Winston Churchill, a ser una vez más Primer Lord del Almirantazgo. El 3 de septiembre de 1939, la Junta de Almirantes envió señales a sus barcos, dispersos por el mundo: «Winston ha vuelto».[30]

Una semana más tarde, FDR le escribiría una carta personal a Churchill. Se había tomado el trabajo de «aclarar» la comunicación con el primer ministro Chamberlain, explicaba. Sin embargo, deseaba escribirle directamente al hombre que comandaría a la armada más grande del mundo. Desde ese momento, Chamberlain quedaría «fuera del juego», al igual que el embajador Joseph P. Kennedy. FDR quería llevar adelante sus acciones diplomáticas con su colega «naval de tiempos pasados».

La agonía de Polonia era aterradora. El adolescente Karol Wojtyla y su enfermo padre se unieron a millones de refugiados que huían de los bombardeos de los *stukas* nazis. No obstante, los detuvo una noticia todavía más terrible: los soviéticos habían invadido Polonia desde el este. Bajo el bárbaro dominio del gobernador nazi, el general Hans Frank, los polacos eran ejecutados por las transgresiones más simples, como no apartarse cuando pasaba un soldado alemán.[31] El joven Karol, futuro Papa Juan Pablo II, regresó a su casa para soportar los rigores de la ocupación nazi.

---

* Tres años después, los soviéticos usarían a la caballería contra los alemanes con un efecto devastador. Sus rápidos caballos podían atacar allí donde los tanques Panzer quedaban atascados debido a las temperaturas de -45°C del terrible invierno ruso.

Polonia quedó dividida y destruida en tan solo un mes. Los soviéticos atacaron desde el este y los nazis desde el oeste. Con el colapso de Polonia, una cortina de silencio descendió sobre esta antigua tierra. El dominio de la muerte y la represión apenas se reportaba en la prensa occidental. Stalin ordenó la masacre de tres mil quinientos oficiales polacos capturados en el bosque de Katyn[32], pero occidente no se enteró de ello hasta tiempo después de terminada la guerra.

En occidente, Gran Bretaña y Francia establecieron «una guerra falsa», un conflicto que no se vio marcado por acción alguna. Los franceses confiaban mayormente en una hilera de fuertes muy modernos, conocidos como la Línea Maginot. Después del sufrimiento y el sangriento enfrentamiento de la Primera Guerra Mundial, su mentalidad era la de defenderse.[33] No pensaron siquiera en invadir Alemania por su frontera oeste, apenas vigilada. Los periodistas se burlaban de este tipo de guerra, llamándola *sitzkrieg* o guerra sentada.

Los estadounidenses, decían las encuestas, se oponían decididamente a tomar parte en una nueva guerra en Europa. El senador William E. Borah, un republicano de Idaho, lideraba a los aislacionistas. Cuando los alemanes atacaron Polonia, Borah les dijo a los periodistas: «¡Pero por favor! Si me hubieran dejado hablar con Hitler todo esto se podría haber evitado».[34]

La década de 1930 llegaba a su fin y *Lo que el viento se llevó* les recordó a millones de personas lo que costaba la guerra en términos de muerte y destrucción. La gran obra épica de Hollywood sobre la Guerra Civil se estrenó en Atlanta, y el ídolo de la matiné estadounidense, Clark Gable, protagonizó la película con dos estrellas británicas, Leslie Howard y Vivien Leigh. Dos de los actores más memorables no asistieron al estreno: Hattie McDaniel («Mammy») y Butterfly McQueen no fueron invitados.[35]

El presidente Roosevelt se enfrentaba a una decisión de peso al inicio de 1940. Si desafiaba la tradición de «dos términos» establecida por George Washington y perdía la elección, toda su actuación se vería manchada por la derrota. Ulysses S. Grant lo intentó y no logró un tercer mandato, lo mismo que el primo Theodore. Sin embargo, tales intentos habían sucedido después de un término fuera del poder. FDR recorrería un terreno nuevo si accedía a ser candidato.

Millones de estadounidenses seguramente estaban de acuerdo con Joe Kennedy, que consideraba que la guerra era un desastre. «La democracia, tal como la concebimos en los Estados Unidos, no existirá en Inglaterra y en Francia después de la guerra», advirtió.[36] En su país, sus mensajes se volvían cada vez más derrotistas.

Gran Bretaña solo peleaba por defender su Imperio, acusaba Kennedy, y no tenían siquiera «la oportunidad de un chino» de prevalecer contra Alemania y sus socios del Eje.[37] Incluso expresó su opinión negativa durante una importante cena en la embajada. Al parecer, disfrutaba de retorcerle la cola al león al expresar su opinión de que en la nueva guerra Gran Bretaña quedaría derrotada.[38]

Las ominosas predicciones de Kennedy parecían cumplirse esa primavera, porque con el deshielo la acción llegó a Noruega. El primer ministro Chamberlain hacía alarde de que Inglaterra podría vencer a Hitler en la búsqueda de un aliado en el norte, señalando que «Hitler había perdido el tren». Este comentario, tan alejado de la realidad y proveniente de un líder contrario a la guerra, demostró ser un *error* espectacular. Hitler tomó Noruega casi sin esfuerzo alguno, y los británicos tuvieron que mirar con ojos azorados, sintiendo la terrible derrota. La Cámara de los Comunes estalló en recriminaciones contra Chamberlain, que de todos modos sobrevivió al voto de «no confianza» por un buen margen. Sin embargo, unos ochenta miembros de su partido conservador se retiraron, mostrando con ello la falta de confianza en su liderazgo.

Algunos culpaban al Primer Lord del Almirantazgo, Churchill, porque después de todo Noruega estaba en su esfera de responsabilidades. Y Churchill defendió al primer ministro Chamberlain en el feroz debate parlamentario. Se mantuvo tan leal al hombre al que había criticado antes por su contemporización, que el antiguo primer ministro David Lloyd George, entonces de ochenta años pero todavía con la lengua afilada, urgió a Churchill a no convertirse en un «refugio antiaéreo» para defender a un gobierno que obviamente fracasaba.

En medio de la crisis política de Londres, Hitler abandonó Berlín en su tren privado, el cual poseía un nombre en código: *Amerika*.[39]* Atacó el 10 de mayo de 1940 en el norte y el oeste. Invadió la neutral Holanda y la diminuta Dinamarca, aplastando a los pacíficos y pequeños reinos en cuestión de horas. Sus divisiones acorazadas, respaldadas por el poder aéreo, entraron en Francia. Cuando los líderes del partido laborista de Inglaterra afirmaron que *no* se unirían a un gobierno de coalición encabezado por Neville Chamberlain, el primer ministro le ofreció su renuncia al rey. Ahora había que elegir entre el secretario de asuntos exteriores, Lord Halifax, y el Primer Ministro del Almirantazgo, Winston Churchill. Halifax

---

* Las actitudes de Hitler con respecto a Amerika eran complejas. Se sabía que admiraba el ingenio de los estadounidenses, su energía y dinamismo. Le encantaban las películas norteamericanas, en especial las de vaqueros e incluso Lo que el viento se llevó. Sin embargo, veía a Roosevelt como un cautivo de los judíos, y con el tiempo llegó a despreciar a los estadounidenses por ser «medio negrificados, medio judaizados».

le dijo a su mejor amigo, Chamberlain, que no pensaba poder liderar la Cámara de los Comunes desde su lugar en la Cámara de los Lores. Winston, de manera poco habitual, se mantuvo en silencio mientras su único posible rival se retiraba de la contienda.

Cuando el rey llamó a Churchill para que se presentara en el Palacio de Buckingham, se le invitó a formar un gobierno de unidad nacional que incluiría a todos los partidos de Gran Bretaña. Churchill escribiría después de su «profunda sensación de alivio» en ese momento:

> Por fin tenía autoridad para darles instrucciones a todos por igual. Sentí como si estuviera caminando con el destino, que toda mi vida pasada había sido tan solo un preparativo para esta hora y esta prueba.[40]

Mientras las fuerzas francesas y británicas en Francia retrocedían ante el ataque acorazado de Alemania, Churchill acudió ante la Cámara de los Comunes para ofrecer «sangre, esfuerzo, lágrimas y sudor». Su meta era simple: la victoria.

> La victoria a toda costa, la victoria a pesar de todo el terror, la victoria por largo y difícil que sea el camino, porque sin victoria no hay supervivencia...[41]

Muchos ingleses y estadounidenses no se dejaban llevar por los conmovedores discursos de Churchill. Sonaba a reaccionario, como alguien que no conocía las realidades de la vida moderna. No obstante, Churchill entendía la mentalidad de Adolfo Hitler, y tenía razón. Eran los más sofisticados los que estaban equivocados. Churchill sabía que con un hombre tan retorcido y odioso no había posibilidades de negociar. Y también sabía que Hitler estaba decidido a librar una guerra total, sin concesiones.

Sumner Wells, vicesecretario de estado de FDR, señaló que Churchill era solo «un hombre de tercera o cuarta categoría», y por si fuera poco un «borracho».[42] Joe Kennedy no confiaba en él.

Roosevelt debía ahora dedicarse a una campaña sin precedentes en busca de un tercer mandato. Sabía que a los estadounidenses les incomodaba la idea de la guerra en Europa. La Encuesta Gallup de ese mes de mayo revelaba que un cincuenta y uno por ciento de la población estaba dispuesto a venderles aviones y material de guerra a los Aliados. Sin embargo, el cuarenta y nueve por ciento se oponía.[43] Los estadounidenses parecían percibir el peligro. Dos tercios de los encuestados por Gallup dijeron que pensaban que Alemania conquistaría Europa y luego se centraría en los Estados Unidos. También dos tercios pensaban que a la larga los Estados Unidos entrarían en guerra contra Hitler. Y solo *uno de cada catorce* estaba dispuesto declarar la guerra contra la Alemania nazi en 1940.[44]

Al caer Francia, el ejército británico que estaba en ese país retrocedió ante el avance alemán. En pocas semanas habían regresado al puerto francés de Dunquerque. Allí, de espaldas al Canal de la Mancha, toda la fuerza británica ubicada en Francia se vio rodeada por los triunfantes alemanes. Sus opciones eran pocas: el mar, la aniquilación allí donde estaban, o ser tomados como prisioneros.

Dunquerque está a diez kilómetros al oeste de la frontera belga, junto al Canal de la Mancha.* En una maniobra cuyo nombre en código era Operación Dínamo, la Armada Real británica logró evacuar a unos trescientos cuarenta mil soldados: el grueso de la Fuerza Expedicionaria Británica (BEF, por sus siglas en inglés) y muchas unidades francesas y aliadas. Esta increíble hazaña se logró entre el 26 de mayo y el 4 de junio.

El columnista estadounidense George Will cuenta una asombrosa historia de las fuerzas aliadas rodeadas, estacionadas en la costa de Francia mientras la Luftwaffe bombardeaba y atacaba constantemente:

> Un oficial británico en la playa de Dunquerque envió a Londres un mensaje de tres palabras: «Pero aun si». Esta frase del libro de Daniel se reconoció al instante. Cuando se le ordena a Sadrac, Mesac y Abednego que adoren una imagen de oro bajo pena de muerte, responden con valentía: «El Dios al que servimos puede librarnos del horno y de las manos de Su Majestad.[18] Pero aun si nuestro Dios no lo hace así, sepa usted que no honraremos a sus dioses ni adoraremos a su estatua».[45]

Un joven soldado francés, al encontrarse rodeado en Dunquerque, fue más prosaico y elevó una oración con un dejo de humor: «Oh, Señor, si logro salir de esta aprenderé inglés... *y también a nadar*».

El mariscal de campo Hermann Goering, jefe de la Luftwaffe, había equipado a sus Stukas con sirenas en las alas de los aviones con el solo objeto de inducirles terror a las desafortunadas víctimas. Un soldado de la infantería británica informó su reacción ante un ataque con Stukas:

---

* Dunquerque no suena como un nombre francés porque en realidad es flamenco, un idioma más cercano al holandés. Dunquerque está a solo dos horas en transbordador de la ciudad portuaria de Dover, en Inglaterra.

No se puede describir lo que es un ataque con Stukas. Está más allá de la comprensión de quien no lo haya experimentado. El ruido nada más inspira tal terror que el cuerpo se paraliza y la mente, todavía activa, se convence de que cada avión viene solo a atacarte a ti personalmente.[46]

Hitler se contuvo, ya que no quería empujar a sus enemigos hacia el mar. Tal vez pensara que las tropas derrotadas, volviendo a Londres en medio del desorden, sin su artillería, tanques o provisiones, desmoralizarían al pueblo británico y lo obligarían a pedir la paz. Churchill reunió entonces una enorme «flota mosquito», con barcos de guerra, transbordadores, barcas de pescadores, yates de placer y hasta botes de remo para lograr el «milagro de la liberación» de finales de mayo de 1940, algo que luego se conocería sencillamente como *Dunquerque*.

Como lo haría en otras ocasiones, Hitler juzgó de forma equivocada a su enemigo. Al ver a los soldados que volvían desde Dunquerque, los británicos no perdieron la moral. Los hombres estaban sucios, harapientos, a algunos les faltaban dientes y muchos estaban con el rostro manchado de petróleo porque los habían sacado del mar. Sin embargo, su ánimo era bueno. Sonreían y levantaban los pulgares en señal de que todo estaba bien. Decían: «Estoy bien, Jack». Con solo verlos, el pueblo de Gran Bretaña sintió un gran entusiasmo.*

Francia se rindió tres semanas después. El 22 de junio de 1940, los franceses firmaron lo que llamaban un armisticio con Hitler. Con su estilo dramático, Hitler exigió que los franceses se reunieran con él en el mismo vagón de tren que se utilizara cuando los alemanes fueron derrotados hacía menos de veintidós años. Así que llegó al claro de Compiègne, a una hora en auto al noreste de París.[47]

Los sucesos en Europa causaban una creciente preocupación en FDR. El 10 de junio de 1940 habló en la Universidad de Virginia. Sin mencionar a Mussolini ni a Italia por nombre, comentó acerca del injustificado ataque del *Duce*** a Francia: «La mano que sostenía la daga la ha clavado en la espalda de su vecino». Criticó a los estadounidenses que creían que los Estados Unidos podían existir como «una isla solitaria en un mundo dominado por la filosofía de la fuerza».[48] Estaba claro que FDR se refería al Comité para Defender Primero a Estados Unidos, el grupo de Lindbergh dedicado a mantener a los Estados Unidos fuera de la guerra.

---

* No todos se salvaron. Decenas de miles de valientes soldados británicos y franceses resultaron capturados o murieron al formar un perímetro de defensa. Las SS masacraron a algunos de los capturados.

** Il Duce es la forma en que los italianos llamaban al líder. Mussolini fue el primer dictador fascista de Europa. Tomó el poder en 1922. El título de Hitler, der Führer, significaba la traducción de Duce al alemán. El Caudillo fue la variante adoptada por el general Francisco Franco, de España.

La espeluznante serie de hechos de las últimas semanas evidentemente *revirtió* el resultado de la Primera Guerra Mundial. El 23 de junio, Hitler se atrevió a recorrer la ciudad de París antes del amanecer. Admiró las maravillas arquitectónicas y juró que reconstruiría Berlín en una escala aun más grandiosa. Los estadounidenses conocieron sobre el paseo de la victoria de Hitler esa mañana a través de los noticieros y periódicos, recordando que más de trescientos cincuenta mil jóvenes franceses habían muerto tratando de mantener a los alemanes fuera de París durante la Primera Guerra Mundial. Sin embargo, esta vez no hubo «milagro en el Marne». Para millones de estadounidenses, esto era la confirmación de que no servía para nada «enredarse» en los asuntos de Europa.

No obstante, otros estadounidenses veían que el dominio de Hitler sobre Europa representaba una amenaza mortal para los Estados Unidos. Muchos eran republicanos influyentes del noreste, personas más acaudaladas, con mayores posibilidades de visitar Europa y estudiar en las mejores universidades de los Estados Unidos, las cuales sabían que su país no podría sobrevivir en un mundo dominado por la Alemania nazi y el imperialismo de Japón. Con todo, en este momento no eran la mayoría.

El opositor de Churchill en el gabinete de guerra de Gran Bretaña era Lord Halifax, el secretario de asuntos exteriores. Este aristócrata austero y callado no se dejaba impresionar por la florida retórica de Winston, y consideraba que su voz grave y gruesa «era producto del oporto, el brandy y el tabaco mascado».[49] Los estadounidenses que apoyaban a Inglaterra sentían simpatía por la imagen de bulldog de «Winnie». Amaban su saludo con los dedos formando la V de Victoria, su tabaco, el sombrero Homburg que siempre llevaba puesto. Y para este grupo influyente, sus discursos de 1940 eran conmovedores. Veamos uno de estos discursos, pronunciado cinco días antes de que Hitler se paseara por París:

> Lo que el general Weygand llamó la Batalla de Francia ha quedado atrás. Espero que esté por comenzar la Batalla de Gran Bretaña, porque de esta batalla depende la supervivencia de la civilización cristiana. De ella depende nuestra propia vida como británicos y la continuidad de nuestras instituciones e Imperio. La furia y el poder del enemigo se volverán contra nosotros muy pronto.
>
> Hitler sabe que tendrá que destruirnos en esta Isla o perder la guerra. Si podemos mantenernos firmes contra Hitler, toda Europa podrá ser libre

y la vida del mundo podrá avanzar hacia una tierra soleada y amplia. No obstante, si fallamos, el mundo entero, incluyendo a los Estados Unidos y todo lo que conocemos y queremos, se hundirá en el abismo de una nueva Era de Tinieblas, más siniestra y tal vez más prologada por las luces de la ciencia pervertida.

Por lo tanto, preparémonos con valentía para cumplir con nuestro deber y así asegurar que si el Imperio Británico y su Mancomunidad duran mil años, los hombres puedan decir: «Este fue su mejor momento».[50]*

En medio de los dramáticos sucesos de la caída de Francia, el partido republicano se reunión en Filadelfia en junio de 1940. Se habían reunido en la cuna de la democracia en los Estados Unidos para reafirmar el compromiso partidario con la libertad. Los dos principales candidatos presidenciales eran el senador de Ohio, Robert A. Taft, hijo del antiguo presidente, y Thomas E. Dewey, de Nueva York. Dewey era joven, de solo treinta y siete años. Se había ganado una reputación en el país como un temerario fiscal que luchaba contra la mafia o el «crimen organizado», como le llamaba la prensa. Cuando anunció su intención de ser candidato presidencial, Harold Ickes, el consejero de FDR y en quien el presidente confiaba, bromeó diciendo que el neoyorquino había «lanzado su pañal al ruedo».[51]

Por otra parte, a Taft le faltaba la calidez y la solidez de su padre. La prima de Franklin, Alice Roosevelt Longworth, dijo que elegir a este hombre después de tener como presidente a FDR sería como «beber un vaso de leche después de un trago de Bencedrina».[52]** Los delegados presentes en la Convención deben haber tenido dudas similares con respecto a ambos líderes. El bien orquestado movimiento nacional de los Clubes Draft Willkie había logrado llevar a la escena al exitoso ejecutivo de Wall Street, Wendell L. Willkie.[53] En un momento, los dos candidatos principales llegaron a un atascamiento en las votaciones y desde las últimas filas del salón de convenciones se oyó un grito: «¡Queremos a Willkie!». En realidad, el grito popular había sido preparado por varios magnates de las comunicaciones que tenían acceso a sus propios medios masivos de comunicación. Henry Luce publicaba las revistas *Time, Life* y *Fortune*. La familia Cowles publicaba la revista *Look*. Los propietarios del *New York Herald Tribune*, la familia Reid, añadieron su poderoso apoyo.[54] Habían presionado a favor de Willkie como el único capaz de derrotar a

---

* El general Charles de Gaulle emitió desde Londres ese mismo día su «Appelle de l'honneur» (Apelación al honor), que llegó a través de la BBC a la postrada Francia. Rechazó el Armisticio y llamó a «los franceses libres» a unírsele para resistir a Hitler. Este fue también el «mejor momento» de Gaulle.

** La Bencedrina es una anfetamina, un estimulante.

FDR.[55] Los republicanos estaban desesperados por encontrar un ganador y Willkie era un hombre grande, extrovertido, con un encanto personal que lo convertía en un serio rival de FDR.

El sistema constitucional estadounidense no alentaba la creación de gobiernos de coalición multipartidarios por la «unidad nacional», pero Lincoln había designado a importantes demócratas como miembros de su gabinete durante la Guerra Civil y ahora FDR devolvió el favor. Convocó a dos influyentes republicanos: Henry Stimson, secretario de estado de Hoover, que se convirtió en su secretario de guerra; y Frank Knox, compañero de Alf Landon como candidato a la vicepresidencia en 1936, que fue nombrado secretario de la armada.

Nada de esto habría servido si los republicanos hubieran nominado como candidato a un hombre que buscara mantener a los Estados Unidos fuera de la guerra. El sentimiento aislacionista en el Viejo Gran Partido era muy fuerte. El antiguo presidente Hoover ridiculizaba el peligro que Hitler representaba para los Estados Unidos: «No toda ballena que lanza un chorro de agua en el mar es un submarino. Seguimos teniendo casi siete mil kilómetros de océano como protección ... [Para que un enemigo nos ataque] tendrá que pasar primero por nuestra Armada, que puede detener a cualquier cosa que aparezca en la mira».[56]

El antiguo líder de la mayoría republicana en el Senado, James E. Watson, habló en representación de cientos de seguidores del Viejo Gran Partido desde el principio mismo al expresar con desdén su oposición a Willkie, el antiguo demócrata devenido en republicano: «En mi tierra de Indiana creemos que está bien que la prostituta del pueblo se una a la iglesia, pero no la dejamos ser líder del coro desde la primera noche».[57]

Los demócratas se reunieron en Chicago sin un plan serio. FDR jamás había declarado que *quisiera* un tercer mandato. En realidad, animó a una gran cantidad de personas a fin de que se presentaran para la nominación. James A. Farley, su director general de correos, le hizo caso. Contaría con el inconmovible apoyo de al menos uno de los delegados a la Convención Nacional Demócrata de 1940: Joseph P. Kennedy, Jr, miembro de la delegación de Massachusetts. Aun cuando al joven Kennedy le viniera a la memoria su propia ambición presidencial, no cejaría en su apoyo a Farley.[58]*

---

*   El joven Joe Kennedy se había jactado de que se convertiría en el primer presidente católico de los Estados Unidos. Sin embargo, en esos días, nadie que tuviera ambiciones políticas se atrevía a desafiar al candidato presidencial de su partido, en especial en medio de la convención de nominaciones y sobre todo cuando se trataba de alguien con tanto poder o memoria como FDR.

Finalmente, la tenacidad del joven Joe no importó. El alcalde de Chicago, Ed Nelly, había enviado a su superintendente de alcantarillados a instalarse en un pasaje subterráneo que estaba debajo de la sala donde se reunía la convención. El hombre de Kelly gritaba por los altoparlantes de la sala: «¡Queremos a Roosevelt!». No había otro candidato fuerte que los delegados pudieran tomar en cuenta. FDR había sido astuto al animar a otros a que se presentaran sin salirse de la contienda. Así, esta «voz de las alcantarillas» fue todo lo que hizo falta para que Roosevelt obtuviera el favor de los delegados. Ante la situación internacional tan peligrosa, el voto fue a favor de un tercer mandato para FDR, algo sin precedentes.[59]

Molesto porque el vicepresidente John «Cactus Jack» Garner le había brindado un débil apoyo al gobierno durante el plan de reorganización judicial y otras iniciativas del Nuevo Acuerdo, FDR no lo pensó dos veces y lo eliminó de su boleta.*

Le informó a la convención que quería como compañero candidato a la vicepresidencia al secretario de agricultura, Henry A. Wallace. Los delegados consideraron que esto era demasiado. Wallace era conocido por ser un antiguo republicano desorganizado y poco estable, que tenía opiniones y principios de izquierda. Creía en «la teosofía, la reencarnación y las dietas de moda».[60] Solo cuando Roosevelt amenazó con rechazar la nominación y dejar sin líder a su partido, los delegados aceptaron la boleta de Roosevelt acompañado por Wallace.

III. «NAVEGA, OH UNIÓN, GRANDE Y FUERTE»

Con la derrota de Francia, Churchill enfrentaba el inminente peligro de la invasión. El gobierno francés, encabezado por el primer ministro Paul Reynaud, prometió no entregarle su potente flota a los alemanes, pero Reynaud había sido obligado a renunciar. Lo reemplazó el mariscal Philippe Pétain. Churchill había tratado antes con Pétain y sabía que no se podía confiar ya en el anciano héroe de la Primera Guerra Mundial, porque su heroísmo era cosa del pasado. Ahora era la voz cantante por la capitulación de Francia. Si Pétain le entregaba la flota francesa a Hitler, o aun si permitía que las SS de Hitler «capturaran» a la flota francesa, la vida misma de Gran Bretaña se vería en peligro.

---

* Cactus Jack había dicho que la presidencia no valía «un cubo lleno de esputo tibio». El presidente John F. Kennedy visitó a Garner cuando el tejano cumplió noventa y cinco años. Garner le dijo: «Eres mi presidente y te amo. Espero que puedas serlo para siempre». El presidente fue asesinado en Dallas ese mismo día (Tomado de http://www.suite101.com/article.cfm/presidents_and_first_ladies/35366/4.)

Churchill ordenó que sus buques de guerra enfrentaran a la armada francesa en Mers-el-Kebir, junto a las costas del norte de África. Bajo las órdenes de Pétain, los capitanes franceses se negaron a ponerse del lado británico. Se les dieron las opciones de cruzar el Atlántico para llegar a las posesiones francesas de allí, unirse a los Estados Unidos que eran neutrales, o incluso hundir sus barcos consigo a bordo. Cuando los capitanes franceses rechazaron todas estas opciones, Churchill lloró. No obstante, les ordenó a sus capitanes que *destruyeran* a la flota francesa. En cinco minutos de acción sangrienta, un barco de guerra francés fue impulsado hacia la playa, se hizo estallar a un crucero y mil doscientos marineros franceses resultaron muertos.[61] Churchill rindió tributo al «característico coraje de la armada francesa» en la Cámara de los Comunes.[62] Esta magnanimidad en la victoria era un rasgo típico de él.

No obstante, gracias a esta decisión implacable, Churchill logró mostrar que un cambio radical había tenido lugar en la política británica. El gobierno de Chamberlain había arriesgado las vidas de los pilotos al enviarlos a tirar panfletos sobre los alemanes. Ahora Churchill mostró que incluso se volvería en contra de un antiguo aliado, y que Gran Bretaña haría lo que fuera con tal de sobrevivir. Churchill demostró a las claras que el león inglés podía mostrar sus garras y dientes.

«Esto es... Londres». Este mensaje conciso, recitado en la voz grave de un fumador empedernido, llevó la guerra a las salas de estar de los hogares estadounidenses. El principal corresponsal de la CBS en Londres, Edward R. Murrow, con su acento yanqui y su ojo avezado, describía al detalle el corazón de Londres en medio de la guerra relámpago.

Los Estados Unidos, por medio del programa *World News Roundup* [Resumen de noticias mundiales] de la CBS, oían el *pum-pum-pum* de las armas antiaéreas de Londres. Los londinenses reaccionaban de maneras diferentes al sonido de los cañones. Un hombre dijo: «No se puede dormir con el ruido de los disparos, pero es un sonido bueno».[63] Una anciana sirvienta se quejó: «Esos condenados cañones, podría matarlos». «Es peor que con los malditos Jerries», protestó una abuela que consolaba a un niño asustado en el refugio antiaéreo.[64] En general, a los hombres les gustaba oír a los cañones «respondiéndoles» a los alemanes. Uno de ellos señaló: «Mientras más estruendo haya, más confianza tenemos».[65]*

---

* En la serie World at War [Mundo en guerra], de la BBC, a un veterano de uno de los equipos de ataque antiaéreo se le preguntó años después cuántos «Jerries» había derribado. «Ni uno. Nunca pude darle a ninguno», contestó riendo. ¿Por qué disparaban entonces? «Porque esto le daba ánimo a los que estaban escondidos en los refugios subterráneos».

Algunos de los observadores profesionales que estudiaban el comportamiento del pueblo británico bajo los bombardeos nocturnos de la Luftwaffe se mostraban sorprendidos ante la valentía y la resistencia de muchos. Los psicoanalistas habían pronosticado una histeria masiva «en la que la gente volverá al cochecito para bebés, el vientre o la tumba».[66] Es cierto que había personas que se quebraban, pero el pueblo de Londres, y en especial los más golpeados en el sector este, no enloqueció. No sería la primera vez que los expertos se equivocaban en sus pronósticos. Aun así, mientras llovían las bombas sobre justos e injustos por igual, y al tiempo que la gente veía que en general el clero anglicano subsidiado por el gobierno mostraba debilidad, las iglesias quedaban vacías.[67] Uno podría haber esperado que los sacerdotes y las monjas anglicanos fueran los primeros en buscar a las víctimas entre los escombros de los edificios, prepararan comidas para los bomberos, etc. Este pudo ser un tiempo en el que la iglesia liderara los esfuerzos de ayuda para los que sufrían los rigores de la guerra relámpago. Sin embargo, de forma lamentable, no fue así.

Un informe del gobierno en el momento más álgido de los ataques observó que solo *el uno por ciento* de los adolescentes que no iban a la escuela participaba en algún tipo de actividad de la iglesia, comparado con el treinta y cuatro por ciento que iba al cine.[68] Podría decirse entonces que también la iglesia de Inglaterra (anglicana) fue víctima de la guerra relámpago de Londres.

A pesar de todo, un laico anglicano decidió estar a la altura de las circunstancias. C. S. Lewis, un académico de Cambridge, comenzó a realizar una serie de emisiones por la BBC.[69] El persuasivo autor de *Mero Cristianismo* demostró ser un dinámico orador en la radio, y sus presentaciones se publicaron poco después en forma de libro bajo el título *Broadcast Talks* [Charlas de radio]. Este era un tributo a la importancia que el gobierno de Churchill le daba a la moral de los civiles, porque como sucedía con todo lo demás, el papel se racionaba.[70] El libro *Cartas del diablo a su sobrino*, de Lewis, era muy popular. En este libro un diablo celebra las muchas posibilidades de tenderles trampas a las almas en tiempos de guerra. Citaba las tentaciones santurronas del pacifista, pero también los peligros de convertirse en alguien brutal y sangriento y el pecado de pensar «que tu enemigo es peor de lo que es». Muchos de los escritos de Lewis de la época de la guerra siguen siendo populares entre los lectores de hoy.

Las publicaciones de circulación masiva como *Time, Life, Look, Collier's* y el *Saturday Evening Post* publicaban fotografías dramáticas y detalles escritos de todos los aspectos de la guerra. Los cines locales exhibían noticias con escenas reales filmadas en el frente. Al mismo tiempo que los estadounidenses deseaban con desesperación mantenerse *fuera* de la guerra de Europa, los medios masivos de comunicación los *atraían* de modo inexorable a la misma. Día tras día los estadounidenses sentían que ya no podrían mantenerse indiferentes por mucho tiempo más. El alcance y la velocidad del ataque nazi amenazaban el sentimiento de seguridad de los estadounidenses, la sensación de estar apartados de los conflictos europeos.

Incluso los niños se sentían familiarizados con las fechas y los nombres de las historias de esta guerra: Londres, París, Berlín, Varsovia, Moscú, Praga, Oslo, Copenhague, Ámsterdam. Nunca antes había sido tan consciente la ciudadanía estadounidense de los problemas de la lejana Europa.

Durante la Primera Guerra Mundial no había sido posible sentir la guerra en todo su peligro e inmediatez. No obstante, ahora la radio lo hacía posible. La distancia entre Londres y Nueva Londres era insignificante ya.

Pocos meses antes muchos estadounidenses habían estado de acuerdo con Joe Kennedy cuando dijo que Gran Bretaña estaba acabada. Ahora, en el verano de 1940, la Batalla de Gran Bretaña se libró en los cielos sobre «esta Inglaterra» que los estadounidenses recordaban de sus libros de poesía y sus clases de literatura de la secundaria a través de los escritos de Shakespeare:

> Este trono real de reyes, esta isla con su cetro,
> Esta tierra de majestad, sede de Marte,
> Este otro Edén, un semiparaíso,
> Esta fortaleza que la naturaleza construyó para sí,
> Contra la infección y la mano de la guerra
> Esta bendita tierra, este terreno, este reino, esta Inglaterra.

La Fuerza Aérea Real [RAF, por sus siglas en inglés] se esforzaba cada día para luchar contra las oleadas de ataques de la Luftwaffe de Hitler. «Jamás en el terreno del conflicto humano se le ha debido tanto a tan pocos», dijo Churchill en homenaje a los jóvenes que a diario se enfrentaban con la muerte. Algunos tal vez serían estudiantes de la Universidad de Oxford, los mismos que en 1936 habían votado casi de modo unánime en contra de pelear «por el rey y el país». Ahora, todos tenían una única meta: hacerle frente a los hunos, resistir hasta lo último de sus fuerzas ante la «bestia nozzie [nazi]».

La Fuerza Aérea Real salvó a Gran Bretaña de la invasión ese verano. En junio de 1940, la fuerza operativa del Comando de Combate de la RAF era de mil doscientos aviones. Para noviembre, su cantidad había *aumentado* a mil setecientos noventa y seis. La Fuerza Aérea Alemana, conformada por aviones de un solo motor, había *disminuido* en cantidad, de novecientos seis al principio de la Batalla de Gran Bretaña en junio a seiscientos setenta y tres en el mes de noviembre.[71] ¿Por qué tal discrepancia? Es cierto que derribaban a muchas naves británicas, pero la mayoría de sus aviones se podían reparar y los pilotos sobrevivientes volvían a la acción. También la producción de aeronaves en Inglaterra establecía nuevas marcas, porque las fábricas trabajaban las veinticuatro horas. Cualquier avión que no fuera destruido aterrizaba en los campos ingleses, donde se podía recuperar. Todo avión o piloto alemán derribado sobre el sur de Inglaterra era o destruido o capturado.*

Churchill mandó a poner una barrera de alambre de púas a lo largo de la costa amenazada, creando así un obstáculo cortante para todo enemigo que viniera por el mar. Pensó además en crear incendios con gasolina, la cual tenía un precio muy alto, si los alemanes llegaban a las costas. Allí juró que se encontrarían con un pueblo unido y furioso.

Murrow les transmitía todo esto a los estadounidenses que lo escuchaban atentos por la radio. Citó a William Pitt, un famoso adversario de Napoleón: «Inglaterra se salvará por medio de sus esfuerzos, y Europa por su ejemplo».[72]

Las bombas que caían sobre Londres mataron y dejaron incapacitados a miles de civiles. Murrow transmitía el sonido de los carros de bomberos que surcaban la oscuridad de la noche, el ruido de las llamas que crepitaban en torno a la Catedral de San Pablo, las voces de las personas de los barrios bajos que escarbaban entre los escombros de lo que habían sido sus departamentos.

El joven, tímido y plácido rey y su vivaz esposa no escaparon a la furia de los ataques. El Palacio de Buckingham también fue bombardeado y la oficina del primer ministro dio a conocer que la reina tomaba lecciones de tiro al blanco con un revólver.[73] ¡Tal vez Eleanor le haya mostrado su pistola en la reunión de Hyde Park! Canadá suplicó que enviaran a los príncipes del otro lado del océano, pero la reina dijo: «Los príncipes no se irán sin mí, y yo no podría dejar al rey. Y por supuesto, el rey no se irá».[74]

FDR aceptó enviarle a Churchill cincuenta antiguos destructores de la Primera Guerra Mundial. Eran muy necesarios para el transporte de escoltas y víveres,

---

* Se dice que la Batalla de Gran Bretaña fue un duelo aéreo entre los británicos y los alemanes sobre el sur de Inglaterra desde finales del verano hasta principios del otoño de 1940. «El Blitz», el ataque relámpago de Hitler con bombardeos nocturnos sobre las ciudades de Inglaterra, duró hasta el 10 de mayo de 1941 y se reanudó con cohetes V-1 y V-2 en 1944.

ya que Gran Bretaña dependía por completo de sus costas para obtener alimentos, material de guerra y combustible.

A cambio, Gran Bretaña le dio en préstamo a los Estados Unidos una cierta cantidad de bases en el Nuevo Mundo durante noventa y nueve años. Algunas, como las de la Bahía Gander, Terranova y las Indias Occidentales Británicas sirvieron durante décadas a la Armada Estadounidense. FDR le prometió «ayuda de todo tipo menos participar en la guerra». Aunque los estadounidenses sentían compasión por el sufrimiento de los ingleses, las encuestas confirmaban que estaban decididos a no involucrarse. Aun así, FDR propuso un programa de préstamos y arriendos y el primer reclutamiento en tiempos de paz en toda la historia de los Estados Unidos.[75] La Ley de Préstamos y Arriendos (Lend-Lease, por su nombre en inglés) le permitía a Gran Bretaña tomar prestado material de guerra mientras durara la emergencia. FDR explicó su política con su típico enfoque práctico y la comparó con prestarle al «vecino» la manguera para que apagara un incendio. En otras palabras: No queremos el dinero. Queremos nuestra manguera de vuelta cuando hayan apagado su incendio.[76]

Mientras Wendell Willkie continuaba con su vigorosa campaña por todo el país, FDR estaba en medio de la campaña más difícil de su carrera. Con astucia, decidió no atacar directamente a Willkie. Roosevelt sabía que no podría encontrar nada malo en su desempeño anterior, ya que se trataba de un empresario convertido en político que no contaba con ningún historial. Además, Willkie era un comprometido internacionalista cuya nominación había representado una gran derrota para el sector aislacionista del partido republicano.

Roosevelt centró en cambio su atención en los líderes republicanos y la forma en que votaban en el Congreso. Ignoró al magnético Willkie y habló de la actuación de los republicanos más importantes del Congreso en cuanto a la cuestión de rechazar el embargo de provisiones de guerra a los aliados en peligro. Incluso cuando los holandeses, daneses, noruegos, belgas y franceses sufrían la derrota, estos congresistas republicanos no movían un dedo para ayudar a los aliados. Uno de los discursos de FDR, que se emitió a toda la nación, muestra su maestría en el uso del ingenio y la ironía. Él hizo que los estadounidenses vieran que si elegían presidente a Willkie, se las tendría que ver con los republicanos aislacionistas en el Congreso, y estos republicanos se oponían a levantar el embargo con relación al envío de armas a los aliados:

¿Pero cómo votaron los republicanos ante la cuestión del rechazo al embargo?

En el Senado, los republicanos votaron en contra, catorce a seis. Y en la Cámara de Representantes, los republicanos votaron ciento cuarenta a diecinueve, también en contra.

La Ley se promulgó por los votos demócratas, pero fue por sobre la oposición de los líderes republicanos. Y para nombrar solo a algunos, los siguientes líderes republicanos, entre muchos otros, votaron en contra de la ley: los senadores McNary, Vandenberg, Nye y Jonson; y formando casi una melodía por el ritmo, los congresistas Martin, Barton y Fish.

Ahora, en la undécima hora, han descubierto lo que siempre supimos: que el éxito del otro lado del mar contra la invasión de las fuerzas dictatoriales significa la seguridad para los Estados Unidos. Significa también la continuación de la independencia para aquellas naciones pequeñas que todavía la conservan. Y significa restaurar la soberanía de las naciones pequeñas que la han perdido temporalmente. Y como sabemos, una de las piedras angulares de la política de los Estados Unidos es el reconocimiento al derecho que tienen las naciones pequeñas de sobrevivir y prosperar.

Gran Bretaña y muchas otras naciones jamás recibirían ni un gramo de ayuda de nosotros si la decisión estuviera en manos de Martin, Barton y Fish.

Roosevelt sabía cómo dar un discurso político. De la noche a la mañana el país entero repetía su melódica cantinela contra los republicanos reaccionarios: *¡Martin, Barton y Fish!* FDR se divertía de forma especial porque Hamilton Fish ahora era congresista suyo por el condado de Duchess, Nueva York.

Acosado por Willkie en este asunto de la guerra, FDR le dijo a una audiencia de Boston: «Ya lo dije antes, pero lo repetiré una y otra vez: sus hijos *no* serán enviados a guerras extranjeras».[77] Fue demasiado. Ningún presidente podía asegurar eso. Ningún presidente *debería* haber prometido algo así. Ese discurso sería citado en el futuro *una y otra vez* como una evidencia de la falta de sinceridad de FDR. Sin embargo, FDR no creía que estaba siendo deshonesto. Si los Estados Unidos sufrían un ataque, les decía a sus consejeros, por supuesto ya no se trataría de una guerra extranjera.

Los ataques gratuitos de Hitler contra Polonia, Noruega, Holanda y Dinamarca también tendrían su impacto sobre los Estados Unidos. Millones de votantes estadounidenses de Pensilvania, Ohio, Illinois, Wisconsin y Minnesota tenían antepasados de dichas nacionalidades, por lo que cada uno de estos estados apareció en la columna de FDR en 1940.

El 5 de noviembre de 1940 tuvo lugar un hecho que jamás había ocurrido antes y tal vez no volvería a producirse. Un presidente de los Estados Unidos ganó la elección para un tercer mandato consecutivo. Willkie había mejorado bastante con respecto a los dos candidatos republicanos que le precedieron, porque obtuvo 22.304.755 votos populares (44,8%), casi *seis millones* más que los votos que obtuvo Landon en 1936. No obstante, solo obtuvo 83 votos electorales. A los estados de Maine y Vermont que le pertenecían a Landon ahora se les habían sumado Michigan, Indiana, Dakota del Norte y del Sur, Iowa, Kansas, Nebraska y Colorado como votantes por Willkie.*

El total de FDR en cuanto al voto popular disminuyó en unos 200.000, obteniendo 27.243.466 (54,7%). Sin embargo, el voto electoral total de 449, proveniente de treinta y ocho estados, significó una victoria contundente. Demostraba que la convocatoria popular y la habilidad para la política de FDR no tenían parangón.

Las cosas no parecían ir tan bien en el anochecer del día de la elección. FDR, que por lo general era muy sociable cuando estaba en campaña, se encerró en Hyde Park y no quiso ver a nadie. Sudoroso y con un gesto adusto esperó a solas largas horas hasta que la victoria estuvo asegurada.[78] Es bueno que los líderes de esta gran república sientan temor del pueblo.

Wendell Willkie había sido objeto de las burlas de Harold Ickes, asistente de FDR, el cual se había referido a él como «ese maldito muchacho descalzo de Wall Street».[79] Con todo, Willkie desempeñó un papel muy importante en 1940 y seguiría sirviendo a su país, como lo dijo Walter Lippman:

> Después de la Batalla de Gran Bretaña, el repentino surgimiento y nominación de Willkie fue el suceso del momento, tal vez providencial, que hizo posible que el mundo libre se uniera cuando ya estaba casi conquistado. Bajo cualquier otro liderazgo el partido republicano de 1940 le habría dado la espalda a Gran Bretaña, haciendo que se sintieran abandonados todos los que se resistían a Hitler.[80]

El presidente Roosevelt cerró este azaroso año de 1940 con una de sus famosas «charlas junto al fuego» dirigidas al pueblo estadounidense. La revista *Time* informó: «El presidente llegó cinco minutos antes de que iniciáramos la emisión en una

---

* Willkie recibió más votos que cualquier otro candidato presidencial republicano hasta 1952.

El Monte Rushmore en construcción. *Gutzon Borglum, un escultor ya famoso, eligió este sitio en Dakota del Sur para la monumental representación de los cuatro presidentes más grandes de los Estados Unidos. Broglum y su equipo escalaron el pico Harney para inspeccionar el lugar. Con dos mil doscientos metros, es el punto más alto entre las Rocallosas y los Alpes. «La historia de los Estados Unidos desfilará a lo largo de este horizonte». Así fue.*

La Catedral de San Pablo rodeada por las llamas en 1940. *Este símbolo del Imperio Británico se vio envuelto en llamas ante los ataques de la Luftwaffe de Hitler, que no llegaron a destruir la catedral. Hitler intentó quebrantar al pueblo inglés y su voluntad por medio de la Blitzkrieg o guerra relámpago. Aunque el bombardeo aéreo de Londres y muchas otras ciudades británicas dejaría un saldo de sesenta mil civiles muertos, los ingleses se mantuvieron indomables. Fue, como lo calificó Churchill, «su mejor momento».*

Pearl Harbor en llamas en 1941.
El ataque sorpresa de Japón sobre Pearl Harbor el 7 de diciembre de 1941 tomó por sorpresa a la Flota del Pacífico de los Estados Unidos y a la base de la Fuerza Aérea de Hickam Field. Murieron cerca de dos mil quinientos marineros, infantes de marina y aviadores en una fecha que como señalara el presidente Roosevelt «vivirá siempre en la infamia». Japón lo pagaría caro: casi dos millones de sus soldados y civiles murieron como resultado de una guerra que sus líderes iniciaron por traición esa tranquila mañana de domingo.

Wendell Willkie. *Satirizado como «ese muchacho descalzo de Wall Street», Wendell Willkie sorprendió a la Convención Nacional Republicana de Filadelfia, y a casi todo el país, durante el verano de 1940. Después de la estrepitosa caída de Francia, Willkie se opuso con fervor al aislacionismo. Su apoyo le permitió a FDR extenderle una cuerda de salvamento a Gran Bretaña, que luchaba a solas contra Hitler. Willkie se enfrentó a Roosevelt en la elección y perdió, pero aun así puso los intereses de la nación por encima de sus ambiciones políticas.*

silla con rueditas de goma».[81]* Llamó a los Estados Unidos a ser «el gran arsenal de la democracia».[82] Fue un discurso memorable y políticamente exitoso. Un arsenal brinda medios vitales para la defensa, pero no forma parte de la lucha armada. Era esa la política que preferían los estadounidenses.

Cuando Wendell Willkie, su derrotado rival, panificó un viaje a Gran Bretaña, en ese entonces bajo los rigores de la guerra, FDR lo invitó a la Casa Blanca para conversar entre amigos. Le dio a Willkie un mensaje manuscrito y con su típico genio le pidió que se lo entregara personalmente al primer ministro Churchill. Se trataba de uno de los poemas favoritos de Longfellow, que ambos apreciarían por ser «antiguos colegas navales». El poema se titula «La construcción del barco»:

¡Navega, oh barco del estado!
¡Navega, oh unión, grande y fuerte!
La humanidad, con todos sus miedos,
Con todas sus esperanzas del futuro,
Espera ver tu destino conteniendo el aliento.[83]

Los aislacionistas no habían cejado en sus esfuerzos con la reelección de Roosevelt. A principios de 1941, el Comité para Defender Primero a Estados Unidos incrementó sus esfuerzos a fin de mantener al país al margen de la guerra. Aunque el grupo atraía a los que Teddy Roosevelt había calificado de «marginales lunáticos», sería un error pensar que ellos eran los *únicos* que apoyaban a este movimiento. Joe Kennedy Jr., un joven *demócrata* de ambiciones políticas, se les unió con orgullo. Lo mismo hizo el sargento Shriver, que a la larga sería candidato demócrata a la vicepresidencia y luego candidato a presidente (además de pariente político de los Kennedy). Y Kingman Brewster, que luego llegaría a ser presidente de la Universidad de Yale.** El republicano Gerald Ford también se unió a Primero a Estados Unidos, tal como lo hizo el presidente del comité olímpico Avery Brundage, Alice Roosevelt Longworth y el notable piloto de la Primera Guerra Mundial, Eddie Rickenbacker.[84]

Charles A. Lindbergh acudió a su amigo Henry Ford. Lindbergh, como señalara la revista *Life*, ni siquiera expresaba alguna esperanza de que Gran Bretaña

---

*   Time era la revista semanal de mayor circulación en los Estados Unidos. El tono natural de esta oración muestra una vez más que los estadounidenses jamás dudaron de que su presidente estuviera paralítico de la cintura hacia abajo.

**   En una de las designaciones diplomáticas más extrañas, el presidente Jimmy Carter envió a Brewster a Londres como embajador. Podría argumentarse que si el joven Brewster se hubiera salido con la suya, Londres estaría ocupada por los alemanes.

pudiera ganar.[85] Esto podría interpretarse como una ingratitud hacia el país que con toda generosidad le había brindado un refugio seguro en 1935, pero el diplomático veterano Sir John Wheeler-Bennett pensaba que en realidad Lindy no era antibritánico, sino que sencillamente había llegado a la conclusión de que no valía la pena «apostarle a Inglaterra».[86] Ford estaba de acuerdo con Lindbergh. Incluso predijo en la revista *Scribner's* de enero de 1941 que ganarían los alemanes.[87]

La notoriedad de Lindbergh en Primero a Estados Unidos hizo que un joven caricaturista llamado Theodore Geisel le prestara atención, el cual lo llamó «el avestruz solitario»:

El águila solitaria voló
A solas sobre el Atlántico,
Con fortaleza y un emparedado de jamón.
Eso requirió de mucho coraje,
Pero ante el sonido de los aviones alemanes,
Se estremeció y tembló.[88]

Geisel llegaría a ser conocido por millones de estadounidenses como el inimitable Dr. Seuss. Su desprecio por Lindbergh solo salió a la luz después de la muerte del aviador. Cuando el presidente Roosevelt comparó en público al coronel Lindbergh con el *Copperhead** Clement Vallandigham de la Guerra Civil, Lindbergh reaccionó con ira. De forma imprudente, renunció a su comisión en el ejército.[89]

Esta fue una decisión que tuvo consecuencias que alterarían la vida de Lindbergh. Jamás volvió a gozar de la total confianza de su gobierno o sus compatriotas. Los seguidores de Roosevelt señalaban que Lindbergh nunca había renunciado a su título de Caballero Alemán de la Orden del Águila, distinción que compartía con Henry Ford. Sin embargo, sí renunció a su comisión en el Ejército de los Estados Unidos. Los defensores del famoso aviador explicaron que había recibido la medalla nazi con total inocencia y no sabía qué hacer con ella. FDR no se dejó impresionar y replicó: «¡*Yo* sí hubiera sabido qué hacer con esa medalla!».[90]

---

*   Copperhead, literalmente «cabeza de cobre», fue un término que se usó durante la guerra de Secesión para referirse a un norteño opuesto a la política de guerra y partidario de un acuerdo negociado con el Sur. La expresión apareció por primera vez en 1861 en el New York Tribune y aludía a la serpiente del mismo nombre, que muerde sin aviso. Los republicanos usaron dicha expresión para desacreditar al partido demócrata.

IV. «HUNDAN AL BISMARCK»

Durante todo un año Gran Bretaña resistió a Hitler sin ayuda y soportó su furia por las noches. En la noche del 10 al 11 de mayo de 1941, Hitler ordenó un ataque aéreo masivo sobre el sur de Inglaterra. El año anterior habían muerto cuarenta y tres mil civiles británicos en la guerra relámpago y ciento treinta y nueve mil resultaron heridos.[91] Este sería el último ataque terrible de su Luftwaffe contra las ciudades británicas. Hitler ahora contaba con más de tres millones de hombres, decenas de miles de caballos y miles de tanques y vehículos acorazados en su frontera oriental. Su fuerza aérea haría falta para la guerra que pensaba librar contra la Unión Soviética.

Hitler tenía plena confianza en sus ejércitos. Su comandante preferido era Erwin Rommel, al que había nombrado mariscal de campo, dándole el mando del Cuerpo de África. Rommel hizo retroceder a los británicos hacia Egipto e incluso sus enemigos lo respetaban, llamándole «el zorro del desierto». Ahora, amenazaba la vía de salvamento de Gran Bretaña a través del Canal de Suez. Las tropas de Australia y Nueva Zelanda (ANZAC, por sus siglas en inglés), junto con las fuerzas británicas asediadas, se habían retirado de Grecia a Creta.*

En junio de 1941, Hitler se preparaba para «patear las puertas» de la Unión Soviética. Les aseguró a sus generales que haciendo esto «la estructura podrida» se derrumbaría por completo. ¿Quién iba a desafiarlo? Desde su victoria relámpago sobre Francia, Hitler creía en la «estrella» de su genio militar, y ninguno de sus generales se atrevía a cuestionar su criterio.[92]

En cambio, en el mar Hitler no se tenía tanta confianza. «En tierra soy un héroe», decía con vanidad, «[pero] en el mar soy un cobarde».[93] Sin embargo, el almirante Erich Raeder no era por cierto un cobarde. El jefe de la *Kriegsmarine* de Hitler [Marina de Guerra] le pidió que hiciera entrar en acción a sus barcos, ya que ardía en deseos de borrar la vergüenza de la Flota de Altamar que se había hundido antes de entregarse a los británicos en Scapa Flow en 1919.[94]

Hitler estaba un tanto apesadumbrado el día en que abordó el buque de guerra Bismarck, botado hacía muy poco tiempo. No pudo dejar de notar que el almirante Gunther Lutjens, que estaría al mando del Bismarck, lo saludó con el tradicional saludo de la antigua Armada Imperial, no con el brazo en alto y diciendo «Heil Hitler», como hacían los nazis comprometidos.[95]

---

* El día de ANZAC (siglas de Australia New Zealand Army Corps) se conmemora el 23 de abril. Los hombres de ANZAC se distinguieron por su coraje. Australia ha sido aliada de los Estados Unidos en todas las guerras durante un siglo.

Raeder era un ávido estudiante del almirante estadounidense Alfred Thayer Mahan y su *Influence of Sea Power Upon History* [Influencia del poder naval en la historia].[96] Raeder y Lutjens deseaban que la armada alemana tuviera un papel importante en la victoria de esta guerra en occidente. Querían que el *Bismarck* hundiera los barcos que llevaban provisiones a Inglaterra, provisiones necesarias porque el país estaba devastado por la guerra. Esos cincuenta antiguos destructores que Roosevelt le había prometido a Churchill no podrían hacer nada contra el Bismarck, que tenía cañones de quince pulgadas. El almirante Raeder creía en el poder de las armadas de aguas azules como factor determinante del dominio mundial.* Hitler no creía que el potente y flamante buque de guerra pudiera destruir la vía de salvamento marítima que Gran Bretaña tenía desde Canadá y los Estados Unidos. «Para esto es mejor y más rápido usar los submarinos», le dijo con pesimismo a un asistente.[97]

Hitler temía que la pérdida de algo tan preciado como el *Bismarck* destruyera su aura de invencibilidad. El tiempo de los buques de guerra ya había pasado, le comentó a su principal asistente militar, el general Alfred Jodl.[98]** Cuando algunos de sus subordinados sugirieron que sería mejor retirar el retrato del Canciller de Hierro, Otto von Bismarck, en honor del cual el barco llevaba ese nombre, Hitler dijo con amargura: «Si algo le sucede al barco, más valdrá perder el retrato también».[99]

El 21 de mayo de 1941, el *Bismarck* y su pequeña nave escolta el *Prinz Eugen*, partieron de la Noruega ocupada hacia las principales rutas marítimas en busca de víctimas.[100] Churchill le envió un cable a FDR solicitando ayuda: «Si no logramos atraparlos ... su Armada seguramente podrá indicarnos su ubicación para que los encontremos ... Si nos dan ese informe, los acabaremos».[101]

Navegando hacia el Estrecho de Dinamarca, el *Bismarck* se cruzó con el HMS *Hood*.[102] Esta nave había navegado durante más de dos décadas por los mares del mundo como un símbolo del dominio británico.*** Ahora, minutos antes del amanecer del 24 de mayo de 1941, el *Bismarck* disparó una serie de ráfagas veloces y letales contra el buque de guerra británico. Las balas del *Bismarck* pesaban unos

---

* Las armadas de aguas azules son grandes flotas de buques de guerra imponentes, capaces de una gran autonomía para cruzar los vastos océanos

** El hecho de que Hitler reconociera la vulnerabilidad de los buques de guerra ante un ataque aéreo siete meses antes de Pearl Harbor muestra que en realidad sí tenía genio militar.

*** Lord Nelson pensaba del vizconde Samuel Hood, por quien se nombrara a este barco, que era «el marino más grande que haya conocido». El Monte Hood, en Oregón, y el Canal Hood, en el estado de Washington, también llevan ese nombre por Samuel Hood. Aunque fue derrotado pocas veces, Hood no logró evacuar a Cornwallis de la Península de Yorktown en 1781, asegurando así la independencia de los Estados Unidos.

ochocientos kilogramos cada una, con un alcance de treinta y ocho mil setecientos metros, lo cual representaba una clara ventaja con relación al alcance del *Hood*, de treinta mil metros.[103] Los marinos británicos y también sus enemigos alemanes quedaron sin habla al ver que el Hood se hacía pedazos debido a una enorme explosión. El barco se hundió en cuestión de minutos. De los mil cuatrocientos hombres y muchachos que prestaban servicios en el *Hood* solo sobrevivieron tres hombres.[104] El fuego asesino del *Bismarck* hizo que el HMS *Prince of Wales*, una nave menos preparada, se retirara. En Londres, Churchill seguía la acción con preocupación, pero también con determinación. Recibió un lacónico mensaje del HMS *Norfolk*: «El *Hood* ha estallado». Lo habían despertado para darle esta terrible noticia, y Churchill le dijo entonces al representante personal del presidente Roosevelt, Averell Harriman: «El *Hood* se hundió en una batalla del infierno».[105] Los británicos respondieron atacando con torpedos desde las aeronaves que partían de los portaaviones. Dañaron al *Bismarck* lo suficiente como para que tuviera que abortar su misión.[106] Sin embargo, los británicos más tarde perdieron contacto con el Bismarck.

El almirante Lutjens permanecía en calma con su «máscara de hierro», absorto en sus pensamientos inescrutables. No obstante, envió por radio un mensaje a sus superiores en los cuarteles generales de la armada alemana situados en la ocupada París: «Al atardecer del 24 de mayo me detectó dos veces un barco de bandera estadounidense».[107] No eran solo los aviones de los Estados Unidos los que rastreaban y perseguían al *Bismarck*. El *Modoc*, de la Guardia Costera Estadounidense, vio al *Bismarck* en medio de la neblina.[108] Se le envió un mensaje de alerta a los británicos, y desde los aviones del HMS *Ark Royal* dispararon torpedos contra el Bismarck, los cuales impactaron contra su timón el 26 de mayo. Con esto, la nave quedaba incapacitada.

Ahora, como una jauría de perros que rodean a un oso herido, los buques de guerra de la Armada Real fueron cercando a su presa. El *Bismarck* intentaba con desesperación volver a Francia, a la seguridad que ofrecía la protección de los submarinos y la Luftwaffe. No obstante, con su timón dañado, solo podía navegar en círculos. En la mañana del 27 de mayo de 1941, el HMS *Rodney* y el HMS *King George V* comenzaron a abrir fuego sobre el agonizante monstruo alemán. Algunos de los hombres de Lutjens pensaban que su jefe era como Jonás, y ahora lo comprobaron. Él ordenó que hicieran hundir el barco. De los dos mil doscientos veintidós hombres a bordo solo se rescató a ciento quince de las heladas aguas del

Atlántico.[109] Una alarma de submarino obligó a las naves británicas a abandonar la escena de la destrucción, dejando allí a cientos de jóvenes alemanes.[110]

Esa misma noche, FDR le habló a la nación en una de sus «charlas junto al fuego». Prometió enviar a Gran Bretaña todo tipo de ayuda, excepto participar en la guerra. «Se puede hacer. Hay que hacerlo. Y lo *haremos*», dijo con un énfasis dramático.[111] Churchill sabía que Roosevelt era un hombre religioso, así que le envió un cable dándole las gracias con una cita de 2 Corintios 6:2: «En tiempo aceptable te he oído, y en día de salvación te he socorrido». Luego, presionando para obtener un poco más, Churchill añadía: «He aquí ahora el tiempo aceptable; he aquí ahora el día de salvación».[112] Lo que Churchill quería era que los Estados Unidos entraran en la guerra de su lado.

Todavía no sucedería. No todavía.

V. «Si Hitler invadiera el infierno...»

En ese momento los estadounidenses y los británicos no lo sabían, pero Hitler había decidido no invadir Gran Bretaña en 1941. La Luftwaffe de Herman Goering no había podido destruir a la Fuerza Aérea Real (RAF, por sus siglas en inglés). No había podido quebrantar la voluntad del pueblo británico por medio de la guerra relámpago. Los pilotos alemanes no lograban establecer su superioridad en los cielos de Inglaterra del sur. Y la Armada alemana no lograba brindar un salvoconducto a las tropas invasoras aun cuando el Canal de la Mancha en su punto más angosto solo medía treinta y cinco kilómetros.

En cambio, Hitler dirigió su mirada al este. En abril atacó Yugoslavia y Grecia. Una vez tomados estos estados, iniciaría su Operación Barbarossa: la invasión de la Unión Soviética.

Churchill se enteró de estos planes a partir de la decodificación de los ahora famosos mensajes Enigma, enviados desde y hacia Alemania en código, pero interceptados por los ingleses. Cuando Churchill trató de enviarle una advertencia a Stalin, el dictador soviético descartó su mensaje. El «Gran líder de los pueblos» solo había confiado en un único ser humano durante toda su vida: Adolfo Hitler.

Antes del amanecer del domingo 22 de junio de 1941, todo el poder de la maquinaria de guerra alemana se desató sobre una Rusia desprevenida. El cínico Pacto de No Agresión entre los nazis y los soviéticos, firmado con tanta parsimonia el 23 de agosto de 1939, solo había durado veintidós meses. Stalin le había permitido a Hitler hacer lo que quisiera en Polonia, Francia, los Países Bajos y Gran Bretaña. Ahora su pueblo pagaría por tal traición.

Churchill no dudó un segundo. Su secretario privado, que alguna vez se había mostrado escéptico con respecto al liderazgo de su jefe, ahora se percató del irreprimible ingenio del primer ministro. Incluso en un momento de tanto peligro, Churchill bromeó ante la Cámara de los Comunes: «Si Hitler invadiera el infierno, al menos el diablo tendría una referencia favorable».[113] Y a continuación hizo una apuesta con sus consejeros: «Les apuesto un mono contra una trampa para ratones a que los rusos seguirán peleando hasta alcanzar la victoria dentro de dos años».[114]* Esa noche habló por la BBC:

> Nadie ha sido más persistente en su oposición al comunismo durante los últimos veinticinco años. No voy a retractarme de nada de lo que haya dicho sobre ello. Sin embargo, todo esto se esfuma ante el espectáculo que tenemos hoy delante ... Todo hombre o estado que luche contra el nazismo tiene nuestro apoyo y ayuda ... Enviaremos toda la ayuda que podamos a Rusia.[115]

El cambio más notable en el escenario estadounidense fue la forma en que los miembros del CPUSA y sus seguidores cambiaron al instante. Siempre atentos a la «línea partidaria» que emanaba de Moscú, los comunistas dejaron de ser feroces oponentes a la «guerra del imperialismo» para clamar por la inmediata entrada de los Estados Unidos en esta guerra.

Mientras tanto, el empuje de los alemanes hacia el interior de Rusia le abría las puertas al Holocausto. La gran mayoría de los judíos de Europa en 1941 vivían en Polonia, Rusia y Ucrania. Decenas de miles de judíos fueron masacrados a medida que la Wehrmacht nazi avanzaba casi sin oposición, cada vez ocupando más terreno de Rusia.[116] Todos estos judíos eran blancos de la destrucción, porque Hitler quería tierras en el este como *lebensraum* o «espacio de vivienda» para su población de alemanes cada vez más numerosa. Con el objetivo de lograrlo, tenía planeado convertir a esta enorme región en un *judenrein* o territorio «limpio» de judíos.

A fines de ese verano, Churchill decidió visitar al presidente Roosevelt en aguas estadounidenses. Abordando el HMS *Prince of Wales* en Escocia, Churchill

---

* Aquellos que lo oyeron entendieron esta frase al parecer sin sentido. Un mono significa quinientos en la jerga de las carreras. La trampa para ratones significa un soberano de oro, una valiosa moneda de Gran Bretaña. Churchill ganaría la apuesta, aun con tales probabilidades de quinientos a uno (Gilbert, Martin, Churchill, p. 701).

avanzó por las aguas infestadas de submarinos nazis para encontrarse con Roosevelt en la Bahía Placentia, en Terranova.[117]

Durante la travesía, Churchill vio la película *That Hamilton Woman* [Lady Hamilton], protagonizada por Vivien Leigh y Lawrence Olivier. Cuando Olivier, interpretando al gran héroe naval de Inglaterra Lord Nelson, yace agonizando en la cubierta del HMS *Victory*, le avisan que ha ganado la batalla de Trafalgar, y en un susurro responde: «¡Gracias a Dios!». Los presentes vieron que Churchill se secaba los ojos con su pañuelo. Era la *quinta* vez que veía la película.[118]

Por su parte, FDR permitió que los periodistas y familiares pensaran que solo salía para sus vacaciones anuales de pesca en el yate presidencial.[119] Hay que admitir que a FDR le encantaban estas dramáticas sorpresas. Pronto se trasladó de su yate al USS *Augusta* y se dirigió a las congeladas aguas de Terranova.

A bordo del *Augusta*, el 9 de agosto de 1941, a las once de la mañana, Churchill saludó al presidente Roosevelt. Llevaba consigo una carta personal de presentación de parte del rey y al encontrarse hizo una leve reverencia ante el presidente.[120] Después de todo, él era jefe de gobierno, pero Roosevelt también lo era.

El presidente se paró bajo un toldo, apoyado sobre el brazo de su hijo Elliott. Sonrió radiante y dijo: «Por fin nos hemos reunidos». Y Churchill respondió: «Así es».[121]

Se trataba, en verdad, de una cita con el destino. Los defensores de la libertad se conocieron en las tranquilas aguas de la Bahía Placentia. Durante los siguientes cuatro años estos dos hombres trabajarían juntos para definir el curso de la lucha del mundo en defensa de la libertad y en contra de la tiranía.

Capítulo 5

LÍDERES DE LA GRAN ALIANZA

(1941-1943)

Los estadounidenses se quedaron atónitos y horrorizados después del ataque a Pearl Harbor. Un miedo gélido se apoderó del corazón de millones de personas, en especial en la costa oeste, más vulnerable. Había poco que pudiera impedir que los japoneses concretaran su ataque. Sin embargo, los japoneses se dirigieron al sudeste, hacia las Filipinas, que entonces eran una dependencia de los Estados Unidos. Allí había miles de soldados estadounidenses detenidos en su camino y miles de marinos estadounidenses del escuadrón asiático, tripulando naves anticuadas. Estos hombres pagarían ahora con su sangre y su libertad el precio de la entusiasta acogida de nuestro país a la política de desarme desde hacía veinte años ya. La Conferencia Naval de Washington de 1922 había dejado a los Estados Unidos muy mal preparados para el nuevo enemigo en el Océano Pacífico. En medio de estos días aciagos —Winston Churchill se negaba a llamarlos días oscuros— nuestro nuevo aliado vino de visita a Washington. Fue el primer jefe de gobierno británico que visitó los Estados Unidos y se le recibió con gran entusiasmo. Era nuestro amigo en un momento de necesidad. Para el presidente Roosevelt, la visita de Winston a la Casa Blanca serviría para apartar su mente de las preocupaciones por la guerra y la muerte de su madre, a quien tanto había amado. Juntos, en largas sesiones llenas de humo durante las noches, estudiando mapas y cuadros, FDR y Winston forjarían el vínculo personal que los sostuvo durante los cuatro largos años de la guerra. Allí afirmaron la política de derrotar primero a Alemania.

Y allí sus subordinaros pudieron conocerse y prepararse para el conflicto más largo y sangriento que hubiera conocido el mundo hasta entonces. La alianza de Gran Bretaña y los Estados Unidos implicaba que también Canadá, Australia y Nueva Zelanda se unirían a la coalición de guerra liderada por los Estados Unidos. Esta guerra cambiaría la configuración del mundo.

I. 1941: «EL AÑO EN QUE CONTUVIMOS LA RESPIRACIÓN»

La libertad en el mundo entero jamás se había visto tan amenazada como lo estaba en 1941. Hitler utilizó el incendio del Reichstag, a pocas semanas de asumir como canciller, como pretexto para darle libertad a las antorchas en Alemania. Su policía secreta, la *Gestapo*, representaba un acoso a la libertad con sus temidos golpes en las puertas durante las noches. Parecía pensar que podría causar la misma destrucción en Gran Bretaña, arruinando la libertad con los bombardeos y los ataques sin misericordia. A pesar de que Hitler había decidido en secreto postergar la invasión, todas las noches la Luftwaffe cruzaba el Canal de la Mancha para bombardear Gran Bretaña. Hitler parecía decidido a quebrantar la voluntad de los británicos desde los cielos. No obstante, cuando sus bombarderos atacaron la Cámara de los Comunes, los miembros del Parlamento decidieron continuar sus sesiones y debates en la Cámara de los Lores con gran determinación. Y el pueblo, orgulloso e indomable, se unió a esta actitud. En total morirían sesenta mil civiles británicos bajo los ataques alemanes.

El 6 de enero de 1941, Franklin D. Roosevelt se puso de pie para dar su mensaje del Estado de la Unión. Estaba decidido a que en los Estados Unidos la lámpara de la libertad se mantuviera bien en alto. Les prometió a los estadounidenses Cuatro Libertades:

Esperamos un mundo fundado en cuatro libertades humanas esenciales. La primera es la libertad de expresión en cualquier lugar del mundo. La segunda, la libertad para que cada persona adore a Dios a su manera en todo el mundo. La tercera, la libertad de toda necesidad ... en todo el mundo. Y la cuarta, la libertad del temor ... dondequiera que se esté.

Con el tiempo estas frases resonantes aparecerían en carteles creados por el popular ilustrador estadounidense Norman Rockwell. Para ejemplificar la «Libertad del temor», Rockwell mostró a una típica pareja estadounidense que miraba cómo dormían tranquilamente sus pequeños, abrigados bajo las mantas de su dormitorio en el ático. La mamá y el papá eran una imagen de la amorosa protección. En la mano izquierda el papá llevaba un periódico cuyo titular hablaba del bombardeo aéreo contra civiles en un lejano rincón del mundo. El periódico tal vez estuviera refiriéndose al bombardeo de Hitler sobre Rotterdam, Varsovia o cualquiera de las miles de ciudades de Rusia. O tal vez se relacionaba con los horrores de la «Violación de Nankín» perpetrada por Japón. Allí, los soldados japoneses mataron a más de un cuarto de millón de civiles chinos. Muchos fueron violados, en tanto miles murieron al usarse como blancos para las prácticas con las bayonetas, o al ser colgados de la lengua y comidos por perros hambrientos.[1] Los enemigos de la libertad rara vez se han mostrado como amigos de la misericordia.

Desde el círculo ártico hasta las islas griegas, Europa se hallaba bajo el pulgar nazi. Los estadounidenses cantaban con especial fervor «La última vez que vi París» y «Dios bendiga a los Estados Unidos». Italia, aliada de Alemania, se preparaba para avanzar contra Albania y Grecia. Habiendo asumido como presidente por tercera vez consecutiva, FDR les ordenó en secreto a las naves estadounidenses que ocuparan Islandia y ampliaran hacia el este los límites dentro de los cuales los destructores de los Estados Unidos escoltaban a los conjuntos de barcos mercantes que llevaban provisiones a Gran Bretaña.

En marzo de 1941, Roosevelt finalmente logró la aprobación del Congreso para su Ley de Préstamos y Arriendos a Gran Bretaña. Churchill le había comentado a Roosevelt en secreto que Gran Bretaña no podía pagar más por el material de guerra. En pocas palabras, Gran Bretaña estaba en la quiebra y los préstamos de FDR eran una ingeniosa respuesta para mantener provisto a nuestro aliado. La situación no había sido fácil, ya que los aislacionistas, en especial los senadores republicanos Robert Taft, de Ohio, y Gerald Nye, de Dakota del norte, se habían opuesto a la medida por todos los medios. FDR había comparado el asunto con prestarle la manguera de regar el jardín al vecino cuando su casa se incendia. Taft respondió a la analogía doméstica diciendo que prestarle material de guerra a un combatiente era lo mismo que prestarle goma de mascar: «Seguro no querremos que la misma goma de mascar nos sea devuelta».[2]

Si el histórico vuelo trasatlántico de Charles Lindbergh en 1927 había demostrado algo, fue que los Estados Unidos no podían permanecer aislados de Europa. Aun así, el gran héroe de la aviación de los Estados Unidos era enemigo de toda posibilidad de ayudar a los aliados. Lindbergh movilizó al Comité para Defender Primero a Estados Unidos. «Prefiero ver a nuestro país traficando opio antes que bombas», les dijo a los demás aislacionistas en una de las reuniones más masivas.[3] Los de su movimiento, conocidos luego como Primeros por Estados Unidos, inundaron el Congreso con telegramas, peticiones y cartas oponiéndose a la ayuda estadounidense a Gran Bretaña.[*]

Ante la ardiente oposición de los aislacionistas de todo el país, FDR también debía ocuparse de las dificultades dentro de su propio partido. Joe Kennedy, que acababa de volver de su período como embajador estadounidense en Gran Bretaña, rompió con el líder de su partido y hasta testificó en el Congreso en contra del envío de ayuda. Cuatro años antes, FDR había enviado a Kennedy a Londres con la esperanza de que lo ayudara a venderles ayuda a los aliados si hacía falta. FDR necesitaba la influencia de Kennedy entre los estadounidenses católicos, pero su paciencia estaba llegando a su fin. Cuando FDR invitó al presidente de la Cámara, Sam Rayburn, y a su joven protegido Lyndon Johnson, el diputado de Texas, a reunirse con él en la Casa Blanca, el presidente atendió una llamada del embajador Kennedy. Como era habitual, Kennedy se quejó amargamente del maltrato dispensado por el Departamento de Estado. Mientras intentaba calmar a Kennedy por teléfono, FDR hizo un gesto con el dedo sobre su garganta, algo que solo podía significar una cosa: el presidente estaba por despedir al problemático político de Boston. Kennedy renunció como embajador y explicó que se oponía a toda participación de los Estados Unidos en lo que ahora FDR llamaba la Segunda Guerra Mundial. «Si me llaman apaciguador porque me opongo a que este país entre en esta guerra, con todo gusto me declaro culpable», indicó Kennedy.[4] Si bien lo ignoraba en ese momento, este choque público de Kennedy con FDR sería fatal para sus propias ambiciones políticas. Jamás volvió a ocupar un puesto público.

Los que apoyaban a FDR en el Capitolio le dieron por nombre a esta ley H. R. 1776, una clara referencia patriótica. Esto enloqueció a los críticos, que dijeron que el efecto de la Ley de Préstamo y Arriendo crearía vínculos aun más cercanos entre los Estados Unidos y Gran Bretaña. Ellos tenían razón en esto, aunque fue Inglaterra la que creó una dependencia con respecto a los Estados Unidos Los que apoyaban a Roosevelt decían que la independencia de los Estados Unidos solo podría

---

[*]   Los amigos de la democracia en Francia señalan que los Estados Unidos jamás pensaron siquiera en enviarle ayuda a ese país, aliado nuestro durante la Primera Guerra Mundial. Incluso cuando la Tercera República agonizaba o el premier Reynaud públicamente le rogó al presidente Roosevelt que enviara «nubes de aeroplanos», la respuesta estadounidense fue un silencio total. Sin embargo, los defensores de Roosevelt argumentan que fue solo después de la caída de Francia que los estadounidenses comenzaron a escuchar los argumentos para la Ley de Préstamo y Arriendo. Y aun así, la ley se aprobó con gran dificultad.

garantizarse si se apoyaba la democracia en Gran Bretaña como contrapartida de la amenaza nazi contra la libertad en todo el mundo.

William Allen White era el editor republicano del *Emporia Gazette* (Kansas). Él fundó el «Comité de Defensa de los Estados Unidos Mediante la Ayuda a los Aliados». Este nombre tan elaborado no tenía el atractivo sonido de Primero a Estados Unidos, pero no le faltaba fuerza. Los estadounidenses no tardaron en sumarse a la iniciativa: enrollaban vendas, doblaban mantas y empacaban alimentos para su envío. Se trataba de los famosos «Bultos para Gran Bretaña». Resultó en una campaña de relaciones públicas que tuvo mucho éxito. El comité de White supo contrarrestar lo que hacía Primero a Estados Unidos.

Con ciertas enmiendas, muchas negociaciones y dificultades en el Capitolio, el presidente de la Cámara, Sam Rayburn, y Jimmy Byrnes, de Carolina del Sur, lograron que la Ley de Préstamo y Arriendo fuera aprobada por un Congreso reticente.[5] FDR firmó la ley el 11 de marzo de 1941, brindando unos siete mil millones de dólares en asistencia a Gran Bretaña, una cifra asombrosa considerando que el presupuesto federal en 1940 era de solo diez mil millones en total.[6]

Fue todavía más difícil la decisión de ayudar a la Unión Soviética después del 22 de junio de 1941. El senador demócrata de Missouri, Harry S. Truman, habló en representación de millones de estadounidenses cuando dijo que prefería que los soviéticos y los nazis se mataran entre sí. Los Estados Unidos habían sentido conmiseración por Finlandia cuando Stalin atacó al pequeño y valiente país escandinavo en la «guerra de invierno» de 1939-40.*

Esta mala acción de los soviéticos contra la pequeña Finlandia contribuyó a que Hitler se convenciera de que solo necesitaba «abrir la puerta de un puntapié y toda la podrida estructura [del comunismo] se derrumbaría».**La guerra mecanizada había acelerado la velocidad de las fuerzas de ataque. Con su típico sentido dramático de la historia, Hitler le puso por nombre Operación Barbarroja a la invasión de la Unión Soviética en honor al famoso emperador cruzado alemán de la Edad Media, Frederick Barbarossa (Barbarroja).***Las tropas alemanas avanzaron

---

*   Los finlandeses se ganaron la simpatía de los estadounidenses no solo por su valentía, ferocidad e independencia, sino porque eran el único estado europeo continental que pagó por completo sus deudas de la Primera Guerra Mundial. A los estadounidenses no les gustan los morosos.

**   Los finlandeses contaban con menos soldados y armas, pero recurrieron de forma ingeniosa a las botellas llenas de gasolina, cuyas mechas encendían antes de tirarlas contra los tanques soviéticos. Se llamaban «cócteles Molotov», y eran fatales.

*** A su abortado plan de invadir Gran Bretaña, Hitler le llamó *Operación Seeloewe*. Como el historiador John Lukacs señala, el lobo de mar no es una bestia muy feroz.

hacia Moscú y Leningrado, arrasando con las antiguas ciudades de Kiev en Ucrania y Minsk en Bielorrusia.

El Ejército Rojo había sido casi destruido desde adentro durante la década de 1930. Por orden de Stalin, se acusó falsamente de traición y se ejecutó a miles de oficiales del ejército y la armada soviética. Ahora, millones de soldados del desmoralizado Ejército Rojo cayeron cautivos. La mayoría de estos hombres murió de hambre en los campos de concentración nazis. Stalin no pensaba usar a los que lograron escapar o fueron liberados, así que estos pobres hombres desaparecieron de inmediato en el gulag de Stalin.*

Parecía que los nazis eran imparables. En 1941, Stalin incluso planeó evacuar Moscú, la capital soviética. Se llevaron a cabo preparativos para una partida apresurada. El cuerpo momificado de Lenin se preparó para ser transportado y las unidades de avance de la *Wehrmacht* nazi informaron que podían ver los campanarios del Kremlin de Moscú con sus binoculares.

Los alemanes sitiaron Leningrado (hoy San Petersburgo). El acoso alemán contra la bella «ventana al oeste» del zar Pedro el Grande comenzó en 1941 y duró novecientos días. Millones de sus defensores murieron de hambre o enfermaron. Solo en Leningrado murieron más de dos millones de rusos. Esta terrible cifra excedió el total de las bajas estadounidenses y británicas durante la Segunda Guerra Mundial.[7] Los horrendos relatos de las situaciones de canibalismo en las calles de la antigua capital imperial solo se conocieron tiempo después.**Sin embargo, Stalin jamás alivianó la presión del terror que de por sí mantenía vivo a su sistema. Su policía secreta se mantuvo activa durante toda la guerra.

En muchas áreas de la Unión Soviética los campesinos víctimas de brutalidades, que deseaban mostrar su falta de hostilidad, recibía a las tropas alemanas ofreciéndoles pan y sal, regalos tradicionales en Rusia. Sin embargo, la ideología nazi consideraba que los eslavos eran *untermenschen* o infrahumanos. Fue evidente entonces que los alemanes tenían como intención convertir en esclavos a los ucranianos, los rusos y los habitantes de Bielorrusia.

Los invasores trajeron consigo a las diabólicas SS de Heinrich Himmler. *Schutzstaffeln* significa «escuadrones de protección», aunque las SS no ofrecían

---

* Gulag, siglas de *Glavnoye Upravleniye Ispravitelno-trudovykh Lagerey*, «Dirección Principal de los Campos de Trabajos Correctivos».

** La historia completa del sitio más terrible de la historia aparece relatada en *900 Days: The Siege of Leningrad* [900 días: El sitio de Leningrado] de Harrison E. Salisbury. En contraste, el sitio más largo en la historia de los Estados Unidos fue el del bloqueo de la Unión contra Vicksburg, que duró treinta y ocho días en 1863.

protección alguna. Entrenados hasta el fanatismo y ensalzando la barbarie, los jóvenes de uniformes negros con calaveras y huesos pintados en sus gorras de plato eran la máxima expresión de lo que el filósofo Friedrich Nietzsche llamó «la espléndida bestia rubia».

La crueldad de los alemanes había convertido a estos sencillos agricultores rusos y ucranianos en enemigos del invasor. El salvajismo de Hitler hizo que se lanzaran a los brazos de Stalin. Recuperado ya de su colapso nervioso después de la invasión alemana del 22 de junio de 1941, Stalin apeló con toda astucia a los largamente reprimidos sentimientos de patriotismo y religión del pueblo. Hizo más laxa su persecución contra la iglesia ortodoxa rusa. La propaganda soviética comenzó a hablar no de las victorias de la revolución comunista, sino de la defensa de la Madre Rusia.

FDR envió a su asistente más confiable, Harry Hopkins, ante una golpeada Gran Bretaña primero y luego a Moscú para que evaluara la situación. Sintiéndose muy enfermo durante la mayor parte de la guerra, Hopkins continuaba siendo los ojos y oídos de Roosevelt. Los británicos se alegraron de verlo, estuviera enfermo o no. ¡Se encontraban tan desesperados, según dijo Harold Ickes el consejero de FDR, que le habrían dado una gran bienvenida a Hopkins aunque trajera la peste bubónica![8] Hopkins citó el libro de Rut («Iré adonde tú vayas … Tu pueblo será mi pueblo») mientras cenaba con el gabinete de Churchill. Sin embargo, en la sombría capital soviética no ofreció máximas bíblicas. De todos modos, su mensaje fue bienvenido. Los Estados Unidos ayudarían a todo aquel que se resistiera a los nazis.

Cuando FDR y Churchill se reunieron en secreto a bordo del USS *Augusta* en las aguas de Terranova en agosto de 1941, acordaron la Carta del Atlántico. Este documento no tenía precedentes. No se trataba de un tratado porque no contenía provisiones en pos de una alianza. (Y FDR no habría querido presentarlo para que lo ratificara un Senado tan fracturado.) No constituía la Declaración de Guerra de los Estados Unidos contra Alemania que había esperado Churchill. Solo el Congreso tenía esa facultad. No obstante, aun así representaba una declaración conjunta de objetivos que los dos líderes perseguían. Ambos declaraban que sus naciones no buscaban la expansión territorial a partir de la guerra y afirmaban el derecho de todos los pueblos a vivir bajo un gobierno elegido por ellos mismos.

La reunión fue muy solemne. Churchill organizó un servicio religioso conjunto a bordo del *HMS Prince of Wales*. Los marineros e infantes de marina británicos y estadounidenses se reunieron y cantaron junto a ambos líderes «Firmes y adelante» y «Oh Dios, auxilio nuestro en el pasado». Churchill había elegido los himnos, porque tocaban la sensibilidad estadounidense de FDR. Luego, los jóvenes soldados de los Estados Unidos siguieron asombrados a sus contrapartes británicos en un paseo por el barco. Los yanquis se quedaban boquiabiertos al ver el daño aún no reparado que le había causado al *Prince of Wales* su reciente enfrentamiento fatal con el buque de guerra alemán *Bismarck*. Para hundir al Bismarck, había hecho falta todo el poderío de la Armada Real. Churchill posó con los Marines estadounidenses.[9] Y FDR presidió la entrega de sus propios «bultos para Gran Bretaña» cargados por los Marines. Se trataba de cajas de regalos del comandante de la Armada de los Estados Unidos para cada uno de los hombres a bordo de los buques de guerra británicos y canadienses, las cuales contenían cigarrillos, fruta fresca, queso y dulces.[10] Todo esto era de enorme valor para los jóvenes marineros británicos y canadienses que sufrían tanto en la guerra, porque el racionamiento de las provisiones en ese momento los había privado de casi todos los lujos.*

II. Día de la infamia

Si bien a Roosevelt le preocupaba que Hitler invadiera y conquistara todo el continente europeo, la amenaza más inmediata para los Estados Unidos provenía del Lejano Oriente. Los militares que gobernaban Japón se habían enfurecido por el embargo petrolero impuesto por los Estados Unidos. La administración de Roosevelt esperaba impedir que Japón atacara a las Indias Orientales Holandesas (hoy Indonesia). Dada esta situación, las sanciones *económicas* llevaban directamente a la guerra.[11]

Las relaciones de los Estados Unidos con Japón estaban tensas desde hacía ya décadas. Los Estados Unidos, tal vez con poco tino, presionaron a Gran Bretaña para que diera por terminado su tratado de cooperación con Japón después de la Primera Guerra Mundial. Cuando jóvenes militaristas asesinaron a las autoridades democráticas japonesas, se abrió el camino para que Japón atacara a China. Los estadounidenses consideraron escandalosa esta agresión injustificada contra un país vecino más débil y sintieron horror al enterarse de los cientos de miles de civiles asesinados durante la «Violación de Nankín» en 1937-38. Durante este ataque a la entonces capital de China, los aviones de la armada japonesa abrieron fuego contra el *USS Panay*.

El bombardero de la armada estadounidense se hundió. Tres marineros murieron y más de cuarenta resultaron heridos.

---

* Hasta 1947, la fuerza aérea de los Estados Unidos formaba parte del ejército estadounidense.

Los japoneses pedirían disculpas y pagarían en compensación, pero los sentimientos entre ambos poderes del Pacífico se exacerbaron todavía más.

Mientras Japón enviaba emisarios especiales a finales de 1941 para hablar de la paz con el secretario de estado, Cordell Hull, en Washington, el almirante japonés Isoroku Yamamoto planeaba atacar a la flota estadounidense anclada en Pearl Harbor, en la isla de Oahu, Hawai.

En la mañana del 7 de diciembre de 1941, nubes rugientes de aviones Zero japoneses que aparecieron entre las verdes colinas de Oahu dispararon sin previo aviso contra los barcos de la armada que estaban anclados en «fila de combate». «Pearl Harbor aún dormía envuelta en la niebla matutina», informó el comandante Itaya mientras sus torpedos rompían el silencio del domingo en el puerto.[12] En poco más de una hora, los aviones japoneses hundieron al USS *Arizona*, el USS *Oklahoma*, y dañaron seriamente a cuatro buques de guerra más. En total, se hundieron o quedaron muy dañadas dieciocho naves estadounidenses. Destruyeron además ciento ochenta y ocho aviones, la mayoría de ellos ubicados en los terrenos del aeródromo militar de Hickam.[13*]

Lo peor de todo, murieron dos mil cuatrocientos tres estadounidenses y mil ciento setenta y ocho resultaron heridos. Casi la mitad de las muertes correspondió a la explosión del *Arizona*.[14] En los días y años siguientes, los detalles de este artero ataque escandalizarían y seguirían horrorizando a los Estados Unidos. Era desolador oír acerca de los hombres que habían quedado atrapados en los barcos volcados y que sabiendo que morirían golpeaban con sus herramientas las tuberías. Sin embargo, la historia del marino Durrell Conner a bordo del *California* envuelto en llamas levantó nuestros espíritus. Al ver que su tripulación saltaba por la borda y era imposible apagar los incendios, Conner izó la bandera de los Estados Unidos en la popa del buque de guerra y los marineros volvieron para mantenerla a flote.[15] *¡Un ejemplo de aquellos que no abandonan el barco!*

Toda una generación de estadounidenses recordaría dónde estaban al oír la terrible noticia de Pearl Harbor. El reverendo Peter Marshall era capellán del Senado de los Estados Unidos. Acababa de predicar un sermón en la Academia Naval titulado «¿Cómo es morir?». Después del servicio, el joven inmigrante escocés se ofreció a llevar en su auto a un guardiamarina, pero tuvo que dar la vuelta y conducirlo de regreso a la base cuando oyeron la noticia por la radio del auto.[16**]

---

*   Hasta 1947, la fuerza aérea de los Estados Unidos formaba parte del ejército estadounidense.

**   La inspiradora historia de este ministro presbiteriano apareció luego en el libro de Catherine Marshall, *A Man Called Peter* [Un hombre llamado Pedro].

El nombre del brigadier general Dwight D. Eisenhower resultaba conocido solo para sus muchos amigos, todos salidos de West Point, y unos pocos miles de soldados del ahora reducido ejército estadounidense. En esta mañana de domingo se encontraba durmiendo después de semanas de duro entrenamiento en el campo de prácticas. A pesar de que había dado órdenes de que lo dejaran dormir, alguien lo despertó. Salió apresurado de su habitación en Fort Sam Houston, Texas, y le dijo a su esposa, Mamie, que iría a Washington, pero que no sabía cuándo regresaría.[17] El senador Henry Cabot Lodge, un republicano de Massachusetts, se enteró del ataque mientras cargaba combustible en una estación de servicio.[18]

Como lo había hecho su padre con el presidente Wilson, el joven Cabot Lodge ahora le ofreció al presidente Roosevelt todo su apoyo para esta guerra.[19]*

Lo mismo hizo el líder de los aislacionistas del Senado, el senador republicano de Michigan, Arthur Vandenberg. Vandenberg estaba pegando recortes de periódicos sobre su lucha *contra* la participación estadounidense en la guerra cuando se enteró del ataque.[20]

Al día siguiente, el presidente Roosevelt apareció ante una sesión conjunta del Congreso. El ataque había logrado forjar la unidad nacional como no lo había conseguido ninguna otra cosa. El senador de California, Hiram Jonson, compañero de TR como candidato a la vicepresidencia en la boleta del partido del Alce en 1912, se había opuesto firmemente a la intervención. Ahora entró a la cámara del brazo de un colega demócrata y votó a favor de la guerra.[21]

El presidente se acercó al podio del orador apoyándose en el brazo de su hijo Jimmy:

> Ayer, 7 de diciembre de 1941, una fecha que vivirá por siempre en la infamia, los Estados Unidos de América fueron atacados de forma deliberada y repentina por fuerzas aéreas y navales del Imperio de Japón.[22]

Roosevelt, con el gesto sombrío, llevaba una banda negra alrededor del brazo en honor a los caídos. Contó entonces cómo habían sido los ataques relámpagos que ese mismo día las fuerzas japonesas efectuaran contra Hong Kong (colonia de la corona británica) y las dependencias estadounidenses de Guam, las Filipinas, y las islas Wake y Midway.[23] Concluyó su llamado a la declaración de guerra

---

* El hombre que a la larga derrotaría al senador Lodge en Massachusetts fue John F. Kennedy, de veintitrés años, que había pasado esa mañana del 7 de diciembre jugando a la pelota junto al Monumento a Washington (Fuente: Renehan Jr., Edward J., *The Kennedys at War*).

diciendo: «Confiando en nuestras fuerzas armadas, y en la férrea determinación de nuestro pueblo, obtendremos el inevitable triunfo con la ayuda de Dios».[24]*

Pocos estadounidenses sabían entonces lo peligroso del estado en que se hallaban las fuerzas armadas de los Estados Unidos. Nuestro ejército ni siquiera llegaba a tener el tamaño del de Rumania. Nuestra armada acababa de sufrir un golpe casi fatal. No obstante, de modo providencial, la flota de portaaviones de los Estados Unidos se encontraba en alta mar cuando el ataque contra Pearl Harbor.

Debemos considerar, aunque sea solo para descartarla, la tan mencionada acusación de que Roosevelt *sabía* que Pearl Harbor sería atacado y no dijo nada a fin de que hubiera una justificación para que los Estados Unidos entraran en la Segunda Guerra Mundial. La noticia del ataque a Pearl Harbor interrumpió al senador republicano de Dakota del norte mientras daba un discurso en contra de Roosevelt: «Para mí que aquí hay gato encerrado», comentó Nye.[25] La reacción de Charles Lindbergh fue más reservada, aceptando cancelar un discurso de Primero a Estados Unidos. Su amigo y colega aislacionista, el general Robert E. Wood, le dijo: «Bien, [Roosevelt] nos ha hecho entrar por la puerta trasera».[26] Aunque pudiéramos pensar que la acusación contra Roosevelt es cierta, tendríamos que creer también que el secretario de guerra, Stimson, y el secretario de la armada, Knox, ambos leales republicanos, estaban en connivencia con el presidente.[27]

Es cierto que la inteligencia militar estadounidense pensaba que un ataque japonés llegaría por algún lado. No obstante, debido a que cada vez había más tropas japonesas en la zona de las islas de sudeste, predecían que el ataque sería allí.[28] Pensaban que los militaristas de Tokio se dirigirían a las Filipinas y las colonias británicas, francesas y holandesas del sudeste de Asia, que incluían a Burma, Hong Kong, Singapur, Malaya, Vietnam, Camboya, Laos e Indonesia. En realidad, fue hacía allí que se mudó el grueso de las fuerzas japonesas, y muy rápido por cierto. En algunos textos de literatura conspiradora, la convicción de que Roosevelt lo sabía solo puede apoyarse en «la omisión inconsciente de una enorme confluencia de señales que apuntaban en cualquier dirección excepto Pearl Harbor».[29]

Es cierto también que habíamos descifrado los códigos japoneses antes del ataque contra Pearl Harbor. Sabíamos que *algo* iba a suceder. Sin embargo, los mensajes descodificados solo daban como resultado oraciones algo enigmáticas, como esta del almirante Yamamoto al almirante Nagumo, comandante de la fuerza de tareas japonesa: «Escalen el monte Niitaka».[30] En Washington, la atmósfera

---

* Estas últimas cuatro palabras del presidente Roosevelt en este discurso, inexplicablemente, se omitieron en la cita que se grabó en el monumento conmemorativo de la Segunda Guerra Mundial.

era de crisis. Esto no era así en Pearl Harbor, que parecía un lugar poco probable como blanco de un ataque.[31]

La acusación que tanto se ha repetido años después acerca de que Roosevelt sabía que tendría lugar un ataque y lo calló para que entráramos en la guerra no resiste el análisis concienzudo. Si FDR quería involucrar a los Estados Unidos en una guerra con Japón, podría haber logrado su cometido con toda facilidad si alertaba a la flota del Pacifico sobre la inminencia de tal ataque. Un ataque japonés contra Pearl Harbor refutado por los Estados Unidos habría sido igual de importante como acto de guerra, y los estadounidenses sin duda exigirían que se declarara la guerra contra Japón.[32] La razón principal por la que este artero ataque contra Pearl Harbor causó tal impacto fue su asombrosa *irracionalidad*. Samuel Eliot Morison escribió: «Uno puede buscar en vano en la historia militar intentando encontrar una operación más fatal para el agresor».[33]

Casi de inmediato, el cerebro del ataque a Pearl Harbor se dio cuenta de que había cometido un error fatal. El almirante Isoroku Yamamoto indicó: «Temo que hemos despertado a un gigante dormido e instilado en él una determinación terrible».[34]

Los Estados Unidos perdieron dos mil cuatrocientos hombres ese día infame, pero el conflicto iniciado el 7 de diciembre de 1941 por los caudillos de la guerra de Japón a la larga les costaría la vida a dos millones de japoneses.[35]

Con frecuencia esta acusación contra Roosevelt va acompañada de la todavía más fea acusación de que FDR entró en la guerra porque así le urgieron a hacerlo los británicos y los judíos. Esto constituía la esencia del ataque de Charles Lindbergh contra la política de Roosevelt antes de la guerra.[36] No obstante, si Hitler no le hubiera declarado la guerra a los Estados Unidos, es difícil imaginar que el pueblo estadounidense habría tolerado que se añadiera a Hitler a nuestra lista de enemigos. La guerra con Japón, podría decirse, tendría la posibilidad de *impedir* que los Estados Unidos le declararan la guerra a la Alemania de Hitler durante años, si no por siempre.

Franklin Delano Roosevelt no se dejaba manipular por astutos consejeros. Él era un hombre con determinación propia. No solo habitaba la Casa Blanca. La presidía. Un escritor ha dicho que prácticamente la consideraba una residencia familiar.[37] Su imagen mental de la presidencia era la de él mismo ocupándola.[38] A otros presidentes los habría dejado sin habla el ataque a Pearl Harbor. A FDR, no. Tenía suprema confianza en sí mismo. Por ejemplo, como regalo de Navidad cuando tenía quince años le habían dado el libro de Mahan, *Influencia del poder naval en la historia*, y hacía alarde de que lo había leído con fruición.[39] (Sin embargo, en este caso la percepción de Hitler de que los buques de guerra eran fatalmente vulnerables a los ataques aéreos y submarinos demostraba que estaba un paso adelante de Roosevelt y Churchill en su detallado conocimiento del arte de la guerra moderna.)

Hitler le declaró la guerra a los Estados Unidos el 11 de diciembre de 1941. Fue un acto de locura suicida, solo igualado por la decisión japonesa de atacar Pearl Harbor cuatro días antes.

No obstante, en 1941 no parecía un suicidio. Las potentes fuerzas japonesas desataron su furia contra las Filipinas al instante. Churchill respondió a los ataques nipones contra las posesiones estadounidenses y británicas declarándole la guerra al imperio japonés. Churchill había ganado no solo un poderoso aliado en los Estados Unidos, sino también un peligroso y decidido enemigo en el Lejano Oriente donde el imperio colonial británico estaba maduro para que alguien quisiera cosecharlo por la fuerza.

El tratado de Adolfo Hitler con Japón requería ayudar a su aliado solo si Japón sufría un ataque. Sin embargo, en este caso era Japón el que había atacado Pearl Harbor. Frustrado al no poder tomar Moscú durante ese primer invierno ruso tan gélido, Hitler dirigió su furia contra los Estados Unidos: Roosevelt estaba controlado por los judíos, afirmó. Desde su cuartel general de Rastenburg en el estado alemán de Prusia oriental,* Hitler le explicó a un asistente por qué le había declarado la guerra a los Estados Unidos. «[En Japón] tenemos a un aliado que no ha sido derrotado jamás en tres mil años».[40]

FDR había dicho que el 7 de diciembre de 1941 era «una fecha que vivirá por siempre en la infamia». Sus palabras fueron proféticas también en otro sentido, porque ese mismo día Hitler empezó a matar en la cámara de gas a los judíos de Polonia.[41] Sus tropas, en las cercanías de Chelmno, conducían camiones que transportaban setecientos judíos y los transferían en grupos de a ochenta a una camioneta que había sido modificada de manera específica. El tubo de escape se había dispuesto para que descargara los vapores de la combustión en el compartimiento de carga. Para cuando la camioneta llegaba a Chelmno, los ochenta judíos que viajaban en ella ya estaban muertos. Este fue el primer intento de asesinato en masa que se conocería como «la solución final» de Hitler al «problema judío» en Europa.

---

* Prusia oriental era una región históricamente alemana entre Polonia y Lituania. Los soviéticos tomaron la capital, Königsberg, y los territorios circundantes en 1945. Los alemanes fueron asesinados o echados de allí. Prusia oriental se dividió luego entre los rusos y los polacos. En la actualidad, Königsberg es la ciudad rusa de Kaliningrado. Del lado polaco, la ciudad prusiana oriental de Danzig se llama hoy Gdansk.

Durante este día infame fueron asesinados setecientos de ellos. Con el tiempo, trescientos sesenta mil judíos de doscientas aldeas o *shtetls* de los alrededores murieron con este método de las camionetas de la muerte.[42]

Churchill se apresuró a viajar a Washington y pasó un mes en la Casa Blanca en estrecha consulta con su amigo FDR. Su respuesta al ataque contra Pearl Harbor, según admitía, no había sido lo suficiente dolida. Churchill dijo que esa noche «durmió el sueño de los que se salvan y los agradecidos».[43] Se dirigió luego a los diputados y senadores en una reunión conjunta de las dos cámaras del Congreso, donde fue recibido con una gran ovación. Aun en medio de esos «días severos», Churchill no podía resistirse a su ingenio:

No puedo sino reflexionar que si mi padre hubiera sido estadounidense y mi madre británica, en lugar de ser al revés, habría llegado aquí por mis propios medios. En ese caso, no sería esta la primera vez que oyeran mi voz.[44]

Era un huésped importante de la Casa Blanca, y además memorable. Las historias sobre sus excentricidades empezaron a circular.

«Bueno, Fields», le dijo Winston al mayordomo de la Casa Blanca, «la cena de anoche fue muy buena, pero tengo un par de órdenes para usted. Queremos separarnos como amigos, ¿verdad? Así que escuche bien. Primero, no me gusta que se hable junto a la puerta de mis habitaciones. Segundo, odio que silben en los corredores. Y tercero, antes del desayuno me gusta tomar una copita de jerez en mi habitación, un par de vasos de whisky con soda antes del almuerzo, y champaña de Francia y un poco de brandy añejo de noventa años antes de irme a dormir». Para el desayuno, Churchill pedía «huevos, tocino o jamón y tostadas, dos tipos de carne fría con mostaza inglesa y dos tipos de fruta, además de una copita de jeréz».[45] No sabemos lo que pensaría Fields de esto, excepto que para el personal de la Casa Blanca la guerra ya estaba durando demasiado. Se habían acostumbrado a que el primer ministro anduviera por sus habitaciones en su «traje de sirena», un mameluco azul de aviador de la Fuerza Aérea Real.[46]

Otra historia cuenta que FDR solicitó que lo llevaran en su silla de ruedas hasta la habitación de huéspedes de Churchill justo cuando el primer ministro acababa de bañarse esa tarde, por lo que se encontraba desnudo y con la piel rosadita. Cuando el presidente hizo señas de que lo llevaran fuera, supuestamente Churchill le dijo de buen talante: «El primer ministro no tiene nada que ocultarle al presidente».

Según otra historia muy difundida, Churchill le preguntó a FDR si podía traer a un grupo de infantes de la marina británica para que vieran el lugar. «¡Claro que no!», rugió FDR sin pensarlo un segundo. «La última vez que estuvieron en este edificio lo incendiaron». Esto hacía referencia al incendio producido por los marines del rey en 1814. Una vez que hizo su broma, FDR accedió con toda naturalidad a la visita.

El presidente le pidió a Churchill que se le uniera para encender las luces del árbol de Navidad de la Casa Blanca, y Churchill aceptó la invitación. Para ese momento la gente ya comentaba que FDR era el político más popular en Gran Bretaña y Churchill lo era en los Estados Unidos.[47] El breve pero rotundo discurso de Churchill junto al árbol nos muestra por qué:

> Que disfruten los niños de esta noche de diversión y risas. Que los regalos de Papá Noel les deleiten. Y los adultos, compartamos a plenitud los placeres de esta fecha antes de tener que regresar a la severa tarea y los años formidables que nos esperan … En la misericordia de Dios, feliz Navidad para todos.[48]

FDR sabía que los estadounidenses, en especial los del medio oeste, todavía sospechaban de los británicos y sentían hostilidad contra su vasto imperio. Así que decidió dar algunos pasos simbólicos importantes para afirmar el liderazgo estadounidense en esta nueva alianza. Invitó a Churchill a adorar a Dios con él en la Iglesia de Cristo de Alejandría, en Virginia. Este era la iglesia episcopal donde el mismo George Washington se arrodillara a orar. El presidente, según se decía, sintió un «pícaro deleite» ante el hecho de que él y el primer ministro británico hicieran junto la «Oración por los Estados Unidos» de Washington.[49] FDR hizo todo esto con un serio propósito: los objetivos de esta guerra serían democráticos, no imperiales.

Roosevelt, Churchill, la Sra. Roosevelt y quienes los acompañaban salieron de la iglesia de Alejandría y recorrieron los dieciséis kilómetros en auto hasta Mount Vernon. Allí, Churchill pondría una corona de flores sobre la tumba de George Washington. Este simbolismo tan importante podría cambiar la opinión del público según pensaba FDR.

A lo largo de la bellísima avenida hasta Mount Vernon, Churchill habló constantemente de su tema favorito: la necesidad de que los pueblos angloparlantes trabajaran juntos después de la guerra en pos de lograr la paz y la seguridad. «Sí, sí, sí», decía todo el tiempo FDR.[50] Roosevelt no tenía intención alguna de ser un socio menor en una alianza liderada por Gran Bretaña, Canadá, Australia y Nueva Zelanda. Por último, Eleanor señaló en un tono vivaz: «¿Sabes, Winston? Cuando Franklin dice sí, sí, sí, no quiere decir que concuerda contigo. Solo es una señal de que te está escuchando».[51] Muchos políticos estadounidenses habían sufrido las consecuencias de cometer el error de malinterpretar a FDR en este aspecto.

Una noche, Churchill sintió calor en la Casa Blanca. Le costó abrir una ventana sin ayuda. A la mañana siguiente, le informó a su médico que le costaba respirar y le dolía el pecho. Había sufrido un ataque cardíaco, pero el médico no se lo dijo. Sabía que Churchill se negaría a permanecer en cama y no podía cancelar su viaje en tren a Ottawa. Solo lo preocuparía más de lo que ya estaba.

Hasta el momento en que los Estados Unidos entraron en la guerra, Canadá había sido el fuerte brazo derecho de Gran Bretaña. Este pequeño país había organizado un ejército enorme. Para ayudar a Gran Bretaña a sobrevivir, los canadienses habían ampliado su armada a un tamaño *cincuenta veces mayor*.[52] Siempre leales, los canadienses le habían declarado la guerra a Alemania a pocos días de que Gran Bretaña lo hiciera en septiembre de 1939. Las fuerzas canadienses peleaban y morían junto a sus hermanos británicos. Miles de soldados canadienses, británicos y de otras partes de la Mancomunidad acababan de rendirse ante los japoneses en Hong Kong durante esa última semana de 1941.

Churchill tenía que rendirle homenaje a este aliado tan leal, por lo que al hablar ante el Parlamento de Canadá en Ottawa relató su intento de persuadir a Francia de permanecer en la guerra contra Hitler. El débil general francés Weygand había dicho con desdén: «En tres semanas le retorcerán el cogote a Inglaterra como si fuera una gallina». Desafiante, Churchill gritó: «¿*Una gallina*?». Luego, cuando se acallaron las risas en la Cámara de los Comunes, añadió: «¿*El cogote*?». Los canadienses se rieron con todas sus fuerzas, porque en el argot popular la palabra *cogote* significaba *agallas*. A los canadienses les encantó esto.

Así terminó 1941, el año que Dean Acheson llamó «el año en que contuvimos la respiración».[53]

Al regresar a Washington en tren el día de Año Nuevo de 1942, Churchill firmó con Roosevelt una declaración conjunta de objetivos de guerra que hablaba del deseo de las *Naciones Unidas* de obtener una victoria completa por sobre Alemania, Italia y Japón. Esta fue la primera referencia en la historia de los Estados Unidos a las Naciones Unidas como el nombre formal de la alianza de veintiséis naciones que peleaban contra los poderes del Eje.

Al ver la noticia de la conferencia de prensa de estos dos líderes, Hitler comentó que FDR estaba «de veras mentalmente enfermo» y que todo el suceso se había degenerado hasta convertirse en una actuación teatral, «verdaderamente judía», según su opinión.*«Los estadounidenses son el pueblo más tonto que uno pueda imaginar», se burló el führer.54

Winston intentó azuzar a FDR hablando de que los Estados Unidos seguían respaldando el régimen pro-alemán de Vichy en Francia, en tanto los británicos respaldaban a las fuerzas libres francesas del general Charles de Gaulle. Sin embargo, FDR lo hizo callar al decirle que este era un asunto que les correspondía al secretario de estado, Cordell Hull, y al embajador británico, Lord Halifax. Churchill sabía que esa era la forma en que Roosevelt se aseguraba de que nada sucediera. «Hull, Halifax y el infierno», respondió desafiante entonces.55

Más tarde, después que Churchill lo felicitara por su cumpleaños número sesenta, FDR le envió un cable: «Es divertido estar en la misma década que usted».56

El afecto entre ambos era genuino, pero cada uno tenía su propia guerra y sus objetivos específicos. La secretaria de trabajo, Frances Perkins, informó que FDR había cambiado. Después del ataque japonés «es otro hombre», señaló. «Posee una personalidad más poderosa y dedicada. El terrible impacto de Pearl Harbor, la destrucción de sus preciosas naves, los peligros desconocidos que podría causarle la guerra al pueblo ... fueron como una purga espiritual que lo dejó más limpio, más sencillo, más concentrado».57

A pesar del buen humor de Roosevelt y Churchill, la situación de los aliados era triste y difícil. Los soldados británicos y canadienses que se habían rendido serían sometidos a terribles brutalidades durante el cautiverio en manos de los japoneses.**En las Filipinas, las fuerzas nacionales y del Ejército estadounidense comandadas por el general Douglas MacArthur se hallaban cada vez más aisladas en la isla de Bataan. Allí las fuerzas japonesas bajo las órdenes del general Homma arreciaban cada vez con más fuerza. Desde enero hasta abril de 1942 la situación empeoró. Al no poder liberar la fortaleza de Corregidor, el presidente Roosevelt le ordenó a MacArthur que evacuara a su familia y al personal inmediato para

---

* Las manifestaciones del partido de Hitler, orquestadas por Albert Speer y filmadas por Leni Riefenstahl, eran sumamente teatrales. Solo su odio hacia los judíos podía cegar al führer ante el hecho de que sus enemigos tuvieran un mayor sentido del drama de la historia que él.

** La película *El puente sobre el río Kwai* ganó un Oscar en 1957 por la forma en que trató el tema del cautiverio. La construcción de este «ferrocarril de la muerte» se mostró de manera más gráfica todavía en la película del año 2001, *El fin de todas las guerras*, donde se muestra de forma poderosa todo el horror.

enviarlos a Australia. Los australianos eran un aliado importante, pero se sentían horrorizados al encontrarse de pronto en el camino de los ataques japoneses. FDR envió a MacArthur allí para tranquilizarlos. Al salir de las Filipinas en un Bote Torpedo de Patrulla (PT), MacArthur afirmó: «Regresaré».

Los G.I.*estadounidenses se sentían abandonados. Los japoneses seguían bombardeando día y noche, mientras los jóvenes cantaban en tono lastimoso:

> Somos los bastardos batallantes de Bataan
> Sin mamá, ni papá, ni tío Sam,
> Sin tíos, ni tías, ni primos, ni sobrinos,
> Sin píldoras, aviones ni artillería.[58]

Cuando finalmente los estadounidenses se rindieron en abril de 1942, el horror les esperaba a los prisioneros de guerra de los Estados Unidos y filipinos. A casi setenta y ocho mil de ellos (esta fue la rendición en masa más grande de la historia estadounidense) se les obligó a marchar a un campo de prisioneros a más de ciento cuatro kilómetros de distancia. Los famélicos y enfermos estadounidenses y filipinos fueron golpeados con palos y bayonetas, o ejecutados si no lograban seguir el ritmo de la marcha. Más tarde esto llegó a conocerse como la Marcha de la Muerte de Bataan.[59] (Por haber ordenado la marcha el general japonés Homma sería juzgado, sentenciado y ejecutado en la horca por crímenes de guerra.[60])

Con el objeto de levantar el ánimo del pueblo estadounidense después de la terrible derrota en las Filipinas, FDR ordenó un ataque aéreo sobre Tokio. El coronel Jimmy Doolittle encabezó los dieciséis bombarderos B-25 de la Fuerza Aérea de los Estados Unidos que despegaron desde la cubierta del USS *Hornet*. Los pilotos bombarderos de Doolittle practicaron el despegue desde una pista de la misma dimensión que la de un portaaviones, pero nunca habían despegado en realidad desde un buque que se movía y sacudía en medio de las tormentosas aguas del Pacífico del norte. Jamás, antes o después, hubo bombarderos que despegaran de la cubierta de un portaaviones. El vicealmirante William F. («Bull») Halsey y su fuerza de tareas llevaron a los aviones hasta una distancia de ochocientos kilómetros de las islas de Japón. El ataque de Doolittle, esos famosos *treinta segundos sobre Tokio*, casi no hicieron mella en el aparato de guerra de Japón, aunque sí lograron que los líderes militares perdieran credibilidad ante el pueblo japonés. Ahora veían

---

* G.I. es la abreviatura de Government Issue [Edición del Gobierno], un mote que se le dio a los soldados estadounidenses durante la Segunda Guerra Mundial, así como en la Primera Guerra se les llamaba *doughboy*.

que no eran inmunes a los ataques aéreos. El ataque de Doolittle también electrizó a los estadounidenses, porque a solo cuatro meses de Pearl Harbor se demostraba que los Estados Unidos podrían contraatacar.[61] Nueve de los ochenta pilotos estadounidenses murieron durante este ataque, algunos ejecutados por sus vengativos captores japoneses en una clara violación a la Convención de Ginebra.*Los militares se sentían presionados a hacer algo dramático. Tanto el público como FDR estaban impacientes y exigían acción.[62]

Durante la Segunda Guerra Mundial hubo estadounidenses que cedieron ante el miedo. Los constantes rumores acerca de la deslealtad entre japoneses y norteamericanos causaron pánico, en especial en la ahora vulnerable costa oeste. En respuesta al clamor del fiscal general republicano de Carolina, Earl Warren, y otros más, el presidente Roosevelt firmó el Decreto Ejecutivo 9066 el 19 de febrero de 1942. El DE 9066 hoy se reconoce como uno de los peores errores de FDR, ya que mandaba a apresar a unas ciento diez mil personas de ascendencia japonesa.[63] Esto incluía no solo a los ciudadanos japoneses, sino a los nisei y sansei, japoneses-estadounidenses de segunda y tercera generación, de los cuales sesenta y cuatro por ciento eran ciudadanos de los Estados Unidos.[64] Todos fueron enviados a campos ubicados en lugares remotos del vasto Oeste. Por supuesto, estos campos no se pueden comparar con los campos de concentración y muerte de los nazis, ni con los Gulag de Stalin. Sin embargo, el hecho horrible fue que estadounidenses que nada habían hecho perdieron lo que tenían y, al menos temporalmente, también la libertad por culpa de la histeria y el odio de sus vecinos. Esta es una mancha en la conciencia de nuestra nación.

Afortunadamente, el desempeño heroico en combate en Italia del Batallón 100, conformado en su totalidad por nisei, hizo mucho para aplacar las llamas del prejuicio. El Batallón 100 se integró al Equipo de Combate del Regimiento 442. En esta unidad, Daniel K. Inouye, un nisei hawaiano, ganó la Medalla de Honor del Congreso. Años después prestó juramento como el primer congresista japonés-estadounidense. Cuando el presidente de la Cámara de Representantes, Sam Raybun, pronunció la frase «levante su mano derecha», en el recinto se hizo un sobrecogedor silencio. El congresista Inouye, ahora senador, había perdido el brazo derecho en la guerra sirviendo a los Estados Unidos.[65]

---

* «En la Academia de la Fuerza Aérea de Colorado Springs, Colorado, se exhiben ochenta copas de plata, cada una con el nombre de uno de esos pilotos grabado. Las copas se llevaban a cada reunión y en una ceremonia privada los sobrevivientes alzaban sus copas para brindar por los pilotos que ya no estaban, colocando boca abajo las copas de los hombres que habían muerto desde su última reunión. Cuando haya muerto el último hombre, también su copa quedará boca abajo» (Tomado de: http://www.historynet.com/magazines/american_history/3031641.html?showAll=y&c=y.)

FDR no malgastó tiempo o compasión con los alemanes-estadounidenses de quienes se sospechaba que eran «columnistas de quinta».*Tampoco tendría lástima de los espías. Dos grupos de saboteadores alemanes llegaron en submarino a las costas de los Estados Unidos, uno a Florida y el otro a Long Island. Los interceptó un joven de la Guardia Costera, John Cullen, cerca de Amagansett, Nueva York. El guardacostas Cullen alertó a sus superiores y los alemanes fueron aprehendidos sin demora. FDR ordenó que se les juzgara en un tribunal militar. Aunque contaron con hábiles defensores oficiales, los saboteadores tenían como acusador a Francis Biddle, fiscal general de los Estados Unidos. Se les declaró culpables de ser espías. Seis miembros del grupo fueron sentenciados a morir, mientras que dos que se habían entregado debían cumplir cadena perpetua.[66]

Roosevelt también miraba con severidad a Charles A. Lindbergh, ya que sospechaba que era desleal. Después del ataque a Pearl Harbor, Primero Estados Unidos se replegó y Lindbergh anunció que deseaba volver al ejército. Estaba dispuesto a pelear contra los japoneses, que no eran blancos, pero no había cambiado de idea con respecto a que sería mejor llegar a un acuerdo con Hitler. FDR no tenía ánimo de negociar con Lindbergh ni haría concesión alguna a la tan reiterada idea de Lindbergh de que la guerra de los británicos y los estadounidenses contra los alemanes *arios* equivaldría al suicidio de la raza blanca. Roosevelt rechazó con obstinación el pedido de Lindbergh de una comisión en la fuerza aérea. «Le cortaré las alas a ese muchacho», les dijo a varios senadores.[67] Y lo hizo. Lindbergh nunca más gozó de la confianza del público.

A Roosevelt se le ha criticado por este aparente maltrato vengativo hacia un héroe nacional. No obstante, Abraham Lincoln en persona despidió al mayor John J. Key del ejército en 1862. Ese joven oficial había admitido ante el presidente que él y otros oficiales de menor rango del círculo del general McClellan no querían derrotar decisivamente a los rebeldes, sino que preferían un acuerdo negociado.[68] Lo que FDR hizo con Lindbergh no fue diferente.

FDR era sensible a los disturbios raciales en el país. Millones de estadounidenses negros se mudaban al norte para trabajar en las industrias que proveían materiales la guerra. Ellos enfrentaban discriminación con relación a la vivienda y las actividades cotidianas. Los disturbios amenazaban la unidad nacional en este

---

* El término «columnistas de quinta» se usaba mucho durante la Segunda Guerra Mundial, aunque proviene de la Guerra Civil Española (1936-1939), como denominativo para los elementos subversivos dentro de una ciudad sitiada que ayudarían a los atacantes a tomar dicha ciudad. Era sinónimo de «deslealtad».

momento tan crítico. En 1943, durante uno de los más violentos, murieron treinta y cuatro personas en Detroit.

Los jóvenes negros estaban sujetos al reclutamiento, pero se les destinaba a unidades conformadas solo por soldados de color. En una de esas unidades, los aviadores de Tuskegee obtuvieron fama por su desempeño en los cielos de Alemania. El presidente Roosevelt ascendió a Benjamin O. Davis Sr., que llegó a ser entonces el primer general negro del ejército. Esto era un avance histórico.[69] El gobierno hacía pública la sarcástica respuesta del boxeador Joe Louis ante la injusticia racial en los Estados Unidos: «En este país no hay nada mal que Hitler pueda curar».[70]

Aun así, *sí había* cosas que estaban muy mal en el país. El líder sindicalista A. Phillip Randolph estaba decidido a utilizar la emergencia de la guerra para ejercer presión en pos de una mayor igualdad para los estadounidenses negros. Antes de la guerra, Randolph había convocado a una gran marcha en Washington por la justicia si el presidente no se ocupaba del tema de la discriminación que profesaban los contratistas de defensa del gobierno con relación a los empleos. FDR respondió creando la Fair Employment Practices Commission (FEPC) [Comisión de Prácticas de Empleo Justas]. Lo hizo a instancias de Eleanor.[71] Randolph lideraba la Brotherhood of Sleeping Car Porters [Hermandad de Maleteros de los Vagones Dormitorios]. Sus miembros se conocían como «misioneros sobre ruedas en defensa de los derechos civiles».[72]

Randolph se convertiría en una importante figura dentro del movimiento por los derechos civiles. Él afirmaba: «La libertad nunca está garantizada. Hay que ganarla».[73]

III. Un mundo en guerra

Durante la Primera Guerra Mundial, millones de personas en Rusia, Europa y el resto del mundo no conocían los nombres de Lloyd George, Clemenceau, el káiser o Woodrow Wilson.[74] No tenían muy en claro quién luchaba ni por qué. Sin embargo, como resultado de lo que el historiador John Lukacs llamó *el duelo*, los nombres de Hitler y Churchill eran conocidos en todo el planeta.

En 1942, el mundo entero estaba en guerra. Para millones de personas la derrota en esta guerra significaría no solo la pérdida de la libertad, sino la *aniquilación*. Esto era algo cierto para los comisarios comunistas de la Rusia soviética. Hitler había emitido una «orden comisaria» que mandaba a asesinar enseguida a cualquiera de estas autoridades del partido comunista que cayera en manos de los alemanes. Los eslavos también corrían peligro. Hitler quería Polonia y Ucrania como *lebensraum* o «espacio de vivienda» para la creciente población de alemanes. La esclavitud, la inanición y la eliminación serían el destino que les esperaba a los eslavos que se cruzaran en su camino.

Por supuesto, el «Nuevo Orden de Europa» de Hitler representaba una amenaza mucho mayor para los judíos. Aunque la inteligencia de los aliados no lo supiera todavía, el 20 de enero de 1942, durante la conferencia realizada en el suburbio de Wannsee de Berlín, se planificó la «solución final para el problema judío en Europa». Esta solución —escalofriante eufemismo para un problema inexistente— no significaba nada menos que el asesinato de los once millones de judíos europeos. Las ejecuciones masivas de judíos en Rusia y las cámaras de gas de Chelmno, por destructivas que fueran, solo convencían al alto comando nazi de que era necesario utilizar métodos «industriales» de matanza si se quería eliminar por completo a los judíos en el continente europeo. De este modo, en Wannsee, planificaron utilizar los ferrocarriles para trasladar a todos los judíos que lograran capturar. A las poblaciones se les dijo que los estaban «trasladando hacia el este». No obstante, en lugares remotos como Auschwitz, lejos de las miradas de los curiosos, el monstruoso mecanismo de la matanza en masa se aceleraría como no lo había hecho ninguna otra cosa en la historia de la humanidad. Fue el principio del *Holocausto*. Hitler encontraría cómplices bien dispuestos a colaborar en muchos de los estados ocupados de Europa. Buscaba lograr que Europa fuera *judenrein*, una tierra libre de judíos. Hitler les había advertido públicamente a los judíos que si «ellos» sumían al mundo en otra gran guerra, serían exterminados. En occidente, fueron pocos los que imaginaron siquiera que lo *decía en serio* o pensaba hacerlo de veras.

Hitler habló ante una conferencia en Berlín, haciendo alarde de que el antisemitismo estaba en boga en todo el mundo. Tenía razón en esto. «También en Alemania los judíos se rieron una vez de mis profecías. No sé si ríen aún», indicó con malicioso sarcasmo el führer.[75] Mientras tanto, a cientos de kilómetros hacia el este, en una remota aldea polaca, los judíos de Francia, Bélgica y Holanda llegaban en carros de ganado. Muchos morían durante el trayecto. En un grupo, novecientos cincuenta y siete judíos llegaron desde París en la mañana del 2 de septiembre de 1942. Por la tarde, novecientos dieciocho habían muerto ya en las cámaras de gas.[76]

En los inicios de la guerra, Hitler recibió en Berlín al gran muftí de Jerusalén, el líder musulmán Haj Amin al-Huseeini. Allí, el muftí le trasmitió de modo militante mensajes contra los judíos al mundo árabe.[77] Había ayudado a los nazis a reclutar musulmanes en los Balcanes, la 13 División de las *Waffen* SS Handschar.[78]

Claro que no eran de la raza aria. Miles de judíos de Palestina se habían unido al ejército británico en Egipto. Sabían muy bien que si el poderoso Cuerpo de África de Rommel cruzaba el Canal de Suez, Hitler tendría a los musulmanes de su lado para exterminar al medio millón de judíos que vivían en condiciones precarias bajo el mandato británico en Palestina. Un distinguido educador judío de Jerusalén rogaba que los jóvenes se enrolasen: «Si los hombres de la Universidad Hebrea no ven la urgencia de esta hora, ¿quién la verá?».[79]

FDR y Churchill habían acordado seguir una estrategia conocida como «Primero Alemania», porque ambos consideraban que ese país era el que representaba la amenaza más grande. La decisión tendría profundas consecuencias para el curso de la guerra y la forma en que quedaría conformado el mundo después de la misma. No obstante, al acordar que se lucharía primero contra Alemania, no daban por sobreentendido que la estrategia también sería la misma para ambos. Tampoco les resultaría fácil su alianza con la Rusia soviética y Josef Stalin.

«Me siento condenadamente deprimido», escribió Harry Hopkins desde la residencia del primer ministro en el número 10 de la Calle Downing, en Londres. Indicó que Churchill era como un cañón: era bueno tenerlo de su lado, pero si te tenía en la mira resultaba devastador.[80] Hopkins había estado llevando a cabo negociaciones difíciles con Churchill sobre el tema de las colonias británicas.

Churchill no estaba de acuerdo con Roosevelt en cuanto al futuro del Imperio Británico. ¡Cuando FDR se atrevió a sugerir que Hong Kong le fuera devuelta a los chinos y recomendó la independencia para la India, Churchill replicó diciendo que tal vez habría que enviar un equipo internacional de investigación *al sur de los Estados Unidos*![81] Durante su estancia en el país había viajado mucho y conocía bien la práctica de la segregación. John Maynard Keynes, que encabezaba la delegación británica encargada de la Ley de Préstamo y Arriendo, detestaba la forma condescendiente en que le hablaban los abogados estadounidenses. Todo era «cherokee», señaló.*Los Estados Unidos intentaban «sacarle los ojos al Imperio Británico», añadió.[82] Los delegados que acompañaban a Keynes se sentían como «representantes de un pueblo vencido debatiendo las penalidades económicas de la derrota».[83]

FDR no estaba dispuesto a desperdiciar la sangre y el dinero de los estadounidenses para defender lo que consideraba un poder imperial en decadencia. Lucharía para salvar a las islas británicas de la cruel tiranía de Hitler, pero eso sería todo. «Por Gran Bretaña, miles de millones; por el imperio, ni un centavo», estaba diciendo en efecto.

---

* Un equivalente a decir: «Me hablaban en chino».

Los escolares de los Estados Unidos estaban acostumbrados a ver mapas del mundo con anchas áreas de color rojo (en realidad rosado) que indicaban los dominios británicos. Canadá, Australia, Nueva Zelanda, India (incluyendo al Pakistán de hoy), así como extensos territorios de África, el Medio Oriente y Asia, se hallaban todos bajo la corona británica.

En 1942 todavía era cierto eso de que «el sol jamás se pone en el Imperio Británico». Al perder Hong Kong, Singapur y Malaya ante los japoneses, y con la India en peligro y el ejército de Rommel en África avanzando hacia el Canal de Suez, ¿cuánto más podría durar este adagio?

Tuvo que resultar irónico en verdad para Churchill tener que pelearse con su aliado angloparlante a fin de salvar a su rey. Hitler había prometido *no* interferir con el Imperio Británico y ahora Roosevelt, este gran demócrata, exigía que las colonias británicas pudieran autogobernarse. Churchill sin duda estaba pensando en FDR cuando declaró ante el Parlamento en tono desafiante: «No me he convertido en primer ministro del rey para presidir la liquidación del Imperio Británico».[84]

En la Segunda Guerra Mundial, los Estados Unidos se movilizaron como nunca antes... o después. «Hitler ha de cuidarse de la furia de una democracia enojada», señaló el general estadounidense Dwight D. Eisenhower.[85] Es probable que Hitler no conociera o entendiera las cifras y cantidades de lo que pronto debería enfrentar. Con la ayuda del reclutamiento militar de pre-guerra (reautorizado por un voto único en el Congreso), los Estados Unidos no tardaron casi nada en organizar un ejército enorme. Pronto el país tendría más de doce millones de hombres y mujeres uniformados, sobrepasando de este modo a cualquier otra potencia, incluso a Rusia por un leve margen.[86]

NACIÓN	TROPAS EN EL CAMPO
Gran Bretaña	4.680.000
Japón	6.095.000
Alemania	10.000.000
URSS	12.300.000
Estado Unidos	12.364.000

(Fuente: Stephen Ambrose, World War II)

Estas cifras significan que uno de cada once estadounidenses servía en las fuerzas armadas (en comparación, en el 2007, uno de cada doscientos estadounidenses cumple un servicio activo en el ejército). Esta increíble movilización representó una inversión monumental para una democracia, algo que jamás se había visto y nadie superó desde entonces.

El pueblo estadounidense cantaba canciones pro-militares, como «Boogie Woogie Bugle Boy», de las Hermanas Andrews. La conmovedora «God bless America» [Dios bendiga a los Estados Unidos], de Irving Berlin, había levantado los ánimos cuando la cantara Kate Smith en los aciagos años previos a la guerra. Ahora, en 1942, Berlín utilizaba el humor para mantener en alto la moral de la gente:

> Este es el ejército del Sr. Jones,
> No hay habitaciones privadas o teléfonos,
> Antes tomabas el desayuno en la cama,
> Pero ya no podrás hacerlo.

Millones de jóvenes fueron reclutados para integrar el ejército. Y hubo pocos que soñaran siquiera con no presentarse. A los que se negaban u objetaban se les conocía como «evasores». Para muchos, la experiencia del entrenamiento militar era algo que los desorientaba. Observe este ejemplo del arte de los instructores: *«Ustedes parecen gallinas. Cada día es un nuevo día. Si siguen metiendo la pata como hasta ahora, los voy a desacreditar».**

En términos de la vida cotidiana, los estadounidenses debían arreglárselas con lo que hubiera, porque muchas cosas se racionaban. La carne, el combustible, los neumáticos de los autos y las medias de nylon para las mujeres estaban entre las cosas casi inexistentes. FDR hizo que su secretario de asuntos interiores, Harold Ickes, emprendiera una campaña de recolección de caucho para reciclaje con el fin de reutilizar el material para la guerra. La Casa Blanca anunció que incluso el terrier escocés del presidente, Fala, donaría sus huesos de caucho ya roídos.[87] Ickes estaba tan entusiasmado con su nueva tarea que tomó la estera de goma que estaba a la puerta de la oficina del presidente y la colocó en la cajuela de su limosina.

Todos los días se alentaba a los estadounidenses a cultivar hortalizas en sus «jardines de la victoria». Recolectaban latas y papel de aluminio para su reciclado. La producción automotriz ahora se había convertido en una producción de tanques y aeronaves, por lo que los estadounidenses no podían comprar autos nuevos. Había muchas otras cosas que no se conseguían, y el lema publicitario del gobierno para la austeridad en tiempos de guerra decía:

---

* El texto en inglés emplea la fonética y la pronunciación propias de un entrenador rudo, tal vez con poca cultura, utilizando la jerga militar en una rutina que incluía insultos y cuya tradición le debe mucho a los comandantes de las compañías militares del tiempo del Baron von Steuben en Valley Forge.

Úsalo hasta el final,
Cálzalo hasta que ya no dé más
Arréglate con lo que tengas
O con lo que no tengas

Churchill había hecho famoso el signo de la V de la Victoria. Por lo general, entre los dedos que formaban la V estaba su gran habano. Su «V» era un antiguo gesto inglés, originado según se cree durante la milagrosa victoria del rey Enrique V, cuando ganó la Batalla de Agincourt en Francia en 1415. Cuenta la leyenda que los franceses habían amenazado con cortarles los dedos a los arqueros ingleses para que nunca pudieran volver a usar sus arcos y flechas. Los victoriosos soldados ingleses mostraban sus dedos haciendo la V a fin de probar que los habían conservado, así como su capacidad para la batalla.[88] Ahora, todo tenía que ver con la victoria: jardines de la victoria, préstamos de la victoria. Por dondequiera que se mirara, se exhortaba al pueblo hacia la victoria. Ya se daba por sentado el envío de mensajes por correo con tal fin, y hasta tenía un nombre: correo V. Las cartas que recibían y enviaban los doce millones de estadounidenses uniformados se abrían, fotocopiaban y censuraban. El destinatario solo recibía la fotocopia. Ante tal intrusión por parte del gobierno, apenas si se oyeron quejas o protestas.

Podemos citar otros ejemplos de la «V» no tan loables. Las jóvenes estadounidenses que esperaban ante las bases y los centros de entrenamiento para ver si conseguían algún muchacho se conocían como «chicas V».[89] No es de extrañar entonces que las autoridades de salud pública estuvieran preocupadas por una «V» de otro tipo: las EV, por las enfermedades venéreas.

En las ciudades importantes de la costa este se llevaba a cabo la práctica de los apagones por las noches. La «Gran Vía Blanca» de Nueva York, el corazón del próspero distrito teatral, quedaba a oscuras. A los estadounidenses se les comunicaba que estos apagones eran necesarios, en especial en la costa este, porque los submarinos nazis podían divisar a los barcos mercantes de los Estados Unidos por sus siluetas contrastando con las luces de las ramblas de las ciudades costeras.

Por supuesto que aunque hubiera guerra los estadounidenses acudían al cine. Hollywood se dedicó de lleno al esfuerzo de la guerra y las estrellas de cine aparecían en las marchas de venta de bonos, alentando a los estadounidenses a que contribuyeran a financiar la guerra. La capital de la pantalla grande produjo un sinfín de películas concebidas para levantar la moral del pueblo. Hubo muchas películas excelentes, pero también cientos de producciones mediocres. Hoy son clásicos *Casablanca* y *La Sra. Minniver*. En *Viaje Desesperado*, Errol Flynn, Arthur Kennedy y Ronald Reagan interpretaban a tres pilotos estadounidenses que cayeron tras las líneas del enemigo. Por cierto, no era un papel brillante para alguien que luego sería presidente, pero le dio la posibilidad de bromear diciendo que estaba acostumbrado a que hubiera gente siempre detrás de él. Reagan mismo diría de los productores de algunas de estas películas: «No quieren que sea buena. Quieren que esté lista para el *martes*».

Ronald Reagan seguramente se habría sentido como en casa en North Platte, Nebraska. La ciudad era un típico pueblo del oeste, con doce mil habitantes al principio de la guerra. No obstante, allí sucedió algo muy especial. Desde el día de Navidad de 1942 hasta el final de la guerra, este pueblo se ofreció a ser la Cantina de North Platte. Durante los trescientos sesenta y cinco días del año, desde el amanecer hasta que partiera el último tren trasladando a las tropas, los voluntarios de esta remota comunidad de las grandes planicies les servían café caliente, rosquillas y emparedados a los jóvenes soldados que partían, acompañando todo esto con muestras de afecto.

El esfuerzo había comenzado por error. La gente del pueblo se había enterado de que la Compañía D de la Guardia Nacional de Nebraska haría una parada allí mientras se dirigía al Pacífico.[90] La joven señorita Rae Wilson le escribió al *Daily Bulletin* de North Platte para describir lo sucedido en la estación:

> Los que recibimos a este tren que traía a las tropas y llegó como a las cinco de la tarde esperábamos ver a los muchachos de Nebraska. Por supuesto, llevábamos dulces, cigarrillos y otras cosas. Sin embargo, con mucho gusto les dimos todo esto a los muchachos de Kansas. Hubo sonrisas, lágrimas y risas. En trescientos rostros se reflejaba el aprecio por lo que hicimos. Digo que tenemos que responderles a nuestros hijos y a los hijos de otras madres en un cien por ciento. Hagamos algo y hagámoslo ahora mismo. Podemos ayudar de este modo, ya que no tenemos otra manera de colaborar.[91]

Lo que se inició como un error, cuando se confundieron los de Nebraska con los de la Guardia Nacional de Kansas, terminó cinco años después. Cuando acabó la guerra, más de seis millones de soldados (G.I.s) habían pasado por la Cantina de North Platte y recibido algo de manos de sus habitantes.[92]

Las industrias de la guerra empleaban a millones de estadounidenses. A muchos se les impedía dejar sus trabajos en sectores críticos. Cuando John L. Lewis, del Sindicato de Mineros, organizó una huelga en las minas de carbón que perturbaría la producción de material para la guerra, FDR amenazó con confiscar las minas y enrolar a los mineros en el ejército.[93]

Millones de mujeres comenzaron a trabajar fuera de sus casas por primera vez durante la Segunda Guerra Mundial. «Rosie la remachadora» se convirtió en una leyenda. «Ella es una WOW», anunciaba un cartel con la imagen de una atractiva joven que sonreía desde su puesto en la línea de montaje mientras imaginaba a su hombre dirigiéndose al frente de combate. Al convertirse en una Mujer Obrera de la Guerra (Woman Ordinance Worker, WOW), le daba a un hombre la libertad de poder ir a luchar.[94]

Las mujeres y todos los que trabajaban en el campo de la defensa sabían que no eran meros obreros realizando tareas de rutina, difíciles o aburridas. Eran la fuente de poder para la victoria. En un mundo que no podía salir de su asombro, la capacidad productiva de los Estados Unidos parecía ilimitada.

IV. La batalla del Atlántico

La construcción de barcos era un aspecto vital para la victoria de los aliados. La amenaza de los submarinos nazis representaba una amenaza para la misma supervivencia de Gran Bretaña en 1942. Si las provisiones no llegaban por mar a las islas británicas, su población moriría de hambre y la nación perdería la guerra.

FDR necesitaba un industrial serio que inspeccionara los astilleros. Acudió con indecisión a Joseph P. Kennedy. El Sindicato Nacional Marítimo, notoriamente a favor de los soviéticos, le envió a FDR un cable en protesta ante la nominación de Kennedy: ERROR FATAL DESIGNAR A ESTE APÓSTOL DE LA CONTEMPORIZACIÓN PARA CUALQUIER PUESTO DE LA CONSTRUCCIÓN NAVAL.[95] Kennedy, que todavía le guardaba rencor al presidente, consideró que el puesto era muy poco para él y rechazó la designación.[96] Este es un clásico ejemplo de la forma en que FDR manejaba las cosas. Es probable que supiera que el petulante Kennedy rechazaría la oferta. Sin embargo, al haberle ofrecido el puesto, podía decir que sus deudas políticas con el arrogante político de Boston estaban saldadas.

En lugar de Joe Kennedy, sería Henry J. Káiser el que ganara la fama perdurable de construir los barcos de la Libertad. Un total de dos mil setecientos cincuenta y un barcos de la Libertad se construyeron durante la Segunda Guerra Mundial.*Uno de estas naves se construyó en un tiempo récord de cuatro días y quince horas y media desde el momento en que se instaló la quilla.[97] Los marineros de la marina mercante bromeaban diciendo: «Podemos fabricar barcos más rápido de lo que logra hundirlos Hitler».

Una apuesta arriesgada, pero en realidad eran los marines aliados, no sus barcos, los que resultaban irremplazables. Desde 1939, cuando Gran Bretaña y Canadá entraron en la guerra, hasta 1945, murieron treinta y seis mil marines aliados en el Atlántico. Y la mayoría en los ataques de los submarinos alemanes. También murió una cantidad similar de marineros mercantes.[98] Poco después de que Hitler le declarara la guerra a los Estados Unidos, la costa este se convirtió en coto de caza para las ingeniosas «jaurías de lobos» de los submarinos comandados por el *Grossadmiral* Karl Dönitz.**A mediados de 1942, los alemanes habían hundido más tonelaje aliado en el Atlántico del que los japoneses enviaron al fondo del mar con sus fabulosos y espectaculares ataques contra Peral Harbor, las Filipinas, Wake, Guam y otras posesiones estadounidenses, británicas y holandesas en Asia.[99] Hitler jamás permitía que operaran al mismo tiempo más de doce submarinos en la plataforma marítima del este de los Estados Unidos, pero era terrible el daño que causaban. El historiador naval Samuel Eliot Morison compara el total de bajas estadounidenses en 1942 a las que habríamos tenido si los saboteadores nazis hubieran tenido éxito en destruir varias de nuestras fábricas de municiones.[100] Dönitz estaba convencido de que Alemania podría ganar la guerra usando solo sus submarinos.[101] Si tomamos en cuenta las pérdidas para los aliados en un tiempo relativamente corto, tal vez haya tenido razón.

Sin embargo, los Estados Unidos y Gran Bretaña no dependían solo de la abrumadora productividad de sus astilleros. El sistema de convoy, los destructores escoltas, los inventos para destruir submarinos como el SONAR (ASDIC para los británicos que lo inventaron), los hidroaviones patrulla, los dirigibles equipados con armas antisubmarinos, todo esto se sumaba para acabar con la amenaza de los submarinos

---

* Estos dos mil setecientos cincuenta y un barcos de la Libertad construidos entre 1941 y 1945 tenían ciento treinta y cinco metros de largo, diecisiete de ancho, y cargaban diez mil ochocientas toneladas de provisiones. Su autonomía era de veintisiete mil trescientos cincuenta kilómetros (Fuente: http://www.cr.nps.gov/history/online_book/butkowski1/index.htm.)

** Grossadmiral: Grado máximo que podía recibir un soldado en la Marina Alemana. Dönitz había concebido la idea de juntar a los submarinos para poder atacar en conjunto mientras servía como oficial menor en la Armada Imperial de Alemania durante la Primera Guerra Mundial. Solo gracias al respaldo de Hitler pudo hacer realidad su sueño, que representó una *pesadilla* para nosotros. Tal vez por eso Dönitz le era tan leal a Hitler.

alemanes. La Guardia Costera de los Estados Unidos se mantuvo especialmente activa luchando contra los submarinos en la Segunda Guerra Mundial. El guerrero antisubmarinos más destacado tal vez haya sido el capitán británico F. J. «Johnnie» Walker, que hundió *veinte* submarinos utilizando una táctica propia, «el ataque sigiloso».[102] Johnnie Walker no les daba a los alemanes la oportunidad de rendirse. Usaba un barco para localizar al submarino con su sonar mientras iba rastreándolo y acercándose sigilosamente. Luego daba órdenes de disparar a profundidad.[103] No había submarino que sobreviviera a los golpes de Walker.[104] Antes de la guerra había sido boxeador. ¡Pobres de los que se enfrentaban a él en el cuadrilátero!

Para mayo de 1943, el «tiempo feliz» que los marineros de los submarinos recordaban junto a las costas de Carolina del Norte había llegado a su fin. Cuando acabó la guerra, habían muerto las tres cuartas partes de todos los marineros de submarinos alemanes, que en total eran cuarenta mil. No es de extrañar que Churchill les temiera más que a cualquier otra cosa. «El ataque submarino fue nuestro mayor peligro. Para los alemanes, mejor hubiera sido apostarlo todo a sus submarinos».[105]

Un marinero estadounidense, Leslie Morrison, describió su terrible experiencia cincuenta años después de que su barco mercante, el SS *Deer Lodge*, fuera atacado con torpedos junto a la costa de Durban, Sudáfrica, en febrero de 1943. El capitán del submarino alemán U-516 subió a la superficie y les preguntó a los sobrevivientes que estaban en las balsas salvavidas cuál era su tonelaje, en qué consistía su carga, de dónde venían y hacia dónde iban. Morrison, contándole la historia a su sobrina, indicó cómo el capitán de corbeta alemán, Gerhard Wiebe, dio media vuelta entonces y se alejó. «¿No fue eso *horrible*?», preguntó su sobrina. «¡Claro que no!», rió el viejo marino. «Al menos no *disparó* contra nosotros». Morrison contó cómo colocaron y atendieron a los heridos en las balsas salvavidas mientras los soldados sanos se turnaban para mantenerlas a flote y se aferraban a los bordes desde afuera.

El marino Basil Izzi, de la Armada de los Estados Unidos, sobrevivió durante ochenta y tres días en una balsa después que el SS *Zaandam*, donde era guardia armado, se hundiera en el Atlántico sur a fines de 1942. Había cinco hombres en la balsa al principio, pero solo sobrevivieron tres. Izzi lo narró todo durante una entrevista:

PERIODISTA: ¿Logró llevarse algún recuerdo de ese viaje?

IZZI: Sí, señor. Guardé el vaso que usábamos en la balsa.

PERIODISTA: Además de los servicios para los que murieron, ¿llevaron a cabo servicios religiosos en la balsa?

Izzi: Sí. Antes de que muriera el primero realizábamos servicios todas las noches antes de dormirnos. Cada uno de nosotros decía sus oraciones, o uno lo hacía por todos los demás.

Periodista: ¿Le avisaron a su familia que usted había desaparecido mientras estaba en la balsa?

Izzi: Sí, le avisaron que yo había desaparecido el 18 de noviembre. Y volvieron a contactarse el 1 de febrero para informarles que me habían encontrado.

Periodista: ¿Cuál es el nombre del barco de rescate? ¿Lo sabe?

Izzi: El bote PC 576 [Los barcos de la Armada de los Estados Unidos que perseguían a los submarinos no tenían nombre. El PC 576 se construyó en Dravo, Delaware, en 1942]. Era un barco estadounidense, un pequeño barco patrulla que escoltada a un convoy de Trinidad.

Periodista: ¿Cuánto pesaba usted?

Izzi: Mi peso normal es de más o menos sesenta y cinco kilogramos, pero cuando me encontraron pesaba algo así como treinta y ocho. Ahora no he recuperado todavía mi peso normal. Voy a recorrer el país en unos pocos días más y luego me tomaré dos meses de licencia y volveré al hospital [Naval] aquí en Betesda [Maryland].

Periodista: ¿Va a ir a hablar en las plantas de guerra?

Izzi: Así es.106*

V. Los Estados Unidos contraatacan

Después del ataque sorpresa de los japoneses contra Pearl Harbor, el almirante de la Armada, Chester W. Nimitz, ardía en deseos de contraatacar. La Armada Imperial Japonesa no conocía la derrota. Cada uno de sus buques de guerra llevaba el signo del crisantemo de dieciséis pétalos, el sello imperial. En mayo, un encuentro entre las aeronaves procedentes de los portaaviones japoneses y unidades navales estadounidenses y australianas recibió el nombre de Batalla del Mar de Coral. Los japoneses intentaban hacer que sus tropas desembarcaran en Puerto Moresby, Nueva Guinea.107 Esta fue la primera batalla naval en la historia en que ninguna

---

* El barco mercante holandés SS *Zaandam*, con destino a Nueva York, transportaba ocho mil seiscientas toneladas de cromo y cobre además de seiscientas toneladas de carga general. Su tripulación era de ciento doce hombres, con dieciocho guardias armados y ciento sesenta y nueve pasajeros que incluían a los sobrevivientes de cuatro barcos ya hundidos. Izzi fue uno de los tres sobrevivientes de este naufragio en particular. Ante los comentarios de Izzi, debemos señalar que la historia de este sobreviviente en una balsa contrasta con la línea de conducta hipotéticamente aceptada por el infame Ejercicio de Salvavidas que se ofrece en ciertos cursos que se hacen llamar de Clarificación de Valores.

de las dos flotas avistó a la otra. Aunque los estadounidenses perdieron el USS *Lexington*, los japoneses no pudieron desembarcar y se retiraron bajo el fuego de las aeronaves procedentes de los buques portaaviones.[108]

Los australianos y neozelandeses consideran que esta batalla fue la clave que aseguró que los japoneses no lograran invadir sus países.

En junio de 1942, el intento japonés de tomar la isla Midway en el Pacífico norte se vio frustrado. Los buques estadounidenses que no fueron destruidos en Pearl Harbor lanzaron ataques contra sus contrapartes de Japón. Milagrosamente, un escuadrón aéreo que había equivocado el rumbo vio la estela de un destructor japonés. Giraron noventa grados y siguieron al destructor hasta el destacamento de los portaaviones. Allí, la Armada estadounidense con sus torpedos sorprendió a los portaaviones del almirante Nagumo mientras se preparaban para el aterrizaje de sus propios aviones. Las cubiertas japonesas estaban ocupadas por las bombas y las mangueras de combustible, y cuando los estadounidenses atacaron, fue una catástrofe para Nagumo. Los portaaviones que habían actuado en el ataque sorpresa contra Pearl Harbor, el *Kaga*, el *Agaki*, el *Hiryu* y el *Soryu*, quedaron sepultados en el fondo del mar. Los estadounidenses se alegraron al ver que sus fuerzas les asestaban un golpe tan duro a los japoneses a solo seis meses de Pearl Harbor.[109] Lo que hizo el ataque de Doolittle en espíritu, la Batalla de Midway lo hizo en la realidad. El milagro de Midway dio por tierra con el mito de la invencibilidad japonesa. Sin embargo, Midway no se ganó sin sufrimiento. El *USS Yorktown* se hundió. Y de los cuarenta y un aviones enviados contra el enemigo por el almirante Spruance solo regresaron seis.[110]

Más tarde, Gran Bretaña también tuvo una victoria singular en 1942. Churchill estaba desesperado por detener al «Zorro del Desierto», el mariscal de campo Erwin Rommel. El Cuerpo de África de Rommel había empujado a los británicos hacia atrás otra vez, a unos noventa y seis kilómetros del Canal de Suez. Ahora no solo el canal era vulnerable, y con ello la provisión vital de combustible para Gran Bretaña proveniente del Golfo Pérsico, sino también lo era el mandato británico en Palestina. Los judíos de todo el mundo temblaban en tanto los tanques *panzer* de Rommel se acercaban cada vez más a Jerusalén.

Para detener al carismático Zorro del Desierto, Churchill utilizó al igualmente pintoresco mariscal de campo Bernard Law Montgomery. «Monty» y sus «Ratas del Desierto», del 8vo Ejército de Gran Bretaña, derrotaron a Rommel en El Alamein en noviembre de 1942. Los ingleses no cabían en sí de gozo. A pesar de las «violentas» objeciones de su esposa Clementine, Churchill ordenó que las campanas de la iglesia que habían guardado silencio desde el 1 de septiembre de 1939 sonaran ahora en toda

Gran Bretaña para celebrar la victoria.*Churchill señaló que este no era el final. «Ni siquiera es el principio del final. Pero tal vez sea el final de principio». Y lo fue.

Mientras hablaba, los imparables ejércitos de Hitler se vieron detenidos en el norte de África y Stalingrado, en la URSS. Las dos victorias de los aliados tendrían consecuencias en el mundo entero.

Entretanto, en Europa, los judíos eran el blanco de la aniquilación física según la Solución Final. Había que aterrorizar a los cristianos para que se sometieran, como indican los documentos compilados por el general William Donovan de la Oficina de Servicios Estratégicos (OSS, por sus siglas en inglés). Donovan reunió evidencia acerca del plan de Hitler para destruir a las iglesias y organizaciones cristianas. «Bajo el pretexto de que las iglesias interferían en las cuestiones políticas y del estado, [los nazis] privarían a las iglesias, paso a paso, de toda oportunidad de afectar la vida pública de los alemanes». Como observa el escritor Charles A. Donovan: Adolfo Hitler y sus nazis estaban «en guerra con Dios».111**

Después de El Alamein siguió la Operación Antorcha. La invasión conjunta estadounidense-británica del norte de África, de dominio francés, estuvo comandada por el general Dwight D. Eisenhower. La victoria de El Alamein ayudó a persuadir a las autoridades francesas de Vichy a dar por finalizada enseguida su resistencia ante la invasión de los aliados. Después de algún combate inicial en el que murieron mil cuatrocientos estadounidenses y setecientos franceses, las autoridades francesas del norte de África buscaron un cese del fuego.112***Aunque la Operación Antorcha fue un gran éxito para los aliados en el norte de África, la consecuencia fue que en represalia Hitler ocupó *todas* las ciudades de la Francia metropolitana. Desde ese momento no existiría siquiera un gobierno ficticio del anciano mariscal Pétain en la pequeña aldea de Vichy, pues no era más que una marioneta de los amos nazis. Todo esto trajo secuelas desastrosas para millones de franceses y en especial para los miles de judíos franceses, ya que Vichy obedecía las exigencias nazis de enviar obreros esclavos franceses y obligaba a los franceses a cooperar delatando y persiguiendo a los judíos.113

---

*   Las campanas de las iglesias debían sonar ante una invasión nazi. Para este momento, el peligro de la invasión ya había pasado, pero «Clemmie» temía que hubiera futuras derrotas para los británicos, por lo que la impulsiva acción de Winston sería como «cantar victoria antes de la gloria». Ella siempre trataba de protegerlo de sí mismo. Su preocupación fue innecesaria, porque después de El Alamein los británicos obtuvieron la victoria. (Fuente: *Clementine Churchill: Portrait of a marriage* [Clementine Churchill: Retrato de un matrimonio], p. 419).

**   Charles A. Donovan es el hijo de James R. Donovan, Sr., que sirvió en la OSS en 1944-45. (Estos Donovans no son parientes del fundador de la OSS, el «Loco Bill» Donovan.)

**   Esta fue la única vez desde la cuasi guerra de 1798-1800 que los franceses y los estadounidenses se enfrentaron en combate.

Ahora Francia estaría por completo a merced de la policía secreta de Alemania, la *Gestapo*. Cientos de miles de jóvenes franceses varones y mujeres serían detenidos y transportados del otro lado de la frontera para cumplir con los trabajos forzados en el Tercer Reich. Los judíos franceses eran perseguidos, a menudo en colaboración con la policía de Vichy, y enviados a los campos de muerte de los nazis.

Churchill había formado su Ejecutivo de Operaciones Secretas (SOE, por sus siglas en inglés) dando instrucciones de «incendiar Europa». Quería causar disturbios y desafiar el dominio de Hitler sobre el continente. Entrenados por el SOE, algunos agentes checos libres lograron matar al Protector Suplente del Reich, Reinhard Heydrich, en mayo de 1942.[114] Él había sido el organizador de la Conferencia de Wannsee para planificar el genocidio sistemático de los judíos. La represalia nazi fue terrible: Hitler ordenó que se arrasara con toda la aldea checoslovaca de Lidic y se ejecutara a todos sus habitantes varones. A las mujeres las llevaron a un campo de concentración y a los niños los secuestraron para incluirlos en el programa de reproducción humana de Himmler, el notorio *lebensborn*.*

Para levantar la moral de los aliados, Eleanor Roosevelt visitó Gran Bretaña a fines de 1942. Clementine Churchill le escribió a FDR sobre el asombroso impacto de las visitas de la primera dama a las jóvenes mujeres al servicio de las fuerzas militares británicas, así como acerca del modo en que se conducía con los periodistas: «Me impactó su don de gente, su amabilidad y dignidad al hablar con los periodistas, y la estima y el afecto que evidentemente sentían por ella».[115]

«Clemmie» luego informó que Eleanor y Winston tuvieron «una leve diferencia de opiniones» en cuanto a España durante la cena. Clementine estaba allí para mediar, pero le dio indicios a la extrovertida esposa del presidente de lo que ella creía con toda convicción.[116] Por último, Winston se percató de que tenía que mantener una relación amigable con Eleanor y decidió hacer uso de sus encantos tradicionales: «Por cierto, deja detrás de usted *huellas de oro*», le escribió cuando Eleanor partía de Inglaterra.[117]

El presidente Roosevelt voló veintisiete mil kilómetros para asistir a otra conferencia cumbre y secreta con Churchill realizada en el territorio de dominio francés de Casablanca, Marruecos, a principios de 1943. El presidente voló a bordo de un Boeing 314 comercial, un «barco volador». De este modo, se convirtió en el

---

* Bajo el programa de reproducción conocido como Lebensborn o Fuente de Vida, las mujeres consideradas por los nazis como acordes con los ideales de la raza alemana se emparejaban con hombres seleccionados a fin de «dar a luz a un niño para el führer». Los lugares de encuentro se disfrazaban oficialmente como maternidades. Cerca de siete mil niños nacieron bajo este programa, aunque jamás se verificaron las cifras. (Fuente: Artículo de AP News: 17 de noviembre de 1999.)

primer presidente que volaba mientras estaba en funciones.[118] Los estadounidenses se sintieron sobrecogidos por el misterio y el peligro que representaba este vuelo en tiempos de guerra.*

La perspectiva para los aliados había mejorado de repente. Los soldados, marineros e infantes de marina estadounidenses estaban en las etapas finales de la toma de Guadalcanal, en las islas Solomon. A pesar de las muchas bajas, que incluyeron mil setecientos cincuenta y dos muertos, los estadounidenses demostraron que era posible vencer a los implacables japoneses aun en las densas junglas del Pacífico sur.[119] En contraste, parte del vasto ejército alemán quedó rodeado en Stalingrado, a temperaturas bajo cero.

Entre otras cosas, FDR esperaba forzar a los franceses libres a aceptar al general Henri Honré Giraud, elegido por él. No le gustaba el autodesignado general Charles de Gaulle como líder de los franceses libres y desconfiaba de este hombre alto y poco cooperativo. Cuando Churchill comentó en son de broma que de Gaulle se creía Juana de Arco, FDR trató de organizar un «duelo» entre ambos líderes franceses. Sin embargo, fracasó. De Gaulle supo maniobrar muy bien por el laberinto de la política de los exiliados franceses y venció a Giraud.

El resultado más importante de esta cumbre en Casablanca fue la exigencia de una «rendición incondicional». Aunque estas palabras no aparecen en el comunicado conjunto de los aliados, sugiriendo esto que Churchill tal vez no sentía tanto entusiasmo, FDR entendía que al pueblo estadounidense había que ofrecerle un objetivo de guerra que pudiera entenderse fácilmente.[120] Se ha criticado a Roosevelt por esta exigencia. Sus críticos dicen que alargó la guerra y obstaculizó el accionar dentro de Alemania de elementos anti-nazis, con lo cual hubo un costo de vidas para los estadounidenses.[121] Sin embargo, Roosevelt sabía que su pueblo estaba muy desilusionado por lo que había sucedido durante la Primera Guerra Mundial. En este punto, su opinión era igual a la de su primo Theodore y difería de la de Wilson.[122] Tenía que asegurarle al pueblo estadounidense que no se «negociaría» con los nazis. Churchill luego suavizó las exigencias de los aliados diciendo: «No somos extirpadores de naciones, ni carniceros de pueblos ... Seguimos honrando nuestras costumbres y nuestra naturaleza».[123] Los aliados tratarían a la derrotada Alemania con humanidad.

---

* La distancia en línea recta entre Washington, D. C. y Casablanca es de alrededor de seis mil cien kilómetros solamente, pero debido a ciertos asuntos de seguridad en tiempos de guerra y algunos requerimientos con respecto al peso de carga, el *Dixie Clipper* de Boeing debió realizar el vuelo por etapas. FDR celebró su cumpleaños número sesenta y uno durante su viaje de regreso.

Churchill estaba enfermo de neumonía durante la conferencia cumbre de Casablanca. Cuando se recuperó, mandó a organizar un picnic en un escarpado lugar de las famosas Montañas Atlas. Fiel a su estilo, bajó por un desfiladero muy empinado e intentó trepar a la roca más grande. «Clemmie no dijo nada», informó una amiga, Lady Diana Cooper. «Se limitó a observarlo como lo hace una madre condescendiente que no quiere arruinarle la diversión a su hijo ni desea truncar su espíritu de aventura».[124] Lady Diana habló con Clemmie tiempo después acerca de qué harían cuando acabara la guerra. «Nunca pienso en cuando termine la guerra», dijo Clemmie con calma. «Verás, pienso que Winston morirá cuando la guerra termine ... Hemos puesto todo lo que tenemos en esta guerra, y nos costará todo lo que tenemos».[125]*

El 30 de enero de 1943, Hitler ascendió al general Friedrich von Paulus al grado de mariscal de campo, recordándole a su comandante en la sitiada Stalingrado que ningún mariscal de campo alemán había sido capturado jamás. Las temperaturas en Rusia ese invierno eran de -30°C (-22°F). Los hambrientos y flacos soldados de la *Wehrmacht* tenían que comerse sus caballos. Incluso desenterraban los caballos muertos para hacer sopa con los huesos. Una y otra vez los soviéticos les trasmitían a las tropas alemanas: *Stalingrad, Massengrab* (Stalingrado, una fosa común). Von Paulus entregó su flamante bastón de mariscal de campo el 31 de enero.[126] Con él, noventa mil soldados alemanes enfermos, hambrientos y helados pasaron por «las puertas del infierno» hacia los campos de concentración de Stalin. Era todo lo que quedaba de un ejército de un cuarto de millón de hombres. De estos prisioneros, menos de cinco mil volverían a ver sus hogares.[127] Los alemanes no habían tenido misericordia al invadir Rusia. Ahora, no la recibirían tampoco.

En Alemania la radio estatal emitió marchas fúnebres durante días. La máquina de propaganda nazi no podía ocultar la magnitud del desastre, y esta vez ni siquiera lo intentó. El acero filoso de las *schwerpunkt* alemanas (puntas de lanza) se había quebrado. Hitler había decidido tomar Stalingrado no por su valor militar intrínseco, sino por su nombre simbólico. Por esa misma razón, Stalin se había propuesto conservarla.

La ciudad, ubicada sobre el río Volga, era poco más que una montaña de escombros cuando los alemanes se rindieron finalmente. En la actualidad, su importancia radica en que representa el punto más lejano al que llegaron los alemanes. A partir de ahí, debieron batirse en una retirada larga y lúgubre, pero ordenada, acosados y

---

* Winston Churchill vivió veinte años más después de la Segunda Guerra Mundial. Su vivaz y amada Clementine vivió hasta 1977.

perseguidos a cada paso por el ejército rojo y miles de partidarios. Y como siempre, los rusos tenían de su lado a su gran comandante, a quien ni siquiera Stalin podía intimidad: el general Invierno. A Churchill le gustaba molestar a Hitler, y dijo ante el pueblo británico:

> Entonces Hitler cometió su segundo gran error. Se olvidó del invierno. En Rusia hay invierno, como todos sabemos, y durante muchos meses hace mucho frío. Hay nieve, escarcha y todo eso.
>
> Hitler olvidó este invierno de Rusia. No debe haber recibido una educación muy buena. Todos hemos aprendido tal cosa en la escuela, pero él la olvidó. Yo nunca cometí un error tan grave como ese.

A solo tres meses de El Alamein, este era de veras el principio del fin. La máquina de guerra nazi ahora demostraba ante todo el mundo su vulnerabilidad, el comienzo de su derrota. Sin embargo, esto no quería decir que la cobra próxima a morir no fuera a morder para instilar su veneno.

El general Dwight D. Eisenhower —conocido muy pronto como *Ike* por millones de personas— invadió Sicilia luego de su éxito en el norte de África. Los estadounidenses acogieron con cierta reticencia la visión de Churchill de que había que «darle un golpe bajo» a la Europa de Hitler y sacar a Italia de la guerra. Italia cayó, pero las legiones de Hitler pronto ocuparon la mayor parte de la península itálica. No había nada de amable en el mariscal de campo Kesselring ni en sus rudos soldados alemanes. La lucha durante el avance a través de Italia fue brutal y sangrienta. Afortunadamente, Roma fue declarada una ciudad abierta, por lo que la Ciudad Eterna y sus tesoros arquitectónicos escaparon a la destrucción. No ocurrió así con Monte Cassino, que se derrumbó con el bombardeo de los aliados. Los aliados desoyeron las protestas del Papa Pío XII, creyendo que los alemanes se habían refugiado en el histórico monasterio y sus alrededores. Las vidas de sus soldados eran más sagradas que incluso el más grande de los monumentos para los aliados.*Cuando el régimen fascista de Benito Mussolini colapsó, Il Duce (el líder) fue tomado prisionero. Hitler envió a sus comandos en una arriesgada y exitosa misión para rescatarlo de sus captores. Se mostró leal a su aliado y mentor hasta el final.

---

* En 1969, los investigadores estadounidenses admitieron que en realidad los alemanes no habían tomado el monasterio de Monte Cassino. La pérdida de este conjunto de edificios fue un trágico ejemplo del «fuego amigable» en la guerra. El Papa había dicho la verdad y tenía razón (Dear and Foot, *Oxford Companion to World War II*, p. 756).

Franklin Roosevelt no perdía oportunidad de recordarles a los estadounidenses que la libertad misma estaba en juego en esta guerra que estaban librando. El 13 de abril de 1943, bicentenario del nacimiento de Thomas Jefferson, FDR habló durante la dedicación del Monumento a Jefferson en Washington, D.C.:

Hoy, en medio de una gran guerra por la libertad, dedicamos un santuario a la libertad ...

[Jefferson] debió enfrentarse al hecho de que quienes no luchan por la libertad pueden perderla. Nosotros también hemos tenido que entender lo mismo ...

Él vivió en un mundo en el que la libertad de conciencia y la libertad de pensamiento todavía eran batallas sin librar, no principios ya aceptados por todos los hombres. También nosotros hemos vivido en ese mundo ...

Jefferson amaba la paz y la libertad, pero en más de una ocasión debió elegir entre ambas. A nosotros también se nos ha obligado a elegir.

La Declaración de Independencia y los propósitos mismos de la Revolución Estadounidense, aunque buscaban libertades, llamaban a renunciar a ciertos privilegios.

Thomas Jefferson creía, como nosotros, en el Hombre. Creía, como nosotros, que los hombres son capaces de gobernarse a sí mismos, y que no hay rey, ni tirano, ni dictador que pueda gobernarlos tan bien como pueden hacerlo ellos mismos.

Él creía, como nosotros, en ciertos derechos inalienables. Como nosotros, vio en peligro tales principios y libertades. Y peleó por ellos, como peleamos nosotros ...

Las palabras que hemos elegido para este monumento hablan del propósito más noble y urgente de Jefferson, y nos enorgullece comprenderlas y compartirlas:

«He jurado sobre el altar de Dios eterna hostilidad contra toda forma de tiranía sobre la mente del hombre».

Roosevelt entendía que Jefferson, «un apóstol de la libertad», consideraba que esos derechos inalienables de los hombres son regalos del Creador. Esta era la creencia que FDR veía amenazada ante el surgimiento mundial del fascismo y el militarismo japonés.

Capítulo 6:

LOS ESTADOS UNIDOS RESULTAN VICTORIOSOS (1943-1945)

«¡Ahora sí ganaremos la guerra!». Así gritó un diplomático soviético al oír la lista de materiales de guerra estadounidense y británico que se le entregaría en 1941 a la atribulada URSS.[1] La enorme productividad de las democracias fue central para la victoria de los aliados en la Segunda Guerra Mundial. Sin embargo, la producción sola no podría haber garantizado el triunfo. «Decían que los estadounidenses no vendrían jamás», dijo un almirante japonés con tristeza después de la guerra. «[Nos explicaban que los estadounidenses] no pelearían en la selva, que no eran el tipo de gente que soportaría una guerra», recordó.[2] Hitler se equivocó. Después de todo, había sido cabo en el frente occidental durante la Primera Guerra Mundial y vio el impacto que los estadounidenses tuvieron en el devenir de la batalla. No obstante, él también pensaba que los estadounidenses no pelearían. Los Estados Unidos, con la política prioritaria de vencer primero a Alemania, destinaron el ochenta y cinco por ciento de sus hombres y materiales a la lucha contra Hitler.[3] Napoleón había comparado al material de guerra con la moral, llegando a la conclusión de que en una guerra los factores morales eran diez veces más importantes. El general Marshall, siempre sabio, pensaba que la alianza estadounidense-británica era la clave para llegar a la victoria.[4] Bismarck entendía la importancia de esa relación, algo que ni el káiser ni el führer entendieron jamás. Josef Stalin atribuiría su victoria en la Gran Guerra Patriótica a la «correlación de fuerzas» marxista. Preguntó

con sarcasmo: «¿Cuántas divisiones tiene el Papa?». Churchill seguramente sabía lo importante que era enviar a la batalla a divisiones bien equipadas, entrenadas y dispuestas a pelear. Sin embargo, aunque lo sabía, decía que era la Providencia lo que había llevado a los aliados a la victoria.[5] ¿Quiénes somos para contradecirlo?

I. Señorío

El presidente Roosevelt utilizó todos los recursos de su poderoso puesto para hacer avanzar el esfuerzo de guerra de los estadounidenses. Se hizo fotografiar condecorando personalmente a los valientes y jóvenes guerreros con la Medalla de Honor del Congreso. Uno de estos guerreros, muy interesante por cierto, era el teniente comandante Edward «Butch» O'Hare. Este joven aviador naval encabezó su escuadrón para atacar a los bombarderos japoneses que venían hacia su portaaviones, el *USS Lexington*. En solo cinco minutos, Butch derribó a cuatro bombarderos enemigos, arriesgando su vida y mereciendo el más alto honor de la nación por su heroísmo. Después de recorrer los Estados Unidos dando charlas en mítines y reuniones organizadas para vender bonos de la guerra, O'Hare regresó al Pacífico Sur. Allí murió en 1944 durante la famosa Batalla del Mar de las Filipinas o «la cacería de pavos de las Marianas», tal vez víctima del fuego amigable. Después de la guerra, el Aeropuerto O'Hare de Chicago recibió su nombre en honor a este intrépido joven graduado de la Academia Naval.[6*]

Poco después, otros verdaderos héroes se sumaron a Butch O'Hare, como el teniente del ejército Audie Murphy y el artillero de la Marina, el sargento John Basilone. Vale la pena repasar sus historias. «El 26 de enero de 1945, cerca de Holtzwihr, Francia, la Compañía B de Murphy fue atacada por seis tanques [alemanes] y ola tras ola de soldados de infantería. El teniente segundo Murphy les ordenó a sus hombres que se retiraran a fin de preparar posiciones en un bosque mientras él permanecía al frente en su puesto de comando para dirigir a la artillería. Uno de los destructores tanque de su compañía recibió un impacto y empezó a incen-

---

*   El padre de Butch O'Hare, E. J. «Easy Eddie» O'Hare, era socio comercial del notorio gángster Al Capone. Easy Eddie se volvió contra Capone, tal vez debido a la actuación del mafioso en la masacre de Chicago el Día de San Valentín. Capone fue enviado a prisión por evadir impuestos, pero cuando lo liberaron, Easy Eddie murió asesinado en 1939. Butch O'Hare había visitado a su padre en Chicago, pero vivía en St. Louis. Sin embargo, el editor del Chicago Tribune, el coronel Robert McCormick, quería tener a un héroe local y «adoptó» a Butch. (Tomado de: http://www.stlmag.com/media/st-louis-magazine/july-2005/the-butch-ohare-story/).

diarse. El teniente Murphy se trepó al tanque destructor y apuntó su ametralladora contra los adversarios, matando a varias docenas y haciendo que el ataque enemigo perdiera fuerza. Mantuvo su posición durante más de una hora, resultando herido en la pierna, pero siguió peleando hasta que se quedó sin municiones. Luego logró llegar a donde estaba su compañía, negándose a recibir atención médica y organizando un contraataque que obligó al enemigo a retirarse».[7]* La historia del sargento Basilone también es asombrosa: «Basilone fue condecorado con la Medalla de Honor durante la Segunda Guerra Mundial por haber impedido el avance de tres mil soldados japoneses durante setenta y dos horas en Guadalcanal, contando solo con quince hombres, de los cuales murieron doce. Después de este acto de heroísmo se le envió a los Estados Unidos para promocionar los Bonos de la Guerra. No obstante, pidió volver a su unidad para "estar con mis muchachos". Basilone fue condecorado póstumamente con la Cruz de la Armada y el Corazón Púrpura por destruir un emplazamiento de armas de los japoneses en Iwo Jima. Murió allí durante un bombardeo».[8]

El gobierno se aseguraba de que las historias de sacrificios se difundieran ampliamente una vez que fueran verificadas, como la de los cinco hermanos Sullivan. Los Sullivan, todos jóvenes marineros, desaparecieron junto con el USS *Juneau.***También se conoció en todo el país la historia de los Cuatro Capellanes: el reverendo George Fox, ministro metodista; el rabino Alexander Good; el reverendo Clark Poling, ministro de la iglesia reformada holandesa; y el padre John Washington, sacerdote católico. Los cuatro valientes clérigos les dieron sus chalecos salvavidas a los tripulantes y los jóvenes soldados del USS *Dorchester* cuando el sobrecargado buque de transporte de tropas se hundió en las heladas aguas de las costas de Groenlandia, luego de ser víctima del ataque de un submarino nazi.[9]

Europa continuaba oprimida bajo el yugo nazi. Los movimientos de oposición surgían por todo el continente y la actividad de la resistencia aumentó cuando las derrotas alemanas de El Alamein y Stalingrado demostraron que las legiones de Hitler no eran invencibles. Los luchadores subterráneos oían emisiones clandestinas de la BBC desde Londres. Las notas de apertura de la Quinta Sinfonía de Beethoven

---

* Audie Murphy luego protagonizaría su propia historia en una película de Hollywood: To Hell and Back [Al infierno y de regreso]. La colonia cinematográfica luego produjo muchas historias de heroísmo en tiempos de guerra.

** La tragedia de esta familia de Waterloo, Iowa, fue mayor que la que causara que el presidente Lincoln enviase su famosa carta a la Sra. Bixby durante la Guerra Civil. También hizo que el Departamento de Estado descontinuara la práctica de permitir que los hermanos sirvieran juntos en combate, como lo habían pedido los hermanos Sullivan debido a que eran muy unidos.

simbolizaban tres puntos y un guión (...–), el Código Morse Internacional para la letra V. Y la «V» representaba la Victoria. Uno de los más dramáticos incidentes de la resistencia sucedió la noche anterior al Yom Kippur, a fines de septiembre de 1943.10 Al informársele que Hitler planeaba deportar a todos los judíos de Dinamarca al gueto checo de Theresienstadt, un diplomático alemán de nombre Georg Ferdinand Duckwitz le trasmitió la noticia a las autoridades danesas. Ellos a su vez organizaron un éxodo por mar a fin de llevar a más de siete mil judíos daneses del otro lado del Skaggerak, el angosto espejo de agua que separaba a la ocupada Dinamarca de la neutral Suecia. La tan repetida historia de que el rey Christian X de Dinamarca llevaba en el brazo la estrella de David en color amarillo no es cierta, pero eso no le resta mérito a esta heroica historia de hermandad y solidaridad.

FDR emprendió otro arduo viaje en noviembre de 1943. Había acordado reunirse con Churchill y Stalin en Teherán, capital de Irán, para la primera reunión cumbre de lo que pronto se conocería como los «Tres Grandes». Stalin temía dejar la URSS, siempre desconfiado, siempre viendo la traición al acecho en todas partes. FDR rechazó la invitación de Churchill a quedarse en la embajada británica porque no quería que pareciera que las democracias se «unían en un bando» en oposición a Stalin. La embajada estadounidense estaba muy lejos de la ciudad, por lo que FDR aceptó la invitación de Stalin de utilizar una casa entera dentro del complejo de la embajada soviética. Stalin le dijo a Roosevelt que tenía información de inteligencia que indicaba que los alemanes intentarían secuestrar al presidente estadounidense. Más tarde, el enigmático embajador de FDR, Averell Harriman, señaló que tenía dudas de que lo del complot fuera verdad. En cambio, pensaba que Stalin quería que el presidente de los Estados Unidos se alojara en un lugar donde su policía secreta, la NKVD, ya había instalado micrófonos.11

FDR se negó a asistir a la reunión que le había solicitado Churchill para reunirse primero con Stalin. Cuando por fin los Tres Grandes se reunieron, era evidente que Stalin compartía el desdén de Roosevelt por de Gaulle y los franceses debido a que Francia había caído tan rápido en 1940.*Stalin tenía otra razón para sentir antipatía por de Gaulle. Una Francia vibrante, no comunista, sería un impedimento para un convenio posterior a la guerra de toda Europa. De Gaulle era un obstáculo para el plan de dominación que tenían los soviéticos.12 FDR parecía esforzarse por jugarle bromas a Churchill en presencia de Stalin. Harry Hopkins

---

* De modo muy conveniente había olvidado el hecho de que los comunistas franceses, siguiendo órdenes del mismo Stalin, obstaculizaron el esfuerzo de defensa de los franceses, tanto en el ejército como en las industrias claves. Esto ocurrió porque Stalin en 1940 todavía era aliado de Hitler.

notó que Stalin iba vestido elegantemente con el uniforme de mariscal de campo, fumaba su pipa y dibujaba garabatos (lobos todo el tiempo) y hablaba en un susurro casi inaudible.[13]

El asunto principal era el compromiso de los Estados Unidos y Gran Bretaña de abrir un «segundo frente» en Europa occidental. Stalin siempre volvía al tema de que el Ejército Rojo era el que llevaba a cabo todas las batallas contra los nazis. En términos de la cantidad de soldados involucrados, esto era en gran parte cierto. Afirmó que estaba dispuesto a romper su neutralidad hacia Japón (la URSS sería el único país de las Naciones Unidas que no estaba en guerra con Japón), pero que solo podría entrar en la guerra del Pacífico después que los alemanes fueran derrotados. A Roosevelt le satisfizo la propuesta. Incluso en ese entonces, el general MacArthur estaba logrando avanzar de isla en isla con todo éxito en el Pacífico, llevando la guerra cada vez más cerca de Japón. Cuando FDR y Churchill se comprometieron a comienzos de 1944 a llevar a cabo la operación «Señorío», la planeada invasión de Francia, el desconfiado Stalin quiso saber quién era el Comandante Supremo de los aliados: «¿Cómo se llama?».[14]

Se enteraría bastante pronto. Cuando volvía desde Teherán a su país, FDR se reunió con el general Dwight D. Eisenhower en Túnez, al norte de África. Casi de manera casual, el presidente se inclinó hacia el general y le dijo: «Bien, Ike, estarás al mando de Señorío».[15] A todos los comandantes de FDR no les pareció bien la informalidad del presidente. Cuando intentó llamar al jefe del ejército por su nombre de pila, el muy capaz general George C. Marshall se mostró visiblemente molesto: «Me llamó "George". No pienso que lo haga de nuevo».[16]

Todos respetaban mucho al general Marshall. Churchill afirmaba que era «el romano más noble de todos».[17] Se decía también que si entraba en su oficina de Washington vestido de civil, los muchachos recién iniciados en el periodismo no sabrían *quién* era, pero sí *qué*.[18]

FDR no se dejó intimidar por la reserva y la actitud desapegada del general Marshall. Por el contrario, confiaba en él y seguía ascendiéndole. Marshall tenía un rango muy superior al de Ike y podría haber estado al mando de Señorío con tan solo pedirlo, pero le dijo al presidente que serviría dondequiera que le necesitara el comandante en jefe. FDR actuó con decisión y designó a Ike para comandar Señorío, indicándole a Marshall: «Sentí que no podría dormir tranquilo si usted no estaba en Washington».[19]*

---

*   El hombre que dijo: «A lo único que tenemos que temerle es al miedo mismo», sí tenía miedo de algo: de un incendio nocturno en la Casa Blanca. Con regularidad ensayaba cómo salir de la cama y avanzar

Churchill temía que la invasión a través del Canal fracasara: «Podríamos estar dándole al enemigo la oportunidad de concentrar ... una fuerza abrumadora en contra de nosotros, infligiendo un desastre militar más grande que ... el de Dunkirk. Tal desastre daría como resultado que Hitler resucitara y los nazis establecieran su régimen».[20] Con tono fatídico mencionaba que «la marea se teñiría de rojo» con la sangre de los jóvenes soldados estadounidenses, británicos y canadienses.[21] Recordaba también el desastre en un puerto de un canal francés en el verano de 1942. El ataque de Dieppe por una fuerza compuesta mayormente de cuatro mil novecientos sesenta y tres comandos canadienses dejó un saldo de tres mil trescientos sesenta y siete muertos.[22] Stalin nunca había necesitado ocuparse de la opinión pública. Directamente, mandaba a ejecutar a sus opositores. No obstante, Churchill y Roosevelt dependían del apoyo de pueblos libres.

Ike tenía que contender con los problemas en Inglaterra. El general George Patton, que en los inicios de la guerra tenía un rango mayor al de Ike pero ahora era subordinado suyo y causaba dificultades, había dado un discurso ante un grupo inglés local en el que afirmó que los británicos y los estadounidenses gobernarían el mundo juntos después de la guerra. Moscú montó en cólera, y también los congresistas de los Estados Unidos expresaron su ira. Los periódicos exigían que Patton fuera despedido. Ike dejó que Patton se angustiara durante una semana y luego le dijo que podría quedarse:

Cuando le comuniqué el veredicto, las lágrimas rodaron por sus mejillas e intentó demostrarme su gratitud, prometiendo que a partir de ese momento sería un modelo de discreción, y en un gesto casi como el de un niño arrepentido y contrito, apoyó su cabeza en mi hombro al decirlo.

Esto causó que su casco cayera, ese casco tan brillante que tantas veces me pregunté si se quitaría para ir a dormir. El casco rodó por el suelo y tuve la sensación de que me encontraba en medio de una situación ridícula ... pedí en silencio que nadie entrara y viera la escena, y que no hubiera ningún periodista con su cámara cerca de la ventana.[23]

«¡Bien, vamos!». Esta fue la orden de Dwight D. Eisenhower cuando el meteorólogo de su equipo le informó que amainaría la tormenta que había obligado a posponer el Día D por veinticuatro horas. El general Eisenhower era Comandante Supremo de las Fuerzas Expedicionarias Aliadas (SCAEF, por sus siglas en inglés).

---

arrastrándose por el piso, impulsándose con sus fuertes brazos.

El general Dwight D. Eisenhower y los G.I.s preparándose para el Día D. *El talento del general Dwight D. Eisenhower para negociar hizo que lo eligieran como comandante supremo de los aliados. Ike había preparado una carta en la que aceptaba la plena responsabilidad por el posible fracaso de la invasión del Día D, pero jamás necesitó enviarla. Cuando el ataque a Pearl Harbor, Ike no era más que un casi ignoto brigadier general. Para cuando terminó la guerra, llevaba cinco estrellas en su charretera.*

La invasión de Normandía, vista desde la nave de desembarco. *El general Dwight D. Eisenhower comandó la fuerza invasora más grande de la historia. El Día D, el 6 de junio de 1944, siete mil barcos y naves de desembarco cruzaron el Canal de la Mancha para llegar a las costas de Francia, ocupada entonces por los alemanes. En el mar, 195.701 hombres de la fuerza naval transportaron a los 75.215 soldados británicos y canadienses y a 57.500 soldados estadounidenses. Llegaron a las playas de Normandía, que recibieron nombres en código: UTAH, OMAHA, GOLD, JUNO y SWORD. Las fuerzas británicas y canadienses sufrieron 4.300 bajas ese día y las estadounidenses 6.000. Francia ha conservado hasta el día de hoy esos nombres en código.*

Churchill, FDR y Stalin en Yalta. *Los «Tres Grandes»: el primer ministro Winston S. Churchill, el presidente Franklin Delano Roosevelt y el dictador soviético Josef Stalin. Ellos se reunieron en Yalta, Crimea soviética, en enero de 1945. Roosevelt, en especial, ha sido criticado desde entonces porque Stalin no respetó sus acuerdos de Yalta. Sin embargo, en ese momento de la guerra los Estados Unidos y Gran Bretaña no tenían muchas opciones para obligar a Stalin a cumplir sus acuerdos.*

Explosión de la bomba atómica. *Los Estados Unidos ganaron la competencia a fin de desarrollar una bomba atómica. En 1939, el físico nuclear de renombre mundial Albert Einstein le advirtió al presidente Roosevelt que los científicos de Hitler podrían tener la capacidad para construir una bomba atómica. Roosevelt inició de inmediato el Proyecto Manhattan, el programa secreto de armamento más costoso de la historia. Japón y Alemania no aprendieron del esfuerzo de los Estados Unidos, pero Stalin seguro que sí lo hizo. Desde el principio mismo, los comunistas y los simpatizantes de los comunistas se comprometieron con el proyecto de la bomba atómica.*

Ike incluso había preparado una declaración que se emitiría en caso de que los invasores fueran repelidos hacia las heladas aguas del Canal de la Mancha. En ella, aceptaba la plena responsabilidad por el fracaso de Señorío.[24] Afortunadamente, no hizo falta emitir ese comunicado.

Ike comandaba la fuerza invasora más grande que hubiera visto el mundo: ciento cincuenta mil hombres, mil quinientos tanques, cinco mil trescientos barcos y doce mil aviones.[25]

Los aliados se habían esforzado mucho por disfrazar su objetivo: las playas de Normandía. Crearon la falsa impresión entre los alemanes de que invadirían Francia por Calais, el punto más cercano a Dover del lado inglés. La inteligencia aliada se estremeció cuando, por mera coincidencia, la palabra Señorío apareció en un crucigrama, el entretenimiento favorito de muchos lectores ingleses.[26] Ike tampoco les comunicó sus planes de invasión al general de Gaulle y los franceses libres sino hasta horas antes del lanzamiento de la acción.*

Como comandante supremo, Ike podía darles órdenes a millones de personas, aunque no a Churchill o a FDR. Cuando el primer ministro insistió en unirse a la flota invasora el Día D, Ike trató de disuadirlo. Ike admiraba el coraje de este líder de sesenta y nueve años, siempre con su tabaco entre los dientes. Sin embargo, no quería cargar con la responsabilidad en caso de que una bala matara a Churchill. Al no lograr convencer a Winston de que desistiera, Ike apeló al rey Jorge VI. Solo cuando el rey le dijo a Winston que iría con él a las playas, el irreprimible Churchill dio un paso atrás y aceptó no ir.

Ike dijo que esta expedición sería «una gran cruzada». Emitió una Orden General, comunicándoles a sus hombres: «Los ojos del mundo los están mirando». Y así era.

Cuando los primeros soldados llegaron a los acantilados de Pointe-du-Hoc en la Playa Omaha, estaban determinando el destino del continente europeo.**En la noche del 6 de junio de 1944, después de lo que para muchos fue «el día más largo», el presidente Roosevelt le pidió a la nación que se uniera a él en oración:

---

* Después de todo, era su país el que sería liberado, pero los franceses libres tenían la mala reputación de permitir que se filtrara la información. Esto no era porque simpatizaran con el Eje, sino porque el entusiasmo de poder volver a su casa hacía que los más apasionados no pudieran callarse y mantener el secreto.

** El presidente Reagan inmortalizaría a «los muchachos de Pointe-du-Hoc» en su discurso por el cuadragésimo aniversario del Día D en 1984. Las playas del desembarco en Normandía tenían nombres en código: Omaha y Utah (de Estados Unidos), Juno (Canadá) y Sword y Gold (Gran Bretaña). Ellas conservan esos nombres aun hoy.

Dios Todopoderoso: nuestros hijos, orgullo de nuestra nación, han iniciado en este día una empresa temeraria, una lucha por preservar nuestra república, nuestra religión y nuestra civilización, y para liberar a una humanidad que sufre.

Guíalos con fidelidad, dándoles fuerza a sus brazos, firmeza a sus corazones y solidez a su fe.

Necesitarán de tus bendiciones. Su camino será largo y difícil. El enemigo es fuerte y puede atacarnos con potencia. El éxito quizá no llegue todo lo rápido que esperamos, pero regresaremos una y otra vez; y sabemos que por tu gracia, y la justicia de nuestra causa, nuestros hijos triunfarán.

Estarán a prueba, pasando por cosas muy duras día y noche, sin descanso hasta la victoria. La oscuridad se verá interrumpida por el ruido y las llamas. Las almas de los hombres se estremecerán con las violencias de la guerra.

Porque estos hombres provienen de los caminos de la paz. No luchan por el afán de conquista, sino para acabar con la conquista. Luchan para liberar. Luchan para que la justicia se alce y la tolerancia y la buena voluntad entre todos tus pueblos vuelvan a reinan. Anhelan que acabe la batalla para poder volver al refugio del hogar.

Algunos no volverán jamás. Abrázalos, Padre, y recibe a tus heroicos siervos en tu reino.

Y a los que estamos en casa —los padres, madres, hijos, esposas, hermanos y hermanas de los valientes que están del otro lado del mar— cuyos pensamientos y oraciones siempre los acompañan, te pedimos que nos ayudes, Dios Todopoderoso, a consagrarnos con renovada fe a ti en esta hora de gran sacrificio.[27]

Fue grande en verdad el precio de la libertad. De los setenta y cinco mil doscientos quince británicos y canadienses que desembarcaron el Día D, cuatro mil trescientos perdieron la vida. Y los estadounidenses perdieron más vidas todavía, con seis mil bajas de los cincuenta y siete mil quinientos soldados que llegaron a las playas de Normandía. La oración del presidente Roosevelt también era por sus propios parientes. Su primo, el brigadier general Theodore Roosevelt Jr., se encontraba en la playa. Cuando le dijeron que había desembarcado en el lugar equivocado de la Playa Utah, el hijo del presidente Theodore Roosevelt señaló con picardía: «No, comenzaremos la guerra justo desde aquí». El general Roosevelt había llegado con su hijo, conformando el único equipo de padre e hijo que desembarcó ese día. Agotado ante tanto esfuerzo, Theodore Roosevelt Jr. murió de un ataque al corazón tres semanas más tarde.

La al parecer inexpugnable Fortaleza Europa, que había sido sustancialmente fortalecida por el mariscal de campo Rommel, no se pudo tomar. Rommel sabía que la única manera de derrotar a los invasores aliados sería venciéndolos en las playas. Sin embargo, no pudo convencer a Hitler de que la invasión tendría lugar por Normandía. Hitler seguía creyendo que la principal fuerza de invasión entraría por Calais. El general George S. Patton dirigió la Operación Fortaleza precisamente con el propósito de engañar a Hitler.[28] Y funcionó.

Pronto, las Fuerzas Expedicionarias Aliadas se encontraron con una firme resistencia en el escarpado terreno de Normandía. Se trataba de obstáculos milenarios: raíces de árboles y setos que solo los tanques podían con dificultad derribar o vencer. Con una altura de entre dos y tres metros, formaban una barrera de defensa que les servía a la perfección a los alemanes en retirada. La ciudad más importante de Normandía, Caén, debía tomarse tres días después del Día D. Sin embargo, no se logró liberarla sino hasta pasados treinta y un días de esa fecha. Los soldados aliados tomaron como prisioneros a miles de alemanes, pero también perdieron a muchos de los suyos. Cuando se conoció la noticia de que los soldados de las SS habían asesinado a algunos prisioneros canadienses, los aliados montaron en cólera.

Los estadounidenses se sintieron complacidos por la respuesta de los campesinos normandos. Aunque han pasado décadas, le historia de la pérdida de un «joven aviador» estadounidense sigue siendo conmovedora. Diez días después del Día D, el teniente Conrad J. Netting III entró en acción contra un convoy de camiones alemanes. El teniente Netting y su esposa, que se encontraba en los Estados Unidos, esperaban su primer bebé. Él había escrito el nombre de su hijo por nacer en el frente de su avión P-51 Mustang. Dirigió su avión «Con Jon IV» hacia el convoy, pero fue incapaz de evitar que la aeronave descendiera en picada. Lo que sucedió después solo se conoce por lo que un aldeano francés relató en una carta años más tarde: «Mi abuelo corrió con algunos vecinos hacia el cementerio, justo al lado de donde cayó el avión para ayudar al piloto, pero por desgracia ya era tarde ... Mi abuelo [que fabricaba los ataúdes en esa aldea] hizo un ataúd y se ocupó de su padre. Sobre su tumba había una montaña de flores».[29] En la actualidad, en la aldea de Saint Michel se encuentra una placa que conmemora el sacrificio del joven y valiente estadounidense: «Teniente NETTING, CONRAD, J., 8va Fuerza Aérea de los Estados Unidos No. 0694174. Muerto por la libertad el 10-6-1944». Él murió, como todos nuestros valientes, por la libertad.

Bajo el mando general de Eisenhower, el mariscal de campo británico Montgomery avanzó por la ocupada Holanda hacia Alemania en un intento de acortar la guerra. La Operación Market Garden demostró la pericia y el coraje de la elite de los paracaidistas británicos y estadounidenses. A fines de septiembre de 1944, la 82da Brigada Aérea de los Estados Unidos tomó los puentes de Nijmegen, pero sufrió muchas bajas.[30] Los «88» de los alemanes (artillería de 88 milímetros) barrieron con las fuerzas aliadas a medida que marchaban expuestas a lo largo de senderos angostos y elevados. Estos eran los únicos caminos para atravesar los campos holandeses inundados.[31] Las Divisiones Aéreas Estadounidenses 82 y 101 sufrieron las pérdidas más importantes durante esta operación, lo mismo que las unidades elites de Gran Bretaña y Polonia. La campaña demostró ser «un puente demasiado lejos», como le habían advertido varios al brillante pero impetuoso mariscal de campo Montgomery.[32] La amarga experiencia de ver a los soldados estadounidenses luchando y muriendo bajo un comando extranjero continúa subrayando hasta este día la exigencia de que las fuerzas armadas de los Estados Unidos solo sean dirigidas por estadounidenses.

Ike tuvo problemas y dolores de cabeza a causa de sus subordinados. El mariscal de campo Montgomery se había dormido en los laureles después de su campaña del desierto. Sabía que Ike no podía despedirlo.[33] Eisenhower no sentía respeto alguno por los generales presuntuosos. Montgomery ya había hecho venir a uno de los más famosos pintores ingleses para que durante dos semanas pintara su retrato de la victoria. La pintura, según decía Monty, era «genial … el mejor cuadro del año».[34] Resultaba evidente que el mariscal de campo Montgomery no era el tipo de soldado que pudiera gustarle a Ike. Eisenhower sabía también que su viejo amigo y compañero de West Point, el general George Patton, se burlaba de él. Aunque Ike había salvado a Patton de varios líos, él se refería con sarcasmo a las iniciales de Ike, D.D.E (por Dwight David), como significando «Divino Destino».[35] En una carta a su esposa Mamie, Ike señalaba que Patton podría «conducirlo a la bebida».[36] A pesar de estos constantes tensiones, Eisenhower exigía que hubiese una atmósfera de «calma y buen ánimo» en los cuarteles de la Fuerza Expedicionaria Aliada. Y lo conseguía.[37]

El 20 de julio de 1944, mientras las tropas alemanas se retiraban de Rusia y perdían una batalla en Normandía, un oficial alemán asistió a una reunión en la

Wolfsschanze o Madriguera del Lobo.* Se trataba del cuartel general secreto de Hitler en Prusia del Este, cerca de la frontera rusa. El oficial era el coronel Claus von Stauffenberg, que personificaba todo lo que Hitler detestaba: un católico devoto, aristócrata y hombre de escrupulosa moral. Stauffenberg le había preguntado a su obispo si estaba permitido matar a un tirano. Cuando la respuesta fue afirmativa, Stauffenberg dejó una bomba en un portafolio bajo la mesa de la Madriguera del Lobo y salió de la conferencia del personal del führer, supuestamente para atender una llamada telefónica. Una terrible explosión destruyó el edificio, matando a varios generales e hiriendo a Hitler, que no murió. El plan para matar a Hitler había fracasado. Poco después Stauffenberg debió pararse ante el pelotón de fusilamiento. La venganza de Hitler fue terrible. Ordenó que las SS de Himmler arrestaran a miles de conspiradores, reales o imaginarios, incluyendo a todos los miembros de sus familias. Miles de personas sencillamente desaparecieron en la *nacht und nebel* (la noche y la neblina). Se realizaron juicios escandalosos para humillar a los generales y aristócratas de mayor edad. Las víctimas fueron colgadas de ganchos de carnicería para que murieran por estrangulamiento gradual. Hitler mandó a filmar sus muertes. Su salud se vio luego muy deteriorada y le temblaban los brazos de un modo incontrolable, pero seguía asfixiando a Alemania con su garra de la muerte.**

Con los aliados ya en Normandía, el abrumador poder de la fuerza económica de los Estados Unidos se hizo sentir entre los alemanes. Uno de los comandantes de la fuerza área les expresó a sus superiores lo que sentía, haciéndole conocer su angustia ante la futilidad de sus esfuerzos. Hacía falta coraje para escribir esto en una Wehrmacht vigilada por las SS de Himmler. Podrían haberlo arrestado y fusilado por «derrotista»:

No puedo entender a estos estadounidenses. Todas las noches sabemos que los hemos despedazado, infligiéndoles muchas bajas, dejándolos sin transporte. Sin embargo, por la mañana nos enfrentamos de repente a

---

* Stalin garabateaba siempre dibujando volky (lobos) y la obvia fascinación de Hitler con estos voraces animales no era la única semejanza en las personalidades de los dos dictadores homicidas.

** La venenosa venganza de Hitler, la clave de su personalidad, no conocía límites. Obligó al mariscal de campo Rommel a cometer suicidio, incluso cuando Rommel solo tenía una remota conexión con el complot del 20 de julio. Hitler también se aseguró de que el heroico pastor luterano Dietrich Bonhoeffer fuera ahorcado pocos días antes de que cayera el régimen nazi en 1945. Bonhoeffer había sido el líder del movimiento de la «Iglesia Confesante», integrado por cristianos de Alemania que se negaban a hincar la rodilla ante Hitler. Los escritos de Bonhoeffer, que incluyen El Precio de la gracia y Vida en Comunidad, son clásicos de la literatura cristiana.

batallones nuevos, con un completo reemplazo de hombres, máquinas, provisiones, herramientas y armas. Es algo que sucede día tras día.[38]

II. «El sol se pone sobre más sufrimiento...»

Los trenes cargados de judíos que eran transportados a los campos de exterminación de Auschwitz aceleraban su paso, incluso cuando los nazis más fanáticos tenían que reconocer que habían perdido la guerra. Muchos judíos murieron sofocados durante el viaje. Los aterrados sobrevivientes que salían de los atiborrados vagones de carga entraban por los portones de Auschwitz. Los guardias golpeaban con palos a los que caminaban lento o les echaban los perros. Sobre la entrada había un cartel: arbeit match frei («el trabajo los hará libres»). Esta era solo una más de las tantas mentiras del régimen nazi. Millones de aquellos que ingresaban por esos portales no regresarían jamás.

La triste historia de este mundo está repleta de asesinatos en masa, persecuciones esporádicas, masacres, estallidos de odio y hasta genocidios. La mayoría de estas cosas, como los pogromos antisemitas de la Rusia zarista, constituían fatales estallidos de corta duración. Sin embargo, la Solución Final de Hitler fue una pesadilla sistemática que aplicaba las técnicas de la línea de ensamblaje en serie al proyecto del asesinato en masa. Los bien dispuestos cómplices de Hitler calculaban el valor del oro que podrían obtener de los dientes que extrajeran de sus víctimas. En las enormes cámaras de gas el fatal Zyklon B, de firmas alemanas aparentemente legítimas como I. G. Farben, acababa con sus vidas. Y se construyeron gigantescos crematorios para deshacerse de los cadáveres.

Cuando Europa del este comenzó a recibir noticias de lo que sucedía, fue a veces a través de hombres que arriesgaron sus vidas para documentar la Solución Final, la cual tenía lugar envuelta en la niebla de la guerra. FDR conoció a uno de esos valientes muchachos, un soldado polaco llamado Jan Kozielewski (Karski). El presidente creyó que la historia del polaco tenía que llegar a oídos de importantes líderes judíos estadounidenses, pero cuando Karski le relató lo que había visto con sus propios ojos al juez de la Corte Suprema, Felix Frankfurter, el jurista pronunció cuatro palabras rotundas: «Soy incapaz de creerle». El embajador polaco, buen amigo de Frankfurter, se asombró y le dijo: «Felix, no puedes decirle a este hombre en la cara que es un mentiroso». Frankfurter indicó que ese no era el caso. Explicó con un gesto de impotencia, como si intentara desterrar la horrible noticia de su mente: «Señor embajador, no estoy indicando que el joven mienta. Digo que soy incapaz de creerle. Es diferente».[39] Sabemos que incluso los prisioneros de Auschwitz, gente que podía ver las chimeneas que escupían llamas y humo, no podían creerlo.

¿Qué en la historia de la humanidad podría haber preparado a alguien para creer algo así?

En uno de sus raros momentos de pena e introspección, Churchill consideró el escenario del mundo, en el que su papel era tan pintoresco e importante: «No creo que en ningún momento de la historia haya sido tan grande y general la agonía del mundo. Hoy el sol se pone sobre más sufrimiento que nunca antes en la historia del mundo».[40]

El avance de los aliados hacia Alemania se vio obstaculizado en el verano de 1944. El general francés de Gaulle presionó al general Eisenhower para que desviara parte de sus fuerzas hacia París con el objeto de liberar la ciudad. Ike *no* quería cargar con tres millones más de personas a las que tuviera que alimentar.[41] Sin embargo, de Gaulle insistía en que si los aliados no liberaban París, los alemanes podrían destruirla o los comunistas que ya estaban con las fuerzas de la resistencia tomarían la ciudad y establecerían un gobierno soviético en el corazón de Europa occidental. De Gaulle pedía además que por favor entraran primero en la ciudad las tropas *francesas*. «Puede estar seguro», respondió Ike, «de que no soñaría siquiera con tomar París sin soldados franceses».[42]

Para los estadounidenses de Gaulle era el típico obstruccionista, el hombre que nunca quería hacerse cargo de lo que le tocara hacer en esta guerra. De Gaulle señaló que Ike *nunca* había tratado de establecer quién comandaría las tropas *británicas*, ¿por qué interferirían entonces los estadounidenses en la estructura de comando de sus aliados los franceses libres?[43] Cuando Ike intentó presionar a de Gaulle escatimando las provisiones, el líder de los franceses libres señaló que el mariscal Foch de Francia jamás le había hecho algo así a los estadounidenses cuando era el comandante supremo de los aliados durante la Primera Guerra Mundial.[44]

Además de las peticiones del general de Gaulle, Ike también tenía que tener en cuenta las opiniones de su aliado Churchill. El primer ministro le había escrito: «Si para el próximo invierno usted se ha establecido en el continente con las treinta y seis divisiones de los aliados y tiene bajo su dominio a las penínsulas de Cherburgo y Britania, le proclamaré al mundo que esta es una de las operaciones más exitosas de la guerra. Y si además de esto ha ... liberado a la hermosa París ... afirmaré que la victoria es la más grande de los tiempos modernos. Libere a París para la Navidad y no habrá quién pueda pedirle más».[45]

El general alemán Dietrich von Choltitz había arriesgado su vida para entregar la ciudad prácticamente intacta. Hitler le ordenó a su último comandante en París que usara minas explosivas para destruir la Torre Eiffel, la catedral de Notre Dame, Los Inválidos, el Arco de Triunfo y todos los puentes famosos y los tesoros arquitectónicos de la Ciudad Luz. Hitler llamó a von Choltitz exigiendo saber si se habían cumplido sus órdenes. «¿Está ardiendo París?», espetó Hitler.[46] El general von Choltitz continuó demorando la acción y respondía que estaba *preparándose* para incendiar la ciudad.

Fiel a su palabra, el magnánimo Ike aprobó la decisión del general Omar Bradley de permitir que el general francés Leclarc entrara primero en París. Él permitiría así que los soldados libres franceses tuvieran el honor de recuperar su ciudad capital después de cuatro largos años de ocupación nazi.* Cumpliendo con su promesa a Eisenhower, de Gaulle específicamente desaprobó el intento del coronel Rol-Tanguy, el líder comunista de París, que reclamaba igual crédito por la rendición de la guarnición alemana.[47] Ante la alegría de los galos, los estadounidenses marcharon por los Campos Elíseos y la liberada París... ¡y justo hacia la batalla![48]

Varsovia no tuvo un destino tan feliz. Los polacos esperaban librarse de la crueldad de los nazis tal como lo estaban logrando los parisinos. Sin embargo, Ike no estaba allí. El Ejército Rojo era el que presionaba a los alemanes desde el este. Cuando Varsovia se sublevó, Stalin ordenó que sus tropas se detuvieran justo a las puertas de la ciudad. Los alemanes destruyeron todo lo que quedaba de la bellísima ciudad medieval, joya de la cultura y la sofisticación eslava. Stalin deliberadamente esperó mientras los alemanes mataban por venganza a los polacos. Cuando Churchill y Roosevelt apelaron a Stalin para que permitiera que los pilotos aliados descendieran a fin de cargar combustible dentro de los límites soviéticos después de lanzarles provisiones desde el aire a la desesperada resistencia polaca, Stalin se negó.[49] Esta fue la primera grieta en la unidad de los aliados durante la guerra.

Gran Bretaña volvió a sufrir los ataques de los alemanes en el verano de 1944. Para entonces la tan temible Luftwaffe ya estaba casi destruida. Los pocos aviones alemanes que lograban volar solo podían hacerlo durante unos minutos a causa del racionamiento de combustible. Hitler esperó demasiado para comenzar a usar el primer avión jet del mundo. El *Messerschmitt* ME-262 podría haber cambiado el rumbo de toda la guerra si se hubiera usado un año antes. Ahora Hitler descargaba sus nuevas armas de venganza: los cohetes V-1 y V-2. Lanzados desde un lugar en

---

* La sensibilidad de Ike ante el orgullo herido de los franceses se recordaría cuando de Gaulle fue elegido presidente de Francia en 1959, en tanto Eisenhower era presidente de los Estados Unidos.

Alemania llamado Peenemunde, miles de estas letales armas cayeron sobre Londres, Southampton, Portsmouth y Manchester. La gran mayoría de los tres mil quinientos cohetes que no fueron derribados cayeron en Londres y causaron enormes destrozos, además de matar a seis mil ciento ochenta y cuatro personas.[50]*

Durante ese fatídico verano de 1944, los aliados empezaron a tener noticias sobre Auschwitz de fuentes confiables. Los bombarderos aliados que volaban en misiones de aprovisionamiento tomaban fotografías al sobrevolar Varsovia y traían imágenes de los campos de muerte de Auschwitz y Treblinka.

Churchill estaba a favor de bombardear el cruce de rutas que llevaba a Auschwitz. Le dijo a su ministro de asuntos exteriores, Anthony Eden: «Este es tal vez el crimen más grande y horrible que se haya cometido en la historia del mundo».[51] Churchill quería acción. «Invoque mi nombre», le indicó a Eden.

FDR se expresó públicamente contra el Holocausto y no ocultó su desprecio por Hitler:

> En uno de los crímenes más negros de toda la historia ... el asesinato total y sistemático de los judíos de Europa continúa sin impedimentos hora tras hora ... Nadie que haya participado de estos actos de salvajismo quedará sin castigo [una clara advertencia sobre los tribunales de posguerra]. Aquellos que a sabiendas participen en la deportación de judíos hacia su muerte en Polonia, o de noruegos y franceses hacia su triste final en Alemania, son igual de culpables que el mismo verdugo ... Hitler comete estos crímenes contra la humanidad en nombre del pueblo alemán.[52]

Roosevelt y Churchill estaban furiosos, pero FDR tenía que tener en cuenta la reacción de Stalin. ¿Qué pensaría el dictador soviético sobre una acción conjunta de los ingleses y los estadounidenses en Polonia? Stalin veía a Polonia cada vez más como una esfera de influencia soviética. ¿Le conmoverían a este hombre los crímenes contra la humanidad? Lo más probable es que no fuera así.[53]

La respuesta estadounidense se vio impedida por la burocracia. Samuel Rosenman, que escribía los discursos para Roosevelt, se preocupaba por no mostrar al presidente demasiado comprometido con el problema de los judíos, ya que no

---

* Los V-1 y V2 eran creación del ingenioso y joven científico alemán Wernher von Braun. Él no solo *no* fue acusado de crímenes de guerra por desarrollar un arma tan terrible de destrucción indiscriminada, sino que von Braun y su equipo de Peenemunde fueron recibidos en los Estados Unidos cuando terminó la guerra. Terminado el conflicto bélico, von Braun condujo a su equipo de científicos especializados en cohetes hacia occidente con la esperanza de rendirse ante los Estados Unidos. Y lo logró. Luego von Braun sería uno de los que lideró el proyecto estadounidense para llegar a la luna.

quería provocar estallidos antisemitas en los Estados Unidos.[54] A los consejeros de FDR les dolían los epítetos viles que se oían por ahí: el Nuevo Acuerdo de FDR ahora era el «Acuerdo *Judío*».[55]

Uno de los principales obstáculos para la acción de los aliados era el Secretario Adjunto de Guerra, John J. McCloy, que solía archivar los pedidos urgentes de intervención. «Aun si fuera factible», escribió McCloy, indicando que pensaba que la intervención *no* lo era, «podría provocar una acción todavía más vengativa de los alemanes».[56] No es fácil imaginar qué podría ser peor que los cientos de trenes atestados de inocentes seres humanos que día tras día eran llevados a la muerte en Auschwitz. McCloy era en muchos aspectos un empleado público muy eficiente. Él trabajó con gobiernos de ambos partidos en posiciones de cada vez más responsabilidad hasta mediados de la década de 1970. No obstante, carga con el peso de la responsabilidad por haber impedido varias veces el urgente intento de romper con la máquina de los asesinatos en masa.

El cónsul de los Estados Unidos en Marsella, Francia, estaba mucho más comprometido con el tradicional sentido humanitario de los estadounidenses. Hiram Bingham IV se arriesgó muchísimo al emitir visas para los judíos y anti-nazis que corrían peligro. Por sus esfuerzos, sus superiores en el Departamento de Estado relegaron a Bingham y lo transfirieron, esta vez a Argentina. Sin embargo, aun desde ese remoto lugar siguió advirtiendo puntualmente sobre la extensión de la penetración nazi en América latina.*

FDR creía que su exigencia de rendición incondicional sería el camino más seguro para acabar con el asesinato en masa de los judíos. Después de todo, pudo haber razonado, Hitler no quería matar solo a los judíos de Polonia, sino *a todos* los judíos. Si llegaba a entrar en Palestina o contraatacaba en Rusia, o peor todavía, si desarrollaba una bomba atómica para ponerla en uno de sus cohetes V-2, la cantidad de muertos sería mayor aún. Para muchos, la mejor forma de matar a la serpiente venenosa era apuntándole a la cabeza. Y Hitler era la cabeza.

El secretario del tesoro de FDR, Henry Morgenthau, ingenió un plan para la Alemania de posguerra que reduciría al país a un estado agrícola. El jefe de propaganda de Hitler, Joseph Goebbels, no elogiaba mucho el Plan Morgenthau. Goebbels afirmaba que demostraba que Roosevelt estaba siendo manipulado por

---

* Hiram «Harry» Bingham fue luego reivindicado hasta cierto punto en el año 2006 cuando el Servicio Postal de los Estados Unidos lo honró con la emisión de una estampilla con su imagen. El secretario de estado Colin Powell le otorgó una condecoración póstuma, y el Monumento en Memoria del Holocausto en los Estados Unidos le dedicó un sector a sus heroicas intervenciones en defensa del pueblo judío.

su secretario de gabinete judío. El plan Morgenthau no era del todo vengativo. Después de dos horribles guerras mundiales causadas por la agresividad alemana, tal vez no fuera mala idea crear otra Dinamarca dentro de una Alemania descentralizada, pacífica y pastoril, si era posible lograrlo. No obstante, el corazón de Alemania, densamente poblado, jamás podría mantener a ochenta millones de personas como una sociedad agrícola. Henry Morgenthau era el amigo más cercano de FDR en el gabinete, y los Morgenthau y los Roosevelt habían sido vecinos y amigos en el Valle Hudson durante años. Aun así, FDR jamás respaldó el Plan Morgenthau.

En el verano de 1944, FDR tenía asuntos que distraían su atención. Tendría que presentarse de nuevo como candidato en una *cuarta* campaña por la Casa Blanca, algo sin precedentes. Y estaba muy enfermo. En una ocasión, estando en un tren, le pidió a su hijo Jimmy que le ayudara a salir de la cama para acostarse en el piso. Se negó a llamar a un médico y dijo que los dolores que sufría se debían a una indigestión. Ahora sabemos que sufría de *angina pectoris*, una afección cardiaca.[57]

Las maniobras de FDR en relación con la vicepresidencia en 1944 no hicieron nada para mejorar su reputación de hombre que hablaba sin rodeos (o mejor dicho, la falta de la misma). Parecía curiosamente pasivo e indirecto. Cuando le escribió una carta de «respaldo» al vicepresidente Henry Wallace, señaló que votaría por el hombre liberal de Iowa si fuera un delegado de convención. Luego, en un gesto que en nada ayudó a Wallace aunque parecía un elogio, afirmó: «Es obvio que la Convención será quien decida», añadiendo que no quería dar la impresión de que les estaba *imponiendo* nada a los delegados.[58] De modo que aunque técnicamente no criticaba al leal Wallas, el tibio respaldo de FDR en realidad ayudó a los que querían deshacerse de este hombre.

El grupo de maquinadores que deseaba librarse de Wallace estaba conformado mayormente por jefes políticos irlandeses católicos de las grandes ciudades. Entre los «conspiradores» estaba el presidente nacional de los demócratas, Bob Anegan; Ed Flynn, de Nueva York; el alcalde de Chicago, Ed Nelly; el tesorero del partido, Edwin Pauley; y el director general de correos, Frank Walker.*También participaban del plan el secretario militar del presidente, general «Pa» Watson, y el secretario de prensa de la Casa Blanca, Steve Early.[59]

Lo que este grupo ignoraba (aunque no les habría sorprendido el dato) era que Wallace corría peligro. Como vicepresidente, Wallace le había confiado

---

*   En esa época el director general de correos era uno de los grandes patrocinadores de los políticos.

información secreta a su cuñado, el Dr. Charles Bruggmann.[60] Bruggmann era el enviado suizo en Washington, y tal vez tanto él como Suiza fueran neutrales, pero los nazis habían penetrado el Ministerio de Asuntos Exteriores de Suiza, ubicado en Berna. Bruggmann enviaba mensajes detallados con regularidad, basándose en la información que le daba Henry Wallace. Sus despachos cubrían temas muy sensibles, como la reunión cumbre de Churchill y Roosevelt a bordo del USS *Augusta* en 1941 y los informes sobre los daños reales de Pearl Harbor.[61] Los mensajes de Bruggmann se interceptaban y exhibían en Berlín en cuestión de días, y en Tokio poco después. Henry Wallace tal vez fue el mejor ejemplo de un eslogan de la Segunda Guerra Mundial que rezaba: *Los chismosos hunden buques.*[62]

FDR habría estado contento de tener como candidato a la vicepresidencia al senador de Carolina del Sur, James F. Byrnes. Sin embargo, los sindicatos y los votantes negros no aceptaban a Byrnes. Debido a que le había dado la espalda a la iglesia católica en su juventud, los millones de votantes católicos de los que dependían los líderes del partido demócrata desde hacía más de un siglo tampoco lo querían. Aun así, el senador de Missouri, Harry S. Truman, llegó a la Convención prometiendo no solo respaldar a «Jimmy» Byrnes, sino también ofreciéndose a dar su discurso de nominación.*

FDR tenía a Truman en alta estima. Como senador, había sido leal al Nuevo Acuerdo y dirigió el selecto comité para la producción de guerra con eficiencia y prolijidad. FDR escribió una carta diciendo que aceptaría a Harry Truman o al juez liberal de la Corte Suprema, William O. Douglas. Luego, casi como al pasar, les indicó a los conspiradores que «aclararan las cosas con Sydney».[63]

Sidney Hillman era presidente de un sindicato textil y organizador del poderoso nuevo comité de acción política del Congreso de las Organizaciones Industriales (CIO, por sus siglas en inglés). Hillman no quería a Jimmy Byrnes. A los obreros les gustaba el vicepresidente Wallace, le dijo Hillman a Harry Truman durante un desayuno: «[Los obreros tienen] una segunda opción, y la estoy mirando frente a mí ahora».[64]

Había algo más que le daba a sus maquinaciones una urgencia especial: era evidente que FDR moriría pronto. Aquellos que lo veían cara a cara se quedaban impactados ante su deterioro. El periodista David Brinkley escribiría luego que en persona FDR se veía gris, sin color en los labios o las mejillas, que estaban

---

* La inicial «S», en Harry S. Truman, solo es una S. Como sus dos abuelos tenían nombres que comenzaban con S, sus padres no podían decidir cuál ponerle y dejaron solo la inicial como segundo nombre.

hundidas. Sin embargo, como en esa época los periódicos y la televisión eran en blanco y negro, su palidez y mal color no eran tan obvios.

Cuando Bob Hannegan llevó a Harry a su suite en el Hotel Blackstone de Chicago, llamó al presidente por teléfono. FDR estaba en San Diego, inspeccionando la base naval. Su voz de tenor se oyó en la habitación: «Bob, ¿tienes ya a este tipo listo para la vicepresidencia?».[65] Truman se había resistido a presentarse como candidato a vicepresidente porque había dado su palabra de nominar a Jimmy Byrnes. Sabía que Roosevelt estaba muy enfermo y no quería ser presidente de los Estados Unidos.[66]

La respuesta de Hannegan tal vez tenía por objeto convencer a Truman. «No», gruñó en el teléfono mirando directamente a Harry. «Es la mula más obstinada de Missouri con la que he lidiado». FDR contestó entonces casi también gritando: «¡Bien, dile al senador que si quiere fraccionar el partido demócrata justo en medio de la guerra, es *su* responsabilidad!».[67] Con eso, FDR colgó el auricular de modo abrupto. La reacción de Harry parece haber sido de lo más humana: «¡Oh, m…!», exclamó.[68]

El asunto quedó resuelto. La resistencia de Truman cedió ante el enojo del presidente y la presión de los políticos. Jimmy Byrnes abandonó Chicago y regresó a su casa amargado. Alben Barkley, de Kentucky, un senador que respaldaba al popular Byrnes, le dijo a un periodista que quería romper en pedacitos el discurso de nominación que había escrito para FDR en su cuarta candidatura a la Casa Blanca y abandonarlo todo.[69] Aunque después parece haberlo pensado mejor.

No hay mejor ejemplo de la exasperante astucia de FDR que este importante episodio. Si Roosevelt lograba poner nerviosos a sus aliados políticos más fuertes, solo hay que imaginar lo que causaba en sus enemigos.

Desde la base naval de San Diego, FDR se dirigió a Hawai para un importante consejo de guerra con el general Douglas MacArthur y el almirante Chester Nimitz, que quería atacar directamente Japón. MacArthur no estaba de acuerdo y le advirtió al presidente sobre los peligros de pasar por alto a las Filipinas: «Me atrevo a decir que el pueblo estadounidense se enojaría tanto que en las encuestas se registraría el más completo resentimiento en contra de usted».[70] Una vez más, un importante general no pudo resistirse a recordarle al comandante en jefe cuáles eran sus responsabilidades políticas, como había sucedido con McClellan cuando intentó darle instrucciones a Lincoln. No obstante, las Filipinas habían sido una colonia estadounidense desde 1898, así que había motivos para liberar a las islas de la ocupación japonesa. Se liberarían además a decenas de miles de prisioneros de guerra estadounidenses y filipinos que estaban en manos del enemigo.

Después de la conferencia del Pacífico, FDR decidió visitar un hospital militar de Hawai. Pidió que lo llevaran al pabellón donde estaban los jóvenes amputados. Por lo general, Roosevelt se cuidaba de que *no* lo vieran ir de un lado a otro en su silla de ruedas, empujado por alguien más. Sin embargo, esta vez pasó deliberadamente en su silla de ruedas junto a las camas de los heridos. «Insistió en detenerse junto a cada una de las camas. Deseaba que lo conocieran y mostrarles sus inútiles piernas a estos muchachos que tendrían que enfrentar la misma amargura en la vida», informó el asistente de FDR, Sam Rosenman.[71] Rosenman se maravilló de que «este hombre, que se había levantado de una cama de invalido para llegar a ser el presidente de los Estados Unidos y líder del mundo libre, fuera una prueba viviente de lo que podía lograr el espíritu humano».[72]

En esta oportunidad, las encuestas de la campaña de 1944 no resultaban favorables para FDR.[73] El candidato de los republicanos era el enérgico y jovial gobernador de Nueva York, Thomas E. Dewey, a quien se le acreditaba el hecho de haber sido un fiscal de distrito eficaz, que envió a la cárcel a muchos mafiosos y delincuentes del crimen organizado. Dewey era inteligente y no tenía pelos en la lengua. Los republicanos criticaban lo que llamaban la «Recesión de Roosevelt». Era evidente que el pueblo estadounidense estaba harto de los doce años de Depresión, reforma y guerra.

Dewey acumulaba puntos frente a Roosevelt con el público. Se puede argumentar, por ejemplo, que la histórica antipatía de los demócratas contra los bancos nacionales profundizó y alargó la Gran Depresión. Sabemos que FDR, al igual que Andrew Jackson, albergaba firmes sospechas contra los banqueros. Los demócratas habían impedido que el sistema bancario se hiciera más fuerte y sólido mediante diversas «reformas». En Canadá, por el contrario, los bancos nacionales estaban llenos de vitalidad y no había ocurrido ni siquiera una quiebra durante la Depresión.[74] FDR necesitó declarar un «receso» para los bancos nacionales apenas asumió debido a la reacción de pánico de varios gobernadores ante el fracaso de muchos bancos locales. Esta crisis de confianza hizo que Milton Friedman, ganador del Premio Nóbel, le llamara al desastre económico de la década de 1930 «la Gran Contracción».[75]

En 1944, las condiciones económicas eran mucho mejores. La producción para la guerra había creado nuevos empleos, con mejores salarios. No obstante, los estrictos controles y el racionamiento molestaban mucho a la gente. Había un gran resentimiento y la sospecha de que algunos evitaban las reglas y recurrían al mercado negro.* En todas las ciudades se corría el rumor de que los que tenían conexiones o dinero comían filete y buena carne cuando cerraban las cortinas de sus casas.

Roosevelt esperó hasta casi el final de la temporada para entrar en la campaña. En ese tiempo se cansaba con facilidad y trabajaba menos horas por día. Sin embargo, cuando comenzó a actuar, volvió a demostrar que era un político autoritario. «Tengo cuatro años más, y eso parece molestar a *algunos*», comentó con gran sentido del humor.[76] Aquellos que lo oían por la radio en todo el país no habían olvidado la famosa caricatura del *New Yorker* (que mencionamos antes en el capítulo 4). Allí, un grupo de personas que iba al cine llamaba a otros amigos ricos: «Vamos, vayamos al Trans-Lux para abuchear a Roosevelt». De forma directa, FDR se ocupó del reclamo de los republicanos por la llamada «Recesión de Roosevelt». Afirmó que así como en la casa de un suicida uno jamás menciona la palabra *soga*, «si fuera un líder republicano la última palabra de todo el diccionario que se me ocurriría usar es *depresión*».[77]

Los delegados del sindicato de camioneros ante los que dio el discurso en Washington lo aplaudieron con entusiasmo. No obstante, luego FDR cometió un error. Había estado evitando atacar a un congresista republicano casi desconocido. Este crítico afirmaba que Roosevelt había dejado en Alaska a su perro, un terrier escocés, y que había enviado a un destructor de la Armada a buscar al animal.

El presidente dijo que ya se había acostumbrado a que los republicanos lo atacaran a él, su esposa y su familia. Sin embargo, Fala, el perro presidencial, no era tan comprensivo: «Cuando se enteró de que los escritores de ficción republicanos habían inventado la historia de que lo dejé en la Islas Aleutianas y envié a un destructor para que lo buscara —a un costo de dos, tres, o veinte millones de dólares— su genio escocés se hizo ver. ¡Desde entonces ya no es el mismo perro!».[78] Los camioneros, la audiencia y luego el país entero estallaron de risa. Roosevelt había logrado pinchar el globo de la campaña republicana. Aunque Dewey jamás mencionó a Fala, el tono del republicano demostraba su desprecio.[79] Ahora Roosevelt, un boxeador de peso pesado, acababa de asestarle un golpe que lo dejaba fuera de combate.

Tampoco ayudó que algo que supuestamente comentara Alice Roosevelt Longworth (que «Dewey era el muñequito de la torta de bodas») pareciera describir al prolijo, pero un tanto pesado abogado de Nueva York.

---

* El «mercado negro» es un término empleado para describir el comercio ilegal o clandestino de bienes y servicios. Siempre que hay racionamiento o el gobierno establece precios máximos o fijos, el mercado negro surge casi de forma automática.

Tal vez sí fuera pesado y demasiado prolijo, pero Dewey también era un patriota. Él recibió informes de que los Estados Unidos habían logrado descifrar los códigos militares japoneses mucho antes de Pearl Harbor. Era una acusación terrible, en caso de utilizarla contra Roosevelt, decir que sabía o debía haber sabido que los japoneses atacarían.

El coronel Robert McCormick también tenía fuentes que le informaban ciertos secretos militares. Su periódico, el *Chicago Tribune*, tuvo la audacia de publicar el hecho de que la inteligencia estadounidense había descifrado los códigos japoneses.[80] FDR, furioso, quiso acusar a McCormick de violar la Ley de Espionaje, pero sus consejeros militares lo persuadieron de no hacerlo. Mencionaron que los japoneses seguían usando el mismo código. Al parecer, el enemigo no leía el *Chicago Tribune*.

El jefe del ejército, el general George C. Marshall, no estaba interesado en la política, pero sí le importaba que no corriera peligro la inteligencia, los métodos y las fuentes de información en medio de esta guerra mundial. El general Marshall entendía que si los códigos japoneses se convertían en un tema de la campaña electoral, Tokio se daría cuenta de que sus códigos habían sido descifrados. El general Marshall le pidió al almirante Ernest J. King, jefe de operaciones navales, que se le uniera en una carta dirigida a Thomas Dewey. Ambos le rogaron a Dewey que *no* divulgara los secretos acerca de *Magic*: el descifrado secreto de las comunicaciones diplomáticas y militares de los japoneses.[81] Si *Magic* se ponía en riesgo, también estaría en peligro *Ultra*: el descifrado secreto de los códigos militares alemanes. De este modo, todo el esfuerzo de la guerra se vería amenazado.

Tal vez esta haya sido la hora más excelsa de Thomas Dewey. Él continuó haciendo campaña día y noche contra FDR, pero jamás mencionó a *Magic*. Como para compensar el hecho de dejar a un lado su «bala mágica», Dewey recrudeció sus ataques contra su compañero neoyorquino. Atacó el controvertido y poco práctico Plan Morgenthau, afirmando que había logrado que la resistencia alemana se fortaleciera. Señalaba que este plan ayudaba al enemigo como si se tratara de «diez nuevas divisiones alemanas».[82] Dewey hacía énfasis en su juventud y vitalidad, dirigiendo así la atención del público a la frágil condición de FDR sin mencionarla directamente.

Para acallar los rumores sobre su deteriorada salud, FDR decidió hacer una gira de campaña por los sectores de la ciudad de Nueva York en un auto sin techo. La gira duraría cuatro horas.[83]

Cientos de miles de estadounidenses aclamaban al presidente a uno y otro lado del camino hasta quedarse roncos. Los obreros en particular fueron los más efusivos. FDR estaba jubiloso y saludaba a todos desde el auto bajo la helada lluvia de invierno. Quedó empapado. Fue algo muy audaz y peligroso. Sin embargo, Roosevelt parecía alimentar sus fuerzas a partir del afecto de la gente. Aunque estos gritos de aclamación serían los últimos de su vida.

No obstante, Roosevelt no lograba unir a todos los elementos de su coalición. El irascible Joe Kennedy, amenazando con apoyar a Dewey, se reunió con FDR en la Casa Blanca a finales de octubre. Le dijo al presidente que sus consejeros le aconsejaban mal. «Lo han rodeado de judíos y comunistas», señaló enojado.[84] Y más tarde se quejó con Harry Truman: «Este inválido ... mató a mi hijo Joe».[85] En realidad, fue Joe Kennedy Jr. El que se había ofrecido como voluntario para la peligrosa misión de cruzar en avión el Canal de la Mancha cargando explosivos. La muerte de Joe Jr. significaba que todas las ambiciones de Joe Kennedy ahora estaban depositadas en su segundo hijo de veintisiete años, John Fitzgerald Kennedy.

El día de las elecciones, Roosevelt triunfó por cuarta vez. Ganó 25.602.505 votos populares (53,3%) y 432 votos electorales, en tanto que Dewey obtuvo 22.006.278 votos populares (45,8%) y 99 electorales. Los jefes militares de Roosevelt estaban agradecidos de que Dewey no hubiera revelado el asunto de *Magic*, pero FDR no apreciaba demasiado a su adversario. «*Sigo pensando* que es un hijo de perra», comentó.[86]

Fue la libertad la que triunfó cuando los Estados Unidos tuvieron sus elecciones nacionales en medio de la Segunda Guerra Mundial. Las personas ya no pensaban que las dictaduras eran más eficientes, ni que representaban la última tendencia para el futuro. Italia ya no participaba en la guerra. Alemania y Japón estaban a la defensiva. Y en todas partes surgían las democracias. Las democracias *más* la Unión Soviética, eso era todo. Casi nadie podía negar que el Ejército Rojo había tenido un importante papel en la derrota de Hitler. Sin embargo, pocos podían decir que Stalin era demócrata. «¿Cuándo dejará usted de asesinar personas?», le preguntó la audaz Lady Astor al dictador soviético durante una cena en el Kremlin. Ella fue la primera mujer de Gran Bretaña en formar parte del Parlamento, y para preguntarle a Stalin algo así en su propio terreno, hacían falta agallas. Sus camaradas comunistas se quedaron helados, pero Stalin sencillamente siguió fumando su pipa y dijo en tono tranquilo: «Cuando ya no sea necesario».[87] «La democracia», como dijo Churchill, «se basa en la idea de que es mejor contar cabezas que romperlas». Esta no es una idea que Stalin haya llegado a entender alguna vez.

Roosevelt fue reelegido y Francia liberada casi por completo a fines de 1944. Los alemanes ya no podrían fabricar cohetes en Peenemunde. Parecía que para terminar con la guerra en Europa lo único que hacía falta era cruzar el Río Rin. Cuando las tropas aliadas avanzaron hasta la Línea Siegfried de Hitler, Alemania quedó expuesta a la invasión. Churchill visitó la posición defensiva supuestamente inexpugnable y les guiñó el ojo a los militares y periodistas civiles que lo acompañaban. ¡Luego fue el primero de todo el grupo de hombres que orinó sobre la famosa línea de Hitler!

Si los estadounidenses pensaban que la guerra en Europa había acabado, esto no era lo que creía Hitler. En secreto, planificó una importante contraofensiva contra los aliados de occidente. En realidad, empleó a las divisiones del este, debilitando así su defensa contra el Ejército Rojo que iba avanzando.

La campaña de Ardenas de Hitler se inició el 16 de diciembre de 1944. Aprovechando la nieve y la poca visibilidad, los tanques Panzer alemanes avanzaron a través de los bosques tomando por sorpresa a los estadounidenses. La Batalla de las Ardenas, como pronto llegó a conocerse, fue la última ofensiva de los alemanes en occidente. Durante el segundo día de la batalla, ochenta prisioneros de guerra estadounidenses fueron asesinados a sangre fría en las afueras de la ciudad de Malmédy, en Bélgica. La masacre fue obra de las SS.

Los estadounidenses sufrieron penurias en las Ardenas, y no solo por los Panzers alemanes. El frío se cobró varias víctimas. En estas latitudes boreales anochecía a las cuatro y cuarenta y cinco de la tarde. Incluso los estadounidenses de Dakota se sentían entumecidos por el frío. «Ir en jeep por las Ardenas», recordaba el coronel Ralph Ingersoll, «significó que tenía que vestirme con ropa interior de lana, un uniforme de lana, mamelucos de combate, un suéter, una chaqueta con puños elásticos, un pasamontañas, un sobretodo pesado, dos pares de medias de lana y botas de combate cubiertas con galochas. Y nunca sentí que todo esto me protegiera del frío ».[88] Miles de soldados sufrieron de congelamiento y «pie de trinchera», algo fatal que ataca cuando el pie está sumergido en un terreno húmedo durante mucho tiempo. Los soldados solían colgarse los calcetines alrededor del cuello para contar con un par de medias secas y tibias si hacía falta.[89]

La valiente y experimentada 101ra División Aérea de los Estados Unidos había aterrizado el Día D y ahora estaba rodeada por los alemanes en el pequeño pueblo de Bastogne, Bélgica. Sin embargo, cuando el comandante alemán exigió la rendición, el líder de la división, el general Anthony McAuliffe, contestó con elocuencia: «¡Ni locos!».[90]

Ike le ordenó al general Patton que se dirigiera al norte para ayudar a los de Bastogne. Para la Nochebuena, el cielo se aclaró y Eisenhower pudo hacer llegar su abrumador poderío aéreo. Esa noche, dos mil aviones aliados atacaron treinta y un blancos alemanes y los destruyeron por completo.[91] El racionamiento de combustible y la valiente contraofensiva de los estadounidenses hicieron que los alemanes fueran derrotados en poco tiempo. Sufrieron más de cien mil bajas en la Batalla de las Ardenas.[92]

Esta victoria de los estadounidenses en las Ardenas fue un tributo al sereno coraje de Eisenhower, la audacia de Patton y la resistencia de McAuliffe. No obstante, más que todo eso, representó un tributo a los soldados de la democracia. El ingenio de los estadounidenses bajo las más severas condiciones climáticas y de batalla fue algo que Hitler y sus generales no tuvieron en cuenta.[93]

III. Democracia: «La mostaza sobre el perro caliente»

Cuanto la Junta de Escritores de Guerra, una de las innumerables agencias del gobierno, buscaba con dificultad una definición acabada de la democracia, fue E. B. White el que vino en su auxilio desde las páginas del *New Yorker*:

Seguramente la Junta sabe lo que es la democracia. Es la línea que se forma sobre lo justo. El «no» en «no empujar». Es el agujero en el presuntuoso por donde se filtra lentamente lo que lleva dentro. Es la abolladura en el sombrero de copa. La democracia es la recurrente sospecha de que más de la mitad de las personas tienen razón más de la mitad de las veces. La sensación de privacidad en el lugar del voto, el sentimiento de comunión en las bibliotecas, la impresión de vitalidad dondequiera que se vaya. La democracia es una carta al editor. El puntaje en el inicio de la novena entrada. Una idea que todavía no ha podido ser desaprobada, una canción cuya letra sigue vigente. La mostaza sobre el perro caliente. La crema en el café racionado.[94]

Cuando Harry Hopkins le mostró el artículo de White, FDR exclamó: «¡Me *encanta*! Es exactamente lo que siento».[95] El presidente Roosevelt comenzó entonces a organizar una *cuarta* toma de poder sencilla y mesurada. No habría desfile militar. «¿Quién estará para desfilar?», preguntó, indicando que millones de soldados, marineros y pilotos estaban del otro lado del océano, persiguiendo con fervor a los enemigos de la Gran República.[96] Para el agotado presidente, incluso el saludo a cientos de visitantes en la reducida recepción que se ofreció en la Casa Blanca representaba un esfuerzo. Él le pidió a su hijo Jimmy que le trajera la botella de whisky americano que guardaba en su habitación de la residencia para fortalecerse contra el húmedo frío del mes de enero.[97] Percibió la necesidad de hablarle entonces a su hijo Jimmy, de treinta y siete años, al que había nombrado albacea de su testamento. En su caja fuerte personal se encontraba una carta, según dijo, que contenía instrucciones para su funeral. «Quiero darte el anillo de la familia que llevo puesto. Espero que ahora lo uses tú», le comentó a su hijo mayor.[98]

FDR necesitaría un seguro sentido de la democracia ahora que tendría que asistir a su próxima reunión cumbre de los Tres Grandes. Stalin no pudo elegir un lugar peor para la conferencia de los líderes «ni aunque hubiera buscado durante diez años», se quejó Churchill al enterarse de cuál sería el destino: Yalta.[99]

Yalta estaba en Crimea, una región de Ucrania que recién había sido liberada de la ocupación alemana. Solía ser el lugar de vacaciones de verano de los zares, y la reunión se realizaría en el Palacio Lavadia. Para FDR sería una tortura, ya que tendría que volar muchas horas en el avión presidencial desde la isla de Malta en el Mediterráneo.* Luego viajaría en auto durante ocho horas. Un viaje extenuante para un presidente cuya salud se deterioraba muy rápido.

Reunirse con Stalin en su propio territorio significaba una vez más que las habitaciones que se les asignaran a los líderes aliados tendrían micrófonos. Y que las mucamas, mayordomos, cocineros, guardias y todos los que tuvieran contacto con los occidentales serían empleados de la NKVD. El mismo Stalin no lo disimulaba, y en tono jovial señaló a uno de los delegados soviéticos cuando estaba con Roosevelt diciendo: «Ese es mi Himmler».[100] Se refería a Lavrentii Beria, el siniestro jefe de la policía secreta de Stalin.

FDR sabía que la reunión con el dictador soviético sería difícil, en especial ahora que el Ejército Rojo se preparaba para el ataque final sobre Berlín. Le había dicho en confidencia a Francis Cardinal Spellman, el arzobispo católico de Nueva York, que suponía que los soviéticos dominarían el este de Europa después de la

---

* El cuatrimotor de hélices no tenía todas las comodidades que hoy tiene el Air Force One. Siendo lento, ofreciendo una sensación de encierro y sin espacio suficiente, el avión presidencial era conocido como «La vaca sagrada», un nombre que le dieron los miembros más cínicos del cuerpo de prensa. Hay cosas que no cambian jamás.

guerra. Esperaba utilizar la diplomacia y la generosa ayuda de los Estados Unidos para garantizar que ese gobierno fuera benigno.[101]

Roosevelt tuvo que contender no solo con Stalin, sino con las legiones de los seguidores soviéticos en los Estados Unidos. Walter Duranty, corresponsal de Moscú para el *New York Times*, habló en representación de muchos de ellos cuando escribió que «los rusos no son menos libres que nosotros».[102] Los estadounidenses anhelaban que acabara la guerra y sus muchachos volvieran a casa. Con doce millones de uniformados, casi no había ninguna familia que no tuviera una silla vacía a la hora de la cena. FDR tenía en mente este sentimiento tan poderoso cuando se sentó con Churchill y Stalin en el bellísimo palacio de los zares.

Churchill quería que Francia recuperara su poder e influencia. No se trataba de que encontrara fácil el trato con el general de Gaulle. Afirmó que «la cruz más pesada que he tenido que cargar es la Cruz de Lorena».* Sin embargo, Churchill quería que Francia tuviera fuerzas para contrarrestar el creciente poder de los soviéticos en Europa. Día tras días, presionó para lograrlo hasta que Stalin levantó las manos y dijo: «Me rindo».[103] Invariablemente realista, Stalin permitió que los británicos y los estadounidenses le dieran a Francia una Zona de Ocupación en Alemania, *siempre y cuando se tomara del territorio ya asignado a los aliados occidentales*. Su disposición a permitir que los franceses ocuparan un lugar en el Consejo Asesor Europeo que administraría a la ocupada Alemania no fue tan generosa como parecía. Ya había demostrado que podía influir en los franceses por medio de su control del importante partido comunista francés.

Si Churchill logró que Francia recuperara su poder, FDR también presionó para que se tratara a China como una Gran Potencia.[104] En la Organización de las Naciones Unidas los líderes estaban planificando los acuerdos de posguerra, y tanto Francia como China tendrían un lugar permanente en el Consejo de Seguridad.

Polonia era el tema más difícil. Stalin prometía una «Polonia fuerte, libre, independiente y democrática».[105] La dificultad estaba en cómo definía Stalin la democracia, porque con seguridad no sería como «la mostaza sobre el perro caliente». Stalin ya había dicho que no importaba quién votaba, sino quién *contaba* los votos. ¿No se molestaría el Papa si se le impusiera un gobierno comunista y ateo a los polacos católicos? A eso Stalin respondió sin titubear: «¿El Papa? ¿Y cuántas divisiones tiene él?».[106]

---

* La Cruz de Lorena era el símbolo adoptado por el general de Gaulle para su movimiento de franceses libres, en marcado contraste con el ateísmo de los comunistas que influían mayormente en la resistencia francesa.

Roosevelt esperaba poder presionar a los soviéticos para que respetaran los acuerdos que habían firmado sobre el trato de «la Europa liberada». No obstante, creía que *necesitaba* de la ayuda de Stalin para la invasión de las islas de Japón. Stalin se había resistido a hacer esto durante la guerra, afirmando que era más urgente derrotar a Hitler. Ahora, como los nazis ya estaban perdidos, Stalin al fin estuvo de acuerdo. Los soviéticos se unirían a la guerra contra Japón «dos o tres meses» después de que se rindieran los alemanes. FDR y sus jefes militares estaban jubilosos. El almirante Ernest King exclamó: «Acabamos de salvar a dos millones de estadounidenses».[107]

La cumbre de Yalta fue, y sigue siendo, una reunión controvertida por demás. El mariscal de campo británico Montgomery tal vez haya sido el primero en calificarla de «otra Munich», sugiriendo que Roosevelt y Churchill le habían vendido deliberadamente Polonia y el este de Europa a Stalin con tal de tener paz.[108] Los que defendían a FDR intentaron encontrar excusas para los acuerdos de Yalta, diciendo que el presidente estaba muy enfermo y no se le puede responsabilizar por todo. Sin embargo, Averell Harriman, el confidente de Roosevelt y un agudo juez de las intenciones soviéticas, afirmó que el presidente estaba «cansado, exhausto, pero alerta».[109]

Ya en 1944, Churchill pudo ver cuáles serían los problemas causados por los millones de soldados de Stalin diseminados por Europa del este. Churchill había ido a Moscú en 1944 y le ofreció a Stalin un acuerdo interino mientras el Ejército Rojo seguía avanzando sobre Europa del este. El mismo no tenía como intención ser una declaración final sobre el destino de posguerra de esas naciones, pero brindaba lineamientos en términos de las esferas de influencia. Para Rumania, sugirió un noventa por ciento de influencia soviética y un diez por ciento de influencia occidental. En Grecia, estas proporciones serían al revés: noventa por ciento occidental y diez por ciento soviética. Yugoslavia y Hungría aparecían como divididas a partes iguales en la lista del primer ministro. Tal vez Churchill pensaba que Roosevelt y Hull rechazarían estas divisiones de influencias, indicando que su lista era un «documento travieso». Le dijo al dictador soviético: «¿Se verá un tanto cínico si al parecer disponemos de este tema de tanta importancia para millones de personas de manera tan informal? Mejor quememos el papel». Stalin, que con toda calma había revisado las cifras de Churchill con su lápiz azul, respondió con expresión impasible: «No, guárdelo usted».[110]

La realidad era que Stalin contaba con centenares de divisiones. Nadie contemplaba siquiera una conflagración contra Stalin para obligarle a retroceder hasta los límites que tenía la URSS antes de la guerra. Así, en lugar de buscar apaciguarlo con una Ley de Préstamo y Arriendo y muestras de buena voluntad de Gran Bretaña y Estados Unidos, ¿qué otra cosa podrían haber hecho los líderes aliados?

Casi no hay dudas de que los intentos de FDR para forjar una relación personal con Stalin fueron —como los califica el académico conservador Robert Nisbet— «un noviazgo fallido».[111] Franklin Roosevelt parecía no apreciar mucho la amenaza que representaba el comunismo agresivo y subversivo. Hay razones para pensar que el mismo Roosevelt reconocía que no había tenido éxito al cortejar a Stalin. Dos semanas antes de morir, FDR exclamó angustiado: «¡[Stalin] ha quebrado todas las promesas que hizo en Yalta!».[112]

Los críticos señalan con razón la presencia en Yalta de Alger Hiss, un agente soviético. Hiss era un importante oficial del Departamento de Estado designado por FDR, el cual viajaría a Moscú después de Yalta para recibir en secreto la Orden de la Estrella Roja.[113] Y no fue el único. Lawrence Duggan, del Departamento de Estado, y Harry Dexter White, ayudante de Morgenthau en el Tesoro, también eran agentes soviéticos.[114]

La impactante realidad es que el gobierno de los Estados Unidos estaba peligrosamente infiltrado por los agentes soviéticos. Sin embargo, en ese momento para muchas personas esto no era más peligroso que la presencia de muchos simpatizantes británicos en altos puestos.

El pueblo soviético merecía admiración por su obstinada y valiente resistencia ante los invasores nazis. Se consideraba a Stalin como una figura severa, de férrea disposición, un autoritario ruso, pero no como el monstruo cruel y homicida que la investigación histórica luego demostró que era. Los estadounidenses sentían compasión por los veinte millones de personas que habían muerto en la «Gran Guerra Patriótica» de la Unión Soviética. Jamás vieron a los millones de prisioneros de guerra soviéticos que volvían y eran enviados directamente al Gulag. Si tal cosa nos parece una locura, tenemos que recordar que estos prisioneros de los nazis sabían cuán poco preparado estaba Stalin para la guerra y también que en el resto de Europa la gente vivía mucho mejor que en la Unión Soviética. Para Stalin, cualquiera que hubiera sido capturado era un traidor. No hizo intento alguno por liberar a ninguno de los cautivos rusos, y hasta dejó que su propio hijo, Yakov, muriera en un campo de prisioneros de guerra de Alemania en lugar de intercambiarlo por el mariscal de campo alemán von Paulus.

A su regreso de Yalta, el presidente Roosevelt acudió de inmediato ante el Congreso, donde convocó a una sesión conjunta para dar un informe de la reunión cumbre. Por primera vez habló sentado. Fue también la primera vez que hizo referencia a su mala salud en público, y mencionó los «cinco kilogramos de metal» que sostenían sus piernas. Destacó que les había informado por completo a los demás participantes acerca de la Constitución Estadounidense y cómo se requería que el Senado aprobara todos los tratados. Con sabiduría, apeló al Congreso pidiendo su apoyo. Evitó la postura de confrontación que había asumido el presidente Wilson después de la Primera Guerra Mundial.* Afirmó que en el mundo no había espacio para «el militarismo alemán y la decencia cristiana».[115] Con toda franqueza habló de la negociación sobre la cuestión de la frontera polaca. Se le habían dado a la Unión Soviética cientos de kilómetros de territorio oriental que antes le pertenecían a Polonia. A cambio, se «compensó» a Polonia con vastas extensiones de tierra alemana en Prusia del este (a los polacos no se les consultó con relación a este intercambio). Roosevelt se mostró comprometido con las elecciones libres de Europa del este, así como con una nueva organización internacional, las Naciones Unidas, que reemplazara a la Liga de Naciones.[116] Si los acuerdos de Yalta se hubieran cumplido en realidad, no habría habido muchos estadounidenses que se quejaran.

Mientras tanto, en el Pacífico, el general MacArthur había liberado a las Filipinas y se acercaba cada vez más a Japón. Los líderes militares japoneses, cada vez más desesperados, enviaron a pilotos *kamikaze*. El término significa «viento divino», aunque en verdad se trataba de una ola letal de pilotos suicidas que estrellaban sus aviones contra las naves de la Armada de los Estados Unidos. Durante la invasión estadounidense a la isla de Okinawa en abril de 1945, los pilotos kamikaze destruyeron treinta y seis buques de guerra estadounidenses y dañaron a otros trescientos sesenta y ocho.[117] Durante estos ataques brutales murieron miles de marineros y marines estadounidenses.

Aunque las conferencias de la cumbre se habían centrado mayormente en el Teatro de Operaciones de Europa, como se conocía a la guerra contra Alemania, las decenas de miles de víctimas fatales del Pacífico ameritaban el interés de los estadounidenses en la guerra contra Japón. El joven teniente subalterno John F. Kennedy descubrió que un destructor japonés había partido su bote de Patrulla Torpedo (PT-109) en dos una noche oscura. Kennedy nadó hasta una isla cercana, arrastrando consigo a un tripulante herido y guiando a otros hacia un lugar seguro. Lo condecoraron por su valor.

---

* Por supuesto, Wilson enfrentó un Congreso controlado por los republicanos. Los seguidores demócratas de FDR tenían un control firme de ambas Cámaras.

Otro teniente subalterno, George H. W. Bush, dejó sus estudios en Yale para convertirse en el aviador naval más joven de la historia. Cuando derribaron su avión cerca de Chichi Jima, sus otros dos tripulantes desaparecieron. Bush remó con desesperación en su pequeña balsa para alejarse de la isla dominada por los japoneses. Quería evitar ser capturado porque sabía del salvajismo nipón, que consistía en decapitar a los pilotos estadounidenses derrotados para comer su carne.[118] Bush sintió alivio cuando poco después vio que surgía sobre la superficie el submarino USS *Skate*, que lo rescató. La resistencia suicida de los japoneses y las muchas historias de atrocidades que contaron nuestros prisioneros de guerra liberados en las Filipinas causaron una impresión muy profunda en millones de estadounidenses.

IV. Harry Truman: «La luna, las estrellas y todos los planetas»

Todavía agotado por su extenuante viaje de ida y vuelta a Yalta, FDR fue a Warm Springs, Georgia, para descansar un poco en la cálida brisa del mes de abril. Allí, Lucy Rutherfurd se encargó de hacer que la pintora Elisabeth Shoumatoff retratara al presidente. Rutherfurd había sido amante de Franklin unos treinta años antes.[119] Como condición para no divorciarse de él, Eleanor hizo que FDR le prometiera que jamás volvería a ver a Lucy. No obstante, sintiéndose ahora enfermo y solo, le pidió a su hija Anna que invitara a Lucy, ya que necesitaba compañía, calidez, amistad y aceptación. Eleanor, con sus constantes causas, proyectos e interminables peticiones por los menos afortunados, agobiaba a Franklin.

En la mañana del 12 de abril de 1945, mientras posaba para el retrato, el presidente Roosevelt se tocó la sien con el dedo y dijo: «Tengo un terrible dolor de cabeza». Con esto, cayó muerto.[120] Eleanor se enteró enseguida de la presencia de Lucy, pero el país no supo nada al respecto. Fríamente, Eleanor mandó que su hija se retirara de la casa, sabiendo que había ayudado a su padre con relación a la visita de Lucy. Luego de un tiempo, Anna y Eleanor se reconciliaron. Incluso más tarde Eleanor y Lucy intercambiaron cartas de perdón.

El país quedó impactado ante la muerte del presidente. Para millones de estadounidenses Franklin había sido el único presidente durante sus vidas. Según lo había expresado en sus deseos, la ceremonia fúnebre fue muy sencilla. Una carroza tirada por caballos llevó su ataúd por las calles de Washington, D.C., y desde esa ciudad el féretro llegó en tren a Hyde Park, Nueva York. Los Estados Unidos supieron de la noticia avanzada la tarde de ese jueves. Para el domingo, ya había sido sepultado. Cuatrocientos mil estadounidenses observaron con lagrimas en los ojos el paso del cortejo. En el momento del entierro, cadetes de West Point dispararon sus rifles en saludo desde el costado de la tumba. Los aviones no despegaron y los trenes se detuvieron, en tanto la nación entera guardó dos minutos de silencio.[121] Los periódicos locales publicaron una noticia fúnebre simple, tal como lo hacían en el caso de cualquier ciudadano: «Roosevelt, Franklin D., comandante en jefe, falleció en Warm Springs, Georgia». Hasta muchos de los republicanos que lo habían llamado «ese hombre» durante años dejaron de expresar sus críticas. El afamado editor del *Emporia Gazette*, William Allen White de Kansas, escribió lo que muchos sentían: «Los que te odiamos desde el corazón, te despedimos con respeto».[122] Todo el país estaba sumido en la pena.

La guerra no podía esperar. A bordo del USS *Tirante* —un submarino estadounidense que navegaba por aguas infestadas de minas al sur de Corea, entonces ocupada por los japoneses— el teniente comandante George Street perseguía a los barcos de carga de los enemigos. Street tuvo que hacer que su submarino entrara en el puerto navegando sobre la superficie del agua debido a la poca profundidad. A las cuatro de la mañana del 14 de abril de 1945, disparó sus torpedos contra un enorme barco que cargaba municiones. «Una explosión tremenda y de gran belleza», reportó Street, «un enorme hongo blanco de cegador brillo se levantó a unos seiscientos metros de altura … [Al principio, sin ruido, pero luego] con un estruendo terrible que casi nos deja sordos». Sin embargo, la gran explosión puso al descubierto la posición del *Tirante* «como si se tratara de un muñeco de nieve en medio de una mina de carbón». Con todo, en lugar de tomar la decisión de retirarse enseguida, Street viró y eligió dos buques de guerra enemigos, fragatas clase *Mikura*, que se dirigían a atacar a su pequeño y vulnerable barco. Street y su tripulación se habían enterado de la muerte del presidente Roosevelt al entrar en el puerto enemigo. Su mensaje al comando submarino del Pacífico fue escueto: «Ahí van, tres por Franklin … hundimos un barco con municiones y dos escoltas».[123]*

«¡Jesucristo y el general Jackson!». Estas fueron las primeras palabras de Harry Truman al enterarse de la muerte de Roosevelt.[124] Esa tarde, después de la sesión en el Capitolio, estaba tomando un trago en la oficina del presidente de la Cámara, Sam Rayburn, de Texas. Salió enseguida de la oficina y se cruzó con el congresista de Texas, Lyndon B. Jonson, mientras se dirigía a la Casa Blanca.[125] Allí

---

* Por esta acción, el capitán George Levick Street III (Marina de los Estados Unidos, retirado) recibió la Medalla de Honor del Congreso.

prestó juramento de inmediato como trigésimo tercer presidente de los Estados Unidos. Más tarde, en su primer encuentro con la prensa, el presidente Truman dijo: «Muchachos, si oran, oren por mí en este momento ... Cuando ayer me dijeron lo que había pasado sentí como si *la luna, las estrellas y todos los planetas me hubieran caído encima*».[126]

En Gran Bretaña, la reacción fue de asombro y tristeza. Harold Nicolson, un veterano diplomático, escribió en su diario: «Lo siento mucho por Winston. Y esta tarde era evidente por su estado de ánimo que fue un duro golpe. Bajo esa maldita Constitución de los Estados Unidos ahora tendrán que soportar a un vicepresidente que en realidad eligieron porque era un hombre inofensivo y descolorido. Tal vez, como Coolidge, resulte ser una persona de carácter, pero no he oído que nadie diga nada bueno a favor de él».[127]

Churchill decidió a último momento no ir a Washington. En cambio, le ofreció un homenaje a Franklin D. Roosevelt en la Cámara de los Comunes:

> Murió con el arnés puesto, y muy bien podemos decir que con el arnés de la batalla, al igual que sus soldados, marineros y pilotos, que codo a codo cumplen junto a los nuestros con su deber de acabar con todo esto en el mundo. La suya ha sido una muerte envidiable. Acababa de sacar a su país del peor de los peligros y las preocupaciones más terribles. La victoria hizo brillar sobre él su rayo más firme y seguro ... Fue el mayor defensor de la libertad que haya logrado llevar ayuda y consuelo desde el Nuevo Mundo al Viejo.[128]

Los líderes de las democracias podían entender a Roosevelt. Podían comprender también la forma pacífica y ordenada en que el poder en un país libre pasaba del presidente fallecido a su sucesor constitucional.

Este no era el caso en Moscú. Stalin ordenó que todas las banderas rojas llevaran un crespón negro, pero instruyó a sus agentes para que apelaran al hijo de FDR, Elliot. ¡Quería que sus propios médicos revisaran el cuerpo del presidente muerto, ya que estaba convencido de que «Churchill y su banda» habían envenenado a FDR![129] Algo lógico en un hombre que había llegado al poder asesinando a todos sus opositores.

Tampoco hubo duelo en Berlín. En las entrañas de la tierra, en la perpetua noche del *Führerbunker*, Hitler recibió la noticia de parte de un jubiloso Goebbels: «¡Mi Führer, estaba escrito en las estrellas! ¡Roosevelt ha muerto!». Hitler, que creía en la astrología, señaló que este era el giro tan esperado en la fortuna de Alemania. La muerte de Roosevelt era como la muerte de la emperatriz rusa que milagrosamente había salvado de la derrota al héroe de Hitler, Federico el Grande.[130] «El destino ha eliminado al criminal de guerra más terrible de todos los tiempos», comentó Hitler con respecto a la muerte de FDR.[131]

Viniendo de él, esto era un gran elogio.

Sin embargo, las estrellas de Hitler representaban cualquier cosa menos buena suerte. Dos semanas después de la muerte de Roosevelt, el Ejército Rojo cercaba Berlín. Diez mil piezas de la artillería soviética dispararon sus municiones, reduciendo la histórica capital a un montón de escombros.

El suelo se estremecía encima de él cuando Hitler recibió la noticia de que ese día, 28 de abril, su mentor y amigo Benito Mussolini había sido capturado. Los partisanos italianos juzgaron de inmediato a *Il Duce*, ejecutándolo a él, su amante y varios de sus secuaces. Luego colgaron los cuerpos por los talones en una gasolinera de Milán. Hitler estaba horrorizado y decidió que jamás se dejaría capturar con vida. Se casó enseguida con su amante, Eva Braun, una mujer de pocas luces. Luego, el 30 de abril de 1945, envenenó a su perro pastor alemán preferido, Blondi, y él y Eva se suicidaron. Goebbels y su esposa mataron primero a sus seis pequeños hijos con una inyección letal y también se suicidaron.

Las SS quemaron los cuerpos en el patio del ruinoso edificio de la Cancillería del Reich. Esta grandiosa Cancillería, construida por Hitler para intimidar a los aterrados visitantes, tendría que haber perdurado mil años, pero solo duró doce. Al día siguiente, el 1 de mayo, con el hedor de los cuerpos quemados todavía invadiéndolo todo, los soldados del Ejército Rojo izaron la bandera soviética del martillo y la hoz sobre lo que quedaba de la Cancillería. Justo a tiempo para festejar el Día internacional de los Trabajadores.

Ahora la cacería se centró en los líderes nazis que huían. Se logró rodear a muchos, pero el líder de las SS Heinrich Himmler pudo tragar una cápsula de cianuro mientras permanecía en cautiverio, atrapado por los británicos.

La decisión de juzgar a todos los líderes del Tercer Reich se vio fortalecida cuando se invadieron los campos de muerte de los nazis y se liberó a miles de sobrevivientes. Auschwitz, Treblinka, Ravensbruck, Dachau, Mauthausen, todos se convirtieron en sinónimos de salvajismo en abril de 1945. El general Eisenhower obligó a los prisioneros de guerra enemigos a enterrar las pilas de cadáveres que se habían amontonado en el sector estadounidense de los campos de muerte. Dictaminó que los prisioneros alemanes vieran los documentales del Holocausto.[132] Y ordenó que los fotógrafos del ejército lo documentaran todo con el fin de evitar que alguien en occidente quisiera negar que el Holocausto había tenido lugar.* «He visitado cada rincón del campo», señaló Eisenhower, atónito ante toda la barbarie que veía, «porque sentí que era mi obligación dar un testimonio de primera mano sobre todas estas cosas en caso de que en mi país surgiera la creencia de que las «historias sobre la brutalidad nazi» fueron solo propaganda».[133]

El presidente Truman prometió seguir adelante con las políticas de Franklin Roosevelt. Entre estas, la primera era la rendición incondicional. En una semana más, la resistencia alemana colapsó. El Gran Almirante Karl Dintz, al que Hitler había nombrado su sucesor, autorizó la rendición de todas las fuerzas alemanas. El 7 de mayo, el comandante supremo Eisenhower aceptó la rendición incondicional de todas las fuerzas de Alemania en la ciudad francesa de Reims. *Aceptada* fue la palabra que se eligió con todo cuidado para describir la victoria de Ike. El general estaba tan furioso por lo que había visto en los campos de concentración que se negó a asistir personalmente a las ceremonias de rendición, designando a un subordinado para que se encontrara con los derrotados alemanes.[134]**

Al día siguiente, el 8 de mayo, Harry Truman celebraba su cumpleaños número sesenta y uno. Para el mundo entero fue el día V-E...Victoria en Europa. En Londres, con cientos de miles de personas reunidas en la Plaza Trafalgar, Winston Churchill apareció junto al rey, la reina y la princesa Isabel en el balcón del Palacio de Buckingham. A través de todo occidente, los pueblos de los países aliados y liberados festejaron el final de la mayor amenaza a la libertad que hubiera conocido el mundo. En Moscú, el saludo de mil cañones celebró el 9 de mayo la victoria en «la Gran Guerra Patriótica».

Al mes siguiente, le entregarían a Eisenhower las llaves de la ciudad de Londres. Al aceptar este honor, dio el primer discurso en público de su vida. En su Discurso del Guildhall, en junio de 1945, hizo énfasis en sus propias raíces del medio oeste estadounidense, y al hacerlo habló mucho sobre el tipo de país que lo había enviado allí. Era el Nuevo Mundo de Ike que había «dado un paso adelante para liberar y rescatar al Viejo Mundo», como Churchill anunciara siempre:

---

*   A pesar de las montañas de evidencia —que a veces son literalmente montañas de anteojos, cabello humano y zapatos de niños— algunos de los que negaban el Holocausto comenzaron su increíble trabajo solo a los pocos días de ser descubiertos los campos de muerte de Hitler. Parecen estar diciéndoles a los crédulos que los escuchan lo mismo que Groucho Marx dijo: «¿A quién le vas a creer? ¿A mí o a tus propios ojos?». El régimen iraní de Teherán continúa poniendo en duda el Holocausto aun en nuestros días.

**   El hijo de Ike, John, recordó en 1976: «Papá odiaba tanto a los nazis que no quería tener nada que ver con ellos. Jamás olvidó los horrores de los campos de concentración». (Fuente: Neal, Harry and Ike, p. 49.)

La humildad tiene que ser siempre la cualidad del hombre que recibe una aclamación ganada con la sangre de sus seguidores y los sacrificios de sus amigos.

Es concebible que un comandante pueda ser superior en términos profesionales. Tal vez lo haya dado todo, su corazón y su mente, para satisfacer las necesidades espirituales y físicas de sus camaradas. Y quizá haya escrito un capítulo que por siempre seguirá brillando en las páginas de la historia militar.

Sin embargo, aun así tal hombre, si es que existe, tiene que enfrentar con tristeza el hecho de que todos esos honores no pueden ocultar de su memoria las cruces que marcan el lugar donde descansan los muertos. Todo eso no puede calmar la angustia de la viuda o el huérfano cuyo esposo o padre no regresará jamás.

La única actitud con la que puede un comandante recibir con satisfacción el tributo de sus amigos es con el humilde reconocimiento de que no importa lo poco que valga él como hombre, su posición es el símbolo de enormes esfuerzos humanos que ardua y exitosamente han obrado por una causa justa. Si no siente este simbolismo y esta razón en lo que ha intentado hacer, estará olvidando el coraje, la fortaleza y la devoción de las vastas multitudes a las que tuvo el honor de comandar. Si todos los hombres y mujeres aliados que han servido conmigo en esta guerra pudieran saber tan solo que es a ellos a los que este augusto cuerpo rinde honores en este día, me daré por contento.

Este sentimiento de humildad no puede por supuesto borrar mi gran orgullo ante el ofrecimiento de la libertad de Londres. No soy nativo de esta tierra. Provengo del corazón mismo de los Estados Unidos. En lo que respecta a los aspectos superficiales por los cuales de forma habitual reconocemos las relaciones familiares, el pueblo donde nací y el pueblo en el que crecí están muy lejos de esta gran ciudad. Abilene, en Kansas, y Denison, en Texas, podrían juntos igualar en tamaño tal vez una porción en quinientas de lo que es la gran ciudad de Londres.

Según las normas de ustedes, estos pueblos son jóvenes, sin las tradiciones añosas que recogen las raíces de Londres desde la incertidumbre de la historia no registrada. Me enorgullece pertenecer a un pueblo como este.[135]

A pesar de todos los festejos, no todo era color de rosa en la coalición de la guerra. De paso por Washington en su camino hacia la apertura de la reunión para la organización de las Naciones Unidas en San Francisco, el ministro de relaciones exteriores soviético, Vyacheslav Molotov («el Martillo»), se detuvo para conocer al nuevo presidente en la Casa Blanca. Cuando Truman le expresó su preocupación porque los soviéticos no estaban cumpliendo con sus acuerdos sobre Polonia, Molotov lo interrumpió, indicando que los polacos actuaban *en contra* del Ejército Rojo. Truman no le permitió seguir hablando y le indicó que le informara al mariscal Stalin que los Estados Unidos esperaban que los soviéticos cumplieran con su palabra. Ofendido, Molotov respondió que nadie le había hablado jamás de esa manera. «Cumpla con sus acuerdos y no tendrán que hablarle de ese modo», dijo con rudeza Truman.[136] Molotov era normalmente un hombre pálido, con esa palidez que identificaba a los del Kremlin. No obstante, ahora tenía un color ceniciento.[137] No se trataba de una guerra fría —no todavía— pero en los corredores del poder se percibía un viento helado.

Una de las primeras cosas de las que se enteró Truman al convertirse en presidente fue del Proyecto Manhattan. Durante sus días en el Senado, Truman en reiteradas oportunidades demostró su oposición al ultrasecreto proyecto de desarrollar una bomba atómica. No estaba seguro de qué sería esa bomba, pero sí sabía que era algo grande. Ahora, a doce días de que le cayeran encima «la luna, las estrellas y todos los planetas», el nuevo presidente recibió el primer informe completo del secretario de guerra Stimson sobre la bomba atómica. Todo cambiaría si los Estados Unidos llegaban a poseer una bomba atómica. También cambiaría la aparente disposición de los soviéticos a romper los acuerdos que con tanta solemnidad había firmado Stalin en Yalta.

Truman aceptó ir a Potsdam para otra cumbre de los Tres Grandes. Ahora que Roosevelt no estaba, era importante que el nuevo presidente estableciera su propia relación con Churchill y Stalin. Potsdam era un suburbio elegante de Berlín, relativamente intacto después de la guerra, pero estaba detrás de las líneas soviéticas. Una vez más, Stalin se ocuparía de rodear a los líderes aliados con sus espías.

Si el choque de Truman con Molotov fue una señal de que las relaciones entre los Estados Unidos y los soviéticos se habían enfriado de repente, Truman pronto rompería con el amigo personal más devoto de FDR y uno de los miembros más leales del gabinete. Henry Morgenthau, como secretario del tesoro, quería ir a Potsdam para dar nueva vida a su Plan Morgenthau para el tratamiento de la Alemania de posguerra.[138]

El hecho es que Truman no solo no quería a Morgenthau o su Plan Morgenthau en Potsdam, sino que tampoco lo deseaba en Washington. Con la muerte de Roosevelt, la línea de sucesión de la presidencia iba de Truman al secretario de estado, James Byrnes, y luego al secretario del tesoro, Morgenthau. Como Truman y Byrnes viajaban a Europa en el mismo barco, el *USS Augusta*, un accidente podría dar como resultado otro repentino cambio en el gobierno en cuestión de pocos meses. Truman veía un grave peligro en la posibilidad de que un presidente no elegido, un líder comprometido con un plan muy polémico para reducir a Alemania a un estado primitivo, llegara a asumir el poder de este modo.[139]* Truman insistió y exigió la renuncia de Morgenthau antes de que la comitiva presidencial abordara el barco rumbo a Europa.[140] El amigo de Truman, Fred Vinson, se encontró con que desembarcaban su equipaje del *Augusta* y confirmaban su nombre en el Senado como nuevo secretario del tesoro, puesto que asumió en cuestión de horas. Es difícil imaginar un manejo más torpe de un cambio en el gabinete. Se trataba de un comienzo abrupto para la gestión de Truman. Y Henry Morgenthau fue víctima de un trato poco educado.

A pesar de su arbitrariedad en el asunto del fiel Morgenthau, Truman tal vez haya tenido buen criterio al decidir lo que haría. El Plan Morgenthau para la reducción permanente de Alemania solo lograría ayudar a los soviéticos. Si Henry Morgenthau hubiera llegado a ser presidente, su posición se habría visto comprometida cuando por fin se reveló que su confiable asistente, Harry Dexter White, era un agente soviético. Por último, incluso Morgenthau tuvo que admitir que «no había dudas de que White trabajaba para los rusos».[141]

V. La bandera de la libertad

Sobre los laureles de la victoria, los estadounidenses podían sentirse confiados de que fueron sus armas y sus materiales los que decidieron el rumbo de la guerra. Todos los pueblos aliados habían realizado hazañas llenas de esfuerzo y devoción. Sus soldados, marineros y pilotos eran héroes con increíbles historias de valentía y sacrificio. Por todo eso, los Estados Unidos eran el país indispensable. Los Estados

---

* Debido a su profunda preocupación de que los Estados Unidos no fueran gobernados por alguien no elegido, Truman apoyó un cambio en la Ley de Sucesión Presidencial. Desde entonces, el presidente de la Cámara y el presidente del Senado sucederían al presidente y el vicepresidente. La reforma de Truman se volvió menos urgente, aunque no obsoleta, al ratificarse la Vigésimo Quinta Enmienda, que le permite al presidente llenar la vacante de la vicepresidencia designando a alguien que debe ser confirmado por ambas Cámaras del Congreso.

Unidos habían sido determinantes. Alistair Cooke era por esa época un joven corresponsal que trabajaba desde los Estados Unidos para la BBC (British Broadcasting Company). En el prólogo a sus memorias de la Segunda Guerra Mundial vemos en términos dramáticos lo que fue el aporte estadounidense a la victoria:

> Los aliados no podrían haber ganado la guerra en occidente y la otra guerra en el este sin la forma en que el pueblo estadounidense logró crear con asombrosa velocidad un arsenal que ninguna coalición de naciones podría igualar o imitar siquiera. Gran Bretaña triplicó su producción de guerra entre 1940 y 1943, superando a Alemania y Rusia, que duplicaron las suyas, a pesar de que Japón se destacó al cuadruplicarlas. ¿Y los Estados Unidos? Fueron los estadounidenses los que realizaron la hazaña de aumentar su producción de guerra veinticinco veces. En 1942, por ejemplo, un barco de carga Libertad de diseño británico se construía en doscientos días. Henry Kaiser, un constructor de diques de Spokane, jamás había construido un barco, un avión, o manejado siquiera el acero. Sin embargo, se dedicó a ensayar con la prefabricación y logró reducir el tiempo de construcción a cuarenta días nada más. Su siguiente triunfo fue que completó el John Fitch veinticuatro horas después de haberse instalado la quilla. Sin las flotas de los barcos de Kaiser llevando provisiones, Gran Bretaña sin duda habría muerto de hambre.[142]

En Postdam, el tema principal a tratar era qué hacer con la derrotada Alemania. Stalin estaba decidido a saquear el sector soviético, que pronto se conocería como Alemania Oriental. Al Ejército Rojo se le había permitido, y hasta se le alentó, violar a todas las alemanas con las que se cruzaran. Unos dos millones de mujeres, desde niñas de ocho años hasta monjas de ochenta, fueron violadas en el ataque final contra Alemania. Unas ciento treinta mil mujeres alemanas fueron víctimas de violación cuando se capturó Berlín. De ellas, diez mil se suicidaron.[143]

La policía secreta soviética interrogó a una mujer alemana en Prusia del este, Emma Korn. Ella contó sus experiencias cuando el Ejército Rojo entró en su ciudad:

> Las tropas del frente ... entraron en la ciudad. Bajaron al sótano donde estábamos escondidos y me apuntaron con sus armas a mí y otras dos mujeres. Nos ordenaron ir al jardín. Allí, doce soldados se turnaron para

violarme. Otros soldados hicieron lo mismo con mis dos vecinas. A la noche siguiente, seis soldados [soviéticos] borrachos entraron en nuestro sótano y nos violaron delante de los niños. El 5 de febrero vinieron tres soldados, y el 6 de febrero ocho soldados borrachos también nos violaron y golpearon.[144]

Unos días después, Emma Korn y sus compañeras, al no encontrar salida, decidieron cortarles las muñecas a sus hijos y hacer lo mismo con las suyas. Sin embargo, no lograron suicidarse.[145]

Aleksandr Solzhenitsyn era entonces un capitán de artillería del Ejército Rojo de treinta y cuatro años. Mientras sus camaradas saqueaban joyas, oro, plata y, por supuesto, alcohol, él corrió hacia la oficina de un ingeniero para llevarse los famosos lápices Koh-I-Noor que tanto codiciaba, único lápiz bueno que el joven escritor había tenido en sus manos alguna vez. Él también violó a una mujer en Prusia del este. Su crimen fue cometido sin pistola, sino con un gesto de la cabeza, pero fue una violación de todos modos. Lo sorprendente es que Solzhenitsyn confesó sus pecados en el poema de ochocientas líneas *Noches Prusianas*, que compuso mientras marchaba lentamente hacia el cautiverio en el Gulag. La policía secretad de Stalin había atrapado el joven oficial porque en una carta se refería al dictador soviético tildándolo de «labriego» por haber enterrado a millones de muchachos rusos.

Cuando los victoriosos Tres Grandes líderes de los aliados se reunieron finalmente en Potsdam, el presidente Truman asumió su puesto como figura principal con eficiencia. El primer ministro Churchill había asistido con su socio de la coalición de guerra, el primer ministro adjunto Clement Atlee. El partido conservador de Churchill y el partido laborista de Atlee acababan de enfrentarse en una contienda electoral. La votación ya se había realizado, pero llevaba tiempo contar los «votos de los soldados», que provenían de todo el mundo. No eran muchos los que suponían que Churchill podría perder.

Churchill tuvo una premonición repentina. El 25 de julio de 1945 contó un sueño que había tenido: «Soñé que mi vida acababa. Vi —y era una imagen muy vívida— mi cuerpo muerto bajo una sábana blanca, sobre una mesa en una habitación vacía. Reconocí mis pies desnudos que salían por debajo de la sábana. Fue muy real ... Tal vez este sea el final».[146]

No lo fue. Ni en términos de la vida física de Churchill ni en los de su notable carrera política. Con todo, debe haber sentido algo así. El mundo se quedó boquiabierto ante la abrumadora victoria del partido laborista. Clementine, la amorosa y ambiciosa esposa de Churchill, intentó calmarlo: «Tal vez sea para mejor», le dijo. «En este momento, no veo qué puede tener de bueno», contestó Churchill en tono sombrío.[147]

Como Atlee reemplazaría a Churchill, Stalin tendría ahora en la cumbre a dos socios con poca experiencia. Sin embargo, Truman acababa de recibir un mensaje codificado que le comunicaba que la primera prueba atómica del mundo en Alamogordo, Nueva México, había marchado perfectamente bien. Una cosa que Truman sabía que debía hacer en Potsdam si quería mantener la alianza de los tiempos de la guerra era decirle a Stalin lo de la bomba atómica.

Al final de una sesión en la que todas las partes tuvieron sus entredichos, Truman se acercó con tranquilidad al mariscal Stalin. En tono coloquial le comentó que los Estados Unidos habían desarrollado un arma nueva muy poderosa. Stalin no reaccionó, al menos no de manera visible. «Solo dijo que le alegraba oír esto y que esperaba que pudiéramos usarla "muy bien" contra los japoneses», observó luego Truman.[148]

Es evidente que Stalin ya lo sabía. Klaus Fuchs, un alemán por nacimiento exiliado de la Alemania de Hitler, era un científico nuclear muy inteligente. Se había convertido en ciudadano británico y se le asignó trabajar en el Proyecto Manhattan con los estadounidenses. Además era comunista de alma y espía soviético.[149] Es muy probable que desde sus inicios el Proyecto Manhattan haya estado en riesgo.

Otro físico, Ted Hall, también espiaba para la URSS. Hall le contó a uno de sus camaradas soviéticos una conversación que había tenido con otro científico en el laboratorio nuclear de Los Álamos, en Nueva México. El científico le comentó a Hall que le molestaba que los Estados Unidos y Gran Bretaña no compartieran sus conocimientos sobre la bomba atómica con los valientes aliados soviéticos. El científico indicó que si le ofrecían la posibilidad, estaba dispuesto a desarrollar la bomba. Hall entonces aceptó su ofrecimiento y le dijo que ya había empezado a colaborar con los soviéticos. Esta observación indiscreta al parecer asustó al científico con inclinaciones izquierdistas, que desde ese momento evitó a Ted Hall. Sin embargo, no lo reportó al FBI.[150] El nombre en código de los soviéticos para su exitoso esfuerzo a fin de infiltrarse en el Proyecto Manhattan era *Enormoz*: enorme. Y las consecuencias de su espionaje fueron enormes en realidad.[151]*

---

* El FBI descubrió a Ted Hall a principios de la década de 1940. A diferencia de Klaus Fuchs, negó todos los cargos. El pueblo estadounidense supo de su espionaje en tiempos de guerra solo cuanto se publicaron en la década de 1990 los descifrados Venona.

Al término de la conferencia de Potsdam, los aliados convocaron una vez más a Japón para la rendición incondicional. Los soviéticos no participaron de esta convocatoria porque todavía no estaban en guerra con Japón.

Jamás se pensó que la bomba atómica no se utilizaría. No se le consideraba un arma de otra clase. Los ciudadanos se habían acostumbrado a los terribles «ataques con miles de bombas» sobre Hamburgo y Tokio, en los que morían cientos de miles de personas. El bombardeo de la antigua y bella Dresden había hecho surgir gritos de alarma desde algunos sectores. Churchill, al ver la filmación de los ataques, se levantó de su silla exclamando con angustia: «¿Somos bestias?». Con todo, no ordenó el cese de los bombardeos.[152]

Los bombardeos indiscriminados de Alemania sobre Londres y Coventry, Varsovia y Rotterdam, habían endurecido los corazones de los aliados con respecto a los alemanes. Y de manera similar, las historias de las atrocidades de los japoneses en el sudeste de Asia y las Filipinas encendían el ánimo de venganza en los estadounidenses.

Las enormes pérdidas de los estadounidenses en Iwo Jima y Okinawa fortalecieron la decisión de la nación de hacer lo que hiciera falta para obligar a los japoneses a rendirse. El fotógrafo de la prensa, Joe Rosenthal, capturó una increíble escena de seis soldados estadounidenses izando la bandera de los Estados Unidos sobre Iwo Jima.*Si bien el ánimo de los estadounidenses mejoró al ver que cinco marines y un miembro de la Armada izaban la bandera sobre el Monte Suribachi, las listas de muertos entristecían y enfurecían a millones de ciudadanos. La campaña duró casi tres veces más de lo planeado: treinta y seis días, con un costo de 5.931 marines muertos y 17.372 heridos.[153]

El ataque sobre Okinawa fue todavía peor. Oleadas de kamikazes, un total de 1.900, se llevaron las vidas de 4.900 marineros estadounidenses. Los heridos sumaban 4.824. No obstante, en la marina las bajas fueron todavía más: 7.613 muertos y 31.807 heridos. Además, se perdieron 763 aviones.[154] La invasión de Okinawa tuvo lugar el 1 de abril de 1945, aunque la victoria no pudo obtenerse hasta el 22 de junio. Fueron tres de los meses más sangrientos en toda la guerra.[155]

Al ver que los líderes militares japoneses estaban obstinadamente decididos a ir en contra de todo el mundo civilizado, Truman ordenó que se usara la bomba atómica. En vista de lo sucedido esa primavera, es difícil imaginar a cualquier otro presidente tomando una decisión distinta. Truman temía que

---

* La fotografía de Rosenthal, ganadora del Premio Pulitzer, se convirtió en una estatua enorme junto al río frente a Washington D. C., conocida hoy como Monumento a los Marines.

morirían unos 300.000 estadounidenses o más durante la invasión a las islas de Japón. Los ataques suicidas en masa en Okinawa, la falta de disposición de los militares japoneses a considerar la alternativa de rendición, además de la muerte cada mes de 100.000 prisioneros aliados en los campos japoneses, fue suficiente para convencer a los planificadores estadounidenses de que en esta guerra hacía falta la bomba atómica.[156]

El 6 de agosto de 1945, un avión bombardero de la USAAF dejó caer una única bomba atómica sobre Hiroshima, Japón. El coronel Paul Tibberts piloteaba el B-29, que llevaba el nombre de su madre, *Enola Gay*. El potente avión pudo registrar el suceso y escapar al horror, volviendo a la base sin daños. Como no se había probado la bomba, existía el peligro de que la explosión consumiera tanto al avión como a su tripulación al dar contra en el blanco. Para impedir que sucediera esto, el descenso de la bomba se llevó a cabo mediante un paracaídas. Como resultado de la explosión murieron 140.000 personas. Cuando los japoneses se negaron a rendirse, se lanzó una segunda bomba sobre Nagasaki el 9 de agosto de 1945. Se calcula que murieron instantáneamente unas 73.884 personas. Otras 74.909 resultaron heridas de gravedad, alertando al mundo sobre la pesadilla continua del envenenamiento por radiación.[157]

Esta vez, Stalin cumplió con su palabra y le declaró la guerra a Japón. El emperador japonés Hirohito habló en la radio nacional por primera vez, convocando a su pueblo a «soportar lo insoportable» y rendirse. Esto ocurrió el 15 de agosto de 1945. En todos los países aliados la gente salió a las calles a celebrar el día V-J: Día de la victoria sobre Japón.

El 2 de septiembre de 1945, el USS *Missouri* entró en la bahía de Tokio. Allí, los representantes de los aliados recibieron a los emisarios japoneses. No se hizo nada para humillar a los firmantes japoneses que rubricaron el Instrumento de la Rendición. El general Douglas MacArthur se aseguró de que así fuera. «Oremos que ahora se restaure la paz en el mundo y Dios la preserve siempre así».[158]

No fue solo la paz lo que se aseguró en la bahía de Tokio. La libertad resultó victoriosa. En todo el mundo las personas veían ahora que las democracias resurgían desde las profundidades del derrotismo y la decadencia en que se hallaban a finales de la década de 1930. El aislacionismo en los Estados Unidos y la contemporización en Gran Bretaña y Francia quedaron desacreditados. La democracia había ganado la guerra. La Gran República de los Estados Unidos se convirtió en realidad en el «arsenal de la democracia». La productividad estadounidense apabulló la laboriosidad de los japoneses y los alemanes.

Para los pueblos del mundo, cansados de tanta contienda, las lecciones de la guerra debieron solucionar por siempre la cuestión de si los pueblos libres también pueden tener el coraje y la voluntad para defenderse. Fueron los Estados Unidos y Gran Bretaña los que resistieron. Estas dos naciones defendieron los ideales de la democracia ante un mundo que las observaba.

Incluso uno de los incidentes más dolorosos de la guerra proporcionó una lección importante.

A Winston Churchill le dolía profundamente que los votantes británicos lo hubieran sacado de su puesto de manera tan poco ceremoniosa. Sin embargo, el famoso ingenio de Churchill resurgiría. Cuando el rey Jorge VI ofreció nombrarlo Caballero de la Liga, respondió con picardía: «No puedo aceptar la Orden de la Liga de parte del Rey después que el pueblo me diera la Orden del Puntapié».[159]

Lo importante es que el pueblo era *libre* para deponer a un líder. De eso se trata la libertad. *Es* el agujero en el presuntuoso. *Es* la abolladura en el sombrero de copa. Y *es* el derecho soberano del pueblo a decidir quién lo gobernará. Ese fue un mensaje que los estadounidenses emitieron a un mundo que esperaba y observaba. La bandera de las franjas y estrellas que esos marines y ese miembro de la Armada habían izado sobre el Monte Suribachi no era solo una insignia de batalla marcando la victoria. Representaba la bandera de la libertad.

El general Eisenhower inspecciona un campo de muerte de los nazis en 1945.
A medida que las tropas de Eisenhower iban descubriendo más campos de muerte nazis como este de Ohrdruf, en Alemania, el Comandante Supremo de las Fuerzas Aliadas en Europa (SCAFE, por sus siglas en inglés) los inspeccionaba en persona. Quería poder confrontar a cualquiera que luego negara el Holocausto que había visto con sus propios ojos. Enfurecido y escandalizado ante la falta de humanidad de los nazis, Ike se negó a reunirse con los derrotados alemanes en su cuartel general de Reims, Francia. Su oficina comunicó simplemente que había «aceptado» la derrota incondicional de los nazis.

Eleanor Roosevelt. *La primera dama, Eleanor Roosevelt, se aseguró de que durante la guerra la agenda liberal del presidente no se hiciera a un lado. Defendió el rol de las mujeres, tanto en el ejército como en las industrias de la guerra en su país. Habló por los pilotos de Tuskegee, los aviadores negros que servían en el todavía segregado ejército de los Estados Unidos. La conciencia social de la Sra. Roosevelt no conocía el descanso. Viajó incesantemente, actuando muchas veces como los ojos y oídos de su paralizado esposo en lugares remotos.*

El general Douglas MacArthur. *«Volveré», prometió el general MacArthur en 1942 cuando el presidente Roosevelt le ordenó abandonar la sitiada isla Corregidor en Filipinas. Miles de los soldados que quedaron allí murieron como prisioneros de los japoneses. Aquí, el general de cinco estrellas MacArthur preside la ceremonia de rendición de todas las fuerzas militares japonesas imperiales a bordo del USS Missouri en la bahía de Tokio, el 2 de septiembre de 1945. MacArthur dirigió con sabiduría la ocupación del Japón de posguerra, creando instituciones estables y democráticas sin destruir lo mejor de las tradiciones japonesas.*

Capítulo 7:

Truman defiende al mundo libre (1945-1953)

En los tumultuosos años posteriores a la Segunda Guerra Mundial, los estadounidenses verían enormes cambios en su país y el mundo entero. Millones de veteranos iniciaron sus estudios universitarios bajo la Declaración de Derechos para los Soldados (G.I. Bill), respaldada por el gobierno de Truman. En rechazo a la desilusión y el aislacionismo que habían reinado tras la Primera Guerra Mundial, los estadounidenses se unían para resistir la agresión y la subversión de una conspiración comunista contra el mundo, dirigida desde Moscú. Con el objeto de impedir que la URSS extendiera su garra más allá hacia Europa occidental, Truman reconstruyó esos países devastados por la guerra a través del Plan Marshall. Luego añadió un componente militar a la ayuda económica por medio de la Organización del Tratado del Atlántico Norte (OTAN), el vehículo que permitió que los estadounidenses lideraran a Europa en la defensa mutua. Mientras tanto, en los Estados Unidos la respuesta al comunismo sería demasiado complaciente en los inicios. Algunos pensaban que los comunistas no eran más que «liberales apresurados». Truman se equivocó al descartar la legítima preocupación sobre la subversión comunista en el gobierno, diciendo que no era más que «un cuento». Muchos sindicatos representaban un blanco para los comunistas que buscaban controlarlos, en especial los de Hollywood. La causa del anticomunismo —que unió a millones de estadounidenses y ganó el apoyo de demócratas, republicanos e independientes— se vio parcialmente impedida por el senador Joe McCarthy, de Wisconsin. Ronald Reagan diría luego de él que utilizaba una escopeta cuando hacía falta un fusil. Truman no estaba sujeto a la Vigésimo Segunda Enmienda, la cual limitaba a los presidentes a dos mandatos solamente. Sin embargo, la pronta ratificación de la misma se tomó como un reproche a su liderazgo. En 1952, los estadounidenses buscaban con avidez las seguridades que ofrecía el republicano Dwight D. Eisenhower. Su abrumadora victoria en la elección llevó al liderazgo nacional a otro probado hombre del medio oeste.

I. Comienza la Guerra Fría

Cuando llegó por fin la paz en septiembre de 1945, la alegría de los estadounidenses se mezclaba con el agotamiento. Los Estados Unidos habían permanecido en guerra desde el 8 de diciembre de 1941, y sus aliados desde hacía más tiempo todavía. Gran Bretaña estuvo peleando por su supervivencia desde el 3 de septiembre de 1939. Las naciones del Imperio Británico y la Mancomunidad —Canadá, Australia, Nueva Zelanda, India y Sudáfrica—acompañaron a Inglaterra en la guerra contra Hitler y los imperialistas japoneses. La Unión Soviética luchó por su existencia misma desde el 22 de junio de 1941, cuando Hitler desató su implacable *blitzkrieg* o guerra relámpago contra Stalin. La torpeza de Stalin de confiar en la palabra de Hitler costaría veinte millones de vidas en la URSS. *Naciones Unidas* fue el título formal que se le dio a la alianza de guerra contra el hitlerismo. Lideradas por los Estados Unidos, veintiséis naciones se comprometieron el 1 de enero de 1942 a luchar contra la Alemania de Hitler y no firmar una paz por separado con los nazis. Presionadas por Roosevelt, serían cuarenta y siete las naciones que a la larga declararían la guerra contra el hombre al que Winston Churchill llamaba con gusto «la bestia idiota».

En la Segunda Guerra Mundial, los Estados Unidos nos convertimos en lo que FDR había dicho que éramos: el arsenal de la democracia. Así como el general Montgomery Meigs les había dado a los ejércitos de la Unión en la Guerra Civil ventajas abrumadoras en términos de provisiones, lo mismo hizo el general Lucius D. Clay durante la Segunda Guerra Mundial. Clay era nieto de soldados confederados y descendiente del Gran Negociador, Henry Clay. El general Clay fue el responsable de la asombrosa provisión de ochenta y ocho mil tanques, dos millones de camiones y ciento setenta y ocho mil piezas de artillería.[1]

A fin de uniformar a doce millones de hombres y mujeres y enviar a millones de soldados del otro lado del océano hizo falta una movilización sin precedentes. El reclutamiento militar movilizaba a los jóvenes saludables, mientras que millones de mujeres jóvenes ocupaban sus puestos en las líneas de ensamblado y producción en las fábricas. Los Estados Unidos estaban dispuestos a aceptar un giro tan drástico en la vida normal porque el país estaba unido después de Pearl Harbor. Casi todos los estadounidenses creían que la supervivencia de los Estados Unidos y nuestras libertades corrían riesgo. El racionamiento, los controles de salarios y precios, así como la censura de la prensa en tiempos de guerra (además de la censura de las cartas que enviaban los marineros y soldados), fueron restricciones a la libertad estadounidense que casi todos aceptaron sin protestar.*Miles de ciudadanos se hallaron «congelados» en industrias de gran importancia para la guerra, sin poder dejar sus empleos para buscar otros donde la paga fuera mejor.

En 1945, la paz trajo presiones irresistibles. Los muchachos estadounidenses uniformados que cantaban «No te sientes bajo el manzano con nadie más que conmigo» querían encontrar con quién sentarse bajo ese manzano. Sus madres y padres, esposas y novias los querían en casa. Así como no se puede mantener a la tripulación de un buque de guerra en «cuarteles generales» sin momentos de recreación, el pueblo estadounidense exigía ahora que se moderaran los rigores de la movilización que había sido necesaria durante la guerra. Ningún gobierno democrático podría haber ignorado estas presiones. La desmovilización se convirtió entonces en la tarea urgente del gobierno de Truman.

En esos años de paz teñida de cierta incertidumbre los estadounidenses aceptarían su rol como líderes en el mundo de posguerra. La defensa de la libertad en la nación, creía la mayoría, requería de una red mundial de alianzas. El nuevo protagonismo de los Estados Unidos como líder del mundo en pos de la libertad proyectaba sobre las instituciones y prácticas estadounidenses un brillante haz de luz que por momentos no era halagador. La segregación racial, por ejemplo, no se condecía con los ideales de la defensa de la dignidad humana. Era difícil celebrar la gran victoria sobre el cruel racismo de Hitler cuando millones de estadounidenses resultaban denigrados al tener que beber de las fuentes de agua marcadas para BLANCOS o NEGROS. La negación del derecho a poseer las mismas comodidades

---

* Algunos ejemplos de censura incluían la omisión de los nombres y la cantidad de los barcos hundidos por los submarinos nazis, o de los soldados muertos durante accidentes de entrenamiento o incidentes del fuego amigable. Las fotocopias de cada carta que enviaban o recibían los doce millones de soldados se conocían como correo V.

públicas y derechos civiles básicos como el voto o la función pública se parecía más al Código Nuremberg de Hitler que a los ideales de los Fundadores y Abraham Lincoln. Durante este período los presidentes estadounidenses señalarían muchas veces al mundo que los observaba en su llamado a los ciudadanos para que vivieran a la altura de sus elevados ideales en términos de los derechos civiles.

El progreso en cuanto a los derechos civiles, de modo irónico, se demoró en cierto momento para luego acelerarse debido a las presiones de una lucha contra el comunismo en el mundo entero. Después de la Segunda Guerra Mundial, los estadounidenses estaban divididos según su opinión con respecto al aliado en tiempos de guerra, Josef Stalin. Para muchos liberales*Stalin representaba al valiente pueblo soviético. Era duro, admitían, y sus métodos no eran los nuestros. No obstante, tenía que ser así para sobrevivir en un mundo amenazado por los fascistas y sus simpatizantes en occidente. Además, creían que el sistema comunista de Stalin representaba la esperanza para el mundo. La propaganda soviética criticaba con regularidad al racismo y el antisemitismo. Y eran pocos los estadounidenses que sabían del racismo y el antisemitismo que había en la URSS.

Los conservadores estadounidenses jamás se habían sentido cómodos con la alianza de conveniencia con la Rusia soviética durante la guerra. En los meses que siguieron al día V-E, los estadounidenses cuyos padres habían llegado desde Polonia y Europa del este comenzaron a clamar contra la garra de hierro de Stalin en sus antiguos países. En todas las iglesias católicas de los Estados Unidos se rogaba por los correligionarios cuya libertad de culto se veía amenazada cada vez más en el este de Europa.

Al presidente Truman le costaba mantener relaciones amigables con los soviéticos, incluso cuando el rápido retiro de sus tropas de Europa disminuía su influencia allí. Desoyendo el consejo del os conservadores, ordenó que las tropas estadounidenses se retiraran de las posiciones de avanzada que habían tomado en los últimos días de la guerra. Truman honraría los acuerdos de FDR y esperaba que los soviéticos honraran los suyos.

Stalin dio un discurso en el Teatro Bolshoi de Moscú en febrero de 1946, señalando así un retorno a las antiguas costumbres. En realidad, Stalin repasó los temas que tanto había denunciado en los años previos a la guerra: el capitalismo era inevitablemente imperialista, el imperialismo llevaba a la guerra, y la Unión Soviética tenía que rearmarse para evitar que la recluyeran y vencieran. También

---

* En la política de los Estados Unidos se denomina «liberal» a quien busca reformas y cambios, en oposición al «conservador».

hay indicaciones de que la franqueza de Truman al hablarle a Stalin de la bomba atómica en Potsdam puede haber motivado a Stalin a ser más truculento y no menos cruel. Él pudo concluir que asumir una postura dura e indeclinable era la única forma de convencer a occidente de que no se dejaría intimidar por el monopolio estadounidense sobre la bomba.

En marzo de 1946, Truman invitó al anterior primer ministro Winston Churchill para que diera una charla en una pequeña universidad liberal de artes en el estado natal del presidente, Missouri. El Westminster College se enorgullecía de recibir al hombre más famoso del mundo y ver a Harry también. Churchill y el presidente fueron en un tren especial desde Washington hasta la ciudad de Fulton, donde estaba la universidad. Tuvieron mucho tiempo para repasar el discurso durante el viaje de un día y medio en tren.

El título que Churchill eligió para su discurso fue «Las bases de la paz». Según lo prometido, Truman presentó al distinguido visitante. Churchill tenía entonces setenta y un años y no parecía haber perdido su vigor físico e intelectual. Presentó su tema, apelando a lo que llamaba «la relación especial» entre Gran Bretaña y Estados Unidos en defensa de la libertad.[2] A grandes rasgos definió la Carta Magna y otros importantes documentos de Inglaterra sobre la libertad política. Con una reverencia a sus anfitriones, señaló que estos ideales «encontraban su más famosa expresión en la Declaración de Independencia de los Estados Unidos». En su conjunto estos documentos en inglés constituían «las escrituras de propiedad de la libertad».[3]

Había mucho en el brillante y profundo discurso de Churchill sobre lo cual los estadounidenses debían meditar y pensar, pero solo unos pocos lo leyeron de principio a fin. Y es que Churchill eligió ese momento para atraer la atención del mundo con una frase impactante:

> Desde Stettin en el Báltico hasta Trieste en el Adriático ha descendido una cortina de hierro que divide al Continente. Tras esa línea están todas las capitales de los antiguos estados de Europa central y oriental. Varsovia, Berlín, Praga, Viena, Budapest, Belgrado, Bucarest y Sofía, todas estas famosas ciudades ... se hallan en lo que debo llamar la esfera soviética y están sujetas ... a crecientes medidas de control provenientes de Moscú.[4]

La reacción al discurso de Churchill sobre «la cortina de hierro» llegó como un trueno en medio de un día soleado. Moscú se enfureció y declaró que Churchill buscaba hacer la guerra. En Gran Bretaña, el gobierno laborista enfrentó rebeliones entre los miembros más izquierdistas de «los últimos bancos».*En los Estados Unidos, liberales y conservadores atacaron el discurso. ¿Cómo se atrevía este extranjero a proponer una alianza permanente entre Gran Bretaña y los Estados Unidos?, vociferaban los críticos. A los liberales les provocaba enojo el hecho de que Churchill, como un viejo imperialista, intentara provocar otro conflicto mundial. El anterior vicepresidente Henry Wallace, líder de los «progresistas», estaba en especial molesto.[5] No obstante, fueron muy pocos en realidad los que leyeron lo que Churchill dijo. Él no convocó a la acción militar. Ni siquiera llamó a la acción diplomática para retirar esa Cortina de Hierro. Lo que quiso hacer fue urgir a las democracias occidentales a mantener su fuerza militar y económica para negociar luego un arreglo mejor con los soviéticos.[6] En lugar de la guerra, Churchill quería la paz por medio de la fuerza. La gente pronto empezó a hablar del «Mundo Libre», a fin de diferenciar a los países democráticos (y también a algunos estados autocráticos no comunistas) de la vasta región tras la Cortina de Hierro.

Truman no tendría que haber estado tan sorprendido. Acababa de recibir el «Largo Telegrama» de George F. Kennan desde la embajada estadounidense en Moscú. Kennan detallaba allí las profundas raíces de la conducta soviética y recomendaba una política de «contención» para impedir que lograran dominar a toda Europa.[7]

En realidad, no todos los estadounidenses desaprobaban el electrizante discurso de Churchill. La diputada republicana Claire Boothe Luce, de Nueva York, había criticado en público a Truman por no liberar a los países de Europa del este de la dominación soviética.[8] La Sra. Luce no solo era una figura poderosa por derecho propio al ser una de las pocas mujeres en el Congreso, sino que además era la esposa de Henry R. Luce, editor de las revistas *Time, Life* y *Fortune*.

El senador republicano Arthur Vandenberg, de Michigan, había sido un importante aislacionista antes de Pearl Harbor. FDR acudió a Vandenberg cuando el acuerdo de posguerra y nombró a este hombre del medio oeste para que conformara la comitiva estadounidense que asistiría a la conferencia fundacional de las Naciones Unidas en San Francisco.[9]**Ahora Vandenberg urgía a los estadouni-

---

* Los de «los últimos bancos» son miembros del Parlamento que no forman parte del gabinete, sino del partido gobernante. Su apoyo suele ser necesario para que el partido de la mayoría permanezca en función. Los de los últimos bancos del partido laborista eran casi todos marxistas. Los del partido conservador (Tory) solían apoyar al imperio y no querían hacer concesiones al bando de izquierda. Durante sus «años en el desierto» de la década de 1930, Churchill era de los «del último banco» del partido conservador.

** Al convocar al firme republicano Vandenberg, FDR y luego Truman demostraron que habían aprendido la amarga lección luego del intento de Woodrow Wilson de excluir a sus opositores políticos de los acuerdos de posguerra.

denses a «abandonar la miserable ficción, alentada por nuestros compañeros de viaje,*de que en algún aspecto ponemos en riesgo la paz si nuestro candor es tan firme como lo ha sido siempre el de Rusia».[10]

La Gran Alianza de la Segunda Guerra Mundial todavía tenía trabajo que hacer en 1946. En el momento en que Churchill advertía sobre una Cortina de Hierro, los jueces militares soviéticos se sentaban junto a juristas estadounidenses, británicos y franceses en la ciudad alemana de Nuremberg. Esa ciudad había sido escenario de multitudinarias reuniones y marchas del partido nazi de Hitler en la década de 1930. También era un nombre infame a causa del Código Nuremberg, que privó a los judíos de Alemania de su condición de ciudadanos y prescribió la pena de muerte para todo judío que tuviera relaciones sexuales con una persona de la raza aria. Truman quería que el Tribunal Militar Internacional juzgara a los líderes nazis. Deseaba que se sacara a la luz la evidencia contra los líderes alemanes para que nadie pudiera decir jamás: «¡Oh, eso no sucedió en realidad! Solo es propaganda. Una mentira tras otra».[11]

Durante la guerra, Stalin había dicho bruscamente que todo el asunto podría manejarse con mayor facilidad si solo se tomaba a cincuenta mil líderes y oficiales militares nazis y se les fusilaba. FDR respondió entonces en tono de broma que tal vez el «tío Joe» era demasiado duro y solo habría que fusilar a cuarenta y nueve mil. Churchill se escandalizó: «El Parlamento británico y el público de Inglaterra jamás tolerará las ejecuciones en masa». Sin embargo, Stalin insistía. «Que los soviéticos no se engañen», indicó Churchill con mayor vehemencia. En un acto dramático, salió a grandes pasos de la conferencia de Teherán diciendo: «Preferiría que me lleven ahora mismo al jardín y me fusilen antes de mancillar mi honor y el de mi país con tal infamia».[12]

Truman eligió al juez Robert H. Jackson, antiguo fiscal general de FDR y entonces miembro de la Corte Suprema de los Estados Unidos, para que presidiera el equipo estadounidense de la fiscalía en Nuremberg. El Tribunal Militar Internacional (TMI) tenía críticos en los Estados Unidos. El senador Robert A. Taft, líder del bloque aislacionista, dijo que todo el asunto olía a «espíritu de venganza». Sus palabras fueron: «La ejecución de los once hombres será una mancha para los Estados Unidos que lamentaremos durante mucho tiempo».[13]**El juez de

---

* El término *compañero de viaje* había sido acuñado por los mismos comunistas para describir a los políticos y periodistas de occidente que tendían a opinar sobre los sucesos mundiales de modo similar a los soviéticos.

** El hecho de que el senador Taft se opusiera a juzgar a los líderes nazis le valió elogios en el exitoso libro de John F. Kennedy, *Perfiles de coraje*, aunque Kennedy dejó en claro que no pensaba igual que Taft.

la Corte Suprema, Harlan Fiske Stone, se quejó en privado sobre «el equipo de linchamientos de Jackson».[14]

Los juicios de Nuremberg no constituyeron linchamientos. Allí se presentó una abrumadora cantidad de evidencia sobre la culpabilidad de los nazis acusados. Hitler, Himmler y Goebbels evitaron el juicio al suicidarse, pero Hermann Goering, Rudolph Hess, el ministro de asuntos exteriores Joachim von Ribbentrop, los generales Keitel y Jodl, los almirantes Raeder y Dönitz, así como Albert Speer, se contaban entre los veinticuatro acusados principales, confrontados con una evidencia irrefutable de sus crímenes. Cada uno de los acusados contó con asesoramiento legal. Se les permitió a todos que presentaran testigos para refutar los cargos en contra. Al final, los juicios de Nuremberg establecieron un importante precedente: que «cumplir órdenes» no era defensa contra las acusaciones de asesinato en masa, genocidio y flagrante violación de los derechos humanos.

Noviembre de 1946 representó un momento de conmoción política en los Estados Unidos. El eslogan republicano para las elecciones era: «¿Harto de esto?». Los estadounidenses sentían impaciencia porque la desmovilización más veloz en la historia del mundo no era más rápida. A medida que los controles de precios iban haciéndose más laxos, la inflación comenzó a hacer estragos. Hasta la carne molida llegó a ser demasiado cara para la familia promedio en los Estados Unidos. Como los precios del consumidor aumentaban, los sindicatos comenzaron a presionar exigiendo mejoras salariales. El año de 1946 fue el que más huelgas registró en toda la historia de la nación.[15]

El alto índice de aprobación del presidente Truman durante los eufóricos días de la victoria sobre Alemania y Japón comenzó a decaer. Su acento marcado de Missouri y su forma directa de hablar se comparaban con el acento patricio del río Hudson y la elocuencia elegante de FDR. Las personas conocidas como tolerantes, las cuales solían decir filosóficamente que «errar es humano», ahora se volvieron irritables y repetían la frase de moda: «errar es Trumano». Los republicanos aprovecharon esta tendencia de insatisfacción de los votantes y obtuvieron una importante victoria en ambas Cámaras del Congreso. En California, los republicanos eligieron al joven Richard Nixon como integrante de la Cámara. Sin embargo, el demócrata de Massachussets y condecorado héroe de guerra, John F. Kennedy, contrarrestaba la tendencia del Viejo Gran Partido. Como Truman no había sido elegido, se descontaba que tendría solo un mandato. Y ahora debía enfrentar un 80mo Congreso dominado por sus opositores políticos.

No obstante, sus opositores habían subestimado el ingenio de Truman, que era un luchador político audaz sin la ceguera del partidismo. Él invitó al antiguo presidente Herbert Hoover a la Casa Blanca. Siendo un republicano tan criticado, Hoover se apresuró a acudir a la reunión en la Oficina Oval. Cuando Harry le pidió que se hiciera cargo de una encuesta de los recursos alimentarios del mundo, salió de la oficina sin decir palabra. A Truman le molestó la falta de modales del californiano y miró enojado a su secretario de agricultura buscando una explicación: «¿No ve, señor presidente, que el hombre *no podía* responder? Tenía lágrimas en los ojos». Ya compuesto, Hoover telefoneó a Harry sin demora aceptando la misión. Se disculpó por su abrupta salida diciendo: «Señor presidente, desde 1932 nadie me ha pedido que haga nada por mi país. Usted es el *primero*».[16] Gestos simples como este hicieron a Harry merecedor del homenaje de Dean Acheson, que le llamó «el capitán con un corazón poderoso».[17]

Truman era un hombre decidido y la presidencia es, por supremacía, la institución donde hay que tomar decisiones. A un lado de su escritorio, Truman tenía un cartel que decía: «Aquí no se pasa la pelota».[18]*FDR también tomaba decisiones, pero era famoso por ser indirecto hasta el punto de enloquecer a veces a los demás. Muchas de las decisiones más importantes de FDR fueron en verdad omisiones de decisiones. De forma deliberada dilataba el proceso de decisión, de modo que finalmente las demás alternativas se agotaran y se hiciera lo que él tenía en mente. El estilo de liderazgo de FDR le parecía «caótico» al ordenado y metódico Acheson.[19] Sin embargo, no habrá muchos que puedan negar que con ese estilo Roosevelt permanecía siempre en el centro de atención dondequiera que fuera.

Truman jamás consideró imposible un problema ni tuvo reparos en tomar el toro por las astas. Por ejemplo, cuando el general de Gaulle se demoraba en retirar a las tropas francesas de la Zona de Ocupación Estadounidense en Alemania, Truman le dijo de manera rotunda que se retirara si no quería arriesgarse a quedar desamparado y sin la ayuda de los Estados Unidos. Así que de Gaulle se retiró de inmediato.[20] Para muchos estadounidenses, FDR parecía haber nacido en la Casa Blanca, ya que llevaba la presidencia con la misma naturalidad con que vestía su elegante capa al estilo de la marina. Con Truman era, según decían, como tener de presidente al vecino de al lado.

---

* Con esto quería significar que no se escabullía de sus obligaciones trasladándolas a otra persona sino que aceptaba sus responsabilidades.

Truman usaba sus antiguas amistades del Senado con tino y sabiduría. Ahora que los republicanos eran mayoría, acudió al poderoso senador Arthur Vandenberg, de Michigan.

Desesperado por ayudar a que Grecia y Turquía pudieran resistir ante las presiones del comunismo, Truman sabía que necesitaba ayuda «del otro lado del pasillo». Vandenberg dejó a un lado su aislacionismo, convencido de que no había más alternativa para los Estados Unidos que enfrentar la amenaza comunista. Se dice que le aconsejó a Harry «que asustara al país».[21] Habiendo preparado entonces el terreno, Truman se dirigió al Congreso en 1947 con un discurso que no tenía precedentes en tiempos de paz. Quería ayudar al gobierno griego a resistirse a la subversión de las guerrillas comunistas. La situación turca era un tanto distinta: allí, ese país nominalmente musulmán enfrentaba la presión de los soviéticos, que querían obtener el acceso al Mediterráneo a través de los Dardanelos. Stalin exigía tener bases en el suelo turco. La convocatoria de Truman pesó más todavía porque el gobierno laborista de Gran Bretaña había anunciado que como medida de ahorro de costos retiraría a sus tropas del Mediterráneo. Truman y sus consejeros temían que cuando los británicos se fueran los soviéticos llenaran el espacio vacío. La doctrina Truman prometía que los Estados Unidos brindarían ayuda financiera a los países que tuvieran dificultades para resistirse a la subversión originada por fuerzas antidemocráticas.

La política de «endurecimiento con Rusia» de Truman dividió a la coalición de Roosevelt. Los «progresistas» —un grupo que incluía a los comunistas, muchos más simpatizantes y millones de sinceros defensores de la paz— culpaban a Truman por la Guerra Fría. Sin embargo, ahora sabemos que Stalin tenía su propia visión con respecto a las relaciones entre oriente y occidente. Aunque no era el temerario belicista que había sido Hitler, Stalin no estaba interesado en la paz de occidente. Su ministro de asuntos exteriores, Vyacheslav Molotov —«el Martillo»—, era un hombre al que Churchill describió diciendo que tenía «la sonrisa del invierno siberiano». Molotov describió con candor la actitud de su jefe: «Stalin lo veía de este modo: La Primera Guerra Mundial logró arrancarle un país a la esclavitud capitalista [la URSS]. La Segunda Guerra Mundial creó un sistema socialista [los satélites soviéticos en Europa del este]; y la tercera acabará para siempre con el imperialismo».[22] Mientras Stalin o cualquier otra persona en la Unión Soviética viera la seguridad como un «juego de matar o morir» en el que la URSS solo podía sentirse a salvo amenazando o destruyendo a sus potenciales adversarios, sería inevitable la Guerra Fría.[23]

Al adoptar la política de su secretario de estado George C. Marshall, el presidente Truman demostró que era un hombre de gran humildad. Había admirado a este general de cinco estrellas durante años. Incluso siendo senador, Truman dijo que Marshall era «el estadounidense vivo más grande».[24]*Cuando Marshall dio el discurso de inicio del año lectivo de Harvard en 1947, convocó a los Estados Unidos a ayudar a una Europa devastada. Solo si su país ayudaba a reconstruir las economías destruidas, señaló Marshall, podría restaurarse la democracia. Truman adoptó esta política de todo corazón. A fin de impedir que la oposición republicana impidiera las tan necesarias buenas obras, decidió que el programa llevaría por nombre «Plan Marshall». El secretario Marshall les ofreció ayuda no solo a las naciones de Europa occidental, sino además les extendió su mano a la Unión Soviética y los países de Europa del este. Stalin rechazó el ofrecimiento y obligó a sus países satélites a rechazarlo también. Aun así, el Plan Marshall fue y sigue siendo uno de los más grandes logros del gobierno de Truman. Si no fue «el acto menos sórdido en la historia» —Churchill había reservado ese título para la Ley de Préstamo y Arriendo— seguramente fue el segundo en la lista de los actos más desinteresados.

Aunque Truman intentaba con cierto éxito establecer una política exterior bipartidaria, seguía convocando a los liberales a ayudar y respaldar sus iniciativas en materia de economía interna. La Declaración de Derechos de los Soldados permitió que millones de personas pudieran asistir a la universidad, comprar viviendas o emprender negocios agrícolas y comerciales. Fue un esfuerzo sin precedentes del gobierno para ayudar a los veteranos que regresaban al país. Truman incluso trabajó con el senador conservador Robert Taft —el «Sr. Republicano»— en la promulgación de leyes de viviendas públicas destinadas a aliviar los efectos de la posguerra.

Los republicanos respondieron a los problemas sindicales con la Ley Taft-Hartley, una de las leyes laborales más importantes en la historia de los Estados Unidos A Taft le preocupaba mucho la infiltración y penetración comunista en los sindicatos.[25] Compartía esta preocupación con el líder sindicalista Walter Reuther y el alcalde de Minneapolis, Humbert H. Humphrey. No obstante, ellos no estaban dispuestos a prestarle su apoyo al duro remedio propuesto por Taft, así que Truman no tuvo otra alternativa que la de vetar la Ley Taft-Hartley.

El Congreso, en el que muchos demócratas se unieron a la mayoría republicana, desconoció el veto de Truman poco después. La Ley Taft-Hartley de 1947 prohibía las empresas sindicadas, en las cuales se requería ser miembro de la unión para

---

* Fue este desinteresado comentario el que casi impidió la nominación de Harry como vicepresidente, ya que a FDR no le agradó. (Fuente: Ferrell, *Truman: A Life* [Truman, una vida], p. 253.)

ser contratado. Ordenaba un período de «enfriamiento» de ochenta días en caso de una amenaza de huelga que pudiera afectar la salud o la seguridad de la nación. También declaraba que era ilegal donar de los fondos sindicales a los candidatos políticos. Y requería que las autoridades del sindicato afirmaban bajo juramento que no eran comunistas.[26] Con la ley Taft-Hartley el crecimiento de los sindicatos en los Estados Unidos se desaceleró de manera permanente.[27]

Con la nación-potencia actuando contra la expansión comunista en Europa e incluso bloqueando la influencia comunista en el movimiento sindical de los Estados Unidos, Stalin decidió a principios de 1948 que aplicaría presión allí donde le fuera posible. Respaldó un golpe comunista en Checoslovaquia en febrero y dos semanas después, el 10 de marzo de 1948, el cuerpo del ministro de asuntos exteriores, Jan Masaryk, fue hallado en el pavimento de su apartamento en Praga. ¿Era un suicida el anticomunista Masaryk, hijo del primer presidente de Checoslovaquia, Tomas Masaryk? ¿O alguien lo había empujado para que cayera por la ventana? El tercer caso de defenestración de una persona en Praga les produjo escalofríos a los amigos de la libertad de todas partes del mundo.*

II. Estrellas rojas en Hollywood

La ruptura de la alianza de guerra con los soviéticos deprimió y desilusionó a millones de estadounidenses que habían puesto sus esperanzas en la cooperación después de la guerra en busca de la paz. No hubo grupo de estadounidenses más desencantado con el rumbo de las cosas que la comunidad cinematográfica de Hollywood. Durante la guerra, nadie había tenido mayor entusiasmo por la victoria que los productores, directores y estrellas de Hollywood, y no es difícil ver la razón. El surgimiento de Adolfo Hitler en Alemania había aterrado a los liberarles de todas partes. Su violento antisemitismo era evidente para aquellas personas que analizaban las cosas. Cuando el principal reclutador de Hollywood del partido comunista, Otto Katz, llegó al lugar, lo recibieron con las puertas abiertas. «Colón descubrió América, pero yo descubrí Hollywood», afirmaba Katz.[28] Con el «tío Joe» Stalin como aliado de los Estados Unidos y Gran Bretaña durante la guerra, fue fácil para el partido comunista de los Estados Unidos (CPUSA, por sus siglas

---

* La defenestración (causarle la muerte a una persona arrojándola por una ventana) tenía una larga historia en Checoslovaquia. En 1419, los seguidores radicales de Ian Hus habían tirado por la ventaja a los consejeros imperiales. Y en 1618, otro caso similar dio como resultado la Guerra de los Treinta Años en Europa.

en inglés) reclutar gente en la ciudad del cine. Mucha gente de Hollywood se sentía atraída a la franca condena que hacía el partido comunista contra el antisemitismo y el racismo. Por lo tanto, hubo una gran ansiedad cuando el jefe del partido comunista francés, Jacques Duclos, declaró públicamente que había una *Guerra Fría* entre los Estados Unidos y la Unión de Repúblicas Socialistas Soviéticas.[29] Duclos era un obediente siervo del Kremlin, y este nuevo choque pondría a prueba la lealtad de miles de estadounidenses.

Olivia de Havilland era conocida por millones de cinéfilos del mundo entero como la amada «Melanie» en el gran éxito de la pantalla grande *Lo que el viento se llevó* (hasta Hitler vio la película y le gustó). La señorita de Havilland tiró a la basura la parte a favor de los soviéticos de un discurso que tenía planeado dar en Seattle en junio de 1946. Lo había escrito para ella el guionista comunista Dalton Trumbo.[30] En cambio, la actriz reemplazó esa parte por líneas que escribió James Roosevelt, un liberal anticomunista e hijo del fallecido presidente. Los izquierdistas de Hollywood criticaron el duro discurso de Olivia de Havilland. Cuando un joven actor, Ronald Reagan, habló en defensa del derecho de la actriz a expresar sus ideas, se acusó a Reagan de ser una «basura fascista».[31] Poco después Reagan, de Havilland y otras estrellas abandonaron el Comité de Artes, Ciencias y Profesiones de Ciudadanos Independientes de Hollywood (HICCASP, por sus siglas en inglés), el cual estaba dominado por los comunistas.[*]

«¡Mátenlo! ¡Mátenlo!». Este era este el grito de los huelguistas a las puertas de los estudios cinematográficos MGM en Culver City, California, el 27 de septiembre de 1946. Acababan de pegarle al comisario Dean Stafford con una botella después que lograron apartarlo de otros policías que fueron enviados para impedir que los huelguistas se volvieran violentos.[32] El que alentaba a los huelguistas era Herb Sorrell, el jefe de la Conferencia de Sindicatos de los Estudios (CSU, por sus siglas en inglés) y un miembro del partido comunista que había fundado un importante sindicato. La CSU era un grupo conformado por el personal de detrás de cámara: caricaturistas, empleados administrativos y empleados de producción. Sus empleos eran vitales para la industria, pero implicaban muchas horas de trabajo, salarios bajos y nada de glamour. Sorrell voló por encima de los disturbios literalmente. Les gritaba órdenes a los miembros del sindicato que integraban el piquete mientras sobrevolaba los estudios MGM en su avión privado.[33] Aunque era evidente que Sorrell había incitado a

---

[*] En la época del auge de los acrónimos, HICCASP era tal vez el menos idóneo. Después de renunciar a este comité, Ronald Reagan bromeaba diciendo que sonaba «como la tos de un hombre agonizando». (Fuente: Radosh y Radosh, *Red Star Over Hollywood* [La estrella roja sobre Hollywood], p. 114.)

la violencia, el periodista comunista *People's Daily World* publicó titulares de tono escandaloso: «Sangre en el piquete. Los policías golpean a veteranos».[34]

Es cierto que los policías usaron sus garrotes, pero Sorrell se había asegurado de que hubiera violencia para las cámaras. Los comunistas hábilmente se escudaron a sí mismos y su causa tras el honor de los veteranos de la Segunda Guerra Mundial.

Sorrell no se disculpó por la violencia que él mismo alentara. Como la huelga de la CSU se prolongó y fue cada vez peor, Sorrell confrontó entonces a los miembros del Gremio de Actores de Cine (SAG, por sus siglas en inglés) exigiendo que las estrellas cinematográficas que más dinero ganaran apoyaran a los miembros de su sindicato que pasaban miseria. Sorrell le dijo a Ronald Reagan, por ese entonces ministro del Gremio de Actores de Cine, que «cuando esto termine habrá un solo hombre que dirija los sindicatos en Hollywood, y ese hombre seré yo».[35] Se negó a asumir responsabilidad alguna por la violencia que había incitado. «No podemos controlar a nuestros miembros, así como [el SAG] no puede evitar que sus miembros cometan violaciones».[36]*

En noviembre de 1946, los republicanos acababan de obtener el control mayoritario de las dos Cámaras del Congreso. Era la primera vez que tal cosa sucedía desde 1928, y todos los sindicatos temían lo peor. Acordaron realizar una reunión de emergencia en Chicago, y en esta sesión de la Federación Estadounidense de Sindicatos muchos actores se unieron para pedir que se rechazara a Sorrell y la violencia de la CSU.

El grupo del gremio de actores incluía a algunos de los nombres más grandes de Hollywood: Eddie Arnold, Gene Kelly, Robert Montgomery, George Murphy, Walter Pidgeon, Dick Powell, Robert Taylor y, por supuesto, al presidente del gremio Ronald Reagan y su esposa, Jane Wyman.[37] Sorrell no se dejó impresionar. Durante una reunión contenciosa en el hotel Knickerbocker, el jefe del sindicato comunista le gritó a Gene Kelly, que había sido buen amigo suyo en el pasado.[38] Entonces Ronald Reagan decidió enfrentarse a Sorrell. «Herb, en lo que me atañe, has venido esta noche porque quieres reafirmar tu intención de hace dos noches ... *¡no quieres paz en la industria cinematográfica!*»[39] Los miembros del sindicato y los actores que lo oyeron lo aclamaron con gusto. Fue un choque dramático, que marcó a Reagan como líder.

---

* El famoso coprotagonista de Reagan, Errol Flynn, fue acusado de violación tres veces en su larga carrera. Sorrell conocía todos los «trapos sucios» de Hollywood y sabía cómo usarlos.

La pelea sobre el comunismo en Hollywood no acabó en ese momento. Perduró durante muchos años y aun hoy continúa dando vueltas sobre la industria cinematográfica. Comunistas y antiguos comunistas han peleado con relación a las «listas negras» de Hollywood, las relaciones de escritores que no lograban encontrar trabajo debido a sus vínculos con Moscú. En realidad, fueron justo los comunistas los que iniciaron la práctica de las listas negras. Edward Dmytryk era un talentoso director de cine y además comunista. En 1945 caminaba por los estudios de RKO cuando le comentó a un productor amigo, Adrian Scott, sobre un nuevo libro muy interesante: *Darkness at Noon* [Oscuridad al mediodía].[40] Scott, que también era comunista, mandó a callar a Dmytryk, diciéndole que los miembros del partido tenían prohibido leer los escritos de Arthur Koestler. Koestler era un comunista desilusionado, y en sus obras ridiculizaba al dictador soviético. Habiendo nacido en Hungría, utilizaba el nombre real de Stalin —Dzhugashvili— para satirizar la jerga intelectual comunista: *Dzhugashvilese*.[41] (El hecho es que a Hollywood le llevó diez años hacer una película del libro de Koestler, la cual se estrenó en 1955. Para entonces, Stalin había muerto y muchos de los comunistas de Hollywood que integraban las «listas negras» estaban escribiendo de nuevo.)

III. Ha Tikva: La esperanza de Israel

Con Europa del este bajo crecientes tensiones, de repente los estadounidenses y los judíos del mundo veían el Medio Oriente como un lugar propicio para un asombroso movimiento. El 14 de mayo de 1948 nació un nuevo estado y un antiguo pueblo volvió a su tierra: Israel. Las Naciones Unidas autorizaron el establecimiento del estado judío y los sionistas lo crearon. Los sionistas eran un movimiento de judíos mayormente europeos y estadounidenses que buscaban una patria para millones de hijos de Israel exiliados durante dos mil años desde la *diáspora*.*

Cuando el nuevo primer ministro, David Ben Gurion, anunció el nacimiento de Israel, presentó su Declaración de Independencia. Al igual que el documento estadounidense, la carta magna de Israel le ofrecía al mundo las razones de ser de la nueva nación: «Aquí se formó la identidad espiritual, religiosa y política [de los judíos]. Aquí obtuvieron la condición de estado por primera vez, creando valores culturales de significación nacional y universal, y dándole al mundo el eterno Libro de los Libros».[42]

---

* El término diáspora, proveniente del idioma griego, significa dispersión.

Truman tuvo que oponerse a las fuertes objeciones del hombre al que tanto admiraba: el secretario de estado Marshall.[43] Durante una reunión privada en la Oficina Oval, Marshall le advirtió al presidente que el reconocimiento del estado de Israel podrían en riesgo los objetivos estadounidenses en el Medio Oriente. Sería más difícil resistir la infiltración comunista en esa región tan crítica si les mostrábamos antagonismo a cincuenta millones de árabes, expresó el Departamento de Estado. El secretario de estado de Truman le dijo que votaría en su contra en la elección presidencial si reconocía al Estado de Israel.[44] Con seguridad Truman se sintió muy apenado por esto, pero él también era un hábil político de la ciudad de Kansas y sabía que millones de votantes judíos de todas las ciudades de los Estados Unidos se sentirían especialmente aliviados y agradecidos. Esta era para Truman una dura contienda con el progresista Henry Wallace por el apoyo de este tradicional y muy democrático grupo de votantes.[45]

Truman también escuchó los sinceros ruegos de Eddie Jacobson, compañero y socio suyo en su fallido primer negocio de mercería en la ciudad de Kansas. Jacobson trajo consigo a Chaim Weizmann, que sería luego el primer presidente de Israel, a ver a su amigo. Esta vez Truman les hizo caso omiso a las objeciones del general Marshall.

El Salmo 137 era uno de los favoritos de Truman: «Junto a los ríos de Babilonia nos sentábamos, y llorábamos al acordarnos de Sión».[46] Siendo senador, Truman le había brindado su firme apoyo a la Declaración Balfour del gobierno británico en la era de la Primera Guerra Mundial.[47] Ese documento de 1917 les prometía a los judíos «una patria en Palestina». Y ahora, en 1948, Truman sentía que había llegado el momento de honrar esa promesa.*Por lo tanto, a once minutos del anuncio de Ben Gurion, Truman le hizo llegar el reconocimiento oficial de los Estados Unidos, que fue la primera nación en el mundo en reconocer a Israel como estado *de facto*.

Truman también se dejó influir por una autoridad superior: la Biblia.[48] Se convenció sencillamente de que después del Holocausto los judíos «merecían un hogar».[49] Esta era la opinión de la mayoría de los estadounidenses en ese momento. El juez de la Corte Suprema, Felix Frankfurter, no era un hombre que se dejara llevar por las emociones. No obstante, le escribió a Chaim Weizmann: «Mis ojos han visto la gloria de la venida del Señor. Felizmente, ahora puede usted decir que...».[50] El anuncio de Truman llegó en el momento justo. Tan pronto Israel declaró su

---

*   Como el gobierno del partido laborista de Gran Bretaña había demorado el tratamiento del tema de la patria judía, los judíos de Palestina bromeaban con tristeza diciendo que su «tierra prometida» les había sido prometida dos veces.

independencia, cinco de sus vecinos árabes la invadieron. Poco después, estaba luchando por sobrevivir.

IV. El puente aéreo de Berlín en 1948

El acuerdo de posguerra creó dos sistemas rivales en Alemania. Alemania del oeste, ocupada por tropas estadounidenses, británicas y francesas, comprendía a más de las dos terceras partes del territorio y la población de Alemania. Esta zona era libre y se reconstruía rápidamente con una economía vibrante. Alemania del este era un estado policial, totalitario y nefasto, que se hallaba por completo bajo la bota de Stalin. Los soviéticos habían saqueado su zona de ocupación. En el vasto territorio, sombrío y lúgubre, se había llevado a cabo muy poca reconstrucción. La capital de Hitler, Berlín, también estaba dividida. El este de Berlín era soviético y el oeste libre. Sin embargo, Berlín oeste se encontraba localizada precariamente ciento setenta y siete kilómetros *hacia adentro* de la Alemania comunista del este.

El 24 de junio de 1948, Stalin decidió apretarle los tornillos a Berlín occidental. Inició un bloqueo, cortando todo tráfico por tren o carretera a la rodeada Ciudad Libre de Berlín. Stalin no sería tan buen jugador de póquer como lo era Truman, pero de todos modos encontró una forma de obligar a Truman a «soportar o callar». He aquí el desafío que presentaba Stalin ante la famosa capacidad de decisión de Truman: ¿Entraría Harry por la fuerza en la ciudad, usando tanques o bulldozers para derribar las barreras soviéticas? Esto garantizaría una Tercera Guerra Mundial a menos de tres años de la conflagración más terrible en la historia de la humanidad. ¿O entregaría a dos millones y medio de berlineses occidentales a la agresión comunista, demostrándole así al mundo la impotencia de los Estados Unidos para defender la libertad en el extranjero?

El general Clay era el gobernador militar de Truman en Alemania. Él informó que tenía provisiones de alimentos solo para treinta y seis días y que las reservas de carbón durarían unos cuarenta y cinco días nada más.[51] Clay dijo que la acción de Stalin era «uno de los más crueles esfuerzos de la era moderna a fin de utilizar el hambre en masa como una forma de coerción política».[52]

Truman tomó una decisión. No buscaría la guerra ni se rendiría. Se negó a aceptar alguna de las alternativas obligadas de Stalin. En cambio, usó el increíble poder de los Estados Unidos en esta peligrosa crisis de posguerra. Ordenó que de inmediato se aprovisionara a Berlín occidental *por aire*. Harry se esforzaría siempre por mantener viva la llama de la libertad aun en los lugares más remotos.

Así nació el Puente Aéreo de Berlín. En los siguientes nueve meses, los Estados Unidos y Gran Bretaña enviaron 277.804 vuelos hacia el Aeropuerto Tepelhof, llevando un total de 2.325.809 toneladas de provisiones a la ciudad sitiada. Más de una tonelada por cada hombre, mujer y niño.[53] El puente aéreo resultó tan exitoso que en realidad las raciones para cada berlinés se *incrementaron*.[54] Unos cien hombres estadounidenses y británicos perdieron sus vidas en este esfuerzo por mantener libres a los berlineses. Tres años antes, los bombarderos de sus respectivas naciones habían atacado Berlín, dejando un montón de escombros. Sin embargo, ahora los aviones de carga C-47 de los Estados Unidos dejaban caer caramelos y dulces por medio de paracaídas a los pequeños alemanes, que corrían y se empujaban para recibirlos. Como resultado del puente aéreo de Berlín y la heroica lucha de los berlineses del oeste, el sector libre de esa gran ciudad, a los ojos occidentales, dejó de ser una ciudadela del nazismo para convertirse en un valiente puesto de defensa de la libertad.

V. «¡Al infierno con ellos, Harry!»

Se acercaba 1948 y con él las elecciones. El presidente Harry Truman podía haber sido un candidato con buenas posibilidades de ser reelegido. Millones de soldados regresaron al país para encontrar empleo, comprar casas o iniciar sus estudios universitarios con ayuda de la Declaración de Derechos para los Soldados. Ellos se casaron y, algo que suele ser señal de optimismo, comenzaron a tener bebés. El fenómeno se conoció como «baby boom». La tan temida depresión de posguerra no tuvo lugar. La economía estadounidense dominaba al mundo. Los Estados Unidos, con solo un seis por ciento de la población mundial, producían más de la mitad de los bienes y servicios del mundo.[55] Es verdad que los programas de Comercio Justo de Truman se vieron frustrados en gran parte por el 80mo Congreso Republicano. Por ejemplo, el Medicare*fue una de las propuestas de Truman que se rechazaron. A pesar de ello, millones de veteranos gozaban de los beneficios de la Declaración de Derechos para los Soldados y les daban a Truman y los demócratas el crédito por eso. Esta ley brindaba generosos beneficios que permitían que un hombre joven y casado mantuviera a su familia mientras asistía a la universidad. Otros compraron viviendas e iniciaron emprendimientos agrícolas o comerciales con ayuda de los beneficios otorgados a los veteranos. Henry R. Luce, editor de *Time*, señaló que este era «el siglo de los Estados Unidos».

---

* En los Estados Unidos, organismo y programa estatal de asistencia sanitaria a personas mayores de sesenta y cinco años.

En el exterior, Alemania había sido derrotada y ocupada. La Zona Oeste se desarrollaba pacífica y rápidamente como un estado libre y democrático. De manera similar, Japón avanzaba en paz bajo la buena administración del general Douglas A. MacArthur, que autorizó que los tribunales de crímenes de guerra excluyeran al emperador Hirohito. El general introdujo el sufragio femenino, reformas económicas y educativas, y hasta promulgó una nueva constitución democrática que declaraba ilegal al militarismo.[56] Estados Unidos tenía la bomba atómica, pero no amenazó con utilizarla después de que Japón se rindiera. Europa occidental aceptaba con entusiasmo el liderazgo estadounidense por medio del Plan Marshall.

Truman tendría que haber sido una apuesta segura para la reelección. Sin embargo, pocos además de Harry mismo pensaban que en realidad ganaría. El anterior vicepresidente, Henry Wallace, había dejado el gabinete de Truman y se presentaría como candidato presidencial por un partido progresista. Aunque Wallace no ganara, le costaría a Truman una importante cantidad de votos y el apoyo de estados como Nueva York, Illinois y California. Los demócratas le temían a la derrota con Truman. La popular canción «Estoy loco por Harry» no se había escrito en honor al Orador Directo de Missouri. Ahora, muchos políticos decían en tono sarcástico: «Estoy perdido por Harry».

Si Henry Wallace significaba problemas entre los progresistas, los derechos civiles representaban problemas en el sur. Durante ochenta años los demócratas se habían apoyado en «el sólido sur» para sus victorias electorales, pero ahora millones de veteranos que estaban de regreso en casa veían que las antiguas restricciones de la segregación racial no eran aquello por lo que tanto habían luchado.

En 1948, ambos partidos veían los derechos civiles como un asunto urgente. Truman había nombrado una Comisión de Derechos Civiles el año anterior. Su informe, titulado *Sostenemos estas verdades*, exigía cambios drásticos, amplios y perdurables.[57]

Muchos dudaban de la sinceridad del compromiso de Harry con los derechos civiles. Él era nieto de veteranos confederados y se enorgullecía de ello. Representaba a Missouri, donde la segregación era la ley. Su madre, según se sabía, odiaba tanto al Gran Emancipador que se citaban sus palabras cuando afirmó que prefería dormir en el suelo antes que en la Cama de Lincoln en la Casa Blanca. Y también estaba ese feo hábito que tenía Harry de referirse a la gente de color como «negros» en privado.

Harry Truman, como presidente, pronto esfumó toda idea de que no defendería los derechos civiles de los estadounidenses de color. Durante un almuerzo en la Casa Blanca, una mujer de un comité demócrata de Alabama le rogó que no les «hiciera tragar» a los del sur esto de los derechos civiles de los negros. Harry tomó de su bolsillo una copia de la Constitución y le leyó las enmiendas de la Guerra Civil: «Soy el presidente de *todos*», dijo con férrea determinación. «No me retracto de nada de lo que propongo, ni presento excusas por lo que digo».[58] Uno de los camareros, un hombre de color, se conmovió a tal punto que por accidente volcó la taza de café que sostenía el presidente en su mano.[59] El senador demócrata de Mississippi, James Eastland, se quedó boquiabierto y luego tartamudeó que si Harry tenía razón, «Calhoun y Jefferson Davis estaban equivocados».[60] Exactamente.

La reunión de los republicanos en Filadelfia convocó a la acción por los derechos civiles, exigiendo la abolición del impuesto electoral, utilizado desde hacía tiempo para negarles a los estadounidenses negros el acceso al voto en los estados del sur.[61] El gobernador Thomas E. Dewey, de Nueva York, volvió a ser el candidato presidencial de los republicanos. Dewey sinceramente abogaba por los derechos civiles y le había ido muy bien en su estado con los votantes de color.

El joven alcalde de Minneapolis, Hubert H. Humphrey, también defendía los derechos civiles. Fue nominado por el Partido Laborista Agrícola Demócrata de Minnesota como miembro del Senado de los Estados Unidos en 1948. Humphrey y otros liberales sentían la presión de tener que apoyar a cualquiera *menos a Truman* como presidente. Naturalmente, Humphrey quería al candidato más fuerte posible a la cabeza de la boleta a fin de que esto lo ayudara a ganar su campaña para el Senado. No había muchos que pensaran que Harry Truman era el candidato más fuerte.

James Roosevelt, hijo del fallecido FDR, estaba seguro de que Truman no podría ganarle a Dewey. Él lideraba una campaña para lograr que el candidato del partido demócrata fuera el general Dwight D. Eisenhower. A principios de su mandato, el mismo Truman se había ofrecido para presentarse como candidato a vicepresidente con tal de que Eisenhower se presentara como candidato presidencial por los demócratas.[62]

Sin embargo, ahora el espíritu de lucha de Truman estaba en su mejor momento. Tomó un tren hacia Berkeley, California, y allí confrontó al joven Roosevelt: «Tu padre [FDR] me pidió que aceptara este puesto. Yo no lo quería ... Pero tu padre me lo pidió y acepté». Y mientras con el dedo índice empujaba levemente el pecho del joven Roosevelt, indicó: «Ahora bien, dejemos esto en claro. Te guste o no, *yo seré el próximo presidente de los Estados Unidos*».[63]

Según muchos políticos profesionales que se habían reunido en Filadelfia para la Convención Nacional Demócrata de 1948, la campaña de Wallace le costaría a Truman el apoyo liberal del norte. Deducían que si Truman tenía alguna oportunidad, la perdería si ocurrían más renuncias en la coalición de Roosevelt. Esto significaba que tendrían que evitar los problemas de los derechos civiles.

Sin embargo, Hubert Humphrey no pensaba igual. Consideraba que la plataforma de los derechos civiles de los republicanos era «relativamente progresista».[64] Él y sus aliados llevaron a cabo un debate en la Convención Nacional Demócrata para lograr una firme plataforma con respecto a los derechos civiles. Humphrey dijo que solo si se comprometían con firmeza podrían los demócratas competir con Wallace en los estados del norte, el medio oeste y la importante California, donde la cantidad de votantes era grande. Cuando Humphrey se puso de pie para hablar, apeló a los demócratas a fin de que salieran de la «sombra de los derechos del estado para entrar en el brillante luz del sol de los derechos humanos».[65]

El gobernador demócrata de Carolina del Sur, J. Strom Thurmond, se ofendió ante la adopción de la plataforma de Humphrey. Salió de la convención, llevándose con él a docenas de otros representantes del sur. Thurmond prometió que se presentaría como candidato a presidente por el Partido Democrático de los Derechos Estatales. Al instante, la prensa le llamó a la facción de Thurmond los «Dixiecrats». Thurmond juró que mantendría la segregación racial.[*]

Todas las encuestas de opinión mostraban a Dewey con una gran ventaja sobre Truman. El *Chicago Tribune* publicó un tributo burlón a Harry: «Vean ahora al pequeño Truman, embarrado, golpeado, lastimado... ¡y cómo!».[66]

En agosto, el editor de la revista *Time*, Whittaker Chambers, electrizó al Capitolio y a la nación entera con su sensacional testimonio ante el Comité de Actividades Anti-Estadounidenses de la Cámara. Chambers admitió que había sido agente comunista y le había entregado documentos clasificados y confidenciales del Departamento de Estado a su «negociador» soviético. Chambers dijo que obtenía esos documentos secretos de Alger Hiss, un alto funcionario de los gobiernos de Roosevelt y Truman.[67] El presidente de la Cámara, Sam Rayburn, un demócrata de Texas, consideró con astucia que las acusaciones de Chambers eran «dinamita política». Sin embargo, el presidente Truman no fue hábil en el manejo de esta cuestión.[68] Señaló que concordaba con un periodista en que este tema era «una cortina de humo para distraer la atención».[69] Luego se comprobaría que este resultó ser uno de los peores errores políticos de Truman.

Los republicanos veían que la Casa Blanca sería suya casi sin esfuerzo. Desde 1933 no gobernaban, por lo que estaban ansiosos de volver al poder. Thomas

---

[*] Thurmond tiene que haber sabido que al exigir la segregación de los estadounidenses de color estaba consignando a su propia hija a la condición de ciudadana de segunda clase. Después de su muerte se supo que había tenido una hija con la sirvienta negra de la familia.

Dewey era ahora el popular gobernador progresista de Nueva York, el candidato con mayores posibilidades de ser elegido. Sabía que sus ataques contra FDR en 1944 habían espantado a los votantes.[70] Así que en esta segunda contienda electoral por la presidencia mantendría una pose digna, «sin refriegas». Se comportaría como si ya fuera el presidente. El problema con esta estrategia es que reforzó en los votantes la impresión de que Dewey era un candidato pomposo, duro y arrogante. «Uno tiene que conocer muy bien al Sr. Dewey para poder decir que no le gusta», comentó una dama republicana, aunque no fue de gran ayuda.[71]*

Cuando en una de sus paradas el tren de campaña de Dewey comenzó de repente a *retroceder*, casi mata a varias personas. «Este es el primero lunático que he tenido como maquinista», le dijo Dewey a la multitud. «Lo más probable es que tengamos que fusilarlo al amanecer, pero creo que lo perdonaremos porque nadie salió lastimado».[72] Fue un comentario imprudente, pero no ayudó al candidato, ya que solo confirmó lo que tantos sentían: Dewey era frío y arrogante.

Después del problema de Alger Hiss en agosto, Truman tomó una decisión que seguramente sería una de las más importantes. En lugar de convenir con Strom Thurmond y sus Dixiecrats, audazmente emitió un Decreto Ejecutivo eliminando la *segregación* en las Fuerzas Armadas de los Estados Unidos.[73]**La orden de Truman tardaría años en implementarse por completo, pero por primera vez en la historia de los Estados Unidos todos los que arriesgaran su vida por la libertad de su patria lo harían bajo condiciones de igualdad y dignidad.

Harry continuó con su difícil campaña por el medio oeste a bordo de su tren. Tuvo que pedir dinero prestado para seguir adelante, y criticó a la mayoría republicana del Capitolio diciendo que eran «el 80mo Congreso que no hace nada». El senador Taft se quejó de que el presidente acusaba al Congreso cada vez que «sonaba el silbato» en el oeste. Y aun *esa* declaración se volvió en contra de los desafortunados republicanos, ya que se decía que mostraba su desprecio por la gente de los pueblos y ciudades pequeñas. Luchando por su vida política, Truman decidió tirar a la basura los textos preparados. De todos modos, la lectura de un

---

* Años más tarde, un joven practicante de la firma de abogados del gobernador Dewey coincidiría con el neoyorquino en el ascensor del rascacielos de Manhattan donde ambos trabajaban. Cuando se quedaron solos, el neoyorquino le preguntó a Jim Compton si iba a almorzar. Entusiasmado ante la idea de comer con el famoso líder, Compton (que era nativo de Nuevo México), dijo: «¡Sí, señor!». Entonces Dewey le preguntó en tono frío: «¿Y sale sin sombrero?». Luego se alejó a solas.

** «Pude llegar a la cima de las Fuerzas Armadas porque quienes me precedieron probaron que podíamos hacerlo», señaló el general Colin Powell cincuenta años después de que se emitiera el Decreto Ejecutivo 9981. «Y fue Harry Truman quien me dio la oportunidad de demostrar que podía hacerlo». (Fuente: Neal, *Harry & Ike*, p. 104).

discurso le restaba brillo a su oratoria. Desde el último vagón del tren, Truman se ponía a la altura de las circunstancias. «¡Al infierno con ellos, Harry!», gritaban los encantados seguidores que escuchaban sus cada vez más vigorosos discursos. El tren de Truman, llamado *Ferdinand Magellan*, se convirtió en el centro de comando del gobierno estadounidense. Harry recorrió la inusitada distancia de 35.289 kilómetros durante su campaña de 1948.[74] Criticó con la misma vehemencia a los republicanos y a «Wallace y sus comunistas».[75] Y en realidad, la campaña de Wallace *estaba* dominada por comunistas que recibían en secreto órdenes de Moscú.[76]

El esfuerzo de último momento rindió sus frutos.

«Dewey derrota a Truman», decían los titulares de la edición de la mañana del *Chicago Tribune*. Esta continúa siendo una de las vergüenzas más terribles del periodismo. La imagen sonriente de Harry sosteniendo el *Tribune* para deleite de las multitudes es una de las fotos políticas más clásicas de los Estados Unidos.

La victoria fue de Truman, y solo él y unos pocos habían creído que así sería. La estrategia de Hubert Humphrey demostró ser correcta. Muchos votantes negros y liberales que apoyaban los derechos civiles le dieron a Truman la ventaja. Incluso con el gobernador Earl Warren en su boleta, Dewey no logró ganar en el importante estado de California. Los amigos de Israel demostraron su agradecimiento por la ayuda de Truman en el momento justo. Y los sindicatos organizados estaban encantados con el veto de Harry a la ley Taft-Hartley. Fue ese veto de Truman el que le valió el apoyo de Ronald Reagan y la mayoría de la izquierda no comunista de Hollywood. Las fotos de Harry tocando el piano mientras la actriz Lauren Bacall permanece en una postura glamorosa sobre el instrumento simbolizan el atractivo popular de Truman.*

La creación de la Acción Demócrata de los Estados Unidos (ADA, por sus siglas en inglés), liderada por importantes liberales como Eleanor Roosevelt, Hubert Humphrey, Arthur Schlesinger Jr., John Kenneth Galbraith y el teólogo Reinhold Niebuhr, permitió que los demócratas de Roosevelt defendieran los derechos civiles y laborales en tanto se resistían a la atracción peligrosa del comunismo. Durante más de un cuarto de siglo la ADA fue un importante grupo de liderazgo de la izquierda anticomunista en los Estados Unidos

El programa del Trato Justo (Fair Deal) de Truman se había visto bloqueado en gran parte por una coalición de republicanos y demócratas sureños conservadores.

---

* La foto de Truman y Bacall se tomó durante su breve período como vicepresidente y podría decirse que evidenciaba una falta de dignidad. Sin embargo, sus seguidores decían que demostraba que no era arrogante. El caricaturista Ben Shahn, que respaldaba a Henry Wallace, usó la foto para burlarse de los dos candidatos principales de 1948. Shahn ubicó a un sonriente y seductor Dewey sobre el piano de Harry, sugiriendo que ambos tocaban música juntos.

Uno de los temas más importantes en su agenda era el Medicare, que no se implementó sino hasta pasados veinte años más. En general, Truman era demasiado conservador para los liberales y demasiado liberal para los conservadores.[77] Con todo, su inspirado liderazgo en la política exterior, así como su agresivo y frenético estilo de campaña, le permitieron derrotar a todos los encuestadores y pronosticadores obteniendo una victoria abrumadora.

Truman ganó 24.179.346 votos populares (49,8%) y 303 electorales, en tanto Dewey obtuvo 21.991.291 votos populares (45,1%) y 189 electorales. El anterior vicepresidente Wallace obtuvo 1.157.326 votos populares (2,4%) y ningún voto electoral. Los Dixiecrats obtuvieron 1.176.125 votos populares (2,4%) y 39 votos electorales en el Sur Profundo.

VI. Bajo la nube de la guerra

Con Berlín sitiada e Israel luchando para sobrevivir, Eleanor Roosevelt viajó a París en diciembre de 1948. Allí se dirigiría a la Asamblea General de los Derechos Humanos de las Naciones Unidas (UNDHR, por sus siglas en inglés). Desde la muerte de FDR, se dedicó incansablemente a lograr que se emitiera una Declaración Universal de Derechos Humanos. El presidente Truman nombró a la antigua primera dama como jefa de la delegación de los Estados Unidos. Este fue otro ejemplo de la generosidad de espíritu de Truman. Las palabras de la Sra. Roosevelt en tal ocasión todavía resuenan con vigencia:

> Esta declaración se basa en el hecho espiritual de que el hombre tiene que tener libertad para desarrollar toda su estatura y por medio del esfuerzo común elevar el nivel de la dignidad humana. Tenemos mucho que hacer para alcanzar y asegurar plenamente los derechos expresados en esta declaración. No obstante, si logramos que permanezcan delante de nuestros ojos con el respaldo moral de cincuenta y ocho naciones, habremos dado un gran paso adelante.
>
> Mientras recogemos aquí el fruto de nuestra labor con relación a esta Declaración de Derechos Humanos, debemos al mismo tiempo rededicarnos a la tarea inconclusa que tenemos por delante. Podemos ahora avanzar con nuevo coraje e inspiración hacia la concreción de un pacto internacional sobre los derechos humanos, así como de medidas para la implementación de tales derechos.[78]

Dewey Derrota a Truman.
Los republicanos ardían en deseos de obtener la victoria en 1948. Desde 1933 no ocupaban la Casa blanca y el gobernador Thomas E. Dewey, de Nueva York, parecía una apuesta segura. Las encuestas lo mostraban como el ganador. Truman condujo su campaña contra los republicanos recorriendo el país en ferrocarril en tanto sus seguidores lo alentaban: «¡Al infierno con ellos, Harry!». La victoria de Truman sorprendió a todo el mundo menos a él mismo Harry.

Puente aéreo de Berlín.
Stalin esperaba expulsar a los aliados de Berlín occidental en junio de 1948, dándoles la posibilidad de rendirse o hacerle la guerra. La opción de Truman evitó esta rendición y también impidió una conflagración. Dos millones y medio de berlineses recibían alimentos, medicinas, carbón e incluso dulces que los aviones del puente aéreo dejaban caer. Los Estados Unidos enviaron 277.804 vuelos hacia la ciudad bloqueada con 2.325.809 toneladas de provisiones. Se trató de casi una tonelada de abastecimiento para cada hombre, mujer y niño en esa ciudad.

El presidente Eisenhower sonriendo.
*Los estadounidenses recompensaron
a su victorioso general con dos
abrumadoras victorias en las elecciones
de 1952 y 1956. Se decía que la famosa
sonrisa de Ike representaba su filosofía,
pero ahora sabemos que el presidente
actuó con vigor, a menudo detrás de
escena, para lograr sus objetivos.*

**Earl Warren, juez de la Corte
Suprema.** *En los tiempos de la
guerra era gobernador de California
y convocó a la reclusión de los
japoneses-estadounidenses, pero luego
se convirtió en un firme defensor de
los derechos civiles. Fue después de su
llegada en 1953 que la Corte Suprema
decidió por nueve votos a cero que las
escuelas «separadas pero iguales» eran
inconstitucionales. La separación no
puede nunca significar igualdad.*

La flagrante negación de los derechos humanos fundamentales delineados en la Asamblea General de los Derechos Humanos de la ONU fue lo que originaría tantas de las tensiones en el mundo y gran parte del derramamiento de sangre en los cincuenta años siguientes. Mientras la Sra. Roosevelt hablaba, las fuerzas comunistas pisoteaban los derechos humanos dondequiera que pudieran llegar. Muchos de los estados árabes firmaron formalmente la declaración, aunque de forma rutinaria ignoraron sus principios al gobernar a sus propios pueblos. Y al mismo tiempo, respiraban odio hacia el recién creado estado de Israel. No parecían ver que ambas acciones no se correspondían. FDR había proclamado cuatro libertades básicas: el hombre debía ser libre para expresarse, libre para ejercer su religión, estar libre de necesidades y sentirse libre del temor. Ahora, con el trabajo de Eleanor, estas libertades tendrían una base internacional. Fue debido a este rol que la Sra. Roosevelt se mereció el título de «Primera Dama del Mundo».

La convocatoria de la Sra. Roosevelt a declarar derechos humanos universales tuvo el máximo apoyo del diplomático estadounidense Ralph Bunche. Sin embargo, cuando Bunche viajó a Paris para la sesión de la Asamblea General de la ONU, no era un intelectual de esos que viven en una torre de marfil. Acababa de pasar por un atentado contra su vida. Como diputado del Enviado del Medio Oriente ante la ONU, tenía que viajar con el Conde Folke Bernadotte, de Suecia, a una reunión en Jerusalén. Como Bunche se demoró, Bernadotte viajó sin él, siendo asesinado por miembros de un grupo militante de sionistas conocido como la Banda Stern. Uno de los miembros de esta banda explicó luego: «Sabíamos que si Bernadotte, con su personalidad magnética y toda su influencia, iba a parís y hablaba de su plan, la Asamblea General votaría a su favor y dicho plan contaría con el respaldo de todos. Así que teníamos que matarlo hoy mismo».[79] Al verse amenazados por cinco estados árabes invasores que solo querían la aniquilación de Israel, entre los judíos también había algunos extremistas.

Cuando Ralphe Bunche se hizo cargo de la misión de la ONU que buscaba un alto al fuego en la primera guerra entre los árabes y los israelíes, sabía a qué se enfrentaba. Como estadounidense de color, había conocido de primera mano la violencia y la discriminación. No obstante, aprovechó el sistema educativo estadounidense al máximo, y gracias a sus estudios rompió barreras. California le brindó las oportunidades que en otro lugar podrían habérsele negado. Allí asistió a la universidad con una beca para atletas: «En la UCLA fue donde todo comenzó para mí. En realidad, allí comencé *yo*», afirmó Bunche.[80] Ya en 1928, como profesor en la Universidad Howard de Washington, Bunch había defendido a uno de sus estudiantes que fue arrestado por participar en una manifestación en el restaurante segregado del Capitolio de los Estados Unidos.*

Bunche no se ocultó. Más bien se dedicó de lleno a su trabajo. Su informe final ante la ONU por un alto al fuego árabe-israelí resultó «equilibrado y pragmático».[81] Dean Rusk, del Departamento de Estado, elogió su informe diciendo: «La declaración de Bunch como un todo le da por completo el crédito al lado judío y debiera tranquilizar los nervios de aquellos que se encuentran bajo el bombardeo de la propaganda partidaria».[82]

Ralph Bunche *no* logró llevar la paz al Medio Oriente. Esa es una meta elusiva que medio siglo más tarde todavía no se ha alcanzado. No obstante, sí logró negociar un alto al fuego que terminó con la primera guerra entre árabes e israelíes. Y lo hizo con habilidad y coraje, arriesgando su vida y la de millones de personas.

Por tan singular logro, Ralph Bunch fue honrado con el Premio Nóbel de la Paz en 1950, siendo el primer estadounidense de color en recibir tal galardón. Que a alguien como él se le negara un lugar como profesor en muchas de las universidades de su país, o el derecho a votar, cenar en un restaurante o ir al cine de su elección, era algo que para millones de estadounidenses resultaba intolerable. Dentro del movimiento de los derechos civiles, algunos criticaron a Bunch por involucrarse en crisis *extranjeras*, pero fue justo su distinción en el escenario mundial lo que se convirtió en un argumento poderoso en contra de la política de negación de los derechos humanos en nuestro país.

Con el cese al fuego en el Medio Oriente y con Stalin terminando con el bloqueo de Berlín a principios de 1949, el gobierno de Truman tal vez albergaba esperanzas de que ya no tuvieran lugar crisis internacionales durante un tiempo. Sin embargo, no sería así.

La agresiva avanzada de los soviéticos en Europa del este convenció a Truman de que los Estados Unidos tenían que establecer alianzas más fuertes con las democracias de Europa occidental. Truman convenció al general Dwight D. Eisenhower para que se tomara una licencia como presidente de la Universidad de Columbia a fin de encargarse del esfuerzo militar de la Organización del Tratado del Atlántico Norte (OTAN). Truman reconocía que solo con el compromiso formal escrito de los Estados Unidos para defender a Europa occidental contra la agresión externa se podría

---

* El estudiante de Howard arrestado al que Bunche defendió efectuaría su propia contribución a la historia. Kenneth Clark llegó a ser el famoso psiquiatra cuya obra sería citada por la Suprema Corte de los Estados Unidos en su histórica decisión del caso Brown vs. Junta (1954), que declaraba ilegal la segregación en la educación pública (Fuente: Urquhart, Ralph Bunche: A life, p. 44).

evitar el peligroso avance de los soviéticos. La OTAN se edificó sobre la idea de la «seguridad colectiva». Si la URSS atacaba a cualquiera de los miembros de la OTAN, el hecho se vería como una agresión a todos los miembros. Ya no habría dictadores que pudieran dividir a Europa como lo habían hecho Hitler y Mussolini.

Truman sabía que Eisenhower era hábil como diplomático además de ser un excelente estratega militar. Sentía que solo el prestigio de Eisenhower como vencedor de Hitler serviría para que los europeos decidieran colaborar de lleno. Así como lo hizo con la Sra. Roosevelt, Herbert Hoover, el senador Vandenberg y el general Marshall, Truman volvió a mostrar su cualidad de hombre inteligente y humilde al promover a Ike. Bajo Truman, se formó la Alemania occidental (la República Federal de Alemania) al unirse las zonas de ocupación de Francia, Gran Bretaña y Estados Unidos. El rearme de Alemania occidental a la larga daría como resultado un estado alemán libre y democrático, el segundo miembro en envergadura militar de la OTAN (1955). Nunca antes un estado victorioso había sacrificado tanto para restaurar y reconstruir, y *defender* además, a un enemigo derrotado.

No obstante, aunque la defensa de la libertad en Europa fue un exitoso emprendimiento de Truman, la posición de los Estados Unidos en Asia se veía muy precaria. En 1949, el éxito con la OTAN se vio acompañado de la desastrosa derrota del gobierno nacionalista de China, respaldado por los Estados Unidos. El líder de la guerrilla comunista, Mao Tse Tung, logró después de casi veinte años de guerra civil echar de China continental a las fuerzas *Kuomintang* de Jiang Kai Shek, expulsándolas a la pequeña isla de Formosa, hoy conocida como Taiwán.

«¿Quién fue el que perdió a China?», era el grito de angustia. La respuesta obvia de que Jiang Kai Shek había perdido a China no resultaba satisfactoria. El antiguo embajador estadounidense en China Nacionalista, el conservador Patrick J. Hurley, renunció en señal de protesta. Se quejó de que había demasiados comunistas en la Oficina de China del Departamento de Estado.[83] Fueron muchos los demócratas y republicanos que se escandalizaron ante la victoria comunista. Este era un suceso en especial inquietante, ya que ocurrió justo semanas después de que el presidente Truman anunciara que la Unión Soviética acababa de hacer estallar su primera bomba atómica. La declaración de Truman buscaba tranquilizar a los estadounidenses:

Tenemos evidencia de que en las últimas semanas ocurrió una explosión atómica en la URSS.

Desde que el hombre descubrió y utilizó la energía atómica, era de esperar que otras naciones desarrollaran esta nueva fuerza. Siempre hemos tomado en cuenta esta probabilidad.[84]

Ya fuera cierto o no que los líderes del gobierno hubieran siempre esperado que los soviéticos desarrollaran la bomba atómica, al pueblo estadounidense le impactó sobremanera el hecho de que los soviéticos lograran «alcanzarlos» en solo cuatro años. Esto, sumado a la victoria comunista en China y a las revelaciones sobre Alger Hiss, contribuyó a la sensación general de que quizá no era la fuerza soviética, sino la perfidia comunista, la que explicaría tales inquietantes sucesos.

El congresista Richard M. Nixon era famoso por ser un implacable cazacomunistas desde su época en el Comité de Actividades Anti-Estadounidenses (HUAC, por sus siglas en inglés). Nixon convocó a Hiss para que diera testimonio. Alger Hiss negó que conociera siquiera a Whittaker Chambers, aunque evadió la cuestión diciendo que *tal vez* lo había conocido con otro nombre. Por su parte, Chambers presentó copias en microfilm de documentos ultrasecretos del Departamento de Estado, afirmando que se las había entregado Hiss. De modo dramático, Chambers extrajo esos documentos de un campo sembrado de calabazas. Había escondido estos «papeles calabaza» en su granja de Westminster, Maryland. Los documentos microfilmados de Chambers parecían todos (con excepción de uno de ellos) haber sido mecanografiados en una máquina de escribir Woodstock, específicamente la Woodstock número N230099, propiedad de los Hiss.[85]

Los amigos de Hiss contraatacaron, y él tenía *muy buenas conexiones*. Comenzaron a circular rumores sobre la supuesta homosexualidad de Chambers, su demencia, su postura fraudulenta y su conducta criminal.[86]

A pesar de que Hiss negó todo el tiempo haber cooperado con Chambers, este último parecía conocerle muy bien. Chambers le dijo al HUAC que Hiss había quedado encantado al ver un pájaro raro, un *protonotaria citrea*. Más tarde, en lo que se hizo ver como un intervalo de descanso, un congresista le preguntó a Hiss si alguna vez había visto a este pájaro en Washington. Cuando los ojos de Hiss brillaron con alegría mientras confirmaba su inusual hallazgo, se pudo establecer que tenía vínculos con Chambers. Hiss negaría durante el resto de su larga vida lo que los documentos decodificados de Venona confirmaron después: que él era un agente soviético activo.[87]*

---

* Se le llamó Proyecto Venona a un esfuerzo supersecreto de la inteligencia estadounidense para interceptar, decodificar y traducir miles de mensajes de agentes soviéticos desde los Estados Unidos a

A los estadounidenses les preocupaba también la influencia comunista en el cine. Cuando el HUAC citó a declarar a varias estrellas de cine, algunas de ellas se presentaron. El presidente del Gremio de Actores de Cine, Ronald Reagan, declaró que sí *había* considerable influencia comunista en Hollywood. Sin embargo, no urgió a una caza de brujas, sino que señaló: «La democracia es lo suficiente fuerte como para resistir y luchar contra los avances de cualquier ideología».[88] Reagan sabía de qué estaba hablando. Lo habían amenazado de manera anónima, diciendo que lo atacarían con ácido para desfigurarlo si persistía en su campaña anticomunista. Reagan no se dejó amedrentar y les dijo a los miembros del Congreso:

> Jamás ... desearía ver que nuestro país llegue a estar urgido por el miedo o el resentimiento a este grupo, de modo que pongamos en riesgo alguno de nuestros principios democráticos ... Sigo pensando que la democracia lo logrará ... Creo que, como dijo Thomas Jefferson, si todo el pueblo estadounidense conoce todos los hechos, jamás cometerán un error.[89]

La Guerra Fría dividía no solo a Hollywood, sino a muchas instituciones estadounidenses. Las universidades, el periodismo, los sindicatos y los militares sentían la presión de diferentes maneras.

En el movimiento por los derechos civiles, el acérrimo anticomunista Walter White ejercía un firme liderazgo en la Asociación Nacional para el Avance de las Personas de Color (NAACP, por sus siglas en inglés). White había rechazado la campaña progresista de Henry Wallace, respaldada por los comunistas, y apoyado a Harry Truman en su inesperada victoria de 1948. Cuando el talentoso actor y cantante negro Paul Robeson y el afamado intelectual de color W. E. B. DuBois apoyaron una petición de corte comunista ante la ONU titulada «Acusamos al genocidio», White criticó tal petición.[90] Dijo que si bien era cierto que algunos gobiernos estatales discriminaban a los negros, e incluso había organizaciones ilegales como el Ku Klux Klan que linchaban o llevaban a cabo acciones de terrorismo para impedir que los estadounidenses negros ejercieran sus derechos constitucionales, esto no era lo mismo que una política genocida respaldada por el gobierno de los Estados Unidos. White afirmó también que «se han logrado grandes avances en la reducción de la intolerancia racial».[91] Quien dudara de ello solo tenía que ver el ahora integrado ejército, o ir a ver un partido de béisbol donde Jackie Robinson bateara un jonrón. (La triunfal entrada de Robinson a las ligas mayores fue un

---

sus superiores en Moscú. Recién en 1995, después del colapso de la Unión Soviética, el mundo llegó a conocer este material.

punto de inflexión en la revolución cultural de la nación.) White aseguró que la NAACP respaldaba el Plan Marshall, rechazando «el imperialismo más salvaje de nuestros tiempos: el camino de Moscú y Pekín».[92] Walter White no era el único que abogaba de modo temerario por la libertad de los negros en los Estados Unidos resistiéndose al mismo tiempo a la atracción peligrosa del comunismo en el extranjero. Lo apoyaban Mary McLeod Bethune, Roy Wilkins, el congresista Adam Clayton Powell Jr. y una gran cantidad de otros líderes negros de organizaciones que defendían los derechos civiles.[93] Todas estas personas y organizaciones le brindaban su incansable apoyo a la política extranjera de los Estados Unidos, cada vez más dura contra el comunismo.

VII. EL CONFLICTO COREANO

Es posible que Harry Truman no imaginara que tendría que poner a prueba muy pronto la firmeza de la fuerza militar integrada que había creado. Además de llevar a cabo la integración *racial* en las fuerzas armadas de los Estados Unidos, Truman también había unido *todos* los servicios armados, menos la Guardia Costera, bajo el mando del recién creado Departamento de Defensa. Ya no habría peleas a nivel de gabinete entre los Departamentos de Guerra y la Armada en busca del apoyo de un presidente.

En enero de 1950, el secretario de estado Dean Acheson ofreció un discurso que tendría consecuencias. Acheson era elegante y preciso, demostrando muy poca paciencia con los tontos. Sus antecedentes, su prolijo bigote y sus modales británicos constituían un material excelente para las caricaturas. Se trataba de un hombre muy capaz y un diplomático dedicado. No obstante, cometió un error catastrófico al hablar de Asia. Habló de un «perímetro defensivo» en el Lejano Oriente que *no* incluía a Taiwán ni a Corea del sur. «Tiene que quedar claro que ninguna persona puede garantizar que esas áreas no sufran ataques militares», señaló.[94] Y para empeorar las cosas, el presidente demócrata del Comité de Relaciones Exteriores del Senado, Tom Connally, un hombre de Texas, anunció en mayo que Rusia podría tomar la península de Corea sin que los Estados Unidos respondieran, ya que Corea «no tenía demasiada importancia».[95]

Stalin seguía muy de cerca todos estos sucesos. En una reunión realizada en el Kremlin con Kim Il-Sung, jefe de los comunistas que gobernaban Corea del Norte, Stalin dio su aprobación, aunque renuente, para que Kim invadiera Corea del Sur. Con todo, le advirtió a Kim: «Si llega a encontrarse bajo ataque, no levantaré un dedo para ayudarlo. Tendrá que acudir a Mao para que le brinde asistencia».[96] Kim no necesitó más que eso.

Noventa mil soldados de Corea del Norte cruzaron el Paralelo 38 y entraron a Corea del Sur el 25 de junio de 1950. Truman, azuzado porque se acusaba a su gobierno de haber «perdido» a China dejándola en manos de los comunistas, sabía que tenía que oponerse a esta manifiesta agresión. El general del ejército Douglas MacArthur estaba en ese momento a cargo de la ocupación de Japón, a la que algunos le llamaron «El micado de las barras y estrellas».[*]MacArthur le aconsejó a Truman que enviara una cobertura aérea estadounidense desde Japón para asistir a las fuerzas en retroceso de la República de Corea.

Solo porque el delegado soviético boicoteaba una sesión del Consejo de Seguridad de la ONU, reunida para discutir otro tema, fue posible que los Estados Unidos obtuvieran autorización de la ONU para repeler la agresión a Corea del Norte. Ahora, a solo cinco años del momento en que MacArthur estuviera en la cubierta del USS *Missouri* en la bahía de Tokio proclamando el retorno de la paz, los Estados Unidos estaban una vez más envueltos en una guerra por el territorio asiático.

En 1950, el general MacArthur tenía setenta años. Podría haberse excusado de participar en otra misión de combate, pidiéndole a Truman que escogiera a alguien más joven. Él era muy respetado en los Estados Unidos no solo por su triunfo en la guerra del Pacífico, sino además por su buen gobierno durante la ocupación de Japón. Con habilidad logró contrarrestar la amenaza de más de trescientos setenta y cinco mil prisioneros de guerra japoneses que regresaban de los campos soviéticos en Manchuria.[97] Estos prisioneros habían sido adoctrinados por completo con ideas comunistas y tácticas para crear disturbios. Sin embargo, los japoneses respetaban tanto a MacArthur y los sindicatos libres establecidos por él en Japón eran tan efectivos que las tácticas de estos prisioneros ahora de regreso en su tierra no prosperaron. Aunque MacArthur había ordenado la creación de tribunales para juzgar los crímenes de guerra, con la subsiguiente condena y ejecución de setecientos veinte criminales japoneses, los ochenta y tres millones de habitantes de Japón mostraban su agradecimiento por su buen gobierno.[98] ¿Por qué dejar todo esto para dirigirse hacia una peligrosa misión en la península coreana? Para MacArthur, la respuesta estaba en una sola palabra, la más importante: el *deber*.

---

[*]   El alto rango de MacArthur le valía mucho prestigio. Solo otros cuatro generales en la historia de los Estados Unidos obtuvieron el rango de cinco estrellas: George C. Marshall, Dwight D. Eisenhower, Henry H. («Hap») Arnold, y Omar Bradley. La Armada solo tuvo cuatro almirantes de la flota con cinco estrellas: William D. Leahy, Ernest J. King, Chester W. Nimitz, y William F. («Bull») Halsey.

La invasión de Corea del Norte impactó al mundo. La recién creada Agencia Central de Inteligencia (CIA, por sus siglas en inglés) cometió el grave error de no detectar la acumulación de tanques e infantería de los «rojos» al norte del Paralelo 38. Las fuerzas de la república de Corea se retiraron en desorden y las tropas estadounidenses se desempeñaron mal. Con poco equipamiento y casi nada de entrenamiento, después de una vida relativamente fácil y ordenada en Japón, hubo soldados estadounidenses que no supieron defenderse y fueron hechos prisioneros. En semanas nada más los rojos habían encerrado a las fuerzas estadounidenses y coreanas en una franja angosta que rodeaba la ciudad portuaria de Pusan en Corea del Sur. MacArthur estaba decidido a romper este «Perímetro de Pusan».

Su plan era muy audaz. Pensaba llevar a cabo una invasión por mar *detrás* de las líneas comunistas cerca de Inchon, un puerto marítimo de Seúl, capital de Corea del Sur. «Hemos aprovechado toda desventaja natural y geográfica existente en Inchon», indicó uno de los asistentes militares de MacArthur.[99] Uno de los peligros eran las *letales* mareas de diez metros. El jefe naval de MacArthur no encontró mejor argumento para apoyar este plan que señalar que la tarea «no era imposible».[100] MacArthur, fumando su siempre presente pipa de marlo, se mantuvo en silencio. Recordaba las palabras de su padre, que se había ganado la Medalla de Honor al igual que su hijo: «Doug, los consejos de guerra solo crean timidez y confusión».[101]

MacArthur llevó a cabo la invasión de Inchon de una forma exitosa y brillante. Este fue uno de los más grandes éxitos en la historia de los Estados Unidos. Por la temeridad del plan, podía compararse con el cruce del Delaware planeado por Washington, o el descenso de Grant en Shiloh, o la ayuda de Patton en Bastogne. El anciano presidente de Corea del Sur, Syngman Rhee, aceptó con lágrimas en los ojos y mucha gratitud la devolución de su liberada capital, Seúl: «Lo amamos como al salvador de nuestra raza», le dijo a MacArthur.[102]

Como este era el primer intento de las Naciones Unidas para resistir la agresión, los Estados Unidos contaron con el apoyo de tropas de Gran Bretaña, Australia, Nueva Zelanda, Canadá e incluso Francia.[103] Truman se negó a decir que la guerra de Corea era una guerra. Insistía en que se trataba de una «acción policial», buscando hacer énfasis en que el comunismo ponía a prueba a las Naciones Unidas. Si se les permitía a los comunistas alcanzar su objetivo en Corea, se sentirían animados a tratar de probar con las defensas occidentales en Asia, Europa y América latina, como sostenía Truman.

Cuando MacArthur se encontró con Truman el 14 de octubre de 1950 en la Isla de Wake (escena de terribles batallas durante la Segunda Guerra Mundial), las fuerzas de las Naciones Unidas habían logrado expulsar a las tropas comunistas y avanzaban hacia la frontera de Corea del Norte y China sobre el río Yalu. MacArthur le aseguró entonces al presidente Truman que había «pocas probabilidades» de que las fuerzas chinas comunistas pudieran intervenir.[104]

Sin embargo, doscientos mil «voluntarios» chinos comunistas desafiaron la predicción de MacArthur y atacaron, cruzando el congelado río Yalu. Los estadounidenses se sintieron desanimados y llenos de asombro.*Los marines estadounidenses, sorprendidos ante esta invasión repentina, sufrieron muchas bajas en el Reservorio Chosin al «atacar en otra dirección». Transcurría el invierno más frío del siglo en Corea. Los «congelados de Chosin» fue el nombre que adoptó esta «banda de hermanos» marines. Samuel Eliot Morison señala que la «lucha en retirada» del general Oliver Smith en el Reservorio Chosin fue «una de las más gloriosas en los anales de este galante cuerpo, la cual recuerda la retirada de los inmortales diez mil de Xenofón hacia el mar».[105] Menos elegante y florido era el nombre que le daban a esta acción los mismos combatientes: «la escabullida». No obstante, su coraje y disciplina bajo las condiciones más adversas merecen el elogio de todas las generaciones.

MacArthur quería llevar la guerra hacia el norte del río Yalu, bombardeando los puentes y puestos en China continental. Sin embargo, Gran Bretaña y Francia se opusieron a la idea. Gran Bretaña estaba librando una lucha contra los insurgentes comunistas en Malasia. Francia batallaba de igual modo contra los comunistas en Indochina.[106]

Truman recordaba el «Largo Telegrama» (un cable de 5.363 palabras muy decisivo) enviado por George F. Kennan. La *contención* era la política que esta comunicación recomendaba, lo cual significaba mantener el territorio libre sin entregárselo a los comunistas. No implicaba el uso de la fuerza para liberar un territorio que los comunistas ya habían ocupado con anterioridad. Ahora que Stalin también tenía la bomba atómica, tal estrategia podría significar el inicio de una Tercera Guerra Mundial.

Mientras tanto, Kennan comenzó a ver peligros *en* el occidente. Se percataba de que el miedo acosaba una vez más a las naciones libres, como en la época previa

---

* La idea de que alguien se presentara como voluntario para lo que fuera bajo el cruel régimen comunista chino de Mao Tse Tung era un ejemplo más del equívoco discurso comunista, según el cual «lo negro es blanco y el día es noche». Los estadounidenses desconfiaban mucho de las declaraciones, métodos y motivos de los comunistas.

a la Segunda Guerra Mundial. Habló de la misma sensación de temor que había convertido en un éxito de ventas internacional a la profética novela *1984*, de George Orwell. Kennan dijo que las armas nucleares «llegan más allá de las fronteras de la civilización occidental, a los conceptos de la guerra que utilizaban las hordas asiáticas».[107] En una comunicación a sus superiores del Departamento de Estado que fue ignorada de inmediato, Kennan citaba a *Troilo y Cressida*, de Shakespeare:

Poder y voluntad, voluntad y apetito.
Apetito, un lobo universal,
secundado por la voluntad y el poder,
que convertirá al mundo en presa universal,
y acabará comiéndose a sí mismo.[108]

El imperioso MacArthur quería amenazar a los chinos con la bomba atómica si se negaban a negociar la paz en Corea. Él cometió entonces la acción que dio como resultado su destitución inmediata. Envió un «informe militar» que explicaba por qué tenía que llevar la guerra hacia el norte. Incluso hizo más, le escribió al líder republicano de la Cámara de Representantes, mostrando por qué su idea era la correcta y la de Truman estaba equivocada. «No hay sustituto para la victoria», declaraba MacArthur de manera resonante.

Truman despidió a MacArthur de inmediato. A muchos no le importó que el secretario de defensa George C. Marshall y el jefe del ejército Omar Bradley, también generales de cinco estrellas, recomendaran este curso de acción por insubordinación de rango. Truman tuvo que enfrentar una ola de protestas e insultos. El senador de California, Richard Nixon, clamaba por la inmediata restitución de MacArthur. ¡Y el senador de Wisconsin, Joseph McCarthy, conocido por su alcoholismo, acusó al comandante en jefe Truman de haber despedido a MacArthur estando borracho![109]

McCarthy se había hecho muy conocido el año anterior al decirle a una audiencia republicana en Wheeling, Virginia del oeste: «Tengo en mis manos [una lista de] ... casos de personas que parecerían ser miembros activos del partido comunista o ciertamente leales al mismo» en el Departamento de Estado.[110] La cantidad exacta mencionada por McCarthy sigue causando controversia hasta el día de hoy. Y así nació el «macartismo». McCarthy hablaba de un problema real: la existencia de elementos desleales dentro del gobierno estadounidense. Sin embargo, la forma en que trató el problema le causaría gran dolor a la nación que él afirmaba amar tanto.

Al parecer, ninguno de los presentes en esa reunión del partido republicano tuvo la idea de decirle: «Lea los nombres».

«Nuestros soldados no mueren, se esfuman», afirmó el general MacArthur ante una reunión conjunta del Congreso. Fue un momento emotivo. Los soldados estadounidenses se congelaban en la helada Corea. Uno de nuestros mejores generales nos estaba diciendo que el presidente y su equipo no estaban tratando de obtener la victoria. Y una cantidad de voces gritaban con estridencia que el problema estaba en que no *queríamos* ganar porque estábamos bajo la influencia de agentes soviéticos. ¡No es de extrañar que en ese momento el índice de aprobación de Truman cayera a veintitrés por ciento, históricamente su nivel más bajo!

Sin embargo, se puede decir que es precisamente en momentos como ese en que se pone a prueba la fortaleza de carácter de un presidente. Por brillante e inteligente que fuera MacArthur, este país jamás toleraría que un comandante militar volviera a sobrepasar la autoridad civil del presidente. George Washington *no* lo habría hecho, y *tampoco* lo hizo George McClellan. Era algo que *nunca* podía permitirse.

Afortunadamente para el país en este momento tan desesperado, un grupo de importantes republicanos como los gobernadores Thomas E. Dewey, Harold Stassen y los senadores Henry Cabot Lodge, Jr y John Foster Dulles, hablaron con todo coraje en defensa del derecho del presidente como comandante en jefe a dar órdenes a sus subordinados militares.[111] Una vez más, Thomas Dewey ponía los principios por delante de los estrechos motivos partidarios.

También es esencial considerar la importancia de la postura patriótica de Walter White y el liderazgo de la NAACP en esta coyuntura crítica. Si hubiera ocurrido entonces una ruptura en la unidad nacional causada por motivos raciales, la posición militar de los Estados Unidos se habría vuelto insostenible.

La propaganda comunista buscaba pintar a los estadounidenses como racistas que luchaban contra los que no eran blancos en Corea. Walter White no aceptaría tal acusación.

A pesar de su éxito con las comunidades de ciudadanos negros y judíos, Harry Truman fue menos exitoso como presidente en su intento de extenderle el reconocimiento diplomático al Vaticano. Truman, un hombre práctico del medio oeste, veía al Papa Pío XII y a la iglesia católica como firmes aliados en la lucha contra el comunismo ateo.[112] Por lo tanto, designó al general Mark Clark, que asistía a la iglesia episcopal, como embajador en Roma durante la Segunda Guerra Mundial. Los bautistas no tardaron en expresar su oposición, ya que Truman pertenecía a su iglesia. Lo criticaban porque se adherían estrictamente al punto de vista reformista de que la iglesia no puede ser un estado. En esa época, anterior al Concilio Vaticano II, todavía los protestantes de los Estados Unidos tenían grandes sospechas con respecto a la iglesia católica. Truman intentó persuadir al obispo mayor de la iglesia episcopal de los Estados Unidos para que asistiera a una reunión en la Casa Blanca: «Le dije que Stalin y los suyos no tienen códigos morales ni honestidad intelectual, que habían violado treinta o cuarenta tratados que firmaron con nosotros ... y que todo lo que yo quería hacer era [alinearnos con los creyentes cristianos] para salvar la moral del mundo».[113] El clérigo episcopal no se dejó convencer y Harry escribió con disgusto: «Si un bautista [como yo] puede darse cuenta de lo que sucede, ¿por qué no puede hacerlo el obispo de la iglesia de Inglaterra con su gran sombrero?»[114]*Harry se estaba burlando del «gran sombrero» del obispo episcopal, pero su sentido común se sentía ofendido por las disputas teológicas. Solo quería reunir a todos los cristianos en contra de los comunistas ateos. Truman esperaba que el prestigio de Mark Clark, ganado durante la guerra, y el hecho de que era protestante, venciera la oposición a esta designación. Sin embargo, con el apoyo de los demócratas más importantes del Capitolio, el general Clark le pidió al presidente que se retractara de designarlo.

VIII. El hombre de Independence

Se aproximaba la elección de 1952 y el presidente Harry Truman enfrentaba una larga, sangrienta y penosa guerra en Corea. El general Matthew B. Ridgeway, que reemplazaba al destituido MacArthur, había solidificado el frente de las Naciones Unidas en el Paralelo 38, límite de preguerra entre Corea del Norte y Corea del Sur.

Para los estadounidenses, el resultado no era atractivo: «¿Para qué dar la vida por un empate?», se quejaban los soldados. No obstante, el acuerdo negociado sobre el Paralelo 38 al menos *contendría* al comunismo dentro de la península. Y la contención era el objetivo del gobierno de Truman. Él estaba comprometido a llevar a cabo una «guerra limitada», o como solía llamarla, una «acción policial». No hace falta decir que esta postura no gozaba de gran popularidad en ese momento.

La inflación también afectaba el desempeño del presidente en la economía nacional. Y las huelgas eran un problema muy molesto. Cuando Truman intervino las acerías para impedir una huelga que podría afectar la producción en tiempos de

---

*   Siguiendo esta estrategia de Truman, otro presidente protestante oriundo del medio oeste formaría una alianza efectiva con el Vaticano treinta años más tarde. Ronald Reagan, de Dixon, Illinois, lograría esta alianza con el Papa Juan Pablo II en la década de 1980.

guerra, la Corte Suprema de los Estados Unidos se pronunció en sentido contrario. Rechazó tal acción con un voto de seis a tres en el caso de *Youngstown Sheet & Tube Co. vs. Sawyer* (1952). En ese momento la Corte Suprema estaba compuesta por jueces que habían sido nominados por FDR y Truman, un hecho que convertía la sentencia contra la acción de Truman en un reproche aun más duro.

También estaba la limitación de los dos mandatos que promulgara un Congreso controlado por los demócratas. El Congreso promulgó y los estados ratificaron la Vigésimo Segunda Enmienda a la Constitución, que limitaba a dos mandatos la reelección de un presidente. Los términos de la enmienda específicamente eximían al ocupante actual de la Casa Blanca, pero había muchos que consideraban que la rápida aprobación de la misma implicaba un voto de desconfianza hacia Harry Truman.*

Harry Truman se preciaba de su reputación como «un hombre que hablaba con toda franqueza». En una ocasión, cuando un crítico de música del *Washington Post* censuró con dureza a la hija del presidente como cantante, Harry Truman respondió como un *padre* enojado y protector. Le escribió enseguida al crítico diciendo: «Usted es un hombre con ocho úlceras que solo gana como para curar cuatro de ellas». Incluso llegó a amenazarlo. «Cuando lo conozca, necesitará una nariz nueva, mucha carne para la hinchazón de los ojos y tal vez un braguero en su parte baja», escribió.[115] Luego, fiel a su costumbre, pegó su estampilla de tres centavos en el sobre. No abusaría de su privilegio de franqueo presidencial al amenazar a un columnista con un golpe en la nariz.

Debido a su integridad personal, Truman se avergonzaba ante los intentos que hacían algunos de sus designados en funciones para ganar dinero aprovechándose de su posición. Tuvo que despedir al general Harry Vaughan cuando se vinculó a ciertos contrabandistas de perfumes. La reputación del gobierno se vio afectaba por regalos tales como refrigeradores y abrigos de armiño. Claro que en comparación con las cosas sucedidas en el pasado —como el Círculo Tweed, los escándalos de la compañía Crédit Mobilier o Teapot Dome— la corrupción de la era Truman era poca cosa. Aun así, su partido había permanecido en el poder durante veinte años ya y el pueblo percibía una cierta laxitud. Truman había obtenido el triunfo más inesperado en 1948, pero no quería arriesgar tal hazaña al perder en un fallido intento por obtener un tercer mandato. De modo que decidió no presentarse como candidato.

---

* El partido demócrata, desde los tiempos de Jefferson y Jackson, siempre había defendido esta limitación a dos mandatos. Fueron los republicanos Ulysses S. Grant y Theodore Roosevelt los que desafiaron tal tradición buscando tres mandatos no consecutivos (en 1880 y 1912 respectivamente). Sin embargo, también el demócrata FDR buscó un tercer y cuarto mandatos consecutivos. Roosevelt dominaba no solo a los republicanos, sino además a muchos demócratas conservadores. La Vigésimo Segunda Enmienda fue la respuesta de ellos a su postura.

A pesar de ser tan impopular en 1952, el presidente Truman continuó trabajando. Aunque la mayoría de los estadounidenses desaprobaban *su* desempeño, Winston Churchill visitó Washington otra vez y como siempre ofreció una evaluación profundamente intuitiva del Hombre de la Independencia.

Churchill acababa de llevar a la victoria a su partido conservador en Gran Bretaña. Estando con Truman a bordo del yate presidencial, el *Williamsburg*, el primer ministro de setenta y siete años fue directo y conciso. Le confesó a Harry en su cara que al principio no había sentido estimación por él y «detestaba que tomara el lugar de Franklin Roosevelt».[116] Sin embargo, continuó, su opinión había cambiado:

> Lo juzgué muy mal y me equivoqué. Desde entonces, usted, más que ningún otro hombre, ha salvado a la civilización occidental. Cuando los británicos ya no podíamos seguir en Grecia fue usted, y nadie más que usted, quien tomó la decisión de salvar de los comunistas a esa antigua tierra. Actuó de manera similar cuando los soviéticos trataron de apoderarse de Irán ... [Su] Plan Marshall ... impidió que Europa occidental quedara sumida en las sombras y fuera presa fácil de las malévolas maquinaciones de Joseph Stalin. Luego estableció la Alianza del Tratado del Atlántico Norte ... y también hay que mencionar la audacia de su puente aéreo en Berlín. Y, por supuesto, está Corea.[117]

Es justo decir que medio siglo después de ese paseo en el Potomac durante el helado mes de enero, la mayoría de los estadounidenses ven hoy a Harry Truman como lo hiciera en ese entonces Winston Churchill, y no como lo veían sus padres en 1952. Al negarle a MacArthur el uso de un arma atómica, e incluso impedirle que amenazara con usarla, Truman incrementó ampliamente el poder de su presidencia. También revirtió todo lo que había sido un patrón irreversible en la historia: la creación de nuevas armas implicaba que se utilizarían.[118] No una, sino muchas veces más.

Cuando Harry Truman y su amada esposa, Bess, volvieron a su hogar en Independence, Missouri, el hombre se dispuso a vivir como un antiguo presidente. En la década de 1950 no había plan de retiro y en realidad no contaba con grandes oportunidades. No obstante, volvió sin quejarse a la comunidad que lo había formado. En cierta ocasión en que un periodista de la televisión le preguntó qué fue lo que hizo al volver al hogar de la familia, Harry, con su estilo directo y sincero de siempre, respondió: «Llevé las maletas al ático».

Capítulo 8:

EISENHOWER Y LOS DÍAS FELICES
(1953-1961)

Los estadounidenses pensaban justo en alguien como Dwight D. Eisenhower cuando se imaginaban al soldado de la Segunda Guerra Mundial: amigable, inteligente, práctico, decente y fundamentalmente justo. Eso era lo que el ejército de los Estados Unidos representaba en la ocupada Europa y Japón. Son las características que a los estadounidenses les gustaba pensar que ellos personificaban en su país. Las dos elecciones de Dwight Eisenhower no solo fueron éxitos electorales, sino victorias personales. Su partido republicano jamás pudo compartir la popularidad de este presidente. El presidente de la Corte Suprema designado por Eisenhower llevó al alto tribunal a decidirse por unanimidad en contra de la segregación en las escuelas públicas. Y en respuesta, el joven Dr. Martin Luther King Jr. se levantó para presentarles a los estadounidenses el reto de vivir a la altura de los ideales que decían profesar. El amplio movimiento del Dr. King en defensa de los derechos civiles comenzó en Montgomery, Alabama, en 1955. Esto ocurrió a raíz de un boicot contra los autobuses municipales que se regían por la política de la segregación. El presidente Eisenhower esperaba acabar con la segregación mediante la combinación de la convicción moral y sólidas designaciones en las cortes federales del sur. No obstante, la aguda resistencia del gobernador demócrata de Arkansas, Orval Faubus, obligó a Ike a enviar a la 101ra División Aérea del ejército de los Estados Unidos en 1957 con el fin de hacer que se cumplieran las órdenes de acabar con la segregación en las escuelas públicas de Little Rock. Los estadounidenses se sentían inquietos ante la noticia de que la Unión Soviética había lanzado el Sputnik, un satélite terrestre. Si podían hacer eso, también podrían atacar a los Estados Unidos con alguno de sus misiles nucleares de cien megatones, que tan amenazadores se presentaban incluso en la fase de pruebas. La firme y calmada respuesta de Eisenhower no bastó para algunos, incluyendo al senador John F. Kennedy. JFK prometió «hacer que los Estados Unidos volvieran a moverse». Habló de una «brecha de los misiles», buscando establecerse como líder fuerte y decidido. Su heroica actuación durante la Segunda Guerra Mundial y su firmeza en los debates lo señalarían como el joven líder que haría entrar a los Estados Unidos en la tumultuosa década de 1960.

I. «¡ME GUSTA IKE!»

Los republicanos olían la victoria en 1952. La falta de popularidad del presidente Harry Truman presentaba posibilidades promisorias para el Viejo Gran Partido. El general Dwight D. Eisenhower seguía negando tener interés en presentarse como candidato. Incluso le había dicho al senador Robert A. Taft que lo apoyaría si el conservador de Ohio respaldaba a la OTAN. Taft dijo que no había nada que hacer.[1] Ike fue a Paris y siguió su propio criterio. Él sí tenía mucho que hacer. Había demasiada tensión a causa de la guerra de Corea en Asia, el reciente anuncio de la bomba atómica de los soviéticos, y el intento de Stalin por matar de hambre a Berlín occidental con el objeto de tomar bajo su dominio a los habitantes de toda la ciudad. Ike representaba una presencia tranquilizadora en las oficinas de la OTAN.

Sin embargo, en los Estados Unidos el senador Henry Cabot Lodge Jr., de Massachusetts, lideraba un esfuerzo para «reclutar a Eisenhower». Ike ganó las primarias de Nueva Hampshire sin dificultades por voto escrito.* En privado, Eisenhower protestaba y decía que había expresado «una y otra vez» que no deseaba ser candidato por el partido republicano. No obstante, si en realidad hubiera querido anular este intento de Lodge para reclutarlo, podría haber recurrido a la cita de otro de los egresados de West Point en el siglo dieciocho. El general William Tecumseh Sherman supo cómo rechazar su nominación: «Si me nominan, no me presentaré. Y si me eligen, no cumpliré mi mandato». Sin embargo, Ike no dijo tal

---

* En los Estados Unidos en la boleta electoral aparece un espacio en blanco que permite la opción de elegir a un candidato que no está registrado. Los votantes pueden escribir el nombre de la persona de su elección en tal espacio concediéndole así su voto.

cosa. Por el contrario, se daba cuenta de que tenía cada vez más la responsabilidad de presentarse como candidato. El senador Taft convocó en público al pueblo estadounidense a solicitar que los soldados volvieran de Europa. Eisenhower se daba cuenta de que tal decisión sería un desastre, porque dejaría un vacío de poder que los soviéticos no tardarían en llenar. Así que iba a tener que seguir adelante con su candidatura. Quince mil personas se reunieron en el Madison Square Garden de Nueva York en una multitudinaria reunión en favor de Eisenhower: «¡Me gusta Ike!», decían sus pancartas.[2] El eslogan pronto se oiría a lo largo y ancho del país.

Cuando Eisenhower renunció y regresó a casa desde París, finalmente habló sobre temas políticos. Afirmó que se oponía a un Gran Gobierno, los impuestos altos, la inflación y la «amenaza del Kremlin».[3] No cabía duda de que era un republicano.

Taft no estaba dispuesto a renunciar a sus esfuerzos y hacerse a un lado por Eisenhower. «El Sr. Republicano» podía contar con los seguidores del partido, en especial en el Medio y Lejano Oeste. El apoyo de Eisenhower provenía de un grupo pequeño pero influyente de republicanos del este. Thomas E. Dewey, candidato del partido en 1944 y 1948, reunió a más seguidores que apoyaban a Ike. En la Convención Nacional Republicana de 1952, realizada en Chicago, los seguidores de Eisenhower acusaron a las fuerzas de Taft de tratar de «robar» delegados. Finalmente el senador Richard M. Nixon logró arrebatarle el control de la delegación de California al candidato y gobernador Earl Warren, que gozaba de la condición de favorito.* La intervención de Nixon aseguró la nominación de Eisenhower, con Nixon mismo como candidato a la vicepresidencia.[4]

Los demócratas se mostraban sensibles a las acusaciones republicanas de que «Washington era un lío tremendo». Buscaban a alguien fuera de la administración Truman. El gobernador Adlai E. Stevenson, de Illinois, parecía ser el mejor representante. Él era nieto del vicepresidente de Grover Cleveland, pero su mayor atractivo residía en captar la atención de los intelectuales liberales del partido demócrata. Siendo ingenioso y cortés, Stevenson les caía bien a los partidarios regulares, pero los miembros más activos y entusiastas estaban «locos por Adlai».

En muchos aspectos, Stevenson no era la persona que uno hubiera esperado como candidato. No tenía la misma fuerza de Truman en lo que se relacionaba con los derechos civiles o los asuntos laborales. No abogaba por programas económicos de largo alcance. Sin embargo, era su *estilo* lo que más se elogiaba. El reverendo Norman

---

* El candidato favorito representa el intento de una poderosa figura local de controlar la delegación estatal de su partido en la convención nacional. El propósito de tal candidatura no es ganar la nominación presidencial para el favorito (aunque esto ha sucedido a veces en el pasado), sino permitir que el favorito le «entregue» la delegación estatal al nominado final en un momento crítico.

Vincent Peale escribió un exitoso libro en 1952, *El poder del pensamiento positivo*. Allí dejaba en claro su apoyo a los republicanos. Stevenson respondió: «Encuentro que Pablo es una persona atrayente, mientras que Peale es alguien deplorable».[5] Lo mejor de todo, según sus seguidores, había sido la crítica que Stevenson le hiciera al californiano Richard Nixon. Stevenson afirmaba que Nixon era el tipo de político que talaba un árbol para luego subirse al tocón y hacer campaña por la conservación de la naturaleza. Los defensores liberales de Alger Hiss no veían con agrado que un luchador contra los comunistas como Nixon fuera menospreciado.

Eisenhower hizo una campaña muy buena. Su sonrisa lograba atraer a millones de estadounidenses. Su desempeño durante la guerra era algo que el mundo entero admiraba. Sin embargo, Ike no quería dejar ningún detalle librado al azar: su tren de campaña también tuvo un desempeño estelar, con 82.520 kilómetros recorridos de continuo, más que el doble de los 35.400 que recorriera Harry Truman en el *Ferdinand Magellan* en 1948.[6]

El tren de campaña de Eisenhower casi se descarrila cuando se reveló que su compañero como candidato a la vicepresidencia, Dick Nixon, había contado con el apoyo de un «fondo secreto» recaudado por un pequeño círculo de empresarios californianos. Nixon hizo una emotiva aparición en la televisión pública, elogiando a su esposa, Pat, por su «chaqueta de paño republicana». (Esta era una alusión indirecta al escándalo de los abrigos de armiño de los demócratas.) No obstante, lo más efectivo fue la negativa de Nixon a deshacerse de un perrito que le habían regalado los donantes. Sus hijas le habían puesto «Checkers» por nombre al cocker spaniel, encariñándose mucho con el animal. El «Discurso Checkers» de Nixon salvó su carrera política. La reacción del público fue abrumadoramente positiva. Con todo, cuando se reunión con el general Eisenhower a puertas cerradas, Ike no demostró estar tan seguro. Nixon, en un tono rudo y falto de modales, le dijo que «hiciera lo que tenía que hacer o se largara».[7]

Nixon quedó nominado como candidato a la vicepresidencia, con enormes consecuencias para la vida política de los estadounidenses. Sus aportes a la campaña no eran agradables, ya que acusó a los demócratas de «veinte años de traición» y criticó con violencia a «la cobarde universidad de Dean Acheson que albergaba comunistas».[8]

Tal vez la de 1952 haya sido la primera campaña en la historia de los Estados Unidos en la que los partidarios de uno de los partidos manifestaban abiertamente su desdén por los votantes. Con seguridad, los federalistas y los Whigs tuvieron momentos en que temieron por las masas de votantes que se enlistaban tras Jefferson y Jackson. No obstante, por general se cuidaban de no mostrar su sentido de superioridad. Adlai Stevenson sería el primero en romper con esta tradición. Cuando se le preguntó por qué hablaba «como si subestimara a los que lo oían», el cerebral Adlai respondió: «Le hablo a quienes llegan al nivel que estimo, nada más».*

En privado, los conocidos de Eisenhower sabían que él no era anti-intelectual ni falto de cultura como se decía. C. D. Jackson, un protegido de Henry Luce de la revista *Time*, afirmaba que Ike «era jovial y se movía como los jóvenes», además de ser muy instruido. «Es culto más allá de su innata caballerosidad», decía. «Sus alusiones a los clásicos, la Biblia y la mitología salen a borbotones cuando trabaja con las palabras. Incluso Emmett John Hughes [un escritor de discursos] tiene que estar de acuerdo en que su capacidad para desentrañar un párrafo complejo, modificándolo de modo que diga lo que tiene que decir, suele ser inquietante e inusual».9

Eisenhower prefería no atacar a su opositor. Encabezaba las encuestas durante la campaña, pero en octubre «hizo todo a un lado» diciendo sencillamente: «Iré a Corea». Los estadounidenses confiaban en que la experiencia militar y la diplomática de Ike le darían la capacidad de encontrar una salida al sangriento estancamiento en que se hallaba ese país devastado por la guerra. Con esto, la campaña en realidad terminó. Y Eisenhower ganó en las elecciones de noviembre por una enorme mayoría de votos.

Rescató al partido republicano y tal vez también al sistema bipartidario de los Estados Unidos. Obtuvo 33.778.963 votos populares (54,9%) y 442 votos electorales, en tanto Stevenson obtuvo 27.314.992 votos populares (44,4%) y solo 89 electorales. Se trataba de tres millones de votos más que los obtenidos por Truman en 1948, pero no bastó para evitar que quedara sepultado por la ola de los que clamaban «¡Me gusta Ike!».

Es muy común decir que Eisenhower no tenía experiencia política antes de entrar en la Casa Blanca. Y aunque es verdad que no había ocupado puestos electivos, también es cierto que se desempeñó con distinción en la muy política atmósfera del ejército de preguerra, dirigiendo además la coalición internacional en tiempo de guerra más grande de la historia. Conocía personalmente a Churchill, Roosevelt, Truman, Marshall, de Gaulle y los líderes militares soviéticos. En el peligroso nuevo mundo que ahora enfrentaban los Estados Unidos en la década

---

*   A los partidarios de Stevenson se les llamaba «cabezas de huevo», un apodo injusto, porque tanto Ike como Adlai eran calvos. De modo irónico, también las memorias de Eisenhower en Cruzada en Europa jamás dejaron de publicarse, en tanto la presumiblemente intelectual pero escasa obra de Stevenson ha quedado relegada a los estantes de las bibliotecas universitarias.

de 1950, había pocos estadounidenses que pudieran igualar la amplitud y profundidad de su experiencia.

Más importante todavía para un líder de la democracia, Ike era un hombre del pueblo. El pomposo Dewey, el frío y distante Taft, el grandioso y glorioso MacArthur... ninguno de ellos tenía ese modo de ser tan asequible a la gente. Dwight D. Eisenhower, un hijo de las praderas estadounidenses, podría haber servido de modelo para el poema «Si» de Rudyard Kipling:

Si puedes hablar con las multitudes y conservar tu virtud,
O andar con los reyes sin perder el sentido de lo común...

II. LA LARGA SOMBRA DEL KREMLIN

Ike no perdió tiempo y cumplió su más famosa promesa de campaña. En noviembre de 1952 viajó a Corea, visitó a los soldados y pudo evaluar en persona la situación militar. Truman, ahora el presidente saliente, le ofreció al presidente electo un avión del gobierno para que viajara «si aún pensaba ir». Eisenhower consideró esa cláusula condicional como un insulto a su integridad.[10] Fue el primer enfriamiento en la relación entre dos hombres del medio oeste que tanto habían logrado trabajando juntos. A los estadounidenses les encantó ver a su famoso general comiendo arroz en un plato de lata junto a los hombres del ejército que evidentemente estaban muy contentos de verlo.

Aunque la guerra de Corea causó divisiones, no hubo visos de actitudes contra los Estados Unidos en las expresiones de arte y entretenimiento. Es cierto que *Los puentes de Toko-Ri,* escrito por James Michener, exploraba parte de la ambigüedad de una guerra que a veces se conocía como «la guerra olvidada». Sin embargo, Michener no cuestionaba los motivos de los Estados Unidos. La televisión de la NBC produjo la muy aclamada *Victoria en el mar,* una serie sobre la Segunda Guerra Mundial, con la música triunfal del compositor más importante de Broadway, Richard Rodgers.* Para millones de veteranos de la Segunda Guerra Mundial que regresaban a los Estados Unidos, esta era una forma de transmitirles a sus hijos la respuesta a una pregunta: «¿Qué hiciste tú en la guerra, papá?».

El presidente Eisenhower prestó juramento en el Capitolio el 20 de enero de 1953, siendo el primer republicano en llegar al gobierno en veinte años. Los

---

* Richard Rodgers ya escribía canciones para Broadway a los dieciséis años de edad, pero fue su sociedad con Oscar Hammerstein la que luego inmortalizaría su nombre. Entre los éxitos de Rodgers y Hammerstein se cuentan Oklahoma!, Carousel, South Pacific, The King and I y The sound of music.

estadounidenses lo aclamaban y los más sofisticados expresaron su desdén cuando Ike guió a la nación en oración:

> Danos, te pedimos, la capacidad de discernir entre el bien y el mal, y permite que todas nuestras palabras y acciones sean gobernadas por este discernimiento y todas las leyes de esta tierra. En especial, te pedimos que pensemos y actuemos siempre teniendo en cuenta a todo el pueblo, más allá de su posición, raza o vocación.[11]

Los cínicos de siempre no tardaron en señalar que Ike jamás había sido miembro de ninguna iglesia antes de llegar a la Casa Blanca. Es cierto, pero tampoco se había afiliado a ningún partido político. Un joven evangelista, el reverendo Billy Graham, no estaba de acuerdo con la opinión de estos cínicos. Conocía bien a Eisenhower. Ike lo había invitado a ir a París siendo jefe de los Cuarteles Supremos de los Poderes Aliados en Europa (SHAPE, por sus siglas en inglés). Eisenhower incluso invitó al joven líder evangélico a su hotel de Chicago cuando fue nominado como candidato a la presidencia con el fin de que lo aconsejara sobre su discurso de aceptación. Graham recuerda: «Eisenhower era un hombre muy religioso».[12]

Muchos cambios aguardaban por delante. Eisenhower hablaría del «rearme moral» para enfrentar la amenaza del comunismo ateo y urgiría al Congreso a que se añadieran las palabras «con la guía de Dios» en el Juramento de Lealtad. Los Caballeros de Columbus, un grupo de hombres católicos, habían estado insistiendo hasta el cansancio sobre este cambio. Y con el respaldo de Ike, el Congreso dio su venia con mucho gusto.

A pocas semanas de su toma de poder, el presidente Eisenhower recibió una noticia inesperada. El 5 de marzo de 1953, el Kremlin anunció la muerte de Josef Vissarionovich Stalin. Ni siquiera hoy se sabe exactamente cómo murió.* ¿Impidió Nikitia Khruschchev que el dictador recibiera atención médica? ¿O fue la última purga de Stalin, parte del llamado Complot de los Médicos Judíos, lo que lo privó de atención médica porque todos los doctores sentían terror de acercársele? Natan Sharansky, hoy miembro del gabinete israelí, recuerda que su padre

---

* «Nunca señales a Dios con el dedo», reprendió una anciana de una iglesia de Ucrania a Dirk Mroezek, un misionero estadounidense que señalaba el pasaje bíblico de Juan 3:16, tallado en el cielorraso de la iglesia en la década de 1990. No obstante, ese fue exactamente el último gesto que se registró del agonizante Stalin. Su hija Svetlana contaría luego sobre la escena en su lecho de muerte: «De repente abrió los ojos y miró a todos los que estábamos en la habitación. Fue una mirada terrible. Luego ocurrió algo incomprensible, que nos infundió temor. Levantó su mano izquierda como si señalara algo que estaba arriba y nos maldecía. Después de ese esfuerzo final, el espíritu se liberó de la carne».

lo envió al jardín de infantes en Moscú esa mañana con instrucciones severas: Cuando los otros niños lloren, llora tú también. Cuando escriban poemas alabando a Stalin, escríbelos también. Jamás muestres la alegría que llenó los corazones de miles de judíos soviéticos en sus atiborrados apartamentos. Incluso al morir, Stalin preparaba una nueva purga de judíos soviéticos en ciertos lugares prominentes.

Sin embargo, fuera de los muros del Kremlin se sabía muy poco de esto. Por otra parte, en los Estados Unidos, a Eisenhower se le presentó una decisión horrible justo al poco tiempo de su nombramiento. ¿Permitiría que se ejecutara a los convictos espías atómicos Julius y Ethel Rosenberg? ¿O debía otorgarles clemencia ejecutiva?

El que había acusado y juzgado a los Rosenberg era el gobierno de Truman. Y el juez Irving Kaufman, que presidió el tribunal, fue nominado por un demócrata y no por los republicanos.

La revista *Time* informó del veredicto en su publicación del 16 de abril de 1951. Al sentenciarlos a muerte, el juez Kaufman les había dicho en tono severo a los Rosenberg:

> El asesinado liso y llano, deliberado y pensado, empequeñece en comparación con el crimen que han cometido. Creo que su conducta de poner en manos de los rusos la bomba atómica ... ya ha causado la agresión comunista en Corea ... y quién sabe si millones de personas inocentes tendrán que pagar el precio de su traición.[13]

El nuevo presidente recibió apelaciones de parte de figuras mundiales como el Papa Pío XII y Albert Einstein. Los izquierdistas del mundo entero comenzaron a decir que Eisenhower era antisemita. El comunismo internacional hizo correr un clamor en contra de Ike en lo personal. El novelista comunista Howard Fast escribió que «las masas de judíos de nuestro país» sienten «el olor podrido del fascismo» en torno a Eisenhower.[14]

Esta era una acusación obscena en contra del hombre que obligó a los civiles alemanes a caminar por los campos de concentración nazis una vez liberados. Era el hombre que había hecho filmar para la posteridad la irrefutable evidencia del Holocausto. Ike mantuvo un silencio digno cuando los espías convictos se sentaron en la silla eléctrica de la Prisión de Sing Sing, en Nueva York.[15]*

---

* Jacques Duclos, jefe del partido comunista francés, era estalinista hasta la médula. Atacó a los Estados Unidos, explicando que al sentenciar a los espías el país demostraba ser antisemita, pero que al ejecutar a

El presidente Eisenhower pudo anunciar un alto al fuego en Corea el 27 de julio de 1953. Esta tregua, endeble pero declarada, ha durado hasta el día de hoy. La Guerra de Corea cobró las vidas de 36.000 estadounidenses, 600.000 chinos y unos 2.000.000 de coreanos del norte y del sur.[16] La zona desmilitarizada (DMZ, por sus siglas en inglés) que separa a Corea del Norte de Corea del Sur sobre el Paralelo 38 sigue siendo una de las fronteras más volátiles del mundo.

En los inicios de la Guerra Fría existía una atmósfera de traición real, traición supuesta y temor al espionaje, en medio de la cual el senador Joseph McCarthy había ganado poder y prestigio. En su campaña en Wisconsin, estado natal de McCarthy, Eisenhower no había defendido a su amigo y auspiciante, el general Marshall, de los ataques de McCarthy. En privado, Eisenhower dijo que se *negaba* «a entrar en un concurso de zorrinos donde cada uno quiere ver quién orina más fuerte».[17] Eisenhower sabía que para McCarthy, como para todos los demagogos, la publicidad era lo que importaba. Para él resultaba como el oxígeno que alimenta el fuego. Eisenhower señaló: «En realidad creo que no habrá nada tan efectivo para combatir este tipo de molestias y problemas como ignorarlos. No podrá soportar la indiferencia».[18] Envió entonces al Senado la nominación de Charles «Chip» Bohlen como embajador en la Unión Soviética.[19] Se trataba de un desafío indirecto a McCarthy y sus cohortes. Bohlen había sido intérprete de Eisenhower en Yalta y la acción del presidente demostraba que estaba decidido a actuar según su propio criterio, rodeándose de su gente le gustara a McCarthy o no.

El presidente Eisenhower invocó el privilegio presidencial para impedir que McCarthy fuera «de pesca». Aunque esta acción implica buscar detalles vergonzosos o negligencia legislativa a los ojos del que quiera verlo así, Ike contaba con una gran cantidad de gente que lo apoyaba y usaba las herramientas que tenía a la mano para oponerse al senador. El veterano periodista Edward R. Murrow, de la CBS, se oponía a McCarthy en su muy popular programa de televisión *See it now* [Véalo ahora]. «No podemos defender la libertad abandonándola en nuestro país», dijo.[20] Y la única mujer en el Senado, Margaret Chase Smith, una republicana de Maine, se opuso a McCarthy sin temor alguno.

Cuando McCarthy llevó ante su comité al amado ejército de Ike, las mismas cámaras de televisión que habían contribuido al surgimiento de McCarthy como figura se convirtieron en un instrumento de su caída. McCarthy intentaba «investigar» el ascenso de un *dentista* simpatizante con la izquierda de Fort Monmouth, Nueva Jersey. (¿Estaría este buen dentista usando empastes radioactivos con los

---

ocho comunistas, todos judíos, Checoslovaquia no lo era. (Fuente: Radosh and Radosh, Commies, p. 46).

soldados estadounidenses para que los comunistas pudieran rastrearlos en el campo de batalla?). El senador republicano Ralph Flanders, de Vermont, puso en ridículo a McCarthy:

> En este momento los comunistas están tomando países enteros … y el mundo parece estar movilizándose para la gran batalla de Armagedón … [Pero el senador McCarthy] se pinta la cara como guerrero. Entra en la danza de guerra. Lanza gritos de combate. Avanza hacia la batalla y vuelve triunfante, con el cuero cabelludo de un rosado dentista.[21]

Roy Cohn y G. David Schine eran jóvenes miembros del personal del comité de McCarthy.* Habían viajado por Europa, con fondos de los contribuyentes, visitando las embajadas estadounidense y buscando literatura subversiva en las bibliotecas financiadas por los Estados Unidos El presidente, en un discurso de apertura del ciclo lectivo en Dartmouth, criticó a los «incendiarios de libros», haciendo una clara referencia a las acciones de Cohn y Schine.[22] A instancias de los consejeros más cercanos de Ike, el ejército informó que el perro de ataque de McCarthy, Roy Cohn, había buscado un trato especial para su joven asociado, G. David Schine, cuando fue reclutado para servir en el ejército. Cohn incluso había hecho uso de su influencia para que el cabo Schine fuera eximido de la K.P.,** según indicaba el informe del ejército.[23]

El constante acoso a los testigos, su inestable conducta personal y su temeridad en general representaron el final de McCarthy. Interrumpió a un testigo para asegurarse de que figurara en el registro (y se emitiera por televisión nacional) cierta información que dañaba a un joven abogado. El abogado en cuestión había pertenecido al Gremio Nacional de Abogados, respaldado por los comunistas, y ahora trabajaba para la misma firma de abogados que representaba al ejército en las audiencias del Ejército contra McCarthy. El fiscal del ejército, Joseph Welch, era un bostoniano correcto y le reprochó a McCarthy su acción:

> Hasta este momento, senador, creo que nunca pude medir en realidad su crueldad y temeridad. Ya no sigamos asesinando a este muchacho, senador. Usted ya hizo suficiente. ¿Es que no tiene sentido de la decencia, señor? Al fin y al cabo, ¿ya no le queda sentido de la decencia?[24]

---

*   Robert F. Kennedy también trabajó durante un breve período en el comité de McCarthy.

**   K.P. significa en inglés Kitchen Patrol [Patrulla de Cocina]. Se refiere a tareas rutinarias como pelar papas y lavar ollas y sartenes.

Los que apoyaban a McCarthy estaban decididos a ir tras Ralph Bunche, el ganador del Premio Nóbel de la Paz. Ike se enfureció. Les dijo a sus asistentes que Bunche era «un hombre superior, un crédito para nuestro país. No puedo quedarme de brazos cruzados y permitir que un hombre así sea despedazado solo por lo que siente McCarthy».[25] Finalmente, Bunche les indicó a los asistentes de la Casa Blanca que podía arreglárselas solo con este caso. El Dr. Bunche dio testimonio ante el Comité de Actividades Anti-Estadounidenses. Sin embargo, cuando Ike lo invitó a ir a la Casa Blanca para una cena tranquila y casi privada, el hábil diplomático negro aceptó con agrado.[26]

Ike siempre había pensado que a McCarthy le interesaba más ir tras los titulares que atrapar comunistas.[27] Con seguridad, Eisenhower conocía el viejo dicho: «Dale a un hombre suficiente soga y terminará ahorcándose». Le dio a McCarthy suficiente soga en las audiencias del caso del Ejército contra McCarthy, y también se hizo cargo de los esfuerzos del gobierno para cortarle las alas.[28]

Esta vez, la soga fue un cable coaxial de la cámara de televisión. Como Ícaro en el mito, McCarthy volaba alto, con alas fabricadas por él mismo. Y al volar demasiado cerca del sol —en este caso, las luminarias de la publicidad nacional— la cera se derritió y se vino hacia abajo con todo su peso.

McCarthy fue censurado por todo el Senado, con sesenta y siete votos a veintidós.[29]* La votación fue el 2 de diciembre de 1954, a menos de dos años de la toma de poder de Eisenhower. Detrás de escena, Ike había urgido a los republicanos a respaldar la moción de censura.[30] Esto es un ejemplo de lo que suele llamarse «la presidencia de manos ocultas».

Tres años más tarde, todavía bebiendo demasiado, Joe McCarthy murió. A los cuarenta y nueve años ya no tenía futuro. Michael Barone escribió sobre él, señalando que era un hombre «totalmente inescrupuloso, que no se ataba a ninguna verdad, para quien el sentido de la justicia no representaba freno alguno, un individuo indisciplinado y sin deseos de alcanzar una meta concreta».[31] Lo peor de todo fue la mancha que McCarthy dejó en la honorable causa del anticomunismo. Desacreditó los *legítimos* esfuerzos por contrarrestar la subversión soviética en las instituciones estadounidenses. Desde ese momento, solo hizo falta que grupos o

---

* De modo notable, el joven senador John F. Kennedy no votó. JFK estaba en el hospital porque se había sometido a una peligrosa operación de la columna. Por lo tanto, no estuvo presente para votar contra el hombre que era amigo de su padre, un individuo que había sido invitado a su casa y salido con su hermana. Jack Kennedy luego bromearía diciendo que si los periodistas lo hubieran entrevistado mientras lo llevaban en camilla a la sala de operaciones, habría dicho: «¡Oh! ¡Mi espalda!». A la Sra. Eleanor Roosevelt la broma no le gustó. Más tarde comentaría que JFK necesitaba mostrar más coraje y menos *perfil*.

personas desleales apelaran al «macartismo» para distraer la atención pública de los problemas reales. McCarthy operó durante mucho tiempo con la cooperación activa de políticos republicanos importantes como el senador Robert A. Taft y el senador William F. Knowland. Incluso el brillante y joven William Buckley Jr. lo defendió. Sin embargo, de forma lamentable, la caída de McCarthy no sirvió de advertencia para los estadounidenses. Robert Welch, fundador de la ferozmente anticomunista Sociedad John Birch, se convenció de que el presidente Eisenhower era «un agente consciente de la conspiración comunista».[32]

¡Esta era una ridícula acusación contra un hombre que escribiera en sus memorias, con evidente horror, sobre el método soviético de limpiar un campo minado marchando a través de él! El mariscal Zhukov confirmó personalmente este método cuando Ike visitó Moscú en 1945.[33] El flagrante desprecio por la vida humana de los soviéticos —igual que en el caso de los campos de concentración de los nazis— dejó una impresión indeleble en el muy humanitario Eisenhower.

III. SURGE LA LIBERTAD

El comunismo inspira y les permite a sus predicadores militantes hacer uso y abuso de la injusticia y la inequidad entre los seres humanos. Esta es una ideología que apela no al italiano, el francés o el sudamericano como tales, sino a los seres humanos que se han llegado a desesperarse en el intento por satisfacer las necesidades comunes a todos. Ahí reside su profundo poder para expandirse. Ya sea que el descontento popular se deba a la opresión o a la pobreza en masa, o al hambre de los niños, allí el comunismo puede montar una ofensiva que no se puede contrarrestar con las armas. El descontento puede crecer hasta convertirse en revolución, y la revolución en un caos social. La secuela de ello es el gobierno dictatorial. En contra de tales tácticas, en vano resulta confiar en el poder militar.[34]

Se han escrito libros enteros sobre el atractivo, el peligro y las respuestas adecuadas al comunismo internacional. Y nadie entendía tal reto mejor que Dwight D. Eisenhower. Este pasaje de sus memorias, en su libro titulado *Cruzada en Europa*, lo demuestra con toda claridad. Ike fue un hombre de quien muchos se burlaron diciendo que no era intelectual, que era holgazán o no servía para nada. Aquellos que lo criticaban pertenecían a la cultura del adversario, pero en este pasaje revelador vemos que comprendía muy bien el problema y conocía el peligroso e hipnotizante atractivo del comunismo.

En tal contexto, la negativa de Eisenhower con respecto a rechazar el Nuevo Acuerdo, sumada a su promoción de políticas que brindaran una mayor abundancia material al estadounidense promedio, pueden verse como la más efectiva defensa de la libertad. Que cada obrero pudiera comprarse un auto nuevo, un televisor o una cabaña de verano junto al lago, implicaba que no habría nada que temer de la agitación de los Rojos. Los Estados Unidos y Europa occidental disfrutaron de una prosperidad sin precedentes en los años de Eisenhower.

En 1955, Eisenhower viajó a Ginebra para reunirse con los nuevos líderes soviéticos comunistas, Nikolai Bulganin y Nikita Khrushchev. Junto a Ike estaban los aliados británicos y franceses. Eisenhower ofreció con valentía una propuesta de «Cielos Abiertos» en un intento por calmar las tensiones internacionales al permitir que ambos países pudieran volar a través de los cielos del otro. Khrushchev, que emergía como poder real del Kremlin, rechazó la idea. No obstante, este «deshielo» en la Guerra Fría producido por el «Espíritu de Ginebra» logró tranquilizar a los más nerviosos a uno y otro lado de la Cortina de Hierro.

En los Estados Unidos el californiano Earl Warren, designado por Eisenhower como juez de la Corte Suprema, actuó rápidamente para responder al problema de la segregación racial en las escuelas. Lo que le faltaba a Warren en preparación legal y sutilezas constitucionales se veía compensado con creces por su habilidad para las relaciones personales. Warren guió a la Corte Suprema hacia la producción de la inédita decisión en el caso *Brown vs. Junta Educativa* durante su primer término como juez. Por nueve votos contra cero, la Corte Suprema de los Estados Unidos se pronunció en contra de la segregación racial en las escuelas públicas.[*] Estaba surgiendo la libertad.

Eisenhower ha sido muy criticado por no haber respaldado públicamente la decisión de la corte. No obstante, sentía que hacerlo sentaría un precedente indeseable. Si un presidente respaldaba las decisiones con las que estaba de acuerdo, ¿podría sentirse impulsado a oponerse a las que no le gustaran? ¿Y dónde quedaría entonces el gobierno de la ley? «La Suprema Corte ha hablado y yo juré preservar ... los procesos constitucionales ... y obedeceré».[35] Otra de las razones por las que Eisenhower

---

[*] La Corte, tal como estaba conformada antes de Warren, podría haber fallado a favor de la integración, pero los estrategas temían que las divisiones dentro de la Corte fortalecieran la resistencia. El fallo unánime ingeniado por Warren se consideró esencial para la aceptación popular de la decisión de la Corte en el caso Brown.

respondió de manera tan moderada era porque le preocupaba que algunos estados sureños decidieran directamente cerrar sus sistemas de educación pública antes que aceptar que asistieran niños blancos y negros a una misma escuela. Si sucedía algo así, Ike temía que todos los niños, negros y blancos, se verían perjudicados.[36]

Para el abogado principal Thurgood Marshall y otros líderes de la NAACP, los cuales habían luchado durante tanto tiempo por la libertad, fue una victoria increíble. Thurgood Marshall solo había contado *cuatro* votos a favor de la integración cuando Fred Vinson, el buen amigo de Harry Truman, era presidente de la Corte Suprema.[37] Ahora en 1954, Earl Warren, nominado por Ike, parecía haber obrado un milagro.

La libertad es algo que contagia. En lugar de dormirse sobre los laureles luego de esta victoria duramente ganada de la NAACP en el caso *Brown vs. la Junta*, los líderes siguieron presionando por más. Se respiraba una atmósfera propicia para establecer los derechos civiles. Al año siguiente, una costurera negra de Montgomery, Alabama, se negó a ceder su asiento en un autobús de la ciudad. El joven reverendo Martin Luther King Jr. protestó de inmediato al enterarse de que la Sra. Rosa Parks había sido arrestada. Indicó que ella pagaba esos autobuses con sus impuestos, y lo mismo hacía él. Enseguida el Dr. King organizó un boicot contra los autobuses públicos y lo mantuvo bajo una disciplina estricta. Citando al profeta Amós, King les aseguró a todos que no habría violencia:

> Quiero que se sepa en Montgomery y en toda esta nación que somos cristianos ... Y que estamos decididos a trabajar y luchar aquí en Montgomery hasta que fluya el derecho como las aguas y la justicia como arroyo inagotable.[38]

Una de las razones por las que el Dr. King sentía que tenía que hacer énfasis en la naturaleza cristiana y *constitucional* de su cruzada por los derechos civiles era que al movimiento de los derechos civiles lo habían acusado de infiltración comunista. Sus declaraciones de fe no ofendían a los liberales que lo apoyaban. El congreso demócrata acababa de promulgar una ley, que Eisenhower firmó de inmediato, para que el lema oficial de la nación fuera: «En Dios confiamos». El presidente republicano y los líderes del congreso demócrata pensaban —como lo creía Truman también— que era importante trazar una línea entre el compromiso estadounidense con la libertad de religión y la propaganda atea de los soviéticos. El reverendo Dr. King hacía énfasis en sus principios cristianos. Una y otra vez aludía a la Declaración de Independencia y la Constitución como fuentes de autoridad.*

Aun así, los opositores del Dr. King decían que el boicot a los autobuses de Montgomery estaba inspirado por los comunistas. El director del FBI, J. Edgar Hoover, señaló la presencia de Bayard Rustin, que funcionaba como consejero de la organización del Dr. King. Rustin fue miembro de la Liga de la Juventud Comunista en la década de 1930, pero a veinte años de ello había dejado atrás toda vinculación con el comunismo. Era un homosexual declarado y lo habían arrestado en California, acusado de inmoralidad.[39] Por otra parte, Stanley Levinson, el abogado blanco del Dr. King, sí tenía vínculos innegables con el partido comunista. Era obvio que el director Hoover no había leído lo que Dwight D. Eisenhower había escrito sobre el comunismo. Los opositores al Dr. King no tenían respuesta ante su inspiración decididamente estadounidense. Él decía: «La gran gloria de la democracia de los Estados Unidos es el derecho de las personas a protestar por sus derechos».[40] Desde este punto de vista, ¿cómo podía aducirse que los estadounidenses se negaban a ser tratados como ciudadanos de segunda solo porque algunos agitadores comunistas los habían motivado a hacerlo?

El boicot a los autobuses de Montgomery duró más de un año, con cientos de voluntarios que transportaban a las personas que tenían que ir al trabajo, la iglesia o incluso a hacer las compras. La ciudad apeló ante las cortes para que prohibiera este trabajo de los voluntarios en sus autos. Varias iglesias negras, incluyendo la del reverendo Ralph David Abernathy, el más querido amigo de King, sufrieron ataques de bombas. Un pastor luterano blanco que servía en una congregación negra sufrió este tipo de ataque contra su propia casa.[41] El Dr. King, conmovido ante tanta violencia, sorprendió a su congregación al orar: «Señor, espero que nadie tenga que morir como resultado de nuestra lucha por la libertad ... Pero si alguien tiene que morir, haz que sea yo».[42]

Con una simple firma, la Corte Suprema de los Estados Unidos declaró que era inconstitucional la segregación en los autobuses públicos.[43]

De la noche a la mañana, el Dr. Martin Luther King Jr. se convirtió en un líder reconocido del movimiento por los derechos civiles. Apareció en la revista *New York Times* y en la portada de *Time*. El presidente Eisenhower lo invitó, junto a otros estadounidenses negros importantes, a una reunión en la Oficina Oval. Fue

---

* El autor de este libro recibió en una ocasión un elogio de Coretta Scott King por ocuparse de enfatizar el hecho de que Martin Luther King Jr. era un *reverendo*.

la primera reunión de este tipo desde que el presidente Lincoln invitara a Frederick Douglass a conversar sobre los derechos civiles durante la Guerra Civil.[44]*

En 1955, la mayoría de los adultos estadounidenses negros y blancos eran trabajadores asalariados. Por lo tanto, fueran o no miembros de algún sindicato, la unión de la Federación de Sindicatos (AFL) y el Congreso de Organizaciones Industriales (CIO), se trató de una noticia excelente para todos. George Meany y Walter Reuther eran anticomunistas declarados y comprometidos. Abogaban por los derechos civiles. Sabían que en el bloque soviético los trabajadores no gozaban del derecho a la huelga y tampoco podían participar de convenios colectivos. La nueva AFL-CIO les daría un baluarte contra la expansión comunista, tanto en los Estados Unidos como en el resto del mundo. Los sindicatos libres serían de ayuda en la lucha mundial por la libertad.

De repente, la nación quedó atónita ante la noticia de que el presidente Eisenhower había sufrido un grave ataque cardíaco en el otoño de 1955. En contraste con lo sucedido con Wilson, Hardin y FDR, Ike decidió que le contaría al pueblo estadounidense *todos* los detalles de su enfermedad. Su secretario de prensa, Jim Hagerty, brindó descripciones detalladas y completas del estado de salud del presidente.[45] Los informes de Hagerty calmaron al público, pero hicieron más que eso también: establecieron un parámetro para el derecho del pueblo a conocer toda la verdad.** «El sol es el mejor desinfectante», había dicho el juez Brandeis. Las sabias palabras demostraron que también era cierto esto en cuestiones de la salud presidencial.

En 1956, Eisenhower estaba decidido a cambiar la política. Incluso exploró la idea de presentarse como candidato con el gobernador *demócrata* de Ohio, Frank Lausche. El presidente admiraba el sentido común de Lausche y quería ser el primero en poner a un católico en una boleta republicana.[46]

No es de extrañar que el hombre que casi llega a la presidencia en 1956 se sintiera molesto de ser dejado a un lado. El vicepresidente Richard M. Nixon no mordió el anzuelo cuando Ike intentó apartarlo. El presidente le había sugerido a Nixon asumir durante cuatro años el puesto de secretario de defensa para proporcionarle «experiencia ejecutiva». A Ike le parecía valioso este aspecto, pero Nixon prefería más el poder y se negó a abandonar la campaña. No es de asombrarse

---

*   TR había invitado al Dr. Booker T. Washington a cenar en la Casa Blanca en 1901 y fue muy criticado por los racistas blancos. No obstante, se trató de una invitación de carácter social, no de una conferencia formal sobre los derechos civiles.

**   El ejemplo de Ike sería imitado por los presidentes Johnson, Ford, Carter, Reagan y los dos Bush. Sin embargo, Kennedy, Nixon y Clinton prefirieron no revelar toda la información sobre su estado de salud.

entonces que Eisenhower les respondiera a sus doctores con irritación. Cuando le advirtieron que evitara «las frustraciones, la ansiedad, el miedo y por sobre todo, la ira», exclamó furioso: «¿Qué creen ustedes que *es* la presidencia?».[47]

Frustrado o no, Eisenhower emprendió su campaña de 1956 bajo el lema «Paz y prosperidad». Una vez más, su oponente era Adlai E. Stevenson, que esta vez decidió no presentar como compañero para ocupar la vicepresidencia al senador John Sparkman, un segregacionista de Alabama que lo acompañara en 1952. Stevenson decidió hacer una selección para la vicepresidencia, convocando a los delegados en la Convención Nacional Demócrata. Cada uno podría decidir por sí mismo, y esto entusiasmaba a todos. El senador Estes Kefauver, de Tennessee, le ganó por poco al senador John F. Kennedy, de Massachusetts. Kefauver se había resistido con coraje a firmar el Manifesto Sureño, una petición segregacionista que se distribuyó entre los senadores de esa región. Lyndon Jonson, de Texas, y Albert Gore Sr., también de Tennessee, se negaron a firmarla al igual que él.

En el mes de junio, Eisenhower tuvo un ataque de ileitis, una enfermedad que conlleva un potencial riesgo de muerte. Aunque estaban muy cerca de las elecciones, Hagerty seguía informando en detalle a los reporteros sobre la salud del presidente. Ike se recuperó pronto.

La salud no era el único de los problemas que enfrentaba Ike. Tuvieron lugar crisis extranjeras simultáneas que interrumpían la campaña. Los británicos y los franceses respondieron con fuerza cuando el dictador de Egipto, Gamal Abdel Nasser, cerró el Canal de Suez. Coordinando su ataque con Israel, buscaron abrir el canal al tránsito internacional. Eisenhower respondió con indignación. Estaba furioso porque sus aliados de la OTAN no le habían consult ado, y calificó la acción como agresiva. Humillado por Eisenhower, el primer ministro Anthony Eden guardó silencio y poco después renunció. Esta fue la primera división seria entre los Estados Unidos y Gran Bretaña desde los días de Grover Cleveland.

Tras la Cortina de Hierro, el espíritu de Ginebra del año anterior demostró ser efímero. Los obreros húngaros se unieron en una revuelta justo antes de las elecciones presidenciales de los Estados Unidos en 1956, buscando arrancar de las garras soviéticas a su país amante de la libertad. Durante un tiempo pareció que el régimen instalado en Budapest bajo el comunista Imre Nagy era un poco más liberal. Sin embargo, pronto llegaron los tanques soviéticos, aplastando a decenas de miles de húngaros, obreros y luchadores por la libertad. Khrushchev, que ahora era el indiscutido dictador soviético, culpó a los agitadores occidentales por la revuelta. La tiranía soviética era más bien la que avivaba las llamas de la revolución, pero también es cierto que las trasmisiones de Voice of America [La voz de América] habían animado a los húngaros. Cuando se rebelaron y Eisenhower no intervino, hubo una amarga desilusión en Europa del este. En los Estados Unidos, muchos estadounidenses amantes de la libertad le reprocharon a Eisenhower el no haber «levantado la Cortina de Hierro».*

A pesar del desprecio de Nixon durante su campaña por esa «cobarde universidad que albergaba comunistas», la política de Eisenhower era de contención también. Ike estaba decidido a no perder más países ante la subversión comunista, pero también estaba resuelto a evitar una Tercera Guerra Mundial que podía ser el resultado de un intento de liberar a los satélites de Europa del este por la fuerza.

El inicial titubeo de los soviéticos para reprimir a los luchadores húngaros que buscaban liberarse le dio falsas esperanzas al mundo. Hoy sabemos que Mao Tse Tung en China presionó a Khrushchev y sus camaradas del Kremlin para que reprimieran con brutalidad a los revoltosos.[48] Todo lo logrado por Lenin se perdería si mostraban debilidad en un momento tan crítico.

Mao no se dejaría amedrentar porque el mundo civilizado condenara de modo universal sus acciones. Veía a Stalin como modelo. Durante las reformas agrarias, Stalin había matado a siete millones de personas. Y Mao mismo mató a unos cuarenta millones de chinos al efectuar sus reformas.[49]

Stevenson no tenía muchas probabilidades de avanzar. El conteo de votos evidenció una vez más una victoria abrumadora para el invenciblemente popular Eisenhower. Con su típico ingenio, Adlai Stevenson citó la historia de Lincoln sobre el pequeño que se había golpeado el pie en la oscuridad. «Soy demasiado grande para llorar, pero me duele tanto que no puedo reír», decía el muchacho del cuento. La victoria de Ike fue apabullante en toda la región menos en el Sur Profundo. Aunque incluso ganó en varios estados del sur como Virginia, Tennessee, Kentucky, Louisiana, Texas y Florida. Esta fue la mejor actuación de un republicano. En toda la nación, obtuvo 457 votos electorales y 35.581.003 populares (57,6%), en tanto Stevenson solo obtuvo 73 votos electorales del Sur Profundo y 25.738.765 populares (41,6%).

La popularidad de Eisenhower era personal, no partidaria. En 1952, los republicanos habían ganado la mayoría del Congreso, pero esta vez, fueron los demócratas los que mantuvieron el control de las dos Cámaras. Los comentaristas políticos hablan del «efecto de arrastre» (cuando un candidato a presidente o gobernador

---

* A casi cincuenta años de la revuelta húngara, y una década después de que cayera la Cortina de Hierro, el líder conservador Paul Weyrich seguía criticando a Eisenhower por no haber ayudado a los heroicos húngaros.

arrastra detrás de sí a otros candidatos para ocupar posiciones menores, los cuales solo se cuelgan del faldón del líder). En 1956, los humoristas políticos se burlaban de que la chaqueta de Eisenhower —el uniforme militar que Ike hiciera famoso durante la Segunda Guerra Mundial— «no tenía faldón».

En privado, Ike ni siquiera *quería* que algunos de los republicanos de su partido fueran elegidos. Por ejemplo, acerca de William F. Knowland, líder republicano del Senado, Eisenhower escribió que en su caso parecía no haber respuesta definitiva a la pregunta: «¿Qué tan *estúpido* puede ser?».[50] Se mostraba además impaciente con algunos republicanos que querían eliminar el Seguro Social, el salario mínimo, los programas agrícolas y la legislación laboral, incluyendo la compensación por desempleo.[51] Ike le escribió a su hermano Edgar *oponiéndose* a los ideales conservadores del empresario. Indicó que intentar lo que proponía Edgar equivaldría a un suicidio político.[52] Ike deseaba un «republicanismo moderno», con posiciones «a mitad del camino», las cuales causaron que el conservador Barry Goldwater dijera que el gobierno de Eisenhower no era más que «un Nuevo Acuerdo barato».

Los jóvenes conservadores se avinieron al estándar del *The National Review*. Este periódico nuevo había sido fundado en 1955 por William F. Buckley Jr., y era conocido por su frescura. Buckley se esforzaba por evitar el extremismo de los John Birchers y los antisemitas. Rechazaba el racismo de algunos que se decían conservadores. Aunque su publicación perdía dinero, tenía muchos seguidores. Y los libros conservadores se convirtieron en éxitos de librería. Más de seiscientos mil lectores habían leído *The Road to Serfdom* [El camino de servidumbre], de Friedrich A. Hayek, desde que se publicara en 1944. Hayek mostraba con admirable lógica y claridad cómo incluso el socialismo *democrático* podía llevar a la pérdida de las libertades fundamentales. Hayek nunca fue un autor popular hasta el punto de que todo el mundo lo leyera en cada esquina. Sin embargo, este refugiado austriaco mostraba de qué modo las raíces de la tiranía de Hitler y las bases del colectivismo marxista eran idénticas. Su obra tuvo una profunda influencia en una generación de jóvenes conservadores amantes de la libertad.

Incluso Hayek podría haber aprobado los proyectos de obras públicas de Eisenhower. En los inicios de su presidencia, Ike pasó por encima de los intereses de las acerías de Pensilvania y Ohio, aprobando el Proyecto de la Ruta Marítima de Saint Lawrence. Canadá, impaciente por las décadas de retrasos y demoras, quería avanzar sola con el enorme esfuerzo de lograr que los puertos de los Grandes Lagos fueran accesibles a los enormes barcos que navegaban los océanos. El presidente Eisenhower reconoció enseguida las implicaciones que este proyecto tendría en la defensa nacional.[53] Miró más allá de los mezquinos intereses económicos y decidió cooperar de lleno con los canadienses. El proyecto es uno de los mayores ejemplos en el mundo de lo que puede lograr la cooperación internacional pacífica. La Unión Soviética no podría señalar un ejemplo similar de confianza y respeto mutuo con ninguno de sus amedrentados vecinos.

En 1956, el presidente Eisenhower convenció al Congreso demócrata de que le brindara su apoyo a su plan para un sistema de autopistas interestatales. Desde 1920, cuando el mayor Eisenhower condujo un convoy de camiones del ejército a través de todo el continente en una expedición de dos meses, supo que el país más rico del mundo tenía la desventaja de poseer un sistema de carreteras totalmente inadecuado.[54] Como Comandante Supremo de los Aliados durante la Segunda Guerra Mundial había visto las ventajas con las que contaba Hitler debido al excelente sistema de autopistas de Alemania. Así que como presidente, decidió que llevaría a los Estados Unidos al siglo veinte. El Congreso autorizó el plan de Ike, un proyecto enorme para la construcción de una red vial en todo el país. Los casi sesenta y cinco mil kilómetros del sistema de Autopistas Interestatales implicaban el proyecto de obras públicas más importante en la historia del país,[55] comparable a los caminos romanos, las pirámides y la Gran Muralla China.* El mismo cambió a los Estados Unidos para siempre.**

El presidente Eisenhower debió enfrentar dos grandes crisis en 1947. La junta educativa elegida localmente en Little Rock, Arkansas, votó a favor de cumplir con la sentencia del caso *Brown* y comenzó poco a poco a integrar sus escuelas a partir del otoño de 1957. A la Escuela Secundaria Central de la ciudad acudieron a registrarse nueve estudiantes negros. Cuando algunos blancos protestaron, el gobernador demócrata Orval Faubus convocó a la Guardia Nacional de Arkansas para impedir que los estudiantes negros pudieran registrarse. Entonces el presidente Eisenhower le ordenó al Departamento de Justicia que acudiera a las cortes federales para exigir que el gobernador retirara sus tropas estatales. Faubus cedió, pero cuando los estudiantes negros comenzaron las clases, hubo manifestantes blancos que se rebelaron. Sin perder tiempo, Ike envió a la 101ra División Aérea para que protegiera a los estudiantes

---

*   Los romanos construyeron más de 80.000 kilómetros de caminos. La Gran Muralla China tiene 7.250 kilómetros de largo (edición 2004 de World Book Encyclopedia, Vol. 16, p. 361 y Vol.8, p. 349 respectivamente). Ambos proyectos requirieron siglos para su concreción y ninguno fue construido por pueblos libres.

** El costo final estimado para el sistema interestatal se dio a conocer en 1991. Se calculaba que el costo total sería de $128.900 millones, con una participación federal de $114.300 millones. Este cálculo solo cubría los kilómetros (64.000) construidos bajo del Programa de Construcción Interestatal (Tomado de http://www.fhwa.dot.gov/interstate/faq.htm#question6.)

negros e hiciera cumplir la ley. La 101ra División permaneció en la escuela durante meses para asegurar el orden.

Ike conocía bien las espléndidas cualidades de combate de la 101ra Aérea: les había ordenado a «las águilas rugientes» que lideraran la invasión a Normandía trece años antes. El presidente se presentó en la televisión nacional para explicar sus acciones. Señaló a un mundo que observaba y convocó a todos los estadounidenses a demostrar que respetaban las leyes. Su objetivo era restaurar «la paz y el orden, quitando así la mancha sobre el alto nombre y el honor de nuestra nación en el mundo». Eisenhower sabía que Little Rock estaba siendo explotada por la propaganda soviética.[56]

Ike envió las tropas a Little Rock sabiendo que esto podría costarle caro a su partido republicano durante las elecciones en esa región. No obstante, el deber era lo primero para él. Los demócratas más importantes criticaron al presidente Eisenhower por el empleo de las tropas federales. El senador de Georgia, Richard Russell, comparó su acción a la de Hitler.[57] También, de modo irónico, entre los que criticaron a Ike por el uso de la fuerza estaban el senador John F. Kennedy y el senador Lyndon B. Johnson.[58]

Un enorme trozo de metal desplazó a Little Rock de la primera plana. La Unión Soviética asombró al mundo con el lanzamiento del Sputnik, el primer satélite terrestre. En Rusia, la palabra significaba «compañero de viaje». Sin embargo, para los Estados Unidos representaba problemas. Durante doscientos años los estadounidenses se habían sentido protegidos por los miles de kilómetros de océano abierto. Después del Sputnik, el corazón de la nación sería vulnerable a los ataques nucleares de los Misiles Balísticos Intercontinentales (ICBMs, por sus siglas en inglés). Todo el pueblo se estremecía de temor.

Un reportero le preguntó a Eisenhower si el lanzamiento del Sputnik no demostraba que el comunismo era superior al capitalismo. Después de todo, dijo, Khrushchev hacía alarde de que la bandera de la hoz y el martillo volaba sobre la luna. «Creo que eso es una locura. No tenemos que caer en la histeria cuando las dictaduras hacen este tipo de cosas», respondió Ike.[59]

Khrushchev no pensaba lo mismo.

IV. «¡NOSOTROS LOS ENTERRAREMOS!»

«¡Los enterraremos!», gritó el efusivo Nikita Khrushchev en 1956. Khrushchev le presentaba un nuevo desafío a la supremacía política, militar y diplomática de los

Estados Unidos. A diferencia del cauteloso y reservado Joseph Stalin, que rara vez salía de su apartamento del Kremlin, Khrushchev parecía estar en todas partes. Viajó mucho fuera de la URSS, en especial a los países no alineados de Asia y África. Los «vientos del cambio» que siguieron a la descolonización de los Imperios Británico y Francés soplaban con fuerza a favor del socialismo.

Khrushchev ejercía un encanto rústico y campechano, y poseía un crudo sentido del humor. Era un sobreviviente astuto y muy inteligente de las innumerables purgas y complots del Kremlin. Un hombre de baja estatura, regordete y con verrugas, además de barrigón. No obstante, se movía como si fuera delgado, con vigor, creando la impresión de que la Unión Soviética lideraba al mundo en su avance hacia el futuro. Mientras el Sputnik avanzaba, titilando por los cielos cada noventa minutos, Khrushchev señalaba esto como una evidencia de la superioridad tecnológica de los soviéticos, afirmando que ganarían la carrera espacial.

Los estadounidenses ni siquiera sabían que estaban *participando* de una carrera espacial. El programa del satélite soviético se había lanzado bajo el más estricto secreto, lo cual contribuía a la sensación de asombro. Una vez más, la respuesta de Jim Hagerty fue la franqueza total. Los Estados Unidos invitarían al mundo a ver el lanzamiento del satélite terrestre de su país. Hagerty tenía razón, pero su decisión tuvo consecuencias desastrosas para el prestigio estadounidense, al menos a corto plazo. Mientras el mundo observaba, varios cohetes de los Estados Unidos explotaron en la plataforma de lanzamiento. Los titulares se burlaban, llamándolos «Kaput-nik».* Un caricaturista dibujó una pelota de golf que seguía la órbita del Sputnik. ¡Tal vez el presidente, un entusiasta del golf, lograría poner en órbita una pelota! Era una vergüenza internacional. El senador Kennedy y el gobernador Nelson Rockefeller, un disidente republicano, comenzaron a hablar de la «brecha de los misiles». Señalaban que los Estados Unidos se habían quedado atrás de los soviéticos durante el gobierno de Eisenhower. Esto era una acusación falsa.

Ike sabía que no era cierto. Cuando Khrushchev rechazó su propuesta de «Cielos Abiertos» en Ginebra en 1955, el presidente autorizó vuelos secretos sobre la URSS. Los jets U-2 estadounidenses volaban bien alto y le brindaban un tesoro oculto de información a la inteligencia de los Estados Unidos. Ike estaba enojado porque sus opositores políticos se aprovechaban de su obligado silencio al respecto.[60]

También los submarinos estadounidenses aventajaban en mucho a los soviéticos. En 1948, el USS *Nautilus*, el primer submarino del mundo con energía nuclear, fue desde el Pacífico hasta el Atlántico *bajo el casquete polar*. (Luego el *Nautilus*

---

* El término kaput significa averiado, dañado, roto.

saldría a la superficie en el Polo Norte, reclamando así el premio del siglo.) ¡Finalmente se había descubierto un pasaje en el noroeste! Liderados por el genio del almirante Hyman G. Rickover, la fuerza de submarinos nucleares de los Estados Unidos le dio al país y al mundo los medios para ofrecer una «respuesta contundente». En un mundo violento y peligroso, los submarinos de ataque de Rickover serían el «paraguas nuclear» que protegería la libertad de los Estados Unidos.

El presidente Eisenhower nombró como su representante personal al almirante Rickover para el desfile a lo largo de la Avenida Broadway en la ciudad de Nueva York, donde se le daría la bienvenida al US *Nautilus*. Esta invitación era una cortesía que el viejo graduado de West Point tenía con un graduado de la rival Annapolis. Y el almirante Rickover, como era habitual, prometió no ser un huésped fácil en la Gran Manzana. Los oficiales de la marina querían que todos los participantes estuvieran vestidos de punta en blanco. Rickover, un almirante con tres estrellas, indicó que no tenía uniforme blanco y que además prefería su uniforme de fajina color caqui.[61] Ese era el estilo de Rickover.

El «padre de la armada nuclear», Rickover, había estado provocando a los oficiales importantes de la marina durante casi cuatro décadas. Él había llegado a Ellis Island como inmigrante con solo seis años de edad. Su madre y sus hermanos tenían ya el sello de «Deportados» en sus documentos cuando su padre llegó a último minuto a buscarlos.[62] En la Academia Naval, con un peso de solo cincuenta y siete kilogramos, el joven Rickover tuvo que defenderse de los que lo insultaba debido a su descendencia judía. Otro cadete judío sufriría la humillación de ver que su página en el Anuario de la Academia había sido perforada a fin de poder arrancarla con facilidad.[63] Sin embargo, Rickover prevaleció frente al orgullo, el prejuicio y la presión.

El almirante Rickover tal vez no bromeaba al decir que no tenía un uniforme ceremonial de color blanco. Siempre se presentaba vestido de traje cuando «sus» submarinos nucleares hacían su viaje inaugural. La tripulación recibió instrucciones de brindarle al almirante un uniforme y todos los artículos de tocador que pudiera necesitar. Las valijas de Rickover solo contenían papeles oficiales impecables y el prototipo de un procesador de texto.

Cuando el nuevo submarino se desempeñaba según los parámetros más exigentes de Rickover, el almirante desempacaba su equipo e imprimía una gran cantidad de cartas desde el fondo del mar a miembros influyentes del Congreso y capitanes de la industria.[64] Rickover se convirtió en una figura legendaria en la Armada. Ascendió debido a su dedicación e inteligencia, así como a las conexiones en el Capitolio que tanto cuidaba. Representó un problema para muchos. «Me dicen feo HDP. Me llaman malvado HDP», le dijo Rickover a su asistente de siempre, Bill Bass, «pero jamás me han dicho estúpido HDP».

Gracias al genio de Rickover y sus incesantes exigencias de emplear rigurosos parámetros de seguridad, los Estados Unidos desarrollaron muy pronto una fuerza de submarinos que podía bloquear toda posibilidad de un ataque sorpresa soviético con armas nucleares. Esto se hizo a un costo relativamente bajo y mostrando una gran consideración por las vidas de los marineros nucleares estadounidenses. Con Dwight D. Eisenhower no habría «marchas por los campos minados».

Ike sabía que iba delante de los soviéticos y se negaba a ceder al pánico político que llamaba a hacer uso del Tesoro. Eisenhower era el único con la experiencia militar y el prestigio que le permitirían mantenerse firme. Se necesitaba fuerza y coraje. Una vez más, Kipling podría haber estado describiendo a Ike al decir:

> Si puedes mantener la calma cuando todos los demás
> La pierden y te culpan por ello...

V. LOS ÚLTIMOS AÑOS DE IKE

El «Nuevo Aspecto» de Eisenhower en materia de defensa hizo que los Estados Unidos confiaran más en las armas nucleares. Su secretario de estado, John Foster Dulles, había hablado de una «respuesta contundente» contra los soviéticos si invadían Europa occidental. Esta confianza en la supremacía nuclear le permitió también a Eisenhower reducir el gasto federal. Ike utilizó a la nueva CIA para desestabilizar regímenes izquierdistas que consideraba hostiles a los intereses estadounidenses. Favoreció la acción encubierta para librarse en 1953 de Mohammed Mossadegh, un individuo que pertenecía al ala izquierda de Irán. Mossadegh había sido nombrado el Hombre del Año según la revista *Time* en 1951 (habrá sido un año con pocas noticias). El hombre de la CIA en Teherán en ese entonces era Kermit Roosevelt, nieto de TR.[65]

La CIA de Eisenhower repitió este éxito, derrocando al año siguiente al presidente de Guatemala, Jacobo Arbenz Guzmán. Guzmán estaba trabajando con los comunistas guatemaltecos para apoderarse de tierras en la república de América Central. Eisenhower estaba decidido a no permitir que el comunismo se expandiera en el hemisferio occidental.

Con la muerte del secretario de estado John Foster Dulles en 1959 se perdió un famoso líder anticomunista. Dulles había sido muy controversial. Churchill dijo que era un toro que llevaba consigo su propia tienda de porcelana. Sin embargo,

Dulles estuvo dispuesto, más que dispuesto, a soportar las dificultades, en tanto Ike se regodeaba en el resplandor de la buena voluntad internacional. En su viaje a la India, Ike fue aclamado como el «Príncipe de Paz». Ahora sabemos que Eisenhower aprobó y apoyó siempre la «dureza» de Dulles.* Se trataba del viejo y conocido juego del «policía bueno [Ike] y el policía malo [Dulles]». Y funcionaba.

No obstante, mucha gente sentía preocupación porque temía una guerra. Hollywood produjo *La cima de los héroes* (*Pork Chop Hill*) en 1959, una película protagonizada por Gregory Peck. Así como lo había hecho veinte años antes *Sin novedad en el frente*, este nuevo filme señalaba la futilidad de la guerra.[66] Se basaba en los sucesos ocurridos en una colina de Corea que las fuerzas estadounidenses tomaron, perdieron a manos de los chicos, retomaron y finalmente evacuaron, todo con un costo de trescientas catorce vidas estadounidenses.

El vicepresidente Nixon se vio confrontado por el primer ministro Khrushchev en la exposición comercial de los Estados Unidos en Moscú en 1959. Khrushchev «debatió» con Nixon sobre los brillantes bienes de consumo fabricados en los Estados Unidos que se exhibían allí. En medio de máquinas lavaplatos y televisores, Khrushchev comentó que los soviéticos pronto pasarían a los Estados Unidos en lo que se refería al desarrollo económico. Se sentía feliz de estar ante las cámaras, sonreía y saludaba con la mano. Un ciudadano soviético —y esperamos que la KGB jamás reconociera su letra— habló por millones de personas al escribir en el libro de visitas: «Por favor, déjenme en los Estados Unidos cuando les pasemos de largo».

Cuando Khrushchev derribó un jet U-2 de los Estados Unidos días antes de una conferencia cumbre entre oriente y occidente, planificada para mayo de 1960 en Paris, Eisenhower cayó en una trampa vergonzosa. Al principio, el gobierno emitió una noticia de primera plana que decía que el piloto de la CIA Gary Powers era en realidad un aviador de reconocimiento meteorológico que se había desviado de su curso a causa del viento. Khrushchev señaló entonces que el piloto había sido capturado vivo y confesado ser un espía. Ike se vio atrapado en una mentira directa. Cuando Khrushchev exigió que se disculpara como condición para seguir adelante con la cumbre, Eisenhower se negó.

Esta vez el primer ministro de Gran Bretaña, Harold MacMillan; el presidente de Francia, Charles de Gaulle; y el canciller de Alemania occidental, Konrad Adenauer, los líderes democráticos de la OTAN, apoyaron plenamente al presidente Eisenhower. El senador Kennedy cometió una torpeza al sugerir que Eisenhower se disculpara en pos de preservar la paz.

---

* Los liberales criticaban la dureza de Dulles porque «estaba dispuesto a ir hasta el borde de la guerra» a fin de impedir que los comunistas ganaran territorio.

La cumbre de París de 1960 colapsó cuando Khrushchev y la delegación soviética se retiraron. Esa era la manera de Khrushchev de tratar de voltear las cercanas elecciones de los Estados Unidos a favor de los demócratas. Los estadounidenses, como suelen hacerlo en las crisis, respaldaron al presidente Eisenhower por completo.

Muchos escritores de la cultura adversaria criticaron a Eisenhower. Jóvenes comediantes, inteligentes y «modernos» como Mort Sahl y Lenny Bruce se burlaban sin misericordia de la sintaxis y la gramática confusa del viejo general. Los analistas sociales más serios lamentaban lo que consideraban una conformidad pasiva y un materialismo sin alma. John Kenneth Galbraith ridiculizó el estilo de vida de la época en su libro *La sociedad opulenta* y la obra *El hombre del traje gris*, de Sloan Wilson, cuestionaba: «¿Qué precio tiene el éxito?». Los autos cromados y con guardabarros extravagantes para mamá y papá, la gorra de piel estilo Davy Crockett para el hijo, un «hula-hula» para la hija… todo esto representaba lo que algunos veían como la falta de conciencia de los «días felices» de Eisenhower. El comisionado de comunicaciones federales Newton Minow, socio de Adlai Stevenson en su firma de abogados, acusaba a la televisión de ser «un vasto desierto inútil». Y el comediante Fred Allen decía que la misma era «goma de mascar para los ojos».

Sin embargo, la televisión no estaba conformada solo por la pulida versión de la vida familiar que representaban *Ozzie y Harriett*. Ed Sullivan presentó no solo al «Hound Dog» [Perro sabueso] de Elvis Presley, sino también serias arias de óperas de Richard Tucker y Leontyne Price, el ingenio de Victor Borge, y el arte de la mímica de Marcel Marceau.* En la actualidad, la década de 1950 nos parece «la era dorada» de la televisión. Y con seguridad el anuncio semanal de Ronald Reagan sobre el *GE Theater* contribuyó a la popularidad de la televisión… y a la suya.

Esos mismos aparatos televisivos transmitieron el poderoso grito por la libertad del Dr. Martin Luther King Jr. En no pocos años, esos aparatos de televisión en blanco y negro que mostraban a los perros feroces que atacaban a los manifestantes por los derechos civiles, contribuirían a darle forma al nuevo consenso nacional por la justicia y la libertad.

Lo mismo puede decirse del sistema de carreteras que tanto había añorado e impulsado Eisenhower. Antes de Ike, cientos de comunidades estaban literalmente aisladas. No obstante, apenas se trazaron las «interestatales» de cuatro carriles,

---

* Pocos de los que veían la muda actuación de Marceau en la televisión podían imaginar que su mayor actuación fue durante la Segunda Guerra Mundial. Él se hacía pasar por un líder de exploradores que llevaba a los niños a «pasear» por los Alpes, pero en realidad estaba ayudando a los niños judíos a escapar hacia la neutral Suiza (tomado de: http://movies2.nytimes.com/gst/movies/filmography. html?p_id=45295.)

hubo autobuses que podían transportar a los Viajeros de la Libertad hasta los lugares más remotos. Las revoluciones en las comunicaciones y el transporte promovidas por las políticas de Eisenhower significaron un incremento de la libertad. Eisenhower llenó los tribunales federales con jueces que no dudarían en ponerle fin a la segregación racial.[67] ¿Podrán ver esto las generaciones venideras también cuando consideran las acciones de la «presidencia de manos ocultas»?

El ya fallecido Stephen Ambrose resume la personalidad de Ike de la mejor manera:

> Era un hombre que consolaba y tranquilizaba, como un abuelo, un hombre tan calmo y seguro de sí mismo, tan hábil en el manejo de la economía, tan experimentado para asegurar las defensas de los Estados Unidos, tan experto en el control de la comunidad inteligente, tan conocedor de los asuntos del mundo, tan opuesto a lo partidario y tan objetivo en su postura de permanecer por encima de la batalla, tan insistente en que lo mejor era la mitad del camino, que inspiraba una confianza amplia y profunda, como ningún otro presidente pudo hacerlo desde George Washington.[68]

El propio Eisenhower respondió a una carta halagadora que Henry Wallace le enviara. El segundo vicepresidente de FDR había dado una serie de discursos en los que comparaba favorablemente a Ike con George Washington. Halagado, Ike envió una cortés respuesta: «Mi sentido del orgullo es mayor porque jamás [estuve de acuerdo] con aquellos que descartan las cualidades intelectuales [de Washington]. Pienso que muchos ... confunden facilidad de expresión con sabiduría, el amor por las luminarias con profundidad de percepción. He sentido a menudo el deseo más profundo de que El Buen Señor me hubiera dotado de la grandeza de mente y espíritu que tuvo Washington».[69]

La evaluación de Eisenhower sobre sus dos mandatos fue, de modo típico, concisa y contundente: «Después de Corea, los Estados Unidos jamás perdieron ni un soldado ni un metro de tierra durante mi gobierno. Mantuvimos la paz. La gente se pregunta cómo sucedió eso. Por Dios, no es algo que sucedió porque sí, puedo asegurárselos».[70] Con la excepción de Cuba, que cayó presa de una sigilosa revolución comunista, la reacción defensiva de Ike es básicamente cierta. Y como prueba, están los millones de estadounidenses que crecieron durante su sabio liderazgo y pueden decir aun hoy con toda convicción: «¡Me gusta Ike!».

Capítulo 9:

PASANDO LA ANTORCHA
(1961-1969)

«Compatriotas estadounidenses: no pregunten qué puede hacer su país por ustedes, sino qué pueden hacer ustedes por su país». Con esta conmovedora exhortación, John F. Kennedy instó a los estadounidenses a actuar en una nueva década. Los estadounidenses tenían grandes esperanzas de que la energía y el entusiasmo del nuevo gobierno de Kennedy hicieran que el país «volviera a moverse». JFK les prometió a los medios conferencias de prensa en horarios claves, que se transmitían a toda la nación por primera vez en la historia. Kennedy convocó a los estadounidenses a «una larga lucha en el atardecer» en pos de la libertad. Nos instó a ir a la luna y fuimos. Sus esfuerzos fueron menos exitosos en la dividida Berlín, la oprimida Cuba y la amenazada Vietnam. Aun así, Kennedy se enfrentó a una amenaza mortal de los misiles soviéticos en Cuba y apeló con poder a terminar con un siglo de segregación. JFK fue cruelmente asesinado a la luz del día en Dallas, el 22 de noviembre de 1963. El sucesor de Kennedy, Lyndon B. Johnson, venció el escepticismo liberal causado por sus raíces tejanas. Utilizó su formidable capacidad legislativa para desenredar la maraña que se había formado en torno a los derechos civiles, firmando así la ley de mayor alcance desde la Reconstrucción. La abrumadora victoria de Johnson en 1964 —lograda solo por demonizar al muy recto y erguido Barry Goldwate— preanunciaba el inicio de una «brecha de credibilidad» que arrojaría su sombra sobre su segundo mandato. LBJ quería hacerlo todo: pelear una guerra contra la

pobreza en su país, edificar una «Gran Sociedad» y derrotar al comunismo en el extranjero. Persiguió mucho, logró mucho e hirió a muchos. Johnson perdió su puesto debido a su propio partido en 1968 y un guerrero más cauteloso lo sucedió: Richard Nixon. El ascenso y la caída de Johnson en la estima de los estadounidenses puede resumirse en dos palabras griegas: hubris y nemesis.

I. La nueva frontera

La imagen de John F. Kennedy aparecía en todas partes en 1960. Los estadounidenses veían su apuesto rostro bronceado, a su bella y elegante esposa, así como a su linda hijita, sonriendo en las tapas de miles de revistas. Kennedy estaba en las noticias, los periódicos y la televisión. Su libro *Perfiles de coraje*, ganador de un Premio Pulitzer, se reimprimió para la temporada de la campaña. No había existido nadie jamás en la historia que hiciera campaña con tal vigor. Con su acento bostoniano, la magia de Kennedy residía en su forma de pronunciar, y tanto «vigor» como «carisma» pasaron a ser palabras de uso cotidiano. Los estadounidenses esperaban un cambio con gran ilusión.

Jack Kennedy había estado pensando en ser candidato a la presidencia desde el momento en que perdió por muy poco la nominación como candidato a vicepresidente en la convención demócrata donde resultara elegido Estes Kefauver en 1956.* (Hubo quienes decían que su padre lo había estado planeando desde el momento en que murió Joe Jr. en la Segunda Guerra Mundial.) Sin embargo, la carrera hacia la candidatura no sería fácil.

Los demócratas olían la victoria y los mejores y más brillantes del partido competían por la posición. Adlai Stevenson se negó a retirarse de la competencia, pero tampoco declaraba su candidatura. Su indecisión resultó ser fatal. Su postura, parecida a la de Hamlet, le restó apoyo a favor del defensor liberal y senador Hubert H. Humphrey, de Minnesota. La sólida trayectoria de Humphrey en la defensa de los derechos civiles, los temas agrícolas, y su capacidad para expresar los ideales liberales con sentido común, lo convirtieron en el héroe de los populistas del medio oeste. Él propuso un programa que promovía la creación de Cuerpos de Paz y Alimentos por la Paz.[1] Muchos lo consideraban el legislador más creativo en

---

* Kefauver, senador liberal de Tennessee, obtuvo renombre investigando a los gánsteres en audiencias televisadas concernientes al crimen organizado en los Estados Unidos. Stevenson había abierto la selección para nominar a un candidato a la vicepresidencia entre los delegados de la convención, donde había resultado elegido Kefauver por pocos votos. Luego, cuando la boleta demócrata perdió en una memorable derrota, Jack Kennedy se consideró afortunado de no haber sido nominado candidato.

la historia del Senado. El senador Lyndon B. Jonson, de Texas, era un poderoso y hábil legislativo táctico. Sabía cómo lograr que se hicieran las cosas, aun habiendo divisiones en el Senado.

En 1960, Stevenson, Humphrey y Johnson eran los potenciales candidatos presidenciales demócratas más viejos y con más experiencia. A Kennedy no le resultaría fácil competir contra estos barones del Senado.

Los logros de Jack en sus ochos años como miembro de la Cámara Alta (así se le llamaba al Senado entre los miembros de este exclusivo club) no eran muchos. No había presentado proyectos de leyes importantes ni existía iniciativa de relevancia que llevara su nombre. Además, su enfermedad crónica y su activa vida social le impedían asistir a muchas sesiones del Senado. No obstante, en términos de la agresividad en la búsqueda del poder político, no había quién pudiera igualar al joven senador de Massachusetts. Tampoco había nadie que pudiera igualar el vigor de Bobby Kennedy, el hermano menor del senador. La reputación de Bobby como político agresivo sería un resultado de sus esfuerzos en la campaña de 1960.

Kennedy sabía que tendría que vencer a Humphrey en algún lugar. Necesitaba lograrlo para mostrarles a los líderes del partido demócrata de la gran ciudad —entre los que había muchos católicos— que su religión no sería impedimento para llegar a la Casa Blanca. Las primarias de Wisconsin parecían el lugar más adecuado. Allí se conocía a Humphrey como el «tercer senador». Los Kennedy invirtieron dinero, talento y la imagen de su fotogénica familia. Humphrey se quejó de que parecía como si una pequeña farmacia de barrio intentara competir con la Cadena Rexall.* Bobby Kennedy estalló ante las cámaras cuando Walter Cronkite, de la CBS News, le preguntó si para Jack era algo negativo su condición de católico. El conductor fue acusado por Bobby de violar la promesa de los candidatos de no utilizar la religión como argumento de campaña.[2] Misteriosamente, aparecieron volantes de campaña en los buzones de los barrios católicos más conocidos, urgiendo a los votantes a rechazar a un candidato que estaba demasiado alineado con Roma.

Derrotado en Wisconsin, Humphrey se dirigió a la empobrecida Virginia del Oeste. Se trataba de un estado pobre, donde los fuertes vínculos de Humphrey con los sindicatos organizados tendrían que haberle dado la victoria. Humphrey jamás debió haberse rebajado a acudir al anticatolicismo. Él era un defensor de los derechos civiles de los estadounidenses negros y había batallado contra el antisemitismo como alcalde de Minneapolis. Sin embargo, un estado abrumadoramente

---

* La analogía era fatal y cierta. Hubert Humphrey era un farmacéutico graduado y el negocio de la familia en Doland, Dakota del sur, era una antigua farmacia de barrio.

protestante podría haberse inclinado hacia Humphrey, que era protestante. No fue así. Los Kennedy llevaron glamour a las colinas de las minas de carbón. Frank Sinatra cantaba la canción de campaña de Kennedy. Bobby trajo a Franklin D. Roosevelt Jr., y en Virginia del Oeste todavía FDR gozaba de gran respeto. El joven Roosevelt criticó cruelmente a Humphrey diciendo que había evitado el reclutamiento militar, ya que el hombre de Minnesota había sido rechazado en la Segunda Guerra Mundial por razones físicas.[3] La convincente victoria de Kennedy en el estado de las montañas eliminó a Humphrey. De modo irónico, fueron los líderes de partido demócrata más católicos en la gran ciudad los que seguían inquietos por la elegibilidad de Jack Kennedy.[4]

Las fuerzas de Kennedy dominaron la Convención Nacional Demócrata de Los Ángeles en 1960. Daba la impresión de que Bobby había tomado en cuenta todas las posibilidades. Cuando Lyndon Johnson sugirió que se realizara una reunión conjunta ante las delegaciones de Texas y Massachusetts, esperaba que prevaleciera su madurez y experiencia. Kennedy frenó la campaña de Johnson con un ingenio único al expresar su acuerdo en cuanto a que Johnson era el mejor líder del Senado en la historia, prometiendo trabajar en estrecha colaboración con él cuando llegara (Kennedy) a la Casa Blanca. Johnson pensó, de modo equivocado, que los senadores que lo apoyaban podrían emitir votos en la convención. No fue así, y John F. Kennedy fue nominado en la primera votación. Por sobre las amargas objeciones de Bobby, Johnson fue nombrado candidato a vicepresidente. Los demócratas necesitaban a Texas con desesperación.

Los republicanos se reunieron en Chicago en 1960. Como el presidente Eisenhower era el primero en verse limitado por la Vigésimo Segunda Enmienda, el vicepresidente Nixon tenía una gran ventaja por sobre todos los rivales del Viejo Gran Partido. La marcha de Nixon hacia la nominación se vio ayudada por su reputación de firme anticomunista, sus esfuerzos en pos de la construcción del partido durante los ocho años del gobierno de Eisenhower, y su muy efectiva y correcta conducción durante las graves enfermedades de Ike. El gobernador Nelson A. Rockefeller, de Nueva Cork, no declaró su candidatura de manera oficial. La popularidad de Rockefeller entre las minorías —católicos, judíos, negros, puertorriqueños— en Nueva York era un fenómeno. Le encantaba mezclarse entre la gente de los diversos grupos étnicos, comer frituras de queso y andar como uno más entre el público. A pesar de que tenía una habilidad evidente para hacer campaña, los republicanos del oeste y el medio oeste consideraban que Rockefeller era demasiado liberal. Nixon eligió al moderado Henry Cabot Lodge Jr., del este, como candidato a la vicepresidencia y le concedió puntos importantes a Rockefeller en la plataforma del partido. Los conservadores no estaban contentos con lo que llamaban en principio «la venta» de Nixon. Barry Goldwater incluso llegó a llamarle «Munich». Sin embargo, cuando intentaron nominar al héroe conservador Goldwater como protesta, el oriundo de Arizona se negó y urgió a los conservadores a «madurar» y organizar el control del Viejo Gran Partido.

Kennedy bregaba por una respuesta más fuerte a los soviéticos y un rol más importante del gobierno federal en los programas internos. Convocó a los estadounidenses a avanzar hacia «una Nueva Frontera». Nixon estaba demasiado ocupado con su promesa de visitar los cincuenta estados.* En esa época en que no había viajes regulares en avión, volar a Alaska y Hawai era un proceso muy largo.

Kennedy se refirió directamente el tema de la religión en una reunión con la asociación protestante de ministros en Houston, Texas. Dijo que creía que un presidente católico no podía permitir que un obispo católico le indicara cómo actuar, y prometió renunciar si su iglesia alguna vez intentaba dictarle qué hacer mientras fuera presidente. Esto era una señal para la iglesia católica a fin de que le diera espacio, y también para los pastores protestantes que estaban presentes en el salón del hotel donde se realizó la reunión. Les señaló a los ministros que él no hablaba por la iglesia católica y que además la iglesia católica tampoco hablaba por él. El tema crucial en ese entonces no era el aborto o el control de la natalidad financiado con fondos federales... eso llegó después. El tema candente era la ayuda federal a la educación. Kennedy favorecía la ayuda federal que *excluyera* a los alumnos de las escuelas católicas parroquiales o religiosas.[5]**

Cuando el senador Kennedy conoció al vicepresidente Nixon para una serie de debates televisados, la mayoría de las personas esperaban que Nixon, por ser mayor y más experimentado, ganara de manera convincente. Sin embargo, el bronceado y elocuente Kennedy logró competir con toda calma y hacer muchos comentarios ingeniosos. Nixon había salido del hospital hacía poco debido a una infección en la rodilla. Se le veía demacrado, y el característico tono de su piel, objeto de tantas caricaturas y burlas, le daba un aspecto ceniciento. Aquellos que *oían* el debate por

---

* La elección de 1960 fue la primera en que se incluyeron cincuenta estados, ya que la admisión de Alaska (1959) y Hawai (1959) incorporó por primera vez territorios no contiguos como estados. La admisión de Hawai se atrasó porque los segregacionistas del Senado se resistían a aceptar un estado donde la mayoría de los habitantes no eran blancos.

** El aborto era ilegal en los cincuenta estados, como lo era el suicidio y la sodomía homosexual. El divorcio de mutuo acuerdo era ilegal en cuarenta y nueve estados y solo Nevada lo permitía como final no conflictivo de un matrimonio. *Todo* esto cambiaría en la década siguiente.

radio sentían que lo había ganado Nixon. No obstante, los que lo *vieron* por TV, consideraron como ganador al joven Kennedy.[6]

El día de la elección Kennedy obtuvo una victoria increíblemente estrecha, con 34.227.096 votos populares (49,7%) y 303 electorales contra los 34.107.248 populares (49,5%) y 219 electorales de Nixon. Solo 119.848 votos (dos décimas partes de un uno por ciento) separaban a los dos candidatos. Al día siguiente, temprano por la mañana, Nixon admitió que había ganado Kennedy, aunque durante años los republicanos seguirían acusando de que el recuento de votos había sido fraudulento en la Chicago del alcalde Richard J. Daley y el estado de Texas de Lyndon B. Johnson.

Kennedy apareció en un sencillo cuartel de bomberos cerca del complejo familiar de Hyannis Port, Massachusetts. Allí, junto a su bella y expectante esposa Jacqueline y su atractiva y numerosa familia, afirmó su victoria. El carisma de Kennedy había contribuido a que en esta votación hubiera más votantes que nunca. Más de sesenta y ocho millones de personas acudieron a los centros de votación, lo cual representaba un 64%, una cifra inaudita que jamás logró igualarse.[*]

El 78% de los católicos estadounidenses y el 81% de los judíos estadounidenses votaron por Kennedy.

Una llamada telefónica de último momento de la campaña de Kennedy a la esposa del reverendo Martin Luther King Jr. contribuyó a inclinar la balanza en la comunidad negra a favor de Kennedy. El Dr. King había sido arrestado en Georgia por una simple contravención de tránsito, y los Kennedy llamaron para solidarizarse. A diferencia de otros protestantes, que le dieron el 38% de sus votos a JFK, los estadounidenses negros lo respaldaron con el 70%.[7][**]

Bajo el pálido sol de un helado día de enero de 1961, el más joven de los presidentes elegidos dio su discurso inaugural.[***] En un mundo que se enfrentaba a la amenaza del comunismo ateo, Kennedy reafirmó su compromiso con los ideales

---

[*]   El hecho de que haya una aparente caída en la cantidad de votantes se debe a que la Vigésimo Sexta Enmienda les permite el voto a las personas de dieciocho, diecinueve y veinte años de edad. Esto era algo que tenía que hacerse, pero tal grupo de jóvenes estadounidenses suele revelar cifras muy bajas en su participación a la hora de votar.

[**] La campaña de JFK no cambió lealtades, sino más bien las amplificó. Los católicos habían sido demócratas desde los tiempos de Jackson. Los judíos habían votado por los demócratas con FDR. Los protestantes, fuera de los del sur, habían sido republicanos desde la fundación del partido en 1856. Los votantes negros habían respaldado al partido de Lincoln hasta la Gran Depresión. El atractivo de JFK fue el de conseguir el mayor número de votantes entre todas las minorías.

[***] JFK fue elegido a los cuarenta y tres años. TR tenía cuarenta y dos cuando *sucedió* al asesinado McKinley. El autor de este libro tenía diecisiete años en 1961, estudiaba en Washington, D.C. en una secundaria católica, y asistió a la toma de poder de John F. Kennedy. Como sucedió con millones de personas, el discurso inaugural de JFK dejó una impresión indeleble en este joven futuro demócrata.

de la Declaración de la Independencia: «Los derechos del hombre provienen no de la generosidad del estado, sino de la mano de Dios». Incluyó un resonante llamado al servicio y el sacrificio que conmovió a millones de personas: «No pregunten qué puede hacer su país por ustedes, sino qué pueden hacer ustedes por su país».[8] Y concluyó con estas palabras cargadas de fuerza y poder: «Con una buena conciencia como única y segura recompensa, con la historia como juez final de nuestras acciones, avancemos entonces para liderar la tierra que amamos, pidiendo la bendición y la ayuda de Dios, pero sabiendo que aquí en la tierra su trabajo tiene que ser, en verdad, nuestro trabajo».

Él no tendría un período de «luna de miel», ya que enseguida sobrevinieron algunas crisis internas y extranjeras. Cuando la acción de la CIA iniciada por Eisenhower para derrocar al dictador comunista de Cuba, Fidel Castro, se presentó ante el nuevo presidente, él permitió que continuara, pero a último momento retiró la cobertura aérea estadounidense para el ejército exiliado cubano que asolaba las costas. Tal vez los exiliados cubanos no tenían posibilidad alguna de derrocar a Castro, pero al quitarles la cobertura aérea, su fracaso estaba garantizado. El fiasco de la Bahía de Cochinos pareció confirmar lo que señalaban aquellos que criticaban a JFK: era demasiado joven, demasiado inexperto, y demasiado apresurado en sus decisiones y criterios.

En realidad, tal vez Kennedy hubiera estado tratando de mantener el apoyo de su embajador ante la ONU, Adlai Stevenson, así como el del ala liberal del partido demócrata, al vetar el apoyo directo a los exiliados cubanos.[9] JFK no tardó en reconocer su error en el episodio de la Bahía de Cochinos, observando que «la victoria tiene mil padres, pero la derrota es huérfana». Los estadounidenses acudieron en apoyo de su nuevo presidente, así como habían apoyado a Ike en el asunto de los U-2.

El joven presidente encantó al pueblo francés a principios de junio cuando llegó a París con motivo de una visita de estado. Incluso el habitualmente frío presidente de Gaulle se volvió más cálido cuando la joven y culta primera dama, con anterioridad Jacqueline Bouvier, le habló en perfecto francés parisino. JFK se ganó los corazones de la gente al rendirle homenaje a su bella y joven esposa: «Soy el hombre que acompañó a Jacqueline Kennedy a París».

Sin embargo, cuando Kennedy conoció a Khrushchev en Viena en junio de 1961, todavía se respiraba el aire de tensión por el fracaso de la Bahía de Cochinos. Khrushchev les dijo a sus camaradas del Kremlin: «Berlín representa los testículos de occidente. Cada vez que quiero que occidente grite de dolor, aprieto a Berlín».[10] A puertas cerradas, Khrushchev acosó y criticó al joven presidente. Buscó

Tanques soviéticos en Budapest disparando contra húngaros desarmados. *La Revuelta Húngara de 1956 se produjo a destiempo por una cantidad de razones. Entre ellas puede mencionarse que ocurrió en medio de una elección presidencial en los Estados Unidos y una crisis política en el Medio Oriente. Al presidente Eisenhower se le critica todavía por no haber «desplazado» al comunismo en Europa oriental, como lo había prometido el partido republicano. Sin embargo, la Revuelta Húngara demostró que los soviéticos podían gobernar Europa del este solo a punta de bayoneta.*

Nikita Khrushchev. *Khrushchev era un hombre gordo que se movía como si fuera delgado. Era activo, inteligente y peligroso. Tenía grandes esperanzas depositadas en el programa espacial soviético y creía que con esto impresionaría a los estados recientemente descolonizados de África y Asia. Fue derrocado en 1964, pero no lo fusilaron ni lo enviaron a prisión. Esto resultó un logro suyo en el sombrío mundo de las intrigas comunistas.*

Crisis de los misiles en Cuba, foto aérea de ubicaciones cubanas, 1962. *Khrushchev apostó muchísimo al ubicar misiles ofensivos en Cuba. La falta de decisión de Kennedy durante la debacle de la Bahía de Cochinos y su pobre desempeño en la cumbre de Viena hicieron que Khrushchev se envalentonara. Kennedy obligó a Khrushchev a retirar sus misiles rodeando a Cuba con acero estadounidense.*

John F. Kennedy y Jacqueline Kennedy. *Los jóvenes y vigorosos Kennedy presentaban una imagen glamorosa en el escenario internacional. Jacqueline encantó al normalmente frío y distante presidente de Gaulle con su francés parisino, mientras que JFK se ganó sonrisas de aprecio al decir: «Soy el hombre que acompañó a Jacqueline Kennedy a París». Pudo haber sido durante este viaje que la Sra. Kennedy vio la llama eterna en el Arco de Triunfo, detalle que añadió al diseño de la tumba del presidente Kennedy en el Cementerio Nacional de Arlington.*

intimidar a su adversario con la amenaza de una guerra, diciendo que firmaría un tratado por separado con su satélite de Alemania oriental con el fin de obligar a los aliados de occidente a dejar Berlín, según le advirtió. Kennedy le respondió que podría firmar lo que quisiera con los alemanes del este siempre y cuando se respetaran los derechos de ocupación de los de occidente. «La fuerza se enfrentará con la fuerza», replicó en tono amenazante Khrushchev.[11] Buscando romper el hielo, Kennedy le preguntó a Khrushchev sobre una medalla que llevaba puesta, y cuando el soviético le dijo que era el Premio Lenin a la Paz, JFK no pudo resistirse a la tentación de contestarle: «Espero que la mantenga».

Cambiando de rumbo, Kennedy buscó interesar a Khrushchev en un tratado que prohibiría las pruebas de armas nucleares en la atmósfera. Esta era una propuesta de Stevenson que tenía mérito, ya que los niveles de estroncio 90, un elemento radiactivo, habían aumentado y hasta se detectaron en la leche que bebían los niños: «El viaje de miles de kilómetros comienza con un primer paso», dijo JFK citando un antiguo proverbio chino. Khrushchev pensó que Kennedy se estaba burlando de él porque acababa de iniciarse un feudo público entre Moscú y Beijing, la primera división entre los dos gigantes comunistas. «Parece conocer muy bien a los chinos», dijo Khrushchev con una sonrisa entendida.[12] Kennedy respondió que los Estados Unidos podrían conocerlos mucho mejor.[13] Fue una de las pocas veces durante esta cumbre en que Kennedy pudo aventajar al astuto Khrushchev.* El gobernante soviético dio por finalizada la conferencia cumbre diciendo que en seis meses más firmaría el tratado con el régimen de Alemania del este. Kennedy creyó que eso daría lugar a una guerra. «Si es verdad, será un invierno frío», dijo en tono sombrío.[14]

Este fue su bautismo de fuego. El primer encuentro directo del joven presidente con la brutalidad del sistema soviético. «Acaba de darme una paliza», les confesó JFK a sus asociados.[15] Kennedy le dijo «en lo profundo» a James Reston, columnista del New York Times, que el fiasco de la Bahía de Cochinos había envalentonado a Khrushchev: «Y lo más importante es que piensa que yo no tengo agallas».[16]**

En Viena, Khrushchev tenía otra razón importante para sentirse poderoso. La Unión Soviética acababa de lanzar el primer vuelo espacial tripulado en la historia.

---

*   Esta fue también una fascinante comprensión de la posibilidad de que los Estados Unidos pudieran jugar una «carta China» en la competencia mundial con la URSS. Se le dejaría a Richard Nixon la tarea de implementar esta estrategia.

** Cuando un presidente u otro alto funcionario del gobierno concede una entrevista «en lo profundo», esto significa que no se le puede citar directamente. «En lo profundo» quiere decir que el periodista no podía citar siquiera el contenido de la conversación. JFK supo utilizar esta técnica para granjearse el apoyo de influyentes periodistas.

El 12 de abril de 1961, el mayor Yuri Gagarin le dio tres vueltas a la tierra en su cápsula espacial *Vostok*, que significa «Este», poniendo así al bloque del este muy por delante en la carrera espacial.

Los soviéticos, con su avance espacial, le presentaban un serio desafío al presidente Kennedy. Él había llegado a la presidencia prometiendo hacer que «los Estados Unidos volvieran a moverse». Ahora, los soviéticos parecían estar lográndolo mucho más que esta nación, dejándola detrás. Khrushchev había visto el entusiasmo que creara en occidente el nombramiento de los siete astronautas del Proyecto Mercurio.[17] Los prolijos y elegantes jóvenes pilotos militares tenían «lo que hacía falta».* Los medios estadounidenses los presentaban como héroes, incluso antes de que llegaran al espacio. Khrushchev estaba decidido a robarle la gloria a Kennedy. Y con el vuelo de Gagarin, lo logró.

Los estadounidenses se preocupaban de que los soviéticos estuvieran planeando poner al hombre en la luna con el *Lunik 3*, que voló más allá de la luna y tomó fotografías de su lado oscuro. Con un cosmonauta en la luna, ¿qué harían luego? ¿Colonias lunares? ¿Bases de misiles en la luna para amenazar a las ciudades de los Estados Unidos? Algunos de estos temores eran fantasiosos, claro está, pero no puede negarse que los soviéticos parecían aventajar mucho a los Estados Unidos.

Khrushchev pensaba que el éxito de los esfuerzos espaciales de los soviéticos probaría la validez del marxismo-leninismo. En este sistema el ateísmo militante jugaba un importante papel. El cosmonauta Gagarin era un comprometido comunista, y cuando se le preguntó qué había visto en el cielo durante su primer vuelo alrededor de la Tierra, sonrió y dijo: *Nyet boga!*» («¡Ningún Dios!»).

La respuesta de Kennedy a este desafío fue ingeniosa. Al informársele que no había manera de que los Estados Unidos pudieran alcanzar a los soviéticos en el programa espacial, ni siquiera en años, JFK exigió respuestas de parte de los líderes de la NASA.** «¿Hay algún lugar donde podamos estar a la par? ¿Qué podemos hacer? ¿Podemos llegar a la luna antes que los soviéticos? ¿Podemos poner a un

---

* Los astronautas del Proyecto Mercurio se convertirían en los primeros estadounidenses en viajar al espacio. Eran el capitán Donald («Deke») Slayton (Fuerza Aérea de los Estados Unidos), el teniente comandante Alan B. Shepard (Armada de los Estados Unidos), el teniente comandante Wally Schirra (Armada), el capital Virgil I («Gus») Grissom (Fuerza Aérea), el teniente coronel John Glenn (Armada), el capitán Leroy Gordon («Gordo») Cooper (Fuerza Aérea), el teniente Scott Carpenter (Armada). «Deke» Slayton se quedaría en tierra durante una década por una leve afección cardíaca y finalmente volaría alrededor de la Tierra en la estación espacial Apolo Soyuz, en 1972.

** NASA, siglas en ingles de National Aviation and Space Administration (Administración Nacional de Aeronáutica y del Espacio), organismo civil creado por Eisenhower en su intención de evitar que se militarizara el espacio.

hombre en la luna antes que ellos?».[18] Los consejeros de ciencia del nuevo presidente le dijeron que podíamos ganarles a los soviéticos en llegar a la luna. Eso fue todo lo que necesitó Kennedy, afirmando que lo haríamos.

Al instante, Kennedy redefinió la Carrera Espacial. Desde ese momento, todo primer logro soviético —primera mujer en el espacio, primera caminata espacial, primer vuelo orbital prolongado— se mediría contra el objetivo ulterior: ¿Han aterrizado ya en la luna? ¡Kennedy dio un gran paso hacia la victoria en la Carrera Espacial corriendo la línea de llegada!

Pronto los estadounidenses pudieron vitorear a sus propios héroes espaciales, como el teniente de navío, comandante Alan B. Shepard, y luego al capitán de la fuerza aérea Vigil I. «Gus» Grissom, que se lanzaron hacia el espacio. El escudo de calor de la cápsula espacial Friendship 7, de John Glenn, casi se desprendió, y el suceso quedó registrado y se observó en el mundo entero por la televisión en vivo. Todos dieron un suspiro de alivio y se maravillaron ante la valentía y la ecuanimidad de Glenn mientras enfrentaba la posibilidad de morir entre las llamas.

La osadía de Kennedy dejó sin palabras a los soviéticos *y* también a sus opositores en la nación.

«¿Cuál es el apuro por llegar a la luna?», preguntó Ike en el *Saturday Evening Post.*

Aun así, los críticos republicanos parecían haber olvidado la decisión del presidente Eisenhower de no militarizar el espacio cuando condenaban a JFK por no hacerlo. Y también criticaban el programa Apolo de JFK, que buscaba llegar a la luna.[19]

«¿Por qué no decirles a los soviéticos: "Muy bien, han llegado a la luna, pero mientras tanto aquí en los Estados Unidos hemos estado intentando, aunque con ciertos tropiezos, hacer que crezcan la libertad y la justicia"?», fue la respuesta de William F. Buckley Jr. en *Reader's Digest.*[20] El senador Barry Goldwater había votado en un inicio a favor del programa Apolo. Sin embargo, ahora lo llamaba «un desperdicio».[21]

Al parecer, los republicanos se oponían al programa Apolo porque era Kennedy el que lo proponía. Kennedy era más imaginativo que sus opositores y entendía instintivamente el modo en que Khrushchev utilizaba el espacio para hacer que en los países en desarrollo los Estados Unidos se vieran mal.

De un solo golpe, Kennedy le había quitado a Khrushchev su aire de invencibilidad, borrando además la ilusión de los comunistas sobre lo *inevitable* de su superioridad. Khrushchev era el más peligroso de todos los adversarios soviéticos de los Estados Unidos El único dispuesto a correr grandes riesgos y que además había invertido muchísimo en el programa espacial soviético. Su posición política en el Kremlin y la posición soviética ante el mundo dependían de su prestigio en términos de los logros espaciales.

Al apoderarse de esa bandera, John F. Kennedy contribuyó en mucho al derrocamiento final de Khrushchev a manos de sus propios camaradas comunistas, que conspiraron contra él y lo acusaron de ingeniar «planes descabellados». Aunque para eso todavía faltaba un poco de tiempo.

Fuera del programa espacial, aquí en la tierra, Khrushchev era un antagonista peligroso. En agosto de 1961, estando muchos líderes occidentales de vacaciones, Khrushchev decidió acordonar Berlín oriental. Tenía que hacer algo. El régimen estalinista, sombrío y cruel que los soviéticos crearon se llamó República Democrática de Alemania, aunque no era democrático, ni republicano. Y ni siquiera alemán. Se trataba de un estado marioneta que los soviéticos habían establecido al ocupar el país. Muchos de los alemanes que conducían este régimen para Moscú pasaron la Segunda Guerra Mundial allí. Ahora, en 1961, esta zona soviética de Alemania sufría una hemorragia. Miles de médicos, maestros, ingenieros y científicos, en especial la gente joven, se iba a Berlín occidental en busca de una vida mejor. Podían tomar un tranvía o sencillamente cruzar la línea divisoria entre Berlín oriental y occidental. Nadie se atrevía a bromear diciendo: «Que el último alemán que salga de la zona soviética apague los faros de los centinelas». Aun así, este era el sentir detrás de la beligerancia de Khrushchev en el caso de la dividida Berlín.

A finales de agosto, Khrushchev decidió dar el golpe y obvió su plazo de seis meses, establecido en Viena, ordenando que los alemanes del este extendieran alambres de púa a lo largo de la línea que dividía las dos partes de Berlín. Poco después llegaron las buldózeres y los bloques de concreto para levantar un feo y largo muro que rodearía a toda la ciudad libre de Berlín occidental. Kennedy, esperando otro bloqueo de Berlín, dio un suspiro de alivio. Tal vez no sería un «largo y frío invierno» después de todo. Mientras Khrushchev no bloqueara el acceso de los aliados a Berlín occidental, los Estados Unidos podían protestar, pero no justificar la demolición de lo que ahora la gente llamaba el Muro de Berlín.

Las familias alemanas fueron separadas cruelmente y los brutales guardias de Alemania oriental incluso les disparaban a sus compatriotas cuando intentaban escapar del «paraíso de los obreros». El mundo observó con horror cómo los guardias fronterizos le dispararon a Peter Fechter, de diecisiete años. El muchacho quedó en el suelo, muriendo desangrado y pidiendo misericordia a los gritos en la tierra de nadie que los comunistas habían creado. La *Volkspolizei* o VOPO de Alemania oriental era «la policía del pueblo». Sus agentes apuntaban con sus armas a los berlineses occidentales, amenazando con matar al que intentara rescatar al joven Fechter. En las siguientes tres décadas, cientos de personas más serían fusiladas a sangre fría por tratar de escapar.

II. «¡BUEN VIAJE, JOHN GLENN!»

El teniente coronel de la Marina, John H. Glenn, se parecía al protagonista de una película. Delgado, fuerte, con el cabello prolijo y corto, se asemejaba a una flecha enhiesta. Había conocido a su esposa Annie desde la cuna en New Concord, Ohio. Jamás había existido para él otra chica en todo el mundo más que esta belleza de ojos oscuros. Y así como Annie había logrado vencer su problema para hablar, John había superado a los graduados de las mejores academias militares de la nación. En la conferencia de prensa en que se anunciaron los nombres de los astronautas originales del *Mercury 7*, las luminarias se centraron en Glenn cuando habló de su fe religiosa. Incluso en estos momentos de mayor demostración religiosa, el hecho de que Glenn profesara su fe en la televisión resultó algo «anticuado» para los más sofisticados.

Sus compañeros astronautas tampoco quedaron contentos cuando Glenn les dijo en tono rotundo y severo que «mantuvieran sus braguetas cerradas». A las autoridades de la NASA les preocupaba que un escándalo sexual pudiera manchar o afectar su famoso programa de alto vuelo y a sus protagonistas.

El presidente Kennedy simpatizaba con el intrépido piloto de combate de Ohio. Él invitó a Glenn a la Casa Blanca semanas antes del vuelo programado en el *Friendship 7*. Sería el primer esfuerzo estadounidense a fin de enviar a un hombre a volar alrededor de la Tierra. Kennedy sabía que gran parte de su prestigio político dependería de este miembro de la marina. Así que le pidió a Glenn que le mostrara sus mapas, maquetas y cuadros de trabajo en la Sala del Gabinete. Durante más de una hora le hizo todo tipo de preguntas sobre el vuelo.[22] La curiosidad del presidente era insaciable.

Glenn y sus compañeros astronautas del Mercury evocaban los sentimientos más poderosos en los estadounidenses, ya que muchos querían vencer a los rusos y sentían un verdadero afecto por estos valientes jóvenes dispuestos a arriesgar sus vidas para lograrlo. El abogado impositivo Leo DeOrsey no era una excepción.

Había aceptado representar a los astronautas ante los medios en carácter de *pro bono*.* Mientras John Glenn se preparaba para volar al espacio, se le reveló a su círculo familiar y de amigos que su seguro de vida era muy bajo. DeOrsey les dijo a John y Annie Glenn que la compañía Lloyds de Londres había aceptado cubrir al astronauta durante las seis horas de su vuelo de bautismo... ¡por una prima de dieciséis mil dólares![23] Sin embargo, días después, DeOrsey volvió a llamarlos para recomendar que rechazaran la propuesta de Lloyds. Se sentía mal al respecto y afirmó dirigiéndose a Glenn: «No apostaré en contra de ti».[24] En cambio, prefirió darle a un amigo mutuo un cheque por cien mil dólares a nombre de Annie Glenn, solo por si llegaba a sucederle algo a John.[25]

El astronauta Scott Carpenter, el reemplazo eventual de Glenn, se veía muy conmovido cuando el cohete Atlas de casi ciento sesenta y siete mil kilogramos de fuerza rugió al momento del despegue. «Buen viaje, John Glenn», dijo Carpenter. Tom O'Malley, director del proyecto de la General Dynamics Corporation, añadió su oración: «Que el Señor te acompañe en todo el camino».[26]

Con el ruido de los motores del cohete, Glenn no pudo oír ninguna de estas palabras de aliento. Hubo un momento en que todos contuvieron el aliento mientras Glenn estaba en órbita y el control de la misión comenzó a sospechar que las misteriosas «mariposas» de luz que Glenn mencionaba significaban que el escudo de calor de la cápsula espacial se había desplegado demasiado pronto. Además, era peligroso probarlo en medio del vuelo. Cuando se le indicó a Glenn que operara el interruptor, obedeció casi sin titubear. La temperatura en el exterior de la cápsula alcanzó los 5.260°C al momento de reingresar en la atmósfera terrestre. Era apenas más baja que la temperatura en la superficie del sol. Sin el escudo de calor, Glenn habría muerto incinerado. Todo el mundo contuvo la respiración.

Hubo un período de silencio en la radio durante el reingreso. Se sabía que esto podía suceder, pero de igual modo contribuyó a aumentar la tensión. Y finalmente, después de lo que pareció una eternidad, John Glenn mostró su temple cuando su voz calmada y profesional resonó en medio de la estática. ¡El escudo de calor había resistido! Una vez más, los Estados Unidos lograron una hazaña que resonó en el mundo entero.

El destructor USS *Noa* recogió a John Glenn unos minutos después de que amerizara en el Atlántico. El país tenía ahora a un nuevo héroe. Glenn tuvo más tarde un debate con un cosmonauta soviético que estaba de visita, Gherman Titov.

---

*   Pro bono: gratis, sin cargo.

Titov proclamó a viva voz su opinión de que la ideología comunista se había confirmado porque no había visto a Dios en el espacio. «El Dios en el que yo creo no es tan pequeño como para que me lo cruce apenas salgo de la atmósfera», respondió Glenn con serena dignidad.[27] Y luego invitó a Titov y a su esposa a disfrutar de una parrillada al aire libre con él y Annie. La destreza de Glenn en el espacio era mayor que sus dotes de cocinero. Cuando Al y Louise Shepard y la familia de Titov llegaron en una limosina, encontraron a John Glenn tratando de apagar las llamas que amenazaban con carbonizar la carne que estaba asando sobre las brasas.[28]

III. «FRENTE A FRENTE» POR CAUSA DE CUBA

En 1962 había cuarenta y dos mil soldados soviéticos en Cuba. Eso lo sabemos hoy.[29] Cuando el senador republicano de Nueva York, Kenneth Keating, denunció que los soviéticos estaban conformando un frente a «solo ciento cuarenta y cinco kilómetros de nuestras costas», el presidente Kennedy se enfureció.[30] Creía que alguien en el gobierno filtraba información y permitía así que los republicanos lo avergonzaran al hacerlo ver como un mandatario débil.

En medio de un viaje de campaña, el presidente fue convocado a regresar a Washington, D.C., donde recibió la confirmación de los U-2 que volaron sobre Cuba de que los soviéticos estaba instalando misiles balísticos de rango intermedio en la fortaleza de la isla. Estos misiles soviéticos tenían la capacidad de efectuar un ataque nuclear sobre la plataforma marítima oriental de los Estados Unidos. Ahora, Texas, Oklahoma, Louisiana y Florida corrían el peligro de convertirse en un Pearl Harbor nuclear debido a un ataque secreto.

Al instante el presidente Kennedy llamó a sus consejeros para llevar a cabo una conferencia en tiempos de crisis. Algunos de los jefes militares le advirtieron que preparar un ataque preventivo sobre Cuba a fin de eliminar las bases de misiles antes de que pudieran entrar en operación podría ser motivo de una guerra nuclear.[31] Kennedy no aceptó esa opción. No obstante, sabía que no se podía permitir que los misiles soviéticos permanecieran en Cuba. El Kremlin presentaba ante el mundo un rostro impasible, y negó de plano que se hubieran ubicado misiles ofensivos en Cuba.

El presidente Kennedy apareció en la televisión nacional el 22 de octubre de 1962 para informarle al pueblo de los Estados Unidos y el mundo que su país conocía el engaño de los soviéticos y su acumulación «clandestina» y temeraria de armas nucleares en Cuba, por lo que exigían que se desmantelaran los misiles.

Ni los Estados Unidos de América ni la comunidad de naciones del mundo pueden tolerar el deliberado engaño y las amenazas ofensivas de ninguna nación, grande o pequeña. Ya no vivimos en un mundo en el que las armas que se disparan representan un desafío suficiente solo para la seguridad de una nación, lo que constituye el máximo peligro. Las armas nucleares son tan destructivas y los misiles balísticos con tan veloces que toda posibilidad sustancialmente aumentada de su utilización, o cualquier cambio repentino en su despliegue, pueden considerarse como una amenaza definitiva a la paz.

Kennedy ordenó entonces una «cuarentena» para Cuba.* Usaría la vasta superioridad naval de los Estados Unidos para rodear la isla e interceptar los barcos de carga soviéticos que se dirigían a La Habana con más misiles.

En ese entonces, los británicos le brindaban a los Estados Unidos una inteligencia de alto nivel desde las entrañas del kremlin. El coronel Oleg Penkovsky, oficial de la inteligencia militar soviética, espiaba en secreto para Gran Bretaña.** Kennedy tenía el pleno apoyo del pueblo estadounidense, el primer ministro conservador de Gran Bretaña, Harold MacMillan, y sorprendentemente, también del presidente de Francia, de Gaulle. Cuando Dean Acheson, el enviado especial de Kennedy, entró a la magnífica oficina del austero francés de Gaulle en el Palacio Eliseo, se ofreció a mostrarle las fotografías de los U-2 que los Estados Unidos habían obtenido en sus vuelos sobre Cuba. «Guarde sus documentos», dijo en tono dramático de Gaulle. «Me basta con la palabra del presidente de los Estados Unidos. Dígale a su presidente que Francia lo apoya sin reservas».[32]

En las Naciones Unidas, el embajador Adlai Stevenson mostró las fotos de reconocimiento de los U-2 y confrontó al embajador soviético con sus mentiras. El soviético señaló que le resultaba difícil entender al intérprete que traducía los comentarios de Stevenson. «Estoy dispuesto a esperar su respuesta, señor embajador, *hasta que el infierno se congele*», fue la respuesta de Adlai en uno de sus mejores momentos. El presidente Kennedy lo observaba por televisión y comentó: «¡Genial! ¡No sabía que Adlai pudiera salir con algo así».[33]

---

*   Él evitó el término «bloqueo», que representa una acción de guerra según la ley internacional. Al llamarle «cuarentena» a esta acción, estaba haciéndose eco del discurso de FDR, famoso por su «cuarentena al agresor». JFK prefirió utilizar esta comparación.

**   La KGB atrapó y ejecutó a Perkovsky. Durante años, en Moscú se dijo que había sido llevado al crematorio municipal de Donskoi, aunque todavía estaba vivo. Hace poco se ha puesto en duda esa parte de la historia, pero en ese momento cumplió su propósito.

Cuando Kennedy recibió *dos* cables diferentes del gobierno soviético, ignoró el más agresivo y se centró en el que sonaba más amable. Supuso que el primero había sido escrito como un borrador por los *apparatchiks* soviéticos y apostó a que el mismo Khrushchev había escrito la versión más suave.

Khrushchev le ofrecía a Kennedy un *quid pro quo*, es decir, un intercambio: los misiles soviéticos serían retirados de Cuba si los Estados Unidos retiraban sus misiles de Turquía, país aliado de la OTAN. Kennedy tuvo que rechazar el ofrecimiento, al menos en público. Sin embargo, aceptó otra de las sugerencias de Khrushchev: que los Estados Unidos aceptaran garantizar la integridad territorial de Cuba. Esto significaba que tendrían que dejar de brindarle apoyo a los exiliados cubanos anticomunistas y acordar no invadir a Cuba con fuerzas estadounidenses.[34]

Cuando un barco de carga soviético avanzó hacia el círculo de acero estadounidense que rodeaba a Cuba, todo el mundo se alarmó. ¿Daría la vuelta el barco soviético? ¿Se negaría a permitir que los estadounidenses lo abordaran con el fin de inspeccionar la carga? ¿Habría derramamiento de sangre? ¿Sería este el principio de una Tercera Guerra Mundial? Por último, el barco soviético dio la vuelta y se alejó.

Khrushchev no quería iniciar una guerra nuclear por Cuba. Por lo tanto, afirmando que lo único que quería era proteger a la isla de una invasión, dio un paso atrás públicamente. El 28 de octubre de 1962, aceptó retirar sus misiles de Cuba.[35] Castro reaccionó desde Cuba con insultos obscenos contra su aliado soviético, diciendo que Khrushchev era un maricón, un homosexual. Pateó una pared y rompió un espejo en un arranque de ira y frustración.[36]*

Kennedy había prevalecido. El secretario de estado, Dean Rusk, señaló: «Nos mirábamos a los ojos sin parpadear, y el que primero lo hizo fue el otro».[37] Sin embargo, este comentario se hizo en privado. Kennedy ordenó que no se hiciera alarde de la aparente humillación de Khrushchev en los medios. Y tampoco quería que se supiera que había accedido en secreto a quitar los misiles estadounidenses de Turquía.[38] ¡Incluso es posible que el que haya parpadeado mientras nos mirábamos frente a frente en Cuba fuera nuestro hombre!**

«Las apariencias contribuyen a la realidad», decía Kennedy con frecuencia. Y en lo aparente, el valiente joven presidente había logrado hacer que su adversario soviético diera un paso atrás.

---

* Es sabido que Castro odia a los homosexuales. Con regularidad condenó a homosexuales cubanos a prisión en la Isla de Pinos.

** Los misiles de Turquía aparecen descritos como «obsoletos» en los informes de los medios sobre la crisis de los misiles en Cuba, pero no lo eran cuando se instalaron, meses antes de que Khrushchev exigiera que se quitaran.

Las cartas privadas de Khrushchev a Kennedy ahora contenían la palabra «distensión». Khrushchev esperaba que en términos generales las tensiones se aliviaran, y aceptó que se tendiera una «línea telefónica directa» entre Moscú y Washington, D.C. En realidad, se trataba de una máquina de teletipos que permitiría que ambas ciudades se comunicaran con más rapidez en caso de una crisis. A Kennedy le preocupaba mucho que un error de interpretación en las comunicaciones diera lugar a una guerra nuclear. Khrushchev también dejó de oponerse al Tratado de Prohibición de Ensayos Nucleares. Este sería uno de los logros estelares del gobierno de Kennedy.

Para los estadounidenses católicos, los años de Kennedy fueron los años de los «Dos Juanes». El Papa Juan XXIII sucedió al estudioso y serio Pío XII en 1958. La personalidad cálida y magnánima del Papa Juan XXIII encantaba a todos. Su calidez y su genuino afecto por las personas derritieron el hielo de siglos de hostilidad y sospechas. El Papa convocó a un concilio ecuménico para modernizar las prácticas católicas. Esto es lo que en italiano se conoce como *aggiornamento* o actualización. El Papa no dudó en utilizar tal término para describir las reformas que pensaba hacían falta. El concilio Vaticano II duró tres años y estimuló cambios importantes. La misa se diría en el idioma de la gente. El sacerdote se pararía de frente y no de espaldas a la congregación al elevar la hostia. Ya no se exigiría que los católicos dejaran de comer carne los días viernes, excepto durante la Cuaresma. Y se alentaría el diálogo con los protestantes, los cristianos ortodoxos, los judíos y los musulmanes. Ahora los protestantes se llamarían «hermanos separados», no herejes. Y se les invitó a asistir a todas las sesiones del Vaticano II.

JFK se esforzaba por romper las barreras. Cuando dio su discurso durante la Cena en Memoria de Alfred E. Smith en Nueva York, les recordó a los presentes el famoso telegrama que supuestamente le enviara Smith al Papa después de su desastrosa derrota en la elección presidencial de 1928: «Desempaque». Con un guiño de ojo, Kennedy indicó que acababa de recibir una respuesta del Vaticano a su ley educativa: «Empaque». Los distinguidos católicos, protestantes y judíos, la elite de Nueva York que estaba presente en el evento, rió con ganas. Este era un presidente católico que bromeaba sobre uno de los temas políticos más sensibles. Todos estaban encantados.

Aunque la broma hizo que la popularidad del presidente creciera, en realidad no contribuyó al éxito de su ley educativa. La propuesta de Kennedy excluía toda ayuda a los alumnos de las escuelas católicas. Y como sucediera con tantas otras propuestas del programa legislativo de Kennedy, este proyecto de ley quedó detenido en el Congreso.

Mientras tanto, el *National Review* (NR) criticaba al Vaticano por su aparente voluntad de hacer negocios con los ocupantes comunistas de Europa del este.

Tal disenso dentro de la iglesia católica romana entre el liberal JFK y los mayormente conservadores y católicos editores del NR contribuyó a calmar los temores de los que pensaban que la vida política de los Estados Unidos se vería dominada por el catolicismo.

La guerra y la paz no eran los únicos temas en los que se centraba la atención durante esos días. Una nueva preocupación, tal vez causada en un inicio por el debate sobre el impacto de las pruebas nucleares en la atmósfera, exhortaba a ocuparse de las cuestiones del cuidado del planeta. «Estamos hoy ante el desafío, nunca antes conocido, de demostrar nuestra madurez y dominio, no de la naturaleza, sino de nosotros mismos», escribió Rachel Carson en su exitoso libro *Primavera Silenciosa* en 1962.[39] Los estadounidenses mostraban un renovado interés por el impacto de la industrialización y la modernización en el entorno. Surgió un movimiento que promovía la protección del *medio ambiente*. En sus inicios se trataba de un movimiento de voluntarios, congregando a ciudadanos que compartían este interés. Sin embargo, con el tiempo, encontraría expresión en la legislación.

IV. LIBERTAD EN MARCHA

Como los estadounidenses seguían disfrutando de la prosperidad durante la década de 1960, el gobierno de Kennedy aparece como un gobierno exitoso. En general, JFK vio frustrados sus intentos de que se promulgaran leyes que respaldaba a través del Congreso. Presionó al Congreso dominado por los demócratas para que se bajaran los impuestos. Fue el primero en su partido en aceptar la idea de que la reducción de impuestos en realidad estimularía el crecimiento económico, aumentando así los ingresos del gobierno. Kennedy tampoco logró que se aprobara el Medicare, un programa del gobierno que socializaba la medicina para la gente de edad avanzada y había formado parte de la agenda desde el fallido esfuerzo del Alce Macho de Teddy Roosevelt en 1912.[40]

Lo que JFK sí logró fue enviar a miles de idealistas jóvenes estadounidenses al mundo entero a través de sus Cuerpos de Paz. Su Alianza para el Progreso prometía una nueva propuesta para los olvidados aliados de los Estados Unidos en América latina.

Jacqueline Kennedy era una primera dama muy querida por todos. Redecoró la Casa Blanca e invitaba a importantes artistas a la antigua mansión. El cellista español Pablo Cassals ofreció un concierto en una brillante recepción, y el escritor francés André Malraux leyó sus obras allí. En cada ocasión, el apuesto y joven presidente y su esposa lograban que el aspecto ceremonial de la Casa Blanca fuera elegante, pero cómodo.

El amor de la Sra. Kennedy por la cultura y el refinamiento era un ingrediente más en el atractivo de esta joven pareja. El público disfrutaba al ver las fotografías de Caroline Kennedy montando su pony Macaroni, o del pequeño John-John (JFK Jr) espiando desde debajo del histórico escritorio de su papá.* La aclamada obra de Broadway, *Camelot*, capturó la imaginación de la época. Y los Nuevos Hombres de la Frontera de Kennedy seguramente no habrían objetado a que se comparara su vibrante administración con la de los míticos Caballeros de la Mesa Redonda. Sabemos que Kennedy, citando a *Enrique V*, de Shakespeare, solía utilizar la frase «somos pocos y felices, una banda de hermanos».** El presidente Kennedy también fue el que introdujo la impactante ceremonia de llegada a la Casa Blanca que hoy damos por sentada. Esta fue otra de las innovaciones de Kennedy que elevó el tono cultural de la presidencia de la Nueva Frontera. El autor John A. Barnes observa:

> Antes de la era de la aviación, las visitas de estado solían llegar en tren y el presidente o una delegación oficial les darían la bienvenida en la Estación Unión de Washington, D. C. Los presidentes Truman y Eisenhower por lo general iban hasta la Base Andrews de la Fuerza Aérea, en las afueras de Washington, a fin de saludar a las visitas que llegaban del extranjero, y lo mismo hizo Kennedy durante los primeros meses de su presidencia.
>
> Sin embargo, después de una visita a Londres, una vez finalizada la cumbre de Viena con Nikita Khrushchev en junio de 1961, Kennedy descubrió cómo recibía a sus huéspedes la familia real de Inglaterra. En vez de que la reina fuera al aeropuerto, el visitante llegaba desde el aeropuerto hasta el Palacio de Buckingham, donde se le daba la bienvenida formal. Cuando volvió a Washington, Kennedy presentó su idea para un evento que se realizaría en el jardín de la Casa Blanca, con bandas mili-

---

* El tío del autor de este libro, el Dr. John W. Walsh, fue el obstetra que asistió en el parto de John F. Kennedy Jr. Él era hijo del Dr. Joseph Walsh, de quien se decía que era el «médico personal de Al Smith». Ambos doctores también trataban a los republicanos, porque así lo requería su Juramento Hipocrático.

** Años después de la muerte de Kennedy, los estadounidenses comenzaron a oír que JFK había sido mujeriego. Solo entonces podría haberse señalado que la belleza y la justicia de Camelot se habían perdido a causa del adulterio. De este modo, el legado de John F. Kennedy se vio manchado por la tristeza y el dolor.

tares, un desfile de soldados vestidos en uniforme colonial, y los discursos del presidente y su huésped. Desde entonces, lo que se conoce como Ceremonia de Llegada de Estado se convirtió en un aspecto común de la vida de Washington.[41]

La floreciente economía hacía que pareciera aun más intolerable la vida de los estadounidenses negros a quienes se les negaba igual alojamiento en hoteles o restaurantes, sufrían discriminación en cuestiones de empleos y vivienda, y no gozaban del derecho al voto en muchas áreas del sur. La gente hablaba de «la revolución de la creciente expectativa». La Decimoquinta Enmienda a la Constitución había afirmado el derecho al voto para los libertos, pero las fuerzas federales no hacían cumplir la ley en todo su alcance y extensión. En los estados confederados se les negaba a los negros el derecho al voto recurriendo a artilugios como los impuestos a las encuestas, las pruebas de lectura y escritura, o las exenciones al cumplimiento de nuevas leyes a favor de otras más antiguas.*

El gobierno del presidente Kennedy le pidió a la Comisión de Comercio Interestatal (CC, por sus siglas en inglés) que prohibiera la segregación en los paradores para almorzar junto a las rutas interestatales, donde se detenían los empleados en su parada cotidiana. Los Jinetes de la Libertad del norte tomaron autobuses hacia el sur para reclamar su derecho a comer en paradores integrados. Algunos de esto autobuses fueron atacados con bombas y muchos Jinetes de la Libertad recibieron grandes golpizas. El presidente Kennedy dudaba en respaldar el esfuerzo de los Jinetes de la Libertad, pero exigía orden y la ICC prohibió la segregación en el comercio interestatal.[42]

El Dr. King decidió hacer de Birmingham, Alabama, el centro de su movimiento por la libertad. Indicó que Birmingham era «la gran ciudad más separatista de los Estados Unidos».[43] La cámara de comercio local, conformada mayormente por personas de la raza blanca, no quería confrontaciones, pero el jefe de la policía, Eugene «Bull» Connor prometió resistir.[44] Connor era también miembro del Comité Demócrata Nacional de Alabama y un hombre de considerable influencia.

---

* El impuesto requería que los ciudadanos pagaran supuestamente para el mantenimiento de las máquinas de votar y los oficiales de las elecciones. El mismo tenía un *impacto dispar* sobre los granjeros negros más pobres que trabajaban por un jornal y no podían costearlo. La llamada Cláusula de Eximición de la nueva ley eximía a algunos ciudadanos de la prueba de lectura y escritura, siempre y cuando sus abuelos hubieran sido votantes (de allí su nombre en inglés: Cláusula del Abuelo). Antes de la emancipación, por supuesto, los negros del sur no tenían derecho al voto, por lo que esta cláusula era un artilugio disfrazado para que los blancos analfabetos pudieran votar mientras los votantes negros se veían impedidos de ejercer su derecho constitucional.

Los disturbios estallaron en Birmingham la noche después de que la casa del Dr. King sufriera un atentado con una bomba. Bull Connor utilizó a los feroces perros de la policía para mantener a la multitud a raya. Las imágenes que mostraba la televisión, con los perros de Bull Connor atacando a los manifestantes, hicieron que la ciudad adquiriera un protagonismo mundial. El gobernador demócrata de Alabama, George Wallace, se mostró desafiante en su discurso inaugural de 1963. Lo que él entendía por libertad era lo siguiente:

> He estado en el mismo lugar en que estuvo Jefferson Davis y he prestado juramento ante mi pueblo. Es adecuado entonces que desde esta Cuna de la Confederación ... hoy hagamos sonar el tambor de la libertad, como lo hicieron las generaciones que nos precedieron, una y otra vez a lo largo de la historia ... Trazo aquí la línea en el polvo y echo el guante a los pies de la tiranía ... y digo ... separatismo hoy ... separatismo mañana ... separatismo para siempre.[45]

Era evidente que el gobernador Wallace no consideraba que los residentes y contribuyentes de Birmingham, como el Dr. King y su congregación, formaban parte de «su pueblo».

Cuando Wallace, según lo prometido, «se paró ante la puerta de la escuela» para impedir que dos estudiantes negros se inscribieran en la Universidad de Alabama, el presidente Kennedy no tuvo más opción que enviar a las tropas federales. Aunque había criticado a Eisenhower por utilizar las tropas federales en Little Rock, Kennedy se dirigió a todo el país por televisión. Dijo que todos los estadounidenses debían «hacer una pausa y examinar sus conciencias» en cuanto a estos actos de desprecio por la ley.[46]

Kennedy elogió al pueblo del sur por su patriotismo y servicio tanto en tiempos de paz como de guerra, pero estaba decidido a defender los derechos civiles de todos. Y también se encontraba bajo la continua presión de Roy Wilkins de la NAACP, Whitney Young de la Liga Urbana y A. Philip Randolph, del sindicato de los maleteros de trenes. El liderazgo mayor del movimiento por los derechos civiles expresó su frustración ante la lentitud en el ritmo del cambio. Kennedy había anunciado con gran alharaca durante su campaña que la discriminación en materia de viviendas se acabaría «de un plumazo». Los estadounidenses negros empezaron a enviar miles de plumas fuentes a la Casa Blanca.

En Birmingham, el progreso traería problemas. Un miembro del partido nazi subió al escenario y atacó al Dr. King, que aunque salió ileso, fue víctima de una incesante oleada de ataques y violencia en contra de su persona y su movimiento. Una mujer negra demente ya había acuchillado a King, un pasajero blanco que montó en cólera le pegó durante un vuelo, y también fue golpeado en un hotel recién integrado en Selma, Alabama.[47] Este ministro de treinta y tres años tenía que vivir cada día como si fuera el último de su vida.

El presidente salió por televisión el 11 de junio de 1963 para hablarle a la nación sobre los derechos civiles. Aun hoy resuenan sus potentes palabras.

> Si un estadounidense no puede almorzar en un restaurante abierto al público solo por el color de su piel, o si no puede mandar a sus hijos a las mejores escuelas públicas que hay, y si no puede votar por los funcionarios públicos que le representarán ... ¿quién de nosotros se conformaría si tan solo se pudiera cambiar el color de su piel? ¿Quién estaría conforme al oír que hay que tener paciencia y esperar? Nos enfrentamos a una crisis moral, como nación y como pueblo ... Un cambio muy grande está por llegar y nuestra tarea es lograr que esa revolución sea pacífica y constructiva para todos.[48]

En Mississippi, Byron de la Beckwith no esperó a oír el llamado de Kennedy a la paz y la justicia. Disparó contra Medgar Evers, líder de la NAACP, cuando volvía a su casa. Evers se desangró en la entrada de su propio hogar, en presencia de su esposa y sus hijos.[49]

Cuando en Birmingham arrestaron al Dr. King, el ministro escribió una memorable carta que ha servido desde entonces como texto clave del movimiento por los derechos civiles. Allí explicaba por qué había que actuar: «Hemos esperado durante más de trescientos cuarenta años por nuestros derechos constitucionales y otorgados por Dios», decía. «Las naciones de Asia y África avanzan a la velocidad de un jet hacia la independencia política, pero nosotros seguimos al mismo paso de una carreta tirada por caballos solo para lograr una taza de café en un parador junto a la carretera. Tal vez sea fácil para aquellos que nunca sintieron el aguijón del separatismo decir: "Esperen"».[50]

El Dr. King destacó que era esencial el respeto por la ley. Escribió que cuando se le obligaba a resistirse a una ley injusta como último recurso, tenía que estar dispuesto a someterse al castigo que correspondiera. En esto, el Dr. King se atenía a la tradición estadounidense —y la tradición cristiana— de la obediencia civil. King además aparejaba su decisión de involucrarse en la desobediencia civil con un firme respeto por la ley superior y la legitimidad de la ley. Como resultado, aceptó con obediencia sus sentencias a pasar tiempo en prisión si los tribunales encontraban que había violado la ley.

La Ley de Derechos Civiles de Kennedy se presentó el 19 de junio de 1963. La famosa Regla XXII del Senado había impedido cualquier acción significativa durante décadas. Esta Regla XXII implicaba que una minoría de senadores podría postergar un proyecto hasta acabar con el mismo.* Kennedy se sentía frustrado ante la lentitud del proceso legislativo. El senador Hubert Humphrey, principal auspiciante del proyecto de ley de derechos civiles, estaba de acuerdo con el presidente. La Constitución no contiene provisión alguna en cuanto cómo acortar los prolongados debates y diatribas que pudieran darse en el Senado. Bajo la Regla XXII, un proyecto de ley necesitaba del apoyo de los dos tercios de los senadores para que se aprobara, pero Humphrey argumentaba que la Constitución establece con toda claridad que solo hace falta la mayoría para seguir avanzando con un proyecto legislativo.[51] De un modo u otro, este proceso cambiaría con un pequeño empujón poco después.

La tan prometida Marcha de Washington era idea de A. Philip Randolph, que la había concebido hacía más de veinte años y durante todo ese tiempo se ocupó de instar a todos a llevarla a cabo. Sin embargo, FDR lo había convencido de que no lo hiciera. Ahora, en 1963, el Dr. King se unió al liderazgo nacional para la defensa de los derechos civiles a fin de urgir a cientos de miles de personas para que fueran a Washington bajo el ardiente sol de agosto. A la visión pionera de Randolph de esta Gran Marcha se sumó la capacidad organizativa de Bayard Rustin. Los sindicatos añadieron sus esfuerzos también, con George Meany y Walter Reuther de la AFL-CIO respaldando plenamente la marcha. Cientos de líderes de la iglesia y grupos judíos se unieron asimismo a la iniciativa.

La reacción del presidente Kennedy fue de cautela. Le preocupaba que cualquier desorden que pudiera surgir en una multitud tan grande fuera aprovechado por los senadores que se oponían a los derechos civiles. Antes del evento, prefirió no reunirse con los organizadores de la marcha, de modo que no pudieran presentarle una lista de exigencias. Quería mantener la distancia en caso de que hubiera

---

* Un filibustero era aquel que se entregaba a la tradición del Senado de «debatir ilimitadamente». En la práctica, los senadores no tenían que discutir los méritos de un proyecto de ley, sino que incluso podían leer la guía telefónica de todos aquellos a los que pensaban que la legislación pendiente afectaría de manera adversa. Lo único que tenían que hacer era seguir hablando. Strom Thurmond fue el filibustero más prominente, con veinticuatro horas y dieciocho minutos de discurso contra un proyecto de ley a favor de los derechos civiles en 1957. Contó con la ayuda de un «Amigo de Motorman», un dispositivo que le permitía estar de pie y seguir hablando durante tanto tiempo sin necesidad de interrumpir su discurso para ir al baño.

violencia. No obstante, sí mantuvo abierta la posibilidad de una reunión en la Casa Blanca después de la Marcha.[52]

La cantante de *gospel*, Mahalia Jackson, presentó al Dr. King con las palabras de un antiguo negro espiritual:[*]

> Le diré a mi Señor cuando llegue a casa,
> Cuánto tiempo has estado maltratándome.
> Me han reprendido, se han burlado de mí
> ¡y he intentado hacer este viaje a solas![53]

La gran mayoría de los estadounidenses blancos jamás habían oído la potencia de los predicadores negros de este país. El Dr. King subió al podio frente a la enorme estatua de Abraham Lincoln y pidió que sus hijos fueran juzgados «no por el color de su piel, sino por el contenido de su carácter». Ese día, pocos estaban preparados para la fuerza y la emoción que evocarían las cadencias bíblicas de King:

> Tengo un sueño … ¡hoy tengo un sueño! Que resuene la libertad … Que resuene la libertad desde Stone Mountain, en Georgia. Que resuene desde cada colina y cada montículo de Mississippi, desde todas las montañas. Y cuando suceda esto, cuando permitamos que la libertad resuene desde cada pueblo, cada aldea, cada estado y cada ciudad, podremos acelerar la llegada de ese día en que todos los hijos de Dios —negros, blancos, judíos y gentiles, protestantes y católicos— podrán darse la mano y cantar las palabras del antiguo negro espiritual: «Libres al fin, libres al fin, gracias Dios Todopoderoso, ¡somos libres al fin!».[54]

Pocas veces puede afirmarse que un discurso cambia las cosas. La retórica, o la mera retórica, es la forma en que los conocedores descartan el poder del discurso público. Sin embargo, en el caso del Dr. King, su discurso sí cambió cosas. Y sigue cambiándolas.

El presidente Kennedy había inspirado a King y todos sus hermanos. «La libertad es indivisible, y cuando un hombre es convertido en esclavo, no hay ninguno

---

[*] Gospel: la música gospel, espiritual o evangélica, en su definición más restrictiva es la música religiosa que surgió de las iglesias afroamericanas en el siglo XVIII y se hizo popular durante la década de 1930 (Tomado de: http://es.wikipedia.org/wiki/Gospel). Negro espiritual: tipo de canto religioso que surge durante el siglo XIX en los Estados Unidos. Los espirituales son adaptaciones populares de los himnos religiosos protestantes, hechas fundamentalmente por los afroamericanos. Constituyen los antecedentes musicales del gospel. Puede tratarse de una música colectiva (coral) o individual (vocal solista) (Tomado de: http://es.wikipedia.org/wiki/Espiritual).

que sea libre», les había dicho Kennedy a cientos de miles de personas en Berlín occidental pocas semanas antes de la Marcha por los Derechos Civiles en Washington. Él también había señalado: «Ich bin ein Berliner!». Soy un berlinés.

Si la libertad era verdaderamente indivisible, como decía JFK, ¿por qué tenía sentido entonces defender la libertad en Berlín occidental y no dejar que resonara en Birmingham, Alabama? En la década de 1960, los Estados Unidos todavía tenían reclutamiento militar. Y si se podía convocar a los hombres de color para enviarlos a Berlín occidental o a la Zona Desmilitarizada que separaba a Corea del Norte de Corea del Sur, ¿cómo podía justificarse el separatismo en los Estados Unidos? ¿Por qué se les negaba la libertad a estos jóvenes estadounidenses en sus propias ciudades y pueblos?

La muchedumbre se dispersó, cansada, sedienta y acalorada, en orden y silencio. Según cuenta la mayoría, unos doscientos mil manifestantes se dispersaron sin dejar siquiera un papel en el piso. Cientos de demostraciones y marchas masivas seguirían a esta primera marcha en Washington, D. C. Casi no hay un fin de semana en que no haya alguna marcha o manifestación por tal o cual motivo. Sin embargo, ninguna, y podríamos decir que ni siquiera todas juntas, ha tenido el impacto que tuvo esa gran Marcha de 1963 en Washington.

El presidente Kennedy, obviamente encantado por cómo había resultado la Marcha, recibió a los líderes de los derechos civiles en la Casa Blanca. Roy Wilkins elogió al presidente: «Usted ha producido un cambio. Nos dio su bendición. Ese fue uno de los factores principales para que la protesta fuera ordenada y tuviera como propósito ayudar a nuestro gobierno en lugar de hacer algo en contra del mismo».[55] Tal vez Wilkins estuviera pensando en la influencia de Kennedy detrás de escena.

Cuando el joven John Lewis, un fogoso defensor de los derechos civiles, habló de «incinerar a Jim Crow sin violencia» y marchar por el corazón del sur como lo había hecho Sherman, el arzobispo católico de Washington trazó la línea.[56] El cardenal O'Boyle dijo que si la retórica radical de Lewis seguía presente en su discurso, entonces él, O'Boyle, se negaría a invocar a la gente para la Marcha. El cardenal O'Boyle, defensor de los derechos civiles, gozaba del respeto de todos. Los líderes aplacaron al joven Lewis y la Marcha por la Libertad pasó a la historia.[57]

V. EL 22 DE NOVIEMBRE DE 1963

En el otoño de 1963, el futuro político del presidente Kennedy era promisorio. Él esperaba que su adversario republicano en 1964 fuera el gobernador de Nueva

York, Nelson A. Rockefeller, o el senador conservador de Arizona, Barry Goldwater. Consideraba que «Rocky» no tenía agallas, mientras que Barry no tenía cerebro.[58] Sin embargo, a pesar de que se sentía confiado, no dejaría nada librado al azar. Los demócratas de Texas se habían dividido en una fea pelea entre el senador liberal Ralph Yarborough y el gobernador conservador John Connally. JFK pensó que una visita presidencial podría ayudarles a hacer las paces, y se sintió muy complacido ya que Jackie lo acompañaría. Por lo general, la primera dama se aburría demasiado con la política. Y mucho más con los políticos de Texas. No obstante, reconoció que la visita de su esposo a este importante estado sería esencial.

El presidente y la primera dama viajaban en una limosina descubierta por una de las avenidas principales de Dallas, Texas. Era un día soleado del mes de noviembre. Nellie Connally, esposa del gobernador, se dio la vuelta en el auto para hacer un comentario sobre la gran multitud que, a uno y otro lado de la calle, vitoreaba al presidente: «No puede decir que en Dallas no lo aman, señor presidente», indicó.

Luego, se escucharon los disparos.

Acababan de pasar por el Depósito de Libros Escolares de Texas. Los disparos venían de atrás. «Me volví y vi que el presidente se cubría el cuello con las manos. No hizo ningún ruido, no gritó ni nada», escribió ella. «Sentí la horrible sensación de que no solo le habían disparado al presidente, sino de que tal vez estuviera muerto», le comentó luego la Sra. Connally al *Dallas Morning News*. «Tengo la imagen de las rosas amarillas y las rosas rojas y la sangre que lo manchaba todo en el auto … y estaba sobre nosotros también», dijo. «Jamás podré olvidarlo … Fue todo tan breve, tan corto, tan poderoso».[59]

El gobernador Connally, que iba en el asiento plegadizo, recibió un impacto y cayó hacia delante. Otro tiro destrozó el cráneo del presidente, en tanto la limosina aceleraba rumbo al hospital. La Sra. Kennedy arriesgó su vida al trepar sobre el asiento y extender sus manos hacia la parte trasera del vehículo para ayudar a un hombre del Servicio Secreto a subir al auto.

Kennedy murió con el impacto de la segunda bala, pero los médicos del Parkland Memorial Hospital realizaron febriles esfuerzos por resucitarlo.

La nación se enteró de la noticia en minutos nada más. Walter Cronkite, un veterano conductor de la CBS, se quebró al anunciar la muerte del presidente. El mundo entero parecía haberse detenido cuando se cargó el ataúd con el cuerpo del presidente en el *Air Force One*, como se conocía ahora el avión presidencial.

Cuando abordó el avión, la Sra. Kennedy se veía afectada por lo sucedido y su traje rosado estaba manchado con la sangre de su esposo muerto. Lyndon Johnson le pidió que se parara a su lado en la cabina delantera del jet. Cuando todavía el avión carreteaba por la pista, prestó juramento como trigésimo tercer presidente de la nación ante la jueza de la corte del distrito, Sarah T. Hughes. La jueza Hughes era aliada de Johnson desde hacía mucho tiempo. LBJ había sido además una pieza clave para que la abogada de Dallas fuera nombrada jueza federal en un cargo vitalicio.

Nadie podía decir con seguridad si esto no representaba el inicio de un complot contra el gobierno de los Estados Unidos. Kenny O'Donnell, un apasionado partidario de Kennedy, señaló al nuevo presidente sentado al frente del jet Boeing 707, que despegaba rumbo a Washington. «Ahora tiene lo que quería», dijo en un susurro que muchos oyeron refiriéndose a LBJ. «No obstante, en el 68 lo recuperaremos para nosotros».[60] Con todo, a la mayoría de los estadounidenses les interesaban muy poco los vaivenes de la política. Solo querían llorar a su líder asesinado.

Daniel Patrick Moynihan, en ese entonces un joven designado por Kennedy en el Departamento de Trabajo, expresó lo que muchos sentían: «Creo que de nada sirve ser irlandés si no se sabe que el mundo te romperá el corazón en algún momento». Durante cuatro fríos y sombríos días de noviembre, *todos* los estadounidenses fueron irlandeses.*

El asesinato y el funeral fueron el primer suceso televisado que logró fundir en un único bloque a todo el pueblo estadounidense. Toda una generación de Baby Boomers recordaría estos momentos, así como la generación de sus padres se había unido ante el ataque a Pearl Harbor o los jóvenes de hoy han sentido lo mismo con los ataques terroristas del 11 de septiembre de 2001. La fotografía del presidente Kennedy apareció en millones de hogares estadounidenses. Millones de personas compraron y guardaron como recuerdo las ediciones conmemorativas de las revistas *Time, Life* y *Newsweek* para que sus hijos pudieran leerlas.

El asesino acusado, Lee Harvey Oswald, fue arrestado enseguida en Dallas. Cuando lo transferían de una prisión a otra, murió de un disparo efectuado por Jack Ruby, un operador de un club nocturno de dudosa fama de Dallas. El hecho de que Oswald huyera de su país hacia la Unión Soviética, se casara con una rusa, y luego volviera a los Estados Unidos a trabajar para el Comité Juego Limpio con Cuba, un grupo del frente comunista, no pareció tener relevancia entre los medios de la época. Sin embargo, se culpó a Dallas, aunque la jueza Hughes y la Sra. Connally pudieran haber dado testimonio de que no tenían motivo para temerle a la buena gente de este estado. Desde el asesinato, han existido acusaciones contra una vasta conspiración de derecha en incontables artículos, libros y películas de Hollywood.

---

*   Moynihan le dijo a la columnista Mary McGrory, también católica irlandesa: «Volveremos a reír, pero jamás volveremos a ser jóvenes».

Las teorías de una conspiración en torno al asesinato de Kennedy no tardaron en surgir. El presidente Johnson intentó acallarlas nombrando al juez de la Corte Suprema, Earl Warren, y al líder de la Conferencia Republicana, Gerald Ford, para que encabezaran una comisión que investigara el asesinato. Una persistente minoría que no cejaba en sus esfuerzos por hacerse oír se negó a dejarse convencer por el Informe de la Comisión Warren dado a conocer al año siguiente.

El informe decía que JFK había sido asesinado por un solo hombre —Lee Harvey Oswald— y no por una conspiración.

La violenta muerte de Kennedy no fue «el fin de la inocencia» como suele afirmarse. ¿Cómo podría haberlo sido? No obstante, sí representó una línea divisoria muy marcada en la historia de nuestro país. Lyndon B. Johnson tenía puntos fuertes que Kennedy no poseía, en especial en la forma de tratar a un Congreso obstinado. Sin embargo, le faltaba esa gracia especial que había tenido Kennedy. Y lo sabía.

Una cita de Abraham Lincoln nos revela un ejemplo de las creencias de Kennedy. La copió de puño y letra y su fiel secretaria, Evelyn Lincoln, la archivó en los tiempos de su decepcionante encuentro con Khrushchev en Viena en 1961:

Sé que hay un Dios y veo que se aproxima una tormenta.
Si él tiene un lugar para mí, creo que estoy preparado.[61]

VI. «UNA IDEA CUYO DÍA HA LLEGADO»

En su alocución del 27 de noviembre de 1963, el presidente Lyndon B. Johnson se dirigió a los miembros de ambas cámaras del 88vo Congreso en una reunión marcada por la pesadumbre. «Sigamos», les dijo a los legisladores en un discurso que se emitió por televisión a todo el país. Luego, les presentó su prioridad más importante para la sesión.

[No] hay oración o elegía que pueda honrar con mayor elocuencia el recuerdo del presidente Kennedy que la promulgación inmediata, o lo antes posible, de la ley de los derechos civiles por la que tanto luchó. Ya hemos hablado bastante en este país sobre la igualdad de derechos. Hablamos durante un siglo o más. Ha llegado el momento de escribir el capítulo siguiente, y de escribirlo en los libros de la ley.[62]

Muchos de los que apoyaban los derechos civiles desconfiaban de Lyndon B. Johnson. Esto se debía a que era de Texas y no confiaban en sus vínculos cercanos con el senador Richard Russell de Georgia, el senador Harry F. Byrd de Virginia, y otros segregacionistas del Club del Senado. Ahora Johnson demostraría que esos vínculos de décadas le serían de provecho en la Casa Blanca. Demostraría con acciones que su compromiso con los derechos civiles era sincero. Al comprometerse públicamente con la Ley de Derechos Civiles de JFK, Johnson haría mucho por asegurar el Legado Kennedy. Su primer discurso ante la nación entera tuvo lugar solo cinco días después del trágico suceso de Dallas. LBJ reclamó el manto de John F. Kennedy al darle su pleno apoyo a los derechos civiles. La promulgación del proyecto de Kennedy sería la mejor prueba de su sinceridad. No fallaría.

Con el firme apoyo de Johnson, Hubert Humphrey, de Minnesota, fue nombrado líder parlamentario para el Proyecto de Ley de los Derechos Civiles. Johnson le advirtió a Humphrey de lo que veía como el histórico fracaso de los liberales para alcanzar sus logros: «Ustedes son tira bombas y dan buenos discursos,* tienen buen corazón y creen en lo que defienden, pero cuando tienen que estar donde el trabajo los requiere, no están. Abarcan demasiado en sus discursos y con eso pierden imagen y fuerza ante los que los siguen».[63]

Con veinticinco años de labor en el Capitolio, Johnson podía darse el lujo de esta definición. Él urgió a Humphrey a estudiar las hábiles maniobras parlamentarias del senador Richard Russell a fin de *contrarrestarlas*. Le dijo a Humphrey que el líder *republicano* del Senado, el senador Everett McKinley Dirksen, de Illinois, sería clave para que se promulgara la Ley de Derechos Civiles.

Y así fue. Humphrey debió derrotar al filibustero de los demócratas del sur. Para ello necesitó sesenta y siete votos.** Él solo podía lograr esto con el apoyo de los republicanos. «Everett, no podemos promulgar esta ley sin ti», le dijo Humphrey al hombre de Illinois una y otra vez.[64] Dirksen se había ganado el apodo de «el Mago de Miel» por su meloso tono de voz, y estaba orgulloso de la trayectoria del Viejo Gran Partido en materia de derechos civiles. Se tomaba en serio su rol como hijo favorito de Illinois porque, después de todo, este estado era «la tierra de Lincoln». Él permanecería firme en la defensa de los derechos civiles en todo momento.

---

* Johnson no quería decir que los liberales tiraran bombas literalmente. Esta fue una forma de expresar cómo veía a la gente demostrativa y emotiva que daba discursos apasionados, pero no cumplía con su labor legislativa.

** Hoy solo se requieren sesenta votos para invocar la interrupción y derrotar a un filibustero. Sin embargo, esto sigue siendo un obstáculo formidable.

En junio, en una prueba crucial, el Senado votó para cerrar el debate y acabar con los filibusteros mediante un voto de setenta contra treinta (un voto de clausura). Mientras los que proponían los derechos civiles se reunían para celebrar, Clarence Mitchell, de la NAACP, se acercó junto con Richard Russell en silencio a la oficina del senador de Georgia. Russell explicó con toda paciencia que los demócratas del sur tenían que presentar batalla, resistirse a la promulgación de la ley, o lograr que no se aplicara en el sur. De modo curioso, sus argumentos no fueron convincentes, pero Clarence Mitchell, hijo de una distinguida familia negra de Baltimore, lo escuchó con una sonrisa muy cortés.[65] El paciente y constante trabajo de Mitchell como activista de la NAACP a favor de los derechos civiles durante más de dos décadas en el Capitolio tuvo la misma relevancia que la labor de otros senadores en la promulgación de la histórica ley. Mitchell tal vez reconocía lo que había visto Lyndon Johnson: que el solterón Russell era en realidad un hombre solitario, que lo único que tenía en la vida era el Senado.[66] Por ser un hombre tan compasivo, Clarence Mitchell era respetado por todos como «el senador número 101».

Ya librada y ganada una primera batalla, Hubert Humphrey se dedicó de lleno al esfuerzo de lograr que se promulgara la ley. La misma requería un acceso igualitario en toda instalación pública, prohibiendo la discriminación por motivos de raza, color, religión o sexo en materia de empleo, ascensos o despidos. Se trataba de la ley de derechos civiles de mayor alcance desde la Reconstrucción.

Humphrey debió responder a las críticas de que la Ley de Derechos Civiles llevaría inevitablemente al establecimiento de cuotas raciales, y respondió a los antagonistas con palabras memorables: «Si el Senador puede encontrar en el Título VII ... alguna frase o palabra que provea que el empleador tiene que contratar un porcentaje de empleados por su color, raza, religión o nacionalidad, comenzaré a comer estas páginas, una tras otra, porque no hay tal cosa aquí».[67]

En medio de este gran debate, le dieron a Humphrey la noticia de que su hijo menor, Bob, estaba siendo llevado al quirófano por un tumor canceroso en el cuello. Era un momento crítico y el senador no podía abandonar las sesiones, por lo que su llanto solo encontró consuelo en sus colegas.[68]

El proyecto de ley avanzaba. Al percibir que sus opositores ya no tenían más que decir, el senador Humphrey propuso que se votara por la Ley de Derechos Civiles de 1964. El senador Dirksen, fiel a su palabra, presentó la moción por la adopción del proyecto. Citando al gran liberal francés Víctor Hugo Dirksen, señaló: «Más fuerte que todos los ejércitos es la idea cuyo momento ha llegado. Ha llegado el momento de la igualdad de oportunidades, la participación en el gobierno, la educación y los empleos. Esto es algo que no se podrá demorar o negar. ¡Ha llegado!». Cientos de jóvenes seminaristas católicos y protestantes oraban en los pasillos del Congreso. Los ciudadanos enviaban telegramas o llamaban al Capitolio urgiendo la promulgación de la ley. Cientos de organizaciones religiosas, cívicas, comerciales, profesionales, sindicales y liberales enviaban cartas expresando su apoyo.

Dirksen lideró a veintiséis republicanos en el voto afirmativo. Barry Goldwater fue uno de los seis republicanos en votar en contra. En el grupo del senador Russell, que apoyaba la segregación, estaban el senador Robert Byrd de Virginia del oeste, Albert Gore Sr. de Tennessee (padre del ex vicepresidente) y Strom Thurmond, demócrata en ese momento. La votación final en el Senado fue de 71 contra 29. Los republicanos votaron 27 a 6 a favor de la ley. Los demócratas la aprobaron con un voto de 44 a 23.*

El 2 de julio de 1964, el presidente Lyndon B. Johnson firmó la Ley de Derechos Civiles de más amplio alcance en la historia de los Estados Unidos. A la ceremonia de la firma en la Casa Blanca fueron invitados el Dr. Martin Luther King Jr., Roy Wilkins de la NAACP, Whitney Young de la Liga Urbana, A. Philip Randolph y otros importantes líderes del movimiento por los derechos civiles. El senador Everett Dirksen, el senador Thomas Kuchel de California, y otros republicanos que habían brindado su indispensable apoyo a la promulgación de la ley, se hallaban sentados en la primera fila de los distinguidos invitados.

Durante el resto de sus vidas millones de estadounidenses blancos y negros recordarían este día como el momento en que la tan demorada promesa de la libertad en los Estados Unidos se hizo realidad al fin. Una de las grandes tragedias en la vida moderna de los Estados Unidos es que hubo muchos críticos que consideraban que la Ley de Derechos Civiles de 1964 era solo «un primer paso», minimizando así el logro de los senadores Hubert Humphrey, Everett Dirksen y otros, el cual marcó una nueva época. Para llegar a ese momento habían hecho falta cien años.

VII. UNA DECISIÓN, NO UN ECO

Durante generaciones, los científicos y comentaristas políticos habían demandado dos amplios partidos basados en la filosofía: un partido liberal y un partido

---

* Entre los que votaron en contra de la Ley de Derechos Civiles en esta última votación se contaban los senadores J. William Fullbright (demócrata de Arkansas) y Sam Ervin (demócrata de Carolina del Norte).

conservador. FDR le había dicho a Wendell Willkie en la Casa Blanca que quería que los liberales como Willkie se pasaran a los demócratas, sugiriendo que no le importaría intercambiar a algunos conservadores demócratas contrarios al Nuevo Acuerdo con el Viejo Gran Partido.

En 1964, se dio tal opción. A solo dos semanas de que LBJ firmara la Ley de Derechos Civiles, el senador Barry Goldwater se puso de pie durante la reunión en el Palacio Cow de San Francisco para aceptar la nominación de los republicanos como candidato presidencial. Su elección fue tan asombrosa como inesperada.

Después que el vicepresidente Richard Nixon perdiera por tan poco contra JFK en 1960, tendría que haber sido él el candidato natural para 1964. Sin embargo, Nixon había cometido el error de aceptar la candidatura a gobernador de California en 1962. Él no tenía grandes propuestas para los votantes californianos. Aunque criticaba al comunismo, California todavía no había adoptado una política exterior. Nixon perdió contra el demócrata Pat Brown. En una conferencia de prensa al día siguiente, criticó con amargura a la prensa diciendo que había sido tendenciosa, y anunció que se retiraría de la política: «Ya no tendrán a Dick Nixon para patearlo cuando quieran». Luego se dirigió a la ciudad de Nueva York para dedicarse a la lucrativa profesión de abogado.

El gobernador de Nueva York, Nelson A. Rockefeller, fue reelecto por gran mayoría en 1962. Aunque se le consideraba demasiado liberal para el Viejo Gran Partido, Rockefeller solía hablar con frecuencia a favor de una política de defensa nacional que fuera más dura. Con su magnética personalidad, su poderoso estilo de campaña y su riqueza sin límites, «Ricky» tendría que haber sido el candidato principal para los republicanos. No obstante, su difícil divorcio después de treinta años de matrimonio y el hecho de que su encantadora nueva esposa hubiera perdido la custodia legal de sus hijos causó una profunda preocupación en torno al ejemplo que daría Rockefeller si llegaba a la Casa Blanca. Los republicanos de siempre desconfiaban.

Goldwater representaba un movimiento conservador renovado. A pesar de que algunos pensadores conservadores más jóvenes dudaban de su capacidad intelectual, Barry Goldwater había escrito un libro muy exitoso que le ganó miles de voluntarios.[69] *The Conscience of a Conservative* [La conciencia del conservador] vendió más de setecientos mil ejemplares y se reimprimió doce veces,[70] algo inaudito para un libro sobre política. Con su característico candor, Goldwater luego refutaría partes de su exitoso libro («Bueno, yo no fui el que escribió eso ... sino Bozell», señalaría con exasperación).[71] Eso no pareció importarles demasiado a los miles de leales jóvenes conservadores que se unieron al movimiento de Barry. Contra las acusaciones de los liberales en cuanto a que él era anticuado sin remedio, un recuerdo de épocas pasadas, Barry declaró con elocuencia: «Las leyes de Dios y la naturaleza no tienen fecha de vencimiento».[72] Y contra Lindon Johnson, cuyo parámetro para medir el logro era tener un puntaje elevado en el marcador legislativo con más leyes promulgadas, Goldwater dijo sin miedo: «No busco promulgar leyes, sino *revocarlas*».[73]

En sus artículos editoriales, muchos implicaban constantemente que Goldwater era fascista, pero en realidad era un defensor de la libertad basado en firmes principios. El libro *Camino de servidumbre*, de Friedrich A. Hayek, así como las ideas de libertad de mercado de la obra de Adam Smith,[74] influyeron mucho en él. Se decía que era un *Jeffersoniano* que creía que el mejor gobierno es el que menos gobierna. «La política es el arte de lograr la mayor cantidad de libertad para las personas siempre y cuando esta libertad sea consecuente con el mantenimiento del orden social», escribió.[75]

La convención republicana de 1964 resultó todo un escándalo. Cuando el gobernador Nelson Rockefeller habló, muchos de los presentes lo abuchearon, un hecho casi sin precedentes. Una dama que era delegada de Goldwater gritó furiosa: «¡Tú, mal amante!». Rockefeller había prácticamente provocado la hostilidad al criticar el extremismo y negarse a respaldar a los que nominaran los delegados. Goldwater derrotó al neoyorquino en las primarias abiertas.

«Les recordaré que no es malo el extremismo en defensa de la libertad», dijo Goldwater al aceptar su nominación. «¡Y también quiero recordarles que la moderación en la búsqueda de la justicia no es virtud!».[76] Sus memorables frases eran un evidente ataque contra Rockefeller y una valiente exhortación a sus seguidores. Se trataba de las palabras del joven profesor Harry Jaffa, y en ellas no había nada que no hubieran respaldado Thomas Jefferson o Abraham Lincoln. Sin embargo, la prensa las tomó y las presentó como una peligrosa expresión de radicalismo.

El gobernador Rockefeller le brindaría un tibio apoyo a Goldwater. No obstante, otros republicanos moderados, como el alcalde de Nueva York, John V. Lindsay, y dos senadores republicanos neoyorquinos, Jacob Javits y Kenneth Keating, se negaron a apoyarlo. En su granja de Gettysburg, el antiguo presidente Eisenhower confrontó con enojo al nominado: «Lo que estás diciendo, Barry, es que no hay nada malo ... en que *me* llamen "agente consciente de los comunistas". Bueno, te digo que está mal. ¡Es una basura total!».[77] Esta era la primera vez que Ike mostraba

Un autobús de los Jinetes de la Libertad en llamas, 1961. *Las frustraciones reprimidas llevaron a los manifestantes a favor de los derechos civiles a utilizar el sistema de autopistas interestatales recién construido por Eisenhower para desafiar la segregación racial en hoteles y restaurantes. Los Jinetes de la Libertad provenientes del norte debieron soportar la hostilidad de las comunidades sureñas antes aisladas. Sin embargo, con sus valientes marchas, despertaron la conciencia de muchos.*

Martin Luther King Jr, en su discurso durante la Marcha de Washington. *El reverendo Dr. Martin Luther King Jr. era líder de las manifestaciones contra la segregación en su región de origen. Aquí, en agosto de 1963, apeló a toda la nación a fin de que apoyara una ley histórica a favor de los derechos civiles que pusiera fin a toda discriminación en los lugares públicos y los empleos. «Tengo un sueño», exclamó. El discurso lo convirtió en el líder del movimiento por los derechos civiles.*

El asesinato de John F. Kennedy.
Los estadounidenses de cierta edad recuerdan exactamente dónde estaban cuando se enteraron de que el presidente Kennedy había sido asesinado el 22 de noviembre de 1963. Sus padres se habían enterado del ataque a Pearl Harbor por la radio, y los Baby Boomers se enteraron del asesinado de Kennedy al mirar la televisión. La muerte de Kennedy le asestó un gran golpe a la confianza de la nación, preanunciando un tiempo de oscuridad e incertidumbre en la política nacional.

Lyndon B. Johnson firmando la Ley de Derechos Civiles en 1964.
Inicialmente, los defensores de los derechos civiles desconfiaban de Lyndon B. Jonson, que luego demostró estar a la altura de las circunstancias al prometer que honraría el compromiso de John F. Kennedy con los derechos civiles. Siendo un buen conocedor del Senado, ayudó a los que buscaban vencer a los filibusteros que demoraban los proyectos de ley. La Ley de Derechos Civiles de 1964 y la Ley de Derecho al Voto de 1965 transformaron la vida pública de los estadounidenses y son parte de lo mejor del legado de Johnson.

Las llamas detrás del Capitolio debido a los motines después del asesinato de MLK. *El Capitolio de los Estados Unidos se veía como la Catedral de San Pablo durante los ataques relámpagos de los nazis sobre Londres. No obstante, estos incendios fueron llevados a cabo por algunos estadounidenses contra otros estadounidenses. Cuando el gobierno de Lyndon Johnson fracasó en su intento de calmar la violencia urbana y la sangrienta y prologada guerra en Vietnam, los demócratas se vieron condenados a un largo exilio de la Casa Blanca.*

que le molestaban los Birchers.* Fue con mucha dificultad que Goldwater pudo persuadir al antiguo presidente de que no tenía por intención respaldar *ese* tipo de extremismo.[78] Finalmente, Eisenhower le brindó su apoyo, aunque sin entusiasmo. En privado, Ike meneaba la cabeza: «Antes de esta reunión, pensaba que Goldwater solo era obstinado. Ahora estoy convencido de que solo es un tonto».[79]

De todos modos, por lealtad a su partido adoptivo, Ike haría un anuncio televisivo para Goldwater en el que descartaba las acusaciones de intolerancia contra el hombre de Arizona al decir que eran «puras tonterías».

Barry Goldwater era una figura con un enorme atractivo. Siendo un hombre delgado, bronceado y atlético del oeste, que cabalgaba, cazaba, esquiaba y salía de campamento, Goldwater era también un piloto capaz que alcanzó el rango de brigadier general en la reserva de la fuerza aérea. «En tu corazón, sabes que tienes razón», fue el eslogan que adoptaron sus seguidores. Sus críticos liberales replicaban: «En lo profundo de tu ser, sabes que está loco».[80]

A los liberales les preocupaba en especial lo que consideraban una incitación de Goldwater a la guerra nuclear. Como senador, había argumentado que el comandante de la OTAN debía tener poder para iniciar una respuesta nuclear si los soviéticos invadían Europa occidental. Goldwater pensaba que podíamos confiarles tal decisión a hombres como Eisenhower y el general Lauris Norstad. Sin embargo, la sola idea se consideró como un arma radioactiva. Se decía que Goldwater buscaba una guerra nuclear, y se le acusaba de que una vez había sugerido «ejercer presión para iniciar una en el baño de hombres del Kremlin».[81] En esos días, generales de la fuerza aérea como Curtis LeMay hablaban de «bombardearlos hasta que vuelvan a la Edad de Piedra». Goldwater era directo, varonil, rotundo y gracioso. No obstante, los candidatos presidenciales no pueden bromear sobre una guerra nuclear si esperan ganar una elección.**

---

* Bircher, un miembro de la John Birch Society (JBS), asociación conservadora estadounidense fundada por Robert W. Welch, Jr. en Indianápolis en 1958, durante el período histórico conocido como el Peligro Rojo y la campaña del senador Joseph McCarthy que advertía contra la existencia de redes clandestinas de agentes comunistas en los rangos más altos de la sociedad de los Estados Unidos. Tomado de: http://es.wikipedia.org/wiki/John_Birch_Society.

** La única excepción conocida a esta regla fue la broma de Ronald Reagan en 1984. Mientras se preparaba para su discurso semanal en la radio, Reagan dijo que acababa de firmar una ley aboliendo a la Unión Soviética y que el bombardeo comenzaría en cinco minutos. La Casa Blanca enseguida emitió un comunicado que afirmaba que el presidente solo estaba bromeando y no sabía que el micrófono estaba encendido. Reagan ya había sido presidente durante cuatro años en ese momento y se había ganado la reputación de ser un líder calmado y estable. Aun así, este fue un momento escalofriante para sus directores de campaña.

El equipo de Johnson sabía exactamente qué hacer con respecto a la amenaza que representaba Goldwater. El joven asistente de campaña de Johnson, Bill Moyers, aprobó lo que fue y sigue siendo el anuncio televisivo más despiadado en la historia de los Estados Unidos. Se veía a una pequeñita deshojando una margarita y contando: «uno, dos, tres...». Luego, la voz de un hombre inicia una cuenta regresiva: «seis, cinco, cuatro...», dando la inequívoca impresión de que tal conteo conllevará al lanzamiento de un misil. Los estadounidenses conocían bien esta secuencia del lanzamiento de cohetes, ya que Eisenhower había decidido que el programa espacial sería televisado. No obstante, en el anuncio, la pequeña se disuelve en la nube de una explosión nuclear. Se oía entonces la voz de Johnson: «Debemos amarnos los unos a los otros, o morir», sugiriendo que si Goldwater resultaba elegido, esto significaría la muerte. «Vote por el presidente Johnson», decía el cartel en letras blancas sobre el fondo de pantalla negro. «Hay demasiado en juego como para que usted no vote esta vez».[82] La campaña de Johnson transmitió el anuncio de la margarita de Moyers solo una vez, pero en esa época, anterior al cable y el satélite, la mayoría de los hogares tenía solo tres o cuatro canales de televisión, por lo que cincuenta millones de personas vieron el clásico anuncio negativo. Durante el resto de la campaña, los canales exhibieron el anuncio gratis, mientras hablaban del tema de la responsabilidad nuclear en esta elección.

Goldwater se reunió con Johnson en la Casa Blanca. Acordó no tocar el tema de los disturbios de Harlem. Quería evitar que la raza fuera un tema de campaña.[83] Cuando su equipo produjo un corto titulado *Choice* [Decidir] en el que algunos adolescentes blancos borrachos andaban desnudos y otros jóvenes negros causaban disturbios, Goldwater mantuvo su palabra y rechazó el anuncio porque provocaría problemas en las relaciones raciales.[84]

Johnson no mostró tal mesura a la hora de atacar a Goldwater. Él eligió a Hubert Humphrey como candidato a la vicepresidencia y animó al senador de Minnesota a perseguir a Goldwater con vigor. Humphrey hizo una disección punto a punto de su historial de votaciones en el Congreso, demostrando por qué los senadores rara vez son nominados como candidatos presidenciales. Humphrey presentó ante los delegados de la Convención Nacional Demócrata su letanía de medidas apoyada por los republicanos *y* los demócratas. «Sin embargo, el senador Goldwater no las apoyó», decía Hubert en tanto los delegados registraban del dato.[85] El ataque de Humphrey fue duro y efectivo, aunque no ilegítimo. A Goldwater se le conocía por tener una mente independiente, pero su excéntrico historial de votaciones facilitaba que se le mostrara como extremista.

La política no es un juego de niños.

Tampoco lo era la revista *Fact*: «Mil ciento ochenta y nueve psiquiatras afirman que Goldwater es psicológicamente inepto para ser presidente», anunciaba el alarmante titular del editorial.* Claro que no les decía a los lectores que esta pregunta se le había hecho a 12.356 psiquiatras, de los cuales solo 2.417 habían respondido, y de ellos, 571 dijeron que no podían dar un diagnóstico sin siquiera conversar con el senador.[86] (Después de la elección, Barry Goldwater presentaría una demanda contra *Fact* por injurias, la cual ganó. El tribunal federal consideró que el artículo era tan falso, difamatorio y malicioso, que le otorgó a Goldwater una compensación de setenta y cinco mil dólares por daños y perjuicios. La Suprema Corte de los Estados Unidos reafirmó la sentencia.[87])**

Goldwater dio su aprobación para un anuncio de campaña que tendría consecuencias muy importantes para la historia de los Estados Unidos: Cuando todas las encuestas mostraban que Goldwater perdería por un gran margen en casi todas las regiones, Barry aceptó un discurso del californiano Ronald Reagan. El popular antiguo actor y conductor de televisión se dirigió a la audiencia nacional con «Un tiempo de decisión». El discurso fue el gran éxito de la campaña. Reagan habló con convicción y fluida elocuencia, sin amenazar los ideales de la libertad, el gobierno limitado, la fuerza militar, el anticomunismo y el patriotismo que Goldwater había intentado infructuosamente defender en sus discursos. La campaña de Goldwater fue caricaturizada con crueldad como si se tratara de un tranvía de la ciudad de San Francisco que rodara ladera abajo sin posibilidad de frenar: «Un tranvía llamado desastre».*** El discurso de Reagan atrajo grandes donaciones a una campaña que se estaba quedando sin recursos.

Lo más importante fue que de la noche a la mañana, Reagan se convirtió en la brillante esperanza del movimiento conservador. Desde el día del «discurso», Ronald Reagan fue el jefe *de facto* del movimiento conservador de los Estados Unidos

En contraste con la caricatura de Goldwater como promotor de la guerra, Johnson afirmaba ser el candidato de la paz. «Lo que está en juego es esto: un mundo en el que todos los hijos de Dios puedan vivir, o caer en la oscuridad. Tenemos que amarnos los unos a los otros, o morir», decía Johnson.[88] Nobles palabras,

---

* La revista Fact no era la revista LIFE. Sin embargo, el artículo sensacionalista fue tomado luego por las organizaciones de noticias más importantes y llegó a ser ampliamente conocido.

** La Asociación Estadounidense de Medicina denunció el artículo de la revista cuando se publicó. Luego, la Asociación de Psiquiatras de los Estados Unidos adoptó la Regla Goldwater, diciendo que era una violación de la ética profesional dar un diagnóstico sin siquiera conocer a la persona.

*** Esto es una satírica alusión a la obra de Tennessee Williams: *Un tranvía llamado deseo*.

seguramente. Sin embargo, hay una razón por la que uno de los asistentes más leales de Johnson le llamó una vez «Maquiavelo con un sombrero de cowboy Stetson».[89]* Mientras el presidente hablaba de paz y amor, sus hombres del Pentágono se preparaban para iniciar la campaña de bombardeo sobre Vietnam del norte.

Johnson había apresurado la Resolución del Golfo de Tonkin cuando los barcos bombarderos norvietnamitas atacaron dos destructores de los Estados Unidos en el Golfo de Tonkin en agosto de 1964. La resolución culpaba a los norvietnamitas por este ataque y autorizaba al presidente a «tomar todas las medidas necesarias para repeler todo ataque armado contra las fuerzas de los Estados Unidos e impedir futuras agresiones». Él desalentó el debate extenso y exigió una acción inmediata. Solo dos senadores votaron en contra: Wayne Morse, de Oregon y Ernest Gruening, de Alaska.

Vietnam casi no se mencionó en la campaña de 1964. No obstante, se erguía amenazante, como el fantasma de Banco en el banquete de Macbeth tras los comensales.**

Goldwater intentó reavivar el tema de la guerra y la paz. Los demócratas, acusaba, habían llevado a la nación ciegamente hacia «la guerra de Lyndon Johnson en Vietnam ... donde hijos y nietos estadounidenses son asesinados por las balas y las bombas comunistas. Todavía no se nos ha dicho la verdad de por qué están muriendo».[90] Su argumento era legítimo, pero a esta altura de la campaña nadie lo escuchó.

La noche de la elección de 1964 produjo una de las victorias más disparejas en la historia de los Estados Unidos. LBJ ganó con 486 votos electorales y 42.825.463 populares (60,6%), en tanto Goldwater obtuvo 52 votos electorales y 27.175.770 populares (38,5%). El porcentaje del voto popular a favor de Johnson superó al de FDR en 1936. Él barrió con todas las regiones, excepto el sur profundo. Goldwater urgió a los republicanos a «ir de caza donde hay patos», apelando a los sureños blancos. No obstante, abandonó las áreas en las que el Viejo Gran Partido fuera

---

*   Niccoló Maquiavello, en *El Príncipe*, su clásico del Renacimiento, describe la cínica codicia de poder sin principios que caracterizaba a las ciudades estados de su época en Italia. Tan horrorizados quedaron los lectores angloparlantes ante las prescripciones amorales de la política de Maquiavelo, que durante siglos convirtieron al «Viejo Nick» en sinónimo de Satanás.

**   El gobierno de Kennedy había dado su aprobación para derrocar al autoritario presidente de Vietnam del Sur, Ngo Dinh Diem. El presidente Kennedy quedó sorprendido cuando los conspiradores militares no solo derrocaron a Diem y a su poderoso hermano Ngo Dinh Nhu, sino que los asesinaron el 1 de noviembre de 1963. Esto dejó a los planificadores estadounidenses trabajando incómodos con los conspiradores homicidas que habían tomado el poder en Saigón. Sin embargo, la triste historia quedó en un segundo plano tras el asesinato de JFK solo tres semanas más tarde.

históricamente el más fuerte. Muchos distritos que habían sido republicanos desde la fundación del partido eligieron a demócratas para el Congreso en 1964. El «efecto de arrastre» de Johnson dio como resultado una enorme mayoría demócrata para el 89 no Congreso.

Los críticos de Johnson lo acusaron de querer todos los votos y no tener escrúpulos con tal de obtener una victoria abrumadora. Es cierto que la vanidad de Johnson era una de sus más famosas características. Le había puesto su mismo nombre a su rancho de Texas: «LBJ». Su esposa, Lady Bird, tenía las mismas iniciales, al igual que sus hijas: Luci Baines y Linda Bird Johnson.* Solo sus perros Beagle —a los que les tiraba de las orejas— no llevaban la marca del tejano. Se llamaban *Him* y *Her*.

Las muy prácticas razones de Johnson para querer sepultar a Barry eran muy sencillas: deseaba romper el poder de los demócratas y republicanos sureños conservadores que se resistían a los programas de grandes gastos. Johnson sabía que necesitaría una victoria abrumadora en 1964 para compensar las pérdidas esperadas en el sur. Había visto que los gobiernos de FDR, Truman y JFK encontraban mucha oposición en el Capitolio. Él tenía planes del tamaño de Texas que debían someterse a la legislación. Así que solo con una victoria del tamaño de Texas podría obtener la mayoría que necesitaba para que se aprobaran sus programas.

Johnson quería lograr lo que FDR había delineado en 1944 durante su discurso del Estado de la Unión. FDR era su héroe y mentor político. Johnson deseaba ampliar los programas federales para que el gobierno tuviera mayores y nuevos poderes con relación a la vivienda, la educación, el bienestar y la salud. Y como si esto no fuera suficiente, Johnson sabía que los grandes presidentes eran mecenas de la cultura. En lo personal, no le importaban la literatura, la música o el arte, pero creía poder ganarse el apoyo de los más refinados si trataba sus intereses artísticos como trataba los deseos de otros colegas del Congreso con respecto a un nuevo puente o una oficina de correo. Y no estaba tan errado.**

En privado, Johnson protestaba contra «todos esos estirados de Harvard».[91] Y durante una de las elegantes veladas culturales de Jackie Kennedy en la Casa Blanca, a Johnson se le vio con el pie apoyado en la inmaculada y blanca pared, cortán-

---

   *   Johnson no le había puesto el nombre a su esposa, que se llamaba Claudia Alta Taylor, pero como cuando era bebé se decía que era «delicada como una pajarita», se le quedó el apodo de Lady Bird (bird significa pájaro en inglés).

  **   Los mecenas de las artes demostraron apoyar el empleo de fondos federales destinados a sus intereses especiales, pero Johnson se equivocó al pensar que le mostrarían agradecimiento por las generosas donaciones y subvenciones creadas por él.

dose las uñas con una navaja de bolsillo de lo aburrido que estaba. A decir verdad, también a JFK le resultaban aburridas las veladas culturales de su esposa.[92]

VIII. Operación sin esperanzas: Funeral de Churchill

Sir Winston Churchill estaba demasiado débil y enfermo como para asistir a la ceremonia en la Casa Blanca en 1963, en la cual el presidente Kennedy firmó la Ley Pública 88-6. Esa Resolución del Congreso convertía al estadista británico y medio estadounidense en la *segunda* persona en la historia en convertirse en ciudadano honorario de los Estados Unidos.[*] El presidente dijo que Churchill «había convertido al idioma inglés en mariscal, enviándolo a la batalla». El joven Kennedy admiraba de forma manifiesta a este hombre al que su padre tanto despreciaba.

Churchill murió el 24 de enero de 1965 a los noventa años. Falleció setenta años después del día en que murió su famoso padre, Lord Randolph Churchill.[93] La muerte de Sir Winston en realidad no fue inesperada. El gobierno británico había estado planeando la «Operación sin esperanza» durante doce años.[94]

El gobierno estadounidense tendría que haber estado preparado. Sin embargo, tuvimos que soportar la vergüenza de que el presidente Lyndon B. Johnson anunciara que no asistiría al funeral. Las memorias de Johnson no nos dicen por qué. Algunos afirman que escuchó a los tipos del protocolo del Departamento de Estado que pueden haberle dicho que como Churchill solo era primer ministro y no jefe de estado, era inadecuado que el presidente Johnson asistiera.[95][**] O quizá Johnson, que era demasiado susceptible, estaba resentido por el hecho de que el primer ministro de Gran Bretaña, Harold Wilson, y el gobierno laborista no le ofrecieran ayuda en Vietnam. Johnson propuso enviar en su lugar al juez de la Corte Suprema, Earl Warren. Es cierto que Warren era una figura de estatura y dignidad, pero los británicos se sintieron heridos.

Sin embargo, esta herida sanó cuando la reina Isabel II invitó al antiguo presidente Dwight D. Eisenhower a Londres como su invitado personal. La reina había decretado que Churchill tuviera un Funeral de Estado, siendo la primera vez que

---

[*] La primera persona había sido el Marqués de Lafayette. Desde 1965, solo la Madre Teresa, Raoul Wallemberg (un diplomático sueco que murió rescatando a los judíos húngaros a finales de la Segunda Guerra Mundial) y William y Hanna Penn (fundadores de Pensilvania) se han sumado a la lista de ciudadanos estadounidenses honorarios.

[**] El mismo Churchill no desconocía tales formalidades. Cuando conoció a FDR a bordo del USS *Augusta* en agosto de 1941 con motivo de la conferencia de la Carta del Atlántico, hizo una leve reverencia ante Roosevelt y le entregó una carta de presentación del rey.

se honraba de este modo a un ciudadano de la Cámara de los Comunes. El funeral de Churchill sería un suceso de gran formalidad y dramatismo, inspirado según el modelo del funeral del Duque de Wellington, que había salvado a los británicos de Napoleón en 1815.

El historiador John Lukacs tenía que ir. El estadounidense nacido en Hungría llevó consigo a su hijo de ocho años y registró la escena. La gente formaba filas durante largas horas en silencio en medio de un frío que calaba los huesos antes de que comenzara la ceremonia del funeral. Lukacs se unió a ellos:

> Los trabajadores. No hemos llegado a la primera esquina y la gente conversa. Las mujeres de la limpieza ... con sus viejos sacos de paño, sus bufandas marrones, los pequeños anteojos montados sobre sus pálidas narices, sus rostros de labios finos y sus dientes dañados. «Estuve aquí en el cuarenta». «Ahí estaba la Catedral de San Pablo, en medio de las llamas que se tragaban la ciudad, sabes». Cien mil obreros de Inglaterra, gente de buen corazón, con la piel del rostro ajada y arrugada, todos movidos más por el sentimiento que por el recuerdo, ante el ataúd de un hombre que les llevó no a una gran victoria, sino a la salvación de la peor de las derrotas posibles: el colapso del respeto por sí mismos que tenían los ingleses.[96]

En 1965 eran pocos los que recordarían que había sido el joven Winston el que les diera a estos obreros sus pensiones de ancianidad, sus pausas para el té durante la jornada laboral y sus «oficinas de empleo» (o de desempleo, como las llamaríamos nosotros) medio siglo antes. Este nieto de un duque era un gran demócrata. Churchill el conservador también era Churchill el liberal.

El presidente de Francia, Charles de Gaulle, se unió al duelo. Churchill amaba a Francia con un amor profundo y romántico. Desesperado por impedir la rendición de Francia en 1940, Churchill llegó a proponer una Unión anglo-francesa, una ciudadanía común para los pueblos de Gran Bretaña y Francia. Luego, cuando Francia quedó bajo la bota de los nazis, les habló por radio en su lengua: *Dieu Protège La France...* Dios proteja a Francia. Churchill le llamó a de Gaulle «el comisario de Francia» cuando el gigante galo escapó de los nazis y voló a Inglaterra en 1940.* Con la indispensable ayuda de Churchill de Gaulle lideraría a los Franceses

---

* La relación de Churchill con el imponente de Gaulle era tormentosa. En privado, bromeaba diciendo que el francés se creía Juana de Arco y luego añadía con un mohín: «Sin embargo, mis obispos no me permitirán quemarlo en la hoguera». Al notar el símbolo de los Franceses Libres de de Gaulle, Churchill dijo: «La cruz más pesada que debo llevar es la Cruz de Lorena».

Libres.* Lukacs señala que los más genuinos opositores al malvado régimen de Hitler fueron los hombres de la derecha: Churchill, de Gaulle y Konrad Adenauer.[97] «[Churchill] vio en Hitler al mal encarnado enseguida, de inmediato», escribe. «Luego se levantó como un héroe, llegando a su máxima estatura en los meses de 1940 cuando estaba en juego el futuro de la decencia humana, y cuando el judaísmo y el cristianismo estaban del mismo lado ... el suyo».[98]

Reyes y reinas entraron en la Abadía de Westminster para rendirle homenaje a Churchill. Permanecían de pie y en silencio mientras el coro cantaba el «Himno de Batalla de la República», el favorito de Churchill. Los pilotos de la RAF llevaron el ataúd por las escaleras de la Abadía en tanto la BBC transmitió las imágenes a todos el mundo con las palabras de tributo ofrecidas por Dwight D. Eisenhower:

En este momento, con nuestros corazones atentos, pronunciamos un afectuoso pero triste adiós al líder al que todo el mundo de hombres libres le debe tanto.

En los años por venir, muchos se esforzarán con incontables palabras para interpretar los motivos, describir los logros y exaltar las virtudes de Winston Churchill, soldado, estadista y ciudadano de quien se enorgullecen dos grandes países reclamándolo como propio. Entre todas las cosas que también se dirán y escribirán, habrá una frase que resonará, irrefutable, a lo largo de los siglos: He aquí a un paladín de la libertad.

Que Dios nos permita que podamos, nosotros y las generaciones que le recuerden, seguir las lecciones que nos enseñó por medio de sus acciones, sus palabras y su vida.

Que continuemos con su trabajo hasta que no quede nación en cautiverio. Hasta que no haya hombre al que se le niegue la oportunidad de llegar a la plenitud.

Y ahora, a usted, Sir Winston, mi viejo amigo: ¡Adiós![99]

El pueblo británico oyó estas palabras que salieron del corazón de los Estados Unidos... y la herida sanó. Mientras llevaban el ataúd de Churchill envuelto en la bandera por el Río Támesis a bordo de la nave hidrográfica *Havengore*, el cortejo pasó por la zona este de Londres.** Esta zona constituía el área portuaria, que tanto

---

* Todo primer ministro británico recibe como regalo de su Soberano la valija roja de cuero que utiliza durante su período en el número 10 de la calle Downing. La de Churchill sigue en París, en el Musé de l'Armée, un regalo al pueblo francés de su viuda, Clementine.

** Un barco hidrográfico es un barco de inspección costera que asiste en la navegación.

había sufrido bajo los ataques relámpagos de los nazis. Allí, los obreros portuarios, conocidos izquierdistas, hicieron algo extraordinario. Operaron las grandes grúas que mueven la carga en este enorme puerto marítimo. Como siguiendo una orden, las grúas se inclinaron en un dolido saludo a Winston Churchill. Su ataúd se trasladó entonces a un tren especial llamado *Winston Churchill*. Se trataba de una de las locomotoras de la clase Batalla de Gran Bretaña. Finalmente, el cuerpo de Churchill llegó a su última morada: el cementerio de una pequeña iglesia de Bladon, Inglaterra.

IX. «¡Venceremos!»

Johnson no perdió tiempo en aprovechar su nueva mayoría en el Congreso, ahora tan amplia. Su programa para el país, conocido como «La Gran Sociedad», presentaba a instancias de Johnson proyectos de nuevas leyes federales en materia de cultura y salud. El Congreso promulgó el 9 de abril de 1965 la importante Ley de Educación Primaria y Secundaria, y el presidente la firmó dos días más tarde. LBJ rompió con un estancamiento que había durado décadas. Como protestante, tenía la capacidad política de brindar subsidios a los estudiantes de las escuelas parroquiales (casi todas católicas). También venció a la oposición sureña. Con la inevitabilidad de la abolición de la segregación, los miembros sureños del Congreso querían toda la ayuda federal que pudieran conseguir.

La victoria electoral de Johnson en ese último mes de noviembre, así como el voto mayoritario del sur profundo para Goldwater, le indicaba ahora al Dr. King y sus seguidores que sin el voto no tenían poder alguno. Un ventoso y frío domingo de marzo se realizó la marcha planeada en la capital del estado en Montgomery. Los manifestantes comenzaron su recorrido en Selma, Alabama. «No son solo los negros, sino todos los que queremos vencer el enfermo legado de la intolerancia y la injusticia los que tenemos que marchar. Y venceremos», les dijo King a sus seguidores en Selma.[100] La marcha se vio interrumpida cuando la policía montada blandió sus palos impidiendo que cruzaran el puente Edmund Pettis.

También hubo violencia en otras partes. Un ministro blanco de Boston, James Reeb, fue atacado por una turba de jóvenes blancos debido a que se había unido a la manifestación. Murió a causa de las heridas.[101] Un ama de casa de Detroit, Viola Liuzzo, murió de un disparo cuando ayudaba a unos jóvenes voluntarios negros a registrar a los votantes.[102]

Cientos de manifestantes se unieron al Dr. King en Selma, incluyendo a líderes de la AFL-CIO, grupos religiosos y organizaciones nacionales a favor de los derechos civiles. Con tres mil manifestantes en Selma exigiendo derechos civiles, el presidente Johnson salió por televisión nacional a anunciar su apoyo a un Proyecto de Ley de Derecho al Voto de amplio alcance.

Cuando el Proyecto de Ley de Derecho al Voto atravesó un raudo proceso de aprobación del 89no Congreso, Johnson estampó su firma en la nueva ley el 6 de agosto de 1965. De este modo, le puso fin al orden político que había dominado a su región natal desde la Reconstrucción. Ahora, con el derecho al voto hecho ley, los políticos segregacionistas «se dieron la vuelta». Strom Thurmond, Jesse Helms, George Wallace y cientos de otros que aspiraban a la función pública dejaron de apoyar la segregación racial.[103] El senador Dirksen diría de sus errantes colegas: «Cuando siento la presión de las llamas, es cuando veo la luz».

El derecho al voto para los estadounidenses negros transformó la política. Los Estados Unidos ahora podían pararse ante el mundo y afirmar que en realidad eran la nación de la libertad. Ya no habría comunistas o delegados no alineados en la ONU que pudieran tildar de hipócritas a los estadounidenses.

Johnson no se durmió en los laureles. Presionó al Congreso para que se implementara el Medicare. Y así se hizo. LBJ viajó a la Biblioteca Presidencial Truman en Independence, Missouri, para la ceremonia de la firma de la ley. Con generosidad, Johnson le rendía homenaje a la visión de Harry Truman, y no tardó en registrar al enfermo y frágil ciudadano anciano como primer suscripto al extenso y nuevo programa de salud para la gente de avanzada edad. LBJ exigió y obtuvo los nuevos departamentos federales de Vivienda y Desarrollo Urbano y Transporte. Para el Departamento de Vivienda y Desarrollo Urbano (HUD) nombró como secretario a Robert C. Weaver. Weaver sería el primer negro en servir como miembro del gabinete de un presidente. Johnson también nombró a Thurgood Marshall como miembro de la Suprema Corte. Él fue el primer negro en ocupar un sillón en el Alto Tribunal.

El presidente amplió mucho los programas de bienestar social. Si había leído las advertencias de Daniel Patrick Moynihan sobre la crisis en las familias negras, no parece haberles prestado atención. Moynihan sostenía que la tasa de ilegitimidad entre las familias negras —de un veintidós por ciento en ese momento— presentaba una seria amenaza a la estabilidad de la comunidad. Sin embargo, en la Gran Sociedad de LBJ, el matrimonio ya no podía ser la pieza central de la política familiar federal. Con Johnson, muchos burócratas federales se preguntaban si el matrimonio tenía en realidad importancia alguna. Un esposo, según parecía, podía reemplazarse fácilmente con un cheque. La «Guerra contra la pobreza» de Johnson dio como resultado miles de millones de dólares destinados a proyectos en los Apalaches y los barrios pobres. Algunos fueron loables, pero hubo otros que, como los llamaban sus críticos republicanos, no eran más que «mamarrachos».

Lady Bird Johnson se mereció el crédito por su iniciativa de embellecer las autopistas federales. Los intereses comerciales, que incluían a los publicistas viales, no estaban de acuerdo, pero la opinión de la Sra. Johnson prevaleció.

LBJ utilizó sus amplios poderes de nominación para otorgarles puestos a los defensores de los consumidores. El movimiento de defensa del consumidor tuvo un gran impulso en 1965 después de la publicación del libro *Unsafe at Any Speed* [Inseguro, no importa a qué velocidad], un tratado que defenestraba al popular y deportivo automóvil Corvair de la General Motors. Los ejecutivos de la GM intentaron con torpeza desacreditar al autor Ralph Nader buscando detalles de su vida privada e intentando seducirlo con prostitutas. La revista *New Republic* publicó un artículo en el que el activista a favor de los consumidores recibía el mote de «San Ralph».[104*]

Johnson creó también el Fondo Nacional de las Artes y el Fondo Nacional para las Humanidades. Creó la Corporación para la Difusión Pública (CPB, por sus siglas en inglés), que con el tiempo dio lugar al Sistema de Difusión Pública (PBS, por sus siglas en inglés) para la televisión y la Radio Pública Nacional (NPR, por sus siglas en inglés). Jamás crearon un monopolio gubernamental federal para las transmisiones, como suele encontrarse en Europa, sino que contribuyeron a institucionalizar aun más el liberalismo del Gran Gobierno al estilo de Johnson.

X. VIETNAM

Tan extrema fue la campaña de LBJ contra Barry Goldwater, y tan terrible la acusación de que Goldwater era un belicista, que a Johnson le quedaba muy poco espacio para desempeñarse como presidente en tiempo de guerra. Él no tenía la ventaja que habían tenido Wilson y Roosevelt: el claro y presente peligro de un ataque enemigo.

La reputación de Johnson como negociador e impulsor de proyectos lo había ayudado en el momento en que estaba dándoles el famoso «tratamiento» a sus colegas en el Capitolio. Sin embargo, sería desastrosa cuando se trató de sus esfuerzos

---

*   El activismo de Nader contribuyó a la creación de la Administración de Seguridad Vial en las Autopistas Nacionales, la cual descubrió en 1973 que el Corvair no era apreciablemente menos seguro que los autos europeos livianos que preferían los aliados de Nader. Tal revelación no hizo mella en la armadura del cruzado que defendía al consumidor (Tomado de: Bailey, Ronald, «Saint Ralph's Original Sin», National Review Online, http://www.nationalreview.com/comment/comment062800a.html.)

por persuadir a los estadounidenses. TR señaló que la Casa Blanca era «el púlpito del bravucón», en referencia a que en esencia se trataba de un lugar de influencia moral. La opinión de Harry Truman sobre la Casa Blanca era típicamente irascible: «Me siento aquí todo el día tratando de convencer a la gente de que haga lo que tiene que hacer solo por sentido común y sin que tenga que convencerlos ... En eso se resumen todos los poderes del presidente».[105]

Al principio, la guerra de Vietnam no era la guerra de Lyndon Johnson. La Doctrina Truman había comprometido a los Estados Unidos a ayudar a las naciones que intentaran resistirse a la subversión comunista. Por eso Truman había enviado ayuda a las fuerzas francesas y anticomunistas en Indochina. A pesar de los vigorosos ataques del presidente Richard Nixon contra la política de contención, el presidente Eisenhower había comprometido a los Estados Unidos a contener la expansión comunista.[106] Ike fue el primero en utilizar la analogía del dominó para explicar por qué los Estados Unidos tenían que apoyar a Vietnam del Sur.[107] De acuerdo con la Teoría Dominó, si Vietnam del Sur caía ante los comunistas, también lo harían Laos, Camboya y muy probablemente Tailandia, Malasia, Singapur y toda Asia del sudeste. Con la experiencia de la Guerra Fría en Polonia, Checoslovaquia, Hungría y el resto de Europa oriental, esta era una teoría convincente.

Como presidente, John F. Kennedy había respaldado al gobierno de Vietnam del Sur, incrementando el número de soldados estadounidenses de 3.164 en 1961 a 16.263 para el momento de su muerte en 1963.[108]

Cuando asumió Johnson, tuvo que ocuparse de las caóticas secuelas del asesinato del presidente de Vietnam del Sur y su hermano. Kennedy había aprobado su derrocamiento, no su asesinato.[109] El gobierno de Kennedy sospechaba que tanto Diem como su hermano podrían haber estado trabajando a través de los franceses para reunificar el país, neutralizarlo y expulsar a los estadounidenses.[110]

Johnson descubrió pronto que la opinión de los liberales estadounidenses estaba muy alejada de la causa de Vietnam del Sur. El periodista Stanley Karnow describió la ejecución de un comerciante vietnamita de ascendencia china acusado de «especulación». El vicemariscal aéreo Nguyen Cao Ky —uno de los que conspiraron en contra de los Diem— condenó al comerciante a ser ejecutado en público.

Ansioso por demostrar su celo, Ky había hecho arreglos para la supuesta ejecución pública del condenado en la plaza frente al mercado central de Saigón. Me uní a la multitud para ser testigo de tan cruel espectáculo. Un hombre regordete y sorprendentemente joven, Ta Vinhn, fue llevado a rastras por soldados [sud]vietnamitas mientras su esposa y sus hijos, vestidos con el habitual atuendo blanco de los deudos, lanzaban escalofriantes gritos de desolación. Los espectadores observaron en silencio cómo cumplía su tarea el escuadrón de fusilamiento, y la multitud se dispersó con la misma calma una vez terminado el episodio.[111]

La acusación de «especulación» no era solo un cargo engañoso para esgrimir contra alguien, sino que al elegir a un comerciante de etnia china se estaba dando el ejemplo de cómo los asiáticos se entregaban al «antisemitismo de Oriente». En todos los países del sudeste de Asia los chinos emprendedores eran a menudo objetos de la envidia y la persecución. Sin embargo, cuando LBJ conoció al vicemariscal Ky en Honolulu, apreció la visión social de este individuo para su país: «Hombre, hablas igual que un estadounidense», dijo Johnson.[112]

Al tratar de convencer al pueblo estadounidense sobre la Guerra de Vietnam, Johnson no solo fracasó. Tampoco logró el apoyo de los aliados de los Estados Unidos. Los votantes británicos acababan de echar a los conservadores a solo semanas de la derrota de Goldwater. El nuevo primer ministro laborista, Harold Wilson, no quería participación en la intervención armada en el sudeste asiático. Johnson intentó su famoso «tratamiento» con el primer ministro de Canadá, Lester B. Pearson. Trató al muy respetado diplomático de la nación vecina con tal desprecio que la prensa canadiense publicó caricaturas en las que Johnson le tiraba a «Mike» Pearson de las orejas... ¡como lo hacía con sus perros beagle!

Las relaciones de Johnson con el francés Charles de Gaulle estaban envenenadas desde el principio. Johnson expresó su disgusto cuando de Gaulle se negó a visitar los Estados Unidos en 1964. El líder francés señaló que un viaje apresurado a Washington para el funeral de JFK se consideraría como dejar sus obligaciones a fin de visitar los Estados Unidos.*

---

* Fue durante los años de Johnson que los estadounidenses comenzaron a sentir antipatía por Francia. Al presidente de Gaulle se le consideraba un hombre distante, poco colaborador e ingrato. Eso mismo pensaban los británicos, a los que vetó como miembros del Mercado Común Europeo. De Gaulle era en especial quisquilloso en cuanto a la soberanía nacional de Francia. Durante la Segunda Guerra Mundial y estando en Londres, de Gaulle contradijo a Churchill sobre un tema relacionado con el honor nacional francés. Sus oficiales del ejército de los Franceses Libres se quedaron atónitos. Estaban de acuerdo, le dijeron, pero dependían del primer ministro Churchill para obtener cada bala, cada bota y cada bayoneta. De Gaulle se irguió en toda su humanidad de casi 1,90 m y les informó a sus subordinados en tono muy frío: «Los ingleses tienen que aprender que uno solo puede apoyarse en aquello que ofrece resistencia». Al resistirse a LBJ veinte años después, el presidente de Gaulle seguía la misma conducta. A partir de los años de Johnson, los franceses siempre les han presentado mucha resistencia a los Estados Unidos.

La ayuda de Francia tal vez no habría sido demasiado útil. Después de todo, los franceses eran los antiguos imperialistas de Vietnam, y habían perdido de la manera menos gloriosa en Dienbienphu en 1954. No obstante, la oposición activa y explícita del general de Gaulle fue muy dañina para los intereses estadounidenses. En el mundo se consideraba a de Gaulle como un líder nacionalista y conservador. Al oponerse a las políticas estadounidenses, los líderes anticomunistas de todo el mundo consideraron que se podía disentir con la postura de Johnson. Fue tan seria la ruptura entre los estadounidenses y los franceses bajo el gobierno de Johnson que a la larga de Gaulle expulsó de París al comando militar de la OTAN encabezado por los estadounidenses.

Sensibles a los problemas en su región, Australia y Nueva Zelanda ofrecieron pequeños contingentes de soldados para apoyar el esfuerzo estadounidense en Vietnam.[113] Aunque los aliados son importantes, lo que más interesa es el apoyo del pueblo de los Estados Unidos cuando son los estadounidenses los que luchan y mueren en tierras distantes. El vicepresidente Humphrey visitó Saigón en 1967 para tratar de explicarle al presidente Thieu que el pueblo estadounidense cuestionaba nuestros propósitos en Vietnam. «Traté de advertirle que [su gobierno] tendría que efectuar cambios importantes si íbamos a seguir apoyándolo. Le comenté que no estaba seguro de si nuestro pueblo aceptaría que nos involucráramos a largo plazo e indefinidamente».[114] Humphrey describe la actitud desdeñosa de Thieu:

> Thieu escuchó sosteniendo delicadamente su cigarrillo, que humeaba a su lado. Solo se movió para tirar la ceniza, en un gesto que me hizo pensar que estaba descartando del mismo modo todo lo que yo decía.
>
> «No, ustedes estarán aquí durante mucho tiempo. Nos percatamos de lo que dice, pero también nos damos cuenta de que su ayuda tendrá que continuar y quizá incluso ser mayor durante los próximos cinco o seis años...».[115]

El arrogante Thieu parecía no entender muy bien que los estadounidenses en ese momento reclutaban a chicos de diecinueve años de los pequeños pueblos de Minnesota para que lucharan por la libertad de los vietnamitas. Incluso entonces su gobierno eximía del reclutamiento a los jóvenes vietnamitas privilegiados. Algunos de ellos vagaban por los cafés de París, debatiendo los escritos existencialistas del filósofo francés Jean-Paul Sartre. Por otra parte, los estadounidenses no sabían mucho de los a veces heroicos esfuerzos de los soldados del ARVN para proteger a su país.*

Cuando Lyndon Johnson visitó a los soldados estadounidenses que estaban en Vietnam, les dijo que buscaran la victoria y «cavaran la piel de zorrino en la pared».[116]** Como no podía darles a los estadounidenses una razón irrefutable para la lucha y el sacrificio, Lyndon Johnson empezó a convertirse en objeto de la oposición a la guerra. Su rudeza y la tendencia a demostrar sus emociones más viscerales hacían que sus críticos se enojaran cada vez más ante sus políticas. Johnson, sintiendo lástima por sí mismo, afirmaba que lo criticaban debido a que era víctima del desprecio *al ser de Texas.*

Esta era otra de las exageraciones interesadas de Johnson. Los Estados Unidos tenían muchos funcionarios de Texas, hombre como el asistente de Wilson, el coronel House, o como James A. Baker III, Lloyd Bentsen y John Connally. Sam Rayburn, que durante mucho tiempo fue presidente de la Cámara, no era un hombre de gran educación y cortesía, aunque siempre mantenía su rústica dignidad. Ninguno se habría levantado la camisa para mostrar la cicatriz sin cerrar de una operación de vesícula como lo hiciera LBJ.***

A Johnson no lo quería mucha gente por sus propias cualidades, no porque fuera tejano. JFK o Ike podían pronunciar epítetos de los más rudos, pero ninguno de los dos lo hizo mientras ocuparan la función pública. Tampoco cometieron el error de hacer el ridículo.

La personalidad de Johnson y el historial de su gobierno se convirtieron en el foco de la campaña republicana de 1966. En respuesta a los *tres* «largos y calientes veranos» en los que hubo disturbios raciales en tantas ciudades, Hubert Humphrey le dijo a la convención de la NAACP que si él tenía que vivir en un gueto «muy probablemente habría armado una revuelta» también. Con tal declaración Humphrey parecía condonar los disturbios, y esto hizo que muchos estadounidenses creyeran que los liberales eran «laxos con los criminales» y el desorden.[117] Treinta y cuatro personas habían muerto en los disturbios de la sección de Watts en Los Ángeles durante 1965.[118] Richard Nixon volvió al ruedo después de cuatro años para liderar

---

* ARVN: siglas en inglés del Ejército de la República de Vietnam. Representaba a las fuerzas anticomunistas del país.

** Las palabras de Johnson a los soldados hacían referencia al gorro de piel que usaban los hombres de la frontera, al estilo de Daniel Boone, y en analogía con la práctica de los indios de coleccionar cueros cabelludos de los derrotados en las guerras como trofeos.

*** Había un grupo al que le encantaba Lyndon: los caricaturistas políticos. La caricatura de David Levine representaba a LBJ mostrando una cicatriz con la forma del mapa de Vietnam.

el ataque republicano en 1966. Los republicanos obtuvieron cuarenta y siete bancas en la Cámara de Representantes y tres nuevos senadores. Uno de ellos era Edward Brooke, de Massachusetts, primer senador negro elegido desde la Reconstrucción.

En California, los votantes le otorgaron a Ronald Reagan un margen de *un millón de votos* por encima de los de su gobernador local, Edmund G. «Pat» Brown. La campaña de Brown había cometido la estupidez de comparar la carrera actoral de Reagan con la de John Wilkes Booth. Los estudiantes que se dejaban el pelo largo, fumaban marihuana y protestaban contra la guerra de Vietnam, el reclutamiento militar y casi todo lo demás en la vida de los estadounidenses fueron objeto del humor de campaña de Reagan. Se les conocía como «hippies». «Actúan como Tarzán, se ven como Jane y huelen como Chita», indicaba Reagan con tono simpático.[119] Esto les encantó a los californianos.

El típico hábito de exagerar del presidente Johnson se evidenció en su inepta defensa de su política de guerra. «No retiraremos nuestras defensas hasta San Francisco», declaró Johnson.[120] LBJ parecía no entender del todo por qué estaban luchando los estadounidenses. Se apoyaba en el secretario de defensa, Robert S. McNamara, uno de los «chicos genios» de la Ford Motor Company. McNamara era uno de los hombres brillantes de la Nueva Frontera de JFK al que Johnson había mantenido en su cargo.*

Johnson debió enfrentarse a un creciente movimiento contrario a la guerra. Como nunca les había presentado a los estadounidenses sus argumentos ni jamás le había pedido al Congreso la declaración de guerra, dependía demasiado de las encuestas de opinión. Estas mostraban un apoyo a la participación de los Estados Unidos, al menos hasta 1966. Casi toda la prensa estadounidense, y en especial la «prensa de prestigio», respaldó la postura del gobierno de Johnson con respecto a la guerra hasta 1966.[121]

La campaña de Johnson contra Goldwater se había basado en las acusaciones contra el senador conservador, afirmando que era un hombre temerario que actuaba sin pensar. Ahora, LBJ decía que mantenía a sus generales a raya para que «no pudieran bombardear ni un retrete» en Vietnam del Norte sin su aprobación.[122] Lo único que no podía creerse de esa declaración era que Johnson hubiese dicho «retrete». Aunque podía afirmar con justicia que él no había iniciado la guerra,

---

* A LBJ le parecía impactante ese tipo con «gomina Stacomb en el pelo». Cuando le dijo al presidente de la Cámara Sam Rayburn que McNamara y sus compañeros intelectuales le parecían brillantes, se afirma que el Sr. Sam contestó: «Puede ser, Lyndon, pero me sentiría mucho mejor si al menos uno de ellos se hubiera presentado como candidato a alguacil».

resultaba incuestionable el hecho de que el mismo Johnson aumentó de forma considerable la participación estadounidense en el conflicto. Fue Johnson el que hizo crecer la cantidad de soldados estadounidenses «en el país» a más de quinientos mil. Y la mayoría de ellos eran reclutas.

Vietnam mantenía distraídos a los estadounidenses encargados de la política. Cuando en junio de 1967 el dictador egipcio Gamal Abdel Nasser expulsó a los pacifistas de la ONU del Desierto de Sinaí, el presidente Johnson utilizó la «línea directa» instalada por Kennedy y Khrushchev para expresar que ambas superpotencias nucleares debían evitar la participación directa en una guerra en el Medio Oriente. El primer ministro soviético, Alexei Kosygin, le aseguró a Johnson que estaba de acuerdo, pero los soviéticos habían armado hasta los dientes a Egipto y otros estados árabes.[123]

Cuando Nasser cerró los Estrechos de Tirán, bloqueando así el acceso de Israel a los mares, los israelitas decidieron actuar. «Nuestro objetivo básico será el de destruir a Israel», afirmó públicamente Nasser.[124] Los israelíes contraatacaron, destruyendo las fuerzas aéreas árabes en tierra y lanzando un ataque relámpago contra los egipcios, jordanos y sirios. En seis días, los israelíes hicieron retroceder a sus enemigos árabes, ganando una vasta extensión de territorio en la orilla oeste del río Jordán, el Desierto de Sinaí y las alturas de Golán, en Siria.

Los aviones israelitas también atacaron al USS *Liberty*, matando a treinta y cuatro marineros estadounidenses e hiriendo a ciento setenta y dos. El presidente Johnson aceptó las disculpas formales de Israel. Afirmaron que habían identificado mal al barco de inteligencia, que estaba claramente marcado. Israel acordó pagar trece millones de dólares como compensación de daños.

Los judíos de todo el mundo —y en particular los de la Unión Soviética— sentían entusiasmo ante la brillante campaña del estado de Israel contra los ejércitos árabes. Los amigos de Israel se alegraban porque ahora el estado judío tendría un «parachoques» territorial que lo protegería de los ataques terroristas. Jerusalén oriental, con su famoso Muro de los Lamentos, ubicación del Templo de Salomón, quedó bajo el control israelí.* La ocupación de la orilla oeste y Gaza, donde residían más de tres millones de árabes palestinos, crearía enormes problemas para Israel, los cuales todavía continúan hasta el día de hoy.

Los medios de noticias estadounidenses publicaron notas acerca de los «halcones» y las «palomas» del gobierno y el Capitolio. La revista *Life* dedicó muchas

---

* Los israelitas les permitieron a los musulmanes controlar la mezquina de la Cúpula de la Roca, sitio sagrado del Islam.

páginas a las trescientas fotografías de los jóvenes estadounidenses que habían muerto en solo una semana de lucha en Vietnam. Y hubo muchas semanas como esa. Los medios insistían en cuanto a la «brecha en la credibilidad» de Johnson, acusándolo de haber mentido a fin de llevar al país a una guerra. Muchos estadounidenses consideraban que a la prensa le gustaba su pose de «adversario» del gobierno, y algunos hasta llegaban a pensar que los medios eran más amigables con los poderes comunistas de Vietnam del Norte que con su propio gobierno.

Woodrow Wilson supo cómo defender sus políticas de guerra. FDR señaló con elocuencia que hacía falta sacrificarse. Truman no fue demasiado exitoso al defender sus políticas en la Guerra de Corea. Eisenhower evitó una guerra terrestre en Asia o cualquier otro lugar. A juzgar por sus declaraciones durante la Segunda Guerra Mundial, podría haber liderado al país en una guerra. JFK se destacaba como comunicador («Cualquier lugar es asequible si tenemos hombres valientes que sepan cómo alcanzarlo», era una de las frases más famosas y elocuentes de JFK). Sin embargo, ninguno de ellos tuvo que enfrentarse al odio personal, amargo e intenso con que se topaba LBJ. Por ejemplo, una de las cantinelas que se oían en las calles era:

¡Eh!¡Eh! ¡LBJ!
¿A cuántos muchachos mataste hoy?

Sabiendo lo que sucedía dentro de los Estados Unidos, los líderes comunistas de Vietnam del Norte decidieron apostarlo todo a un ataque en enero de 1968: la Ofensiva Tet. Ellos presionaron a sus aliados del Vietcong para llevar a cabo una serie de ataques suicidas sobre Vietnam del Sur.* En términos militares esto fue un desastre para los Vietcong, ya que hubo millares de muertos. No obstante, las imágenes de la invasión a la embajada estadounidense en Saigón y los cientos de muertos estadounidenses en el sur mostraba que ni siquiera estábamos cerca «de la luz al final del túnel». La política de Jonson, que promovía una escalada gradual, les pareció a millones de televidentes un fracaso sangriento y rotundo.

Se planeó que la operación Tet se llevaría a cabo durante la tregua por las fiestas. Sin embargo, la fecha conmemoraba una festividad religiosa budista, no *estadounidense*. Los comunistas de Hué, una ciudad norteña de Vietnam del Sur, mataron entre dos mil y tres mil civiles. A muchos los mataron a garrotazos o los enterraron vivos.[125]

---

*   Se conoce como Vietcong a las guerrillas comunistas del sur enfundadas en negros trajes tipo pijama. Ahora sabemos que no eran independientes del norte, sino que estaban subordinados por completo a este.

De todo esto, muy poco se vio por televisión en los Estados Unidos. La ciudad estaba bajo el control de los comunistas. Con todo, cuando el jefe de la policía de Vietnam del Sur, el general Loan, le disparó en la cabeza a un coronel del Vietcong, la fotografía recorrió el mundo y ganó un Premio Pulitzer. El general Loan era la imagen misma de un tirano brutal que asesinaba a un hombre desarmado, con las manos atadas a la espalda. Ahora sabemos que Loan *conocía* a este hombre, lo atrapó en el acto de aterrorizar a un barrio de Raigón, y lo capturó vestido de civil.[126] El hombre al que Loan asesinó había matado hacía poco a un amigo personal y muy cercano del jefe de la policía, así como a toda la familia de este amigo. A los que protestaban contra la guerra nada de eso les importó.

Las protestas contra la guerra se hicieron más amplias e intensas. Los manifestantes quemaban banderas estadounidenses y tarjetas de reclutamiento. Tres estadounidenses, sin duda influidos por las horrendas imágenes de un monje budista que protestaba en Saigón, se rociaron con combustible y se prendieron fuego, muriendo a causa de las quemaduras.[127] Los agitadores comunistas en los Estados Unidos urgían a resistirse a las políticas del gobierno. El grupo antibelicista nacional, Movilización para Ponerle Fin a la Guerra (entre los activistas, «la Mobe»), quedó bajo el control de los seguidores comunistas de las violentas ideas de Leon Trotsky.[128]

La escritora Susan Sontag dijo que Vietnam del Norte *merecía* ser idealizado.[129] La actriz Jane Fonda fue a Hanoi y posó sobre los cañones antiaéreos de Vietnam del Norte. Todo esto tuvo lugar en un momento en el que los pilotos estadounidenses eran derribados, asesinados, o encarcelados y torturados. Los activistas estadounidenses que protestaban contra la guerra creyeron las afirmaciones de los norvietnamitas en cuanto a que en realidad alimentaban a los prisioneros estadounidenses mejor que a su propio pueblo, «porque son más corpulentos que nosotros».[130] El prisionero de guerra Jeremiah Denton apareció ante las cámaras de televisión. Como no podía hablar abiertamente, se las arregló para enviar un mensaje. Fue una decisión arriesgada. Con los ojos parpadeó en código Morse un mensaje escalofriante: «t-o-r-t-u-r-a».

El secretario de defensa McNamara renunció en enero de 1968. Más tarde escribió sus memorias, las cuales fueron muy criticadas. Allí afirmaba que siempre había albergado serias dudas sobre la participación de los Estados Unidos en Vietnam.* Johnson lo reemplazó por Clark Clifford, que se encargó de una revisión total de la política de los Estados Unidos

---

* El secretario de estado, Dean Rusk, y el consejero de seguridad nacional, Walt Rostov, creyeron siempre en la misión estadounidense en Vietnam. McNamara no dio indicación alguna de sus dudas, las cuales

Después de Tet, miles de jóvenes activistas contrarios a la guerra decidieron «asearse por Gene». Se cortaron el cabello y se ofrecieron como voluntarios en la campaña de Nueva Hampshire de la «paloma» del Senado Eugene McCarthy, que había entrado en las primarias presidenciales demócratas a partir de una plataforma antibélica. McCarthy, poeta y antiguo jugador de béisbol semiprofesional, no se había distinguido mucho en el Senado. Sin embargo, ahora la prensa lo convirtió en un león. San Gene llegó a ser la gran esperanza de los activistas que querían echar a LBJ del poder.

Cuando McCarthy obtuvo el cuarenta y dos por ciento de los votos en las primarias demócratas de Nueva Hampshire, la prensa lo proclamó vencedor.[*] El senador de Nueva York, Robert F. Kennedy, estaba ahora bajo mayor presión por entrar en la carrera contra Lyndon Johnson.

Kennedy esperó. Señaló que no quería dividir al partido demócrata y no deseaba que su desafío se viera como «una venganza por rencor» (todos sabían que Kennedy y Johnson se odiaban). Al principio, no creyó que Johnson fuera vulnerable. No obstante, después de Nueva Hampshire, McCarthy demostró que Johnson podía ser derrotado, aunque tal vez no por McCarthy. Los demócratas antibelicistas más importantes temían que el académico y distante McCarthy jamás pudiera ganar una elección general.

Cuando Robert Kennedy anunció que él también se enfrentaría a LBJ, muchos de los antiguos seguidores de Kennedy se entusiasmaron, pero algunos de lo que apoyaban a McCarthy se enojaron. Admiraban al hombre por haber tenido el coraje de enfrentarse a Johnson y ahora estaban resentidos ante el hecho de que «Bobby» entrara en la pelea. Las viejas historias de la «crueldad» de los Kennedy volvieron a salir a la luz.

X. 1968: ANNUS HORRIBILIS

Los estadounidenses recibieron el nuevo año de 1968 con temor. En solo cinco años la nación había tenido que soportar el enfrentamiento nuclear con relación a Cuba,

---

mantuvo en secreto y no comunicó a ninguno de los dos presidentes con los que trabajó, al pueblo estadounidense, o a los jóvenes que enviaba a luchar y morir en Vietnam. Su intento por lograr el favor de las elites antiguerrillas solo empeoró su ya manchada reputación.

[*] En realidad, Johnson ganó con el cuarenta y nueve por ciento de los votos. Su logro fue asombroso, ya que no hizo campaña y su nombre ni siquiera figuraba en las boletas. Sin embargo, como decía JFK, las apariencias contribuyen a la realidad. En poco tiempo el público creyó que el senador McCarthy había ganado la elección primaria de Nueva Hampshire. Esta no sería la última vez que se tramaba una victoria en torno al segundo lugar en una elección de Nueva Hampshire. Bill Clinton logró la misma hazaña en el Estado del Granito (Nueva Hampshire) en 1992.

el asesinato de un querido presidente, la violencia en contra del movimiento por los derechos civiles, los disturbios en cientos de ciudades, y una guerra sangrienta y al parecer interminable. El índice de aprobación de Lyndon Johnson, que el presidente tanto valoraba, se había desplomado.

Los estadounidenses, un pueblo por naturaleza optimista, albergaban esperanzas para el nuevo año. Sin embargo, sus expectativas de un año mejor no se verían cumplidas, porque 1968 fue uno de los años más desalentadores en nuestra historia.

Después del fuerte impacto de McCarthy en las primarias de Nueva Hampshire, LBJ no podría soportar que Bobby Kennedy, al que despreciaba, le venciera. Johnson se sentía herido y amargado. Él no había querido la guerra de Vietnam, les dijo a sus íntimos. Solo siguió las políticas de Jack Kennedy, urgido por los consejeros de Kennedy. Cuando Johnson entró en la Casa Blanca, Bobby Kennedy era todavía un «halcón» de Vietnam. Una Boina Verde —símbolo de los guerreros de la elite antiguerrilla de los Estados Unidos— se hallaba sobre la tumba de JFK. Y en Washington no había defensor más firme de los Boinas Verdes que Robert Kennedy.

Mientras tanto, la Comisión sobre Desórdenes Civiles del presidente Johnson informó que los Estados Unidos se estaban convirtiendo en dos sociedades «cada vez más separadas y desiguales». A pesar de que se promulgara y firmara la importante ley de los derechos civiles, con un amplio apoyo popular, la mayor parte de la comisión culpaba al racismo de la mayoría blanca en los Estados Unidos por los disturbios urbanos.

Johnson anunció que daría un discurso por televisión el 31 de marzo de 1968. La Casa Blanca indicó que el discurso repasaría la política estadounidense en Vietnam. Y así fue. No obstante, hubo más. Al final, Johnson asombró al mundo anunciando que se retiraba de la carrera presidencial. El país quedó atónito. ¿Qué quería decir esto para los soldados que en ese momento estaban peleando en Vietnam? ¿Qué Johnson había renunciado a las políticas que los habían enviado allí? ¿Que los estaba abandonando?

Esta noticia se vio seguida de un mensaje todavía más impactante, llegado desde Memphis. Aunque desde 1955 había recibido amenazas de continuo, el Dr. Martin Luther King Jr. jamás había evitado aparecer en público. En la noche del 3 de abril de 1968, habló ante una multitud en una iglesia: «He estado en la cima de la montaña. Y no me importa. Como todos, me gustaría vivir mucho tiempo ... Sin embargo, no es eso lo que me preocupa ahora. Solo quiero hacer la voluntad de Dios. ¡Él me ha permitido subir a la montaña y desde allí miré y vi la Tierra Prometida! ... ¡Mis ojos han visto la gloria de la venida del Señor!».[131] Este fue su último discurso. Al día siguiente, mientras permanecía reclinado sobre la baranda del Motel Lorraine, el Dr. King le pidió a un amigo: «Canta *Precioso Señor* para mí esta noche como nunca antes».[132]* En ese momento, una bala asesina acabó con su vida.

Robert Kennedy dio la noticia ante una multitud en su mayoría negra mientras estaba de campaña en Indiana. La gente se abrazaba y lloraba, dispersándose en paz después de las palabras de Bobby:

> Así que esta noche les pediré que vuelvan a sus casas y hagan una oración por la familia de Martin Luther King ... pero lo más importante, que hagan una oración por nuestro país, una oración pidiendo entendimiento y esa compasión de la que les hablé.
>
> Podemos vivir bien en este país ... No es el fin de la violencia; no es el fin de la ilegalidad; no es el fin del desorden. Sin embargo, la gran mayoría de la gente blanca y la gran mayoría de la gente negra de este país quieren convivir, quieren mejorar la calidad de nuestras vidas, y desean justicia para todos los seres humanos que habitan nuestro suelo.
>
> Dediquémonos entonces a ... domesticar el salvajismo del hombre y hacer que la vida en este mundo sea cordial. Dediquémonos a eso y hagamos una oración por nuestro país y nuestro pueblo.[133]

Las palabras de Bobby Kennedy en esa aciaga ocasión nos tocan aun hoy. No obstante, esa noche en los Estados Unidos hubo violencia en cientos de ciudades y pueblos. Recordando las revueltas contra el reclutamiento en 1863 en Nueva York, tuvieron lugar disturbios, saqueos e incendios durante días en muchas ciudades. Cientos de personas murieron cuando fue necesario convocar a la Guardia Nacional para que restaurara el orden. En Washington, D.C., el Capitolio se veía como la imagen de la Catedral de San Pablo durante los ataques nazis contra Londres. El humo y las llamas se elevaban al cielo desde los rincones de todo el país.

Los Estados Unidos en 1968 se parecían a un tren descarrilado. Cuando el vicepresidente Humphrey declaró su candidatura, habló de «la política del gozo». El muy leído Humphrey estaba citando a John Adams, pero recibió muchas críticas. ¿Quién podía hablar de gozo en un año como este?

Y las cosas empeoraron todavía más.

---

* En el sitio donde fue asesinado el Dr. King hay una placa recordatoria que dice: «Y dijeron el uno al otro: He aquí viene el soñador. Ahora pues, venid, y matémosle y echémosle en una cisterna, y diremos: Alguna mala bestia lo devoró; y veremos qué será de sus sueños» (Génesis 37:19-20). La inscripción bíblica nos desafía a ver «qué fue de sus sueños».

A comienzos de junio, Robert Kennedy se enfrentó a Gene McCarthy en las primarias demócratas de California. Mientras Kennedy iba a reclamar su victoria al Hotel Ambassador de Los Ángeles, un joven inmigrante palestino, Sirhan Sirhan, que odiaba al senador Kennedy por su apoyo a Israel, le disparó. RFK murió temprano a la mañana siguiente.*

Muertos King y los Kennedy, con trescientos muertos por semana en Vietnam, nuestras ciudades en llamas, disturbios en muchas universidades y la inflación que avanzaba a ritmo galopante, la autoridad misma parecía desmoronarse. Los cimientos de la Gran República se estremecían. ¿Habría algún fin para los horrores de este *annus horribilis*?

Cuando se reunió la Convención Nacional Demócrata en Chicago en 1968, el vicepresidente Humphrey contaba con el apoyo de la mayoría de los delegados. Luego Humphrey informó que unos manifestantes en contra de la guerra amenazaron a su esposa y sus hijos. Ellos le habían arrojado pintura roja o, peor todavía, excremento a Muriel Humphrey, advirtió el Servicio Secreto.[134] Nada de política de gozo. Los manifestantes estaban resueltos a interrumpir la convención. Y la policía de Chicago estaba decidida a impedírselo. El partido demócrata se encontraba dividido a causa de la guerra, el reclutamiento, la crisis en las ciudades y las universidades, así como la nominación de un candidato que no había enfrentado a nadie en las primarias.

Solo cuatro años antes Lyndon Johnson había celebrado su cumpleaños número cincuenta y seis en la Convención Nacional del partido demócrata en Atlantic City, Nueva Jersey, en 1964. En aquella ocasión la voz ronca de Carol Channing cantó «Hello, Lyndon» con la melodía de «Hello, Dolly». Y ahora el repudiado Johnson no se atrevía a mostrarse en la convención de nominación de su propio partido.

Los disturbios en el Parque Grant de Chicago y en toda la ciudad se televisaron en todo el país. El senador liberal de Connecticut, Abe Ribicoff, criticó la conducta represora de la policía de Chicago mientras el alcalde de la ciudad, Richard J. Daley, gritaba insultos desde su asiento en medio de la delegación de Illinois. Como quería dar su discurso de aceptación, Humphrey se quedó esperando en su habitación del hotel, pero debió salir a causa del gas lacrimógeno. En la calle, los manifestantes gritaban: «¡Fuera Humphrey!». Jerry Rubin, uno de los «siete de

---

* Corrieron ríos de tinta en esos años en los que se describió a los Estados Unidos como una sociedad «enferma» debido a los horribles asesinatos. Sin embargo, JFK fue asesinado por un hombre que había renunciado a la ciudadanía estadounidense. Al reverendo Dr. King lo mató un marginal que pasó la mayor parte de su vida en la cárcel. Y Bobby Kennedy murió a manos de un extranjero. La venganza de Sirhan merece ser descrita como la primera instancia del terrorismo árabe en los Estados Unidos.

Chicago» juzgados luego por sus actividades en la convención, dijo que su grupo era «culpable como el mismo infierno». Rubin añadió: «Queríamos ... que la ciudad reaccionara como si fuera un estado policial, obligando al mundo entero a que nos prestara atención».[135]

Los manifestantes en contra de la guerra afirmaban creer en una «Nueva Izquierda». Querían un socialismo más humano. Tras la Cortina de Hierro, Alexander Dubcek, de Checoslovaquia, le ofrecía a su pueblo un «socialismo con rostro *humano*».[136] Su «Primavera de Praga» representaba algo nuevo en los regímenes comunistas y se hizo muy popular entre los checos. Los tanques soviéticos entraron en Praga en el mes de agosto y le pusieron fin a este experimento de un comunismo más liberal. Dubcek y sus colegas fueron trasladados a Moscú, donde se les encadenó a los muros de Kremlin. Un ebrio Leonid Brezhnev salió de un banquete para burlarse de ellos. No hubo misericordia para los checos. Quedaron encadenados hasta que se ensuciaron con su propio excremento. El dictador soviético anunció al mundo la Doctrina Brezhnev. Se trataba de su versión de la contención: *Lo que tenemos, lo mantenemos.**

El gobierno de Johnson emitió protestas, pero no actuó en contra de los soviéticos. Ocho civiles fueron asesinados mientras los soviéticos ahogaban la libertad de los checos durante una generación más. Quinientos tanques soviéticos y quinientos mil soldados del Pacto de Varsovia aplastaron las aspiraciones del pueblo checo.[137]

Después del escándalo de la convención nacional demócrata de Chicago, no es de extrañar que el nominado republicano Richard Nixon tuviera una ventaja de más de treinta puntos en las encuestas del verano de 1968. El gobernador de Alabama, George C. Wallace, entró en la contienda como candidato independiente. En ese momento se creía que su acción dañaría a Humphrey. Muchos obreros simpatizaban con la posición de «halcón» de Wallace con respecto a la guerra, así como con su amenaza de «atropellar» a los manifestantes que buscaran impedirle el paso a su limosina.

La temperatura comenzó a descender en el otoño, y los ánimos también se enfriaron. Humphrey y su candidato a la vicepresidencia, el senador demócrata Edmund Muskie, de Maine, subieron en las encuestas. Humphrey debía intentar apelar a los votantes contrarios a la guerra sin perder el respaldo de LBJ. Johnson hizo un intento de lograr el consenso por la paz, pero las conversaciones se vieron

---

*   A pesar de lo mal que lo trataron sus captores soviéticos, Dubcek volvió a Checoslovaquia y vivió allí tranquilamente hasta que murió en 1992. Él llegó a ver el colapso del imperio soviético en Europa del este.

demoradas cuando Nixon envió un mensaje secreto a Saigón diciendo que debían resistir y esperar un trato más favorable bajo un gobierno republicano.[138]

No hubo debates. Nixon avanzaba. Exudaba calma y dominio: «No voy a hacer campaña por el voto de los negros a riesgo de alejar el voto de los suburbios», les comentó a sus asociados de campaña.[139] Esto, combinado con la postura de Goldwater en 1964, contribuyó a alejar el voto negro del Viejo Gran Partido desde ese momento.* Nixon ya había aprendido de su experiencia de 1960 y su objetivo era no perder.[140] Y no lo hizo.

A pesar de que Humphrey se recuperaba en las encuestas, Nixon ganó con 31.710.470 votos populares (43,4%) y 301 votos electorales. Humphrey obtuvo 30.898,055 votos populares (42,3%) y 191 votos electorales. El voto a favor de Wallace decayó en los estados industriales del norte durante las semanas de cierre de campaña cuando los sindicatos prefirieron a su querido amigo Humphrey, pero el hombre de Alabama de todas formas ganó en cinco estados del sur profundo. Obtuvo 9.446.167 votos populares (12,9%) y 46 votos electorales. Reclamando la victoria, Nixon le contó a la audiencia televisiva de la niñita que había llevado su cartel escrito a mano: «Únenos». Esa era la oración de los estadounidenses.

Para cerrar este año horrible, los estadounidenses al fin tuvieron ocasión de unirse. Desde el incendio a bordo que había terminado con las vidas de tres astronautas en Cabo Kennedy durante una prueba en la plataforma de lanzamiento, en enero de 1967, parecía dudoso que los Estados Unidos pudieran cumplir la promesa de John F. Kennedy de poner a un hombre en la luna para finales de la década de 1960.

Ahora, en diciembre de 1968, existía la gran preocupación de que los soviéticos pudieran intentar un vuelo «en ocho» alrededor de la luna, con lo cual el premio sería para ellos. Tal cosa representaría un desastre para el prestigio de los Estados Unidos en cualquier otro momento. Sin embargo, luego de un año tan terrible, habría sido en especial desalentador para los estadounidenses.

El presidente Johnson le ordenó a la NASA que siguiera adelante con *Apolo 8*. Los astronautas Frank Borman, Jim Lovell y Bill Anders se prepararon para ser los primeros seres humanos en dejar la órbita terrestre y dirigirse a la luna. Sus esposas recibieron un comunicado de la NASA, afirmando que las posibilidades de que sus maridos volvieran con vida eran de solo un cincuenta por ciento.[141] No alunizarían, pero su viaje los llevaría a menos de ciento sesenta kilómetros de la superficie

---

* Ya en 1960, Nixon hubiera podido obtener el treinta por ciento del apoyo de los votantes negros. No ese trataba de una mayoría, por cierto, pero era una porción respetable del electorado.

lunar, por sobre el Mar de las Crisis, el Pantano del Sueño y el Mar de la Tranquilidad.[142] Frank Borman no era un hombre que hablara mucho de sus creencias religiosas, pero dijo que lo dejó sin habla el impacto espiritual de ser el primer ser humano en ver la tierra como la veía Dios. Él y sus compañeros astronautas emitieron la transmisión al mundo entero desde una distancia de noventa kilómetros por sobre la superficie de la luna. Habían ido a donde nadie había estado jamás. Y decidieron leer del Génesis durante la Nochebuena.

> En el principio creó Dios los cielos y la tierra. Y la tierra estaba desordenada y vacía, y las tinieblas estaban sobre la faz del abismo, y el Espíritu de Dios se movía sobre la faz de las aguas.
> Y dijo Dios: Sea la luz; y fue la luz.
> Y vio Dios que la luz era buena; y separó Dios la luz de las tinieblas.[143]

Después de un año de muerte y destrucción, tumultos, guerras y rumores de guerra, el intrépido viaje de los astronautas del *Apolo 8* y su gesto sanador fueron como el bálsamo de Galaad. El mundo se detuvo a mirar extasiado las imágenes del horizonte de la luna donde «amanecía la Tierra». Nos maravillamos ante la belleza de la esfera azul brillante contra un fondo de oscuridad y noche. Un telegrama de agradecimiento a los astronautas lo dijo todo: «Ustedes salvaron 1968».[144]

Para los estadounidenses, *Apolo 8* representaba la promesa de que después de todo, un pueblo libre e instituciones libres no podrían fracasar. Los estadounidenses, unidos, todavía podían lograr maravillas.

Capítulo 10:

Es Nixon

(1969-1974)

En un período de unos meses nada más la nación alcanzaría alturas jamás imaginadas al poner a un hombre en la luna. Sin embargo, también caería en las profundidades del desaliento con un presidente acorralado por las advertencias de que los Estados Unidos podrían convertirse en «un gigante pasmosamente indefenso». Una famosa dinastía política acabaría en el lodo bajo un puente de Chappaquiddick, aunque esto en el momento no se llegó a entender del todo. Los Estados Unidos en la década de 1970 comenzaron a retirar sus tropas de una guerra sangrienta que no terminaba jamás. Los estudiantes que protestaban contra la guerra se enfrentarían con la Guardia Nacional, sus bayonetas e incluso de modo trágico con armas de fuego. Crosby, Stills, Nash & Young cantaban en tono triste: «Soldaditos de plomo, y la llegaba de Nixon. Estamos solos ahora. Este verano oímos los tambores, con cuatro muertos en Ohio». La nación parecía pasar de una crisis a otra, con las áreas urbanas pobres sumidas en la desesperación, el transporte escolar obligado por los tribunales, la falta de gasolina, la desobediencia a las leyes contra el aborto, la renuncia obligada de un vicepresidente y un presidente. No obstante, cuando los disturbios urbanos comenzaron a calmarse, surgieron las crisis en el extranjero. En Vietnam, la guerra; en los Juegos Olímpicos de Munich, la amenaza del terrorismo; la «crisis del petróleo» a principios de la década de 1970; el casi triunfo de los árabes en una guerra lanzada contra Israel en el Yom Kippur. Todos estos hechos

398

parecían mostrar que los Estados Unidos estaban a merced de las crisis. ¿Tendrían que adaptarse los estadounidenses a una era de límites y a desempeñar un papel menor en los asuntos del mundo? ¿Sería el futuro de la nueva generación más frío, oscuro y pobre que el que habían conocido sus padres en los Estados Unidos? Y lo más importante, ¿se convertiría la libertad humana en poco más que un conjunto de valores en puja que los estadounidenses no tenían derecho a «imponerles» a los países del tercer mundo? Los gobiernos de esos países estaban más que dispuestos a canjear los derechos humanos por un desarrollo más acelerado siempre y cuando tuvieran la última palabra. Estos gobiernos aceptaron cambiar la libertad de sus pueblos por el pan, pero el pan solo fue para los que gobernaban.

I. «¡Que te importe!»

Los estadounidenses no demostraron enseguida su apoyo a la gran Ley de Derechos Civiles de 1964, la Ley de Derecho al Voto de 1965, y una cantidad de otras medidas que aseguraban la igualdad de derechos en materia de vivienda, educación y empleo, por lo que los disturbios raciales comenzaron en una gran cantidad de ciudades importantes. Los Ángeles, Detroit y Newark se contaban entre las más golpeadas por los «desórdenes urbanos», como los llamaba con eufemismo los medios más importantes. Centenares de personas murieron y los daños sumaron millones de dólares. Aunque la víctima más terrible fue la urbanidad.

La resurrección de Richard Nixon a finales de la década de 1960 se debió en gran parte al deterioro de la escena urbana. Nixon prometía la ley y el orden. Los editoriales más liberales lo tildaban de racista, diciendo que la ley y el orden eran sencillamente palabras en código que darían lugar a un «contraataque» de los blancos contra las justas aspiraciones de los estadounidenses de color.

El que mejor personificó las esperanzas de los blancos liberales fue el alcalde patricio de la ciudad de Nueva York, el alto y elegante John Vliet Lindsay. Como alcalde, había hecho todo lo posible por mantener el control sobre Nueva York. Andaba por las calles en mangas de camisa, buscando aplacar el descontento con la fuerza de su magnética presencia.

Por supuesto, no todo era gracias a su carisma. El gobierno de Lindsay en la Mansión Gracie repartía dinero a algunos organizadores callejeros bastante cuestionables que les aseguraban a las asustadas autoridades de la ciudad que ellos

—y nadie más— podrían impedir que todo se incendiara. Este proceso de atemorizar a los burócratas de la ciudad quedó satirizado por el «nuevo periodista» Tom Wolfe. «Críticas contra los voceros mentirosos» fue la frase con la que Wolfe describía la forma en que los organizadores de los disturbios mantenían asustados a los funcionarios menos valientes. El término «chic radical» fue también un invento de Wolfe para describir el estilo adoptado por la elite social liberal de Manhattan. Leonard Bernstein, talentoso director de la Filarmónica de Nueva York, era famoso por su batuta y también por su adhesión a la extrema izquierda. Él organizó un evento en su elegante apartamento para recaudar fondos, al que acudieron miembros de las violentas Panteras Negras que Wolfe eternizara en sus ácidos escritos.

Lindsay era el poder real detrás de la Comisión del Consejo Nacional de Desorden Civil. El presidente Johnson le había dado la presidencia al gobernador de Illinois, Otto Kerner, en 1967. No obstante, en realidad era Lindsay el que presionaba al personal y los miembros para que los informes fueran duros y no dejaran nada sin mencionar.* El informe Kerner, como se le conocía, advertía que los Estados Unidos iban camino a convertirse en «dos sociedades —una de blancos y una de negros— separadas y desiguales». Ante tan lamentable situación, la Comisión culpó al racismo de los blancos y el informe fue recibido por los medios más importantes como un «documento histórico».[1]

Y en verdad fue histórico, porque por primera vez una comisión presidencial había decidido culpar a la mayoría del pueblo estadounidense por la condición de la sociedad. En efecto, los miembros de la comisión estaban intentando elegir a un pueblo nuevo, y para lograrlo, se adherían al liberalismo de Manhattan propuesto por Lindsay. «¡Que te importe!» era su lema, encaminado a acabar con las divisiones sociales. Las empresas, las organizaciones de caridad, las iglesias y los individuos debían dar más de su tiempo y dinero para resolver los problemas de los guetos de la nación.

El Informe Kerner no fue muy criticado en el momento de su emisión. Esto solo podría haber invitado a levantar cargos de racismo contra sus gestores. Sin embargo, en retrospectiva, es evidente que ignoraba las claras señales de avance logradas por los estadounidenses negros entre 1940 y 1970: mayor expectativa de vida (de diez años más), capacidad para comprar vivienda (15% más), mejores ingresos (150% más), mejor nivel de empleos con acceso a puestos administrativos

---

* Otto Kerner fue designado juez federal, pero se descubrió poco después que había aceptado sobornos siendo gobernador. Resultó juzgado, condenado y sentenciado a prisión por dieciséis cargos de soborno, conspiración, perjurio y delitos relacionados.

(17% más).[2] La presión de Lindsay sobre los que confeccionaban el informe también implicó que el mismo omitiera registrar las experiencias de las *víctimas* de los disturbios urbanos. Miles de pequeñas empresas debieron mudarse fuera de las ciudades.[3] Se trataba de negocios y empresas que ofrecían empleos y vida a la comunidad. Junto con las iglesias, conformaban la comunidad, y al permitir que la violencia echara fuera a estos ciudadanos estables, los gobiernos y sus colaboradores nacionales sembraban las semillas de la pobreza, la violencia y la desesperanza.

John Lindsay se había hecho el de la vista gorda ante esto, adoptando en cambio la retórica de los artistas radicales del momento. «Si hay violencia en nuestras ciudades, aquellos en Washington que casi han ignorado nuestros ruegos por ayuda federal tendrán que asumir la responsabilidad que les atañe», indicó en tono de advertencia cuando el Congreso demócrata intentaba reducir la ayuda federal a las ciudades.[4]

Como si se hubiera tratado de una señal esperada, una banda de jóvenes perturbadores arrasó con las calles de Manhattan una semana después de la invitación de Lindsay. Estos miembros del Cuerpo de la Juventud del Vecindario rompieron las vidrieras del histórico edificio Woolworth, brincaron sobre los autos, asaltaron a las mujeres y saquearon los puestos de los vendedores de la calle.[5]

Los «disturbios» urbanos no se limitaban a dañar la propiedad o acosar a los transeúntes. A medida que palabras más radicales daban lugar a acciones todavía más radicales, la policía de la ciudad se convirtió en blanco. El delgado alcalde, con su estatura de casi dos metros, afirmaba que se sentía muy cómodo con los ciudadanos de las minorías, pero en realidad no tenía afinidad con los miembros de otras etnias de la ciudad, como los polacos, los italianos, los griegos o los eslavos.

Le angustiaba tener que efectuar las llamadas oficiales a las viudas de los policías asesinados, y no porque lo conmovieran en lo personal. Las viudas a menudo creían lo que sus maridos muertos habían dicho sobre el alcalde y sus políticas permisivas: que daban lugar a más violencia en las calles. «En lugar de recibir sus llamadas con gratitud por su interés humanitario», recuerda uno de los asistentes del alcalde, «lo criticaban y fulminaban con sus palabras porque sus esposos habían sido asesinados en barrios de minorías. Lo culpaban por estas muertes. Entonces él colgaba el teléfono y podías ver la angustia en su rostro pálido».[6] Lindsay pedía comprensión: «Ustedes no han tenido que ver a un policía muerto en el hospital, la esposa no los ha mirado como si hubieran activado el gatillo».[7]

En abril de 1972, los agentes de la policía de Nueva York irrumpieron en un edificio de Harlem en respuesta a una falsa llamada que decía que allí habían asesinado a un policía. Cuando los policías ingresaron al lugar, se encontraron rodeados por miembros furiosos de la Nación del Islam, de Louis Farrakhan. No sabían que ese edificio era la Mezquita Número 7, lugar donde Malcolm X había predicado antes de que otros musulmanes lo asesinaran. Hubo un tiroteo en las escaleras de la mezquita, en el cual murió el agente Philip Cardillo. El congresista de Harlem, Charli Rangel, llegó poco después con Farrakhan. Junto con las autoridades del gobierno de Lindsay, lograron sacar del lugar a los policías blancos.[8] Farrakhan y Rangel amenazaron a la policía con más disturbios si permanecían allí. Las autoridades de la policía, todos hombres de Lindsay, ocultaron los detalles del asesinato de Cardillo. Los investigadores de balística no pudieron entrar al lugar, algo sin precedentes en materia de investigación criminal.[9] El agente Cardillo murió a causa de sus heridas, y el alcalde Lindsay y su comisionado de la policía, un funcionario seleccionado con todo cuidado, evitaron asistir al funeral. La viuda de Cardillo dijo: «No pensé que se atreverían a venir».[10] Esta fue la primera vez que un alcalde se negó a asistir al funeral de un policía muerto en cumplimiento de su deber.

Esos años posteriores a la promulgación de la Ley de los Derechos Civiles podrían haber sido una era dorada para las relaciones raciales en los Estados Unidos. Sin embargo, al descartar e ignorar este logro extraordinario del pueblo estadounidense, muchos líderes de opinión convencieron a la gente común de que no les interesaba los anhelos de millones de personas que querían escuelas seguras y efectivas, así como barrios libres de drogas, prostitutas y delincuentes. Al culpar a los ciudadanos decentes y obedientes de la ley, acusándolos de ser racistas, y al condonar las actividades criminales de unos pocos pertenecientes a la comunidad minoritaria, estos líderes renunciaron a la confianza y el afecto de sus electores.

John Lindsay, años después de su retiro, afirmó que en un final a los estadounidenses blancos «les importaba un comino». De modo lamentable para Lindsay y trágico para el país, se perdió la oportunidad de que en verdad se sanaran las heridas. Y los neoyorquinos de los días de Lindsay le pagaron por haberlos despreciado.

II. «¡El Eagle ha alunizado!»

Entre setecientas cincuenta mil y un millón de personas se agolpaban en Cabo Kennedy, Florida, un caluroso día de julio de 1969 en el que el termómetro marcaba los 32°C, para ser testigos del lanzamiento del *Apolo 11*.[11] Los periodistas extranjeros se mezclaban con la multitud. «Estos son los Estados Unidos que nos gustan, tan distintos a los que pelean en Vietnam», escribió un reportero checo cuyo país había sido ocupado el verano anterior por los tanques soviéticos.[12] *Pravda*, el diario oficial soviético, saludaba a «estos valientes hombres». La edición especial de un millón y medio de copias de *France-Soir* se agotó, mientras el *Bild Zeitung* de Alemania señalaba con orgullosa precisión que siete de los cincuenta y siete encargados del programa Apolo —un doce por ciento— habían nacido en Alemania.[13]

El presidente Nixon pensaba cenar con los astronautas la noche anterior a su histórico viaje a la luna. El médico principal de la NASA, Dr. Charles A. Berry, frustró el plan al decirle a la prensa que Nixon entraba en contacto con cientos de personas y sin saberlo podía contagiarle alguna enfermedad a los hombres que volarían al espacio.[14] «Esto es totalmente ridículo», dijo el astronauta Frank Borman ante la exagerada preocupación del médico, pero no pidió que se desconociera su recomendación. Borman pensaba que «si alguien estornudaba en la luna, culparían por ello al presidente».[15] Tal era la atmósfera de desconfianza que los astronautas del *Apolo* dejarían tras de sí al partir en la primera misión que llevaría a un ser humano a un cuerpo celeste que no era la Tierra.

El astronauta Mike Collins volaba solo alrededor de la luna en el *Columbia*. Transcurría el domingo 20 de julio de 1969. Él se había despedido casi de modo informal de la misión del comandante Neil Armstrong y Buzz Aldrin mientras se separaban en el módulo lunar Eagle [Águila], un aparato de forma rara y bastante feo. Armstrong y Aldrin se dirigían hacia la luna, y serían los primeros en pisar su superficie. El *Columbia*, el *Eagle* y los tres astronautas estadounidenses conformaban la misión *Apolo 11*.

«Pórtense bien en la luna», les dijo Collins a sus colegas. «Si oigo que jadean o se agitan, los reprenderé».[16] En unos minutos más, Armstrong maniobraba los controles del módulo para evitar un enorme cráter con sus escarpadas rocas. Los cohetes que actuaban como amortiguadores del descenso del *Eagle* levantaban nubes de polvo que le impedían ver bien. Todo esfuerzo por maniobrar y evitar los obstáculos peligrosos consumía el precioso combustible, dejando a Armstrong con solo un minuto más de tiempo para intentarlo antes de tener que abortar la misión.[17] El director de vuelos de la NASA, Gene Granz, recuerda: «La tripulación no respondía. Estaban demasiado ocupados. Sentí que darían todo de sí. Tuve esa sensación desde el momento en que tomaron los controles manuales. Me persigné y dije: "Son los indicados para esta tarea. Por favor, Dios"».[18]

Armstrong tocó suelo de manera casi imperceptible y apagó los cohetes. Sin siquiera un dejo de preocupación en la voz, le informó a un mundo expectante: «Houston, aquí Base Tranquilidad. El *Eagle* ha alunizado».[19]

Una década antes, la fraternidad elite de los pilotos de prueba de los Estados Unidos se burlaba de los astronautas diciendo que eran «basura enlatada». Se comparaba a los astronautas, no siempre de manera favorable, con Ham, el chimpancé que la NASA había enviado al espacio y regresara sano y salvo.* Sin embargo, Armstrong demostró que poseía esa cualidad tan poco frecuente en los mejores pilotos de pruebas de los Estados Unidos: estaba hecho de la mejor madera.** Esa noche en el Cementerio Nacional de Arlington, alguien puso un ramo de flores en la sepultura de John F. Kennedy, con una tarjeta sin firma: «Señor presidente, el *Eagle* ha alunizado».[20]

En Houston, Texas, el astronauta compañero de Armstrong respondió a la voz calmada del que estaba en la luna: «Roger, Tranquilidad, tienes aquí a un grupo de gente que están a punto de ponerse azules de la angustia. Recuperamos el aliento. Muchas gracias».[21] Duke sabía lo que el mundo ignoraba: el alunizaje del *Eagle* era una osadía. Si Armstrong no hubiera encontrado un lugar nivelado donde posarse, su módulo se habría voleado y tanto él como Buzz Aldrin quedarían condenados a morir lenta y dolorosamente por falta de oxígeno cuando se acabara su provisión. La pesadilla sucedería a plena vista de seiscientos millones de personas.[22]

El alunizaje fue una victoria para los Estados Unidos de América y la libertad. El presidente John F. Kennedy había aceptado el desafío del espacio propuesto ocho años antes por Nikita Khrushchev, el primer ministro soviético. El presidente redefinió la carrera espacial al apuntar a la luna. «Esta nación ha lanzado su gorra sobre el muro del espacio y ya no tenemos más opción que seguir adelante», había dicho sobre el programa Apolo el día anterior a su muerte.[23]

Si los soviéticos hubieran alunizado primero, los resultados habrían sido incalculables. Todo lo que lograban lo hacían en secreto, con el uso masivo y centrado de los recursos que solo una dictadura cruel puede dominar. Aquel que se atreviera a cuestionar el programa espacial soviético oiría el llamado de la KGB a su puerta. Si los soviéticos hubieran ganado la carrera a la luna, millones de personas en el

---

* Los estadounidenses no solo habían quedado impactados de que los soviéticos les ganaran con el Sputnik, sino que se horrorizaron al enterarse de que Laika, la perra espacial soviética, moriría al consumir la última porción de su alimento debido a que los soviéticos habían envenenado la comida.

** La frase original en inglés es «the right stuff» [el material adecuado]. *The right stuff* fue el título del gran libro acerca de los primeros astronautas estadounidenses, escrito por Tom Wolfe.

mundo entero llegarían a la conclusión de que Khrushchev tenía razón en cuanto a que los soviéticos habían sepultado a los estadounidenses.

El mundo se enteró cuando los astronautas Virgil Grissom, Edward White y Roger Chafee murieron en el incendio producido en la plataforma de lanzamiento de Florida el 27 de enero de 1967. Se suponía que se trataba de una prueba de rutina, pero una chispa en el módulo de comando lleno de oxígeno lo convirtió todo en un infierno. En segundos, la temperatura alcanzó los 1.371°C.[24] El mundo siguió paso a paso la detallada investigación del desastre que obligó a una demora de dieciocho meses en el programa Apolo. Fue necesario rediseñar todo el programa. Era como si los Estados Unidos se hubieran roto una pierna a los ochenta metros en una carrera de cien metros planos. A desgano, los soviéticos tuvieron que admitir que el cosmonauta Vladimir M. Komarov había muerto cuando la primera nave Soyuz cayó a la tierra, pero enseguida echaron un manto de silencio sobre este fracaso.[25]

Kennedy estaba muerto y Khrushchev había sido depuesto, pero la rivalidad entre las superpotencias continuaba. El jefe del soviet comunista, Leonid Brezhnev, buscaba tener acceso a la tecnología de occidente por medio de la nueva política de «distensión», la cual representaba una forma de «aliviar las tensiones».[26] Implícitamente, estaba confesando su debilidad. Sin embargo, ante los demás comunistas de la URSS, Brezhnev hacía alarde de que el espacio llevaría a la economía soviética al siglo veintiuno.[27] Durante 1968, cuando en los Estados Unidos los disturbios y asesinatos distraían la atención, los soviéticos enviaron cohetes *Zond* a circunvalar la luna.[28] Ellos no habían abandonado la carrera espacial.

Y si los soviéticos avanzaban en la conquista del espacio, la ideología comunista atea obtendría una gran victoria. «Cuando el hombre conquiste el universo», dijo el historiador marxista Zheya Sveltilova, «aprenderá a confiar en sí mismo. Será sencillamente ridículo confiar en cualquier otra fuerza fuera de sí mismo. Aquellos que ahora creen en Dios lo rechazarán. No será lógico ni natural creer en él, *porque el ser humano será más fuerte que Dios*».[29]

Ahora que Armstrong había alunizado sano y salvo, la victoria de los Estados Unidos estaba asegurada. Mientras descendía la escalerilla para pisar la superficie de la luna, Armstrong dijo con voz calma: «Un pequeño paso para el hombre, un gran *salto* para la humanidad».[30]

Mientras tanto, Buzz Aldrin, dentro del módulo lunar (LEM, por sus siglas en inglés), observaba con tranquilidad la histórica ocasión de manera especial. Él había quedado impresionado al leer que Tenzing Norgay, el sherpa nepalés que acompañó a Sir Edmund Hillary a la cima del Monte Everest, había apartado la nieve a fin de dejarle una ofrenda de agradecimiento a su Dios.[31] Ahora, Aldrin vertió un poco de vino en una copita y casi lo derrama, ya que la gravedad de la luna es seis veces menor a la de la tierra.[32] Sosteniendo una hostia, Aldrin leyó en silencio una tarjeta mientras celebraba la Santa Cena con estas palabras de Evangelio de Juan:

> Yo soy la vid y ustedes son las ramas. El que permanece en mí, como yo en él, dará mucho fruto; separados de mí no pueden ustedes hacer nada.[33]*

En medio de una larga, agobiante e indecisa guerra en Vietnam, en una nación acosada por divisiones irreconciliables, la llegaba del hombre a la luna parecía ser lo único importante que había salido bien. El Dr. Wernher von Braun, que fuera el científico de cohetes de Hitler, ahora era ciudadano estadounidense. Él habló con confianza sobre el futuro: «Creo ... que los Diez Mandamientos son adecuados en su totalidad, sin enmiendas, como una forma de lidiar con los problemas que la revolución tecnológica no solo ha traído, sino traerá en el futuro».[34]

No todos los estadounidenses lo veían de ese modo. «Han estado *borrachos* todo el verano y ahora ellos han alcanzado la luna», dijo el escritor Normal Mailer, conocido por sus ideas radicales.[35] Parecía estar reprendiendo a sus colegas de lo que se llamaba ahora «la contracultura». Esta era en realidad una subcultura que rechazaba el mundo ordenado de la disciplina, los logros y el impulso. Los radicales acusaban a los Estados Unidos de dejarse dirigir por el fascismo. De manera significativa, Mailer había dicho que «ellos han alcanzado la luna», sin compartir la satisfacción y el orgullo que sentían millones de estadounidenses y hablándole a ese sentido de alienación que portaban como estandarte los integrantes del rebelde movimiento juvenil.

Para 1969, Norman Mailer llevaba más de una década hablándoles a los alienados. El talentoso novelista escribió un influyente ensayo en 1957 titulado «El negro blanco», donde decía:

> La única respuesta que puede darnos la vida es divorciarnos de la sociedad, existir sin raíces, partir en ese viaje sin mapa, con los rebeldes

---

* Madalyn Murray O'Hair, una atea, había demandado a la NASA cuando la tripulación del Apolo 8 leyó el libro de Génesis durante el vuelo que pasó junto a la luna en la Nochebuena anterior. Las autoridades de la NASA, temerosas, les habían ordenado a los astronautas del Apolo 11 que no dijeran nada religioso desde la superficie lunar. No obstante, Walter Cronkite, de la CBS, se enteró de esta primera comunión en la luna y se lo contó al mundo. La Corte Suprema descartó luego la demanda de O'Hair. (Fuente: James Hansen, First Man, pp. 487-88).

imperativos del propio ser ... O se es rebelde o se es conformista, o se es un hombre de la frontera en la vida nocturna del salvaje oeste de los Estados Unidos, o alguien en una celda cuadrada, atrapado en el tejido totalitario de la sociedad estadounidense ... Si la vida es delictiva o no, esa decisión servirá para alentar al psicópata que llevamos dentro.[36]

Mailer no estaba transmitiendo un llamado abstracto a la alienación, a vivir *filosóficamente fuera de la ley*.

Por el contrario, él alegaba con contundencia y desparpajo: «No hace falta mucho coraje para que dos forajidos de dieciocho años ... le rompan la cabeza al encargado de un negocio ... Sin embargo, alguna medida de coraje sí es necesaria, porque uno está asesinando no solo a un débil tipo de cincuenta años, sino a una institución, uno viola la propiedad privada, entra en una nueva relación con la policía, e introduce un elemento de peligro en la propia vida. El forajido entonces se atreve a lo desconocido, y sin que importe qué tan brutal sea su acción, no puede decirse que sea cobarde».[37] Doscientos años antes, este tipo de ideas habían creado gran entusiasmo y revuelo en los bares de París, pero luego llevaron, como sucedería después de 1969, a que corriera sangre inocente. Las ideas tienen sus consecuencias, y los malevolentes escritos de Mailer lo convirtieron en un Marat estadounidense.*

Mailer escribió mucho sobre el viaje a la luna. Su libro *Of a Fire on the Moon* [De un fuego en la luna] exploraba lo que él consideraba era un significado más profundo de este hecho. Según las citas, dijo que la llegada a la luna era un triunfo de la mente de los WASP. Como un rayo láser, la misma podía llegar muy lejos, ya que era demasiado estrecha.**

---

* Jean Paul Marat era un escritor especialmente provocador de la Francia revolucionaria. Exigía sangre a diario y por eso lo llamaban «el calígula de las esquinas». Su Ami du Peuple [Amigo del pueblo] «definía el idioma del jacobismo». Marat escribía en la bañera, donde pasaba horas intentando curarse de una afección a la piel que no había sido diagnosticada. Fue acuchillado a muerte estando en la bañera durante la noche previa al día de la revolución del 13 de julio de 1793. Lo asesinó Charlotte Corday, una bella girondista y republicana moderada que estuvo dispuesta a entregar la vida con tal de acabar con la de Marat. Mailer no fue acuchillado, aunque sí acuchilló a su segunda esposa. Ella sobrevivió y así, en la sociedad rebelde, también él. Luego ganó un Premio Pulitzer y se casó con la hija de un duque. En 1980 hizo campaña por la liberación del asesino convicto Jack ABbott y logró que lo soltaran. Abbott volvió a matar. Alice Kaminsky, madre del hombre a quien Abbott asesinó, escribió la inolvidable Canción de la víctima. Maldijo a Mailer para siempre. ¿Es ella la Charlotte Corday de los Estados Unidos? (Fuente para material sobre Marat: A critical dictionary of the French Revolution, de Francois Furet y Mona Ozouf.)

** El sardónico Mailer utilizó las siglas WASP para White Anglo-Saxon Protestant [blanco anglo-sajón protestante]. Esto era cierto solo en parte con relación a los científicos e ingenieros de la NASA en ese momento, y se aplica mucho menos a ellos ahora.

En muchos aspectos, los jóvenes rebeldes que seguían a Mailer mostraban su desprecio por los uniformes y el cabello corto de los ingenieros y técnicos que habían logrado ganar la carrera a la luna. Ese verano del alunizaje del *Eagle* se produjo una revuelta en un bar de la ciudad de Nueva York, la cual duró varios días. El Stonewall Inn era un bar popular de Greenwich Village, frecuentado por homosexuales y travestis que ejercían la prostitución.[38] En 1969, en el estado de Nueva York era ilegal que un hombre vistiera ropas de mujer o bailara con hombres. También era ilegal solicitar los servicios de una prostituta y la sodomía. Los que frecuentaban el Stonewall estaban molestos porque los dueños de este sórdido lugar eran miembros de la Mafia.[39] Temían contraer hepatitis por beber de vasos que se enjuagaban apenas en una palangana que había detrás de la barra.[40] Aunque en realidad lo que más odiaban estos homosexuales del Stonewall era que la policía los persiguiera. Durante una redada de rutina el 28 de junio de 1969 se produjo una revuelta. Los travestis-prostitutas se negaron a retirarse en calma. Se resistieron a la policía tirando botellas y ladrillos, marcando así el inicio del movimiento gay moderno en los Estados Unidos. Allen Ginsberg, un afamado poeta «beat» de la década de 1950, apareció después de la revuelta para proclamar el poder gay. Ginsberg, que era homosexual, elogió a los que causaron el disturbio y señaló que habían perdido «esa mirada de dolor y pena que tenían hacía diez años».[41] Este nuevo desafío alarmó a muchos. «Las cosas habían cambiado de repente», indicó un inspector de la policía. «De pronto ya no eran sumisos».[42] El inspector, sus patrullas y millones de estadounidenses heterosexuales se resentían por la forma en que los medios y el sistema parecían mimar a los rebeldes de la sociedad.

Queriendo mostrarse «modernos» y ganar dinero a partir de la rebeldía juvenil, la CBS contrató al radical izquierdista Jim Fouratt como contacto con la contracultura que representaban Janis Joplin,* Chicago y Santana, artistas bajo contrato de la CBS.[43] Fouratt, un activista político gay, estaba en Stonewall. Asumió su nuevo empleo con brioso entusiasmo, ya que sus vínculos con los líderes radicales Abbie Hoffman, Allen Ginsberg y Jerry Rubin eran amistosos.[44]

Cuando Norman Mailer mencionó la borrachera del verano, sin duda pensaba en la emblemática contracultura de la época. En agosto de 1969, en una granja de las afueras de Nueva York, propiedad de Max Yasgur, doscientos cincuenta mil jóvenes acudieron a escuchar a las principales bandas y artistas de rock del momento. El nombre del concierto fue *Woodstock*, aunque esa ciudad se hallaba a unos ochenta

---

* Con el fin de no dejar nada sin revelar, vale señalar que este autor salió con la inimitable Miss Joplin, en una lejana galaxia de una era ya perdida en el tiempo.

kilómetros de allí.[45] La multitud se divirtió bajo la lluvia, con los pies en el barro, fumando marihuana y contestando con frenesí a cada grito de rebeldía que proviniera del escenario. En el festival hubo dos muertes y dos partos.[46] La lista de artistas de Woodstock conformaba un Quién es Quién virtual del rock 'n'roll estadounidense: Joan Baez; The Band; the Jeff Beck Group; Blood, Sweat & Tears; the Paul Butterfield Blues Band; Canned Heat; Joe Cocker; Country Joe and the Fish; Creedence Clearwater Revival; Crosby, Stills, Nash & Young; the Grateful Dead; Arlo Guthrie; Keef Hartley; Richie Havens; Jimi Hendrix; the Incredible String Band; Janis Joplin; Jefferson Airplane; Mountain; Quill; Melanie; Santana; John Sebastian; Sha-Na-Na; Ravi Shankar; Sly and the Family Stone; Bert Sommer y Sweetwater.[47] Los críticos del programa decían que todo se trataba de «revolcarse en el barro».*

Muchos «estadounidenses medios», gente estable y sólida que pagaba sus impuestos y obedecía la ley, preferían otro tipo de entretenimiento. Por las noches les gustaba ver en televisión *Rowan and Martin's laugh-in*, *Hee-Haw*, *Gomer Pyle USMC* y *Bonanza*. Al ver a los fanáticos del rock en medio del lodo, rechazando los valores de los Estados Unidos, se molestaron. Y las desagradables historias del amor libre y las drogas gratis agrandaron la brecha entre los «hippies» y las personas «promedio». El profesor de leyes de Yale, Charles Reich, publicó un libro de ensueño: *The Greening of America* [El reverdecer de los Estados Unidos].[48] Su obra fue aclamada por los críticos. Reich afirmaba que se acercaba una revolución cultural, una nueva civilización estadounidense que se basaba en los sentimientos. Reich definía la libertad como el abandono de toda vieja restricción sexual y moral. Ser sobrios y trabajadores era algo para la gente cuadrada. «Si te sientes bien haciéndolo, hazlo», era el clamor de los revolucionarios. Y las cosas que hacían para sentirse bien les causaban malestar a millones de estadounidenses promedio.

La contracultura se sentía justificada al despreciar a las instituciones estadounidenses cuando salieron a la luz los informes de la Masacre de My Lai en 1969. El teniente primero William Calley fue sometido a la corte marcial del ejército debido al asesinato de veintidós civiles en la aldea sur vietnamita de My Lai.[49] La matanza tuvo lugar en 1968, después de la cruel ofensiva comunista del Tet, pero nada podía justificar el hecho de haberles apuntado y luego matado a mujeres, niños y ancianos desarmados. Los revolucionarios querían convertir a Calley en la imagen de la sociedad promedio. Decían que ese era el resultado inevitable de haber seguido al

---

* Durante una conferencia ante la brigada de los cadetes de la Academia Naval de los Estados Unidos en 1998, el autor de este libro señaló que si Woodstock era un hecho que definía a una generación entera de estadounidenses, el Día D, que tuvo lugar veinticinco años antes, definía a la generación de sus padres.

sistema. Incluso hubo estadounidenses que se negaban a creer en esta historia.* La mayoría de los estadounidenses sentía horror ante las creíbles acusaciones de crímenes de guerra en contra de nuestros soldados. Algunos incluso afirmaban que My Lai no había sido una aberración, sino una conducta típica de las fuerzas estadounidenses en el Delta del Mekong.** Sin embargo, los críticos no habían tomado en cuenta al Oficial de Garantías del Ejército, Hugh Thompson. Fue Thompson el que vio los asesinatos y bajó con su helicóptero para interponerse entre los hombres de Calley y los aldeanos amenazados. Thompson arriesgó su vida y la de su tripulación para salvar a cientos de aldeanos de Vietnam del Sur de una muerte segura.[50]

Los grandes carteles con fotografías a todo color mostraban a los muertos de My Lai tirados en una zanja. El pie de foto decía: ¿Y los bebés? ¡Los bebés también! Esta era una cita de la declaración de Calle ante la corte marcial. Miles de estos carteles llegaron a los dormitorios universitarios y la oposición a la guerra se convirtió en una cruzada moral. Sin embargo, no existían carteles de los miles de sur vietnamitas que los comunistas de Hue habían enterrado vivos. Y tampoco algunos que mostraran el heroísmo del oficial Thompson.

Otra de las víctimas de ese verano de borrachera fue la reputación del hermano Kennedy que todavía estaba vivo. El senador Edward M. Kennedy se había negado a los pedidos de formar parte de la contienda presidencial de 1968 después que su hermano mayor Robert fuera asesinado. Ahora, en 1969, asistió a una fiesta alocada en Martha's Vineyard. Cinco mujeres solteras y seis hombres casados —todos miembros de la campaña presidencial de Bobby Kennedy— se habían reunido para pasar una noche de tragos y carne asada. Ted Kennedy dejó la fiesta con la joven Mary Jo Kopechne para tomar el transbordador de Edgartown. En las primeras horas del 19 de julio, el auto de Kennedy perdió el control en el puente de Chappaquiddick y se hundió en las oscuras aguas.[51] Kennedy logró nadar para salvar su vida, pero tardó diez horas en llamar a la policía. Kopechne era una de las «chicas de la sala de calderas» que habían trabajado en la campaña presidencial de Bobby. Ella murió ahogada en el Oldsmobile azul oscuro que pertenecía a Kennedy.

La noticia se conoció el mismo día en que Neil Armstrong alunizaba con el *Eagle*, así que el mundo no llegó a registrar el pleno impacto de lo sucedido en Martha's Vineyard. Este «eclipse lunar» impidió que los medios analizaran el

---

* «No sucedió y, además, lo merecían», señaló un astuto escritor en tono de sátira ante la confusa e incrédula respuesta al informe de My Lai.

** El testimonio ante el Congreso del joven teniente (grado menor) John F. Kerry mostraría que las fuerzas estadounidenses que peleaban en Vietnam del Sur habían cometido «crímenes de guerra» de forma rutinaria.

incidente de un modo profundo. No se formularon preguntas para indagar por qué Kennedy se había demorado tanto en llamar pidiendo ayuda, las autoridades de forma curiosa no mandaron a realizar la autopsia del cuerpo de Kopechne, y la reacción de las fuerzas del orden locales de Massachusetts fue «andar con cuidado». La situación contrastaba con el intenso escrutinio que Edward R. Murrow le hiciera al senador Joe McCarthy en la década anterior durante la emisión de «See it now» [Véalo ahora]. Era claro que Kennedy se beneficiaba con esto. Su discurso al pueblo de Massachusetts fue escrito en un borrador por el protector del legado de JFK, Ted Sorenson. Se trató de un discurso bastante pobre, en el que se evitaron tantas respuestas como las que se contestaron. La conducta de Kennedy en Chappaquiddick no sería examinada en detalle sino hasta diez años más tarde, cuando quiso ser presidente. Aun entonces, muchas de las preguntas evitaron llegar al centro de la cuestión.

III. La silenciosa mayoría

Richard Nixon jamás dijo que tuviera un «plan secreto» para acabar con la guerra de Vietnam. Eso fue lo que afirmó uno de sus críticos. Nixon sí prometió retirar a los Estados Unidos del combate en Vietnam del Sur sin dejar que el país cayera en manos del comunismo. Cuando prestó juramento como presidente, había quinientos treinta y cinco mil jóvenes estadounidenses «en el país». Esta enorme fuerza se había acrecentado a partir de los dieciséis mil que hubiera en tiempos del presidente Lyndon B. Johnson. Aconsejado por Robert Strange McNamara, el secretario de defensa, LBJ siguió una política de ampliación gradual de las fuerzas en combate.

Enfrentando las masivas manifestaciones de protesta, Nixon se presentó ante el pueblo estadounidense en noviembre de 1969 para ofrecer su plan de *Vietnamización* de la guerra en el sudeste de Asia. Con el término Vietnamización, Nixon quería dar a entender que el ejército de Vietnam del Sur tendría que hacerse cargo de la defensa de su país. Los Estados Unidos seguirían ofreciendo apoyo aéreo, naval y un fuerte compromiso financiero para impedir que Vietnam del Sur cayera ante el norte comunista.

El general Douglas MacArthur expresó la opinión de millones de estadounidenses durante la Guerra de Corea cuando señaló que «no hay sustituto para la victoria». Sin embargo, los hacedores de política más importantes de los Estados Unidos sabían que siempre estaba el peligro de que la «guerra limitada» que libraban se convirtiera en una guerra mundial, y de que los Estados Unidos se vieran involucrados en un conflicto directo con la China Roja o la Unión Soviética, que contaban con armas nucleares. También existía la posibilidad de que esos dos frentes se unieran contra los Estados Unidos. Fue para evitar este peligro que los gobiernos de Johnson y Nixon perseguían el objetivo de limitar la guerra y proteger el sudeste asiático.

Nixon habló de una «silenciosa mayoría» de estadounidenses que respaldaban su política de retirar al ejército de forma gradual. Él había ordenado el retorno de veinticinco mil soldados estadounidenses en junio de ese año, seguidos de otros treinta y cinco mil que fueron convocados en septiembre.[52] La encuesta de Gallup mostraba que el setenta y cinco por ciento de los estadounidenses aprobaba la política de Vietnamización de Nixon.[53]

El dato no sirvió para disuadir a los que se manifestaban en contra de la guerra. Solo parecía implicar que el pueblo de los Estados Unidos compartía la culpa de los líderes estadounidenses, según la opinión de los opositores más extremos. Los radicales escribían sobre *Amerika*, utilizando la ortografía del nombre en alemán para vincular a los Estados Unidos con el odioso régimen de Hitler. Incluso el columnista liberal y contrario a la guerra, David Broker, reconoció el espíritu profundamente antidemocrático de los que organizaban las multitudinarias manifestaciones en contra de la guerra.[54] Ya no se trataba de simples expresiones de disenso o esfuerzos por persuadir. En sí mismas, estas manifestaciones se habían convertido en un intento de impedir que se llevaran a cabo las políticas del gobierno. «¡Ciérrenlo!», clamaban los jóvenes rebeldes que rodeaban al Pentágono y bloqueaban las calles de Washington, D. C. Ellos quemaban banderas estadounidenses y hasta usaban las tarjetas de reclutamiento a modo de fósforos para prender sus cigarrillos de marihuana.

El presidente Nixon encontraba dificultad para entender la rebelión juvenil que parecía querer engullirlo. Él era un hombre solitario y sin sentido del humor, por lo que no podía recurrir a un comentario banal o jocoso en referencia a los jóvenes manifestantes. En esto era distinto por completo al gobernador de California, Ronald Reagan. Cuando unos estudiantes rebeldes de Berkley lo confrontaron, Reagan supo contestar con humor. Le habían dicho que habría un «baño de sangre», y Reagan les contestó que más les convendría comenzar por «darse un baño» ellos mismos.[55] Cuando los rebeldes bloquearon la acera y se enfrentaron a él, Reagan se llevó el dedo a los labios en señal de silencio y pasó caminando de puntillas. «Shhh», dijo. E incluso algunos de sus adversarios rieron a carcajadas sin poder evitarlo.[56] Al salir de una reunión en la Junta de Regentes de California, Reagan se encontró con unos jóvenes manifestantes que cantaban en protesta. Ellos sospecharon, con razón, que él había venido a despedir al director del programa educativo, un liberal, para hacer cambios en materia de educación. «¡Somos el futuro», gritaban. Reagan, siempre sonriente, garabateó un cartel en una hoja de su bloc y lo colocó sobre la ventana de la limosina para que lo leyeran: «Si es así, venderé mis bonos de inversión».[57]

Solo una vez, en 1971, el presidente Nixon intentó llegar a los manifestantes que rodeaban la Casa Blanca. Salió al amanecer para conversar con los manifestantes que pasaban la noche junto al monumento a Lincoln. Trató de romper el hielo hablando de fútbol, sus pueblos, o cualquier cosa excepto de lo que les había llevado a Washington.[58] Nixon era tímido y no se sentía cómodo con la confrontación. Hacía el intento, pero jamás pudo entender a sus enemigos.

Cuando el presidente Nixon invadió Camboya en 1970, el movimiento de protesta aulló su repulsión y rechazo. Para ellos, esto significaba una locura, un paso adelante en pos de continuar y ampliar la guerra. Acusaban a Nixon de haber llevado la guerra a otra nación soberana. En realidad, era todo lo contrario. Los norvietnamitas habían estado utilizando Camboya durante años como área de preparativos para sus ataques contra Vietnam del Sur. El prestigioso periódico de Londres, *The Economist*, supo entender la intención y mencionó que el resto del mundo «apenas había dado señal de protesta» cuando los comunistas violaron la neutralidad de Camboya.[59] Desde sus «santuarios» de Camboya las fuerzas comunistas habían invadido el sur, matando a miles de personas, incluidos muchos estadounidenses. Nixon le indicó al país que esto era una incursión, no una invasión. Se trataba de un esfuerzo por «limpiarse» los bolsillos de la actividad enemiga. Los soldados estadounidenses dejarían Camboya apenas hubieran cumplido su objetivo.

Los mismos líderes liberales que habían considerado inteligente a Kennedy porque utilizó la palabra *cuarentena* durante la crisis de los misiles de Cuba, atacaron ahora a Nixon por decir que se trataba de una *incursión*, alegando que no era sincero. Los hombres que guardaron silencio o no quisieron criticar la política de guerra cuando el demócrata Lyndon Johnson envió cada vez más soldados a Vietnam ahora se sentían libres de protestar ante la noticia de que morían trescientos estadounidenses en combate cada semana.[60] Atacaron a Nixon sin miramientos. El senador demócrata de Maine, Edmund Muskie, acusó a Nixon de haber «buscado un método militar para terminar con esta guerra en lugar de recurrir al método de la negociación».[61] El senador Walter Mondale, por lo general medido y tranquilo, atacó a Nixon. «Esto no solo es una trágica escalada de la guerra, que la extenderá y aumentará la cantidad de muertos estadounidenses. Es una admisión directa de que la Vietnamización ha fracasado», señaló.[62] Luego se demostró que Mondale estaba equivocado cuando después de la operación exitosa de los Estados Unidos en Camboya la cantidad de muertos estadounidenses se redujo.[63] La incursión le permitió a Nixon acelerar el retiro de las tropas estadounidenses del sur de Vietnam.

Sin embargo, a los críticos estos datos no les interesaban. Habían llegado a un estado febril, lo mismo que sus seguidores. En la Universidad Estatal de Kent, el gobernador James Rhodes ordenó que los hombres de la Guardia Nacional de Ohio se ocuparan de contener una revuelta estudiantil contraria a la operación de Camboya. Los jóvenes guardias dispararon contra la multitud de manifestantes, matando a cuatro de ellos. El país quedó horrorizado y profundamente dividido ante estas muertes en Kent State. El autor de éxitos de librería James Michener publicó al año siguiente su *Kent State: What Happened and Why* [Kent State: Qué sucedió y por qué], defendiendo a los jóvenes guardias al decir que temían por sus vidas, ya que la cantidad de manifestantes que insultaban, gritaban y tiraban piedras les superaba en un gran número.[64] La respuesta furiosa de I. F. Stone, *The Killings at Kent State: How Murder Went Unpunished* [La matanza de Kent State: Cómo el asesinato quedó impune], se vendió como pan caliente.[65] No obstante, a pesar de las estridentes acusaciones de Stone, el sistema legal jamás culpó a nadie por las trágicas muertes de los estudiantes. Según se supo luego, «Izzi» Stone se reunía con regularidad con ciertos agentes de la inteligencia soviética, una práctica que realizó durante años a sabiendas de que operaban para los soviéticos. Ellos incluso lo invitaban a almorzar. En la KGB se le conocía como *bliny* o panqueque.[66] Hoy podemos ver esa matanza de Kent State de la misma manera en que vemos la Masacre de Boston: como una tragedia terrible que podría haberse prevenido.

Nixon podía afirmar, y con razón, que la mayoría de los estadounidenses respaldaban su política de guerra. Él veía el conflicto en términos de las grandes potencias. No quería que los Estados Unidos se convirtieran en un gigante indefenso y llorón.[67]

En su discurso de «la mayoría silenciosa», Nixon presentó argumentos sólidos a favor de un nuevo curso en Vietnam, advirtiendo al mismo tiempo sobre lo que llamó «un retiro precipitado»:

El retiro precipitado de las fuerzas estadounidenses de Vietnam sería un desastre no solo para Vietnam del Sur, sino para los Estados Unidos y la causa de la paz.

Para los vietnamitas del sur, nuestro retiro precipitado inevitablemente permitiría que los comunistas repitieran las masacres que siguieron a su ocupación del norte quince años atrás. En ese entonces mataron a más de cincuenta mil personas, mientras que cientos de miles más murieron en los campos de concentración.

Hemos visto un preludio de lo que sucedería en Vietnam del Sur cuando los comunistas entraron en la ciudad de Hue el año pasado. Durante su breve dominio de la ciudad hubo un sangriento reinado del terror en el cual a tres mil civiles se les apaleó, fusiló y enterró en fosas comunes.

Con el repentino colapso de nuestro apoyo, estas atrocidades de Hue se convertirían en la pesadilla de toda la nación y en particular del millón y medio de refugiados católicos que escaparon a Vietnam del sur cuando los comunistas ocuparon el norte.

Para los Estados Unidos, esta primera derrota en la historia de nuestra nación daría como resultado la caída de la confianza en el liderazgo estadounidense, no solo en Asia, sino también en el resto del mundo.

Tres presidentes de los Estados Unidos comprendieron lo que estaba en juego en Vietnam, entendiendo también qué era lo que había que hacer.

IV. Nixon a China

En ese momento, Nixon se aprestaba a jugar su «carta de China». Aun antes de entrar en la Casa Blanca, él había escrito acerca de la necesidad de un nuevo modo de acercamiento a lo que entonces se conocía como la China Roja. Para 1971, Nixon ya había decidido enviar al consejero de seguridad nacional, el Dr. Henry Kissinger, en una misión secreta a Beijing. Quería aprovechar la división entre los chinos y los rusos para lograr que China dejara de enviar ayuda a los vietnamitas del norte. La misión se llamó *Polo* en honor al afamado explorador italiano Marco Polo, y para su cumplimiento el gobierno de Nixon envió a Kissinger a Paquistán. Desde allí Kissinger podría acercarse con mayor discreción a Beijing. Las reuniones del mes de julio entre Kissinger, Mao Tse Tung y Zhou En-lai se realizaron en el más estricto secreto. En ese entonces, China apenas lograba recuperarse de los años de locura que se conocían como la Revolución Cultural del Gran Proletariado. Esta Revolución Cultural había conducido a la muerte y la desgracia de millones de personas. Mao usó a los jóvenes Guardias Rojos para humillar a los intelectuales de China. Estos guardias enarbolaban copias del *Libro Rojo* de Mao, que según decían los jóvenes rebeldes era la única guía que necesitaban para gobernar a la gran China.

Kissinger asombró al mundo y sus líderes cuando anunció que habría un *acercamiento* con China. Nixon finalmente había dado su golpe, pero no todos quedaron satisfechos. El más asombrado y alienado fue el fiel amigo de los Estados Unidos, la República China, el gobierno chino no comunista exiliado en Taiwán. «Ningún gobierno merecía menos lo que iba a sucederle que el de Taiwán», admitió Kissinger. «Se trataba de un aliado leal y su conducta hacia nosotros había sido ejemplar. Sus representantes ... se comportaban con la bien entendida confiabilidad y la sutil inteligencia que caracteriza al pueblo chino».[68]

Kissinger, siempre realista, creía que los Estados Unidos ya no podrían contener a las mayorías de la Asamblea General de las Naciones Unidas que votaban cada año para que China reemplazara a Taiwán en este cuerpo mundial con un asiento permanente en el consejo de Seguridad. Él pensaba que los Estados Unidos ya no podrían seguir sosteniendo la ficción de que la República China de Taiwán era el único gobierno legítimo de mil millones de chinos en el continente.

Pronto, China Nacionalista, nombre que durante décadas identificó a Taiwán, se vería privada de su asiento en el Consejo de Seguridad de las Naciones Unidas, su asiento en la Asamblea General, e incluso abruptamente degradada de su estatus de embajada en los Estados Unidos de América. Kissinger tuvo un papel muy importante en la elaboración del borrador de la Declaración de Shangai, que se expidió desde la entrada de Nixon en el Pacífico. Lo mejor parecía ser salvar todo lo que se pudiera salvar. Los Estados Unidos urgían a la reconciliación pacífica de China y Taiwán, la continuación de las relaciones comerciales con la próspera república isleña, y lo más importante, a seguir proveyéndoles armas a los taiwaneses para su autodefensa. Más allá de esto, Nixon y Kissinger no creían poder avanzar, y tampoco parecía conveniente. La visita del presidente Nixon a la República Popular de China en 1972 fue un hito de su gobierno. Él y la Sra. Nixon caminaron sobre la Gran Muralla y brindaron por Mao en una espléndida cena de estado en Beijing. Nixon había sido el que edificara su carrera criticando a los liberales por haber «perdido» a China a manos de los comunistas. Y ahora cerraba el círculo. A partir de entonces «Nixon en China» fue el nombre para cualquier plan político en el cual aquellos que se hubieran opuesto a una política determinada podían de repente cambiar y aceptarla. Sin dudas existían buenas razones para reevaluar la política estadounidense con respecto a China. George Washington había advertido en contra de las alianzas y los antagonismos permanentes. Sin embargo, el método de Nixon, secreto, cínico y repentino, hizo que surgieran dudas muy serias con respecto a la estabilidad, el propósito y los principios de los estadounidenses.

También hizo que surgieran preguntas serias en cuanto a lo que significaba la libertad en el proceso político de los Estados Unidos. ¿Qué era lo que habían escogido los votantes al elegir a Nixon en 1968? ¿Qué rol tuvo el pueblo o sus representantes elegidos en este significativo giro? Ninguno. Ni siquiera se les consultó. No se les preguntó qué opinaban. ¿Qué pensarían ahora los padres de los jóvenes soldados que habían muerto peleando contra los soldados comunistas chinos en Corea en 1950 al ver que el presidente brindaba con champaña por el sangriento dictador que había hecho la guerra contra los Estados Unidos y las Naciones Unidas en su conjunto? Es cierto que en algún momento tendría que haber un cambio, ¿pero uno como este? El engaño al público, necesario para lograr este golpe diplomático, se convertiría en la firma del estilo de Nixon, en su sello. Al aconsejar a Kissinger sobre una reunión con la prensa, H. R. «Bob» Haldeman, considerado el «alter ego» de Nixon, señaló: «Solo puedes mentir hasta un punto».[69] La mayor preocupación del gobierno de Nixon era entonces hasta dónde se podría mentir.

Nixon y Kissinger prosiguieron con la política de distensión con la URSS. Nixon firmó un Tratado Misilístico Antibalístico, el cual les prohibía a ambas naciones el despliegue de un sistema de defensa antimisiles (con excepción de la zona circundante a las capitales de ambas superpotencias). De este modo, los republicanos creyeron que volvían a las políticas de Eisenhower y Dulles, conocidas como políticas de «Destrucción mutua asegurada». Y su nombre abreviado, por sus siglas en inglés, también era adecuado: MAD*. La seguridad, en un mundo peligroso con decenas de miles de armas nucleares tanto de los Estados Unidos como de la URSS, dependería de aquello a lo que Churchill le había llamado «el equilibro del terror». Nixon también dio su aprobación para el Tratado de Limitación de Armas Estratégicas con los soviéticos.

Él les informó a los estadounidenses que estaba decidido a no «huir» de Vietnam del Sur. Sin embargo, a los chinos parecía estar diciéndoles que haría justo eso. Kissinger y Nixon se enteraron de que los chinos querían que los Estados Unidos

---

*   Mutual Assured Destruction, cuyas iniciales forman la palabra mad, que significa «loco» en inglés.

se quedaran en Asia como contrapeso de la «hegemonía» de la Unión Soviética.[70] Con cierta amargura, Kissinger observó que los chinos parecían entender la política estadounidense mejor que los profesores de Harvard Yard.[71]

Fue en la política económica que Nixon demostró con mayor evidencia su tendencia a querer impresionar a sus opositores y asombrar a sus amigos. Había acordado con el economista conservador Milton Friedman que el recargo del diez por ciento que Lyndon Johnson había impuesto sobre los ingresos sería inefectivo para terminar con la inflación. Para 1971, el problema se estaba volviendo incontrolable.[72] La inflación se comía los ahorros de la clase media y presentaba una amenaza especial para la reelección de un presidente que dependía del apoyo de los conservadores.

El senador demócrata de Montana, Mike Mansfield, impulsó en ambas cámaras del Congreso la legislación que le permitía al presidente establecer controles de preciso y salarios. «La lección de que los precios fijos impuestos por el gobierno nunca funcionan es algo que no se aprendió», respondió Nixon. Y añadió con convicción: «No llevaré a esta nación cuesta abajo por el camino de los controles de salarios y precios». Se podría haber apostado a que él diría eso. El plan se había organizado para poner en ridículo al presidente, ya que tanto Mansfield como los demás demócratas sabían que el pueblo estadounidense desaprobaba las políticas económicas de libre mercado de Nixon.[73]

Sin embargo, el esquema no resultó como se planeaba. Nixon caminó directo hacia la trampa y la volvió contra sus opositores. De modo sorprendente, apoyó las leyes.

Su giro de ciento ochenta grados en este tema se debe en parte a la influencia de su dinámico secretario del tesoro, John B. Connally. Si retrocedemos unos años, recordaremos que Connally era el gobernador demócrata de Texas que sobrevivió al asesinato de Kennedy. Nixon se alineó con las recomendaciones de Connally sobre un «congelamiento» de precios y salarios y siguió sus políticas comerciales de proteccionismo.[74] Un escritor ha comparado a Connally con «un vaquero de Texas en el Palacio de Versalles, el cual ignora quién o qué originó el edificio y no le importa tampoco lo que puedan destruir sus balas».[75] La crítica habría sido más justa si no se centrara en su condición de tejano tanto como en quién era Connally en Texas. Los tejanos con más conocimiento podrían haberle dicho a Nixon que los controles de precios y salarios eran como los incendios en los pozos petroleros: fáciles de iniciar, difíciles de apagar. Aunque no les hubiera hecho caso tampoco. «Todos somos keynesianos ahora», dijo Nixon en tono blando.[76] Parecía no importarle que las doctrinas del economista británico John Maynard Keynes representaran un anatema para sus seguidores conservadores, ya que Keynes había abogado por el gasto público en tiempos de dificultades económicas como un medio para «cebar la bomba» con vistas a la recuperación. A Nixon le satisfacía que el índice de desaprobación con respecto a los temas económicos, que en un momento llegara al setenta por ciento, ahora decayera de un modo tan horrible como su propia posición en el asunto. Los estadounidenses recibieron con entusiasmo la idea de los controles de precios y salarios y le dieron a Nixon más del setenta por ciento de aprobación para sus políticas económicas en las encuestas públicas.[77] No obstante, la satisfacción que ayudó a Nixon a corto plazo no impidió que al poco tiempo la economía se deprimiera.

La economía estadounidense en la década de 1970 sufría dos males: demasiada regulación y muy poca inversión. La recesión de 1973 a 1975 fue la peor desde la Gran Depresión. Con el tiempo, la misma contribuiría a afectar la imagen de Nixon en el momento en que enfrentó los problemas de Watergate. Millones de estadounidenses veían con incertidumbre el futuro de sus hijos, pensando que para la generación siguiente no habría tantas oportunidades económicas. Todo esto creó un sentimiento de amargura en el país y muchos descargaban su frustración sobre el presidente Nixon.

No fue solo con China y la economía que Nixon desconcertó y desilusionó a sus más leales seguidores. Una comisión presidencial encargada de la pornografía recomendó de manera previsible que se eliminaran la mayoría de las restricciones legales. Aunque las leyes estaban escritas, no se habían hecho cumplir. Poco después, la nación se vio sumergida en un mar de pornografía.*

Otra comisión designada por Nixon y encabezada por Laurance Rockefeller se encargó de estudiar el tema del crecimiento poblacional. La Comisión Rockefeller respaldaba el control de la natalidad con fondos federales y quería derogar las leyes en contra del aborto. Nixon se *oponía* al aborto a demanda, según dijo, pero firmó la Ley de la Salud Reproductiva y el Planeamiento Familiar de 1970, que desde entonces significó miles de millones de dólares de impuestos destinados a la paternidad planificada.**

---

* La mayoría de los soldados que volvían de Vietnam se asombraron de ver y oír obscenidades en las películas, los libros y los escenarios. Los críticos de teatro en Nueva York no dejaban de elogiar cosas como las escenas de desnudos en Hair y O Calcutta!

** La Ley de la Salud Reproductiva y el Planeamiento Familiar de 1970 se aprobó por mayoría demócrata en el Congreso. La misma fue coauspiciada por el joven congresista republicano de Houston, George H. W. Bush. El apoyo de Bush brindó una «cubierta» moderada para lo que esencialmente conformaba

Nixon también intentó cambiar la política federal de asistencia social. Apoyó la iniciativa de su consejero de política interior, Daniel Patrick Moynihan. Moynihan era un demócrata liberal que halagaba a Nixon con la idea de que él podría ser el conservador que implementara una política liberal de importancia, como Benjamin Disraeli lo había hecho en Gran Bretaña en el siglo diecinueve. Moynihan insistía en el Plan de Asistencia Familiar que les habría dado a las familias pobres subsidios en dinero proveniente del gobierno en lugar de los planes de asistencia social del momento. El economista conservador Milton Friedman se pronunció a favor de un Impuesto al Ingreso Negativo. Si el gobierno podía cobrarles impuestos más altos a los más ricos, decía Friedman, ¿por qué no suplementar el ingreso de los más pobres?[78]

Los demócratas que controlaban el Congreso bloquearon toda acción en cuanto al plan de asistencia de Nixon (tal vez estuvieran de acuerdo con Moynihan, pero temían que si Nixon se convertía en el Disraeli estadounidense, la mayoría que disfrutaban podría disolverse). El obrero estadounidense promedio no quería la asistencia y los planes de bienestar social, pero le disgustaba más todavía la idea de que se le pagara a la gente por no trabajar. Muchos se preguntaban qué les sucedería a los que se ganaban el pan cuando ya no hiciera falta su esfuerzo en el hogar.[*]

Nixon apoyó, o al menos no se opuso, al movimiento ambiental, que en ese momento crecía y se extendía. El movimiento estaba inspirado en el libro *Primavera Silenciosa* de Rachel Carson, escrito en 1962. También las fotografías de la Tierra como «una gran canica azul», tomadas desde la luna, le habían dado impulso. El senador Edmund Muskie fue uno de los líderes del movimiento en el Capitolio y presentó e impulsó importantes leyes sobre Aire Puro y Agua Limpia. Nixon firmó estos proyectos debidamente y aprobó la creación de una nueva Agencia de Protección Ambiental.[79] Algunos conservadores señalaron con desagrado que el primer Día de la Tierra, el 22 de abril de 1970, coincidía con el centenario del nacimiento del gran revolucionario comunista Vladimir Lenin. Sin embargo, el movimiento no era rojo, sino verde.

---

un cambio drástico en la política federal en materia de la familia. El papel clave de Bush padre en la promulgación de la ley hizo que luego los conservadores de pura cepa desconfiaran de él.

[*] Algunos de los ejemplos más poderosos del efecto de los planes de asistencia social sobre el matrimonio surgen, una vez más, de los experimentos de SIME/DIME (experimentos de ingresos de Seattle y Denver respectivamente). En respuesta a un ingreso garantizado, la tasa de divorcios aumentó un 36% entre los blancos y un 42% entre los negros (Fuente: Murray, Charles, Losing Ground [Perdiendo terreno], pp. 151-152).

Los años de Nixon también fueron los de los grandes avances del nuevo movimiento feminista. Ambos partidos ahora respaldaban una Enmienda de Igualdad de Derechos (ERA, por sus siglas en inglés) a la Constitución. El Viejo Gran Partido de Nixon había estado apoyando esto durante generaciones. Cuando el congresista segregacionista demócrata Howard W. Smith, de Virginia, enmendó la gran Ley de Derechos Civiles de 1964, también declaró ilegal la discriminación de género. El «juez» Smith esperaba que la ilegalidad de la discriminación por sexo fuera una «enmienda mortal», que con el tiempo detendría y retrasaría la Ley de Derechos Civiles. No fue así. En cambio, la misma brindó las bases legales para el nuevo feminismo.

No obstante, además de la igualdad de derechos, las nuevas feministas querían el aborto a demanda.*

Varias leyes estatales se enmendaron para legalizar lo que los estatutos de cada estado consideraban un asesinato en el pasado. El gobernador Nelson Rockefeller firmó una ley radical en Nueva York que permitía el aborto por cualquier motivo hasta los seis meses de embarazo. El gobernador de California, Ronald Reagan, atravesó por grandes angustias, pero de igual modo firmó un proyecto que permitiría el aborto si la vida o la salud de la madre corrían peligro. En el estado de Washington, los votantes aprobaron un referéndum para legalizar el aborto. El gobernador Dan Evans aprobó la modificación. Rockefeller, Reagan y Evans representaban a un amplio espectro del partido republicano.

Los demócratas estaban divididos en cuanto al tema del aborto. Muchos líderes negros e hispanos se oponían. César Chávez, un líder mexicano-estadounidense del sindicato de obreros agrarios de California, reafirmó con decisión sus profundas creencias religiosas en contra del aborto. El reverendo Jesse Jackson señaló que el aborto era «un genocidio negro». Algunos demócratas electos también se oponían al aborto. El senador de Missouri, Thomas Eagleton; el senador de Wisconsin, William Proxmire; Joseph Califano, que era veterano del gobierno de LBJ; y, al menos en ese momento de su carrera, el senador de Massachussets, Edward M. Kennedy, se expresaron en contra del aborto. Los demócratas también buscaban el apoyo de los aparatos políticos de la Gran Ciudad, mayormente católicos. Así fue que los demócratas incluían a algunos de los más decididos opositores y también a algunos promotores del aborto legal.

---

* En el siglo diecinueve la mayoría de las feministas y sufragistas se oponían decididamente al aborto, y entre ellas la más notable fue Susan B. Anthony.

Al ver la creciente *resistencia* al aborto a demanda entre los más conservadores, los planificadores liberales recomendaron la estrategia de ir a través de los tribunales federales en lugar de las legislaturas estatales o el referéndum popular. El referéndum 20 del estado de Washington sobre el aborto había dado como resultado una victoria bastante ajustada: 54% contra 46%. Los votantes de Michigan decidieron rechazar la derogación de la ley contra el aborto en 1972 con un voto de 61% contra 39%. El rechazo de Dakota del Norte con respecto a la legalización del aborto fue todavía más contundente: 77% contra 23%.[80]

En Nueva York y otros estados se hacían esfuerzos por repeler las leyes que permitían el aborto. La defensora del aborto Judith Blake observó que casi el 80% de los estadounidenses se oponían al aborto irrestricto, y urgía a sus seguidores que también buscaban el aborto a demanda a presentarse ante la Corte Suprema como «único camino hacia un cambio rápido».[81]

Ella aducía que en un tema tan fundamental la democracia no era de confiar. Las feministas sostenían que los derechos reproductivos básicos de la mujer no podían someterse a la aprobación de los votantes, así como la lucha contra la segregación no podía depender de un electorado mayormente blanco en el sur. Las nuevas feministas estaban desafiando no solo a la democracia estadounidense. El rechazo a la ley del aborto tampoco satisfaría a los más extremistas en un movimiento que no soportaba la oposición.

La escritora radical Shulamith Firestone señaló que había que atacar de un modo más profundo los valores tradicionales. «Las feministas tienen que cuestionar no solo todo lo que implica la cultura *occidental*, sino la organización de la cultura misma, y además, incluso la propia organización de la naturaleza».[82]

V. LA ELECCIÓN DE 1972

Se aproximaba la elección de 1972 y el presidente Nixon gozaba de una posición fuerte, aunque él no se *sintiera* así. Había tenido éxito al retirar a las fuerzas estadounidenses de Vietnam del Sur y reemplazar el reclutamiento militar por un llamamiento a filas a través de un sorteo. Con ello, se logró cierta medida de calma en las ciudades y universidades del país.[83] Si no fuera por sus características personales, tal vez se hubiera convertido en el más exitoso de los presidentes de la posguerra. Uno de sus asistentes más cercanos y permanentes, Bryce Harlow, observó: A Nixon no le gusta la gente, por eso a la gente no le gusta Nixon.[84]

De todos modos, solo debió enfrentarse a una leve oposición para volver a ser nominado como candidato por el partido republicano. El congresista conservador John Ashbrook, de Ohio, y el congresista liberal Pete McCloskey, de California, no consiguieron apoyo en su quijotesco desafío a Nixon en las primarias del Viejo Gran Partido. Por el contrario, toda la atención se centró en los demócratas.

El senador George McGovern, de Dakota del Sur, se había convertido en el líder de los activistas liberales que se oponían a la guerra. McGovern contaba con una gran ventaja porque había presidido la comisión que reestructuró de manera drástica las reglas del partido para la nominación de candidatos presidenciales. Las reglas McGovern cambiarían por completo los procedimientos de nominación de ambos partidos. Desde 1972, los partidos eligieron a la gran mayoría de sus delegados a la convención en las primarias estatales y las reuniones electorales. Los «jefes» del partido ya no podrían imponer a su candidato preferido. En el partido demócrata, esto significaba que el proceso de nominación se vería dominado por los activistas liberales. Y para los republicanos, la base conservadora tendría que aprobar al que se eligiera.

Aunque el senador Edmund Muskie contaba con el gran apoyo de los líderes sindicalistas, las autoridades demócratas elegidas y el público en general, los miembros «del movimiento» se le oponían porque en un principio había apoyado la guerra de Vietnam. Preferían a McGovern, de quien decían que «había hecho lo correcto desde el principio» en lo concerniente a la guerra. El hecho de que tanto el senador Hubert H. Humphrey como Muskie, su compañero como candidato a la presidencia en 1968, se hubieran unido a la facción antiguerra en el Congreso, no les ganó favor entre los liberales que condenaron moralmente a ambos hombres.

La campaña de Muskie para la presidencia en 1972 fracasó de forma espectacular en Nueva Hampshire. Decidido a presentarse como candidato, se apareció en medio de una tormenta de nieve en el mes de febrero frente a las oficinas del *The Manchester Union Leader*. Dejándose llevar por las emociones, respondió ante un ataque contra su esposa escrito por el combativo editor del periódico, William Loeb. Los comentaristas de la televisión se preguntaban en voz alta si Muskie tendría la estabilidad emocional para ser presidente. Este era un argumento absurdo, claro está, ya que hombres fuertes como George Washington y Winston Churchill habían llorado en público. Sin embargo, Muskie mordió el anzuelo tendido por el astuto editor del estado de Nueva Hampshire, que en sus «editoriales» de primera página le llamaba al senador «Muskie de Moscú» (Y aun peor, este Loeb había dicho que el presidente Eisenhower era «Dwight el tontito».)[85]

El senador Henry M. «Scoop» Jackson, de Washington, entró en la contienda por la nominación demócrata. Jackson era un «halcón» que respaldaba la defensa decidida contra la agresión comunista y protegía a los judíos soviéticos perseguidos. Tenía una trayectoria importante con los sindicatos y los grupos a favor de los derechos civiles. Se había opuesto al transporte escolar dictaminado por la justicia en pos del «equilibro racial» en las escuelas. Fue acusado de apelar a la «represalia blanca», pero tanto los estadounidenses blancos como los negros defendían su posición, como lo evidenciaban todas las encuestas de opinión.[86] Este sistema de transporte escolar obligado, que se basaba en la raza y no en la cercanía geográfica con respecto a la escuela, no dejaba de sumar opositores. «Esto es algo abusivo para nuestros hijos, los cuales necesitan estar en sus propios barrios», le dijo una madre negra al *New York Times* en 1983. «¿Por qué hay que desarraigar a nuestros bebés? Los [blancos] permanecen en sus propios barrios hasta que van a la universidad. Es injusto. No es seguro. Es una maldita vergüenza».[87]

Tanto Jackson como Hubert Humphrey, que entraron como siempre tarde y de manera desorganizada en la nominación de 1972, quedaron eliminados por el movimiento de McGovern. La única amenaza verdadera a la nominación de McGovern era, de modo irónico, el antiguo segregacionista George C. Wallace. Como ahora los líderes del partido no podían decidir a quién nominar, tampoco podrían vetar a Wallace, que hizo campaña en las primarias demócratas ganando en Michigan y también, de forma ominosa, en Maryland. En mayo de 1972, el gobernador de Alabama sufrió un atentado contra su vida en Laurel, Maryland. Wallace sobrevivió, pero sufrió mucho dolor y quedó en silla de ruedas por el resto de su vida. Este atentado y la subsiguiente recuperación de Wallace le abrieron el camino a McGovern para la nominación.*

McGovern era tal vez un candidato inusual como líder de lo que se llamaría el Movimiento por la Paz. Su primera función en el servicio público fue como piloto de bombarderos durante la Segunda Guerra Mundial cuando tenía veintidós años. Inspiraba el respeto y el afecto incluso de los miembros más jóvenes de su tripulación en el B-24 Liberator, un avión que llevaba por nombre *Dakota Queen* en honor a su esposa Eleanor.[88] McGovern era maduro y estaba casado, por lo que casi representaba una figura paternal para los muchachos a los que guió en cada

---

* George Wallace se arrepentiría luego de su pasado segregacionista y apeló con bastante éxito a los votantes negros de Alabama, pidiendo su perdón y apoyo. Luego pasaría por varios períodos como gobernador y hasta participaría de una dramatización de la marcha sobre el puente Edmund Pettis en Selma. Wallace dejó atrás la segregación cuando LBJ firmó la Ley de Derecho al Voto en 1965.

misión contra los aviones alemanes con sus letales armas antiaéreas de ochenta y ocho milímetros, llevándolos siempre de regreso sanos y salvos a la base en Italia.

En una de sus misiones con varios B-24 agujereados por las balas, hubo quejas y protestas en las transmisiones de radio contra los «malditos n——s», una referencia racista a los pilotos de Tuskegee, cuya tarea consistía en proteger a los bombarderos más lentos y vulnerables. El problema acabó poco después cuando el comandante negro del escuadrón de los Mustangs P-51, que había estado sobrevolándolos con el fin de protegerlos, interrumpió las comunicaciones en la radio para decir: «¿Por qué no se callan, muchachos blancos? Somos los que los llevaremos a casa».[89] Los Mustang echaron a los alemanes y el escuadrón de McGovern regresó a casa sano y salvo. Desde entonces, George McGovern sería uno más de la gran generación de veteranos de la Segunda Guerra Mundial que se opondría a la discriminación racial dondequiera que fuera. Como congresista y senador, McGovern respaldaría con firmeza la igualdad de derechos para los estadounidenses de color.

La convención de nominación de McGovern en Miami, Florida, fue mucho más pacífica y armoniosa que la de la revoltosa reunión de Chicago cuatro años antes. Sin embargo, no estuvo mejor organizada. McGovern permitió que el reverendo Jesse Jackson desafiara y luego hiciera retirar a una delegación encabezada por el poderoso alcalde Daley, de Chicago.

A causa de las demoras y el cansancio de algunos delegados un tanto indecisos, la elección del candidato a la vicepresidencia tardó horas y horas. Solo los políticos más dedicados permanecerían levantados para ver que finalmente en la madrugada se elegía al senador Thomas Eagleton, de Missouri. Las demoras enmascaraban la oposición de los delegados que no querían a Eagleton. Este hombre joven, atractivo, católico y opositor al aborto tenía firmes vínculos con los sindicatos y una trayectoria en materia de derechos civiles. Como un senador nuevo no tenía historia pasada con respecto a Vietnam.[90] Aun así, los activistas liberales no se alegraban por la nominación de McGovern. Sus payasadas en la convención, donde anunciaban los votos como «Wisconsin, con el voto de 235.314 delegados a favor de...», causaron que resultaran poco serios y profundamente incapaces como partido para gobernar a un país.

El discurso de aceptación del senador McGovern ante la Convención Nacional Demócrata también fue de madrugada. No habló sino hasta las tres de la mañana, mucho después de que la mayoría de los votantes se hubiera ido a dormir.[91] Esperaba un «rebote» posconvención, como suelen hacerlo los candidatos nominados en las encuestas de opinión pública. No obstante, esta reacción no se produjo.

El apasionado llamado de McGovern a «volver a casa, los Estados Unidos», sonó como una convocatoria a regresar de la Guerra de Vietnam. El problema de McGovern era que la política de Nixon ya estaba trayendo a los estadounidenses que se encontraban en Vietnam de regreso al país. McGovern habló del urgente deseo de sus seguidores de ver un cambio: «Rechazamos la opinión de aquellos que dicen: "Los Estados Unidos, ámalos o déjalos". Y respondemos: "Cambiémoslos para poder amarlos más"».[92] Los que criticaban a McGovern replicaron que él y sus seguidores parecían estar diciendo que amarían a su país solo cuando lo hubieran transformado a su imagen y semejanza.

La trayectoria de McGovern durante la Segunda Guerra Mundial había sido, sin duda alguna, una historia de heroísmo. Él se enfrentaba a la muerte cada día mientras luchaba por quitarles el continente a los nazis. Sin embargo, en 1972, pocos estadounidenses lo sabían.[*] El partido demócrata no solo se oponía a la Guerra de Vietnam. También el rol de los Estados Unidos como nación defensora de la libertad disminuía, un rol que FDR, Truman y JFK habían abrazado con pasión.

McGovern también tuvo que minimizar su apoyo a Henry Wallace, engañado por los comunistas en 1948. Nixon originalmente había respaldado al republicano Dewey ese año (en tanto Ronald Reagan, de modo interesante, había hecho campaña para Harry Truman).

La campaña McGovern-Eagleton acabó al poco tiempo de comenzar. Cuando se supo que Eagleton había estado internado varias veces por depresión mental, los directores de campaña de McGovern se estremecieron. McGovern afirmó en una conferencia de prensa en las Colinas Negras de Dakota del Sur, un nombre adecuado para el caso, que apoyaba a su compañero candidato a la vicepresidencia al «mil por ciento».[93] En lo personal, McGovern en realidad no tenía prejuicios contra los que había sufrido alguna enfermedad mental. Sin embargo, más tarde, cuando se reveló que Eagleton había sido sometido a terapia con electroshock, McGovern accedió a la exigencia de sus principales asistentes y se reemplazó a Eagleton. No obstante, como el senador Eagleton fue incapaz de renunciar debido a las circunstancias, se le eliminó de la lista sin más ni más. Un líder demócrata del estado de Nueva York indicó negando con la cabeza y en voz baja: «¡Sacaron al loco equivo-

---

[*] En contraste, la campaña de Nixon se envolvió en la bandera estadounidense. Nixon había servido en un barco de aprovisionamiento en el Pacífico Sur. Ganó la considerable suma de cinco mil dólares jugando al póquer. McGovern lideraba el movimiento antibélico y por eso no logró beneficiarse de su posición como héroe de guerra. Su historia durante la Segunda Guerra Mundial finalmente se conoció cuando Stephen Ambrose escribió su exitoso libro Wild Blue [Azul salvaje].

cado de la boleta!». Los profesionales políticos podrán tolerar muchas cosas del líder de su partido, pero no pueden soportar la flagrante incompetencia.

Luego McGovern se dedicó a la vergonzosamente acelerada búsqueda de un candidato a la vicepresidencia. Después de haber pasado por reiteradas humillaciones causadas por el rechazo de personajes importantes, al final se decidió por el enérgico sargento Shriver, cuñado de los Kennedy y antiguo director del Cuerpo de Paz. Shriver actuó con coraje, pero no pudo hacer demasiado para detener la marcha de un tren que se descarrilaba. McGovern fue nominado por delegados elegidos sobre la base de cuotas estrictas: tantos hombres y mujeres, tantas minorías, tantos urbanos y rurales. Esta extraña fórmula de modo inevitable dejó fuera a delegados respaldados por los sindicatos. El presidente de la AFL-CIO, George Meany, respondió no dándole su respaldo a McGovern, algo que no se le había negado a ningún nominado demócrata moderno.[94]

La política quedó momentáneamente relegada a segundo plano ante los Juegos Olímpicos de Munich, en Alemania Occidental. Esta era la primera oportunidad que los alemanes tenían de ser anfitriones de los juegos desde el evento de Hitler en 1936. La moderna, libre y democrática República Federal de Alemania que Konrad Adenauer había levantado estaba desesperada por exhibir su sinceridad y tolerancia. Como resultado, no quiso rodear el estadio con fuerzas de seguridad demasiado numerosas. Los alemanes no querían que la televisión mostrara a tantos hombres armados. Abou Daoud era teniente del jefe terrorista palestino Yasser Arafat. Daoud y sus secuestradores del Septiembre Negro se filtraron en la aldea olímpica y tomaron como rehenes a once miembros del equipo israelí. Ante el fracaso de un intento de rescate, los atacantes de Daoud, cubiertos con pasamontañas de color negro, tiraron una granada de mano en la habitación donde mantenían cautivos a los atletas israelíes. Como resultado murió un israelí y el resto pereció en los helicópteros a causa de los disparos mientras eran evacuados. La Masacre de Munich fue un sombrío testimonio del surgimiento del fantasma del terrorismo utilizado como un instrumento de la política internacional. Arafat recibía generosos envíos de dinero y armas provenientes de la URSS.[95]*

Arafat continuaría con su carrera de asesinatos durante el resto de su vida. Al año siguiente de Munich, aprobó el asesinato del embajador estadounidense Cleo Noel, su representante George Curtis Moore, y un diplomático belga. Los tres

---

* Abou Daoud fue arrestado en París cinco años más tarde, pero las autoridades francesas lo liberaron. El servicio secreto de Israel, la Mossad, luego perseguiría y mataría a todos los terroristas que planificaron y llevaron a cabo la Masacre de Munich, con excepción de uno solo.

fueron secuestrados en Jartum, capital de Sudán. Los llevaron a un sótano y allí le dispararon más de cuarenta veces a cada uno. Los terroristas palestinos del Septiembre Negro de Arafat les dispararon con toda deliberación desde los pies hasta la cabeza para que murieran sufriendo terribles dolores.[96]

En los Estados Unidos, el Comité de Reelección del Presidente dirigió la campaña de Nixon en 1972 sin problemas, pero también sin imaginación. (El nombre del comité no mencionaba a Nixon debido a la falta de afecto por este estadounidense solitario.) Los periodistas le llamaron con rapidez a este comité CREEP.*

Los opositores de McGovern dentro del partido demócrata se burlaban de él. «Aborto, ácido y amnistía» fue el eslogan de campaña que esos demócratas le asignaron al nominado de su partido. Se referían al LSD (ácido) y la amnistía para aquellos que habían evitado el reclutamiento militar a fin de pelear en Vietnam. Dentro del partido, a McGovern le llamaban «Magoo», refiriéndose al personaje corto de vista de las caricaturas que todo el tiempo pisaba rastrillos y se metía en problemas. «Que odien, siempre y cuando tengan miedo también», afirma el viejo adagio romano. Nadie odiaba a McGovern, pero tampoco había quién le temiera. Se burlaban de él, y eso fue fatal.

El equipo de McGovern parecía no entender la lucha en la que estaban inmersos. Ellos repartían un adhesivo para los autos que decía: «Recuerda el 9 de octubre». ¿Qué? El misterioso mensaje hacía referencia a un discurso de Nixon el 9 de octubre de 1968, en el cual el rival señaló en tono de desafío que «aquellos que han tenido cuatro años para darnos paz y no lo lograron no merecen otra oportunidad». Incluso el tema de la paz, un delgado junco para McGovern, se quebró el 26 de octubre de 1972 cuando el Dr. Kissinger anunció en su inglés con acento: «Creemos que la paz está cerca». Él estaba negociando entonces con el representante de Vietnam del Sur, Le Duc Tho, ante la Conferencia de la Paz de París.

El martes 7 de noviembre de 1972, McGovern sufrió una de las perores derrotas en la historia de la política presidencial. Ocho años antes LBJ había sepultado a Goldwater, y ahora el republicano Nixon ganó en todos los estados, excepto en Massachusetts y el distrito de Columbia. En Massachusetts, como señalara George Will de forma tan memorable, hay más profesores universitarios que automóviles registrados.

Nixon, siempre temeroso, logró el siguiente resultado: 520 votos electorales y 46.740.323 populares (60,3%), en tanto McGovern obtuvo unos escasos 17 votos

---

*   Aquí se emplea un juego de palabras con relación al sigilo, significado del término en inglés.

electorales y 28.901.548 populares. La operación de campaña de McGovern fue tan pobre que quedó plasmada en el clamor de algunos de sus seguidores universitarios más jóvenes en el estado de Nueva York. «En la ciudad, McGovern le gana a Nixon», exclamaban exultantes cuando vieron que una encuesta del *New York Daily News* mostraba que el hombre de Dakota del Sur aventajaba a Nixon en la ciudad gótica con 52% a 48%. Nadie se animó a explicarles que para poder contrarrestar a un republicano en las afueras de la ciudad y Long Island, un demócrata necesitaría ganar en la ciudad de Nueva York por más del 60%. Aquellos que sabían estas cosas, los viejos profesionales del partido que nominaran a ganadores como FDR, Truman y JFK, no habían sido escuchados por los jóvenes e inteligentes Magoos.

«Renuncié a mi puesto de funcionario público por razones de salud. Es que enfermaba a la gente». Tal afirmación graciosa y asombrosamente inocente de un antiguo gobernador demócrata de Michigan no es frecuente en la política.[*] La mayoría de los políticos están convencidos de que la gente los ama y se lo merecen. Richard Nixon no era tan iluso. Sabía que la gente no lo quería.[97]

Esta inseguridad básica siempre lo llevaba a buscar una compensación exagerada. Insatisfecho con el desastre evidente que los demócratas hacían de su campaña en 1972, Nixon al parecer quería «endilgarles» algo. Sus agentes operativos entraron a la fuerza en las oficinas centrales del Comité Nacional Demócrata en el hotel Watergate de Washington. Lurgo, cuando el equipo de ladrones de relativo bajo perfil fue atrapado entrando al edificio el 23 de junio de 1972, Nixon negó saber del asunto. Sin embargo, las grabaciones de la Casa Blanca dejaron en claro y sin lugar a dudas que sí sabía del hecho, y mucho antes de que lo admitiera ante el pueblo estadounidense. Había mentido durante dos años.

Así nació el Escándalo de Watergate. Tal vez él vio a Ted Kennedy tratando de tapar todo intento por averiguar la verdad del caso Chappaquiddick sin perder su fama de león liberal.[**] Y seguramente vio al Dr. Daniel Ellsberg violar la ley federal al entregarles los Papeles del Pentágono al *New York Times* el año anterior, siendo elogiado como un «honorable delator».

En un significativo caso de 1971 en torno a los Papeles del Pentágono, la Suprema Corte sentenció que la Primera Enmienda tenía propiedad por sobre todo tipo de restricciones previas en la mayoría de los casos (restricciones previas en cuanto

---

[*]   El ingenioso Jim Blanchard luego sería embajador de Bill Clinton en Canadá.

[**]   Quiero que lo tapen, les dijo Nixon a sus subordinados cuando los investigadores de Watergate los cercaban. La misma era que nos dio la revuelta de Stonewall añadió al vocabulario del país el verbo «stonewalling» [levantar muros de piedra]. Esta fue la declaración que usó Nixon para indicar que se levantara un muro contra todo intento por llegar a la verdad.

a impedir la publicación de información). Sin embargo, algo que en esta historia a menudo se olvida es que muchos en la Corte Suprema sostenían que la acusación criminal por tal publicación solo podía efectuarse con *posterioridad* a la publicación. Por lo tanto, no se prosiguió con la acusación.

En los inicios de su gobierno, Nixon había hecho instalar un nuevo sistema de grabaciones de audio activados por la voz en la Casa Blanca. Al hacerlo, estaría brindando evidencia documentada de su propio engaño y la ilegalidad de conducta. Otros presidentes, como FDR, Kennedy y Johnson, obviamente habían grabado ciertas conversaciones telefónicas, pero el sistema de Nixon podía captar todas las conversaciones en la Oficina Oval.

Inmediatamente después de la victoria de Nixon sobre McGovern, aun siendo una victoria sin grandes festejos, el presidente exigió la renuncia de todos sus funcionarios del gabinete.* Elliot Richardson intentó traspasar la reserva de Nixon diciendo: «Quisiera que en lo más profundo usted pudiera creer que ha ganado en realidad ... y con una victoria apabullante».[98] Richardson serviría bajo Nixon como secretario de salud, educación y asistencia social; secretario de defensa; y también en el importante puesto de fiscal general. No obstante, al final jamás logró penetrar el *caparazón* con el que se envolvía Nixon.

Tal vez nunca haya habido un hombre en la Casa Blanca tan poco simpático como Nixon. Caminaba cabizbajo por las playas de San Clemente en California, vestido con camisa de traje mientras las olas bañaban sus pies. Y comía ketchup con requesón. Había codiciado la Oficina Oval durante veinte años, pero cuando la obtuvo, evitó ocuparla y eligió en cambio una oficina «de refugio» en el Viejo Edificio Ejecutivo. Allí ponía el aire acondicionado a una temperatura de veinte grados y se sentaba ante el fuego encendido en el hogar. No tenía idea de cómo hablarle al pueblo. Cuando sus asistentes de campaña intentaron presentarle al famoso candidato un grupo de lindas asistentes de vuelo, él respondió: «Oh, las chicas B». Percatándose de que había cometido el error de usar un término que podía confundirse con «prostitutas», intentó arreglar la cosa diciendo que se refería a *Billings*, Montana, donde acababa de aterrizar el avión de campaña.[99] En otra ocasión, durante la cena anual de Gridiron en Washington, Nixon se acercó al

---

* Se trataba de una acción sin precedentes para un presidente reelegido y triunfante. Estos cambios son una práctica rutinaria bajo el sistema parlamentario británico, aunque no siempre tienen relevancia. Nixon había intentado también cambiar el uniforme de la guardia de la Casa Blanca, escogiendo un cómico atuendo al estilo de la ópera cuando regresó de un viaje a París. Le había impactado la grandiosidad de la guardia republicana del presidente de Gaulle. Toda la ciudad se burlaba de los uniformes nuevos de la guardia presidencial.

gobernador Ronald Reagan, que era su anfitrión. «Hola, señor presidente. Este es Lou Cannon», indicó Reagan. «Él escribió un libro sobre mí». Nixon los miró a ambos sin decir nada y luego casi entre dientes comentó: «Bien, hojearé el libro». Cuando se retiró, el afable Reagan le dijo a Cannon: «Bueno, Lou, acabó contigo y conmigo».[100]

Es casi doloroso describir a este hombre tenaz. Él intentó aconsejar a Reagan sobre su discurso en el famoso «circuito del pollo de goma». Nixon le dijo al sonriente californiano que comiera en su habitación del hotel y esperara hasta que el público hubiera terminado de cenar antes de entrar en el salón. Debía mantener una sensación de misterio. Si comía con ellos, se rebajaría a su nivel, le dijo con seriedad. Reagan escuchó, sonrió e ignoró por completo los consejos de Nixon. A Reagan le gustaba hablar en público y estar con la gente antes de dar sus discursos.

Kennedy había convocado a los estadounidenses a la gran aventura de explorar el espacio, pero ahora Nixon cerró el programa, diciendo que los Estados Unidos necesitaban «despertar de un sueño». ¿Qué era el viaje al espacio sino un sueño?, señaló en diciembre de 1972 al tiempo de anunciar que el Apolo 17 alunizaría «por última vez en este siglo».[101] El historiador Andrew Chaikin nos dice:

> [El astronauta Jack Schmitt] no podía creer lo que oía ... Odiaba esas palabras por su falta de visión. ¡Y que las dijera el líder de la nación! Aun si Nixon en realidad creía en lo que decía, no tenía por qué hacerlo en medio de una declaración pública, quitándoles las esperanzas a los jóvenes de la nueva generación. Schmitt estaba furioso porque en el momento del triunfo lo habían hecho dejar el trabajo de la misión para escuchar una declaración como esta. En silencio, seguiría mascullando su enojo durante el resto del vuelo.[102]*

Al poco tiempo de su reelección, Nixon tuvo que enfrentarse al posible colapso de las conversaciones de paz en París. No solo se veía que la paz estaba lejos, sino resultaba evidente que sería muy difícil de alcanzar. Nixon reaccionó con una feroz campaña de bombardeos contra Hanoi, capital de Vietnam del Norte. Convencidos de que había estado mintiendo (una vez más) solo para ser reelecto, sus

---

* Tal vez resulte una ironía que lo que más conozcan los estadounidenses sea la fallida misión Apolo 13, la cual terminó de manera desastrosa cuando una explosión a bordo obligó a los astronautas Jim Lovell, Fred Haise y Jack Swigert a circunvalar la luna y volver a la Tierra con un motor auxiliar. La conmovedora historia de su retorno es un tributo al ingenio estadounidense y la película de Ron Howard es una de las mejores de Hollywood.

críticos se expresaron en contra de lo que llamaron la «campaña de bombardeo de Navidad» de 1972.* Los risioneros de guerra estadounidenses brindaron por la campaña desde lo que llamaban «el Hilton de Hanoi». Luego informaron que les había infundido esperanzas.

La liberación de estos prisioneros de guerra se había convertido en el objetivo central de la política de guerra de los Estados Unidos Con ayuda del empresario tejano H. Ross Perot, el tema de los prisioneros se volvió más importante durante la Guerra de Vietnam que durante cualquier otro conflicto de la nación. Perot, graduado de la Academia Naval de los Estados Unidos, utilizó sus conexiones y relaciones con antiguos compañeros para intentar un rescate de estos prisioneros de guerra. No obstante, aunque su esfuerzo no prosperó, Perot se aseguró de que no se olvidara a los prisioneros ni a sus familias. Los prisioneros de guerra estadounidenses de la Era de Vietnam —hombres como Jim Stockdale, John McCain, Jeremiah Denton y Bill Lawrence— fueron la honra de su nación y merecieron el homenaje del pueblo.

Los estadounidenses se horrorizaron en la década de 1950 cuando un grupo de jóvenes prisioneros de guerra «con el cerebro lavado» en Corea se volvieron en contra de su país. Ahora, el pueblo de los Estados Unidos sentía entusiasmo al oír las historias de «coraje y valentía» bajo las más extremas condiciones de tortura, hambre y aislamiento en soledad. El capitán de la Armada Gerry Coffee, ya retirado, les cuenta a los grupos de escolares que solo gracias a su firme fe cristiana pudo atravesar esa situación.[103] John McCain afirma: «No nos ponían chocolates en la almohada en el Hilton de Hanoi». Y Jack Fellowes incluso bromea sobre las torturas: «No nos quebraron, pero sí lograron doblarnos un poco».

Los estadounidenses honran a los prisioneros de guerra de Vietnam como a ningunos otros prisioneros de guerra. En parte, esto es un tributo a su lealtad y resistencia. También se debe al hecho de que cuando muchos cuestionaban las antiguas verdades del deber, el honor y la patria, estos miembros de las fuerzas militares estadounidenses demostraron ser sinceros. Podrán haber sentido que su patria los abandonaba, pero ellos jamás renunciaron a su patria. Veían que otros jóvenes estadounidenses quemaban la bandera, pero ellos la amaban. Son dignos de todos los honores y homenajes que la nación agradecida les prodigó.

---

* Muchos de los que insultaron a Nixon por violar el espíritu de la temporada navideña en 1972 no dijeron ni una palabra en contra de los norvietnamitas cuando ellos atacaron a Vietnam del Sur en 1968 durante el Tet, una fiesta religiosa en ese lugar.

El presidente Nixon se merece el crédito por la atención que su gobierno le dedicó a la liberación de los prisioneros de guerra. Aunque fue insultado y atacado por su campaña de bombardeos durante la Navidad de 1972, Nixon jamás dejó de tener fe en que los prisioneros serían liberados. El senador George McGovern, por el contrario, había dicho que estaba dispuesto a «ir gateando hasta Hanoi» si con eso podía asegurar la liberación. ¿Puede haber una imagen más derrotista en la historia de todas las campañas presidenciales de los Estados Unidos?

La mayoría de los estadounidenses se identificaban con los prisioneros de guerra, pero la reacción de muchos ante los viajes de la actriz Jane Fonda a Hanoi y sus fotografías con las armas antiaéreas de los norvietnamitas, además de su reunión de confrontación con los prisioneros de guerra, dejaron a la vista una herida profunda y abierta en el alma de la nación. Fonda y sus compañeros de viaje no fueron acusados de traicionar a la patria excepto en las mentes y los corazones de millones de estadounidenses.

Mientras tanto, los críticos de Nixon en el Congreso y Europa se levantaron acusándole de ser «un bombardero loco». El líder demócrata del senado Mike Mansfield señaló que esa era «una táctica de la Edad de Piedra». El gobierno sueco comparó la campaña de Nixon de 1972 con las de los nazis.* Los aliados de los Estados Unidos en la OTAN no ofrecieron ayuda alguna.[104] Hubo medios que acusaron a Nixon de «bombardear en masa» a objetivos civiles de Vietnam del Norte. Fue solo mucho, pero mucho después que los periodistas más honestos repasaron los daños e hicieron su informe. Cuando casi nadie prestaba ya atención, Peter Ward, del *Baltimore Sun*, escribió: «Hanoi, por cierto, ha quedado dañada, pero la evidencia demuestra que las acusaciones de bombardeo indiscriminado no tienen asidero».[105]

La campaña de bombardeo funcionó. Los norvietnamitas firmaron los acuerdos de París en enero de 1973. Kissinger tuvo que presionar al gobierno de Vietnam del Sur, un aliado reticente, a aceptar el acuerdo de paz que tanto le había costado convenir con Le Duc Tho en París.

Nixon se preparaba para asumir como presidente por segunda vez y el mundo se maravillaba ante el final de la Guerra de Vietnam… o al menos ante el final de la participación estadounidense en esa guerra. Los prisioneros de guerra estadounidenses fueron liberados y el mundo celebró su liberación.**

---

* Tal vez los suecos, desde su elevada posición, olvidaban que su gobierno «neutral» le había brindado una asistencia esencial a Hitler en su gesta por conquistar a sus pacíficos vecinos europeos.

** Los comunistas de Vietnam del Norte liberaron a los que oficialmente figuraban como prisioneros de guerra, pero jamás hubo un informe final o asumieron responsabilidad alguna en cuanto a los desaparecidos en acción.

«¡El Eagle ha alunizado!». *Neil Amstrong caminando en la luna con el reflejo en su visor el 20 de julio de 1969. El pronóstico de John F. Kennedy —como lo había sido el jonrón de Babe Ruth en la Serie mundial de 1932— logró un éxito espectacular al lograr que los Estados Unidos pusieran al hombre en la luna antes de 1970. Kennedy sabía que el espacio era muy importante en el conflicto con el agresivo comunismo soviético. Murió antes de poder ver su triunfo, pero la noche en que el módulo lunar se posó en la superficie de la luna alguien puso flores en su tumba con una tarjeta que decía: «El Eagle ha alunizado».*

Liberación de los prisioneros de guerra de Vietnam, enero de 1973. *El presidente Nixon buscaba la «paz con honor» en Vietnam. Uno de sus mayores éxitos fue la liberación de cientos de prisioneros de guerra estadounidenses. Los norvietnamitas los liberaron, pero los estadounidenses se enteraron de las privaciones y torturas que habían soportado estos valientes hombres. El piloto de la armada John McCain se negó tres veces a los ofrecimientos de una liberación temprana por lealtad a sus camaradas. Él comentó acerca de la miserable prisión a la que los estadounidenses le llamaban el Hilton de Hanoi: «No te dejaban chocolates en la almohada».*

Nixon sale de la Casa Blanca. *«Les di una espada», diría luego Nixon en una entrevista por televisión sobre su complicidad en el ocultamiento de los delitos cometidos en el caso Watergate. Durante años él afirmó que no sabía lo que había pasado. Sin embargo, cuando la Corte Suprema le ordenó entregar las grabaciones que lo incriminaban, su culpabilidad se hizo evidente. Fueron sus propias palabras las que lo acusaron como una «pistola humeante». Nixon fue el único presidente que renunció (aunque tal vez no el único que tendría que haberlo hecho).*

Jimmy Carter debate con Reagan en 1980. *«Ahí va de nuevo», indicó el gobernador Ronald Reagan con su habitual humor en su único debate con el presidente Jimmy Carter durante la campaña de 1980. Reagan respondía a las reiteradas acusaciones de Carter en cuanto a que el californiano era un hombre que actuaba sin pensar. La suave respuesta de Reagan descartó toda posibilidad de un airado enfrentamiento. Millones de votantes indecisos, en especial las mujeres, llegaron a la conclusión de que si un hombre tenía tal dominio de sí mismo, sería alguien adecuado y confiable como líder de la nación. Reagan derrotó a Carter con una victoria tan inesperada como contundente.*

En reunión. *El autor, mientras servía como secretario de educación, con el presidente Ronald Reagan en el Air Force One, el avión presidencial.*

VI. ROE VS. WADE: «PODER JUDICIAL EN CRUDO»

Lyndon B. Johson murió de un ataque cardíaco el 22 de enero de 1973 en Texas. Tenía sesenta y cuatro años. El antiguo presidente había vivido prácticamente como un recluso desde su partida de Washington cuatro años antes, y casi nunca salía de su Estancia LBJ o su biblioteca presidencial. Sin embargo, fue testigo del lanzamiento del Apolo 11, un proyecto que había apoyado con gran entusiasmo.

La muerte de Johnson, junto a los acuerdos de paz de París y la liberación de los prisioneros de guerra, ensombrecieron lo que de otro modo hubiera sido un artículo de primera plana el 22 de enero de 1973: la sentencia de la Corte Suprema de siete votos contra dos en el caso *Roe vs. Wade*. Este dictamen derogaba las leyes contra el aborto en los cincuenta estados. Permitía el abordo por cualquier motivo durante los primeros tres meses de embarazo. En el segundo trimestre, imponía restricciones solo en el caso de que peligrara la salud de la madre. Únicamente en el último trimestre, decía el Juez de la Corte Suprema Harry Blackmun (designado por Nixon), los estados podían restringir el aborto, siempre y cuando se protegiera la vida y la salud de la madre.

En un caso similar, *Doe vs. Bolton*, cuya decisión se dio a conocer el mismo día, Blackmun dejó en claro que la definición de la salud de la madre (incluyendo la salud mental) sería tan amplia como para abarcar aspectos que podrían contrarrestar cualquier ley que impusiera una carga indebida sobre la mujer al momento de decidir practicarse un aborto. Desde ese momento, los padres varones no tendrían derechos, los derechos de los progenitores de las niñas menores de edad muy serían limitados, y el bebé que aún no había nacido tampoco tendría derecho alguno bajo la línea de los casos *Roe* y *Doe*. De este modo, el procedimiento que había sido un delito en la mayoría de los estados durante más de un siglo se convertía en un derecho constitucional fundamental debido al nuevo razonamiento judicial y a una serie de casos. El juez Byron R. «Whizzer» White, designado por JFK, disintió y dijo que el caso *Doe* era un acto de «crudo poder judicial», al quitarle a los estados la potestad de decidir y consagrar su determinación al razonamiento de la Suprema Corte.

Blackmun se había esforzado durante casi todo el año anterior con relación al dictamen que finalmente la Corte dio a conocer. El juez William O. Douglas, designado por FDR, amenazó con hacer públicas sus denuncias sobre las «manipulaciones» del juez de la Corte Suprema, Burger, en la asignación de los dictámenes.[106] Sabía —como lo sabían todos los jueces— que Blackmun era el escritor más lento de la Corte.[107] Aquellos que estaban a favor de una regla amplia sobre el aborto se percataban de que no se le podía asignar la redacción del dictamen a Douglas, ya que lo consideraban demasiado liberal. Tampoco ayudaba el hecho de que se hubiera casado cuatro veces. El veterano juez liberal Brennan era la opción más obvia en términos de su experiencia, inclinación y habilidad legal para redactar un dictamen sobre el aborto, pero siendo el único católico de la Corte se creía que tendría como antagonistas a un gran segmento del pueblo estadounidense.[108]

Siendo así las cosas, el juez Douglas a la larga se resignó a permitir que Harry Blackmun escribiera el dictamen.[109]

De todos modos, hubo muchos académicos que no se avenían a lo que Blackmun había escrito. John Hart Ely, un distinguido académico constitucional y liberal que estaba a favor del aborto legal, observó que había flaquezas en los argumentos centrales del escrito: «El caso Roe carece incluso de un respaldo sólido en el texto de la Constitución, la historia o cualquier otra fuente adecuada de la doctrina constitucional ... El caso Roe no sirve porque es una mala ley constitucional, o mejor dicho, porque no es una ley constitucional, y no convence ni por un sentido de obligación de que intenta serlo».[110]

La acción de la Corte representaría una profunda brecha que separaría a los estadounidenses. En su determinación por encontrar un atajo a los procesos democráticos, la Corte Suprema minaría aun más la confianza de los estadounidenses en el poder judicial. En el cuarto de siglo previo a *Roe*, la proporción de estadounidenses que tenían «gran confianza» en el poder judicial había caído del 83,4% a solo un 32,6%.[111] Roe fue otra herida autoinfligida de la que los tribunales no se han recuperado. Muchas personas consideraron que la Corte se excedía en su jurisdicción y poder con sus decisiones en cuanto al aborto.

Los liberales y las feministas aplaudieron el dictamen de la Corte en el caso *Roe vs. Wade*. Lawrence Lader escribió que era «esencial para todos los aspectos de la vida y la forma en que queríamos vivirla».[112] Él era uno de los fundadores de la Asociación Nacional por la Derogación de las Leyes contra el Aborto. Los protestantes de las iglesias principales aprobaban en general el dictamen, y las iglesias más liberales como la presbiteriana de los Estados Unidos, la episcopal protestante y los metodistas unidos expresaron su respaldo al dictamen de Roe. Muchos grupos judíos también apoyaban lo que para ellos eran «derechos reproductivos».

Los medios y sus fuentes siguen citando resultados de encuestas que muestran que hay mayorías de estadounidenses que respaldan alguna forma de legalización del aborto. Y aunque es cierto que las mayorías responden diciendo que *no* cuando se les pregunta si preferirían que se «derogara» el dictamen Roe, los críticos señalan que el público en general nunca quiere *derogar* nada. El término legal y técnico suena drástico y peligroso. Los votantes no utilizan la jerga legal al analizar los asuntos públicos. También es cierto que las mayorías suelen favorecer significativas restricciones en la licencia del aborto, restricciones que los dictámenes en el caso Roe y otros subsiguientes han declarado fuera de límites. Con los años, a partir del dictamen Roe, muchos estadounidenses se han sentido molestos ante la cantidad de abortos informados (Para el año 2005 se habían realizado más de cuarenta millones de abortos en los Estados Unidos.)

Hoy la oposición al dictamen de la Corte continúa. Para millones de estadounidenses, la Corte despojó ilegítimamente a los no nacidos de su derecho inalienable a la vida, poniendo en riesgo el rol de los Estados Unidos como líder de los derechos humanos en el mundo. El Comité Nacional por el Derecho a la Vida se formó para convertir la oposición en una acción legal constitucional, legislativa y social. Los grupos religiosos principales, que incluyen a la Conferencia Católica de los Estados Unidos, la Convención Bautista del Sur, la Asociación Nacional Evangélica y la Iglesia Luterana (Sínodo de Missouri) se unieron para oponerse a los dictámenes de la Corte. A su vez, los grupos liberales y feministas se unirían a favor de los dictámenes, ya que consideran que esta es una prueba clave de la forma en que interpretan la Constitución y algo fundamental a favor de los derechos de las mujeres. Muchos lo resumen de este modo: Aquellos que se oponen a Roe creen que la Corte debiera proteger la vida o los derechos de los estados a proteger la vida. Los que están a favor de Roe creen que la Corte debiera proteger el derecho de la mujer a decidir si aborta o no. Por ello, los términos «pro-vida» y «pro-decisión» identifican la posición de las personas con respecto al tema del aborto.

VII. Watergate salpica

En la primavera de 1973, el caso Watergate estaba en pleno desarrollo y la imagen política del presidente Nixon se desplomaba. El juez John J. Sirica, designado por Eisenhower, comenzó a aplicar presión sobre los perpetradores del robo. A su vez, ellos comenzaron a implicar a gente en puestos más altos, que por su parte también apuntaron hacia arriba. El asistente de Nixon, John Ehrlichman, sugirió que habría que dejar que el antipático director del FBI «girara lenta, muy lentamente con el viento». Esta frase gráfica pronto se aplicó no solo a L. Patrick Grey, sino a toda la administración Nixon.

La prensa detestaba a Nixon. En sus cada vez menos frecuentes conferencias de prensa el presidente desafiaba el concepto de que en los Estados Unidos el acoso de osos ahora era ilegal. Nixon siempre había tenido una relación hostil con la prensa.[113]

El caricaturista principal del *Washington Post*, Herbert Block, le dio un respiro de un día a Nixon con motivo de su toma de posesión en 1969. De inmediato, volvió a atacar a Nixon a diario en el editorial del periódico de la capital. Ahora que los lobos lo cercaban, Nixon estaba muy molesto y vomitaba antes de cada conferencia de prensa.[114]

En octubre de 1973, los Estados Unidos estaban ante «la tormenta perfecta». El Comité de Watergate en el Senado había expuesto a la luz varios abusos que parecían conducir con toda seguridad al presidente a su deposición. Los medios de la nación convirtieron en héroe al presidente demócrata del comité, el senador Sam Ervin, de Carolina del Norte.* Los estadounidenses quedaron impresionados ante las preguntas calmadas y legas del senador republicano de Tennessee, Howard Baker: «¿Qué es lo que sabía el presidente y en qué momento?», les preguntó a todos los testigos (Al llegar las respuestas a esa pregunta, el resorte de la trampa saltaría.)

El vicepresidente Spiro T. Agnew no podía suceder a Nixon, ya que se le investigaba por aceptar sobornos masivos de contratistas viales durante su mandato como gobernador de Maryland. Agnew alegó *nolo contendere* («No refutaré») como recurso en el tribunal federal de Baltimore el 10 de octubre de 1973. Y renunció para quedar libre de ir a la cárcel.

Al mismo tiempo, Egipto invadía Israel. Durante las Fiestas Judías, Egipto iniciaría la cuarta Guerra Árabe-Israelí, específicamente porque sabían que los judíos estarían adorando en ese momento. Los soviéticos habían armado a los árabes hasta los dientes y los animaban a atacar. El héroe de la guerra israelí, Moshe Dayan, un brillante general con un parche en el ojo, apareció en la televisión estatal para calmar los miedos de los israelíes. Él afirmó que a las Fuerzas de la Defensa Israelí les llevaría semanas, no meses, reunirse para acabar con sus enemigos árabes. «Son palabras de confianza», escribió un visitante inglés en su diario, «pero se ve más preocupado de lo que suena».[115] Dayan tenía buenos motivos para estar preocupado. A los egipcios jamás les había ido tan bien en el combate. Y además, eran

---

* Con esto, se olvidaron de cuánto se había opuesto Ervin a los derechos civiles durante décadas. La canonización de este «simple abogado rural» ilustra la regla de que el enemigo de mi enemigo es mi amigo. Mientras Ervin persiguiera al detestado Nixon, sus pecados del pasado serían absueltos.

muchísimos, con una estricta disciplina militar, de modo que podrían vencer al diminuto estado judío.

«Su hijo ha fallecido», decía el telegrama que las jóvenes enviaban a cientos de madres israelíes en los primeros días de la Guerra de Yom Kippur.[116] Como los carteros habían sido convocados a cumplir con su deber militar, las que se encargaban de enviar los mensajes eran estas jóvenes. Una de ellas vio con horror cómo una madre desesperada se tiró en el suelo mientras se golpeaba la cabeza en señal de angustia.[117]

El presidente Nixon, aunque estaba asediado, de inmediato puso en alerta a las fuerzas armadas estadounidenses que se encontraban en el extranjero, no importaba dónde fuera. Y aceptó una sugerencia práctica del gobernador Ronald Reagan respondiendo al mismo tiempo a un pedido urgente de la primera ministra Golda Meir: ordenó que transportes militares estadounidenses reaprovisionara por completo a Israel con el equipamiento militar que tanto necesitaba.[118] No iba a permitir que los soviéticos aprovecharan la terrible crisis política de Washington para que sus clientes árabes aplastaran a Israel. Sin el reaprovisionamiento de Nixon, es muy probable que Israel hubiera caído.

En cuestión de semanas las Fuerzas de Defensa Israelíes cambiaron el rumbo de la batalla, rodeando al ejército egipcio en el desierto de Sinaí. Menachem Begin y su bloque *Likud* de Israel querían eliminar al ejército egipcio de una vez y para siempre. Henry Kissinger sabía que si eso sucedía los soviéticos se verían obligados a dar un paso al frente para apoyar a los dictadores locales como Khaddafi y Saddam Hussein. Y además, ayudarían todavía más a los jefes del terrorismo como Yasser Arafat. Mejor sería un cese al fuego gestionado por los estadounidenses en lugar del aumento de la influencia soviética en el Medio Oriente, argumentó Kissinger. Cuando le indicó a la primera ministra israelí Gold Meir que él era estadounidense, secretario de estado y judío, *en ese orden*, ella le recordó con aire travieso a Kissinger... ¡que los hebreos leen de derecha a izquierda!

El cese al fuego negociado por Kissinger en el Medio Oriente le compró poco tiempo y nada de crédito a Richard Nixon. Cuando exigió que el fiscal general Elliott Richardson despidiera al procurador especial Archibald Cox, Richardson se negó y renunció. El fiscal general adjunto William Ruckelshaus también se negó y renunció. Por último, el abogado general Robert Bork accedió a despedir a Cox con el fin de evitar que el poder ejecutivo se derritiera, justo en un momento en que no había vicepresidente. La prensa no tardó en llamarle a la furia generada por esta acción «tormenta de fuego», y al despido y las renuncias «masacre de sábado por la noche».

Esto fue una exageración. Los israelíes podrían haberles contado bastante a estos periodistas de escritorio sobre lo que eran las tormentas de fuego y las masacres de verdad. Sin embargo, la autoridad de Nixon seguía escurriéndose como la arena de un reloj. Nixon nombró vicepresidente al congresista republicano de Michigan, Gerald R. Ford, en reemplazo de Agnew, que había caído en desgracia.

Ford era fiel a su partido, pero aun así despertaba simpatía en todos, más allá de su filiación política. Él fue confirmado enseguida como el primer vicepresidente elegido bajo la Vigésimo Quinta Enmienda a la Constitución.

Los árabes respondieron en represalia contra los Estados Unidos, imponiendo un embargo de petróleo que dio como resultado una falta de combustible en Norteamérica y Europa. Los precios subieron hasta las nubes.

Para la mayoría de los estadounidenses, sus autos representaban su libertad.[119] Tenían que esperar durante horas en la fila de las estaciones de servicio o comprar en días en que no hubiera veda. Todo parecía estar derrumbándose, y por supuesto fue inevitable que se culpara a los que estaban al mando.

Nixon no había hecho esfuerzo alguno por compartir su victoria de 1972 con sus copartidarios republicanos. Tampoco intentó darle forma o encontrarle un significado a lo que se avecinaba. Ahora se enfrentaba a un Congreso hostil, que no lo quería ni le temía.[120] Es posible que el final de la carrera política de Richard Nixon haya tenido lugar en realidad mucho antes de su renuncia. En un esfuerzo por apaciguar a los investigadores que lo perseguían, entregó transcripciones de las grabaciones de la Casa Blanca editadas con todo cuidado. Afirmó que con esto se probaría su inocencia. No fue así. Sus antagonistas ni siquiera las aceptaron. Las transcripciones minaron por completo el apoyo del que Nixon todavía pudiera haber gozado entre los estadounidenses promedio.

Cuando leyó las transcripciones editadas, el líder de los republicanos en el Senado, Hugh Scout, de Pensilvania, señaló que eran «asquerosas, sucias e inmorales».[121] La silenciosa mayoría que había apoyado sin dudarlo a Nixon cuando cientos de miles de manifestantes pelilargos convergían en Washington ahora se quedaba sin palabras ante el rudo y grosero Nixon que se revelaba en las grabaciones. Casi no había una oración transcripta a la que le faltara un insulto, el cual estaba representado por un condenatorio [«insulto eliminado»]. Nixon siempre se había presentado ante los estadounidenses como un hombre simpático, y hasta había reprendido a JFK en sus debates, señalando que Ike había restaurado el lenguaje decente en le Casa Blanca.* Ahora era Nixon el que aparecía como un manipulador egoísta y ordinario, peor todavía, como un mentiroso empedernido. «No soy un sinvergüenza», les indicó en tono patético a los editores de los periódicos. Sin embargo, bien podría haber ido por las calles con un cartel que dijera: «Soy un sinvergüenza».122

La inminente posibilidad de que Nixon fuera depuesto a causa de la profunda crisis de Watergate hizo que su histórica visita a la Unión Soviética entre el 27 de junio y el 3 de julio de 1974 casi pasara desapercibida.

No obstante, al tratarse de la primera visita de un presidente estadounidense a la Unión Soviética, despertó un serio debate con relación a la «distensión». El senador demócrata de Washington, Henry Jackson, se oponía a las políticas antisemitas de los soviéticos, incluso a la negativa soviética de permitir que los judíos rusos emigraran a Israel o los Estados Unidos. Las víctimas de esta política se llamaban *refuseniks*. El senador Jackson coauspició la Enmienda Jackson-Vanik, que limitaba el comercio entre Estados Unidos y la Unión Soviética hasta tanto se les permitiera salir de allí a los judíos. El gobierno de Nixon, que había contribuido tanto a la victoria de Israel durante la Guerra de Yom Kippur, se opuso rotundamente a lo que indicaba Jackson-Vanik.

Los que se oponían a la política de «distensión» de Nixon decían que la misma no permitía distinguir entre la libertad y la tiranía. De modo irónico, el hombre que había iniciado su carrera como un feroz enemigo del comunismo ateo ahora parecía ver a la Unión Soviética y los Estados Unidos como moralmente equivalentes.

El comité judicial de la Cámara procedió a eliminar por votación tres artículos de la impugnación del presidente Nixon en junio de 1974. Hillary Rodham fue una entusiasta y joven demócrata que ayudó a escribir el borrador de los artículos. Aunque no les serviría de mucho, los miembros republicanos del comité antepusieron el país a los intereses de su partido, de modo que votaron mayormente a favor de deponer a Nixon. El periodista liberal y veterano Jack Germond dijo que la defensa de la Constitución de los republicanos del Senado fue «magnífica».123

Cuando la Suprema Corte de los Estados Unidos dictaminó de manera unánime en el caso *U.S. vs. Nixon* que el presidente tendría que entregar sus grabaciones de la Casa Blanca, se sabía que el final no tardaría en llegar. La grabación que mostraba «que el presidente sabía y desde cuándo lo sabía» desapareció

---

* El candidato Jack Kennedy, con su típico encanto, supo descartar el ataque de Nixon contra el lenguaje callejero de Harry Truman cuando señaló que los votantes de Nixon podían irse al infierno. Jack respondió: «No creo que tengamos que tocar el tema de la religión».

misteriosamente. Se trataba de «la pistola humeante» que demostraba que Nixon lo sabía todo sobre la irrupción violenta en el edificio Watergate, prácticamente desde el mismo momento en que sucedió. La grabación brindaba una evidencia irrefutable de que Nixon había tratado de lograr que la CIA presionara al FBI para que sus investigadores dejaran de trabajar en el caso Watergate. Nixon quería que la CIA le dijera al FBI que esto era por razones de «seguridad nacional». Furioso ante lo que Nixon les había hecho pasar durante dos años al Congreso, el país y el partido republicano, el senador Barry Goldwater llamó por teléfono al general Alexander Haig en la Casa Blanca. «Al», dijo este hombre de Arizona que no se andaba con rodeos, «esta es la última vez que Dick Nixon me ha mentido. Y también a muchísimos otros en el Senado y la Cámara. Estamos hartos de todo esto».[124] Goldwater jamás le pidió a Nixon que renunciara cuando, junto a los líderes republicanos de la Cámara y el Senado, se reunió con el presidente por última vez. Sin embargo, dejó en claro que Nixon no contaba con apoyo alguno de los republicanos de ambas cámaras del Congreso. ¡Más le hubiera valido comer con su audiencia antes de dar los discursos!

Nixon renunció a la presidencia al mediodía el 9 de agosto de 1974. En una emotiva aparición ante el personal de la Casa Blanca, luchaba para mantener la compostura. Este hombre angustiado fue el primer presidente en renunciar durante un período de ciento ochenta y cinco años. También fue el único cuyo nombre quedaría grabado en una placa de oro dejada en la luna. Como señaló Charles de Gaulle, uno de los pocos políticos admirados por Nixon, cuando Khrushchev fue derrocado: *Sic Transit Gloria Mundi...* «La gloria de este mundo es pasajera».

Capítulo 11:

LOS AÑOS QUE SE COMIERON LAS LANGOSTAS*
(1974-1981)

Pantalones campanas, zapatos con plataforma, cabello largo hasta los hombros, camisas floreadas. Este atuendo era el sello de muchos hombres del mundo occidental en la década de 1970. La moda seguía el ritmo de los tiempos. Y los tiempos eran profundamente carentes de seriedad. Los estadounidenses anhelaban un liderazgo, pero recibieron una severa lección que les indicaba que la culpa solo era de ellos. Parecía que la nación misma era rehén de los hechos. En la década de 1970, la libertad decayó en los Estados Unidos y los estados democráticos de la alianza occidental. Los obreros terminaron esa década con menos poder adquisitivo real debido a que la inflación se tragaba los salarios y las inversiones. ¿Entrarían los Estados Unidos en la década de 1980 siendo ese «indefenso gigante llorón» sobre el que había advertido Nixon? ¿Era la presidencia un puesto demasiado grande como para un solo hombre? Las sociedades libres se sentían invadidas por un profundo pesimismo. «Malestar» era la palabra que se usaba para describir el ánimo de todos. Sin embargo, hacia fines de la década pudo discernirse un resurgimiento de la libertad en occidente. Tal vez preanunciada por las acciones de coraje y desafío desde detrás de la Cortina de Hierro. «Desempolven el reloj», gritaba el escritor ruso Aleksandr Solzhenitsyn. «Sus relojes están atrasados. Corran las pesadas

---

*   «Los años en que todo lo devoró ese gran ejército de langostas» (Joel 2:25). El ministro de defensa de Gran Bretaña, Sir Thomas Inskip, utilizó esta frase para describir el período entre 1931 y 1935 durante el cual Gran Bretaña quedaba cada vez más atrás de Alemania en términos del rearme. (Cita en Churchill, The Second World War, Cassell, Vol. I, p. 52). Se eligió este título para el período entre mediados de la década de 1970 y 1981 en los Estados Unidos porque las fuerzas de la libertad retrocedían y el comunismo soviético avanzaba.

cortinas que tanto quieren, ustedes no sospechan siquiera que afuera ya
amaneció».[1] George Orwell había definido al totalitarismo comunista como
una bota en la cara que jamás deja de oprimir. Ahora, Solzhenitsyn le daba
a esa bota un buen mordisco. Lo mismo hicieron Andrei Sakharov y Natan
Anatoly Sharansky en Rusia, Lech Walesa y Karol Wojtyla en Polonia, y Vaclav
Havel en Checoslovaquia. Estos hombres del este se inspiraron e inspiraron a
su vez a otros líderes que surgían en posiciones de poder en occidente, líderes
como Margaret Thatcher y Ronald Reagan. El suceso más dramático de todos
fue el advenimiento de un nuevo Papa polaco que inició su reinado diciendo:
«¡No tengan miedo!». La libertad, oprimida con el rostro contra el suelo, se
levantaba de nuevo.

I. «¡No soy Lincoln, soy Ford!»

Gerald R. Ford prestó juramento como presidente en el mismo momento en que
el helicóptero de Richard Nixon despegaba desde el Jardín Sur de la Casa Blanca.
«Nuestra larga pesadilla nacional ha acabado», dijo ante un país que respiró con
alivio. Para millones de estadounidenses, la obligada renuncia de Nixon demostraba que el sistema de controles y balances ingeniado por los fundadores doscientos
años antes era un sistema que en realidad funcionaba.[2]

Lo primero que tenía que hacer el presidente Ford era elegir un vicepresidente,
y enseguida nombró al antiguo gobernador de Nueva York, Nelson Rockefeller. El
país había quedado atónito ante las renuncias de un vicepresidente y un presidente
que fueron elegidos, por lo que Ford quería mostrarle a la preocupada nación y al
mundo entero que observaba que los estadounidenses podían ocuparse de manera
competente de los asuntos relacionados con el gobierno y la legítima sucesión. A
mucha gente le disgustaba el liberalismo de Rockefeller, pero nadie dudaba de que
fuera competente.

Los conservadores que apoyaban al gobernador de California, Ronald Reagan, se sintieron muy ofendidos. Consideraban que Rockefeller era desleal al Viejo Gran Partido. Creían que la culpa por la debacle del partido en la elección de
1964 era de Rockefeller al haber respaldado sin esmero a Barry Goldwater. Con
cierta dificultad, Ford logró que el Congreso demócrata confirmara a Rockefeller
como vicepresidente, aunque sin entusiasmo alguno. Al elegir a Rockefeller, Ford
prácticamente se garantizaba un desafío conservador bien serio en las primarias
presidenciales de 1976.[3]

Ford quería dejar Watergate atrás. No obstante, Watergate no acabaría hasta tanto él decidiera qué hacer con respecto al antiguo presidente Nixon. La Constitución prevé que la mayor pena que el Congreso puede imponerle a un funcionario por incumplimiento de sus deberes es el juicio político y la remoción del cargo. Sin embargo, *después* de la remoción y la eliminación de los privilegios de dicho cargo, el anterior presidente queda sujeto a las mismas leyes que rigen la obstrucción de la justicia y la comisión de perjurio en el caso de cualquier ciudadano común.

Nixon, recluido en San Clemente, California, se enfrentaba ahora a la posibilidad real de ser acusado, juzgado y sentenciado a prisión por los delitos cometidos. La cantidad de cuestiones legales que tales procedimientos harían surgir podrían mantener ocupados a los profesores de leyes durante un siglo. ¿Podrían usarse como evidencia en contra de Nixon las grabaciones que se había visto obligado a entregar? En tal caso, ¿qué pasaría con las garantías de la Quinta Enmienda contra la autoincriminación? ¿Dónde buscar jurados imparciales? ¿No habían estado alimentando los medios el frenesí contra Nixon durante los últimos dos años de modo que el público ya tenía prejuicios? Más allá de las cuestiones legales, ¿qué significaría el juicio y el encarcelamiento de un antiguo presidente para la posición de los Estados Unidos en el mundo? ¿Cómo se vería un juicio como ese justo cuando la nación estaba preparando la celebración de su bicentenario? ¿Qué imagen daría un juicio así en medio de la campaña presidencial de 1976 y cómo afectaría el sistema político estadounidense? Para colmo, Ford también tenía que pensar en lo que el juicio a Richard Nixon pudiera hacerle a su amado partido republicano.

Ford llegó a la Casa Blanca montado sobre una ola de aprobación del público. Los estadounidenses le dieron una afectuosa bienvenida a este hombre del medio oeste de palabras sinceras. «Jerry» Ford había dicho con toda franqueza y modestia: «No soy Lincoln. Soy Ford». Pocos estadounidenses podían decir que Lyndon Johnson o Richard Nixon eran hombres básicamente decentes, honorables y confiables. Y pocos podrían dudar de que Jerry Ford fuera todo eso.

Aunque no había sido electo contaba con la ventaja de representar en el Congreso a Grand Rapids, Michigan. Lo había hecho durante un cuarto de siglo. Grand Rapids es prácticamente sinónimo de la ética de trabajo, la sólida virtud y la buena voluntad de convivencia de los estadounidenses. Allí, y en la Universidad de Michigan, Jerry Ford había aprendido como jugador estrella de fútbol a jugar duro, pero también a ayudar a su adversario. Nixon tenía una larga «lista de enemigos» que acumulaba nombres y le preocupaba más cada día. Ford podría haber anotado su lista de enemigos en el reverso de una estampilla. Los medios le otorgaron un período de «luna de miel». El atlético y delgado hombre de sesenta y un años se zambullía en la piscina y la foto se publicaba en los periódicos. Además, desayunaba con *muffins* al estilo inglés, tostados por él mismo.

Claro que la luna de miel fue breve. Cuando emitió un perdón incondicional para Richard Nixon, lo hizo esperando acabar con las divisiones y odios de Watergate. Sin embargo, solo logró empantanarse más. Su nivel de aprobación cayó del setenta y uno por ciento en agosto al cincuenta por ciento en septiembre.[4]

«Abajo con la inflación ahora» fue la respuesta de Ford al ritmo galopante de los precios al consumidor. Él llevaba un botón en la solapa con la palabra WIN.* Urgía a los estadounidenses a limitar sus compras y sus exigencias de aumentos salariales. Cada vez que el Congreso presentaba proyectos que implicaban el gasto de mucho dinero, Ford los vetaba por inflacionarios. Los botones WIN de Ford provocaban carcajadas, ya que recordaban las viejas historias tan desagradables de LBJ en cuanto a que Ford había jugado al fútbol durante demasiado tiempo sin usar casco.**

Los demócratas utilizaron el perdón de Nixon y el deterioro de la economía para obtener una histórica victoria en las elecciones legislativas. Los bebés de Watergate —todos candidatos jóvenes, inteligentes y muy liberales— que ahora conformaban el nuevo Congreso prometían efectuar cambios importantes en la nación.*** Los reiterados intentos de Ford por utilizar su derecho al veto se vieron frustrados ante la nueva actitud firme de este Congreso. Los demócratas habían hecho campaña por un Congreso «a prueba de vetos» y sus esfuerzos no habían sido en vano.****

El primero en sentir el impacto de la mayoría liberal demócrata del Capitolio fue el pueblo del sudeste asiático. Sin la sustancial ayuda de los Estados Unidos al

---

* El término win significa «ganar», al tiempo de formar las siglas de «Whip Inflation Now» o «Abajo con la inflación, ahora».

** «Jerry Ford es tan tonto», había dicho Johnson del líder de los republicanos de la Cámara, «que no puede tirarse un pedo y mascar chicle al mismo tiempo». Las crudas y graciosas caracterizaciones de Johnson para describir a sus opositores eran leyenda en Washington. No obstante, al ser tan crudo y cruel con los demás, Lyndon Johnson acabó siendo un hombre solitario y rechazado. Los medios intentaron suavizar las cosas y publicaron que LBJ afirmaba que Ford no podía caminar y mascar chicle al mismo tiempo (Reeves, Richard, A Ford, Not a Lincoln, p. 25).

*** Patrick Leahy (D-Vermont) fue elegido legislador en 1974. Entre los que llegaron elegidos por primera vez a la Cámara se contaban el senador Tom Hardin (D-Iowa), el senador Max Baucus (D-Montana), el diputado George Miller (D-California), el diputado Henry Wasman (D-California), el diputado James Oberstar (D-Minnesota) y el diputado John Murtha (D-Pensilvania).

**** El Congreso «a prueba de veto» es aquel en el que los opositores al presidente tienen más de dos tercios de los asientos de ambas Cámaras. Esta situación no ha sido muy frecuente en la historia de los Estados Unidos, e incluso bajo el gobierno de Ford podría decirse que tuvo lugar solo con relación a un rango limitado de temas, mayormente económicos.

gobierno no comunista de Saigón, Vietnam del Sur no podría sobrevivir. Esta era la realidad, independientemente de las garantías que hubiera ofrecido Vietnam del Norte en los acuerdos de paz de París en 1973.

Buscando reformar su imagen después de los hechos de Chappaquiddick, el senador Edward («Ted») Kennedy se volvió el más elocuente y expresivo líder de la oposición liberal con respecto a cualquier ayuda a Vietnam del Sur. Sus dos hermanos mayores, Jack y Bobby, habían hecho mucho por enredar a los Estados Unidos con Vietnam del Sur, pero ahora Ted recurrió a diversos mecanismos, como el de negar incluso el permiso para que el Pentágono gastara en Vietnam los fondos adicionales que consideraba adecuados.[5] Y tras Kennedy, la nueva mayoría demócrata votó por la anulación de toda ayuda a Vietnam del Sur en marzo de 1975.[6] «¿Quieren que caiga Camboya?», preguntó un funcionario del gobierno de Ford en tono preocupado. «Sí», respondió el diputado demócrata Don Fraser, de Minnesota, «bajo circunstancias controladas para minimizar la pérdida de vidas».[7]

Percibiendo la oportunidad con el Congreso de la «paz» en Washington, los líderes del ejército de Vietnam del Norte rompieron en pedazos los acuerdos e invadieron el sur. Poco después los estadounidenses vieron cómo el ejército de Vietnam del Sur, mal equipado, caía ante el ataque acorazado de las unidades regulares del ejército norvietnamita. Durante décadas se había argumentado que la guerra en el sur era una guerra civil y que los vietcongs eran fuerzas «aborígenes». Ahora, los comunistas del norte arrasaron con sus vecinos del sur.

La embajada estadounidense en Saigón —ciudad que pronto pasaría a llamarse Ho Chi Minh por el fundador del comunismo en Vietnam del Norte— se vio rodeada por los invasores. El embajador estadounidense y su personal debieron ser trasladados en helicóptero desde la azotea de la embajada. El diplomático llevaba bajo el brazo una bandera de los Estados Unidos prolijamente doblada. El 30 de abril de 1975 fue el último día de la participación estadounidense en el sudeste de Asia. «No es un día para las recriminaciones», dijo el presidente Ford. Ronald Reagan supuestamente respondió: «¿Qué *mejor* día?».*

Henry Kissinger registra la respuesta de un líder camboyano proestadounidense. Desalentado porque los estadounidenses ya no querían prestarles ayuda, al igual que sus aliados del sudeste de Asia, Kissinger se ofreció a rescatar a Sirik Matak de una muerte segura. Vale la pena recordar la respuesta de Matak, en un francés muy elegante:

---

* En la Biblioteca Presidencial Gerald R. Ford, en Gran Rapids, Michigan, hay una réplica de la escalera portátil que utilizó el embajador estadounidense al huir de allí. Este debe ser uno de los recuerdos más extraños de cualquier presidencia (Fuente: Taranto, James, *Presidential Leadership*, p. 185).

Le agradezco sinceramente por su carta y el ofrecimiento de transportarme a la libertad. Sin embargo, no puedo dejar [Camboya] de una manera tan cobarde. En cuanto a usted y en particular a su gran nación, jamás creí por un momento que... [abandonarían] a un pueblo que ha elegido ser libre. Nos han negado su protección y no podemos hacer nada al respecto. Se va, y mi deseo es que tanto usted como su país encuentren la felicidad bajo el cielo. [Si muero aquí] solo habré cometido el error de creer en ustedes.[8]

Cuando los Jemeres Rojos comunistas (Khmer Rouge) tomaron Phnom Penh, le dispararon a Matak en el abdomen. Él murió en medio de un terrible sufrimiento tres días después por no haber recibido atención médica.[9]

Los compatriotas de Matak tardarían muchos años más en conseguir el alivio de la muerte para dejar atrás el horror de lo que hoy se conoce como los «campos de la muerte» de Camboya. Los izquierdistas franceses que escribieron *El libro negro del comunismo* explican las cifras: Cuando el jefe de los Jemeres Rojos, Pol Pot, ordenó que todos los residentes de Phnom Penh salieran de la ciudad, el resultado fue de «400.000 muertes». Como promedio, las ejecuciones a cargo de las fuerzas de los Jemeres Rojos, según dicen los autores del *Libro negro*, «rondaban los 500.000». Otras 400.000 a 600.000 personas murieron en prisión. Y por supuesto, los habitantes de las ciudades también morían de hambre y enfermedades. De repente, las personas fueron empujadas hacia el campo, sin ningún tipo de cuidados o provisiones, con el consiguiente resultado de 700.000 víctimas fatales.[10]

De la carta de Sirik Matak no hubo nada que refutar, aunque tal vez haya estado dirigida a la persona equivocada. Tendría que haberle enviado la carta al senador Kennedy y el congresista Fraser.

La capacidad del presidente Ford de ayudar a los aliados de Vietnam del Sur, ahora abandonados, se había visto gravemente impedida por el liderazgo del Congreso. Ellos cortaron todo tipo de financiamiento, y Ford respetó el poder constitucional del Congreso en términos de la administración del dinero. Sin embargo, eso no le impidió ordenar que la Armada rescatara a unos 130.000 «balseros» refugiados que lograban huir del terror comunista en el sudeste asiático. George McGovern pensó que mejor les habría convenido quedarse en su patria, bajo el dominio del comunismo.

El amor por la libertad, así como el compromiso con la libertad en todas sus formas, no es un invento estadounidense. Sirik Matak lo demostró. También lo hizo Aleksandr Solzhenitsyn, un autor ruso encarcelado por Stalin que ganó el Premio Nóbel de Literatura en 1970.

El otorgamiento de este premio enojó mucho a los del poder soviético en el Kremlin. Nikita Khrushchev había permitido que Solzhenitsyn publicara su corta novela *Un día en la vida de Iván Denisovich* en 1962. Khrushchev la leyó y solo vio la acusación contra los *gulags* (campos de concentración) de Stalin. Los comunistas más perceptivos entendían que la novela acusaba al régimen soviético con sutileza y humor en cada una de sus páginas. Cuando Khrushchev fue derrocado en 1965, su decisión de permitir la publicación de la obra maestra de Solzhenitsyn se tomó como uno más de sus «planes descabellados».*

Para 1974, el jefe del partido comunista Leonid Brezhnev había perdido la paciencia con el valiente Solzhenitsyn. Cuando se publicó *El archipiélago gulag* en París a fines de 1973, Brezhnev ordenó el arresto de Solzhenitsyn. En una obra descomunal de tres volúmenes y casi un millón de palabras, Solzhenitsyn desnudó la falsedad de los soviéticos que se preciaban de humanitarios. Documentó con todo cuidado las decenas de millones de casos de personas que perdieron la vida o la libertad en los campos de concentración de la URSS. Estos campos se habían abierto bajo el gobierno de Lenin, no de Stalin, y se extendían a través de las doce zonas horarias de la URSS. Algunas «islas» de este sistema no eran más grandes que una cabina telefónica, en tanto que una de ellas tenía una superficie mayor a la de Francia.

En todo el mundo los escritores e intelectuales clamaban por la vida y la libertad del valiente autor. El ganador del Premio Nóbel en los Estados Unidos, Saul Bellow, habló en representación de muchos otros y señaló que Solzhenitsyn había «redimido» el significado de la palabra héroe.[11] También afirmó —y esto se publicó en el *New York Times*— que si el Kremlin avanzaba contra Solzhenitsyn, encarcelándolo, deportándolo o brindándole «tratamiento» psiquiátrico en alguno de los notorios manicomios de los soviéticos, tal acción demostraría la debacle moral de la Unión Soviética.[12]

La KGB interrogó a Solzhenitsyn y lo amenazaron con matar a su esposa y sus tres hijos pequeños. Lo harían parecer como un accidente de tránsito. Tenían bastante práctica en este tipo de cosas. *¡Háganlo!*, les dijo Solzhenitsyn en tono desafiante. No habría nada que le impidiera decir la verdad. Brezhnev, desesperado

---

* Que hiciera falta que el jefe del partido comunista de la URSS le diera permiso a un autor para publicar una única novela corta de alrededor de cien páginas nos habla mucho sobre la falta de libertad intelectual en la antigua Unión Soviética.

por completo, le revocó la ciudadanía soviética y lo echó del país. Otros jefes del partido comunista supusieron con astucia que occidente se cansaría pronto de este severo moralista.

El presidente Ford se encontró en un conflicto cuando en 1975 hubo muchos que le pidieron que invitara al exiliado autor ruso a la Casa Blanca. Ford rechazó los pedidos de una reunión e indicó que no pensaba que podría enterarse de nada «sustancioso» durante una reunión con Solzhenitsyn. El columnista conservador George Will estuvo de acuerdo, pero señaló en tono de broma que la negativa de Ford hablaba más de la capacidad del presidente para absorber sabiduría que de la habilidad de Solzhenitsyn para impartirla.

Henry Kissinger fue el que cargó con la culpa por este rechazo a la reunión con Solzhenitsyn. Como secretario de estado, sin duda sabía que una reunión en la Casa Blanca con el declarado crítico del Kremlin, unida a la distensión, daría por tierra con los esfuerzos por lograr la libertad de otros autores perseguidos por la KGB. Sin embargo, un burócrata del Departamento de Estado dijo que Solzhenitsyn era prácticamente «un fascista».[13] Esta estupidez hizo que el senador conservador Jesse Helms clamara por «un escritorio estadounidense» en el Departamento de Estado.

II. 1976: Elección del bicentenario

«Mi nombre es Jimmy Carter y soy candidato a la presidencia», decía el sonriente dueño de una plantación de maní de Georgia. El mismo Carter reconocía que no era un candidato probable. Había sido gobernador durante un solo período de un estado del sur de mediano tamaño. Se graduó en la Academia Naval y trabajó bajo el mando del tempestuoso almirante Hyman Rickover en el programa de submarinos nucleares. El ingreso de la familia de Carter dependía del «cacahuate».

No era abogado, ni miembro del Congreso ni uno de los conocedores de Washington, D.C. «desde adentro». Todo esto que «no era» obraba en su contra, pero Carter convirtió con astucia sus desventajas en la esencia de su campaña para la nominación demócrata como candidato presidencial de 1976. De modo irónico, las reglas McGovern habían abierto el partido a los votantes primarios, lo cual le dio una mayor capacidad de influencia a los que tenían una motivación intensa. Como los candidatos liberales de Washington podían dividir el apoyo del partido ya dividido, la situación era similar a una pesadilla: el gobernador George C. Wallace, en su silla de ruedas, podría resultar ganador en las primarias. Los líderes del partido y los periodistas querían detener a Wallace, ya que aunque este antiguo segregacionista había expresado que lamentaba su pasado, los liberales del este no podían ni perdonar ni olvidar al hombre que se «paró en la puerta de las escuelas» para resistirse a la integración racial.

Para que Wallace no pudiera avanzar, razonaban muchos liberales, tendrían que encontrar a un sureño cuya historia con el tema racial fuera positiva. Y el indicado era «Jimmy» Carter. Él supo comunicarse con los votantes de manera inteligente, algo que se hizo tal vez más evidente cuando prefirió utilizar su apodo. Y tenía motivos para ello. Quería hacer énfasis en una visión más simple y menos «imperial» de la presidencia. Deseaba destacar sus raíces sureñas, sin ocultarlas. Además, no podía utilizar su nombre formal porque la clave de su gesta estaba en el fuerte apoyo de la comunidad negra. *James Earl Carter Jr.* no serviría como el nombre de un candidato en un país que acababa de juzgar y enviar a la cárcel a *James Earl Ray Jr.* por el asesinato del querido Dr. Martin Luther King Jr.

Carter también enfatizaba su fe cristiana evangélica. Para muchos estadounidenses, la campaña de Jimmy Carter fue la primera oportunidad de conocer a un cristiano «nacido de nuevo».* En muchos estados del sur y otros estados con una gran proporción de población rural, como Iowa, Minnesota, Wisconsin y Pensilvania, el tono evangélico de Carter encontraría eco en millones de votantes.[14]

Con mucho cuidado, Carter se ocupó de buscar a los principales miembros de la elite periodística liberal. ¿Quién era esta «gema de Georgia»?, se preguntó Jack Germond del *The Baltimore Sun* en tono un tanto dubitativo.[15] Aunque era un hombre duro, Germond no podía resistirse al atractivo de Carter. Cuando su hija de catorce años yacía agonizante a causa de la leucemia, Carter le envió un regalo: unas puntas de flecha indias que había encontrado en la plantación de maníes de su familia. Acompañó el regalo con una nota escrita a mano en la que le decía que le diera una de las puntas de flecha a su hermana.[16] Un bello gesto.

Con su discurso basado en su posición de hombre ajeno a la política y su fresco candor («Jamás les mentiré»), Carter arrasó con sus adversarios en las primarias de la primavera de 1976. Nominado como candidato demócrata a la presidencia, fue también el primer candidato en la historia en hablar públicamente sobre sus impulsos sexuales. En una entrevista con la revista *Playboy*, algo sin precedentes hasta entonces, Carter admitió que había sentido «lujuria» en su corazón, aunque jamás había quebrantado sus votos matrimoniales.

---

* Chuck Colson también había atraído a una gran audiencia con su exitoso libro Born Again [Nacido de nuevo]. Colson pasó de encabezar la operación de las «sucias trampas» de Nixon a estar un tiempo en la prisión y desde allí, de modo sorprendente, surgió como líder de los Ministerios de la Comunidad Carcelaria. La suya es una historia de conversión y compromiso que inspira a muchos.

El presidente Ford, mientras tanto, no gozaba de la atención de la prensa. No solo se le criticaba en los editoriales, sino que los jóvenes e irreverentes cómicos de *Saturday Night Live* se burlaban de él en la televisión. El más atlético presidente desde Teddy Roosevelt era representado por un personaje torpe y tonto. Chevy Chase alcanzó la fama en su carrera de comediante debido a su burda representación de Ford tropezando en la escalerilla del *Air Force One*. Cuando la bola de golf que Ford golpeó con su palo le dio a un espectador, él volvió a ser el centro de las burlas. Todos los presidentes tienen que soportar chistes y bromas. La mayoría lo toma con humor, como sucedió con Jerry Ford, pero el impacto acumulativo de las continuas burlas dejaría una imagen de un hombre incapaz e inepto. Y tal impresión puede ser fatal para un político serio.

Ford se enfrentó a un difícil problema con la nominación del antiguo gobernador de California, Ronald Reagan, como candidato republicano en 1976. Reagan había obtenido 1.317 votos más que Ford en las primarias de Nueva Hampshire. Como no contaba con un sector de apoyo en la prensa liberal, tal como lo había tenido Gene McCarthy en 1968, esta estrecha victoria se presentó como una derrota vergonzosa.

Reagan había rechazado el desafío de los partidarios para representar a un tercer partido con el gobernador de Alabama, George Wallace, contra Ford. Reagan apreciaba el estilo de política populista al que llamaban tanto Wallace como Carter, ambos gobernadores del sur. Sin embargo, al californiano no le agradaba la historia de Wallace como promotor de la segregación racial.[17] También rechazó un volante de campaña que había preparado alguien, el cual mostraba un artículo periodístico que especulaba acerca de si el presidente Ford podría elegir al senador Edward Brooke, de Massachusetts, como candidato a la vicepresidencia. Para los conservadores de pura cepa, Brooke no era aceptable, ya que se le conocía por ser liberal. Sin embargo, Reagan se percató de que el volante podría ser utilizado por la prensa liberal para sugerir que sus fuerzas se oponían a Brooke debido a que era negro.[18] Por lo tanto, mandó que destruyeran ese volante.

Reagan se enorgullecía de su desempeño como gobernador de California. Había designado a más de doscientos cincuenta funcionarios negros, más que cualquier otro gobernador en el Estado del Oro.[19] Recordaba con afecto lo que había sucedido en su equipo de fútbol del Eureka Collage. Cuando los hoteleros intolerantes se negaron a permitir que los deportistas negros se alojaran en sus hoteles, el joven Ron llevó a sus amigos a su casa de Dixon, cerca de donde se jugaría el partido. Sabía que sus padres jamás rechazarían a un amigo que necesitara dónde dormir y un plato de comida caliente.[20]

Reagan sufrió varias derrotas más esa primavera. Su campaña se estaba quedando sin fondos. Incluso el senador Barry Goldwater, el abanderado conservador de 1964, le urgía a dejar la contienda. Los periodistas de la conferencia de prensa de Carolina del Norte presionaron a Reagan, casi hasta el punto de acosarlo, para que indicara cuándo abandonaría la competencia.[21] John Sears, entonces a cargo de la campaña de Reagan, se preocupaba porque en ese momento la imagen del candidato era la misma que la del republicano George Wallace, por lo que dejó de enfatizar las firmes posturas conservadoras de Reagan prefiriendo una «campaña basada en el *currículum vitae*», la cual se centraba en la experiencia de Reagan como gobernador de California. Sears en realidad había estado hablando en secreto con el jefe de campaña del presidente Ford acerca del esperable abandono de Reagan.[22]

Una reunión realizada en la oficina del senador Helms en Washington demostró ser crucial. Allí el conservador de Carolina del Norte presionó al equipo de campaña de Reagan para que se basaran en un principios: «Sin tonos pasteles pálidos».[23] Este era ahora el lema de campaña, y tal vez fue la primera de muchas reuniones en las que el tema sería «dejar que Reagan fuera Reagan». Ellos sabían lo que luego aprenderían muchos de sus asesores: que Reagan funcionaba mejor bajo presión. El choque de ideas actuaba para él como un motor. Cuando estaba contra la pared, peleaba mejor que nunca. El encuestador de Reagan, Dick Wirthlin, lo expresó muy bien: «Su entusiasmo llegaba a las nubes, su atención se enfocaba mejor y su pasión se enardecía. Él fue uno de los pocos líderes que conocí que en realidad sentía placer ante la confrontación».[24]

Reagan regresó a Carolina del Norte decidido a hacer campaña según sus propios términos, perdiera o ganara. Allí, asistido por el siempre presente Helms, se enfrascó en el tema del Canal de Panamá. Ford y Kissinger estaban preparando un tratado para entregar el Canal del Panamá, y Reagan se enfrentó a los líderes de *ambos* partidos y a toda la prensa establecida.

«Nosotros lo pagamos. Nosotros lo construimos. ¡Es nuestro!», era el clamor de Reagan oponiéndose a la entrega. Las negociaciones por el canal representaban mucho más de lo que se observaba a primera vista. El tema del Canal de Panamá era para millones de estadounidenses un símbolo del decaimiento del poder y el prestigio de los Estados Unidos en el mundo. Reagan lo sabía y usó este tema hasta en la convención republicana de la ciudad de Kansas, en Missouri. Después de Carolina del Norte, Reagan empezó a ganar las primarias en el sur y el oeste.

Jerry Ford sintió alegría al ver que la atención ya no se centraba en sus problemas políticos para el momento de la celebración del bicentenario de la nación.

El peso de los recuerdos de Vietnam y Watergate había quedado atrás y el pueblo estadounidense veía el 4 de julio de 1976 como una oportunidad para celebrar doscientos años de libertad e independencia. El presidente Ford se condujo con dignidad y buen humor en los festejos del cumpleaños nacional. Con ceremonias en Washington, D. C. y Filadelfia, el presidente se regodeaba en la buena voluntad de esta nación que se encaminaba hacia la recuperación. Él les expresó a los que celebraban el bicentenario en el Salón de la Independencia:

> El mundo siempre está mirando lo que hacemos los estadounidenses, para mejor o para peor, porque hoy los Estados Unidos siguen siendo la más exitosa realización de la esperanza universal de la humanidad. El mundo podrá seguirnos o no, pero somos líderes porque toda nuestra historia dice que debemos serlo. La libertad es para todos, hombres y mujeres, como un derecho igual e inalienable. El establecimiento de la justicia y la paz en el extranjero dependerá en gran medida de la paz y la justicia que podamos crear aquí, en nuestro país, porque seguimos siendo los que marcamos el camino.[25]

En la ciudad de Nueva York, Ford presidió la magnifica parada de la *Op Sail*, en la cual en ese glorioso Cuatro de Julio desfilaron por el río enormes barcos de todos el mundo. Dos millones de personas formaron una hilera junto a las orillas del Río Hudson para vitorear la distinguida procesión de barcos de velas que navegaban detrás del barco de entrenamiento *Eagle*, del cuerpo de la Guardia Costera de los Estados Unidos.*

El mayor espectáculo de fuegos artificiales que se hubiera visto en toda la historia coronó el bajo Manhattan y el puerto de Nueva York en medio de la alegría de toda la nación. Ese histórico día no hubo homicidios en la Gran Manzana, un dato que alivió a todos.

El viaje de celebración del presidente Ford fue breve. Reagan atacó la política externa de Ford, diciendo que la «distensión» ignoraba «la abrumadora realidad de nuestros tiempos: la expansión del poder soviético en el mundo».[26]

Reagan intentó librarse de los delegados de Ford para lograr la nominación al elegir al senador liberal republicano de Pensilvania, Richard Schweiker, como su

---

* Sería interesante saber qué pensaban los marineros del Tovarisch, un velero de mástiles altos de los soviéticos, o los de las embarcaciones polacas y rumanas de las naciones cautivas, en cuanto a esta celebración estadounidense de los doscientos años de vivir en libertad. De manera similar, los jóvenes marineros del velero chileno Esmeralda participaron del desfile, aun cuando Chile vivía bajo la dictadura de derecha del general Augusto Pinochet.

compañero por la candidatura a la vicepresidencia. Esta fue una acción que podría considerarse intrépida o desastrosa. La historia electoral de Schweiker, siendo liberal, era equiparable a la de George McGovern, pero Schweiker se había opuesto al control de armas y el aborto, demostrando ser un elocuente defensor de las «naciones cautivas» de la URSS. Con todo, la decisión de Reagan de tenerlo como compañero era algo extraña.

Con aciertos y desaciertos, Reagan intentaba llegar a nuevos votantes. Un año antes de enfrentarse al presidente Ford, Ronald Reagan emitió un comentario por la radio, afirmando que el aborto solo se justificaba en casos de «defensa propia» y hablando de los «derechos humanos» de los no nacidos.[*] Al elegir a Schweiker para la vicepresidencia, mostraba que quería llegar a los obreros y sindicalistas representados por él. Reagan entendía que los obreros y trabajadores de las fábricas se estaban desencantando del liberalismo social y de lo que la Unión Soviética representaba en la «distensión».

El equipo del presidente Ford utilizó todas las ventajas pertinentes para contestar el desafío de Reagan. Aunque Ford era un hombre modesto, en el esfuerzo por la reelección no hubo modestia alguna. En una ocasión, mientras intentaban atraer a ciertos delegados republicanos indecisos de Long Island, Nueva York, los jefes de campaña de Ford invitaron a los partidarios republicanos a una espléndida Cena de Estado en la Casa Blanca en honor a la reina Isabel II, que estaba de visita. Estos «indecisos» se decidieron muy pronto a favor del presidente.[27]

Con tales tácticas, Ford venció a Reagan en la nominación de 1976, aunque no por un gran margen. Ford contó con 1.187 delegados contra los 1.070 de Reagan.[28] Con tristeza, Reagan le dijo a su hijo Michael que no le amargaba esta derrota, pero que lamentaba no poder sentarse en una reunión cumbre ante el dictador soviético escuchando sus exigencias con relación al control armamentista para luego acercarse a él desde el otro lado de la mesa y susurrarle en el oído la palabra «niet».[29][**]

A pesar de la victoria de Ford, Reagan ganó popularidad cuando el presidente le pidió que subiera con él al podio de la victoria y hablara ante la convención republicana. Ford había descartado a Nelson Rockefeller y tomado como candidato a la vicepresidencia al senador Bob Dole, haciéndoles importantes concesiones a las fuerzas de Reagan en cuanto al tema del aborto y también de la «distensión» en la plataforma del partido. Necesitaba contar con el apoyo de Reagan. Jimmy Carter le aventajaba hasta en treinta puntos en algunas encues-

---

[*]   Tomado de www.nytimes.com/library/magazine/home/20001231mag-reagan.html.

[**]   La palabra niet significa «no» en el idioma ruso.

tas.[30] Sonriente y con buen ánimo, el bronceado californiano habló entonces de una carta que había preparado para una cápsula del tiempo que se abriría en el *tricentenario* de la nación, con motivo de la cual le habían pedido a Reagan que escribiera sobre la paz en el mundo:

> Quienes lean esta carta dentro de cien años sabrán si se dispararon o no esos misiles. Sabrán si estuvimos a la altura del desafío. El hecho de que tengan las libertades de las que gozamos nosotros dependerá de lo que hagamos hoy aquí.
>
> ¿Mirarán hacia atrás con aprecio diciendo: «Gracias a Dios por esa gente de 1976 que se esforzó a fin de que no perdiéramos la libertad y trabajó para impedir la destrucción nuclear en el mundo?».
>
> Si fracasamos, tal vez jamás lleguen a leer la carta, porque trata sobre la libertad de las personas y no podrán hablar de eso ni tampoco leer sobre el tema.[31]

Aquí estaba este hombre de sesenta y cinco años hablando de la libertad y el futuro de la misma. Cerró su discurso con un conmovedor llamado a decirle al mundo que «nosotros [los estadounidenses] transmitimos el mensaje que ellos están esperando».[32] Hubo delegados que lloraron de la emoción. El biógrafo Edmund Morris se referiría luego a los comentarios «fuera de cámara» de Reagan: «El poder del discurso fue extraordinario. Y se podía sentir en el auditorio la palpable sensación de los delegados de que habían nominado al hombre equivocado».[33] A sus seguidores, Reagan los consoló diciéndoles: «Aunque estoy herido, no estoy muerto. Me levantaré y volveré a dar pelea».[34] Y cumplió con su palabra.

La campaña de Ford fue enérgica. Viajó de modo frenético por todo el país y en cada encuesta se notaba que la brecha entre él y Carter se hacía cada vez más pequeña. Sin embargo, como no era un orador hábil, contaba con la desventaja de no transmitir su mensaje de manera clara. ¿Estaba a favor de las políticas de Nixon y Kissinger sobre la «distensión», esas que había implementado con tal fidelidad? ¿O prefería las políticas más nuevas y firmes de Reagan que su plataforma apoyaba? Ford dejó que la popular Betty hablara por él en cuanto al aborto. Betty entonces indicó que no compartía la plataforma del partido en su postura pro-vida.[35*]

---

* Es importante señalar que la plataforma nacional republicana de 1976 se oponía al dictamen Roe vs. Wade, ofreciéndole un trato respetuoso a ambos lados del debate sobre el aborto, pero respaldando con firmeza «los esfuerzos de los que buscan una enmienda constitucional para restaurar la protección del derecho a la vida de los niños por nacer». Esa fue la primera oportunidad que tuvo el partido para darle una respuesta formal al caso Roe. Aunque esta afirmación provoca una pelea —más que nada en la

El discurso de Ford en su ciudad natal de Grand Rapids fue calificado como «insulso, como siempre». Incluso allí el aplauso fue más entusiasta cuando se le presentó que cuando terminó de hablar.[36] Con la publicidad paga en la televisión le iba mejor. Una melodía pegadiza les decía a los espectadores que estaban sintiéndose *bien* con respecto a los Estados Unidos, y mostraba los festejos del Cuatro de Julio del bicentenario. La crítica de Carter hacia la política del poder se consideraba una crítica a la nación.

Ford había desafiado a Carter a un debate cuando estaba muy por detrás de él en las encuestas. Ahora, por primera vez en la historia un presidente en ejercicio se presentaría en un debate televisado en todo el país.* Durante el segundo debate, que se llevó a cabo en San Francisco, Ford tropezó. No fue un tropiezo físico como el que representaba el cómico de televisión Chevy Chase. Se trató de algo peor. En respuesta a los ataques de Carter contra la política exterior, Ford dijo algo desastroso: «No hay dominación soviética en Europa del este, y no la habrá jamás durante un gobierno de Ford».[37] ¿Cómo? De inmediato, los directores de campaña de Ford intentaron recuperarse de ese error político. Enfatizaron el espíritu de resistencia del pueblo polaco, el hecho de que el gobierno de Ford había presionado a los soviéticos a firmar los Acuerdos sobre los Derechos Humanos en Helsinki en 1975. Y todo eso era verdad, pero los estadounidenses habían visto cómo entraban los tanques soviéticos en Berlín del este (1953), Hungría (1956) y Checoslovaquia (1968). Si eso no era dominación soviética, ¿qué cosa era? No había forma de borrar lo dicho. Millones de estadounidenses llegaron a la conclusión de que el honorable y bien intencionado Jerry Ford sencillamente no era el hombre indicado para el puesto. Ford sufrió en especial en los estados donde había grandes enclaves étnicos de polacos, húngaros, bálticos y eslavos.

Sin duda, el error sobre la «no dominación soviética» dañó las crecientes expectativas de Ford en estados como Pensilvania, Ohio y Wisconsin. Allí el liberalismo social de Betty Ford también afectó de manera negativa al presidente en su base política.[38]

Aunque Ford no era un hombre que le guardara rencor a la prensa, los miembros de lo que se conocía como el Cuarto Poder fueron implacables con él.** Un

---

prensa— cada cuatro años, el partido republicano siempre ha afirmado el derecho a la vida de los niños no nacidos desde ese momento.

* Este era el segundo debate presidencial televisado, ya que los debates entre Kennedy y Nixon no habían sido institucionalizados. Después del debate Ford-Carter de 1976, en toda elección presidencial subsiguiente se realizarían debates entre los principales candidatos.

** Cuarto Poder. En la Francia prerrevolucionaria, se decía que había tres poderes: la iglesia, los nobles y el pueblo. Los periodistas a veces se consideran un poder adicional, el cuarto poder.

clásico ejemplo de esto fue el titular del *New York Daily News*: «Ford a la ciudad: muéranse».[39] Esto era porque el presidente Ford se negaba a cobrarle más impuestos al pueblo estadounidense para sacar a la ciudad de la bancarrota en la que la habían metido los despilfarradores políticos urbanos. El ingreso anual del estadounidense promedio era entonces (como lo es ahora) menor al de los ciudadanos de la Gran Manzana. No podría haber titular más injusto que ese.

Carter obtuvo 40.830.763 votos populares, con un margen asombrosamente estrecho de 50,1%. Carter y su compañero candidato a la vicepresidencia, el senador liberal de Minnesota, Walter «Fritz» Mondale, obtuvieron 297 votos electorales. No mucho para quien había en un determinado momento aventajado a Ford en las encuestas por treinta puntos. Ford obtuvo 39.147.793 votos populares (48,0%) y 240 votos electorales.*

III. «EL EQUIVALENTE MORAL DE LA GUERRA»

En ciertos aspectos, Carter era miembro de una minoría bien definida. Fue el primer sureño elegido como presidente desde Zachary Taylor, en 1848.** Era más popular que JFK entre los evangélicos, pero menos popular entre los católicos. Su fuerte llamamiento a los votantes negros enmascaraba la relativa debilidad de su imagen entre los judíos.[40]

En su discurso de toma de poder, el presidente Carter renovó el compromiso de los Estados Unidos con la libertad. «Porque somos libres, no podemos ser indiferentes jamás al destino de la libertad en otros lugares. Nuestro sentido moral nos dicta una clara preferencia por aquellas sociedades que comparten con nosotros el permanente respeto a los derechos humanos individuales», afirmó Carter. Sin embargo, también advirtió en contra de definir la libertad en términos del progreso material: «Hemos aprendido que "más" no necesariamente significa "mejor", y que incluso nuestra gran nación tiene límites reconocidos y no podemos responder a todas las preguntas ni resolver todos los problemas».[41]

---

*   Esta cifra representó un voto electoral menos de lo que habría recibido Ford en circunstancias normales. El «elector incrédulo» del estado de Washington, Mike Padden, votó por Ronald Reagan. Padden se cercioró de que el voto electoral de Ohio asegurara la elección de Carter antes de emitir su voto. Esto sería el preanuncio de la cosecha de votos electorales de Reagan en el futuro.

**   Woodrow Wilson, nacido y criado en el sur, era gobernador de Nueva Jersey cuando le eligieron como presidente. Harry Truman, de Missouri, era originario de un estado frontera. Lyndon Johnson era de Texas, pero solo fue presidente debido al asesinato de JFK. Percibiendo la reticencia de la nación a elegir candidatos sureños, a Johnson le gustaba enfatizar sus vínculos con el oeste.

Después de su discurso, Carter sorprendió y deleitó a los miles de espectadores del desfile inaugural al salir de su limosina y caminar por la Avenida Pensilvania tomado de la mano de su primera dama, Rosalynn Carter, y su hija, Amy, mientras saludaba a la multitud. Carter estaba decidido a dejar atrás todo aspecto de la presidencia que fuera demasiado formal y elaborado. Al igual que Thomas Jefferson, deseaba acercar la presidencia al pueblo. Así que dispensó a la banda de tocar «Saludo al Jefe» y vendió el yate presidencial, el USS Sequoia.

Jimmy Carter asumió la presidencia con la gran ventaja de una mayoría demócrata de casi dos a uno en ambas cámaras del Congreso. Esto al menos habría sido una ventaja si Carter no hubiera hecho campaña de modo tan asiduo en contra de Washington, D. C. Su partido, después de todo, era el partido de Franklin D. Roosevelt y Lyndon B. Johnson. Era el partido del Gran Gobierno. Los barones del Congreso no se sintieron halagados cuando Carter dijo que el sistema impositivo que con tanto esmero habían ingeniado era «una vergüenza para la raza humana».[42]

Carter estaba decidido a poner a los líderes demócratas del Capitolio bajo su liderazgo. Y para demostrar que lo haría en serio, hizo que el jefe del gabinete, Hamilton Jordan, ubicara al presidente de la Cámara, Thomas P. «Tip» O'Neill, y a su familia en los asientos más alejados durante el banquete inaugural. Esto fue un insulto premeditado... y tonto además.[43] Carter cometió el error de decirle a Tip O'Neill que había pasado por encima de las cabezas de la legislatura de Georgia cuando sus miembros bloquearon sus programas siendo gobernador. «Puedo hablarles a sus electores con mayor facilidad que ustedes», dijo Carter. O'Neill no podía creer que Carter comparara a la legislatura de tiempo parcial de Georgia con el Congreso de los Estados Unidos. «Usted está cometiendo un terrible error, señor presidente», le indicó Tip al nuevo jefe del poder ejecutivo.[44]

La verdadera razón de que la elección de 1976 diera como resultado una victoria tan estrecha fue que millones de los que al principio apoyaban a Carter dejaron de hacerlo antes del día de la elección. Ese verano Carter había aventajado a Ford por treinta puntos en la mayoría de las encuestas. En noviembre, le ganó al presidente apenas por un 2% de votos (50,1% contra 48%).

Muchos estadounidenses que al principio se habían sentido atraídos por las altisonantes frases de Carter («Jamás les mentiré») vieron luego que había que escuchar su cuidado lenguaje con mucha atención. Por ejemplo, Carter les dijo a los votantes de la campaña de Iowa en enero que «el aborto no le gustaba». Afirmó que había que eliminar la «necesidad» del aborto. Sin embargo, cuando formó su gobierno, se hizo evidente que para Carter esto significaba *aumentar* los fondos destinados a las clínicas de control de la natalidad financiadas por el gobierno federal. Los opositores al aborto más firmes y antiguos lo consideraron como una forma de esquivar el problema. Mientras más control de la natalidad se usara, tanto más fracasaría y cuanto más fracasara, más abortos habría como resultado. Para 1976 se realizaban más de un millón seiscientos mil por año. El aborto, como práctica de rutina, aparecía en segundo lugar después de las circuncisiones. La periodista liberal Elizabeth Drew elogió a Carter por enmascarar una postura política liberal en medio de la retórica conservadora.[45] Sin embargo, para el estadounidense común y corriente esta estrategia no era más que un doble discurso, ya que si a uno no le gusta algo, es de esperar que se haga alguna cosa para impedirlo o al menos limitarlo.

Carter demostró que sí estaba dispuesto a hacer algo. Firmó la Enmienda Hyde cuando llegó a su escritorio en 1977. Propuesta por el congresista Henry Hyde, esta enmienda prohibía que los abortos se financiaran con fondos federales. Carter intentaba hacer un cuadrado del círculo del aborto: se opondría a toda restricción sobre la legalidad de la práctica, pero buscaría no ofender a los opositores al obligarles a pagar por los abortos con sus impuestos. Él descubrió que su posición, aunque sincera, abriría una brecha entre él y los liberales del partido demócrata.

Carter apoyó con vigor la Enmienda por la Igualdad de Derechos (ERA, por sus siglas en inglés), la cual reformaba la Constitución. La primera dama, Rosalynn Carter, le dedicó mucha energía a la promoción de esta enmienda. La líder conservadora Phyllis Schlafly criticó tal propuesta y el rol de la Sra. Carter en su promoción. Los enemigos de la ERA estaban enojados al ver que una primera dama ejercía presión política a favor de tal cosa cuando el pueblo estadounidense no la había elegido para ocupar un puesto público.

Schlafly argumentaba que como la Enmienda era tan vaga y ambigua, podía significar cualquier cosa. ¿Seguirían exentas del reclutamiento las mujeres jóvenes? ¿O se les obligaría a ir a la guerra? ¿Perderían las madres la custodia de sus hijos menores? ¿Les quitarían el derecho a recibir pagos por alimentos de sus antiguos esposos? ¿Se verían obligados el gobierno federal y los estados a subsidiar el aborto a demanda? ¿Exigirían los homosexuales el derecho al matrimonio? Todas estas eran preguntas que surgían de esta Enmienda, redactada con un final abierto.

Los que defendían la ERA criticaban a la Sra. Schlafly y sus activistas de siempre, burlándose con comentarios como: «Son ancianitas con zapatillas, que se preocupan por los baños públicos unisex». Bueno, sí, esas cosas les preocupaban también.

El presidente Carter habló ante el pueblo estadounidense sobre lo que él llamó la Crisis Energética. Sentado frente al hogar, el presidente llevaba puesto un suéter de lana y le dijo a la nación que los Estados Unidos se quedarían sin petróleo para 1987, por lo cual hacía falta que se tomaran urgentes medidas de ahorro y conservación.[46] Señaló que esta crisis energética era «el equivalente moral de la guerra», y urgió a los estadounidenses a acostumbrarse a una época de limitaciones.[47] Muy pronto los molinos de viento y los paneles solares en los techos calificarían para obtener descuentos impositivos federales. Carter respaldaba con convicción el límite de velocidad de ochenta y ocho kilómetros por hora que tanto molestaba a los occidentales. En las vastas llanuras del oeste estadounidense comenzó una «rebelión», a instancias de Washington, D. C., indicándoles a los residentes de los estados con poca densidad poblacional a qué velocidad debían conducir.

Si las políticas de Carter cayeron mal entre los liberales, entre los conservadores fueron como una bomba. Durante el mandato de Carter, hubo mucha oposición a las políticas internas y externas proveniente de grupos como la Fundación por un Congreso Libre de Paul Weyrich, la Fundación Heritage [Legado], y el Instituto Estadounidense de la Empresa.

Los defensores de la economía de libre mercado se alegraron cuando Friedrich A. Hayek y Milton Friedman obtuvieron el Premio Nóbel en 1974 y 1976 respectivamente.[48] Ambos distinguidos académicos demostraron cómo el socialismo no solo no enriquecía a la gente común, sino que además sacrificaba su libertad. El socialismo no era más que una estación de paso, como decía Hayek, en «el camino de la servidumbre». Como siempre, Churchill había sido un visionario: «El capitalismo es la distribución desigual de las bendiciones, en tanto el socialismo es la distribución equitativa de la miseria».[49] Excepto que en la práctica, ni siquiera llegaba a ser eso.

La continuidad de la «estanflación» (un período de estancamiento en el crecimiento, un alto nivel de desempleo y un alto nivel de inflación) desesperaba al estadounidense promedio. Además, la gente se sentía frustrada porque después de los miles de millones de dólares que se habían destinado a la «Guerra contra la pobreza» de Lyndon Johnson, el porcentaje de pobres (12,4%) seguía siendo en esencia el mismo de 1965.[50]

La década de 1970 presentó muchos desafíos a lo que los estadounidenses consideraban tradicionalmente como libertad. En San Francisco, Nueva York y otras ciudades importantes, los bares de homosexuales y los clubs de sexo definían una nueva subcultura que «corría los límites» de la promiscuidad. Michel Foucault, un filósofo francés homosexual, habló en referencia a esta abrumadora sensación de liberación y acerca del derecho a hacer lo que se desee. «Pienso que el tipo de placer que para mí sería el placer real resultaría tan profundo, tan intenso, tan sobrecogedor, que no podría vivir después de sentirlo. Moriría».[51] Morir de placer se convirtió en la frase común de la época, una traducción estadounidense del nihilismo de Foucault.

Como era predecible, tales concepciones de la libertad dieron lugar a fuertes reacciones. Ronald Reagan se había resistido a la Iniciativa Briggs en California, un intento por echar a los docentes homosexuales de las aulas. Sin embargo, la conjunción de emociones a las que dio rienda suelta la revolución sexual tuvo giros extraños. El supervisor de San Francisco, Dan White, asesinó en 1978 al alcalde George Moscone y a su compañero supervisor, Harvey Milk. Milk era un homosexual declarado. White hizo uso de la absurda «defensa Twinkie», evitando así la pena de muerte, pero la sentencia moderada que se le impuso causó disturbios provocados por los manifestantes homosexuales de San Francisco, los cuales pusieron la ciudad patas arriba durante días.*

En el extranjero, el presidente Carter dejó en claro que no estaba dispuesto a presionar demasiado a los soviéticos con el tema de los derechos humanos. «Nos hemos librado de ese incoherente temor al comunismo [énfasis añadido] que nos llevó a aceptar aliarnos con cualquier dictador que sintiera el mismo miedo», les dijo Carter a los graduados de la Universidad de Notre Dame en 1977.[52] Desde el principio, el gobierno de Carter ejercería presión sobre los regímenes autoritarios anticomunistas al mismo tiempo de adoptar una visión más relajada de la expansión soviética en lo que ahora se conocía como el tercer mundo.**

Carter eligió a Cyrus Vance como secretario de estado. Vance le dijo en 1978 a la revista Time que el presidente Carter y el jefe del partido comunista soviético Leonid Brezhnev «comparten sueños y aspiraciones similares en lo concerniente a los temas más fundamentales».[53] Aparentemente de acuerdo con su secretario de estado, Carter besó a Brezhnev durante la Reunión Cumbre de Viena.[54] Vance, según el experimentado demócrata neoyorquino Morris Abrams, era «lo más cercano a un pacifista que hayan tenido los Estados Unidos como secretario de estado, con la posible excepción de William Jennings Bryan».[55]

---

* Los abogados de White adujeron que había actuado sin plenas facultades porque había comido demasiados Twinkies y alguna otra comida chatarra con alto contenido de azúcar. Este fue un impactante ejemplo de la descomposición del sistema de justicia criminal, así como de la falta de sentido común.

** Los países del tercer mundo eran en general los países «en vías de desarrollo» de Asia, África o América latina. Si alguno de estos países prosperaba al recurrir al libre mercado, como lo hicieron Singapur, Corea del Sur y Taiwán, ya no calificaban para que se les considerara del tercer mundo. Por lo tanto, en la práctica el tercer mundo significaba los países muy pobres de esas regiones.

El pensamiento de Carter encendió la alarma incluso dentro de su propio partido. Henry M. «Scoop» Jackson, del estado de Washington, lideró la oposición en el senado contra el Tratado de Limitación de Armas Estratégicas (SALT II, por sus siglas en inglés). Jackson estaba convencido de que los engaños de los soviéticos harían que fuera imposible el cumplimiento de este tratado. Daniel Patrick Moynihan, senador subalterno de Nueva York, acusó a Carter «de tratar de desviar nuestra atención de los verdaderos problemas centrales políticos de nuestros tiempos, aquellos que existen entre la democracia y el comunismo totalitario».[56]

A Jimmy Carter le costó que el Senado aprobara su Tratado del Canal de Panamá en abril de 1978. Muchos republicanos y la mayoría de los demócratas votaron a favor del «regalo», como lo llamaban los críticos. Sin embargo, el líder republicano del Senado, Howard Baker, de Tennessee, sacrificaría sus esperanzas presidenciales porque hizo enojar a los más conservadores del partido con respecto al tema del Canal. Nueve senadores quedaron derrotados, con sus opositores atacándolos por haber apoyado la entrega del canal.[57] Reagan había convertido este tema en una cuestión simbólica de gran importancia y su posición era respaldada por la mayoría de los conservadores.

Carter tuvo su mayor logro en política exterior, y tal vez el único, con los Acuerdos de Camp David de 1978. Él logró que el presidente de Egipto, Anwar Sadat, y el primer ministro de Israel, Menachem Begin, fueran a la casa de descanso presidencial de Camp David, donde se llevaron a cabo agotadoras y prolongadas negociaciones sobre el retiro israelí de la Península del Sinaí en Egipto (Sadat había volado a Jerusalén para que comenzaran las conversaciones). Le alarmó la insistencia de Carter con respecto a que se incluyera a los soviéticos.[58] Finalmente, Carter cedió en este punto y los soviéticos no fueron invitados. Sadat y Begin ganarían el Premio Nóbel de la Paz por el rol cumplido en los Acuerdos de Camp David.[*]

El escritor ruso exiliado Aleksandr Solzhenitsyn habló ante los que se graduaban de Harvard en 1978. Advirtió entonces que occidente «ya no tenía voluntad» de resistirse a la agresión soviética. Provocando a su audiencia con toda intención, señaló que no podía recomendar a occidente como un modelo de la civilización para los pueblos esclavizados tras la Cortina de Hierro: «Después de sufrir décadas de violencia y opresión, el alma humana anhela cosas más elevadas, cálidas y puras que las que ofrecen los hábitos de la sociedad masiva de hoy, presentados como una tarjeta de visita por la repugnante invasión de la publicidad comercial, el estupor de la tele-

---

[*]   Jimmy Carter debió esperar veinticuatro años por su Premio Nóbel de la Paz. En el año 2002, su selección se consideró una cachetada a los planes del presidente George W. Bush de una guerra contra el régimen de Saddam Hussein en Irak, una guerra contra la que Carter se opuso con vehemencia.

visión y la música intolerable».[59] Ahora que Etiopía, Angola, Mozambique y Granada caían bajo el comunismo, las palabras de Solzhenitsyn dieron inicio a una reacción de dolor de la elite liberal en los Estados Unidos. El *New York Times*, el *Washington Post* e incluso la primera dama, Rosalynn Carter, criticaron a Solzhenitsyn.[60]

Uno de los pocos defensores de este ganador del Premio Nóbel fue el perceptivo George F. Will. En su influyente columna, Will escribió: «El espacioso escepticismo del *New York Times* se extiende a todos los valores, excepto a los propios».[61] Comparó a Solzhenitsyn con un profeta del Antiguo Testamento cuyas agudas palabras obligarían a la nación a reaccionar. Las ideas de Solzhenitsyn eran las de Cicerón, San Agustín, Tomás de Aquino, Pascal, Tomás Moro y Edmund Burke.[62] Representaban el legado de libertad de occidente. ¿Qué simbolizaba Jimmy Carter, quien «compartía los más profundos valores de Leonid Brezhnev»? Desde el tiempo de Churchill en 1946, cuando se dirigió a los graduados del Westminster College, o desde 1947 en la ocasión en que George C. Marshall hablara en Harvard, no había existido un discurso de iniciación de curso que produjera tanta controversia.

Uno de los puntos más fuertes del presidente Carter en términos políticos y personales era su gran identificación con los estadounidenses de color. Esto constituía un logro asombroso para el hijo del «Sr. Earl», que había sido segregacionista. Jimmy Carter se movía con toda comodidad entre los líderes negros, en especial entre los de su estado original de Georgia. Andrew Young, de Atlanta, era uno de sus amigos más cercanos. Young había sido discípulo del Dr. King y un dedicado paladín de los derechos civiles.

Sin embargo, Andrew Young no era un hombre capaz de ocupar el rol de embajador estadounidense ante las Naciones Unidas. Parecía decidido a avergonzar a Carter y a los Estados Unidos desde su muy visible posición. Afirmaba que las fuerzas cubanas de Castro en África estaban allí «para oponerse al racismo».[63] Decía que Cuba había enviado a sus fuerzas armadas para luchar en África «porque compartía el sentido de la opresión colonial y la dominación».[64]

El embajador Young defendió los juicios soviéticos contra prominentes *refuseniks* judíos como Natan Anatoly Sharansky. «Después de todo», opinó Young, «también nosotros tenemos cientos o tal vez miles de personas en nuestras prisiones de quienes podría decirse que son prisioneros políticos».[65] Young atacó a Gran Bretaña, el aliado más cercano de los Estados Unidos, afirmando que era la nación que «casi inventó el racismo».[66] Dijo que consideraba que los presidentes Nixon y Ford eran racistas. En una entrevista con la revista *Playboy*, le preguntaron si su acusación contra los republicanos incluía también a Abraham Lincoln, y respondió: «*Especialmente* a Abraham Lincoln».[67] Criticó a Israel, señalando que era «obstinado e intransigente».[68] Su tormentosa gestión ante las Naciones Unidas acabó de manera abrupta cuando se reveló que había mantenido reuniones por un medio de comunicación «clandestino» con los representantes de la Organización para la Liberación de Palestina (OLP) de Yasser Arafat. En ese momento el Departamento de Estado tenía a la OLP de Arafat en la lista de organizaciones terroristas.

IV. Los Estados Unidos, un país rehén

Para 1979 era ya muy evidente que el presidente Carter estaba en graves problemas. El índice de indigencia (que se obtiene al sumar la cifra de desempleo y la de la inflación) que había inventado y usado con tanta efectividad en contra de Ford ahora se le había vuelto en contra. Gracias a la crisis energética, los estadounidenses solo podían comprar gasolina según fuera «par o impar» la fecha del día. Carter había conformado un gran aparato burocrático en el Departamento de Energía, pero no fue capaz de asegurar la provisión de gasolina en las estaciones de servicio, que es donde importa.

Advertido por su brillante encuestador, Pat Caddell, de que los estadounidenses estaban muy alienados, Carter convocó a grupos de líderes, académicos y periodistas a la escena de su gran triunfo: Camp David. Allí Carter bajó desde la montaña, como Moisés, para despedir a la mayoría de sus ministros. Dejó en sus puestos solo a los más jóvenes e inexpertos. «¡Por favor!», dijo un congresista demócrata de edad madura. «Acaba de talar los árboles altos y dejó a los monos».[69] Luego Carter se presentó en la televisión nacional para dar un importante discurso en el que lamentaba la «crisis de confianza» que había en el país, diciendo que representaba «una amenaza fundamental contra la democracia».[70]

Para la mayoría de los estadounidenses la actitud del presidente fue profundamente inquietante. Ya no se veía la amplia sonrisa en su rostro, ni el optimismo del ingeniero nuclear que había preguntado «¿Por qué no el mejor?». Ahora Carter tenía que defenderse incluso del «ataque de los conejos», mientras estaba de vacaciones.* Su discurso pronto se calificó como «el discurso del malestar». Aunque Carter no usó esa palabra, fue el calificativo que la gente le asignó.

---

* Carter mismo había contado que mientras pescaba en su tierra de Plains, Georgia, un conejo lo había atacado. El episodio ahora servía como motivo de burlas contra el desafortunado hombre de Georgia en el mundo entero.

Jack Germond consideraba que todo este episodio era muy molesto, tanto la reunión del malestar como el discurso del malestar. De modo asombroso, a este feminista le molestaba el rol de Rosalynn Carter en estas sesiones de tan alto nivel. «Todos sabíamos que la primera dama tendría gran influencia sobre el presidente, y como es evidentemente tan brillante y seria, tal vez sentíamos que era algo bueno. Sin embargo, no fui el único a quien le molestó la realidad de que la esposa del presidente se comportara a la par de un funcionario en estas circunstancias. Durante el camino de regreso, Joe Kraft, columnista del *Post*, todo el tiempo negaba con la cabeza y murmuraba que todo esto era algo por completo diferente a lo esperado».[71]

Jimmy Carter y la primera dama intentaron reunir al país en torno a la creciente preocupación por la familia estadounidense. Después de promulgarse en muchos estados lo que se conoció como leyes de divorcio «sin culpa», la tasa de divorcios aumentó de manera alarmante. También se incrementó la cantidad de nacimientos de hijos fuera del matrimonio. En oposición a las predicciones más confiadas, a pesar de la amplia disponibilidad del aborto estas cifras no se redujeron. Los Carter buscaban sinceramente encontrar un terreno común en cuanto a este y otra cantidad de temas problemáticos en una serie de Conferencias sobre la Familia realizadas en la Casa Blanca. El título de las conferencias pasó luego a ser sencillamente *Familias*. Y eso sirvió de origen a una historia.

La Sra. Phyllis Schlafly, que seguía con su campaña en contra de la Enmienda por la Igualdad de Derechos, puso a trabajar su ingenio organizativo para despertar la conciencia de la gente en cuanto a las implicancias de la palabra familia. Debido a su trayectoria legal, reconocía que la Casa Blanca estaba a punto de extenderle el reconocimiento oficial a una gran cantidad de asuntos domésticos. Sabía que la definición de «familia» empleada durante décadas por la Oficina de Censos como un grupo de personas unidas por los vínculos del matrimonio, el nacimiento o la adopción ahora corría peligro. Ella y otros conservadores como Paul Weyrich, de la Fundación por un Congreso Libre, y el Dr. James Dobson, de la organización evangélica Enfoque en la Familia, reunieron una gran cantidad de partidarios. Urgían a sus seguidores a participar del proceso de selección de delegados y a interesarse en los temas sustanciales que surgirían de las reuniones preparatorias locales y regionales, los cuales se tratarían en las Conferencias de la Casa Blanca. Así nació lo que los participantes llamaron el movimiento pro-familia. Los que criticaban sus metas —en una evidente reacción defensiva a los veloces cambios sociales— descartaban este movimiento conservador o lo llamaban «la derecha religiosa». Poco después, y tal vez de un modo inevitable, este movimiento tendría gran impacto sobre la política nacional.

El reverendo Jerry Falwell (jefe de la recién formada Mayoría Moral local), Paul Weyrich y la Sra. Schlafly respondían en cierto sentido al vacío creado del lado conservador del espectro político por la fascinación de los medios, que durante décadas se habían centrado en los grupos radicales de izquierda. Los Estudiantes por una Sociedad Democrática (SDS, por sus siglas en inglés), el Congreso por la Igualdad Racial (CORE, por sus siglas en inglés) y el Comité Estudiantil de Coordinación no Violenta (SNCC, por sus siglas en inglés) se formaron en la década de 1960, con una reacción positiva de los medios. Stokely Carmichael (SNCC), H. Rapp Brown (SNCC y los Panteras Negras) y Tom Hayden (SNCC y SDS) a menudo hacían caso omiso de la ley. Eran insaciables en sus exigencias a la sociedad. Bobby Seale y Huey Newton lideraban a los Panteras Negras, uno de los grupos de izquierda más militantes. Los Panteras Negras habían estado implicados en diversos hechos de violencia y varios asesinatos.

A los Carter no les faltaba convicción. Jimmy y Rosalynn acudieron a la escena durante la avería de la planta nuclear Three Mile Island para calmar los temores.[72] No obstante, un presidente, si es sabio, no confiesa ser presidente durante el malestar. La errática conducta de Carter convenció al senador Ted Kennedy de que después de todo este hombre podía ser vulnerable. El partido demócrata había perdido en las elecciones intermedias. Según los seguidores activistas liberales de Kennedy, el liderazgo continuado de Carter podía significar un desastre para el partido en 1980. Por lo tanto, Kennedy declaró su candidatura para la nominación demócrata de 1980.[*]

Los avances del comunismo en África y América Latina eran perturbadores. Leonid Brezhnev, aunque en público decía sentir afecto por Carter, financiaba a terroristas como las Brigadi Rossi de Italia, Acción Directa de Francia y la Pandilla Baader-Meinhof de Alemania occidental. Esto era un secreto a voces. El régimen sandinista de Nicaragua adoptaba un giro peligroso, aplastando la libertad en esa república de América Central al tiempo de exportar la revolución a su vecino El Salvador.

En respuesta, muchos de los demócratas que habían apoyado a Scoop Jackson y Hubert Humphrey se unieron al escritor neoyorquino Midge Decter para formar el Comité contra el Peligro Presente. La profesora de ciencias políticas Jeane Jackson

---

[*] El caricaturista Jeff MacNelly dibujó a Jimmy Carter al frente de un servicio de reavivamiento que se llevaba a cabo en un local con vitrina, en tanto la gente desprovista de interés miraba hacia fuera con las narices pegadas al vidrio. Afuera, Teddy se acercaba como un San Bernardo, avanzando por la nieve de New Hampshire con un barrilito de liberalismo 100% a prueba de todo alrededor de su cuello.

Kirkpatrick escribió «Dictaduras y parámetros ambiguos», una potente crítica a la política exterior de Carter. Su artículo apareció en *Commentary*, y Ronald Reagan lo leyó. En esta era de limitaciones y malestar, ¿quién defendería a la libertad? Si los Estados Unidos se veían atacados por la duda y la culpa, ¿quién sería líder del Mundo Libre? Tales hechos y preocupaciones se combinaron para dar lugar a un nuevo movimiento conocido como neoconservador, cuyo periódico líder era *Commentary*. La Dra. Kirkpatrick culpaba a la ineptitud del presidente Carter por la caída de muchos líderes proestadounidenses, incluyendo al Sha de Irán.

El 4 de noviembre de 1979, una multitud de «estudiantes» en Teherán, Irán, ocuparon la Embajada de los Estados Unidos. Tomaron como rehenes a todos los estadounidenses —diplomáticos, empleados civiles de la embajada e incluso a los guardias de la Marina— que sumaban un total de cincuenta y dos personas.[*]

El ayatolá Khomeini no solo no condenó la acción, sino que elogió a los que habían tomado a los rehenes para desafiar a los Estados Unidos, ese «Gran Satán». Tal vez porque esperaba una resolución rápida de la crisis, en la televisión Water Cronkite decidió finalizar cada emisión del programa de noticias *CBS Evening News* con la cantidad de días en cautiverio de los rehenes estadounidenses. Su rival, la cadena *ABC News*, presentaba a Ted Koppel con un programa nocturno llamado *América de Rehén*. Ahora Jimmy Carter tendría que contender con un malestar bien real.

Los estadounidenses rehenes sufrieron golpes, torturas y amenazas de muerte, mientras los días se convirtieron en meses. Cuando los «diplomáticos» iraníes llegaron a la ciudad de Nueva York para las sesiones de las Naciones Unidas, se les permitió ir y venir sin impedimento alguno debido a sus privilegios diplomáticos.

Al principio los estadounidenses se alinearon tras su comandante en jefe, pero poco después ya era evidente que él no podía controlar la situación. Carter recurrió a su hermano Billy, propietario de una estación de servicio de Plains, Georgia, pidiéndole que usara sus contactos con Muammar Khaddafi, de Libia, para liberar a los rehenes estadounidenses.[73] Carter envió al antiguo fiscal general de los Estados Unidos, Ramsey Clark, en una misión a Teherán para ver si podía lograr que los liberaran. Clark había ganado popularidad por su abierta crítica a la política exterior de los Estados Unidos durante la década posterior a su función como fiscal general de LBJ. Tal vez Carter pensara que el «tercermundismo» de Clark le valdría como una tarjeta de presentación para ingresar al círculo interno del ayatolá. Khomeini tal vez no se dejó impresionar por el creciente radicalismo antiestadounidense de Clark y se negó siquiera a conocer al emisario de Carter.[74]

---

[*] Los rehenes podrían haber sido más si no hubiera mediado la acción del embajador canadiense Ken Taylor y su equipo. Los canadienses arriesgaron sus vidas para ayudar a seis estadounidenses a escapar.

No le habría resultado difícil a Ted Kennedy presentarse como alternativa al presidente en ejercicio. Todas las encuestas de opinión pública de 1979 mostraban que Kennedy superaba a Carter, a veces por un margen de dos a uno. Carter tenía pocos amigos en el partido demócrata.* Ted había sido el «heredero natural» del legado Kennedy desde la muerte de su hermano Bobby en 1968.

Sin embargo, ahora, con la crisis de los rehenes en Irán, de modo extraño el apoyo a Kennedy disminuyó, lo cual beneficiaba al presidente. Kennedy tuvo una entrevista desastrosa con el periodista Roger Mudd de la CBS. Tartamudeó y tuvo tropiezos, sin demostrar elocuencia alguna al intentar presentar su candidatura. Lo peor fue que muchas personas que en 1969 no le habían prestado atención a su conducta en el caso Chappaquiddick ahora estudiaban los hechos con mayor detalle.[75] A pesar de ello, Kennedy no se dio por vencido y llevó su campaña a Nueva Hampshire.

Los soviéticos se envalentonaron cuando vieron que Carter no utilizaría la fuerza para liberar a los rehenes estadounidenses de Teherán. Pasada la Navidad de 1979, unos agentes soviéticos derrocaron y asesinaron al jefe de gobierno de Afganistán, instalando en su lugar a un gobernador marioneta: Mohamad Najibullah, que obedientemente invitó desde Kabul a las tropas soviéticas a entrar en el país.** Carter dijo que la invasión de los soviéticos era para él algo indignante. Su embajador en la Unión Soviética, Malcolm Toon, se escandalizó al ver que Carter se escandalizaba: «Se ve que no estaba leyendo los mensajes que le estuve mandando todo este tiempo», señaló luego Toon.[76]***

---

* Por supuesto, una excepción a esto fue la Asociación Nacional de Educación (NEA). El sindicato de maestros, integrado por dos millones de miembros, le estaba agradecido a Carter por crear el Departamento de Educación de los Estados Unidos. La NEA demostró una total lealtad a su asediado benefactor. Y también se vanagloriaba de que había enviado más delegados a la Convención Democrática Nacional que California.

** Najbullah encontró su triste destino al final de una soga en el estadio de fútbol de Kabul en 1996. Fue ahorcado por los talibanes.

*** Según un amigo que estaba allí, el embajador Toon inició una conferencia en la Universidad de Washington en enero de 1982 criticando al presidente Reagan por presentar a los líderes del Kremlin como hombres que mentirían, engañarían o cometerían cualquier crimen con tal de hacer avanzar la causa del comunismo en el mundo. Toon dijo que estaba en completo desacuerdo con la política de mezquino acoso del secretario de estado Al Haig hacia el embajador soviético en los Estados Unidos, Anatoly Dobrynin, que incluía acciones tales como negarle al enviado un lugar para estacionar en el garaje del Departamento de Estado. Eso fue durante los primeros cinco minutos del discurso de Toon. El antiguo embajador de Carter luego se dedicó a criticar fuertemente a su anterior jefe. Toon afirmó que la única vez en sus treinta años de carrera diplomática en que temió por su país fue durante la presidencia de Jimmy Carter. Jamás había visto a los soviéticos despreciar tanto la debilidad de los estadounidenses, informó Toon. El título del Seattle Post Intelligencer al día siguiente ignoró el crudo análisis de Toon con respecto al desempeño de Carter y solo publicó: «Toon critica a Reagan».

Con el inicio de una nueva década, los Estados Unidos se enfrentaban a un mundo más peligroso y amenazante, y a pesar de obtener algunas victorias, todo parecía empeorar en general. Los estadounidenses enloquecieron de alegría cuando el equipo nacional de hockey venció a los soviéticos, los favoritos para ganar las Olimpíadas de Invierno que se realizaron en Lake Placid, Nueva York. La multitud gritaba: «¡Estados Unidos! ¡Estados Unidos!», en tono desafiante y con orgullo.

Carter juzgó mal el momento y anunció que los Estados Unidos boicotearían las Olimpíadas de Verano que estaban programadas para el mes de julio en Moscú. Los fanáticos del deporte se sintieron apenados, pero los que más sufrieron fueron los atletas olímpicos de los Estados Unidos. Los competidores estadounidenses de las Olimpíadas de Verano habían visto la reacción del país ante las victorias del equipo de los Estados Unidos en Lake Placid. Esto les había dado ánimo, por lo que los jóvenes atletas estaban más decididos que nunca a ganar la medalla de oro y el honor que su país merecía. Glenn Mills expresa lo que sintieron muchos de esos atletas olímpicos de 1980, ya que era miembro del equipo olímpico de natación:

Ante el buen desempeño de nuestros atletas de invierno, más duro fue nuestro entrenamiento. Cada uno de nosotros nadó cien mil metros en la piscina cada semana. A diario recordábamos que también nosotros podíamos darles ánimo a nuestros compatriotas, como lo hicieron los jugadores de hockey. Sabíamos que los soviéticos se entrenaban duro para poder ser reconocidos como héroes en su país. Y nos dábamos cuenta de que había que vencerlos. Muchos nos habíamos mudado, dejando amigos y familias, para poder entrenar con mayor intensidad. Nuestros padres debieron ajustarse el cinturón en el aspecto financiero para que pudiéramos competir. Nuestros amigos debieron entender que no podíamos pasar tiempo con ellos. Todos hicimos lo que pudimos para merecer la confianza de nuestro país. Y justo cuando estamos preparados para ir a las Olimpíadas, el presidente Carter anuncia que no competiremos. Los sueños de nuestros atletas, así como los años de preparación, dedicación y sacrificio, todo eso se esfumó en minutos.

Mills habla sin amargura. Él y los demás atletas olímpicos habían logrado vencer la desilusión aplastante de esos días, pero como dijo luego, «hubiéramos querido poder terminar con nuestra tarea».[77]

Carter también cortó todo envío de granos de los Estados Unidos a la URSS, algo que amargó a muchos agricultores del medio oeste estadounidense. A los soviéticos no les molestó demasiado esta medida porque podrían comprarles granos a Australia, Canadá y Argentina. Solo los agricultores del medio oeste sufrieron los efectos de esta decisión. Carter había iniciado su presidencia caminando por la Avenida Pensilvania, como lo había hecho Thomas Jefferson. Y ahora adoptada la peor de las políticas de Jefferson, ya que al igual que en 1807, el embargo afectó más a los estadounidenses que a sus adversarios.

Cuando Ronald Reagan anunció su candidatura en 1979 era ya un hombre de sesenta y ocho años. Nunca antes había existido un candidato presidencial tan mayor. No obstante, se le veía rozagante y saludable. Se mantenía en forma desmalezando su estancia de California, el Rancho del Cielo. «Aquellos que hablan de las limitaciones de la edad hablan de sus propias limitaciones, no de las de los Estados Unidos», indicó Reagan.[78] No mencionó a Jimmy Carter, pues no hacía falta. Reagan no creía en los límites de la edad ni en la época de las limitaciones.

Carter supo que las encuestas le resultaban más favorables cuando se encerraba en la Casa Blanca y se ocupaba de las crisis. Empezó a obtener victorias en las primarias contra Ted Kennedy utilizando su «Estrategia del Jardín de Rosas».

Carter consideró que era una buena señal que los rehenes estadounidenses en Teherán fueran transferidos de manos de los estudiantes al control directo del gobierno islámico revolucionario de Irán. Sin embargo, el cautiverio no acababa. Y tampoco las amenazas de ejecución. Ellos seguían estando en peligro. ¿Qué era lo que le parecía entonces positivo? «Él está golpeando un tambor sin fondo», se burlaba Khomeini.[79] El secretario de estado, Cyrus Vance, veía las cosas sin tanta angustia: «Casi todos los estadounidenses sabemos que es imposible que dictemos qué sucederá. Y el reconocerlo no implica que los Estados Unidos tengan menos poder, sino que indica una creciente madurez de nuestra parte en este mundo complejo».[80] ¿Así que el ayatolá Khomeini sí podía dictar lo que sucedería, pero los Estados Unidos de América no?

Carter por último despertó en abril de 1980 y decidió actuar. Al fin. Durante seis meses los estadounidenses cautivos en Teherán habían sufrido torturas. Carter dio órdenes para que una misión de rescate actuara en secreto. Sin embargo, de modo lamentable, el intento fracasó y varios helicópteros estadounidenses chocaron. Murieron varios comandos estadounidenses. La operación *Desierto Uno* se convirtió en un símbolo de la inutilidad del gobierno de Carter. Por su parte, Cyrus Vance, escandalizado porque los Estados Unidos habían decidido actuar por la fuerza, renunció a su puesto.[81]

V. «¡Estados Unidos! ¡Estados Unidos!»

El pueblo estadounidense exigía que se reafirmaran los intereses y el honor de su país. Ese grito que había surgido de modo espontáneo de boca de los espectadores del juego de hockey en Lake Placid, Nueva York, pronto se extendió a todo el país: «¡Estados Unidos! ¡Estados Unidos!»

Ted Kennedy pudo haber conseguido que Carter dejara su puesto si hubiera aprovechado el momento para reclamar el legado de su hermano Jack. Sin embargo, Ted era el líder de la facción «pacifista» del partido demócrata. Cuatro años antes Jimmy Carter había prometido «un gobierno tan *bueno* como lo era el pueblo estadounidense». Y ahora el pueblo estadounidense exigía un gobierno que fuera tan *fuerte* como lo eran ellos.

En las primarias republicanas de 1980 en Nueva Hampshire, Ronald Reagan lo apostaba todo en su carrera por lograr la candidatura presidencial. George H. W. Bush reclamó su «gran momento», cuando ganó las internas en Iowa. El reportero Tom Pettit, de la *NBC News*, al conocer el resultado de Iowa, expresó en voz alta lo que muchos periodistas pensaban: «Reagan está muerto».[82]

No obstante, se equivocaba.

Reagan aceptó presentarse en el debate con George Bush, que iba a la cabeza, porque este último deseaba una confrontación cara a cara. Cuando Reagan se presentó en Nashua, Nueva Hampshire, con todos los demás contendientes del Viejo Gran Partido —los senadores Howard Baker y Bob Dole, los diputados Phil Crane y John Anderson— a Bush no le agradó. Le pidió al moderador del debate que apagara el micrófono de Reagan. Enojado, pero siempre manteniendo el control, Reagan recurrió a sus habilidades actorales. Él *proyectó* su voz de modo que el micrófono del moderador pudiera captarla. «¡Estoy *pagando* por este micrófono, Sr. Green!». En realidad, se trataba del *Sr. Breen*, ¿pero a quién podría importarle? Con ese gesto, Reagan se adueñó del debate, las primarias de Nueva Hampshire y la nominación.

Los estadounidenses querían fuerza y potencia. Reagan era fuerte y potente.

Los conservadores acudieron a Nueva Hampshire para dar batalla por «el Gipper».* Los pro-vida prometieron apoyarlo. Los activistas más conservadores estaban furiosos porque Baker había respaldado la iniciativa de regalar el Canal de Panamá. Rechazaban además la «distensión» de Kissinger. Y aclamaban a Rea-

---

* Reagan había interpretado al fallecido jugador de fútbol americano George Gipp en la película The Knute Rockne Story. Haciendo referencia a este papel, a Reagan le gustaba alentar a sus seguidores a «ganar por el Gipper».

gan por su apoyo a la Proposición 13 de California, inicio de la revuelta impositiva. Ronald Reagan había sido líder titular del movimiento conservador desde ese día del acalorado discurso a favor de Goldwater en 1964. Ahora, en 1980, Reagan podría tener su momento.

En las primarias de la primavera, Reagan ganó holgadamente y se dirigió a Detroit como el líder probado de los republicanos. Con el Viejo Gran Partido unido en su favor, Reagan casi queda atrapado al tener que decidir quién quedaría nominado como su vicepresidente. Un movimiento en el Joe Luis Arena de Detroit, avivado por los medios que se sentían aburridos ya, sugirió la idea de nombrar al antiguo presidente Jerry Ford como vicepresidente de la fórmula. Para Reagan, elegir a Ford habría sido conceder que no se sentía a la altura de las circunstancias. Las «cabezas parlantes», como se conocía a los comentaristas de la televisión, apoyaban la idea. Walter Cronkite, de la CBS se atrevió a decir que sería una copresidencia. Era algo alarmante. Estaba claro que la presidencia de Reagan no aceptaría tutorías. Con gracia y elegancia, él logró eludir esa trampa y eligió como candidato a la presidencia a George Bush. El ala noreste del partido quedó aturdida ante esta decisión. Los republicanos estaban contentos porque vencerían a Jimmy Carter sin problemas, como señalara el jefe del partido Bill Brock. Brock era el combativo líder cuyo aparato político había contribuido a reconstruir el partido republicano tras la debacle de Watergate.

Los demócratas de Carter se encontraban desalentados cuando se reunieron en Nueva York. El memorable discurso de Kennedy concluyó con la reconocida frase: ¡El sueño jamás morirá! La elocuencia de Kennedy evocaba la valiente promesa de sus hermanos asesinados. Miles de delegados lloraron al escuchar sus palabras.

La única línea que recordaban algunos del discurso de aceptación de Jimmy Carter era su catastrófico tributo al fallecido Hubert Horatio Humphrey, de Minnesota. Carter se refirió a él de manera altisonante como Hubert Horatio *Hornblower* [tocabocinas]. Muchos dieron un respingo ante este apelativo.

Ahora, buscando con desesperación el apoyo de Ted Kennedy, Carter se aproximó a este hombre robusto sobre el escenario de la convención con el fin de lograr la elusiva «foto para la prensa». Fue gracioso y vergonzoso al mismo tiempo observar cómo Kennedy se las arreglaba para mantenerse siempre a unos metros del presidente que lo perseguía.

Los asesores de Carter debieron rendirse por completo a las fuerzas de Kennedy en cuanto a la plataforma demócrata. Kennedy quería un mayor control gubernamental de los sectores claves de la economía. Esto sonaba demasiado parecido al socialismo en un momento en que este sistema estaba estrangulando de un modo evidente a las economías de Europa occidental, Canadá y los Estados Unidos. Jimmy Carter disintió solo en un tema con la muy liberal plataforma que los delegados de Kennedy le exigían. Con educación, pero también con firmeza, se *negó* a brindar su apoyo a la exigencia de financiar los abortos a demanda con fondos federales.

El conteo vespertino de los días que efectuaba Walter Cronkite siguiendo los novedades de los rehenes cautivos en Irán llegó a la emisión número trescientos a principios de septiembre de 1980. Con seguridad no lo hizo con la intención de mostrar que Carter era incapaz de liberar a los rehenes, pero así se tomaron sus comentarios de cada noche.

Uno de los principales contrincantes de Reagan era el diputado John Anderson, que a lo largo de los años se había inclinado cada vez más hacia la izquierda. Finalmente, renunció al partido republicano y decidió que se presentaría como candidato presidencial independiente. George Will observó con picardía que Anderson solo se presentaba en las primarias en las que creía tener posibilidades de ganar… y aun así perdió. Sin embargo, a pesar de no tener éxito, durante un breve y fugaz momento se convirtió en la Gran Esperanza Liberal.* En septiembre él y Reagan aparecieron en un debate televisado. Carter fue invitado, pero se negó a participar. Los liberales, a los que sus líderes de opinión les habían repetido hasta el cansancio que Reagan era estúpido y peligroso, siguieron el debate de Reagan y Anderson con atención.

Jack Germond describió de forma divertida a la típica electora de Anderson: «Ella conduce un Volvo. Cuando asiste al café de la Liga de Mujeres Votantes (LWV, por sus siglas en inglés) elige un pastelillo de ciruelas a propósito. Piensa que las fiestas con queso y vino son "muy divertidas". No cree que Ronald Reagan y Jimmy Carter sean divertidos en lo absoluto».[83] Por lo tanto, se asombró al recibir una llamada telefónica de una mujer que encajaba a la perfección con su imagen de la votante de Anderson y le informó que aunque Anderson había logrado un excelente desempeño en el debate, para ella Reagan no era alguien que inspirara temor. La mayoría de las mujeres de su grupo de la LWV eran republicanas y habían decidido respaldar a Reagan. No querían «desperdiciar» sus votos.[84]

Según las encuestas que seguían a los tres candidatos, después de su presentación en el debate con Ronald Reagan el apoyo de Anderson comenzó a disminuir de un veinte a un siete por ciento.[85]

---

* Cuando el congresista John Anderson resultó elegido como diputado, quería una enmienda a la Constitución para que los Estados Unidos fueran una nación explícitamente cristiana. Todo eso quedó en el olvido, por supuesto, cuando buscó el apoyo de los liberales de mentalidad secular. Como dicen en Washington, había crecido.

Anderson no podía ganar, pero sí tendría un impacto importante en el resultado de la elección.* Los asesores de Carter sabían que su única oportunidad estaba en convencer a los votantes de que Reagan era demasiado peligroso como para permitirle el control del acceso a las armas nucleares. Mientras tanto, el equipo de Carter urgía al industrial Armand Hammer para que presentara el caso ante sus amigos soviéticos con el fin de lograr concesiones en el tema de la emigración judía.[86] El asesor de seguridad nacional de Carter, Zbignieuw Brzezinski, le indicó al embajador soviético Dobrynin que Carter necesitaba de su ayuda y más tarde lo recordaría. «[Su] mensaje fue claro: Moscú no debía hacer nada por disminuir las probabilidades de Carter en la elección y tal vez debería incluso ayudarlo un poco», informó Dobrynin en sus memorias.[87] Buscaban que los soviéticos los rescataran. Sabemos ahora que Hammer había lavado dinero para el partido comunista de los Estados Unidos y era una fuente clave para las agencias de inteligencia soviéticas.[88]

Carter y Reagan se preparaban para su único debate, una oportunidad exclusiva en que los dos nominados de los dos partidos mayoritarios compartirían el mismo escenario en la campaña presidencial de 1980. Las acusaciones diarias de los demócratas en cuanto a que Reagan no era confiable estaban surtiendo efecto. A diferencia de las demás campañas presidenciales, la cantidad de votantes indecisos *aumentaba*. Ellos sabían que no querían de nuevo a Carter, pero no deseaban comprometerse con Reagan.

En el escenario montado en Cleveland, Ohio, se vio a un Carter tenso y serio ante un Reagan tranquilo, que soportó con estoicismo durante noventa minutos los constantes ataques de Carter, el cual afirmó seis veces que las opiniones de Reagan eran *inquietantes*.[89] Reagan criticó a Carter por el «índice de indigencia». Este era de 12,5 en 1976, cuando Carter le había dicho a Ford que «nadie con un índice de indigencia tan alto tenía derecho a buscar la reelección».[90] ¡Esa noche de octubre de 1980 el índice de indigencia de Carter había aumentado a veinte![91] Cerca del final del debate, Carter volvió a tratar de provocar a Reagan. El antiguo actor parecía divertido, y echando la cabeza a un lado la meneó con ingenuidad y dijo: «Ahí va de nuevo».

---

* La quijotesca gesta de Anderson es otra confirmación del hecho de que los esfuerzos de un Tercer Partido suelen ser poco fructíferos. En toda la historia de los Estados Unidos, con la sola excepción de 1948, los candidatos del Tercer Partido han causado la derrota del candidato del partido principal que más cerca de ellos se encuentra en términos de ideología. Vladimir Lenin, a los efectos de producir una revolución, decía su famosa frase: «Mientras peor, mejor». No obstante, los estadounidenses, siempre prácticos, jamás aceptaron esa idea.

Los medios no captaron la idea. Algunos de los reporteros más endurecidos hasta se burlaron diciendo: «¡Vaya debilidad!» Sin embargo, en realidad, no lograron entenderlo. Se trataba de una respuesta perfecta, devastadora. Reagan no había dicho: «Ahí vas de nuevo, Jimmy», porque habría estado faltándole el respeto a la investidura presidencial. Tampoco señaló: «Ahí va de nuevo, señor presidente», ya que con eso habría elevado a Carter a los ojos de los espectadores. Reagan se mantuvo soportando los ataques de Carter durante toda la noche. Le había llamado imprudente y otras cosas peores. Sin embargo, Reagan no perdió su dignidad en ningún momento. Tampoco perdió la fortaleza. Millones de estadounidenses llegaron a la conclusión de que esa noche Reagan había salido airoso de la prueba de liderazgo. Su desempeño tuvo mayor impacto entre las mujeres estadounidenses, que hasta entonces no se habían decidido. Querían saber cómo respondería este californiano bajo presión. «Una palabra suave aleja la ira», dice la Biblia. Y en el caso de Reagan, la sabiduría de Proverbios demostró ser verdad de una forma literal.

En su declaración final, Carter dijo que le había preguntado a su hija Amy, de doce años, cuál era el tema más importante en los Estados Unidos. Amy dijo que temía que hubiera una guerra nuclear. «Pregúntenle a Amy», decían con sorna los críticos de Carter. Era cruel que lo hicieran, porque no hay nada de malo en que alguien grande y poderoso se preocupe por los más jóvenes y vulnerables. Los conservadores podrían recordar que Whittaker Chambers escribió en *Witness* [Testigo] sobre su momento de fascinación al observar los pliegues de la diminuta oreja de su hijita. Tal experiencia había convencido a Chambers de que Dios existe, el amor es real y el comunismo es una mentira. Este es uno de los pasajes más importantes en la literatura política de los Estados Unidos.

El problema de Jimmy Carter era que a esta altura de su presidencia ya les había preguntado a todos cómo debía gobernar. Inició infinidad de reuniones en las municipalidades. Formuló preguntas de modo incansable ante los participantes de la «cumbre del malestar». Se ocupó de organizar las Conferencias sobre la Familia en la Casa Blanca. También consultó a los encuestados de Pat Cadell y a diversos grupos de opinión. La orden del día era el proceso, el interminable proceso. Su declaración sobre su hija «Amy» fracasó porque Carter se había convertido en una parodia de sí mismo.

Los católicos decían del recién elegido Papa Juan Pablo II que «sabía ser Papa». No obstante, los estadounidenses ahora llegaban a la triste conclusión de que Jimmy Carter no sabía ser presidente.

La última declaración de Ronald Reagan también fue memorable: «¿Están mejor que hace cuatro años? ¿Se sienten más a salvo que hace cuatro años?». Los liberales que criticaban a Reagan pensaban que con tales declaraciones defendía sus intereses personales. No reconocían la fuente que había empleado. ¡Él estaba repitiendo lo que había dicho FDR en una de sus «Charlas junto al fuego» en 1934! Sus palabras eran tan vigentes en 1980 como en ese momento.

La elección de 1980 se realizó el 4 de noviembre, durante el primer aniversario de la toma de la embajada estadounidense en Teherán. Cincuenta y dos estadounidenses habían pasado trescientos sesenta y cinco días en cautiverio como rehenes. Los medios liberales quedaron asombrados ante los resultados. Los mapas de la elección que se mostraban en televisión iban tornándose cada vez más de color «azul Reagan».* Los encuestadores tardaron en reconocer esta ola creciente. En toda la nación, las cifras de John Anderson permanecían elevadas en los estados más liberales.

Carter renunció a la competencia poco después de las ocho y media de la noche, hora del este. En la costa del Pacífico solo eran las cinco y media, faltando por determinar el resultado de varios candidatos a diputados y senadores.[92] Pat Caddell le había advertido que perdería estrepitosamente y Carter no quería soportar la humillación del rechazo nacional en las últimas horas del día. Tip O'Neill gritó e insultó furioso.[93] Carter parecía no entender el impacto que su prematuro anuncio tendría sobre la elección de los candidatos del partido. Cientos de candidatos demócratas perderían a medida que millones de votantes demócratas del medio y lejano oeste, donde todavía faltaba una hora y media para cerrar los comicios, oyeran sus palabras y ni siquiera se molestaran en ir a votar.

Reagan obtuvo 489 votos electorales en 44 estados. En una elección con tres candidatos, obtuvo una mayoría absoluta de votantes, con 43.898.770 votos populares (50,8%). Jimmy Carter ganó en su estado de Georgia, en la Minnesota de Fritz Mondale y en solo cuatro estados más (Rhode Island, Virginia del oeste, Maryland y Hawai), con 49 votos electorales y 35.480.948 populares (41%). Se trató de la peor derrota de un presidente en ejercicio desde la de Herbert Hoover en 1932. John Anderson en un final no había estado participando por el puesto, sino por el dinero. Con sus 5.719.222 votos populares, obtuvo un 6,6% del total, lo que lo calificaría para obtener fondos federales.

---

* Los noticieros le habían asignado a los republicanos y demócratas los colores azul y rojo respectivamente. Con los años, se revirtió la correspondencia, pero en todo el mundo los partidos de izquierda se identifican con el color rojo y los conservadores con el azul (excepto en Alemania, donde los conservadores aparecen con color negro).

El social liberalismo de John Anderson tuvo consecuencias no planificadas.[94] Él había propuesto el total financiamiento federal para los abortos, principal diferencia política con respecto a Carter. El voto de Anderson fue decisivo en la victoria de Reagan en diez estados: Connecticut (12,2%), Delaware (6,9%), Maine (10,2%), Massachusetts (15,2%), Michigan (7,0%), Nueva York (7,5%), Carolina del Norte (2,9%), Oregon (9,5%), Vermont (14,9%) y Wisconsin (7,1%). Reagan habría ganado con trescientos sesenta y cinco votos electorales aun si Carter ganaba en todos esos estados. Sin embargo, sus victorias en dichos lugares, entre los que había bastiones liberales, añadieron brillo al aura de Reagan como candidato invencible. Reagan trajo consigo un Senado republicano y también ganó muchos asientos en la Cámara de Representantes. Esto se conoció como la Revolución Reagan.

«Cavar hacia la libertad» es lo que hacen los mineros que quedan atrapados en las minas. Ellos pueden oler el aire fresco antes de oír o ver nada.[95] A fines de la década de 1970, los estadounidenses cavaban con frenesí hacia la libertad. Y no eran los únicos.

En Gran Bretaña, Margaret Thatcher ganó en una victoria inesperada en 1979. Debió enfrentarse con los sindicalistas comunistas y el ya golpeado partido laborista. No obstante, ante todo, debía vencer la debilidad de sus copartidarios Tories. En las reuniones del partido conservador se decía que Thatcher era «el único hombre presente en la sala». Su política fue simple y urgente a la vez: quería restaurar la libertad. Quería devolverle el adjetivo «Gran» a Gran Bretaña.

Tras la Cortina de Hierro, Lech Walesa, de Polonia, había iniciado el único sindicado libre del bloque soviético. *Solidaridad* se animaba a desafiar al régimen comunista polaco y a los soviéticos que lo habían apoyado. Cuando el Papa Juan Pablo II regresó a su nativa Polonia en 1979, ofició una misa al aire libre para millones de polacos. Walesa estuvo allí, y en su solapa llevaba un prendedor con la imagen de la bendita virgen. «¡Queremos a Dios! ¡Queremos a Dios!», gritaban los polacos. Ronald Reagan, todavía candidato, lo observó todo por televisión con los ojos húmedos y comentó con relación al nuevo Papa: «Quiero trabajar con él». En la década siguiente, estas cuatro personas —el Papa, Thatcher, Reagan y Walesa— defenderían la libertad. Ellos y sus leales seguidores amantes de la libertad cambiarían el mundo.

La Revolución de la Libertad que se inició a finales de la década de 1970 dio por tierra con los fatalismos. Los pueblos que son libres pueden tomar la decisión de asir al toro por las astas y darle un buen tirón. Y eso hicieron. Estados Unidos y la esperanza estaban de regreso.

Capítulo 12: ——————————————————————

REAGAN Y EL REAVIVAMIENTO
(1981-1989)

Cuando el general Victor «Brute» Krulak le preguntó al presidente Reagan qué consejo les daría a los jóvenes oficiales de la Marina, Reagan dijo sin titubear: «Planten su bandera». Se refería a encontrar esos principios, esos ideales, ese plan o proyecto al que le apostarían su reputación, plantando allí su bandera. Brute Krulak había hecho justo eso durante la Segunda Guerra Mundial al pelear por la embarcación de desembarco que hizo posibles los ataques anfibios.* Entre 1981 y 1989 los estadounidenses plantaron su bandera con el avance mundial de la libertad, pero el esfuerzo no fue fácil ni estuvo libre de obstáculos. En diversos momentos durante la década de 1980, la historia bien podría haberse convertido en tragedia. Cuando Franklin D. Roosevelt dijo que «a lo único que tenemos que temerle es al miedo mismo», sabía muy bien que el poder del miedo podría frustrar las aspiraciones a la libertad que tenía el pueblo estadounidense. En los inicios de 1981, el país temía por los cincuenta y dos estadounidenses tomados como rehenes en Teherán hacía más de un año atrás. Los estadounidenses cautivos ya habían pasado allí dos Navidades, sufriendo torturas y amenazas de muerte violenta a diario. El pueblo de los Estados Unidos sentía frustración ante la lentitud de las negociaciones con los extremistas musulmanes de Teherán. Y luego, de repente, los cincuenta y dos rehenes fueron liberados. La nación entera se sintió liberada.

———————

* «Brute» Krulak relató esta historia durante una ceremonia en su honor donde también se homenajeó a otros cuatro graduados distinguidos de la Academia Naval de los Estados Unidos (10 de septiembre de 2004). El legendario general Krulak, de noventa años, se ganó el apodo de «Brute» al llegar a Annapolis en 1930 con dieciséis años de edad. Con una estatura de poco más de un metro y medio, Krulak pesaba apenas cincuenta y cinco kilogramos.

I. 1981: UN NUEVO COMIENZO

Cuando Ronald Reagan subió al podio durante su toma de posesión como presidente el 20 de enero, miró a la multitud que se agolpaba sobre el lado oeste del Capitolio. Era la primera vez que la ceremonia inaugural se realizaba allí. Y resultaba muy apropiado que este californiano mirara hacia el oeste.

La economía de los Estados Unidos pasaba por un momento muy difícil. La «estanflación» implicaba un alto nivel de desempleo y tasas de intereses que eran un castigo. Los estadounidenses protestaban mientras esperaban en las largas filas de las estaciones de servicio. Los militantes iraníes habían mantenido en cruel cautiverio a cincuenta y dos estadounidenses durante cuatrocientos cuarenta y cuatro días.

Reagan prestó juramento y citó al Dr. Joseph Warren, uno de los fundadores de la nación que menos se conocen porque murió en Bunker Hill en 1775. Sin embargo, Warren, presidente del Congreso de Massachusetts, les había dicho a sus compatriotas: «Nuestro país corre peligro, pero no hay que perder la esperanza ... De ustedes depende la fortuna de los Estados Unidos. Serán ustedes los que decidan las importantes cuestiones de las que dependen la felicidad y la libertad de millones de personas que aún no han nacido. Actúen con la dignidad que les corresponde».[1] Reagan dijo que confiaba en que los estadounidenses podían conducirse de manera honorable, demostrando su valía. Al bajar del podio, firmó un Decreto Ejecutivo y con esa firma desmanteló los controles de precios del petróleo que habían estado vigentes durante una década. Y al día siguiente avanzó todavía más al desmantelar el Consejo para la Estabilidad de Precios y Salarios. La crisis energética que había consumido a la presidencia de Carter acabó ese mismo día.[2] Nunca más debieron formar fila los estadounidenses para abastecerse de combustible.

Durante un almuerzo el día de su toma de posesión, Reagan hizo un anuncio muy importante: ¡Por fin habían liberado a los rehenes estadounidenses! Le pidió al anterior presidente Carter que volara a Wiesbaden, Alemania occidental, como su representante personal. Allí el derrotado rival de Reagan les daría la bienvenida a la libertad a los antiguos rehenes.

Durante la transición del gobierno de Carter al de Reagan, los iraníes habían estado estudiando al equipo que asumiría en el nuevo mandato. Ellos señalaron que tal vez necesitaran unos seis meses más para liberar a los estadounidenses. Reagan había designado como secretario de estado a Alexander Haig, anterior comandante militar de la OTAN. La respuesta de Haig no fue tan concisa como la del general McAuliffe en Bastogne, pero transmitía la misma idea: «¡Están locos!» Los estadounidenses bromeaban entre sí diciendo: «¿Qué cosa es verde y brilla el 20 de enero? La respuesta: Irán». Se trataba de una bravuconada. La realidad era que los Estados Unidos combinaron diversas concesiones —como liberar los activos iraníes que el presidente Carter había congelado y darle al régimen del ayatolá Khomeini inmunidad contra los tribunales internacionales— con la más nueva y dura línea de Reagan. Los iraníes pensaron entonces que sería mejor terminar con la intriga.

El presidente Reagan anunció poco después su plan de recorte de impuestos, el más ambicioso en la historia de los Estados Unidos. El presidente de la Cámara, Tip O'Neill, un demócrata de Massachusetts, juró que lo bloquearía, y otro poderoso liberal de Massachusetts, el senador Edward Kennedy, también se opuso a la iniciativa de Reagan. Todo eso a pesar del hecho de que su hermano asesinado había eliminado los impuestos a los negocios y los grandes contribuyentes. «En la década de 1970, el presidente John F. Kennedy propuso reducir la tasa tope del 91% al 70%», escribe el economista Dan Mitchell. «Entre 1961 y 1968, mientras la economía crecía a más del 42% y los ingresos impositivos aumentaban un tercio, los ricos debieron pagar más impuestos, de 11,6% a 15,1%».[3]

Reagan defendió su plan económico ante una audiencia de sindicalistas en el Washington Hilton el 30 de marzo de 1981. Una vez terminado el encuentro, se dirigió caminando a la limosina que le esperaba. Un joven que no estaba en sus cabales salió de en medio de la multitud y le disparó seis veces. John Hinckley Jr. hirió gravemente al secretario de prensa, Jim Brady, pero no se supo con claridad en ese momento si el presidente estaba herido. Hinckley también lesionó a un oficial de la policía y un agente del servicio secreto. Reagan pensó que se había roto una costilla cuando su agente del servicio secreto lo empujó a hacia el interior de la limosina, cubriéndolo con su cuerpo. Mientras el presidente llegaba al Hospital de la Universidad George Washington, forzó una débil sonrisa. No obstante, una vez adentro se le doblaron las rodillas y hubo que llevarlo con urgencia a la sala de operaciones.

Pasarían años antes de que los estadounidenses se enteraran de lo cerca que estuvo de la muerte Ronald Reagan ese día, a solo dos meses de asumir la presidencia. La bala del asesino se alojó escasamente a una pulgada de su corazón y había perdido mucha sangre.* Esa noche, el país rió aliviado ante las palabras de Reagan a la primera dama, Nancy, publicadas por todos los medios: «Amor, olvidé aga-

---

* Los cirujanos del Hospital de la Universidad George Washington que operaron al presidente se maravillaron ante su musculatura. Uno de ellos dijo que nunca había visto a un hombre de setenta años con pectorales tan bien desarrollados.

charme». Incluso en ese momento de roce con la muerte, el afable y veterano actor no pudo resistirse a la tentación de hacer una broma.*

Reagan jamás perdió su sentido del humor. Le gustaba repetir la ingeniosa frase de Churchill: «Nada es tan estimulante como recibir un disparo sin resultado alguno». Cuando los ministros de Reagan, James A. Baker III, Ed Meese y Mike Deaver visitaron al presidente para asegurarle que todo andaba bien en la Casa Blanca, él dijo con voz ronca: «¿Qué les hace pensar que me gustaría oír justo *eso*?».[4]

El lado espiritual del nuevo presidente se hizo evidente también. Reagan solicitó que lo visitara un clérigo y Deaver convocó al cardenal Terence Cooke, de Nueva York. Cuando el eminente líder católico se acercó a la cama de Reagan, el presidente le dijo: «He decidido que el tiempo que me quede será dedicado a Él».[5]

El periodista Sam Donaldson cree que Reagan en verdad se aisló del pueblo estadounidense luego del intento de asesinato.[6] Tal vez Donaldson no haya conocido a Anne Higgins y Chuck Donovan, personas calmadas, dedicadas y leales a Reagan que encabezaban su Unidad de Correspondencia Presidencial, asegurándose de que el presidente no perdiera contacto con el pueblo estadounidense. Higgins y Donovan se ocupaban de que toda carta que llegaba fuera contestada lo antes posible. Con regularidad le enviaban al presidente docenas de cartas, tomadas de los cientos de miles que recibían. Lincoln había dicho que al sumergirse en este tipo de cartas y en la lectura de los periódicos locales se daba «baños de opinión pública». Reagan incluso le envió una carta manuscrita al jefe del partido comunista soviético al recuperarse de su herida de bala. Aunque los salones literarios encontrarían cómica esta carta, en realidad Reagan era un «hombre de letras».

Reagan se recuperó del atentado contra su vida y habló ante una sesión conjunta del Congreso para darle impulso a su plan de recuperación económica. Era el primer presidente que sobrevivía a un intento de asesinato. «Reaccionó mejor al intento de asesinato de lo que lo hacen muchos políticos ante un titular adverso», observó un escritor. «Allí estaba, como Lázaro», dijo el joven asistente de Tip O'Neill, Chris Matthews. «Esa noche obtuvo el mayor nivel de votos».[7] Los estadounidenses lo respaldaron con entusiasmo cuando pidió su ayuda. O'Neill, el presidente de la Cámara, se sintió frustrado al ver que veintinueve de sus diputados demócratas apoyaban al presidente. La mayoría de estos congresistas eran

---

* Los más fanáticos del boxeo conocían la cita de Reagan, a quien le gustaba utilizar frases de personas famosas. El campeón de peso pesado, Jack Dempsey, había dicho esas palabras casi medio siglo antes. También era adecuada para tan grave ocasión otra de las frases clásicas de Dempsey: «El campeón es el que se levanta cuando no puede hacerlo».

«gorgojos del algodón» sureños, provenientes de distritos en los que Reagan había aventajado en mucho al infortunado Jimmy Carter. En el Capitolio suele decirse de ellos: «Si no ven la luz, seguramente sienten el calor». Uno de esos sureños, el senador John Breaux, de Louisiana, incluso había dicho en broma que su voto no estaba a la venta… «pero tal vez sí disponible para alquilar».[8]

Aun cuando Reagan debió esforzarse por lograr cada uno de los votos de la Cámara, oponiéndose al demócrata O'Neill, jamás permitió que la competencia se volviera personal o insultante. Cuando llegó el momento de celebrar el cumpleaños número setenta de Tip O'Neill, Reagan lo invitó a la Casa Blanca para suavizar la relación. El presidente de ascendencia irlandesa brindó con champaña por su oponente, también proveniente de una familia irlandesa:

¡Si tuviera un boleto al cielo
y tú no lo tuvieras,
yo vendería el mío, Tip
para irme al infierno contigo!⁹

El presidente Reagan firmó la Ley de Recuperación Económica —una combinación de importantes recortes impositivos y gastos— en su Casa Blanca del oeste, el Rancho del Cielo. Richard Darman observó luego el simbolismo de la densa niebla que les impedía a la prensa y los invitados encontrar el camino hacia el lugar del acontecimiento.[10] «Fue como ir en bote a ciegas por un río», dijo el líder republicano del Senado Howard Baker, de Tennessee.[11]

El congresista Jack Kemp defendió con vigor una economía de oferta. El proyecto Kemp-Roth se basaba en la sencilla idea de que cuando los impuestos son demasiado altos, desalientan la actividad económica y restringen los negocios, de manera que como lo demuestra el modelo de la economía de oferta, la reducción de impuestos estimula el crecimiento económico y a la larga implica mayores ingresos. Aunque los presidentes Kennedy y Johnson habían demostrado que la teoría funcionaba en la práctica unos años antes, en estos días del inicio de la administración Reagan existían opiniones encontradas con respecto a la misma. Kemp se burló de las políticas de altos impuestos del senador republicano de Kansas, Bob Dole, señalando que se trataba de una economía de «conducto radicular», y el bohemio e independiente congresista Newt Gingrich afirmó que Dole era «el recolector de impuestos del Estado de la Asistencia Social».[12] Dole respondió con el relato de un autobús lleno de economistas de oferta que cayó por un acantilado. «Fue una gran tragedia», indicó Dole. «¿Saben por qué? ¡Bueno, es que en ese autobús había dos asientos vacíos!».[13]

Para la mayoría de los políticos no estaba claro quién tenía la razón. Lo que sí sabían era que mientras Reagan ganaba las primarias de Nueva Hampshire en 1980, el heroico Dole solo obtenía quinientos noventa y siete votos en todo el estado.

Reagan se concentró en unos pocos objetivos fáciles de comprender. El columnista George Will resumió las intenciones del presidente: «El gobierno es demasiado grande, cobra demasiados impuestos, y los soviéticos asesinan sin que se les imponga ningún castigo».[14]

Howard Baker señaló que Jimmy Carter jamás supo priorizar sus objetivos legislativos. Había «enviado docenas de iniciativas y de este modo perdió el foco de su atención».[15]

En el verano de 1981, la Asociación de Controladores Profesionales del Tráfico Aéreo (PATCO, por sus siglas en inglés) inició una huelga. Reagan se había enorgullecido de contar con el apoyo de este sindicato en 1980. Hacía alarde con respecto al hecho de que era el único presidente de un sindicato que se presentaba como candidato para ocupar la Casa Blanca. Sin embargo, ahora emitió una severa advertencia: Si los miembros del sindicato de controladores aéreos, que eran empleados del gobierno, violaban la ley federal haciendo abandono de sus lugares de trabajo, los despediría a todos. Pocos creyeron que lo cumpliría. No obstante, así lo hizo. Esta fue una movida increíblemente arriesgada. Si hubiera ocurrido tan solo un accidente en el aire, la presidencia de Reagan podría haberse visto afectada de manera irremediable.[16]

No se sabía entonces con claridad qué impacto tendrían los despidos a los trabajadores del sindicato de controladores. Habían 795.000 trabajadores en todas las áreas en huelga en 1980, y para 1987, esa cifra disminuyó a 174.000 en toda la nación.[17] La reacción ante la huelga no solo les dio a los estadounidenses cierta medida de paz dentro de los sindicatos nacionales, sino que en Europa y el Kremlin muchos estaban observando y se maravillaron al ver que Reagan cumplía con su advertencia. Incluso la KGB lo notó. Con Reagan «el dicho y el hecho son la misma cosa», señalaban en un informe al liderazgo soviético comunista.[18]

El presidente Reagan buscaba la forma de restaurar el dañado prestigio de los Estados Unidos y su preeminencia técnica. Se decidió por el transbordador espacial, e hizo una buena decisión. El lanzamiento de un transbordador espacial es sin duda alguna una de las hazañas de ingeniería más exigentes y complicadas que pueda intentar el hombre. Durante el desarrollo y la construcción del transbordador, la NASA archivó miles de patentes. Mark Milleker, estadounidense y líder en materia de negocios de la Computer Sciences Corporation, describió cómo sería el tren de arrastre, ese enorme dispositivo de soporte que lleva al vehículo de lanzamiento y al transbordador montado encima hasta la plataforma de despegue:

Avanzando a un kilómetro y medio por hora, toma entre cinco y seis horas llegar a la plataforma, que no está lejos. Todo tiene que estar en perfectas condiciones: el vehículo, el clima, los más de veinte lugares para aterrizajes de emergencia en todo el mundo. Todo debe ser perfecto. El tren de arrastre avanza sobre una gruesa capa de gravilla de Alabama, la cual se eligió específicamente porque las piedritas se rompen bajo el peso de los cientos de toneladas sin producir astillas que pudieran dañar el tren o, peor todavía, al transbordador mismo. Probablemente quede solo una ventana de tiempo de cinco minutos para el lanzamiento. Por encima se verá a los aviones y helicópteros de defensa protegiendo el área. Luego, cuando los dos relojes del lanzamiento lleguen a Cero, se sentirá un temblor muy fuerte, que será como un trueno que brota desde tu estómago. De la base de los cohetes surgirán las llamas. Y con un chirrido similar a un grito estremecedor, los cohetes se dispararán hacia el cielo. En solo treinta y cinco segundos el transbordador desaparece de la vista. La gente de la NASA tiene lágrimas en los ojos. Han puesto sus corazones en este proyecto. Es como su bebé.[19]

Reagan debió contender también con el terrorismo internacional. El joven y vigoroso Papa Juan Pablo II sufrió un atentado contra su vida en la Plaza San Pedro cuando Mehmet Ali Agca, un turco de quien se creyó en general que era agente de la policía secreta de Bulgaria, le disparó. Si la creencia general era certera, eso quería decir que Agca era agente de la KGB soviética. Reagan le escribió al Papa diciéndole que en sus oraciones pedía que se recuperara pronto. Aunque sus heridas fueron serias, el pontífice se recuperó. Ambos líderes le atribuirían su supervivencia a los atentados a la protección de Dios, estableciéndose un vínculo entre ellos.

Cuando Muammar Khaddafi, dictador de Libia, envió varios aviones de combate MiG soviéticos para amenazar a las aeronaves de la Armada Estadounidense en las aguas internacionales del Golfo de Sidra, Reagan ordenó abrir fuego para derribarlos.[20] Reagan revertía las políticas de la era Carter al ordenarles a sus jefes militares que podían perseguir a los aviones libios que los acosaran. Cuando le preguntaron si podrían perseguirlos hasta territorio libio, les contestó: «Pueden seguirlos hasta que lleguen a sus malditos hangares».[21] Su respuesta se repitió a través de todo el Pentágono, y en realidad en todas las fuerzas armadas.

Las historias de la resolución de Reagan —junto con el mayor crecimiento militar en épocas de paz en la historia de los Estados Unidos— se propagaron por todas las filas de las fuerzas armadas del país como una corriente eléctrica. Reagan mejoró mucho la paga de los militares. Bajo Carter, en los años del «ejército vacío», los militares y sus familias debían recurrir a las estampillas de alimentos para poder satisfacer sus necesidades básicas.[22] Ahora el ánimo de las fuerzas armadas llegaba al cielo.

Al menos los militares tenían puestos de trabajo. Para casi diez millones de estadounidenses desempleados la economía de Reagan, conocida como *Reaganomics*, era una broma cruel. Parecía que Reagan le había apostado al recorte de impuestos para estimular la economía, pero había perdido el juego. La inflación disminuía rápidamente desde que Paul Volcker, designado por Carter, y la Junta de la Reserva Federal le aplicaran un torniquete a la provisión de dinero. Los precios del combustible bajaban después de haber llegado a un límite máximo, y ahora no había problemas de abastecimiento. Reagan prometió «seguir el curso», resistiéndose al consejo de que volviera a aumentar los impuestos. Era de esperar que sus opositores en el Capitolio presentaran fuertes exigencias. La prensa liberal despreciaba de manera evidente a Reagan y sus políticas. El problema de Reagan era que la mayoría de los miembros de su propio partido, incluso los de su mismo gobierno, le aconsejaban retroceder. Sin embargo, él se negaba con obstinación.

Para 1982, la recesión se había profundizado tanto que nadie pensaba que Reagan sería electo. «El hedor del fracaso» rondaba la Casa Blanca de Reagan, escribían los editores del *New York Times* con obvia *schadenfreude*, un término que en alemán describe una «alegría maliciosa». Aun así, Reagan se mantenía firme. Él hizo lo que hacen tantos presidentes en problemas cuando las crisis domésticas amenazan con abrumarlos. Cambió de tema y escenario. En junio, el presidente Reagan se convirtió en el primer presidente estadounidense que hablara ante la Cámara de los Comunes en Gran Bretaña. De los doscientos veinticinco miembros del partido laborista, ciento veinticinco boicotearon el histórico discurso.[23] Reagan no se dejó intimidar:

> Es irónico que en cierto sentido Carlos Marx tuviera razón. Hoy somos testigos de una gran crisis revolucionaria, una crisis en que las exigencias del orden económico entran en conflicto directo con las del orden político. Sin embargo, la crisis no se da en el occidente libre no marxista, sino en el seno del marxismo-leninismo, en la Unión Soviética ... La marcha

de la libertad y la democracia ... dejará al marxismo-leninismo sobre la montaña de cenizas de la historia, como lo ha hecho con otras tiranías que ahogan la libertad y le ponen una mordaza a la libre expresión de los pueblos.[24]

Muchos de los miembros del Parlamento británico se asombraron ante la firmeza de Reagan, así como también ante su dominio y maestría.[25] Los medios estadounidenses les habían hecho creer que se encontrarían con un anciano confundido y balbuceante. Reagan demostró estar al mando en el Parlamento y utilizó un nuevo tipo de teletexto que los británicos no conocían, por lo que pensaron que se había aprendido todo el discurso de memoria.[26] Uno de los líderes del partido laborista, David Owen, quedó impresionado: «Tal vez pasará a la historia como un presidente mucho mejor de lo que estamos dispuestos a admitir».[27]

Durante ese viaje Reagan también tuvo oportunidad de reunirse con la reina Isabel II. El presidente y la reina eran jinetes avezados. Los hombres de Reagan querían obtener imágenes del presidente y la reina cabalgando en Windsor, propiedad de la realeza. Mientras los dos jefes de estado galopaban hacia la cima de una empinada colina, el caballo de la reina expulsó un gas con mucho ruido.

«Oh, lo siento, señor presidente», dijo la reina.

Sin dudarlo, Reagan contestó: «Está bien, su Majestad. Pensé que había sido el caballo».[28]

Los republicanos de la Cámara y el Senado no sentían gran interés por el choque entre oriente y occidente. Más les preocupaba la creciente tasa de desempleo. Aunque la inflación se separaba de la economía, las tasas de interés seguían siendo terriblemente altas. Los congresistas tenían terror de enfrentar las votaciones.

El presidente volvió al ruedo, urgiendo a los votantes a «ganar por el Gipper». En Nueva Haven, Connecticut, Reagan habló ante la convención del Centenario de los Caballeros de Columbus. Les contó una historia al estilo Hollywood a los elegantes delegados vestidos con capas y plumas. «Me enorgullece haber sido actor», señaló el presidente. «En esa época había muchas cosas de las que enorgullecerse». Los Caballeros aplaudieron. Luego mencionó la desilusión que sintieran él y su hermano Neal cuando su padre les negó el permiso para ir a ver una película exitosa que se exhibiría en Dixon. Los adolescentes querían ver la película de la que hablaban todos los chicos. «Es una película que glorifica al Ku Klux Klan», les dijo Jack Reagan. «Y ellos no son héroes. Son asesinos, intolerantes y racistas, no iremos». Reagan concluyó diciendo: «Esta es una película que no vi ni veré jamás».

La emotiva repuesta de los Caballeros fue explosiva. Podían identificarse con la firmeza de Jack Reagan contra una organización que aterrorizaba a los estadounidenses negros y odiaba a los judíos, católicos e inmigrantes. Sin duda sabrían que Jack Reagan había sufrido de alcoholismo toda su vida. Y ahora Ronald Reagan defendía a su padre, honrándolo en medio de miles de otros católicos como lo había sido él. En presencia de docenas de cardenales, de príncipes de la iglesia, Reagan honró a su padre.[29]

Ese buen momento de Reagan fue uno de los muy pocos que tuvo durante ese verano del descontento estadounidense. Muchos candidatos republicanos tenían miedo de adherirse a la firme postura anticomunista de Reagan. Tampoco estaban conformes con su plan económico. Y muchos temían que su posición de defensa de la vida tuviera impacto sobre los votantes.

Tip O'Neill no tuvo miramientos a la hora de despojar a Reagan de la victoria obtenida con relación al tema de los impuestos. Con un feroz ataque, O'Neill aprovechó el tema de la Seguridad Social e insistió en eso. En noviembre de 1982, los republicanos apenas si pudieron mantenerse en el Senado y perdieron veintisiete bancas en la Cámara de Representantes.[30]

II. Un imperio malvado

Al llegar a la Casa Blanca, Reagan no disimuló ni negó ninguno de sus principios centrales. No intentó «andar por el medio», como le decían los comentaristas políticos que le convendría hacer. La mayoría de los periodistas seguían asombrados ante el obstinado compromiso del presidente con sus creencias más profundas.

Una de ellas era el anticomunismo. Reagan había sido en una época un «liberal de sangrante corazón», pero se convirtió en un decidido opositor del comunismo mientras era presidente del Gremio de Actores de Cine. Él vio que los comunistas eran violentos, hostiles a la democracia y odiaban a Dios. Conocía la trayectoria comunista de desdén por los derechos humanos y el innegable historial de asesinatos en masa.

Cuando murió Leonid Brezhnev en 1982, Reagan reconoció que el nuevo secretario general del partido comunista soviético, Yuri Andropov, era una figura más peligrosa todavía. A diferencia de Brezhnev, Andropov era conocido por su inteligencia. Él era el antiguo jefe de la policía secreta soviética, la KGB.* Los libe-

---

* Komitet Gosudarstvennoy Bezopasnosti, Comité para la Seguridad del Estado, último nombre del temido aparato de la policía secreta formada por Lenin en 1918. Se le conoció con distintos nombres

El Papa Juan Pablo II. *«No tengan miedo». Estas fueron las palabras que la Biblia nos dice que el ángel le dijo a la bendita virgen María, y también fueron las primeras que pronunció Karol Wojtyla al ser electo como el Papa Juan Pablo II en 1978. El pontífice polaco no tuvo miedo de desafiar a la dominación soviética de su patria… o de desafiar a la dominación de cualquier otra filosofía sin Dios que buscara gobernar las mentes y esperanzas de la humanidad.*

Primera ministra Thatcher con Reagan. *La «relación especial» entre Gran Bretaña y los Estados Unidos jamás fue más cercana que en el momento en que gobernaban la primera ministra Margaret Thatcher y el presidente Ronald Reagan. Ella se convirtió en un firme aliado contra el expansionismo soviético. Cuando los soviéticos la llamaron «la dama de hierro», la Sra. Thatcher replicó que «la dama no va a dar un paso atrás».*

Reagan ante la Puerta de Brandenburgo. «¡Derriben este muro!». El Departamento de
Estado de los Estados Unidos y el Consejo Nacional de Seguridad rechazaron varias veces
el borrador del discurso de Reagan ante la Puerta de Brandenburgo. Los diplomáticos de
carrera, a lo sumo, clamaban porque el Muro de Berlín desapareciera «algún día». Reagan
siempre volvía a su frase: «¡Sr. Gorbachev, derribe este muro!». Y lo decía con énfasis. Esta
sigue siendo una frase que describe su grandeza.

**Bush, Reagan y Gorbachev en Governors
Island, Nueva York, en diciembre de 1988.**
No podría tener lugar un final estable para la
Guerra Fría sin que los soviéticos acordaran el
desarme en términos de armas convencionales y
nucleares. Aquí, en Governors Island, Gorbachev
acababa de dar su discurso ante las Naciones
Unidas, en el cual anunció grandes recortes en
el armamentismo convencional. Solo con estos
recortes podrían volver a recuperar el aliento
las amenazadas democracias de Europa. La
firme presión de Reagan y su habilidad para las
negociaciones contribuyeron a que se produjera
este milagro de paz.

rales de occidente dieron su beneplácito al saber de su nombramiento. Algunos artículos de prensa se dedicaron en especial al supuesto gusto de Andropov por el jazz y las películas estadounidenses.

Andropov estaba decidido a bloquear el esfuerzo de los Estados Unidos por ubicar misiles Cruise y Pershing II en Europa. Quería dividir para siempre a la alianza de la OTAN. La KGB apoyaba al Movimiento por la Paz Occidental, que deseaba un «congelamiento» nuclear. No se construirían más misiles y no se ubicarían misiles en Europa para contrarrestar los misiles soviéticos SS-19 y SS-20 que ya estaban emplazados. Ronald Reagan ofreció su «Opción Cero». Si los soviéticos quitaban sus misiles ofensivos, los Estados Unidos no colocarían los suyos. Es irónico que los misiles Cruise no fueran una iniciativa de Ronald Reagan, ya que había sido Jimmy Carter el que prometió proporcionarlos cuando los aliados de la OTAN, nerviosos, temían los avances soviéticos. Sin embargo, ahora millones de personas en Europa y los Estados Unidos temían que el «vaquero» Reagan los involucrara en una guerra. El presidente estaba decidido a cumplir con la promesa de Carter. Así que presionó a los gobiernos europeos que dudaban para que se mantuvieran firmes en sus compromisos.

La primera ministra británica Margaret Thatcher se mantuvo junto a Reagan en esta cuestión. También lo hizo el canciller alemán Helmut Kohl y hasta el presidente socialista de Francia, François Mitterrand. La alianza de la OTAN se mantenía.

La retórica de Reagan asustaba a muchos liberales a uno y otro lado del Atlántico. No obstante, eso no le hacía dar un paso atrás. En 1983, avanzó más allá de donde había llegado en su discurso de inicio del curso lectivo en la Universidad de Notre Dame en 1982. Incluso más allá de donde había llegado en su alocución ante el Parlamento británico. En marzo habló ante la convención de la Asociación Nacional Evangélica. Advirtiendo la creciente tendencia en los círculos religiosos de ver «equivalencias morales» entre las dos «superpotencias», Reagan les pidió a los presentes que no se hicieran los de la vista gorda ante los actos de agresión de un «imperio malvado».

Esas dos palabras retumbaron como un eco en todo el mundo. Reagan solo las dijo una vez. Sin embargo, se repitieron sin cesar. En lo más profundo de las entrañas de la URSS, donde era mantenido en cautiverio, Natan Anatoly Sharansky se enteró de las palabras de Reagan y las transmitió dando golpecitos en los caños de

---

a lo largo de la historia soviética: la Cheka, la OGPU, la NKVD, entre otros. No obstante, su firma siempre era la bala en la base del cráneo. La KGB es responsable de la muerte de millones de personas inocentes.

las cloacas, usando el código de la prisión. ¡Reagan había dicho lo que todos sabían que era verdad! «Una palabra verdadera puede mover al mundo», dice un viejo proverbio ruso. Dos palabras verdaderas estremecieron sus cimientos.

Días después, en el mes de marzo, el presidente Reagan se dirigió a la nación en referencia al tema de la defensa de los misiles balísticos. Propuso una nueva Iniciativa de Defensa Estratégica (SDI, por sus siglas en inglés), urgiendo al avance tecnológico que les permitiría a los Estados Unidos la defensa propia y de sus aliados de un ataque soviético con misiles, así como de un ataque subrepticio de un estado «bandido» como Irán o Corea del norte. «¿No es mejor defender vidas que vengarlas?», preguntó Reagan. Algunos conservadores dieron su aprobación a la iniciativa de defensa estratégica, pero solo como «pieza de negociación» a cambio de las concesiones soviéticas en cuanto al control de armas. Los liberales detestaban la idea sin excepción. «¿Hasta dónde quiere usted que reboten los escombros?», preguntó el senador Ted Kennedy. De inmediato, señaló que la iniciativa de defensa estratégica era una «Guerra de las Galaxias», una artera referencia a la trayectoria fílmica de Reagan, sugiriendo que el presidente una vez más confundía la fantasía con la realidad.*

El 1 de septiembre de 1983, en el aniversario del inicio de la Segunda Guerra Mundial en 1939, un avión de pasajeros de Corea del Sur se desvió y pasó sobre el territorio soviético correspondiente a la Península de Kamchatka. Los MiGs soviéticos no tardaron en interceptarlo. El jet fue marcado con claridad. Los pilotos soviéticos informaron que podían ver a los pasajeros civiles dentro. No intentaron obligar al piloto a aterrizar, sino que derribaron la aeronave, matando a doscientos sesenta y nueve hombres, mujeres y niños entre los que se contaba el congresista estadounidense Larry MacDonald, de Georgia.

Reagan volvió a Washington desde California. Sus consejeros militares y civiles le recomendaban todo tipo de medidas de defensa: sanciones comerciales y culturales contra la Unión Soviética, la condena de las Naciones Unidas, y el mayor nivel de alerta militar. «Muchachos», les interrumpió Reagan. «No creo que tengamos que hacer nada. El mundo entero juzgará y condenará con razón y vigor

---

* Los conservadores estaban furiosos ante el ataque de Kennedy contra la Iniciativa de Defensa Estratégica, pero el presidente Reagan no se quejó jamás. La Guerra de las Galaxias era una de las películas más populares e imaginativas que se hubieran hecho, con valientes guerreros de la «República» que luchaban hasta vencer a un «imperio» incuestionablemente malvado. Reagan sabía esto y creía que los mismos avances logrados en la tecnología de la informática que habían posibilitado la producción de La Guerra de las Galaxias también podrían contrarrestar el «metal pesado» de una ponderosa y burocrática máquina de guerra en la URSS.

a los soviéticos por esta barbarie. Tenemos que recordar nuestros objetivos a largo plazo».[31] Con habilidad y astucia, Reagan sabía ahora que los que habían elogiado al fanático del jazz y amante de las películas en el Kremlin eran los que se veían como tontos. El oso soviético había mostrado sus fauces y el mundo entero lo había visto. ¿Quién podía negar ahora que era un imperio malvado?

Al mes siguiente, un camión suicida que bombardeó las barracas de la Marina en Beirut, Líbano, dejó atónitos a los estadounidenses. Mientras dormían fueron asesinados doscientos cuarenta y un marines y oficiales de la Armada. Habían sido enviados a esa ciudad dividida por la guerra para mantener la paz entre los libaneses, los palestinos y los israelíes. Reagan ordenó que los buques de guerra estadounidenses dispararan contra las fortalezas terroristas, pero enseguida mandó que las fuerzas estadounidenses se retiraran de la capital árabe, marcada por los cráteres que dejaban las bombas. Este sería el ataque más letal y el peor fracaso en los años de Reagan.

En otros lugares también había revueltas. En la diminuta isla caribeña de Granada tuvo lugar un levantamiento tumultuoso contra el gobierno en 1983. El primer ministro marxista Maurice Bishop fue derrocado por su alguacil, Bernard Coard. Bishop había liderado el movimiento isleño Nueva Joya durante cuatro años al momento de ser derrocado por Coard. Coard mandó ejecutar a Bishop y a siete de sus seguidores en Fort Rupert. Los pueblos angloparlantes de todas las antiguas colonias de las Indias Occidentales Británicas quedaron anonadados.[32] Seis mini-estados apelaron al presidente Reagan en busca de ayuda. Reagan había estado observando el surgimiento de esta nueva tiranía comunista en el hemisferio occidental con creciente sospecha.

Actuó con rapidez, pero debió vencer la reticencia de los jefes de gabinete adjuntos. El antiguo secretario de estado George Schultz recuerda que «el capitán [Weinberger] seguía diciendo que se necesitaba mayor preparación y una fuerza mucho más grande antes de que pudiera iniciarse una operación [en Granada]».[33] Reagan tuvo lo que buscaba Napoleón en sus mariscales: suerte. Granada pudo haber salido mal. Y entonces habría aprendido lo que dijo JFK cuando Bahía de Cochinos: «La victoria tiene mil padres, pero la derrota es huérfana».

Las fuerzas estadounidenses y aliadas invadieron Granada el 19 de octubre. Redujeron de inmediato a los «ingenieros» cubanos que habían estado ayudando a los comunistas de la isla a construir una enorme pista de aterrizaje adecuada para Boeings 747, o como advirtió Reagan, bombarderos soviéticos de largo alcance. La mayoría de los cien mil nativos de Granada vitorearon a los seis mil soldados estadounidenses que los liberaron. Los estudiantes de medicina estadounidenses rescatados por las fuerzas invasoras besaron el suelo al llegar a los Estados Unidos.[34] Muchos de los opositores de Reagan criticaron con vigor la Operación Furia Urgente, diciendo que violaba las leyes internacionales, pero el pueblo estadounidense estaba encantado de echar a los soviéticos y cubanos de una isla cercana, en especial porque la invasión se cumplió casi sin derramamiento de sangre.

Granada era parte de la estrategia mundial de Reagan para impedir el avance de la periferia del imperio soviético. Él continuó con la ayuda que le brindara Carter a los muyahidín de Afganistán. Envió ayuda a los Contras anticomunistas de Nicaragua. También trabajó con las fuerzas anticomunistas polacas. Se reunió con el Papa, que había nacido en Polonia, y prometió ayudar al movimiento Solidaridad de ese país. Lech Walesa, un electricista, era quien encabezaba el primer sindicado libre tras la Cortina de Hierro. Había sido enviado a prisión por el gobierno comunista de Polonia. Reagan emitió severas advertencias de que los Estados Unidos reaccionarían con dureza si Walesa sufría algún daño. En secreto, Reagan envió máquinas fotocopiadoras y de fax a Solidaridad. Y no tan en secreto trabajó con la AFL-CIO para darle impulso al rol de los sindicatos libres tras la Cortina de Hierro.

A diferencia de las elites seculares de los Estados Unidos y casi toda Europa, el presidente Reagan tomaba en serio el rol de la fe en las vidas de las personas. Creía en Dios con una fe inquebrantable, y en todas partes hablaba en defensa de la libertad de culto. Bajo el gobierno de Reagan, la *Voz de América* del gobierno estadounidense empezó a emitir programas religiosos hacia el bloque soviético. Desde las parroquias estadounidenses llegaba la Misa Católica a Polonia, país mayoritariamente católico. El Padre Victor Potapov, sacerdote de la iglesia rusa ortodoxa, emitía su programa en Rusia. «Religión en nuestras vidas» llegaba a los creyentes de la URSS seis veces a la semana en siete idiomas.[35]

Reagan tampoco dudaba sobre el rol de la fe en las vidas de los estadounidenses. Se reunió con los líderes del Movimiento Derecho a la Vida el 22 de enero, en el aniversario del dictamen *Roe vs. Wade* de la Corte Suprema. Reagan mantenía vínculos estrechos con el reverendo Billy Graham, principal evangelista del país, y tenía una relación especialmente cercana con el líder católico de Nueva York, el Cardenal Terence Cooke, que enfermó de cáncer y próximo a morir fue bienvenido muchas veces en la Casa Blanca mientras la ocupó Reagan. Allí también fue recibida la Madre Teresa, ganadora del Premio Nóbel de la Paz, la cual sirvió a los pobres de Calcuta durante décadas. Reagan se ocupó de enviarles a muchas convenciones de iglesias una gran cantidad de mensajes en vídeo, con palabras de apoyo y empatía. Esta era una forma de evadir a las grandes redes de la televisión, cuyos conductores y reporteros se arrogaban el rol de «guardianes» de la información. Reagan podía entregar así su mensaje sin filtros ni censuras.

La Oficina de Relaciones Públicas de Reagan repitió el mismo patrón con los grupos de los distintos negocios y las asociaciones profesionales más amigables. Reagan se ganó el mote del Gran Comunicador por su habilidad ante las cámaras de televisión, pero sus detractores no se daban cuenta casi de las múltiples maneras en que él podía llegar a los estadounidenses a través de organizaciones tradicionales como los Niños Exploradores, la 4H y los Futuros Agricultores de los Estados Unidos.

Las nuevas organizaciones a las que muchos llamaban «la derecha religiosa» atraían a católicos, judíos y evangélicos conservadores en la época de Reagan. La Mayoría Moral del reverendo Jerry Falwell trabajó en la inscripción de los votantes. La Fundación por un Congreso Libre de Paul Weyrich y el Foro Águila de Phyllis Schlafly se especializaron en la organización de comunidades. Schlafly se había propuesto derogar la Enmienda por la Igualdad de Derechos (ERA, por sus siglas en inglés). Cuando se aprobó en un inicio con el voto de más de dos tercios del Congreso, la Enmienda por la Igualdad de Derechos contaba con el apoyo de ambos partidos, los medios de noticias internacionales, los líderes corporativos y sindicalistas, los grupos profesionales y casi todas las universidades y escuelas superiores de la nación. Aun así, Schlafly reunión a otras mujeres contra este objetivo feminista. En especial, ella apeló a las mujeres en su condición de esposas y madres.

Graduada en Harvard y con un diploma en leyes de la Universidad Washington de St. Louis, Schlafly no soportaba ni a los tontos ni a los feministas. Mostró que el lenguaje ambiguo y el final abierto de la Enmienda podía ser utilizado por los jueces activistas liberales para obligar al Congreso y las legislaturas estatales a pagar abortos con el dinero de los impuestos, y demostró que la Enmienda por la Igualdad de Derechos incluso requeriría el reclutamiento de las mujeres en los Estados Unidos si se volvía a instituir en el país. Mostró que los pagos de alimentos y manutención en los casos de divorcios se verían afectados, con la probable y negativa consecuencia para las mujeres. A pesar del hecho de que treinta y cinco de los treinta y ocho estados requeridos habían ratificado la Enmienda, Schlafly logró revertir la tendencia, bloqueando toda futura ratificación y mostrando incluso la inquietante posibilidad de que una cantidad de estados revocaran su anterior ratificación. «¿Puede hacerse algo así?», preguntaban los académicos constitucionalistas. El hecho de que formularan tal pregunta era un tributo a la capacidad organizativa de Schlafly. Estaba jugando en la cancha de sus adversarios.

III. «LA MAÑANA EN LOS ESTADOS UNIDOS»

En muchos aspectos, Granada fue el momento en que cambiaron los vientos de la Guerra Fría. Así como la pequeña ciudad de Gettysburg fue la «marca máxima» de la Confederación, Granada marcó un antes y un después en la expansión soviética.

Antes de octubre de 1983 los soviéticos habían avanzado sin pausa, a veces de manera subrepticia, comenzando desde la revolución bolchevique de 1918. En ocasiones parecían detenerse, como sucedió con Irán en 1946 o en Austria en 1955. Sin embargo, siempre se trataba de «dos pasos adelante y un paso atrás», como había dicho Stalin. Y la doctrina de Brezhnev siempre seguía vigente. «Lo que tenemos, lo conservamos», había dicho el dictador soviético ahora fallecido. Los soviéticos jamás abandonaban la idea de un comunismo mundial. El mundo entero, tarde o temprano, quedaría bajo «la dictadura del proletariado». El gobierno totalitario del movimiento obrero internacional, del cual el partido comunista de la Unión Soviética constituía la «vanguardia», era su razón de ser.

La bella isla de Granada abarca una superficie de apenas ciento treinta y dos kilómetros cuadrados. Siendo treinta y nueve veces más pequeña que Rhode Island, esta isla contiene solo una décima parte de la población de nuestro estado más pequeño. Con este tamaño diminuto es fácil pasar por alto su importancia en la Guerra Fría. Al liberarla, Reagan rompió con el mito de que los soviéticos eran invencibles, asestándole un potente golpe a la idea de su inevitabilidad. Ya no parecía tan seguro que el comunismo al estilo soviético era «la onda del futuro». Reagan demostró que podía quitarle el más exquisito bocado al oso ruso... y que el oso nada podía hacer al respecto.

Para Reagan fue importante que octubre de 1983 no resultara solo un punto de inflexión en la lucha mundial entre la libertad y el comunismo, sino el momento en que su fortuna política dejó de flaquear. La verdadera Revolución de Octubre de ese año fue la de Reagan. La renovación económica que tanto había proclamado empezó a cobrar vida, y el país asfixiado por las garras de la recesión sintió cierto alivio. El problema de la vivienda comenzó a solucionarse. Los desempleados regresaron a trabajar, Todo dio inicio por las viviendas y luego por la recuperación de los puestos de trabajo.

En cuanto a los críticos, Reagan solo bromeaba con ellos. Les contaba la historia de dos viejos amigos invitados a una fiesta de disfraces. Uno le pregunta al otro qué ropa debía ponerse: «Creo que solo necesitas aplastar un huevo sobre tu cara e irás disfrazado de *economista* liberal». En un tono más serio, Reagan sonreía al decir con relación al plan económico de su gobierno: «Observo que ya no le dicen *Reaganomics*».[36]

No obstante, a pesar de la renovada popularidad de Reagan, los demócratas esperaban con ansias las elecciones de 1984. Para ellos, 1980 había sido una aberración, debida más a la gran impopularidad de Jimmy Carter que a algún aspecto naturalmente atractivo de Ronald Reagan. En cuanto a la baja estima de Carter, muchos demócratas lo despreciaban. Se le consideraba el demócrata más conservador desde Grover Cleveland.

Las primarias demócratas ofrecían una amplia muestra de talentos. El anterior vicepresidente Walter «Fritz» Mondale era un hombre respetado, aunque no aclamado. El senador John Glenn, de Ohio, un antiguo astronauta del Proyecto *Mercury*, era un héroe nacional. Los conocedores predecían que la candidatura de Glenn recibiría un gran impulso cuando Hollywood estrenara la película *The Right Stuff* [Elegidos para la gloria], basada en el exitoso libro de Tom Wolfe. Su lanzamiento sería justo antes de las primarias. El senador Gary Hart, alto, delgado y bien parecido, evocaba sus raíces de Colorado. Su papel como jefe de campaña de George McGovern le había granjeado muchos seguidores y contactos en la ahora «ala reformista» del partido demócrata. Y estaba también el antiguo representante del reverendo Martin Luther King Jr., el reverendo Jesse Jackson. Muchos blancos liberales y el público de color en general gritaban: «Postúlate, Jesse, postúlate».

Mondale dominaba los datos y las cifras de una manera impresionante. Esta era una habilidad que había afinado durante los casi veinte años al servicio del Senado y la Oficina Oval de Carter. Sin embargo, le faltaba carisma. Cuando el senador Hart comenzó a poner énfasis en lo «nuevo», captando así la atención de cada vez más personas, Mondale respondía: «¿Dónde está la carne?», parodiando un popular comercial de televisión en el que una anciana exigía saber por qué las hamburguesas del local de comidas rápidas eran cada vez más pequeñas. Esto funcionó, ya que no había demasiada sustancia en lo «nuevo» que proponía Hart, pero hay que tomar en cuenta que la memorable y efectiva frase de Mondale le había sido robada a los publicistas de la Avenida Madison. Su retórica solo pudo exhibir esta brillante estrella. El colorido gobernador demócrata de Nueva York, Mario Cuomo, admitió la debilidad de Mondale en este aspecto y citó a su madre italiana, que había dicho que el hombre de Minnesota era como la polenta: «Te llena, pero no te encanta».

La deslucida imagen de Mondale se vio afectada además porque el candidato no comprendía bien cómo llegar a los votantes. Pensaba, de modo equivocado, que el apoyo que conseguía de la AFL-CIO, el potente sindicato de maestros y la NEA reemplazarían la verdadera fuerza que podría brindar la comunidad de votantes.[37] Se movía con facilidad en el Capitolio y entre los principales miembros de los grupos de intereses liberales, pero en la Feria de Minnesota se sentía incómodo, como si no encajara.

John Glenn tenía un problema parecido, aunque sus puntos débiles eran todavía más acentuados. Su forma de hablar actuaba como somnífero, y su falta de capacidad organizativa lo obligó a abandonar la campaña. Tampoco le servía que el actor que representaba a Glenn en la película, el muy interesante Ed Harris, fuera una figura más atractiva que la del verdadero Glenn. En comparación, era evidente que Glenn no estaba llamado a la gloria.

Mientras tanto, Jesse Jackson también tenía dificultades. Provocó una tormenta de críticas cuando le oyeron decir que la ciudad de Nueva York era «Hymietown».* Esta cruda observación antisemita dejó su impacto en millones de personas. Jackson era un ministro cristiano, compañero del tan santificado Martin Luther King Jr., cuyas relaciones con los judíos habían sido ejemplares. Los judíos habían apoyado su movimiento a favor de los derechos civiles de la gente de color. Tres de los más famosos mártires de este movimiento eran Michael Schwerner, Andrew Goodman y James Chaney. Los dos primeros eran jóvenes judíos del norte que se habían unido en el verano de 1964 a James Chaney, un hombre negro de Mississippi, para luchar por el derecho al voto. Los tres habían sido cruelmente asesinados y sepultados luego en una fosa común, un simple pozo poco profundo. Para muchos estadounidenses la sola idea del antisemitismo dentro de la comunidad negra era incoherente. Luego, cuando el ministro Louis Farrakhan, un notorio líder antisemita de la Nación del Islam, defendió a Jackson, la situación se tornó todavía peor.

Después de la eliminación de Hart y Jackson en las primarias, Mondale empezó a buscar a un compañero como candidato a la vicepresidencia. En poco tiempo convirtió el proceso de selección para candidato a vicepresidente en un «desfile de grupos», mientras invitaba a los probables candidatos a visitar su hogar de Minnesota.[38] Agregó a su lista a casi todos los alcaldes negros de las ciudades grandes, a todo funcionario hispano de renombre, y a una cantidad de mujeres dedicadas a la política. Con seguridad tenía buenas intenciones, pero tal aproximación a los grupos llegó a tomarse como la parodia de la inclusión. Gente que ni siquiera podría imaginar que se le considerara para el cargo de la vicepresidencia descubría que era invitada para una entrevista, supuestamente para dar la impresión de que Mondale tomaba muy en cuenta las preocupaciones de su raza, sexo o «grupo de afinidad» étnica.[39]

---

* «Hymie» es un término despectivo para referirse a los judíos.

Por último, en lo que pareció una movida genial, se decidió por la congresista demócrata Geraldine Ferraro, de Nueva York. Mondale aparecía detrás de Reagan en todas las encuestas y sabía que tendría que hacer una buena jugada, algo así como un pase «Ave María», para poder avanzar unos metros en esta carrera. Ferraro era una mujer inteligente, vivaz, ingeniosa, graciosa y con el típico atractivo de una neoyorquina. Aunque no tenía mucha experiencia en la Cámara de Representantes, su presencia causó impacto entre las feministas porque era la primera mujer que aparecía en la voltea de un importante partido nacional. La boleta demócrata podía compararse con el famoso equipo de Hollywood conformado por Fred Astaire y Ginger Rogers: él le daba a ella distinción, y ella le daba a su vez un toque de seducción. A Mondale le convenía, ya que era justo carisma lo que le faltaba.

Por desdicha, el inicio del baile para esta pareja fue un tanto abrupto. Los reporteros investigadores del Wall Street Journal se dedicaron con celo a buscar y rebuscar en los archivos de las finanzas del esposo empresario de Ferraro. Los mismos daban la impresión de ser, si no delictivos, por lo menos desagradables. El total desconocimiento de Ferraro de los recursos y los métodos de procuración del ingreso de su familia hizo mella en su imagen de mujer calmada y competente.

Además ella debió enfrentarse a problemas adicionales en las bases. Ferraro aparecía como la primera integrante católica en una boleta nacional desde el caso del sargento Shriver, en 1972. Muchas cosas habían cambiado desde entonces, entre las que se destacaba el dictamen de la Suprema Corte en el caso *Roe vs. Wade*. Ferraro intentó mantenerse leal a la Organización Nacional de Mujeres y el aborto a demanda, pero al mismo tiempo afirmaba ser una fiel católica. Esto disgustó al cardenal de Nueva York, John O'Connor, que reprendió en público a Ferraro instruyéndola de forma contundente en cuanto a la firmeza de la iglesia católica en su defensa de las vidas humanas inocentes.

A pesar de las dificultades la campaña tuvo sus momentos. El gobernador Mario Cuomo, con su potente debate ante la Convención Nacional Demócrata de San Francisco, entusiasmó a todo el país.* Más que cualquier otro político de su época, Cuomo supo hablar por los millones de personas cuyos antepasados habían llegado en las bodegas de carga de los barcos y anhelaban la libertad y una vida mejor para sus hijos. El discurso de Cuomo marcó un hito en su carrera, pero en ese verano de 1984 solo sirvió de desalentador contraste para los demócratas, cuyo nominado, el valioso aunque lento Fritz, jamás logró que le aplaudieran de pie.

---

*   El autor de este libro ha tenido ocasión de debatir con varios demócratas importantes, como Howard Dean, Robert Reich y Geraldine Ferraro. De todos, Mario Cuomo es el mejor en muchos aspectos.

El presidente Reagan no tenía un opositor en las primarias. Sin embargo, supo buscar su momento. El 6 de junio de 1984 habló ante el Monumento Ranger sobre un acantilado con vista a la Playa Omaha de Normandía. Allí homenajeó a los rudos veteranos de ese augusto día cuarenta años antes y rindió tributo al coraje y la dedicación de los «muchachos de Pointe du Hoc»:

Detrás de mí está el monumento que simboliza las dagas de los Rangers que fueron clavadas sobre la cima de estos acantilados. Y delante de mí están los hombres que las pusieron allí.

Estos son los muchachos de Point du Hoc. Son los hombres que tomaron los acantilados. Son los campeones que ayudaron a darle libertad a un continente. Son los héroes cuyo aporte posibilitó el final de una guerra.

Caballeros, los miro y pienso en las palabras del poema de Stephen Spender. Ustedes son hombres que en sus «vidas pelearon por la vida ... y dejaron el aire vívido marcado con su honor ...»

Han pasado cuarenta veranos desde la batalla que libraron aquí. Eran jóvenes el día en que tomaron estos acantilados. Algunos de ustedes no eran más que niños, con todas las alegrías de la vida por delante. Y sin embargo, aquí lo arriesgaron todo. ¿Por qué? ¿Por qué lo hicieron? ¿Qué los impulsó a dejar a un lado el instinto de autoconservación y arriesgar sus vidas para tomar estos acantilados? ¿Qué inspiró a todos los hombres de los ejércitos que se encontraron aquí? Los miramos, y de alguna manera conocemos la respuesta. Fue la fe y sus creencias. Fue la lealtad y el amor.

Los hombres de Normandía tenían fe en que lo que hacían era lo correcto, fe en que luchaban por toda la humanidad, fe en que un Dios justo les otorgaría su misericordia en esta cabeza de playa o la siguiente. Se trataba del profundo conocimiento —y pidámosle a Dios que no lo hayamos perdido— de que hay una profunda diferencia moral entre el uso de la fuerza para la liberación y el uso de la fuerza para la conquista. Estuvieron aquí para liberar, no para conquistar, y así ustedes y los demás no dudaron de su causa. Y tuvieron razón en no dudar.

Todos sabían que hay cosas por las que vale la pena morir. La patria lo vale, y también la democracia, ya que es la forma de gobierno más honorable que haya ingeniado el hombre. Todos ustedes amaban la libertad. Todos estaban dispuestos a luchar contra la tiranía y sabían que los pueblos de sus países estaban detrás de ustedes.[40]

Cuando un asistente de la campaña de Mondale vio el discurso de Reagan, les dijo a los veteranos reporteros políticos Jack Germond y Jules Witcover que su hombre había soportado las largas y agotadoras primarias de la primavera solo para ver que ahora Ronald Reagan obtenía treinta minutos de tiempo al aire sin costo. No parecía justo que Reagan «se llevara toda la cobertura».[41] Sin embargo, era evidente que no era solo la capacidad del presidente para comandar la cobertura de los medios lo que hacía que Reagan fuera formidable, sino también el uso creativo y potente que le daba a esa ventaja. El conmovedor discurso de «los muchachos de Point du Hoc» que dio Reagan puede compararse al tributo de Churchill a la Fuerza Aérea Real de Gran Bretaña («Jamás ... hubo tantos que le debieran tanto a tan pocos»), la Oración Fúnebre de Pericles, e incluso al Discurso de Gettysburg.

Hay que recordar que en ese momento Reagan estaba en medio de un enorme debate trasatlántico relacionado con la defensa de la libertad contra la tiranía soviética. Sus opositores no solo querían «congelar» la producción y el despliegue de las armas nucleares que igualarían los intentos soviéticos de intimidar a las sociedades libres, sino que además deseaban enfriar su acusación moral contra el totalitarismo. Como consecuencia, al buscar la reelección Reagan sabía que la defensa nacional jugaría un papel vital. Sus opositores criticaban con amargura el hecho de que hubiera promovido tanto las fuerzas de defensa. Decían que ese gasto aumentaba el gran déficit. Si bien es cierto que la edificación de las fuerzas defensivas había costado caro, solo representaban un seis o siete por ciento de aumento. Reagan acompañó a su decidido secretario de defensa, Caspar «Cap» Weinberger, en cada una de las batallas administrativas que surgieron en torno al gasto defensivo. Ante la opción de equilibrar el presupuesto nacional o, por ejemplo, construir una Armada de seiscientas naves, Reagan optaba por la Armada.

Reagan jamás presentó en público argumentos a fin de aumentar el gasto para la defensa. En cambio, habló siempre a favor de tener una defensa «a la que nadie le pudiera hacer sombra». Recordando el desastre del fallido intento de Carter con «Desierto Uno» al intentar rescatar a los rehenes de Irán, Reagan argumentó que nuestros jóvenes, hombres y mujeres al servicio de la nación necesitaban el mejor equipamiento que se les pudiera dar. La maniobra ayudó a Reagan a mitigar la reacción negativa ante los gastos para la defensa. Él permitió que Cap Weinberger presentara sus argumentos en el Capitolio, explicando por qué necesitaba más dinero y sistemas de armas específicos. Por su parte, Reagan mantenía su enfoque en la imagen completa. Como resultado, Herb Block

(«Herblock»), el caricaturista del *Washington Post*, puso en la picota al fiel Weinberger por el inevitable costo del sistema de defensa. Herblock no dibujaba nunca a Weinberger sin el infaltable asiento de inodoro militar de seiscientos dólares alrededor del cuello.

La defensa nacional también fue el tema de uno de los anuncio de campaña más exitosos en la historia. La campaña de Reagan presentó «El Oso» en 1984. Un locutor les informaba a los espectadores que había un oso en el bosque. Algunas personas no ven al oso. Algunas no creen que haya osos en el bosque. Mientras tanto, los espectadores oyen, aunque no lo ven, a un enorme oso que hace crujir las ramas al avanzar mientras gruñe. La cámara se aleja y muestra a un oso de aspecto amenazador frente a un único hombre muy decidido. El locutor pregunta entonces si no sería buena idea estar preparados por «*si hay un oso*». Desde el infame comercial de la margarita en 1964, que atacó la supuesta imprudencia de Barry Goldwater, no había existido un aviso de campaña que captara tanto la atención. Este aviso hablaba de algo que el público ya conocía: los republicanos pensaban que Mondale era un ingenuo y prefería una defensa débil. El oso, por supuesto, era el símbolo histórico de Rusia, lo cual hizo que el anuncio fuera tan directo.

Otro memorable anuncio de televisión mostraba a los estadounidenses volviendo a trabajar, izando la bandera, celebrando en las Olimpíadas. El locutor decía que era *la mañana en los Estados Unidos*. Evocaba así un ánimo de ensueño dorado, alegría, renovación, optimismo y crecimiento. De manera sutil, esto se contraponía a la imagen que presentaba el gobernador Cuomo de un país todavía asfixiado por la recesión.

Mondale atacaba los reiterados acercamientos de Reagan a los fundamentalistas cristianos. El antiguo vicepresidente le había dicho que sí a casi todos los grupos organizados de intereses liberales en Washington, pero intentaba declarar que las opiniones de millones de evangélicos «no servían».

En un influyente ensayo publicado por la revista *Commentary*, el reverendo Richard J. Neuhaus defendió el derecho de los evangélicos y los fundamentalistas a presentar argumentos a favor de sus preferencias en cuanto a las políticas públicas dentro de una democracia liberal. Neuhaus había advertido contra los intentos de eliminar toda creencia moral derivada de la religión de la vida pública en un libro que recibió muy buenas críticas, *The Naked Public Square* [La plaza pública al desnudo]. Neuhaus era entonces un ministro luterano que había marchado con el Dr. King en defensa de los derechos civiles. Su artículo, titulado «Lo que quieren los fundamentalistas», presentaba sus intenciones:

La lista incluye la oración y la lectura de la Biblia en las escuelas públicas, una enmienda «pro-vida» (o algún otro instrumento que derogue el dictamen *Roe vs. Wade*), restricciones legales a la pornografía, el fin del acoso estatal hacia las escuelas públicas, la resistencia a las leyes feministas y de derechos de los homosexuales, mayor gastos en la defensa y la cancelación de los programas sociales que, según creemos, solo aumentan la dependencia del pobre.[42]

Neuhaus afirmó que aunque los liberales se opusieran a cada uno de los puntos de la agenda de los evangélicos, no podían afirmar que todos esos temas se hubieran resuelto mediante un consenso democrático. Así que no era ilegítimo entonces cuestionarlos. En realidad, los liberales habían llegado a confiar cada vez más en el poder judicial no electo por voto para obligar al cumplimiento de lo que ellos querían cuando ya no lograban persuadir a las mayorías legislativas.

La fe siguió funcionando como un pararrayos durante la campaña. Mondale mencionó estar alarmado ante la supuesta confianza de Reagan en el Libro del Apocalipsis y la atemorizante imagen de la última batalla de Armagedón al final de la historia. Reagan reconoció que había leído la profecía bíblica y creía en ella, pero que no había permitido que una interpretación de la misma en particular guiara sus políticas con respecto a la Unión Soviética.

A Mondale jamás le hicieron preguntas sobre su dispuesta aceptación del concepto de Congelamiento Nuclear, presentado por la Dra. Helen Caldicott, de Australia. Caldicott afirmaba abiertamente que sus opiniones sobre un «invierno nuclear» se habían formado mientras leyó siendo adolescente la novela australiana *On the Beach* [En la playa], cuyo autor, Neville Shute, escribe sobre el fin del mundo en el hemisferio sur después de una guerra nuclear entre los Estados Unidos y la URSS. Caldicott había conocido a la hija del presidente, la radical Patti Davis, en la Mansión Playboy de Hugh Hefner.[43] Davis logró que Caldicott se reuniera con su padre en la Casa Blanca, pero la activista antinuclear australiana dijo que había sido la reunión «más desconcertante de mi vida».[44]

En los inicios de la campaña de otoño Reagan aventajaba a Mondale en todas las encuestas, pero cuando los dos candidatos se reunieron en Louisville, Kentucky para su primer debate, Reagan, con sus setenta y tres años, parecía levemente confundido. Debió corregirse a mitad de una oración en una o dos ocasiones, algo muy raro para este viejo actor de Hollywood conocido por su elocuencia. Para empeorar las cosas, Reagan se excedió en el tiempo concedido para los argumentos finales y dejó a los espectadores un tanto a la deriva con referencia a la Autopista Costera del Pacífico.

Los asistentes de la campaña demócrata le dieron a Fritz un bate de béisbol, «un Slugger de Louisville», como confirmación de su victoria en el debate. La campaña Mondale-Ferraro cobraba nueva vida ahora que la prensa se dedicaba a enfatizar la edad de Reagan durante varias semanas. Ningún presidente había buscado la reelección con más de setenta años. Con educación, pero a veces con mucha crudeza, los columnistas comenzaron a preguntarse si el presidente había empezado a revelar señales de demencia senil.

Cuando ambos candidatos se reunieron para un segundo debate en la ciudad de Kansas, la campaña estaba por finalizar. Uno de los periodistas del panel le hizo con delicadeza al presidente la pregunta difícil. Henry Trewhitt, del *Baltimore Sun*, le había preguntado al experto liberal del *Sun*, Jack Germond, cómo formular la pregunta que destacaría la mayor vulnerabilidad de Reagan. Germond trabajó con Trewhitt durante «varias horas» en la redacción de una pregunta que fuera difícil de evitar para Reagan. Sin embargo, al ver el debate en el monitor de la sala de prensa, Germond recuerda la pregunta de Trewhitt:

> Señor presidente, quisiera mencionar un tema que creo ha estado acechándonos durante dos o tres semanas y traerlo aquí específicamente en beneficio de la seguridad nacional. Usted es el presidente de mayor edad en la historia y hay miembros de su gabinete que dicen que se cansó mucho después de su reciente encuentro con el Sr. Mondale. Recuerdo que el presidente Kennedy debió pasar días durmiendo muy poco cuando la crisis de los misiles de Cuba. ¿Hay alguna duda en su mente de que pudiera ser capaz de funcionar ante circunstancias similares?

Germond observó el tono de la pregunta y la forma de presentarla, pero él rememora: «Pude ver un atisbo de sonrisa en el rostro de Reagan y pensé: Oh, m… está preparado y va a tirar la bola fuera de la cancha». Y por supuesto, eso fue lo que hizo el presidente.

«En lo absoluto, Sr. Trewhitt», respondió Reagan. «Y quiero que sepa que en esta campaña no voy a pregonar el tema de la edad. No voy a aprovecharme de la juventud e inexperiencia de mi adversario con fines políticos».[45]

Trewhitt rió. Y también rieron los periodistas del panel. El país entero rió. Incluso Mondale se rió al ver que su única esperanza de ganar la elección se esfumaba como el humo.*

Todos los canales de televisión pasaron la broma de Reagan una y otra vez. Muchas veces, este era el único segmento del debate que se presentaba. El ingenio de Reagan se consideró como una señal segura de que el Viejo Gipper aún tenía la mente ágil y era plenamente capaz de conducir los asuntos de estado.

El jefe del partido comunista soviético, Yuri Andropov, había muerto ese mismo año, sucediéndole el moribundo Konstantin Chernenko. Ante la insinuación de los reporteros estadounidenses de que Reagan era el primer presidente desde Hoover que no se había reunido con el líder de la Unión Soviética, Reagan respondió con humor: «¿Pero cómo podría? ¡Si se mueren todos!».[46]

Reagan usaba el humor como arma. Conocía que con el ingenio podía apuntar a la mayor verdad sobre la URSS: que se trataba de un imperio agonizante. Era el sistema comunista el que sufría de esclerosis y se había osificado. No obstante, Reagan sabía también que un oso pardo que tiene cáncer terminal de estómago puede ser muy peligroso.

Los soviéticos leían las encuestas. Sabían que tendrían que lidiar con Reagan en un segundo mandato. Enviaron a su ministro de relaciones exteriores, Andrei Gromyko, a visitar al presidente Reagan en la Casa Blanca ese mes de octubre. Gromyko, un *apparatchik* falto de humor y bastante agrio, se animó a esbozar una sonrisa ante los reporteros.

El día de la elección Ronald Reagan derrotó a Walter Mondale. Logró el voto popular más alto de la historia, con 54.451.521 votos (58,8%) contra los 37.566.334 de Mondale (40,5%). Reagan ganó en todos los estados excepto Minnesota, tierra de Mondale, y obtuvo 525 votos electorales.** El antiguo vicepresidente también ganó en el Distrito de Columbia, donde obtuvo trece votos electorales. La Sra. Ferraro no le había hecho ningún favor, porque las mujeres votantes fueron las que eligieron al presidente. Los electores católicos, los italianos-estadounidenses, los

---

* El sincero relato de Jack Germond sobre esta historia de la campaña muestra la íntima conexión que muchas veces tienen los periodistas liberales con sus candidatos preferidos. ¿Habría pasado Germond tres horas preparando a uno de los panelistas del debate con una pregunta bien pensada para poder sacar provecho de la mayor debilidad de Mondale?

** El presidente Reagan también casi logra ganar en Minnesota, pero le faltaron 3.100 votos. El estado tiene solo 3.200 circunscripciones electorales, por lo tanto, lo perdió por menos de un voto por circunscripción. Reagan había estado en ese estado solo durante cuarenta y cinco minutos durante una presentación que se realizó en el aeropuerto

neoyorquinos e incluso los votantes del distrito de Queens, perteneciente a la Sra. Ferraro, votaron por Reagan.*

Ese día de noviembre en Washington, D. C. el clima era gris y ventoso y los ánimos estaban alicaídos. El equipo de Reagan no estaba demasiado jubiloso mientras esperaba los resultados de la elección. Sentían miedo. Las encuestas de opinión eran todas favorables, pero uno nunca puede estar del todo seguro en cuanto a quién podrá aparecerse en los puestos de los encuestadores o qué les motivará. La participación de los votantes lo decide todo. Recordando como FDR se había recluido en Hyde Park durante la incierta elección de 1940, hay ago que merece repetirse una vez más: En una democracia, es bueno que el gobernante le tema al pueblo.

Cuando los canales y las cadenas de televisión comenzaron a informar de la victoria en toda la nación, la gente de Reagan se calmó. El partido republicano no compartió la «abrumadora victoria» de Reagan. El ánimo de «la mañana en los Estados Unidos» creado deliberadamente por la operación de campaña de Reagan solía incumbirle solo a unos pocos, y eso no era bueno para los republicanos que buscaban echar a los demócratas del Congreso. Reagan había sido electo con el apoyo del veinticuatro por ciento de los demócratas. Para sus copartidarios republicanos, no era posible sentir simpatía por estos adversarios ideológicos. Y muchos de ellos ni siquiera lo intentaron.

El día después de la reelección de Reagan los principales demócratas iniciaron una serie de demostraciones ilegales fuera de la embajada de Washington contra el gobierno separatista de Sudáfrica. Ser arrestado por protestar contra las políticas racistas del régimen de Pretoria era una insignia de honor entre los activistas liberales demócratas.

IV. «Podremos hacer negocios»

Ronald Reagan acababa de prestar juramento como presidente durante su segundo mandato cuando la Unión Soviética se vio obligada a enterrar a otro de los líderes de su partido comunista. Konstantin Chernenko murió el 10 de marzo de 1985 de

---

* Esto no es del todo ilógico. Los candidatos a vicepresidentes por lo general se eligen por su capacidad de unificar y convocar a diversos elementos del partido. La Sra. Ferraro podía hacerlo. Los votantes suelen ver al candidato a la vicepresidencia solo como un reflejo de la seriedad y la capacidad del candidato presidencial. Por eso cuando Goldwater eligió al congresista Bill Miller «porque vuelve loco a Lyndon Jonson», perdió el favor de la gente. Y cuando George McGovern no revisó el historial del senador Tom Eagleton, dio evidencia de su falta de capacidad organizativa en general.

enfisema. Tenía setenta y cuatro años. Tres gobernantes soviéticos se habían ido sucesivamente a la tumba en menos de tres años. No había nada que simbolizara mejor el endurecimiento de las arterias del orden comunista soviético.

Sin embargo, esto cambiaría de repente. Mikhail Sergeivich Gorbachev solo tenía cincuenta y cuatro años cuando resultó elegido para liderar el partido comunista de la Unión Soviética. Había sido convocado por Yuri Andropov poco antes de su muerte debido a su inteligencia, sus pulidos modales, su vigor juvenil y su afabilidad. Para que el comunismo y la URSS pudieran sobrevivir, hacía falta sangre nueva con urgencia. Gorbachev y su elegante, expresiva y culta esposa, Raisa, eran esa sangre nueva.*

Aun antes de que lo eligieran, el ingenioso Gorbachev había efectuado una visita a Londres. Si podía ganarse el favor de la primera ministra Margaret Thatcher, la dama de hierro de Gran Bretaña, pensaba que podría mejorar su prestigio en Moscú y ello también le ayudaría luego a lidiar con Ronald Reagan. Desde Churchill y FDR no había existido una sociedad trasatlántica tan cercana como la de Thatcher y Reagan. Gorbachev tuvo éxito. Thatcher quedó impresionada con él y anunció tras la primera reunión: «Me gusta el Sr. Gorbachev. Podremos hacer negocios juntos». Viniendo de Margaret Thatcher, una mujer eficiente, de negocios y que no se andaba con tonterías, no podría haber mejor elogio.**

El presidente Reagan sabía que tendría que reunirse con Gorbachev, pero no quería dar la impresión de estar demasiado ansioso. Los asistentes presionaban en privado al presidente para que se reunieran. Gorbachev, decían, era diferente a todos los demás del partido comunista. Le interesaba mejorar las relaciones, aliviando las tensiones. No había que perder tiempo. Gorbachev era distinto. Según las historias que circulaban en Washington, Reagan respondió ante todas estas presiones con su típico humor: «Sé que es diferente ... ¡Es el primer líder soviético que pesa más que su esposa!».

---

* La disertación de Raisa Gorbachev para su doctorado abogó por centros nacionales para el cuidado de los niños administrados por el estado, ya que muchas madres soviéticas que tenían que salir a trabajar dejaban a sus niños al cuidado de los abuelos, los cuales eran religiosos. El autor de este libro ha tenido ocasión de utilizar esta información en audiencias del Congreso donde miembros del comité exigían la acción del gobierno de Reagan en lo concerniente a las guarderías y centros para el cuidado de los niños.

** La prensa tenía razón en destacar este comentario de Thatcher, pues su cercanía con Ronald Reagan ya era casi una leyenda. Tan cercana era la relación entre ambos que Ronald Reagan tenía uno de esos carteles que imitan a los anuncios de las películas en la sala de monturas de su Rancho del Cielo. En el cartel aparecía Reagan, como Rhett Butler, llevando a Margaret Thatcher como Scarlett O'Hara hacia el dormitorio del primer piso de su mansión de Atlanta. Reagan no podía colocar este satírico afiche en el salón principal porque la primera ministra de Gran Bretaña visitaba su estancia con asiduidad y podría verlo. ¡Una relación muy especial en verdad! (Fuente: Edmund Morris, Dutch, p. 592).

Reagan debía asegurarse de afianzar la Alianza Occidental antes de establecer algún tipo de reunión cumbre de alto nivel con el vigoroso nuevo líder del Kremlin. En la OTAN no había nadie más importante que el canciller de Alemania occidental, Helmut Kohl, que había corrido un enorme riesgo político al respaldar a Reagan en el tema del despliegue de los misiles Pershing II. Alemania occidental luchaba contra la banda de terroristas comunistas Baader-Meinhof, una de las más violentas del mundo. Así que Reagan sentía que «le debíamos una a Helmut».[47]

El presidente Reagan pensaba visitar Alemania occidental para apoyar a su firme aliado. Se había planificado que el presidente pusiera una corona de flores en el Cementerio Militar de Bitburg, como símbolo del compromiso de la República Federal de Alemania con la democracia occidental. El asistente de Reagan, Michael Deaver, viajó a Alemania occidental a fin de efectuar los arreglos preliminares para la visita presidencial. Lo que Deaver no vio entre las tumbas cubiertas de nieve con los nombres de muchachos de dieciocho y diecinueve años fueron las docenas de lápidas que marcaban las sepulturas de los miembros de las temidas Wafen SS de Heinrich Himmler.[48]

Cuando este terrible detalle se filtró, el mundo entero se levantó en controversia.

Nancy Reagan estaba muy afectada. Llamó a Mike Deaver y en medio de sus lágrimas se quejó de que había arruinado la presidencia de «Ronnie».[49] Dentro del gobierno, la mayoría de los consejeros urgían a Reagan para que cancelara su visita pública a Bitburg. El director de comunicaciones, Pat Buchanan, le aconsejaba mantenerse firme. El sobreviviente del Holocausto, Elie Wiesel, ganador del Premio Nóbel de la Paz, acudió a la Casa Blanca para recibir un premio y le dio al presidente una lección al decirle que su lugar debía ser el de estar con las víctimas, no con los nazis. Reagan podía ser muy obstinado, en especial cuando lo trataban con condescendencia. Y así se sentía en ese momento. «Se ha dicho la última palabra en lo que a mí respecta», les indicó Reagan con seriedad a sus subordinados.[50*]

El general Matthew Ridgeway, legendario comandante de la 82da División Aérea, llamó a la Casa blanca y se ofreció como voluntario para ir en lugar de Reagan a depositar la ofrenda floral. El presidente agradeció su llamada y aceptó el ofrecimiento de este hombre de noventa años, sin embargo, le indicó que irían juntos. No iba a permitir que el viejo guerrero cargara con el peso de tan odioso momento, pero se enorgullecía de estar junto a él.[51]

---

* El autor de este libro estuvo presente en esa reunión y puede dar testimonio de la firme resolución de Reagan a no dejarse presionar en un asunto sobre el que ya había tomado una decisión.

Para calmar los ánimos, el presidente Reagan había incluido además un viaje al campo de concentración de Bergen-Belsen. Allí hablo con emoción sobre la cruel injusticia de los nazis contra el pueblo judío e invocó las palabras de Abraham Lincoln en una apelación a «los mejores ángeles de nuestra naturaleza».

Bitburg fue, y sigue siendo, uno de los pasos en falso más recordados de la residencia de Reagan. Debido a la controversia del momento, casi quedó en el olvido la idea expresada por la Legión Estadounidense y otros grupos de veteranos: El presidente de los Estados Unidos no tiene por qué honrar a los soldados enemigos en ningún momento. Y aunque no hubiese habido tumbas de las SS en Bitburg, ningún presidente estadounidense debía depositar una ofrenda floral en recuerdo a soldados que habían recibido órdenes de matar a jóvenes norteamericanos.

Los Estados Unidos en realidad «le debían una» al fiel canciller Kohl. Sin embargo, la deuda podría haberse pagado con generosidad si el presidente Reagan hubiera depositado una ofrenda floral ante la tumba del arquitecto de la libertad de Alemania occidental, el fallecido Konrad Adenauer, un devoto católico, prisionero de Hitler, reconciliador de antiguos odios con Francia. *¡Das ist der Mann!**

Reagan tenía asuntos internos de qué ocuparse antes de reunirse con el recién nombrado líder del Kremlin, Gorbachev. Durante el primer mandato, los conservadores no habían suprimido el nuevo Departamento de Educación de los Estados Unidos. Los republicanos liberales del Senado, incluyendo a Lowell Weicker, de Connecticut, y a Robert Stafford, de Vermont, se unieron con el demócrata Ted Kennedy para impedirlo. El primer secretario de educación de Reagan, Terrell Bell, había designado una Comisión Nacional por la Excelencia en la Educación. Esa comisión produjo un informe titulado *Una nación en riesgo*, que advertía sobre «la creciente marea de mediocridad», llamando a poner mayor énfasis en «lo básico» de la educación.

El secretario de educación durante el segundo mandato de Reagan era William J. Bennett, demócrata y antiguo presidente del Fondo Nacional de Humanidades.** Bennett actualizó los tres aspectos esenciales de la educación: lectura, escritura y aritmética, al añadirles contenido, carácter y elección. Después del informe de la comisión, Bennett quería mejorar el contenido del plan de estudios académico,

---

* «Der alte Jude, das ist der Mann!» [«¡El viejo judío, ese es el hombre!»]. Así dijo el canciller Otto von Bismarck con admiración en referencia al primer ministro de Gran Bretaña, Benjamin Disraeli, en el Congreso de Viena en 1878. La historia europea habría sido mucho más feliz si todos los cancilleres alemanes hubieran mantenido tal admiración.

** A los efectos de la narrativa, el autor de este libro se refiere a sí mismo en tercera persona en este capítulo.

destacando la importancia del desarrollo del carácter. «¿Qué es lo noble y qué lo mezquino?», preguntaba retóricamente. «¿Quién dijo: "Tengo un sueño"? ¿Por qué existe el Muro de Berlín? Los estudiantes debieran saber eso», señalaba. En cuanto a la elección, Bennett se refería a que los padres pudieran elegir la escuela pública, privada o religiosa que mejor respondiera a las necesidades de sus hijos. A tal fin, respaldó la propuesta de un vale para los estudiantes que languidecían en programas financiados con fondos federales para las familias de bajos ingresos.

Bennett también apoyaba el creciente movimiento de la instrucción en el hogar. Cuando el abogado Mike Farris, que compartía este pensamiento, era criticado por alentar a un movimiento sectario religioso, respondía siempre que James Madison, padre de nuestra Constitución y autor de nuestra Declaración de Derechos, había sido educado en su hogar.

El secretario Bennett demostró ser un pararrayos mediático para el gobierno de Reagan. Al sugerir que los estudiantes tenían el deber moral de pagar sus préstamos universitarios, las páginas de los editoriales liberales presentaron a Bennett como un hombre duro y sin corazón. Aunque fue severamente criticado, Bennett enfatizó que los contribuyentes estadounidenses habían financiado tales préstamos y que parte de toda la educación de un estudiante implicaba que debía aprender a cumplir con las obligaciones morales.

En la primera reunión de Bennett en el gabinete, el presidente abrió la sesión leyendo de un archivo de duras críticas periodistas contra el miembro más joven y nuevo del grupo. Luego, con una sonrisa, Reagan miró a su alrededor y dijo: «Ahora bien, ¿qué es lo que está mal con el *resto* de ustedes?». Al concluir esa reunión, Reagan le comentó a Bennett que en Hollywood había aprendido la diferencia que hay entre la taquilla y las críticas.

En 1985, la muerte del actor Rock Hudson introdujo en la vida pública el tema del Síndrome de Inmunodeficiencia Adquirida (SIDA). La familia Reagan, por supuesto, conocía a Rock Hudson de su época de Hollywood y también sabía que era homosexual. Como eran socialmente tolerantes, jamás habían rechazado a sus amigos porque fueran homosexuales. Sin embargo, cuando la enfermedad comenzó a extenderse y a cobrar miles de vidas, el presidente Reagan debió enfrentar cada vez más críticas por no dar un discurso importante al respecto.

Las críticas ilustraban que en las expectativas de los estadounidenses con respecto a sus presidentes había algo que cambiaba. Durante la gripe de 1919 y 1920, millones de personas habían muerto, pero el presidente Wilson jamás se refirió al tema. En Warm Springs, FDR hizo su aporte al tratamiento y la aceptación de las víctimas de la polio, pero nunca pronunció un discurso presidencial sobre la enfermedad. Eisenhower jamás habló sobre las enfermedades cardíacas, incluso cuando sufrió dos infartos. JFK nunca admitió que sufría del mal de Addison. Aun así, el silencio de Reagan con respecto al SIDA durante casi dos años fue tomado por los críticos liberales como una cruel indiferencia al sufrimiento de la gente.

No se trataba de que el gobierno federal no gastara enormes cantidades de dinero en la investigación y el tratamiento de la enfermedad. Cuando el joven Tyan White, que era hemofílico, contrajo SIDA a través de una transfusión de sangre, el Congreso se apresuró a destinar fondos para la investigación y la capacitación sobre el tema. Reagan respaldó esta legislación. Además, la segunda causa principal del SIDA era el uso de las drogas intravenosas. La efectiva campaña «Solo di que no» de la Sra. Reagan para desalentar el uso de las drogas recibió un nuevo impulso con esta epidemia.

Mientras tanto, en la URSS, Mikhail Gorbachev era «la nueva escoba que barre bien»... o al menos intentaba serlo. Él criticó el alcoholismo y el ausentismo en los lugares de trabajo. Habló contra la corrupción en el *apparat* del partido comunista. Reconoció que la URSS debía hacer reformas o de lo contrario colapsaría. Bajo la presión de la conformación de fuerzas militares impulsada por Reagan y preocupado en especial por la Iniciativa de Defensa Estratégica, Gorbachev dio inicio a dos iniciativas simultáneas: la perestroika (reestructuración) y la glásnost (transparencia). Con la glásnost, surgieron horripilantes historias en los medios soviéticos que habían sido mantenidas en secreto desde la fundación de la URSS. Una de ellas llegó a publicarse en occidente:

> Decenas de miles de personas, incluso tal vez un cuarto de millón, fueron ejecutadas en las prisiones de Kiev mediante un disparo en la sien, llevadas a Brykvia en camiones como carga y arrojadas en fosas recubiertas con cal. Cuatro comisiones oficiales han investigado esta aniquilación en los últimos cuarenta y cinco años. Sin embargo, todavía no se conocen los detalles sobre la identidad de las víctimas, quién las asesinó y cómo llegaron a ser sepultadas aquí.[52]

Gorbachev permitió que se conocieran estas historias porque necesitaba aplacar a los más duros opositores comunistas en las perennes pujas por el poder del Kremlin. Tal vez no se haya dado cuenta de que al hacerlo minaba la legitimidad del estado soviético a los ojos de su propio pueblo.

Cuando se reunión con Ronald Reagan en Ginebra a fines de 1985, los medios occidentales se deshicieron en elogios hacia Gorbachev. No había dudas de que la prensa occidental buscaba el éxito del vigoroso nuevo líder del partido soviético.

La reunión de presentación entre ambos mandatarios no produjo avances diplomáticos, aunque tampoco tenía tal propósito. No obstante, sí derritió el hielo entre ambos jefes de estado. Desde que Carter se reuniera con Brezhnev en Viena casi diez años antes, esta era la primera vez que los presidentes de la URSS y los Estados Unidos conversaban cara a cara. En la delegación estadounidense había muchos que temían que el presidente, de setenta y cuatro años, perdiera ante alguna maniobra de su rival, mucho más joven que él. Sin embargo, Reagan se apareció en la embajada estadounidense sin sombrero y sin saco a pesar del frío, dándole la bienvenida al secretario general soviético en tanto él bajaba de su limosina *Zil*, incómodo con su gruesa bufanda.[53] Reagan combinó su calidez personal y la amabilidad con un estilo de negociación duro, casi agresivo. «Permítame decirle por qué desconfiamos de usted», señaló en una sesión privada entre ambos mandatarios.[54] Con todo, minutos después insistía en que se llamaran el uno al otro por sus nombres de pila, Ron y Mike. Muchos de los más leales seguidores de Reagan sentían preocupación de que la relación personal le cegara a los setenta años de mala fe de los soviéticos. Este intento de lograr una compenetración había sido la causa de las dificultades de FDR y JFK para lidiar con un enemigo astuto e inescrupuloso, pensaban ellos.

Había otros hechos, además de mejorar las relaciones con los soviéticos, que exigían la atención de Reagan en ese momento. En los inicios de ese año el presidente recibió un aviso sobre una tragedia que se desarrollaba ante los ojos de la teleaudiencia de la nación. En cuestión de setenta y tres segundos el transbordador espacial Challenger, lanzado hacia el cielo azul, había explotado de manera espectacular. Al instante perdieron la vida siete astronautas, entre los que se contaba la maestra y voluntaria Christa McAuliffe.* Las familias de estas personas vieron horrorizadas lo que sucedía desde las tribunas, y los niños de toda la nación lo observaron en sus aulas. El presidente Reagan apareció esa noche en televisión, el 28 de enero de 1986, para consolar a un pueblo dolido. Les explicó a los asustados niños que para enfrentar los peligros de la exploración del espacio hace falta coraje. Honramos a estos valientes astronautas, así como a los hombres y mujeres de todos los campos cuyo coraje y sacrificio personal hacen posible el progreso. Luego citó unas líneas de

---

* El autor de este libro tuvo el privilegio de conocer a Christa McAuliffe y ser profesor de su clase en Nueva Hampshire.

High Flight [Alto vuelo], un poema escrito en honor de los aviadores de la Primera Guerra Mundial: «Jamás les olvidaremos, ni olvidaremos la última vez que los vimos esta mañana, en tanto se preparaban para el viaje y saludaban con la mano para "traspasar los incógnitos límites de la tierra" y "tocar el rostro de Dios"».

El presidente de la Cámara, Tip O'Neill, lloró conmovido ante la elocuencia del presidente. «Tal vez no sea muy bueno en los debates, pero con un texto preparado es el mejor orador en público que haya visto jamás … empiezo a pensar que en tal aspecto deja atrás tanto a Roosevelt como a Kennedy», observó.[55] Un gran elogio de parte de este orador demócrata tan ferozmente partidario.

Reagan capturó, o quizás formó, el ánimo nacional de la firme resolución. Las encuestas de opinión pública mostraban que los estadounidenses estaban a favor de la continuidad del programa espacial a pesar de este desastre, el peor en su historia. Es importante destacar que a pesar del trauma de esta explosión televisada en vivo a todo el país, la NASA permaneció comprometida con la política de apertura que había establecido el presidente Eisenhower en 1959.

Hubo sucesos más felices en ese año de 1986 que incluyeron la celebración del centenario de la Estatua de la Libertad de Nueva York. Reagan había utilizado las semanas previas a este aniversario de la Dama del Puerto para convocar al presidente de la Corporación Chrysler, Lee Iacocca, a fin de que encabezara una campaña privada de recaudación de fondos. Esperaba conmemorar el aniversario con la restauración de la estatua, ya muy estropeada por las tormentas. Un equipo franco-estadounidense estuvo encargado de las tareas de restauración, en las que se reemplazaron con sumo cuidado cada una de las miles de barras de acero, forjadas una por una. El gran símbolo de «la libertad que ilumina al mundo» había corrido peligro de derrumbarse.

El 3 de julio de 1986, el presidente Reagan invitó al presidente francés François Mitterrand a unírsele junto a la Sra. Reagan para la rededicación de la estatua. Este sería además un tributo a los ideales estadounidenses de la libertad. Él trató al socialista Mitterrand con suma cortesía, incluso cuando se esforzaba por consignar al socialismo al «montículo de cenizas de la historia».

Reagan tenía una deuda con Mitterrand, por raro que parezca. El líder francés había colaborado con el poderoso partido comunista de Francia en 1981-82, intentando imponerle democráticamente el marxismo al pueblo francés. Este esfuerzo galo se consideraba en todas partes el polo opuesto al renovado compromiso de Reagan con la libre empresa. El éxito de las políticas de Reagan marcaba un agudo contraste con el desastroso fracaso de las políticas de Mitterrand, que debieron abandonarse. El fracaso de este intento en pos del socialismo democrático había dejado una profunda impresión en los pueblos libres de Europa y el mundo entero.

Para la celebración, el presidente Reagan recorrió la cubierta del USS *Iowa*, un buque de guerra de la era de la Segunda Guerra Mundial reacondicionado para su servicio en la era nuclear. Ya de noche, en el puerto de Nueva York, envió desde allí un rayo láser hacia la punta de la Estatua de la Libertad, dando así la señal para que se corriera el velo. Con Solidaridad gozando de buena salud en Polonia, los muyahidín acosando a los soviéticos en Afganistán, Granada liberada y los Contras de Nicaragua presionando a los sandinistas comunistas en América Central,* Reagan podía saludar con confianza a la «causa de la libertad humana» y volver a encender la antorcha de la Dama de la Libertad.

Con paz y prosperidad, se le podía perdonar a Reagan el hecho de que pensara que había restaurado a los Estados Unidos al lugar que merecían como nación líder del mundo.

V. Reikiavik: El choque

Los principales expertos en materia del Kremlin anunciaban que la Unión Soviética no caería sin más ni más. El anterior presidente Richard Nixon había hablado de buscar una «distensión práctica» como la solución más adecuada y realista.[56] Sin embargo, Reagan no pensaba lo mismo.

Sus críticos siempre lo acusaron de ser demasiado simplista. El veterano sabio de Washington, Clark Clifford, había dicho que el presidente era «un burro amistoso».[57] Desconocían lo que Reagan le había dicho a Richard Allen diez años antes. Allen llegaría a ser consejero de seguridad nacional de Reagan en la Casa Blanca. Sin embargo, años antes de su elección, Reagan había hablado con Allen diciéndole: «Mi idea en cuanto a la política estadounidense con la Unión Soviética es sencilla, y algunos dirán que es simplista. Es esta: Nosotros ganamos y ellos pierden».[58] El problema era que los críticos de Reagan confundían la claridad con el simplismo.

La Cumbre de Reikiavik, en Islandia, se convocó de manera apresurada a fines de 1986, siguiendo una idea de Gorbachev. Si Hollywood hubiera buscado un lugar donde dramatizar visualmente el choque entre el este y el oeste, no podría haber elegido mejor ubicación. Islandia es una isla volcánica a mitad de camino entre Europa y América del Norte. En lugar de verde césped hay ceniza volcánica negra.

---

* Cuando la mayoría de los demócratas de la Cámara votaron en 1986 en contra de la ayuda a los Contras anticomunistas nicaragüenses, el autor de este libro, demócrata de toda la vida, finalmente cambió de partido y se hizo republicano.

La Casa Höfdi era la modesta mansión del siglo diecinueve donde se encontrarían los líderes de las dos superpotencias. Se trata de un edificio blanco, sin gran ornamentación, con techo de pizarra negra. Incluso hay algunos residentes locales que afirman que la Casa Höfdi está embrujada.[59] La ciudad capital de la isla está rodeada de escarpadas rocas de color gris oscuro.

A mediados de octubre, el rudo paisaje de Islandia prácticamente carecía de color. Todo era blanco y negro, casi como en esas películas que había protagonizado Reagan en las cuales se contrastaba tanto el bien y el mal. Estas eran las películas que enfermaban a los más sofisticados. Para que el contraste fuera todavía más convincente, Gorbachev llegó en su limosina negra, vistiendo un grueso sobretodo negro y un sombrero tipo Fedora del mismo color. Por su parte, Reagan llegó enfundado en un impermeable de color tostado claro, que en televisión parecía blanco.

Enseguida ambos participantes avanzaron más allá de la agenda. Gorbachev, según sabemos hoy, estaba desesperado por darle fin a la carrera armamentista. La perestroika no funcionaba. El sistema soviético iba quedándose cada vez más empequeñecido al intentar seguirle el ritmo a los Estados Unidos en la conformación de sus fuerzas militares. Si Gorbachev lograba reducir los gastos destinados a la defensa, podría desviar entonces los fondos que tanto necesitaba para destinarlos a la perestroika y a su esfuerzo por salvar al sistema comunista. «Tiene una linda sonrisa», dijo muy serio el ministro de relaciones exteriores, Andrei Gromyko, con relación a su joven campeón. «Sin embargo, sus dientes son de hierro».[60]

Como si se tratara de una partida de póquer, ambos participantes se sentaron a uno y otro lado de la mesa. Gorbachev le hizo ofrecimientos muy arriesgados a Reagan, como por ejemplo enormes reducciones en cuestiones de armamento. Reagan podía conseguir ahora todo lo que había ofrecido cinco años antes en su propuesta de la Opción Cero. Él sugirió que ambas partes convirtieran en chatarra todos sus misiles de ataque en un período de diez años. Gorbachev se percató de la apuesta de Reagan y la elevó: ¿Por qué no librarse de todas las armas estratégicas?, preguntó.[61] Esto era algo increíble, jamás imaginado, una cosa que nadie esperaba, impensada en la larga historia de negociaciones por el control de armas entre los Estados Unidos y la URSS. No obstante, había una condición: los Estados Unidos tendrían que acordar que no seguirían trabajando en la Iniciativa de Defensa Estratégica.

Ronald Reagan podría haber logrado entonces la cumbre más exitosa de la historia de los Estados Unidos. Podría haber firmado el acuerdo de mayor alcance posible con los soviéticos. Volvería a casa —justo a tiempo para las elecciones legislativas de medio término— como el Hacedor de la Paz. Lo único que tenía que hacer era abandonar la Iniciativa de Defensa Estratégica. Podría explicarle luego al pueblo estadounidenses que siempre había tenido intención de usar la IDE como una «carta de canje», logrando con su estrategia el mejor acuerdo que los Estados Unidos podrían obtener jamás.

Sin embargo, no haría eso. Había descrito esta escena con escalofriantes detalles diez años antes. En 1976 le había dicho a su hijo Michael que no sentía haber perdido la nominación republicana como candidato presidencial, sino que lo único que lamentaba era que no tendría la posibilidad de oír las exigencias de control armamentista de un líder soviético. Tales exigencias seguramente habrían dejado en desventaja a los países libres. Por eso, Reagan había afirmado en aquel entonces que se dirigiría con lentitud a su interlocutor del otro lado de la mesa y susurraría la palabra *niet*. Ese día, la escena fue justo como Reagan la había descrito. Y como presidente, Ronald Reagan susurró: *niet*.

Con esta esperanza hecha añicos, ambos líderes salieron de la Casa Höfdi con caras serias. «No sé qué otra cosa podría haber hecho», le dijo Gorbachev a Reagan por medio de un intérprete al despedirse. «Podría haber dicho que sí», respondió Reagan con un tono de amargura atípico en él. En ese momento, Reikiavik pareció ser una cumbre que solo logró el fracaso. En las elecciones de 1986 los republicanos perdieron el control de Senado. Y durante el resto del mandato Reagan debió enfrentarse con un Congreso donde había cada vez más divisiones.

VI. Irán-Contra

«Hagan lo que tengan que hacer para mantener con vida a los Contras», le había dicho el presidente Reagan a su equipo de Seguridad Nacional.[62] Una cantidad de entusiastas figuras, como el almirante John Poindexter y el teniente coronel de la Marina Oliver North, se disponían a cumplir esa orden.

Reagan quería ayudar a los Contras a pesar de los esfuerzos que hacía el Congreso por recortar su financiamiento. Los liberales estaban decididos a evitar un Vietnam en este hemisferio. En reiteradas ocasiones propusieron dejar de financiar a los Contras, y a veces lograron promulgar enmiendas a los proyectos de designación de fondos. El congresista Eddie Boland, un demócrata de Massachusetts, ofreció una enmienda que impedía que las agencias de inteligencia estadounidenses buscaran derrocar al gobierno de Nicaragua. La administración Reagan interpretó esta enmienda en términos estrictos como aplicada a la CIA (Agencia de Inteligencia Central) y la DIA (Agencia de Inteligencia para la Defensa), aunque no al Consejo de Seguridad Nacional donde trabajaban Poindexter y North. Se consideró que ellos eran libres de buscar apoyo externo para los Contras. «Ollie» North quedaba entonces con plena facultad para solicitar fondos de importantes personajes anticomunistas como el Sultán de Brunei.

Beirut volvió a hostigar a la administración. Los hombres de la Marina y la Armada que habían muerto en 1983 fueron llorados amargamente en la Casa Blanca de Reagan. El jefe de estación de la CIA, William Buckley, había sido secuestrado, torturado y asesinado por los terroristas de Hezbollah. Lo mismo que el buzo de la Armada, Bobby Stethem. Reagan sentía gran angustia por estas muertes. George Will afirma que este era «el lado blanco de Ronald Reagan». Él no lograba sacar de su mente a estos cautivos estadounidenses y considerarlos víctimas fatales de una guerra.[63] Habló con tristeza de la época en que bastaba con que un estadounidense llevara la bandera de su país en la solapa para poder caminar seguro y a salvo dondequiera que estuviese, en cualquier lugar del mundo. Anhelaba intervenir en defensa de los estadounidenses que corrían peligro, en especial de aquellos que se encontraban al servicio de la patria.

El presidente estaba convencido de que en Irán había «moderados». Estos moderados competían por el poder en un régimen posterior al ayatolá Khomeini y aseguraban que querían mejorar las relaciones con los Estados Unidos. Sin embargo, no conseguirían el poder sin armas, y no podían comprarlas. Si estuvieran armados, afirmaban que podrían tener influencia sobre los que tomaban rehenes en Beirut.

Así nació la fatídica relación entre la venta de armas a Irán, el pago del rescate por los rehenes de Beirut, y el desvío de las ganancias de la venta de armas para apoyar a los Contras de Nicaragua.

Lo que hoy los críticos ven con tanta claridad no era tan claro en ese momento. Los estadounidenses muchas veces se unieron a las naciones civilizadas del mundo para negociar por la liberación de rehenes capturados en el Medio Oriente, donde la toma de rehenes y el pedido de pagos de rescate son un arte muy desarrollado. Tan solo en el siglo dieciocho, figuras importantes como el presidente Washington y el presidente Adams debieron participar del pago de rescates para la liberación de marineros estadounidenses cautivos en África del norte. Y lo hicieron porque los europeos hacían lo mismo. Jefferson decidió utilizar la fuerza en lugar de pagar un rescate y envió busques de guerra y marines de los Estados Unidos «a las costas de Trípoli».

El día anterior a las elecciones de medio término de 1986 en los Estados Unidos, un periódico de Beirut informaba que los estadounidenses habían participado del pago por la liberación de los rehenes. Al principio, la Casa Blanca dijo que la idea era ridícula. Sin embargo, cuando el jefe de gabinete de la Casa Blanca de Donald Reagan le informó al presidente que las ganancias obtenidas con la venta de armas se estaban usando para apoyar a los Contras, Reagan palideció: «¿Por qué harían algo así?», preguntó, olvidándose al parecer de sus órdenes a Poindexter y North.[64]

El escándalo Irán-Contras siguió difundiéndose hasta que finalmente estalló. En la prensa se decía que Reagan era culpable si sabía de esto, y por lo tanto estaría sujeto al juicio político. O si en realidad no sabía lo que hacían sus subordinados, esto era una señal de que no estaba conectado con sus funciones. El famoso estilo de Reagan consistía en delinear las políticas en términos claros de forma general y luego dejar que sus subordinados se ocuparan de los detalles. Durante su primer mandato, este estilo había sido muy exitoso, pero ahora, en especial con Donald Reagan a cargo de muchas decisiones diarias, este estilo era visto como poco eficiente.

Reagan designó al antiguo senador John Tower de Texas como encargado de la investigación del caso Irán-Contras. El almirante Poindexter dio testimonio de que no le había comunicado al presidente lo del desvío de fondos.[65] El director de la CIA, William Casey, había tenido un papel importante en la política exterior de Reagan. Casey poseía experiencia en inteligencia porque durante la Segunda Guerra Mundial sirvió en la Oficina de Servicios Estratégicos (OSS, por sus siglas en inglés). Él siguió la orden de Churchill de «encender el fuego de Europa» contra Hitler. Siendo un patriota auténtico y hombre de profunda fe religiosa, Casey voló alrededor del mundo en la década de 1980 en su jet negro sin identificación. Orquestó para el gobierno de Reagan la estrategia de asfixiar en el mundo a la Unión Soviética, entonces en problemas. Sin duda, Casey sabía mucho sobre el tema Irán-Contras, pero en noviembre de 1986 había sufrido un ataque que lo dejó muy enfermo y finalmente murió en mayo de 1987. Este hombre que guardaba tantos secretos pudo haberse llevado muchos de ellos a la tumba. Con la muerte de Casey y el testimonio de Poindexter, la posibilidad del juicio político contra Reagan ya no era tan cierta. Evidentemente, los liberales quedaron desencantados. En el momento más álgido de la tormenta de ataques mediáticos, el editor del *Washington Post*, Ben Bradlee, expresó con alegría: «No me divertía tanto desde el caso Watergate».

El índice de aprobación del presidente Reagan por el pueblo estadounidense descendió veinte puntos. Él estaba muy desanimado, y cuando por fin accedió a despedir al jefe de gabinete Donald Reagan, no estaba todavía consciente de lo cerca que había estado de ser depuesto. Los asistentes salientes de Reagan les dijeron a los miembros del personal del entrante y nuevo jefe de gabinete de la Casa Blanca,

Howard Baker, que Reagan no estaba en sus cabales. Indicaron que Baker debía prepararse para invocar la Vigésimo Quinta Enmienda a la Constitución. Reagan estaba demasiado viejo y olvidadizo, demasiado pasivo como para ser presidente en esta era nuclear.[66]

Al llegar a su lugar de trabajo, el antiguo senador Baker ubicó a varios miembros de su equipo en diferentes lugares de la Sala del Gabinete con la tarea de observar bien de cerca cómo interactuaba el presidente con las personas.

Ellos observaron que Reagan recobraba las fuerzas al ver caras nuevas y se comprometía de lleno con los temas del momento. El presidente estaba a la altura de las circunstancias. Tal vez no supiera que había quien tomaba sus medidas para enterrarlo en un ataúd político en este momento en que se negaba a morir. El senador Baker llegó a la conclusión de que el presidente estaba en «pleno uso de sus facultades» y la crisis pasó.[67] Cuando el presidente apareció en la televisión nacional y asumió la responsabilidad por el caso Irán-Contras, su índice de aprobación volvió a ser tan alto como antes.*

VII. «¡Derriben el muro!»

Reagan tenía programada otra visita a Alemania occidental para junio de 1987. Quería hablar allí, participando de la celebración del 750mo aniversario de Berlín. Los medios, a quienes la historia no les interesaba demasiado, estaban obsesionados con el caso Irán-Contras. Los comentaristas se referían a Reagan como el «pato rengo».** Se creó la sensación de que el viaje a Europa no era más que un esfuerzo por evitar los problemas políticos que le afectaban en su país.

El presidente estaba decidido a efectuar una declaración poderosa con respecto a la dividida Berlín. El Departamento de Estado pensaba que no podría haber nada peor que esto. El redactor de los discursos de la Casa Blanca, Peter Robinson, que participaba de los preparativos del viaje en mayo de 1987, viajó a la ciudad dividida y se reunión con John Kornblum, máximo diplomático estadounidense en Berlín occidental. Kornblum aconsejó no atacar a los soviéticos, no aparecerse como un «vaquero», y no mencionar en ningún momento el Muro de Berlín. Los berlineses, según explicó Kornblum, son gente de mundo, sofisticada y de izquierda. Y además se han acostumbrado al Muro de Berlín.[68]

---

* El autor de este libro había alentado al presidente a efectuar tal acción ese día.

** En términos formales, el «pato rengo» es el funcionario saliente que ha sido derrotado en las elecciones, pero todavía no ha entregado su cargo. Últimamente, el término se utiliza para designar a cualquier político del que los medios se hayan cansado.

Robinson escuchó con atención. Luego salió a sobrevolar la ciudad en un helicóptero del ejército de los Estados Unidos

El muro, de casi noventa metros de largo, no solo separaba a la ciudad, escribió luego Robinson. «Separaba dos modos de vivir completamente diferentes. De un lado ... había movimiento, color, arquitectura moderna, calles con mucha gente, tráfico. Del otro lado todo era triste, gris, descuidado».[69] En Berlín oriental los edificios todavía exhibían muestras de los bombardeos y los ataques de la Segunda Guerra Mundial. Para 1987, habían pasado ya cuarenta y dos años del final de la guerra. Desde que se construyera el Muro en 1961, doscientas cincuenta personas habían sido fusiladas por los guardias de la frontera de Alemania oriental.[70]

Esa noche Robinson asistió a una cena que ofrecieron Dieter e Ingeborg Etz. El Sr. Etz vivió en Washington cuando trabajaba en el Banco Mundial y la Sra. Etz había enseñado alemán en la escuela primaria Georgetown en los suburbios de Bethesda, Maryland.[71] Envalentonado después de su paseo en helicóptero, Robinson les preguntó a sus anfitriones y sus invitados alemanes si en verdad, y como le habían dicho, los berlineses del oeste «se habían acostumbrado al Muro».

Se hizo un gran silencio. Robinson pensó que había cometido un error al formular la pregunta.[72] Por último, uno de los alemanes lo miró con seriedad y dijo: «Mi hermana vive a treinta kilómetros al este y no la he visto en más de veinte años. ¿Cree que me acostumbré a eso?».[73] Otro alemán habló de su caminata diaria al trabajo cada mañana. Pasaba junto a una torre de vigilancia donde un soldado, siempre el mismo, lo miraba a través de sus binoculares. «El soldado y yo hablamos el mismo idioma. Compartimos la misma historia. No obstante, uno de nosotros es el guardián del zoológico y el otro es un animal. Nunca puedo estar seguro de cuál de los dos es qué cosa».[74] Finalmente, Ingeborg Etz, muy sonrojada, interrumpió la conversación y golpeándose la palma de la mano con el puño dijo: «¡Si este hombre Gorbachev habla en serio con todo esto de la *glásnost* [transparencia] y la *perestroika* [reestructuración], tiene que demostrarlo librándose de este muro!».[75]*

Al regresar a Washington, Peter Robinson ya había decidido que incluiría en el discurso del presidente una línea con relación al Muro de Berlín. Sin embargo, no le resultaría fácil. Incluyó una línea en la que urgía al secretario general Gorbachev a derribar el muro. Robinson se reunió en la Oficina Oval con Reagan y el equipo de redacción de discursos. Le comentó al presidente que el discurso se oiría

---

* La historia de Ingeborg Etz y su papel en el histórico discurso de Reagan ha sido relatada por Peter Robinson y el Dr. Stephen J. Ochs, maestro de historia en la escuela primaria Georgetown. Ochs ha sido profesor de los dos hijos del autor de este libro.

por radio no solo en Berlín occidental, sino también en Berlín oriental, Alemania oriental y hasta en Moscú.[76] «Ese muro tiene que caer», repetía Reagan. «Es lo que me gustaría decirles».[77]

El Departamento de Estado, el Consejo de Seguridad Nacional, e incluso el secretario de estado, George Schultz, insistían en que *no* había que incluir esa línea en el discurso del presidente.

A regañadientes, sugirieron que Reagan podía hacer una vaga referencia al tema, como «algún día este feo muro desaparecerá». ¿Algún día?

Reagan sabía que los medios occidentales se deshacían en elogios hacia Mikhail Gorbachev. También sabía bastante sobre cómo eclipsar a un rival. Si Gorbachev de veras quería una *apertura*, podía comenzar por abrir la Puerta de Brandenburgo.

Secretario general Gorbachev, si busca la paz, si busca la prosperidad para la Unión Soviética y Europa del este, si busca la liberalización: ¡Venga hasta este portón! ¡Sr. Gorbachev, abra esta puerta! ¡Sr. Gorbachev, derribe este muro!

Aunque el discurso de Reagan ante la Puerta de Brandenburgo sigue siendo uno de los más grandes de la historia, en ese momento la prensa estadounidense no le prestó mucha atención. Parecía falta de educación mencionar a Gorbachev con relación a la Cortina de Hierro. En las audiencias del Senado había un interés mayor por el caso Irán-Contras. Sin embargo, la campaña para criminalizar las diferencias políticas se vio frustrada cuando el coronel Oliver North dio su testimonio ante el comité a fin de defender con vigor sus acciones. Erguido y de uniforme, con el pecho cubierto de condecoraciones ganadas en la guerra, North despertó el amor de todo el pueblo. Surgió entonces la «Olliemanía».[78] Él no solo no se arrepintió, sino que intimidó y desconcertó a los miembros del comité. Incluso el abogado de North, el eficiente Brendan Sullivan, se las arregló para que el comité quedara mal parado. Cuando un senador intentó obtener una declaración del testigo North sin que pudiera aconsejarle su abogado defensor, Sullivan exclamó sin formalidades: «¡No soy una planta en una maceta!».

Ese verano de 1987 también fue escenario de una pugna por una vacante en la Corte Suprema de los Estados Unidos.

El presidente Reagan había designado a la primera jueza de la Corte Suprema. Sin embargo, la jueza Sandra Day O'Connor desilusionó mucho a los seguidores conservadores del presidente, que se habían mostrado felices cuando ascendiera al juez asociado William Rehnquist al cargo de juez de la Corte Suprema y nombrara al juez federal Antonin Scalia para que reemplazara a Rehnquist en 1986. Por supuesto, estos tres miembros del tribunal habían sido designados mientras los republicanos controlaban el Senado.

Los que se oponían a Reagan, liderados una vez más por el senador Kennedy, estaban decididos a impedir que nominara a los miembros de la Corte Suprema. Cuando Reagan nombró al controversial juez federal Robert Bork, Kennedy encendió el Capitolio con su apasionada retórica. «En los Estados Unidos de Robert Bork», rugió Kennedy, las mujeres tendrían que recurrir a los abortos clandestinos. Peor aún, clamó, «en los Estados Unidos de Robert Bork ... los negros podrían sentarse junto a los blancos en un bar, y la policía irrumpiría en las casas de los ciudadanos en las redadas de medianoche».[79]

Esta era la primera vez en que una designación para la Corte Suprema se convertía en el tema de una campaña pública tan amplia y bien financiada con el fin de envilecer y acabar con la reputación de una persona. Los amigos de toda la vida de este hombre de barba, erudito y antiguo profesor de leyes de Yale no podían reconocer al demonio que pintaba Kennedy. La idea de que un solo miembro de la Corte Suprema tuviera el poder que Kennedy deseaba hacer creer era algo totalmente ridículo. Sin embargo, los detractores de Bork no se detendrían ante nada en su esfuerzo por desacreditar a este hombre ingenioso y cultivado. Los activistas liberales que prácticamente habían inventado la doctrina constitucional de la privacidad no podían encontrar nada malo al invadir la vida privada del juez. Incluso revisaron sus comprobantes de alquiler de películas para ver si encontraban alguna cosa que pudieran usar como evidencia en su contra (parece que al juez solo le gustaban los musicales de Broadway).

El 17 de septiembre de 1987, día del bicentenario de la Constitución de los Estados Unidos, Bork debió soportar que el senador Kennedy lo hiciera comparecer ante el Comité Judicial. Kennedy fue hostil en sus preguntas al juez con respecto a su sentencia en un caso relacionado con unos camiones de transporte interestatal.*

En flagrante violación a las disposiciones de la Constitución con respecto a preguntas que pusieran en ridículo las creencias religiosas de una persona, el senador demócrata de Alabama, Howell Heflin, le pidió al juez Bork que hablara sobre sus creencias religiosas bajo juramento. Robert Bork, que era un protestan-

---

*   En el momento, alguien sugirió que debía ser el juez el que hiciera comparecer al senador desde
    Chappaquiddick con relación a su historial como conductor de autos.

te convencional, se había casado con una mujer judía. Su esposa murió luego de cáncer, terminándose así un matrimonio feliz de muchos años. Más tarde Bork se casó con una antigua monja católica. Si un hombre había demostrado su falta de intolerancia religiosa era Robert Bork. Y con solo formular tal pregunta se violaban las prohibiciones de la Constitución. Si el presidente del comité, el senador Joseph Biden, un demócrata de Delaware, hubiera tenido a la justicia en el más alto interés, al instante habría declarado que la pregunta no correspondía.*

El Senado rechazó a Bork por cincuenta y ocho votos contra cuarenta y dos. El desagradable e indigno episodio fue obra de Edward M. Kennedy. La política y la jurisprudencia de este país siguen siendo envenenadas por los deshonrosos métodos que utilizaron en ese verano del bicentenario en 1987 los opositores de Robert Bork.

VIII. Hacia el atardecer

Ronald Reagan fue por un gran margen el presidente en ejercicio de mayor edad. Había sobrevivido a un atentado contra su vida, al cáncer de colon y el cáncer de piel. En lo político, sobrevivió a la pérdida del control del Congreso y a un escándalo internacional relacionado con el canje de armas por rehenes, el cual amenazó con terminar en un juicio político. La bolsa de valores cayó en octubre de 1987, enviando graves señales a los mercados financieros, pero pronto se recuperó. La prensa de prestigio enfatizaba cada escándalo político, exagerando temas como la cantidad de personas sin hogar o la disparidad en los ingresos, afirmando que eran crisis que el gobierno no quería o no podía resolver.

Aun así, la economía seguía creciendo, generando millones de nuevos empleos. Los ingresos por los impuestos se duplicaron durante el gobierno de Reagan, un tributo al éxito de la economía vista desde el lado del proveedor.[80] No obstante, los críticos ya no la llamaban *Reaganomics*.

Cuando Mikhail Gorbachev visitó Washington, D.C. en diciembre de 1987, la prensa se deleitó en mostrarle en reuniones y almuerzos con gente importante en la tan distinguida y moderna Avenida Connecticut de la capital del país. Era obvio su casi infantil disfrute al andar junto con los estadounidenses por las calles, recordándoles

---

* El Artículo VI, Sección 3 de la Constitución dice: «No se requerirá prueba religiosa alguna como calificación para un puesto de funcionario ni como evidencia de confianza pública en los Estados Unidos». La acción de Heflin de hacer comparecer al juez Bork es tal vez la violación más pública y flagrante de esta importante provisión constitucional.

a algunos la popular película del momento: *Ferris Bueller's Day Off* [Un experto en diversión]. Habría sido torpe señalar que quinientos millones de personas, a punta de bayoneta bajo dominio soviético, no tenían tal libertad de movimiento.

Reagan estaba decidido a romper la «burbuja» que lo protegía y a sentir la verdadera sensación del pueblo ruso. Inesperadamente, en 1988, el presidente y la Sra. Reagan bajaron de su limosina para caminar por el afamado distrito de Arbat en Moscú. Los rusos respondieron con grandes muestras de alegría. El distrito de Arbat es conocido por su gran libertad comercial y artística. Sin embargo, la KGB enseguida se abrió paso entre la multitud de gente amigable, empujando, golpeando y maltratando a los admiradores del matrimonio Reagan.[81] Pateaban y empujaban a todos, incluyendo a los reporteros estadounidenses. «Déjenlos, son estadounidenses», gritó Mark Weinberg, del personal de la Casa Blanca. Reagan anotó esa noche en su diario cómo había reaccionado ante la cruel brutalidad de los soviéticos contra su propia gente: «Con perestroika o sin ella, hay cosas que no han cambiado».[82]

A pesar de la bonhomía aparente, a Gorbachev le molestaba que Reagan insistiera en llamarle «Mikhail». Si supiera algo de etiqueta y costumbres rusas, lo llamaría *Mikhail Sergeivich*, les decía el líder soviético a sus amigos.[83]

En cierto aspecto hubo un alivio en las tensiones cuando el biógrafo presidencial Edmund Morris se sentó con dos intelectuales rusos durante un almuerzo formal en la Casa de los Escritores. Felix Kuznetsov, jefe del Instituto Gorky, señaló hacia un reportero que estaba detrás de la soga de terciopelo. «¿Quién es ese hombre ... que nos mira fijo con tal malevolencia?», preguntó el soviético asustado. «No te preocupes por Sam Donaldson», respondió Morris, y explicó que el reportero de la ABC News era «una espina en la carne del Presidente». Kuznetsov no reconoció la expresión bíblica, pero cuando se la explicaron, indicó que era mejor la frase rusa, ya que los rusos dirían que Sam Donaldson era «una astilla en el trasero del presidente».[84]

Reagan, debilitado políticamente y consignado por los expertos políticos al estado de «pato rengo», firmó un acuerdo de Fuerzas Nucleares Intermedias (INF, por sus siglas en inglés) con Gorbachev. Bajo los términos de dicho acuerdo, los Estados Unidos desmantelarían los misiles Pershing II que Carter les había prometido a la OTAN como compensación por los misiles soviéticos SS-19 y SS-20 colocados en Europa del este. El acuerdo representaba la Opción Cero, propuesta ya por Reagan en 1983. La sola sugerencia de esta Opción Cero había hecho que los soviéticos reaccionaran con enojo en ese momento, y la delegación soviética se había retirado de las negociaciones de control armamentista que se llevaban a cabo en Ginebra. Para el sector de la inteligencia occidental que veía el control armamentista como indicador de las relaciones entre el este y el oeste, tal acción de los soviéticos creó el pánico. La guerra nuclear, con los consiguientes horrores de un invierno nuclear y las muertes en masa, se erigía como un fantasma casi real. Aterrados, los manifestantes occidentales que se oponían a la guerra habían acudido por millones para exigir un congelamiento nuclear. Reagan se había mantenido firme.

Y ahora, Gorbachev venía a él con los términos propuestos por Reagan. Churchill podría haber señalado entonces: «¿Así que este es el pato rengo?». Todos los acuerdos sobre el control de armas que se habían firmado con anterioridad se habían limitado a hacer más lento el crecimiento de los sistemas de armamento. Este era el primero que en verdad *reducía* la cantidad de armas nucleares de ofensiva.

Si bien el histórico logro de Reagan no fue apreciado por sus opositores en los Estados Unidos, también muchos de sus copartidarios murmuraban. El eminente columnista George Will era uno de los «adultos» más respetados en el cuerpo de prensa de Washington. Will lamentaba que Reagan «hubiera comprado la quimera del control armamentista».[85] Howard Philips, activista conservador conocido desde hacía mucho tiempo, señaló que Reagan era «un idiota útil».[86]* «Dejemos que Reagan sea Reagan», comenzaron a gritar los conservadores de la comunidad.

Sin embargo, Reagan estaba justo siendo Reagan. Siempre había sentido horror ante la posibilidad de una guerra nuclear, y todo el tiempo había afirmado que los Estados Unidos debían negociar a partir de su fuerza. Ahora estaba poniendo en práctica las elocuentes palabras del discurso de la toma de poder de John F. Kennedy: «Jamás negociemos por miedo. No obstante, al mismo tiempo, nunca temamos negociar».

La hábil estrategia de negociación de Reagan dio sus frutos. Después de la retirada soviética de Afganistán, Reagan visitó Moscú a fines de mayo de 1988.**

---

* Este fue un apelativo especialmente cruel. «Idiota útil» era la frase que Lenin empleaba para identificaba a los empresarios occidentales crédulos como Armand Hammer, que habían ayudado a levantar el estado comunista soviético. «¿Cómo podríamos colgar a los capitalistas si no nos alcanzan las sogas?», había preguntado uno de los camaradas bolcheviques de Lenin, a lo que él contestó: «Ellos mismos nos la venderán, y a crédito».

** Después de la caída del comunismo, el autor de este libro hizo una encuesta informal entre las autoridades de defensa de Reagan y preguntó cuál había sido el elemento que dio lugar al colapso del

Mientras la atención de la prensa del país se centraba exageradamente en la próxima campaña presidencial, Reagan siguió insistiendo, llevando su apelación a la libertad al corazón mismo del imperio soviético.

Las presiones ejercidas por la perestroika de Gorbachev seguían acumulándose. En 1986, tuvo lugar una fuga en la planta nuclear de Chernobyl, Ucrania, la cual causó miles de muertes. El estado soviético demostraba ser corrupto e ineficiente, sin mostrar interés en la vida humana. El impacto ambiental del gobierno comunista se consideró nada menos que catastrófico.

Ahora Reagan se hallaba en el resplandeciente Salón St. George del Kremlin. Él respondió a un discurso formal de bienvenida pronunciado por Gorbachev. Allí, en medio del oro, el cristal y los ricos tapices de los zares, rodeado de cuadros que representaban a los santos, Reagan clavó la mirada en el secretario general del partido comunista de la Unión Soviética y dijo: «Dios los bendiga». Era la primera vez en setenta años que se mencionaba en voz alta el nombre de Dios en ese lugar. Y cada uno de los ciudadanos de las doce zonas horarias de la Unión Soviética lo oyó.

Algunos de los líderes comunistas que oyeron estas palabras palidecieron visiblemente. Un diplomático soviético luego recordó el momento: «El ... inexpugnable edificio del ateísmo comunista estaba siendo atacado ante nuestros ojos».[87]

Reagan insistió en reunirse con los *refuseniks* judíos. Cuando a uno de ellos le negaron el permiso para visitar la embajada de los Estados Unidos, Reagan les dijo a sus anfitriones soviéticos que él iría a ver al hombre a su apartamento. Avergonzada, la KGB debió ceder. Reagan invitó a cientos de creyentes religiosos a una recepción en la Casa Spaso.[88] Allí destacó la importancia de la libertad religiosa como parte de una perestroika que tuviera sentido.

Cuando lo invitaron a hablarles a los estudiantes de la Universidad del Estado en Moscú, Reagan aceptó enseguida esta oportunidad de conversar con los hijos e hijas de la clase gobernante soviética, la *nomenklatura*. Habló a favor de la «primera bocanada de libertad» que hubieran visto en esta «Primavera de Moscú». Los jóvenes estudiantes sabían de lo que hablaba, por supuesto. Los padres de muchos de ellos habían tenido esperanzas de que la tiranía del bloque oriental se relajara, pero perdieron este sueño al ver que entraban los tanques soviéticos en Checoslovaquia en 1968. Ese fue el brutal final de la «Primavera de Praga».

Ahora, delante de un enorme y adusto busto de Lenin, Reagan presentó con toda paciencia su argumento en defensa de la libertad en la era de la informática.

---

sistema soviético. La respuesta más frecuente fue: los «aguijones», esos misiles móviles disparados por los muyahidín de Afganistán que tenían un efecto fatal contra los invasores soviéticos.

Señaló que Marx se había equivocado al decir que el materialismo era el centro de la existencia humana. La nueva revolución de la informática tenía como fuente de energía al chip de silicio, cuya materia prima provenía de la fuente más abundante de la tierra: la arena. Para que el estado pudiera competir en un mundo moderno, la revolución tecnológica requería de mentes libres. No había estado que pudiera disfrutar del progreso si cada máquina de fax, cada fotocopiadora y cada disco duro de computadora debían ser controlados por la policía secreta.

Una y otra vez volvió a mencionar la base espiritual de la libertad. Les dijo con valentía a estos jóvenes adiestrados en el materialismo ateo desde que asistían al jardín de infantes:

> Incluso mientras exploramos los más avanzados alcances de la ciencia, estamos regresando a la antigua sabiduría de nuestra cultura, una sabiduría contenida en el Libro de Génesis en la Biblia. En el principio fue el espíritu, y de este espíritu surgió la abundancia material de la creación. Sin embargo, el progreso no está predeterminado. La clave es la libertad: la libertad de pensamiento, la libertad de información, la libertad de comunicación.

Él cerró su discurso con un llamado a estos futuros líderes de Rusia:

> No sabemos cuál será el final de este viaje, pero tenemos esperanzas de que se cumpla la promesa de una reforma. Que en esta primavera de Moscú, en este mayo de 1988, se nos permita que esa esperanza, esa libertad, al igual que el retoño plantado sobre la tumba de Tolstoi, florezca al menos en el rico y fértil suelo de este pueblo y esta cultura. Que se nos permita abrigar la esperanza de que siga resonando el maravilloso sonido de una nueva apertura, llevándonos a un nuevo mundo de reconciliación, amistad y paz.

¡Gracias a todos y *da blagoslovit vas gospod!* Dios los bendiga.[89]

Al partir de la Unión Soviética, Reagan le ofreció el primer discurso televisado al pueblo soviético. Lo había preparado el destacado académico estadounidense experto en Rusia, James Billington. Reagan apeló a las babushkas (abuelas). Estas mujeres mayores eran las verdaderas líderes espirituales de la Madre Rusia, según decía Billington. Reagan las elogió y pronunció una bendición por ellas.

No habría un Appomattox como en 1865 o una ceremonia de rendición a bordo del USS *Missouri* como en 1945 que marcaran el final de la Guerra Fría.

Si buscamos un momento que definiera cuándo la URSS dejó de ser un peligro para la vida y la libertad del mundo, podremos encontrarlo en Reikiavik. El secretario de estado George Schultz pensaba que este había sido el punto de inflexión. Y lo mismo pensó Mikhail Gorbachev.* Aunque en 1986 la prensa lamentaba el «fracaso» porque no se había firmado un acuerdo para el control armamentista, Gorbachev observó que esta era la primera vez en que en realidad se había sentado a hablar de una forma profunda sobre el futuro de las armas nucleares y el futuro de la relación entre las superpotencias.[90]

Sin embargo, aun sin las decenas de miles de misiles con cabezas nucleares, la Unión Soviética podía seguir siendo una amenaza fatal. La masiva preponderancia de las tropas y tanques soviéticos era justo la razón por la que las democracias de occidente habían buscado la protección de su «paraguas nuclear» desde los primeros días de la Guerra Fría. Margaret Thatcher lo sabía. Le preocupaba que Reagan y Gorbachev se dejaran llevar por su entusiasmo de cortar con la carrera de armas nucleares, olvidando la amenaza que representaban las fuerzas armadas convencionales soviéticas.[91] Con su gran sentido de la historia y su pasión por la libertad en Europa, ella era una verdadera heredera de Winston Churchill. No habría paz asegurada si los Estados Unidos abandonaban a su más fiel aliado.

Por lo tanto, si buscamos en realidad el momento definitorio en que terminó la Guerra Fría, podríamos mirar al puerto de Nueva York en ese 7 de diciembre de 1988. Michael Gorbachev acababa de hablar ante la Asamblea General de las Naciones Unidas y había anunciado allí recortes masivos *en las fuerzas armadas convencionales de Europa*. Recortaría su fuerza de soldados en quinientos mil hombres, sus divisiones de tanques en una cuarta parte, y sus aviones de combate en quinientos. Ahora, la Sra. Thatcher podría afirmar el curso de los sucesos humanos.[92]

El presidente Reagan y el presidente electo, George H. W. Bush, esperaban a su invitado soviético en la isla Governors, al sur de la isla de Manhattan. Reagan había aprobado el discurso de Gorbachev ante las Naciones Unidas esa mañana. Siempre había dicho que no es que haya desconfianza en el mundo a causa de la existencia de las armas, sino que por el contrario, las armas reflejaban la falta de confianza. Ahora, Reagan y su sucesor designado veían con agrado esta iniciativa soviética. Por cierto, Gorbachev se vio *obligado* a recortar sus fuerzas convencionales en gran parte por los fracasos internacionales del comunismo y la presión

---

* El amigo de Reagan, Charles Z. Wich, lo felicitó durante el vuelo de regreso a los Estados Unidos. «Acabas de ganar la Guerra Fría», dijo Wich (Fuente: http://nrd.nationalreview.com/article/?q,13 February 2007.)

económica ejercida por Reagan desde los inicios de su mandato. Ronald Reagan había plantado su bandera y Gorbachev tenía ahora que acudir a él.

El sistema comunista mundial había convertido al siglo veinte en un osario. El comunismo había matado a cien millones de personas.[93] La bandera roja no les trajo a los pueblos encadenados el camino a la paz, la justicia o la igualdad. Y Gorbachev pareció entenderlo, al menos en cierta medida. Mientras que afirmaba ser un comunista leal, Gorbachev se sentía feliz al poder hacer uso de la libertad que veía en occidente. Los soviéticos habían tenido una triste sucesión de líderes: Lenin, Stalin, Khrushchev, Brezhnev, Andropov, Chernenko. Sin embargo, Gorbachev era diferente... y no solo porque, como bromeaba Reagan, pesara más que su esposa. Él fue el primer líder soviético con el que se pudo hablar sobre la paz con libertad, la paz con seguridad y la paz con justicia. Fue el líder soviético que no se había manchado los pies con sangre en su camino al poder.

Cuando Mikhail Sergeivich Gorbachev salió del edificio central de las Naciones Unidas en Turtle Bay, se dirigiría hacia el sur por la calle FDR hacia el transbordador sureste. Su limosina lo llevaría por el camino que pasaba por Wall Street, dínamo de la potente economía de libre mercado de los Estados Unidos. Allí George Washington había prestado juramento como primer presidente electo casi dos siglos antes de que Gorbachev visitara el país. Y George Washington también había besado la Biblia allí.

El secretario general del partido comunista se embarcaría hacia la isla Governors en la terminal de transbordadores, a la sombra del World Trade Center. Al pasar por el estrecho que separa a la isla Governors de Manhattan, solo le llevaría cinco o seis minutos al barco llevar al distinguido visitante soviético a su reunión con dos presidentes estadounidenses. En el trayecto, Gorbachev podría ver el puerto de Nueva York en su plenitud, y tendría tiempo de pensar en esa Dama del Puerto, la Dama de la Libertad. Divisaría la isla Ellis, a la que habían llegado millones de personas anhelando respirar libertad. Aquí habían encontrado a los Estados Unidos, la mejor y última esperanza de la tierra.

Ese transbordador blanco y chato de la Guardia Costera era la cosa más alejada que podamos imaginar del poder y la pompa de la ceremonia de rendición de 1945 a bordo del USS *Missouri*. En la Guerra Fría no habría rendición. Sin embargo, habría algo mejor. En ese día frío en el puerto de Nueva York, la paz se deslizaba en ese transbordador, casi desapercibida, sin anunciarse, callada. No estaba nada mal, como diría Reagan. Nada mal.

Una reflexión personal

Mientras escribo esto, los Estados Unidos de América están en guerra. Se trata de una guerra cuyos medios y fines han llegado a ser controversiales, pero aun así es una guerra por nuestra existencia misma. Sin embargo, cierro con la presidencia de Ronald Wilson Reagan, durante uno de los momentos más altos. Y tengo tres razones para hacerlo.

Ante todo, no es ningún secreto que soy un gran admirador de Ronald Reagan. Él fue mi primer empleador en el servicio al gobierno, un mentor y amigo.

En segundo lugar, al repasar las últimas dos décadas, no puedo encontrar palabras adecuadas para describir sin pasiones lo más importante en la historia que vivimos desde que terminó su presidencia. Y no es debido a mis convicciones partidarias o ideológicas. Más bien, es porque creo que hace falta que pase más tiempo para que podamos digerir del todo la historia de los últimos veinte años. Muchos de los actores y personajes de las últimas dos décadas están vivos aún, por lo que quiero ser justo con los tiempos y desarraigar todo posible prejuicio ocasionado por mi propia relación con los actores de este drama.

No obstante, la tercera razón para terminar con Ronald Reagan es la más importante. Reagan era un historiador aficionado que a menudo hablaba acerca de nuestra historia y lo que heredarían las futuras generaciones de y en los Estados Unidos. Esas preguntas siempre rondaban su mente.

Los lectores del Volumen 1 de este proyecto recordarán el último discurso de Reagan como cuadragésimo presidente de los Estados Unidos cuando advirtió sobre «la erradicación de la memoria norteamericana que en última instancia podría dar como resultado la erosión del espíritu estadounidense». Hoy sufrimos justo eso, y en gran medida. Es triste pero cierto que los estudiantes de los Estados Unidos saben menos de la historia de su país que de cualquier otra materia que estudien.

Aun así, somos un pueblo fuerte, resistente, centinelas de una bendita nación. Ya es una frase hecha decir que en este país siempre logramos estar a la altura de las circunstancias. Algo que todavía es verdad. Y nos sorprendemos a nosotros mismos, sin saber nunca con certeza y exactitud de dónde provendrá nuestro próximo líder o héroe. Esta es una buena razón para respetarnos y defendernos los unos a los otros como estadounidenses, como compatriotas dedicados a una gran propuesta.

Permíteme ilustrar esto. Si estuvieras sentado en un bar en 1860 y alguien te dijera que aunque no sabe quién ganará la elección presidencial ese año, el siguiente presidente electo después de este justo en ese momento era un ignoto curtidor de cueros de Galena, Illinois, con seguridad todos se reirían y lo echarían del lugar. Sin embargo, luego resultó elegido Ulysses S. Grant. Y si estuvieras sentado presenciando la ceremonia de la toma de poder de Franklin D. Roosevelt en 1933 y alguien te dijera que el próximo presidente sería un juez poco conocido del condado de Jackson en Missouri, seguramente te hubiera parecido un loco. No obstante, más tarde resultó elegido Harry S. Truman. Si fueras un consultor político de California en 1950 que observara la dura competencia en el Senado entre Richard Nixon y Helen Gahagan Douglas (cuando Nixon le llamó a Douglas «la dama rosada»), y afirmaras que el actor Ronald Reagan (que en ese entonces hacía campaña por Douglas) sería un día un presidente republicano que aplastaría a la Unión Soviética, seguramente no conseguirías más clientes.

Como escribí en la Introducción, los estadounidenses tenemos ese don de saber elegir bien justo cuando tenemos que hacerlo. Así ha sido con nuestros Lincolns, nuestros Roosevelts, nuestros Trumans, nuestros Reagans y tantos otros, desde soldados hasta generales y héroes en cada uno de los caminos de la vida, en cada ciudad de los Estados Unidos.

Ya en 1974, Ronald Reagan pensaba en nuestra historia y nuestra misión eterna. Él concluyó un importante discurso en ese momento en que los estadounidenses no se sentían demasiado bien con relación a su país o sus instituciones diciendo:

No somos una sociedad enferma. Una sociedad enferma no podría producir hombres que pisaron la luna o vuelan en órbita alrededor del planeta en el Skylab. Una sociedad enferma, carente de moral y coraje, no produciría hombres como los que pasaron esos años de tortura y cautiverio en Vietnam. ¿Dónde encontramos a tales hombres? Son los hombres típicos de esta tierra, como lo fueron también los Padres Fundadores de esta nación. Los encontramos en las calles, oficinas, tiendas y lugares de trabajo de nuestro país, así como en las granjas.

No podemos escapar a nuestro destino, no debiéramos intentar hacerlo. El liderazgo del mundo libre nos fue entregado hace doscientos años ya en ese pequeño salón de Filadelfia. En los días posteriores a la Segunda Guerra Mundial, cuando el poder y la fortaleza económica de los Estados Unidos era lo único que se interponía entre el mundo y el retorno a la edad más oscura, el Papa Pío XII dijo: «El pueblo estadounidense tiene gran genio para las acciones más espléndidas y desinteresadas. Dios ha puesto en manos de los Estados Unidos los destinos de una humanidad afligida».

Somos en realidad, y seguimos siéndolo hoy, la última y mejor esperanza para los hombres de la tierra.

Así es en verdad.

Esta es la tesis y la conclusión de mi proyecto en este libro. Me gustaría pensar que es una tesis que todos podemos asumir como propia, ya sea que seamos inmigrantes o ciudadanos naturales; demócratas, republicanos o independientes; gobernados o gobernantes. Después de todo, cada uno de nosotros ha desempeñado su papel en la construcción de este país, y a cada uno se nos ha encomendado la tarea de preservarlo.

Notas

Capítulo Uno
Los Estados Unidos y la Gran Guerra (1914-1921)

1. Massie, Robert K., *Dreadnought*, Random House, 1991, p. 110.
2. Massie, *Dreadnought*, pp. 128-129.
3. Tomado de http://www.ibiblio.org/HTMLTexts/Albert_Frederick_Pollard/A_Short_History_ Of_The_Great_War/chapter01.html.
4. Bailey, Thomas Andrew, *A Diplomatic History of the American People*, Prentice-Hall,1980, p. 501.
5. Gilbert, Martin, *A History of the Twentieth Century: Volume One, 1900-1933*, William Morrow and Company, Inc., 1997, p. 25.
6. Martel, Gordon, *The Origins of the First World War*, Longman, 1996, p. 85.
7. Chesterton, G. K., «The Case Against Corruption», *Collected Works of G. K. Chesterton*, Vol. 16, Ignatius Press, 1986, pp. 200-201.
8. Remak, Joachim, *The Origins of World War I: 1871-1914*, Harcourt Brace College Publishers, 995, p. 138.
9. Remak, p. 138.
10. Gilbert, *A History of the Twentieth Century: Volume One*, p. 19.
11. Gilbert, *A History of the Twentieth Century: Volume One*, p. 19.
12. Gilbert, *A History of the Twentieth Century: Volume One*, p. 26.
13. Gilbert, *A History of the Twentieth Century: Volume One*, p. 26.
14. Gilbert, *A History of the Twentieth Century: Volume One*, p. 23.
15. Gilbert, *A History of the Twentieth Century: Volume One*, p. 25.
16. Keegan, John, *An Illustrated History of the First World War*, Hutchinson, 2001, p. 65.
17. Keegan, p. 71.
18. Keegan, p. 74.
19. Keegan, p. 74.
20. Keegan, p. 103.
21. Keegan, pp. 100-101.
22. Keegan, p. 119.
23. Leckie, Robert, *The Wars of America*, Harper & Row, 1981, p. 599.
24. Leckie, p. 599.
25. Morison, Samuel Eliot, *The Oxford History of the American People, Volume Three, 1869 Through the Death of President Kennedy, 1963*, Penguin, 1965, p. 171.

26. Bailey, 555.
27. Morison, *The Oxford History of the American People, Volume Three*, p. 171.
28. Morison, *The Oxford History of the American People, Volume Three*, p. 172.
29. Massie, Robert K., *Castles of Steel: Britain, Germany and the Winning of the Great War at Sea*, Random House, 2003, p. 530.
30. Massie, *Castles*, p. 530.
31. Massie, *Castles*, p. 532
32. Massie, *Castles*, p. 532.
33. Massie, *Castles*, p. 534.
34. Morison, *The Oxford History of the American People, Volume Three*, p. 179.
35. Massie, *Castles*, p. 535.
36. Black, Conrad, *Franklin D. Roosevelt: Champion of Freedom*, Public Affairs, 2003, p. 73.
37. Massie, *Castles*, p. 541.
38. Bailey, p. 578.
39. Black, p. 74.
40. Bailey, p. 579.
41. Brands, H.W., *Woodrow Wilson*, Henry Holt and Company, 2003, p. 65.
42. Brands, *Woodrow Wilson*, p. 65.
43. Brands, *Woodrow Wilson*, p. 65.
44. Bailey, p. 564.
45. Brands, *Woodrow Wilson*, p. 71.
46. Brands, *Woodrow Wilson*, p. 32.
47. Brands, *Woodrow Wilson*, p. 29.
48. Brands, *Woodrow Wilson*, p. 27.
49. Brands, *Woodrow Wilson*, p. 27.
50. Keegan, p. 176.
51. Gilbert, Martin, *A History of the Twentieth Century: Volume One*, 457.
52. Tuchman, Barbara W., *The Zimmermann Telegram*, The Macmillan Company, 1966, p. 172.
53. Black, p. 77.
54. Morison, *The Oxford History of the American People, Volume Three*, p. 183.
55. Black, p. 77.
56. Bailey, p. 588.
57. Tomado de: http://homepage.eircom.net/~seanjmurphy/irhismys/casement.htm.
58. Morison, *The Oxford History of the American People, Volume Three*, p. 183.
59. Morison, *The Oxford History of the American People, Volume Three*, p. 183.
60. Tuchman, p. 4.
61. Tuchman, p. 23.
62. Keegan, p. 351.
63. Tuchman, p. 40.
64. Morison, *The Oxford History of the American People, Volume Three*, p. 217.
65. Renehan, Edward J., *The Lion's Pride: Theodore Roosevelt and his Family in Peace and War*, Oxford University Press, New York, 1998, p. 125.
66. Tuchman, p. 181.
67. Tuchman, pp. 181, 185.
68. Tuchman, p. 14.
69. Tuchman, p. 183.
70. Tuchman, p. 184.
71. Tuchman, pp. 184-186.
72. Tuchman, p. 187.
73. Heckscher, August, *Woodrow Wilson*, Scribner, 1991, p. 440.

74. Heckscher, p. 441.
75. Morison, *The Oxford History of the American People, Volume Three*, p. 189.
76. Bailey, p. 593.
77. O'Toole, Patricia, *When Trumpets Call: Theodore Roosevelt After the White House*, Simon & Schuster, 2005, p. 310.
78. Black, p. 82.
79. Millard, Candice, *River of Doubt: Theodore Roosevelt's Darkest Journey*, Random House, 2005, p. 480.
80. Millard, p. 481.
81. Millard, p. 1.
82. Brands, *TR: The Last Romantic*, p. 743.
83. Brands, *Woodrow Wilson*, p. 6.
84. Brands, *Woodrow Wilson*, p. 6.
85. Brands, *Woodrow Wilson*, p. 7.
86. Brands, *TR: The Last Romantic*, p. 784.
87. Brands, *TR: The Last Romantic*, p. 783.
88. O'Toole, p. 310.
89. O'Toole, p. 310.
90. Brands, *TR: The Last Romantic*, p. 783.
91. O'Toole, p. 311.
92. Gilbert, *A History of the Twentieth Century: Volume One*, p. 461.
93. Gilbert, *A History of the Twentieth Century: Volume One*, p. 455.
94. Leckie, p. 634.
95. Bailey, p. 561.
96. Leckie, p. 625.
97. Morison, *The Oxford History of the American People, Volume Three*, p. 199.
98. Leckie, p. 635.
99. Keegan, p. 375
100. Renehan, p. 160.
101. Leckie, p. 632.
102. Tomado de: http://www.loc.gov/exhibits/churchill/wc-affairs.html.
103. Heckscher, p. 466.
104. Morison, *The Oxford History of the American People, Volume Three*, p. 205.
105. Leckie, p. 641.
106. Leckie, p. 641.
107. Leckie, p. 641.
108. Morison, *The Oxford History of the American People, Volume Three*, p. 206.
109. Morison, *The Oxford History of the American People, Volume Three*, p. 206.
110. Morison, *The Oxford History of the American People, Volume Three*, p. 206.
111. Heckscher, p. 471.
112. Heckscher, p. 472.
113. Bailyn, Bernard, et al, *The Great Republic: A History of the American People,* Little & Brown, 1977, p. 1039.
114. Heckscher, p. 470.
115. Heckscher, p. 471.
116. Morison, *The Oxford History of the American People, Volume Three*, p. 192.
117. Morison, *The Oxford History of the American People, Volume Three*, p. 204.
118. Leckie, p. 653.
119. Renehan, p. 197.
120. Renehan, p. 197.

121. Renehan, p. 197.
122. Renehan, p. 200.
123. Renehan, p. 217.
124. Heckscher, p. 482.
125. Leckie, p. 654.
126. Bailey, p. 599.
127. Gilbert, *A History of the Twentieth Century: Volume One*, p. 520.
128. Keegan, p. 395.
129. Heckscher, p. 485.
130. Gould, Lewis L., *The Grand Old Party: A History of the Republicans*, Random House, 2003, p. 213.
131. Gould, p. 215.
132. Brands, *TR: The Last Romantic*, p. 809.
133. Brands, *Woodrow Wilson*, p. 102.
134. Renehan, p. 216.
135. Macmillan, Margaret, *Paris 1919: Six Months that Changed the World*, Random House, 2001, p. 319.
136. Gilbert, Martin, *The First World War: A Complete History*, Henry Holt and Company, 1994, p. 501.
137. Gilbert, *First World War*, p. 503.
138. Gilbert, *First World War*, p. 447.
139. Gilbert, *First World War*, p. 494.
140. Gilbert, *A History of the Twentieth Century: Volume One*, p. 534.
141. Gilbert, *First World War*, p. 503.
142. Brands, *Woodrow Wilson*, p. 103.
143. Brands, *Woodrow Wilson*, p. 103.
144. Gould, p. 217.
145. Ambrosius, Lloyd E., *Woodrow Wilson and the American Diplomatic Tradition: The Treaty Fight in Perspective*, Cambridge University Press, 1987, p. 82.
146. Ambrosius, p. 38.
147. Heckscher, p. 491.
148. Gilbert, *First World War*, p. 503.
149. Gilbert, *First World War*, p. 507.
150. Gilbert, *First World War*, p. 507.
151. Barry, John M., *The Great Influenza*, Viking, 2004, guardas.
152. Barry, p. 387.
153. Barry, p. 387.
154. Renehan, p. 218.
155. Brands, *TR: The Last Romantic*, p. 811.
156. O'Toole, Patricia, *When Trumpets Call: Theodore Roosevelt After the White House*, Simon & Schuster, 2004, p. 404.
157. Heckscher, p. 512.
158. Gilbert, Martin, *Churchill: A Life*, Henry Holt and Company, 1991, p. 403.
159. Gilbert, *Churchill: A Life*, p. 403.
160. Brands, *Woodrow Wilson*, p. 104.
161. Gilbert, *First World War*, p. 509.
162. Macmillan, p. 198.
163. Macmillan, p. 311.
164. Macmillan, p. 314.
165. Gould, p. 217.

166. Gould, p. 218.
167. Gould, p. 217.
168. Bailey, p. 606.
169. Heckscher, p. 545.
170. Heckscher, p. 546.
171. Will, George, «Can We Make Iraq Democratic?», *City Journal*, Winter 2004.
172. Will, George, «Can We Make Iraq Democratic?», *City Journal*, Winter 2004.
173. Hoover, Herbert, *The Ordeal of Woodrow Wilson*, McGraw-Hill Book Company, Inc., 1958, p. 256.
174. Kissinger, Henry, *Diplomacy*, Simon & Schuster, 1994, p. 237.
175. Lentin, Antony, *Lloyd George and the Lost* Peace, From Versailles to Hitler, 1919-1940, St.Martin's Press, 2001, p. 48.
176. Brands, *TR: The Last Romantic*, p. 804.
177. Miller, Nathan, *Theodore Roosevelt: A Life*, William Morrow and Company, Inc., 1972, p. 563.
178. Brands, *TR: The Last Romantic*, p. 805.
179. O'Toole, p. 403.
180. Gilbert, *First World War*, p. 517.
181. Macmillan, p. 476.
182. Mee, Charles L., Jr., *The End of Order: Versailles 1919*, E. p. Dutton, 1948, pp. 215-216.
183. Mee, *The End of Order*, p. 216.
184. Mee, *The End of Order*, p. 216.
185. Bailey, Thomas A., *Woodrow Wilson and the Lost Peace*, The Macmillan Company, 1944, p. 302.
186. Gilbert, *First World War*, p. 541.
187. Macmillan, p. 469.
188. Churchill, Winston S., *The World Crisis, Volume IV*, Charles Scribner's Sons, 1927, pp. 275-276.
189. Bailey, p. 609.
190. Macmillan, p. 467.
191. Black, p. 114.
192. Mee, *The End of Order*, p. 226.
193. Heckscher, p. 533.
194. Heckscher, p. 608
195. Knock, Thomas J., *To End All Wars: Woodrow Wilson and the Quest for a New World Order*, Oxford University Press, 1992, p. 251.
196. Brands, *Woodrow Wilson*, p. 108.
197. Ambrosius, p. 48
198. Ambrosius, 109; Stone, Ralph, *The Irreconcilables*, The University Press of Kentucky, 1970, p. 180.
199. Ambrosius, p. 88.
200. Ambrosius, p. 97.
201. Watt, Richard M., *The Kings Depart: The Tragedy of Germany, Versailles, and the German Revolution*, Simon and Schuster, 1968, p. 511.
202. Macmillan, p. 492.
203. Kissinger, *Diplomacy*, p. 234.
204. Hoover, p. 267.
205. Heckscher, p. 539.
206. Ambrosius, p. 164.
207. Bailey, *Woodrow Wilson and the Lost Peace*, pp. 307-308.
208. Ambrosius, p. 83.

209. Ambrosius, p. 181.

210. Brands, *Woodrow Wilson*, p. 122.

211. Heckscher, p. 598.

212. Heckscher, pp. 609-610.

213. Brands, *Woodrow Wilson*, p. 125.

214. Hoover, p. 276.

215. Witcover, Jules, *Party of the People: A History of the Democrats*, Random House, 2003, p. 330.

216. Brands, *Woodrow Wilson*, pp. 126-127.

217. Stone, p. 162.

218. Egerton, George W., «Britain and the "Great Betrayal": Anglo-American Relations and the Struggle for Ratification of the Treaty of Versailles, 1919-1920», the *Historical Journal*, 21, 4, 1978, pp. 885-911.

219. Mee, *The End of Order*, p. 263.

220. Mee, *The End of Order*, p. 263.

221. Lentin, p. 146.

222. Black, p. 77.

223. Morison, *The Oxford History of the American People, Volume Three*, p. 217.

224. Heckscher, p. 632.

225. Bailey, Thomas A., *Woodrow Wilson and the Great Betrayal*, The Macmillan Company, 1945, p. 344.

226. Morison, *The Oxford History of the American People, Volume Three*, p. 219.

227. Bailey, *Woodrow Wilson and the Great Betrayal*, p. 344.

228. Mee, *The End of Order*, p. 263.

229. Watt, p. 513.

230. Watt, p. 512.

231. Watt, p. 512.

232. Heckscher, p. 628.

233. Heckscher, pp. 628-629

Capítulo Dos
Crecimiento y estallido (1921-1933)

1. Tomado de: http://encarta.msn.com/related_761569981_59.129/World_War_I_We_drove_the_Boche_across.html.

2. Tomado de: http://www.archives.gov/digital_classroom/lessons/woman_suffrage/woman_suffrage.html.

3. Kramer, Hilton, «Who Reads Mencken Now?» Tomado de: http://www.newcriterion.com/archive/21/jan03/mencken.htm.

4. Weigel, George, «God, Man, and H. L.Mencken», *First Things* vol. 53, mayo 1995, pp. 50-59.

5. Weigel, pp. 50–59.

6. Weigel, pp. 50–59.

7. Black, Conrad, *Franklin D. Roosevelt: Champion of Freedom*, Public Affairs, 2003, p. 137.

8. Black, p. 139.

9. Black, pp. 138-139.

10. Black, p. 143.

11. Alter, Jonathan, *The Defining Moment: FDR's Hundred Days and the Triumph of Hope*, New York, 2006, p. 83.
12. Black, p. 141.
13. Black, p. 141.
14. Black, p. 161.
15. Black, p. 146.
16. Black, p. 171.
17. Black, p. 171.
18. Black, p. 171.
19. Black, p. 171.
20. Black, p. 171.
21. Black, p. 170.
22. Black, p. 143
23. Perret, Geoffrey, *Eisenhower*, Random House, 1999, p. 239.
24. Marks, Carole, y Diana Edkins, *The Power of Pride: Stylemakers and Rulebreakers of the Harlem Renaissance*, Crown Publishers, Inc., 1999, p. 65.
25. Marks y Edkins, p. 65.
26. Marks y Edkins, p. 65.
27. Perret, p. 243.
28. Perret, p. 240.
29. Perret, p. 240.
30. Perret, p. 241.
31. Marks y Edkins, p. 65.
32. Marks y Edkins, p. 83.
33. Marks y Edkins, p. 100.
34. Marks y Edkins, p. 63.
35. «Harlem 1900-1940», Schomburg Exhibit Timeline. Tomado de: http://www.si.umich.edu/CHICO/Harlem/timex/timeline.html.
36. Gates, Henry Louis, Jr., y Cornel West, *The African-American Century: How Black Americans Have Shaped Our Country*, The Free Press, 2000, pp. 131-132.
37. Gates y West, p. 100.
38. Gates y West, p. 100.
39. Perret, p. 244.
40. Perret, p. 245.
41. Perret, p. 244.
42. Morison, Samuel Eliot, *The Oxford History of the American People, Volume Three*, Oxford University Press, 1994, p. 260.
43. Morison, *The Oxford History of the American People, Volume Three*, p. 263.
44. Gilbert, Martin, *A History of the Twentieth Century: Volume One, 1900-1933*, William Morrow and Company, Inc., 1997, p. 625.
45. Morison, *The Oxford History of the American People, Volume Three*, p. 263.
46. Morison, *The Oxford History of the American People, Volume Three*, p. 262.
47. Black, p. 162.
48. Morison, *The Oxford History of the American People, Volume Three*, p. 262.
49. Morison, *The Oxford History of the American People, Volume Three*, p. 277.
50. Morison, *The Oxford History of the American People, Volume Three*, p. 261.
51. Witcover, Jules, *Party of the People: A History of the Democrats*, Random House, 2003, p. 338.
52. Morison, *The Oxford History of the American People, Volume Three*, p. 261.
53. Morison, *The Oxford History of the American People, Volume Three*, p. 276.

54. Gould, Lewis L., *The Grand Old Party: A History of the Republicans*, Random House, 2003, p. 235.
55. Noonan, Peggy, «Why the Speech Will Live in Infamy», *TIME*, 31 agosto 1998.
56. Perret, p. 179.
57. Smith, Richard Norton, «The Price of the Presidency», *Yankee Magazine*, enero 1996.
58. Perret, p. 193.
59. Perret, p. 186
60. Perret, p. 168.
61. Perret, p. 170.
62. Perret, p. 170.
63. Wallace, Max, *The American Axis: Henry Ford, Charles Lindbergh, and the Rise of the Third Reich*, St. Martin's Press, 2003, p. 95.
64. Wallace, p. 95.
65. Wallace, p. 96.
66. Wallace, p. 96.
67. Wallace, p. 96.
68. Perret, p. 256.
69. Perret, p. 256.
70. Perret, p. 260.
71. Perret, p. 260.
72. Wallace, pp. 244-245.
73. Perret, p. 258.
74. Wallace, p. 97.
75. Linder, Douglas O., «The Leopold and Loeb Trial: A Brief Account». Tomado de: http://www.law. umkc.edu/faculty/projects/ftrials/leoploeb/Accountoftrial.html, 1997.
76. Linder, «The Leopold and Loeb Trial: A Brief Account».
77. Linder, «The Leopold and Loeb Trial: A Brief Account».
78. Linder, «The Leopold and Loeb Trial: A Brief Account».
79. Linder, «The Leopold and Loeb Trial: A Brief Account».
80. Linder, «The Leopold and Loeb Trial: A Brief Account».
81. Linder, «The Leopold and Loeb Trial: A Brief Account».
82. Gilbert, *A History of the Twentieth Century: Volume One*, p. 630.
83. Morison, *The Oxford History of the American People, Volume Three*, p. 237.
84. Witcover, p. 340.
85. Witcover, p. 340.
86. Witcover, p. 340.
87. Tomado de: http://encyclopedia.thefreedictionary.com/Alfred%20E.%20Smith.
88. Witcover, p. 337.
89. Perret, p. 188.
90. Witcover, p. 340.
91. Perret, p. 188.
92. Perret, p. 188.
93. MacLean, Nancy, *Behind the Mask of Chivalry: The Making of the Second Ku Klux Klan*, Oxford University Press, 1994, p. 13.
94. Black, p. 164.
95. Black, p. 164.
96. Black, p. 166.
97. Witcover, p. 341.
98. Smith, Richard Norton, «The Price of the Presidency», *Yankee Magazine*, enero de 1996.
99. Smith, Richard Norton, «The Price of the Presidency», *Yankee Magazine*, enero de 1996.

100. Perret, p. 190.
101. Morison, *The Oxford History of the American People, Volume Three*, p. 293.
102. Larson, Edward J., *Summer for the Gods: The Scopes Trial and America's Continuing Debate Over Science and Religion*, Basic Books, 1997, p. 97.
103. Larson, p. 181.
104. Larson, p. 181.
105. Larson, p. 181.
106. Larson, p. 181.
107. Larson, p. 181.
108. Larson, p. 181.
109. Mencken, H. L., «Sahara of the Bozart», *New York Evening Mail*, 13 noviembre 1917.
110. Larson, p. 182.
111. Larson, p. 190.
112. Larson, p. 190.
113. Larson, p. 199.
114. Larson, p. 200.
115. Larson, p. 241.
116. Perret, p. 278.
117. Perret, p. 280.
118. Perret, p. 280.
119. Perret, p. 280.
120. Perret, p. 280.
121. Perret, p. 281.
122. Perret, p. 282.
123. Perret, p. 282.
124. Perret, p. 282.
125. Berg, A. Scott, *Lindbergh*, G. p. Putnam's Sons, 1998, p. 114.
126. Berg, p. 115.
127. Berg, p. 121.
128. Berg, p. 122.
129. Morison, *The Oxford History of the American People, Volume Three*, p. 232
130. Berg, p. 118.
131. Berg, p. 172.
132. Berg, p. 172.
133. Berg, p. 172.
134. Berg, p. 173.
135. Tomado de: http://www.brainyquote.com/quotes/authors/g/gertrude_stein.html.
136. Morison, *The Oxford History of the American People, Volume Three*, p. 263.
137. Morison, *The Oxford History of the American People, Volume Three*, p. 264.
138. Bailey, Thomas A., *A Diplomatic History of the American People*, Prentice-Hall, Inc., 1980, p. 650.
139. Morison, *The Oxford History of the American People, Volume Three*, p. 263.
140. Bailey, p. 650.
141. Gilbert, *A History of the Twentieth Century: Volume One*, p. 631.
142. Waite, Robert G. L., *Kaiser and Fuhrer: A Comparative Study of Personality and Politics*, University of Toronto Press, 1998, p. 200.
143. Waite, p. 200.
144. Waite, p. 122.
145. Gilbert, *A History of the Twentieth Century: Volume One*, p. 702.
146. Gilbert, *A History of the Twentieth Century: Volume One*, p. 761.

147. Perret, p. 298.
148. Perret, p. 297.
149. Perret, p. 297.
150. Perret, p. 297.
151. Gould, p. 246.
152. Gould, p. 245.
153. White, William Allen, *A Puritan in Babylon: The Story of Calvin Coolidge*, The Macmillan Company, 1938, p. 437.
154. Tomado de: http://www.harvard-magazine.com/on-line/030220.html.
155. Tomado de: http://www.harvard-magazine.com/on-line/030220.html.
156. Tomado de: http://www.assumption.edu/users/McClymer/his394/sacco%20and%20%20 vanzetti/Shahn%20Passionsacco_vanzetti.jpg.
157. Tomado de: http://www.assumption.edu/users/McClymer/his394/sacco%20and%20%20 vanzetti/Shahn%20Passionsacco_vanzetti.jpg.
158. Gould, p. 248.
159. Perret, p. 405.
160. Perret, p. 312.
161. Perret, p. 312.
162. Morison, *The Oxford History of the American People, Volume Three*, p. 282.
163. Perret, p. 315.
164. Perret, p. 310.
165. Perret, p. 313.
166. Perret, p. 306.
167. Tomado de: http://www.detnews.com/2001/religion/0108/12/religion-250986.htm.
168. Perret, 316.
169. Gilbert, *A History of the Twentieth Century: Volume One*, p. 770.
170. Gilbert, *A History of the Twentieth Century: Volume One*, p. 770.
171. Gilbert, *A History of the Twentieth Century: Volume One*, p. 771.
172. Tomado de: http://www2.sunysuffolk.edu/formans/DefiningDeviancy.htm.
173. Perret, p. 404.
174. Perret, p. 404.
175. Gilbert, *A History of the Twentieth Century: Volume One*, p. 802. La biografía de Ness se encuentra en: Heimel, Paul W., *Eliot Ness: The Real Story*, segunda edición, Cumberland House, 2000.
176. Morison, *The Oxford History of the American People, Volume Three*, p. 283.
177. Morison, *The Oxford History of the American People, Volume Three*, p. 283.
178. Morison, *The Oxford History of the American People, Volume Three*, p. 285.
179. Gilbert, *A History of the Twentieth Century: Volume One*, p. 768.
180. Gilbert, *A History of the Twentieth Century: Volume One*, p. 768.
181. Gilbert, *A History of the Twentieth Century: Volume One*, p. 768.
182. Gilbert, *A History of the Twentieth Century: Volume One*, p. 768.
183. Gilbert, *A History of the Twentieth Century: Volume One*, p. 768.
184. Watkins, T. H., *The Hungry Years: A Narrative History of the Great Depression in America*, Henry Holt and Company, 1999.
185. Barone, Michael, *Our Country: The Shaping of America from Roosevelt to Reagan*, The Free Press, 1990, p. 43.
186. Barone, p. 43.
187. Barone, p. 43.
188. Morison, *The Oxford History of the American People, Volume Three*, p. 291.
189. Morison, *The Oxford History of the American People, Volume Three*, p. 291.
190. Morison, *The Oxford History of the American People, Volume Three*, p. 291.

191. Tomado de: http://www.ukans.edu/carrie/docs/texts/brother.htm.
192. Gilbert, *A History of the Twentieth Century: Volume One*, p. 753.
193. Morison, *The Oxford History of the American People, Volume Three*, p. 275.
194. Morison, *The Oxford History of the American People, Volume Three*, p. 275.
195. Barone, p. 46.
196. Fausold, Martin L., Ed., *The Hoover Presidency: A Reappraisal*, State University of New York Press, 1974, p. 88.
197. Fausold, Ed., p. 88.
198. Barone, p. 46.
199. Gould, p. 257.
200. Friedman, Milton, y Anna Jacobson Schwartz, *A Monetary History of the United States: 1867-1960*, Princeton University Press, National Bureau of Economic Research, 1963, p. 301.
201. Friedman y Schwartz, p. 413.
202. Morison, *The Oxford History of the American People, Volume Three*, p. 287.
203. Fausold, Ed., p. 91.
204. Fausold, Ed., p. 91.
205. Fausold, Ed., p. 91.
206. Gould, p. 256.
207. Gould, p. 256.
208. Ketcham, Richard M., *The Borrowed Years: 1938-1941, America on the Way to War*, Random House, 1989, p. 19.
209. Morison, *The Oxford History of the American People, Volume Three*, p. 291.
210. Morison, *The Oxford History of the American People, Volume Three*, p. 291.
211. Gilbert, *A History of the Twentieth Century: Volume One*, p. 803
212. Gilbert, Martin, *Churchill: A Life*, Henry Holt and Company, 1991, p. 504.
213. Gilbert, *A History of the Twentieth Century: Volume One*, pp. 719-720.
214. Gilbert, *A History of the Twentieth Century: Volume One*, pp. 719-720.
215. Berg, p. 244.
216. Berg, p. 246.
217. Berg, p. 241.
218. Perret, p. 480.
219. Perret, p. 480.
220. Perret, p. 481.
221. Perret, p. 481.
222. Witcover, p. 355.
223. Alter, p. 82.
224. Alter, p. 82.
225. Bailey, p. 653.
226. Bailey, p. 653.
227. Gould, p. 261.
228. Barone, p. 52.
229. Barone, p. 52.
230. Barone, p. 54.
231. Barone, p. 52.
232. Fausold, Ed., pp. 90-91.
233. Jenkins, Roy, *Franklin Delano Roosevelt*, Times Books, 2003, p. 61
234. Alter, p. 119.
235. Gould, p. 261.
236. Morison, *The Oxford History of the American People, Volume Three*, p. 296.
237. Fausold, Ed., p. 137.

238. Fausold, Ed., p. 137.
239. Fausold, Ed., p. 137.
240. Fausold, Ed., p. 137.
241. Fausold, Ed., p. 145.
242. Fausold, Ed., p. 144.
243. Black, p. 263.
244. Black, p. 263.
245. Black, p. 264.
246. Black, p. 263.
247. Nishi, Dennis, Ed., *The Great Depression*, Greenhaven Press, Inc., 2001, p. 206.
248. Nishi, Ed., p. 207.
249. Fausold, Ed., p. 149.
250. Black, p. 270.
251. Witcover, p. 361.
252. Alter, p. 218.
253. Alter, p. 218.
254. Alter, p. 218.

Capítulo Tres
FDR y el Nuevo Acuerdo (1933-1939)

1. Witcover, Jules, *Party of the People: A History of the Democrats*, Random House, 2003, p. 362.
2. Morison, Samuel Eliot, *The Oxford History of the American People, Volume Three*, Oxford University Press, 1994, p. 303.
3. Allen, Frederick Lewis, *Since Yesterday: The Nineteen Thirties in America*, Harper & Brothers Publishers, 1940, pp. 139-140.
4. Johns, Bud, *The Ombibulous Mr. Mencken*, Synergistic Press, 1968, p. 36.
5. Kobler, John, *Ardent Spirits*, Putnam, 1973, p. 340
6. Morison, *The Oxford History of the American People, Volume Three*, p. 306.
7. Black, Conrad, *Franklin D. Roosevelt: Champion of Freedom*, Public Affairs, 2003, p. 314.
8. Black, p. 314.
9. Morison, *The Oxford History of the American People, Volume Three*, p. 318.
10. Klehr, Harvey, John Earl Haynes y Kyrill M. Anderson, *The Soviet World of American Communism*, Yale University Press, 1998, p. 34.
11. Morison, *The Oxford History of the American People, Volume Three*, p. 318.
12. Nisbet, Robert, *Roosevelt and Stalin: The Failed Courtship*, Regnery Gateway, 1988, p. 6.
13. Klehr, Harvey, John Earl Haynes y Fridrikh Igorevich Firsov, *The Secret World of American Communism*, Yale University Press, 1995, p. 8.
14. Klehr, et al, *The Secret World of American Communism*, p. 8.
15. Hamby, Alonzo, *For the Survival of Democracy: Franklin Roosevelt and the World Crisis of the 1930s*, The Free Press, 2004, pp. 240-241.
16. Hamby, pp. 240-241.
17. Tomado de: http://www.leg.wa.gov/pub/billinfo/2001-02/senate/8600-8624/8618_02162001.txt.
18. Barone, Michael, *Our Country: The Shaping of America from Roosevelt to Reagan*, The Free Press, 1990, p. 67.
19. Barone, p. 82.

20. Barone, p. 82.
21. Williams, T. Harry, Huey Long, Alfred A. Knopf, 1970, p. 845.
22. Williams, p. 845.
23. Williams, p. 845.
24. Leuchtenburg, William E., *Franklin D. Roosevelt and the New Deal*, 1932-1940, Harper Torchbooks, 1963, p. 102.
25. Williams, pp. 870-871.
26. Berg, A. Scott, *Lindbergh*, G. P. Putnam's Sons, 1998, p. 298.
27. Wallace, Max, *The American Axis: Henry Ford, Charles Lindbergh, and the Rise of the Third Reich*, St. Martin's Press: 2003, p. 103.
28. Berg, p. 315.
29. Berg, p. 315.
30. Berg, p. 315.
31. Berg, p. 341.
32. Churchill, Winston S., *The Second World War, Vol. One: The Gathering Storm*, Houghton Mifflin Company, 1948, p. 192.
33. Churchill, *The Second World War, Vol. One: The Gathering Storm*, p. 194.
34. Churchill, *The Second World War, Vol. One: The Gathering Storm*, p. 7.
35. Churchill, *The Second World War, Vol. One: The Gathering Storm*, p. 7.
36. Churchill, *The Second World War, Vol. One: The Gathering Storm*, p. 199.
37. Gilbert, Martin y Richard Gott, *The Appeasers*, Phoenix Press, 1963, p. 41.
38. Gilbert y Gott, p. 41.
39. Gilbert y Gott, p. 41.
40. Bernier, Olivier, *Fireworks at Dusk: Paris in the Thirties*, Little, Brown and Company, 1993, pp. 36-37.
41. Bernier, p. 36.
42. Hart-Davis, Duff, *Hitler's Games: The 1936 Olympics*, Harper & Row, 1986, p. 68.
43. Hart-Davis, p. 75.
44. Tomado de: http://www.jewishmag.com/36MAG/olympic/olympic.htm.
45. Hart-Davis, p. 79.
46. Tomado de: http://www.jewishmag.com/36MAG/olympic/olympic.htm.
47. Tomado de: http://www.jewishmag.com/36MAG/olympic/olympic.htm
48. Tomado de: http://www.jewishmag.com/36MAG/olympic/olympic.htm.
49. Hart-Davis, p. 188.
50. Entrevista con Guy Walters, autor de *Berlin Games: How the Nazis Stole the Olympic Dream*, William Morrow, 2006.
51. Hart-Davis, p. 177.
52. Burgan, Michael, «Great Moments in the Olympics», *World Almanac Library*, 2002, p. 13.
53. Wallace, pp. 114-115.
54. Hart-Davis, p. 128.
55. Hart-Davis, p. 128.
56. Gilbert, Martin, *A History of the Twentieth Century: Volume Two: 1933-1951*, William Morrow and Company, Inc., 1998, p. 15
57. Hart-Davis, p. 225.
58. Hart-Davis, p. 221.
59. Tomado de: http://www.auschwitz.dk/schmeling.htm.
60. Hart-Davis, pp. 241-242.
61. Hart-Davis, p. 242.
62. Black, p. 381.
63. Witcover, p. 375.

64. Witcover, p. 374.
65. Troy, Gil, http://www.arts.mcgill.ca/history/faculty/troyweb/CanThisMarriageBeSaved.htm
66. Gould, Lewis L., *The Grand Old Party: A History of the Republicans*, Random House, 2003, p. 272.
67. Gould, p. 272.
68. Gould, p. 272.
69. Barone, p. 96.
70. Barone, p. 101.
71. Gould, p. 273.
72. Gilbert, Martin, *Churchill: A Life*, Henry Holt & Co., 1991, p. 568.
73. Gilbert, *Churchill: A Life*, p. 569.
74. Gilbert, *Churchill: A Life*, p. 569.
75. Gilbert, *Churchill: A Life*, p. 569.
76. Hunt, John Gabriel, Ed., *Inaugural Addresses of the Presidents*, Gramercy Books, 1995, p. 383.
77. Barone, p. 113.
78. Black, p. 411.
79. Black, p. 411.
80. Black, p. 411.
81. Barone, p. 113.
82. Witcover, p. 378.
83. Tomado de: http://xroads.virginia.edu/~MA04/wood/mot/html/censor.htm.
84. Mooney, Michael Macdonald, *Hindenburg*, Dodd, Mead & Company, 1972, p. 234.
85. Mooney, 239.
86. Rich, Doris L., *Amelia Earhart: A Biography*, Smithsonian Institution, 1989, p. 161.
87. Rich, p. 229.
88. Rich, p. 212.
89. Rich, p. 162.
90. Rich, p. 259.
91. Rich, p. 271.
92. Rich, p. 270.
93. Beschloss, Michael R., *Kennedy and Roosevelt: The Uneasy Alliance*, W. W. Norton & Company, 1980, p. 157.
94. Beschloss, *Kennedy and Roosevelt: The Uneasy Alliance*, p. 153.
95. Beschloss, *Kennedy and Roosevelt: The Uneasy Alliance*, p. 154.
96. Beschloss, *Kennedy and Roosevelt: The Uneasy Alliance*, p. 154.
97. Beschloss, *Kennedy and Roosevelt: The Uneasy Alliance*, p. 113.
98. Gilbert, *A History of the Twentieth Century, Volume Two*, p. 177.
99. Gilbert, *A History of the Twentieth Century, Volume Two*, p. 199.
100. Gilbert, *A History of the Twentieth Century, Volume Two*, p. 201.
101. Gilbert, *Churchill: A Life*, p. 601.
102. Beschloss, *Kennedy and Roosevelt: The Uneasy Alliance*, p. 178.
103. Beschloss, *Kennedy and Roosevelt: The Uneasy Alliance*, p. 178.
104. Beschloss, *Kennedy and Roosevelt: The Uneasy Alliance*, p. 179.
105. Beschloss, *Kennedy and Roosevelt: The Uneasy Alliance*, p. 176.
106. Beschloss, *Kennedy and Roosevelt: The Uneasy Alliance*, p. 176.
107. Beschloss, *Kennedy and Roosevelt: The Uneasy Alliance*, p. 171.
108. Beschloss, *Kennedy and Roosevelt: The Uneasy Alliance*, p. 177.
109. Beschloss, *Kennedy and Roosevelt: The Uneasy Alliance*, p. 174.
110. Beschloss, *Kennedy and Roosevelt: The Uneasy Alliance*, p. 180.
111. Beschloss, *Kennedy and Roosevelt: The Uneasy Alliance*, p. 178.

112. Tomado de: http://www.americanparknetwork.com/parkinfo/ru/history/carve.html.
113. Tomado de: http://www.americanparknetwork.com/parkinfo/ru/history/carve.html.
114. Tomado de: http://www.americanparknetwork.com/parkinfo/ru/history/carve.html.
115. Tomado de: http://www.pbs.org/wgbh/buildingbig/wonder/structure/empire_state.html.
116. Tomado de: http://www.goldengatebridge.org/research/ConstructionBldgGGB.html.
117. Evans, Richard J., *The Third Reich in Power*, The Penguin Press, 2005, p. 302 (ilustración).
118. Tomado de: http://www.pbs.org/wgbh/amex/carter/peopleevents/p_jcarter.html.
119. Gilbert, *A History of the Twentieth Century, Volume Two*, p. 221.
120. Ketchum, Richard M., *The Borrowed Years, 1938-1941: America on the Way to War* (grabación de sonido), Books On Tape, 1999.

CAPÍTULO 4
LA CITA DE LOS ESTADOS UNIDOS CON EL DESTINO (1939-1941)

1. Tomado de: http://history.sandiego.edu/gen/USPics27/75297h.jpg.
2. Gilbert, Martin, *A History of the Twentieth Century: Volume Two: 1933-1951*, William Morrow and Company, Inc., 1998, p. 205.
3. Evans, Richard J., *The Third Reich in Power*, The Penguin Press, 2005, p. 250.
4. Evans, p. 250.
5. Beschloss, Michael R., *Kennedy and Roosevelt: The Uneasy Alliance*, W. W. Norton & Company, 1980, p. 189.
6. Beschloss, *Kennedy and Roosevelt: The Uneasy Alliance*, p. 189.
7. Tomado de:
   http://www.presidency.ucsb.edu/site/docs/pppus.php?admin=032&year=1939&id=73.
8. Ketchum, Richard M., *The Borrowed Years: 1938-1941, America on the Way to War*, Random House, 1989, p. 161.
9. Black, Conrad, *Franklin D. Roosevelt: Champion of Freedom*, Public Affairs, 2003, p. 522.
10. Black, p. 523.
11. Ketchum, p. 156.
12. Ketchum, p. 157.
13. Black, p. 523.
14. Tomado de: http://history.acusd.edu/gen/ww2Timeline/Prelude10a.html.
15. Berg, A. Scott, *Lindbergh*, G. p. Putnam's Sons: 1998, p. 370.
16. Berg, p. 372.
17. Ketchum, p. 283.
18. Ketchum, p. 280.
19. Ketchum, p. 281.
20. Ketchum, p. 283.
21. Ketchum, p. 283.
22. Ketchum, p. 284.
23. Ketchum, p. 285.
24. May, Ernest R., *Strange Victory: Hitler's Conquest of France*, Hill & Wang, 2000, p. 453.
25. May, p. 453.
26. Evans, p. 32.
27. Evans, p. 34.
28. May, p. 456.

29. Meacham, Jon, *Franklin and Winston: An Intimate Portrait of an Epic Friendship*, Random House, 2003, p. 42.
30. Gilbert, *Churchill: A Life*, p. 624.
31. Weigel, George, *Witness to Hope: The Biography of Pope John Paul II*, Cliff Street Books: 1999, pp. 50-51.
32. Courtois, Stéphane, Nicolas Werth, Jean-Louis Panné, *The Black Book of Communism: Crimes, Terror, Repression,* Harvard University Press, 1999, p. 6.
33. Kagan, Donald, *On the Origins of War*, Doubleday, 1995, p. 414.
34. Krauthammer, Charles, «Short-Term Gain, Long-Term Pain», *Washington Post*, 11 agosto 2006, A19.
35. Tomado de: http://ngeorgia.com/feature/gwtwpremiere.html.
36. Beschloss, *Kennedy and Roosevelt: The Uneasy Alliance*, p. 193.
37. Beschloss, *Kennedy and Roosevelt: The Uneasy Alliance*, p. 193.
38. Beschloss, *Kennedy and Roosevelt: The Uneasy Alliance*, p. 195.
39. Lukacs, John, *The Duel: 10 May-31 July: The Eighty-Day Struggle Between Churchill and Hitler*, Ticknor & Fields, 1991, p. 1.
40. Gilbert, *Churchill: A Life*, p. 645.
41. Gilbert, *Churchill: A Life*, p. 646.
42. Meacham, p. 51.
43. Ketchum, p. 471.
44. Ketchum, p. 471.
45. Will, George F., «Readers' Block», *Washington Post*, 23 julio de 2004, A29.
46. Jackson, Julian, *The Fall of France: The Nazi Invasion of 1940*, Oxford University Press, 2003, p. 211.
47. Black, p. 554.
48. Jackson, *The Fall of France*, p. 181.
49. Jackson, *The Fall of France*, p. 210.
50. Tomado de: http://www.winstonchurchill.org/i4a/pages/index.cfm?pageid=418.
51. Gould, Lewis L., *The Grand Old Party: A History of the Republicans*, Random House, 2003, p. 281.
52. Gould, p. 281.
53. Gould, p. 284.
54. Barone, Michael, *Our Country: The Shaping of America from Roosevelt to Reagan*, The Free Press, 1990, p. 136.
55. Gould, p. 284.
56. Peters, Charles, *Five Days in Philadelphia*, Public Affairs, 2005, p. 82.
57. Peters, p. 95.
58. Beschloss, *Kennedy and Roosevelt: The Uneasy Alliance*, p. 209.
59. Barone, p. 140.
60. Barone, p. 140.
61. Gilbert, *Churchill: A Life*, p. 667.
62. Gilbert, *Churchill: A Life*, p. 667.
63. Harrisson, Tom, *Living Through the Blitz*, Schocken Books, New York, 1976, p. 101.
64. Harrisson, p. 101.
65. Harrisson, p. 101.
66. Harrisson, p. 308.
67. Harrisson, p. 310.
68. Harrisson, p. 310.
69. Jacobs, Alan, *The Narnian: The Life and Imagination of C. S. Lewis*, Harper, 2005, p. 223.
70. Jacobs, p. 223.

71. Overy, Richard, *The Battle of Britain: The Myth and the Reality*, W. W. Norton & Company, 2000, p. 162.
72. Murrow, Edward R., *This Is London*, Simon and Schuster, 1941, p. 135.
73. Ketchum, p. 342.
74. Ketchum, p. 343.
75. Barone, p. 140.
76. Barone, p. 146.
77. Barone, p. 141.
78. Barone, p. 143.
79. Peters, p. 111.
80. Peters, p. 194.
81. Peters, p. 182.
82. Barone, p. 147.
83. Meacham, p. 95.
84. Wallace, Max, *The American Axis: Henry Ford, Charles Lindbergh, and the Rise of the Third Reich*, St. Martin's Press, 2003, p. 249.
85. Wallace, p. 275.
86. Wallace, p. 277.
87. Wallace, p. 257.
88. Wallace, p. 260.
89. Wallace, p. 277.
90. Wallace, p. 285.
91. Bercuson, David J., y Holger Herwig, *The Destruction of the Bismarck*, The Overlook Press, 2001, p. 2.
92. May, *Strange Victory*, p. 480.
93. Bercuson y Herwig, p. 14.
94. Bercuson y Herwig, p. 24.
95. Bercuson y Herwig, p. 18.
96. Bercuson y Herwig, p. 15.
97. Bercuson y Herwig, p. 14.
98. Bercuson y Herwig, p. 16.
99. Bercuson y Herwig, p. 15.
100. Tomado de: http://www.history.navy.mil/photos/events/wwii-atl/batit-41/bismk-a.htm.
101. Bercuson y Herwig, contraportada.
102. Tomado de: http://www.history.navy.mil/photos/events/wwii-atl/batit-41/bismk-a.htm.
103. Bercuson y Herwig, p. 29.
104. Gilbert, Martin, *The Second World War*, Henry Holt and Company, 1989, p. 185.
105. Bercuson y Herwig, p. 221.
106. Tomado de: http://www.history.navy.mil/photos/events/wwii-atl/batit-41/bismk-a.htm.
107. Bercuson y Herwig, p. 178.
108. Bercuson y Herwig, p. 177.
109. Dear, I. C. B, editor general, y Foot, M. R. D., editor consultor, *The Oxford Companion to World War II*, Oxford University Press, New York, 1995, p. 133.
110. Gilbert, *Second World War*, p. 186.
111. Gilbert, *Second World War*, p. 186.
112. Gilbert, Martin, *Churchill and America*, The Free Press, 2005, p. 225.
113. Jenkins, Roy, *Churchill: A Biography*, Farrar, Straus and Giroux, 2001, p. 659.
114. Gilbert, *Churchill and America*, p. 701.
115. Gilbert, *Churchill and America*, p. 702.

116. Gilbert, Martin, *A History of the Twentieth Century: Volume Two: 1933-1951*, William Morrow and Company, Inc.: 1998, p. 380.
117. Gilbert, *Churchill and America*, p. 705.
118. Meacham, p. 107.
119. Meacham, p. 105.
120. Meacham, p. 108.
121. Meacham, p. 108.

Capítulo 5
Líderes de la Gran Alianza (1941-1943)

1. Ferguson, Niall, *Empire: The Rise and Demise of the British World Order and the Lessons for Global Power*, Basic Books, 2002, p. 332.
2. Barone, Michael, *Our Country: The Shaping of America from Roosevelt to Reagan*, The Free Press, 1990, p. 147.
3. McDougall, Walter A., *Promised Land, Crusader State: The American Encounter with the World Since 1776*, Houghton Mifflin, 1997, p. 151.
4. Beschloss, Michael, *Kennedy and Roosevelt: The Uneasy Alliance*, W.W. Norton & Company, 1980, p. 238.
5. Barone, p. 147.
6. Barone, p. 147.
7. *The World at War*, película documental producida por Thames Television, Ltd., London, 1974, Vol. II, Barbarossa.
8. Wilson, Theodore A., *The First Summit: Roosevelt and Churchill at Placentia Bay, 1941*, University Press of Kansas, 1991, p. 12.
9. Wilson, p. 91.
10. Wilson, p. 91.
11. Acheson, Dean, *Present at the Creation*, libros en cinta, casete 1, lado 1.
12. Morison, Samuel Eliot, *The Oxford History of the American People, Volume Three: 1869 Through the Death of President Kennedy, 1963*, Penguin, 1965, p. 357.
13. Lord, Walter, *Day of Infamy*, Henry Holt and Company, 2001, p. 212.
14. Lord, p. 212.
15. Lord, p. 158.
16. Tomado de: http://www.crossroad.to/Victory/stories/woman.htm.
17. Lord, p. 217.
18. Lord, p. 217.
19. Lord, p. 217.
20. Lord, p. 217.
21. Lord, p. 218.
22. Black, Conrad, *Franklin Delano Roosevelt: Champion of Freedom*, Public Affairs, 2003, p. 692.
23. Black, p. 692.
24. Black, p. 692.
25. Fleming, Thomas, *The New Dealers' War: F.D.R. and the War within World War II*, Basic Books, 2001, p. 40.
26. Fleming, p. 40.
27. Morison, Samuel Eliot, *The Two-Ocean War*, Little, Brown and Company, 1963, p. 69.

28. Wohlstetter, Roberta, *Pearl Harbor: Warning and Decision*, Stanford University Press, 1962, p. 386.
29. Wohlstetter, p. 387.
30. Tomado de: http://www.geocities.com/dutcheastindies/december1.html.
31. Morison, *The Two-Ocean War*, p. 74.
32. Morison, *The Two-Ocean War*, p. 69.
33. Leckie, Robert, *The Wars of America*, Harper & Row, Publishers, 1981, p. 735.
34. van der Vat, Dan, *Pearl Harbor: Day of Infamy—An Illustrated History*, Basic Books, 2001, p. 158.
35. Tomado de: http://www.historyplace.com/worldwar2/timeline/statistics.htm.
36. Berg, A. Scott, *Lindbergh*, G. p. Putnam's Sons, 1998, p. 425.
37. Larrabee, Eric, *Commander in Chief: Franklin D. Roosevelt, His Lieutenants, and Their War*, U.S. Naval Institute Press, 1987, p. 3.
38. Larrabee, p. 3.
39. Larrabee, p. 3.
40. Gilbert, Martin, *The Second World War: A Complete History*, Henry Holt & Co., 1989, p. 275.
41. Gilbert, *The Second World War*, p. 274.
42. Gilbert, *The Second World War*, pp. 274-275.
43. Brookhiser, Richard, «Book of the Century», *Finest Hour* No. 103. Tomado de: http://www.winstonchurchill.org/i4a/pages/index.cfm?pageid=469.
44. Gilbert, Martin, *Churchill: A Life*, Henry Holt and Company, 1991, p. 714.
45. Bercuson, David, y Holger Herwig, *One Christmas in Washington*, Overlook Press, 2005, p. 129.
46. Bercuson y Herwig, *One Christmas*, p. 130.
47. Brinkley, p. 101.
48. Brinkley, p. 103.
49. Bercuson y Herwig, *One Christmas*, p. 212.
50. Bercuson y Herwig, *One Christmas*, p. 213.
51. Bercuson y Herwig, *One Christmas*, p. 214.
52. *World at War*, película documental de Thames Ltd., Vol. Four, «The U-Boat War, Wolf Pack in the Atlantic», 1974.
53. Acheson, *Present at the Creation*.
54. Bercuson y Herwig, *One Christmas*, p. 143.
55. Bercuson y Herwig, *One Christmas*, p. 215.
56. Berthon, Simon, y Joanna Potts, *Warlords: An Extraordinary Re-creation of World War II Through the Eyes and Minds of Hitler, Roosevelt, Churchill, and Stalin*, DaCapo Press, 2006, p. 131.
57. Berthon y Potts, p. 131.
58. Leckie, p. 741.
59. Dear, I.C.B, editor general, y Foot, M.R.D., editor de consulta, *The Oxford Companion to World War II*, Oxford University Press, New York, 1995, p. 115.
60. Dear y Foot, p. 115.
61. Dear y Foot, p. 309.
62. Dear y Foot, p. 309.
63. Dear y Foot, p. 632.
64. Dear y Foot, p. 633.
65. «The Medal of Honor: Bravest of the Brave». Tomado de: http://www.medalofhonor.com/DanielInouye.htm.
66. Williams, Nathan, «What Happened to the 8 Germans Tried by a Military Court in World War II?». Tomado de: http://hnn.us/articles/431.html.

67. Berg, p. 437.
68. Guelzo, Allen, C., *Lincoln's Emancipation Proclamation: The End of Slavery in America*, Simon & Schuster, 2004, p. 163.
69. Gates, Henry Louis, Jr., and Cornel West, *The African-American Century: How Black Americans Have Shaped Our Country*, The Free Press, 2000, p. 53.
70. Citado por Thomas Sowell, «Enemies Within» *Jewish World Review*, 9 enero 2002. Tomado de: http://www.jewishworldreview.com/cols/sowell010902.asp.
71. Barone, p. 160.
72. Barone, p. 159.
73. Gates y West, p. 183.
74. Lukacs, John, *The Duel, 10 May-31 July 1940: The Eighty-Day Struggle Between Churchill and Hitler*, Ticknor & Fields, 1991, p. 52.
75. Gilbert, Martin, *Auschwitz and the Allies: A Devastating Account of How the Allies Responded to the News of Hitler's Mass Murder*, Henry Holt, 1981, p. 72.
76. Gilbert, *Auschwitz*, p. 73.
77. Tomado de: http://www.palestinefacts.org/pf_mandate_during_ww2.php.
78. Tomado de: http://www.palestinefacts.org/pf_mandate_during_ww2.php.
79. Gilbert, Martin, *Jerusalem in the Twentieth Century*, John Wiley & Sons, Inc., 1996, p. 162.
80. Meacham, Jon, *Franklin and Winston: An Intimate Portrait of an Epic Friendship*, Random House, 2003, p. 192.
81. Ferguson, p. 344.
82. Ferguson, p. 344.
83. Ferguson, p. 346.
84. Ferguson, p. 346.
85. Ambrose, Stephen E., *American Heritage New History of World War II*, Viking, 1997, p. 365.
86. Ambrose, *World War II*, p. 365.
87. Brinkley, p. 131.
88. Lacey, Robert, *Great Tales from English History*, Volume II [grabación de sonido]: «Chaucer to the Glorious Revolution».
89. Dear y Foot, p. 1246.
90. Greene, Bob, *Once Upon a Town: The Miracle of the North Platte Canteen*, HarperCollins, 2002, p. 13.
91. Greene, pp. 14-15.
92. Greene, contratapa.
93. Barone, p. 162.
94. Ambrose, *World War II*, p. 419.
95. Beschloss, *Kennedy and Roosevelt: The Uneasy Alliance*, p. 246.
96. Beschloss, *Kennedy and Roosevelt: The Uneasy Alliance*, p. 246.
97. Dear y Foot, p. 689.
98. White, David Fairbank, *Bitter Ocean: The Battle of the Atlantic, 1939-1945*, Simon & Schuster, 2006, solapa delantera.
99. Hickam, Homer H., Jr., *Torpedo Junction*, Naval Institute Press, 1989, p. xi.
100. Hickam, p. vii.
101. Hickam, p. vii.
102. White, p. 247.
103. White, p. 247.
104. White, p. 247.
105. Hickam, p. vii.
106. Tomado de: http://www.history.navy.mil/faqs/faq87-3j.htm.
107. Dear y Foot, p. 271.

108. Dear y Foot, p. 271.
109. Dear y Foot, pp. 748-749.
110. Dear y Foot, pp. 748-749.
111. Donovan, Charles A., «At War with God», *Citizen Magazine*, Focus on the Family, © 2002.
112. Dear y Foot, p. 815.
113. Deer y Foot, p. 527.
114. Deer y Foot, p. 527.
115. Soames, Mary, *Clementine Churchill: The Biography of a Marriage*, Houghton Mifflin, 1979, p. 420.
116. Soames, p. 420.
117. Soames, p. 421.
118. Tomado de: http://www.wpafb.af.mil/museum/annex/an27.htm.
119. Dear y Foot, p. 515.
120. Dear y Foot, p. 1174.
121. Fleming, p. 188.
122. Fleming, p. 183.
123. Gilbert, Martin, *Churchill: A Life*, p. 815.
124. Soames, p. 420.
125. Soames, p. 461.
126. Dear y Foot, p. 1059.
127. Ambrose, *World War II*, p. 254.

Capítulo 6

Los Estados Unidos resultan victoriosos (1943-1945)

1. Overy, Richard, *Why the Allies Won*, W.W. Norton & Co., 1995, p. 316.
2. Overy, *Why the Allies Won*, p. 317.
3. Overy, *Why the Allies Won*, p. 321.
4. Overy, *Why the Allies Won*, p. 317.
5. Overy, *Why the Allies Won*, p. 320.
6. Offner, Larry, «The Butch O'Hare Story». Tomado de: www.stlmag.com/media/st-louis-magazine/july-2005/the-butch-ohare-story.
7. Discurso de Rep. Ralph Hall (Texas), 30 mayo 1996, *The Congressional Record*.
8. Tomado de: http://www.audiemurphy.com/stampp1.htm.
9. Tomado de: http://www.dcdiocese.org/swkregister/Nov_7_04/fourchaplainstv.htm.
10. Tomado de: http://www.ushmm.org/outreach/denmark.htm.
11. Nisbet, Robert, *Roosevelt and Stalin: The Failed Courtship*, Regnery Gateway, 1988, p. 45.
12. Meacham, Jon, *Franklin and Winston: An Intimate Portrait of an Epic Friendship*, Random House, 2003, p. 250.
13. Meacham, p. 251.
14. Barone, Michael, *Our Country: The Shaping of America from Roosevelt to Reagan*, The Free Press, 1990, p. 168.
15. Ambrose, Stephen E., *American Heritage New History of World War II*, Viking, 1997, p. 282.
16. Pogue, Forrest C., *George C. Marshall: Interviews and Reminiscences for Forrest C. Pogue*, George C. Marshall Research Foundation, 1991, pp. 108-109.

17. Larrabee, Eric, *Commander in Chief: Franklin D. Roosevelt, His Lieutenants, and Their War*, U.S. Naval Institute Press, 1987, p. 99.
18. Larrabee, p. 98.
19. Eisenhower, John S. D., *General Ike: A Personal Reminiscence*, The Free Press, 2003, p. 99.
20. Gilbert, Martin, *Churchill: A Life*, Henry Holt and Company, 1991, p. 756.
21. Eisenhower, Dwight D., *Crusade in Europe*, Johns Hopkins University Press, 1948, p. 194.
22. Dear, I.C.B, editor general, y Foot, M.R.D., editor de consulta, *The Oxford Companion to World War II*, Oxford University Press, New York, 1995, p. 298.
23. Eisenhower, Dwight D., *At Ease: Stories I Tell to Friends*, Doubleday & Co., Inc., 1967, p. 270.
24. Beschloss, Michael R., *Eisenhower: A Centennial Life*, HarperCollins Publishers, 1990, p. 66.
25. Leckie, Robert, *The Wars of America*, Harper & Row, 1981, p. 796.
26. Leckie, p. 796.
27. Tomado de: http://www.presidency.ucsb.edu/site/docs/pppus.php?admin=032&year=1944&id=37.
28. Ambrose, *World War II*, p. 487.
29. Netting, Conrad J., IV, "Delayed Legacy", *USAA Magazine*, 2004, No. 2, 24.
30. Dear y Foot, p. 719.
31. Ambrose, *World War II*, p. 498.
32. Dear y Foot, p. 719.
33. Perret, Geoffrey, *Eisenhower*, Random House, 1999, p. 325.
34. Perret, p. 312.
35. Perret, p. 324.
36. Perret, p. 359.
37. Perret, p. 324.
38. Overy, *Why the Allies Won*, p. 319.
39. Tomado de: http://www.remember.org/karski/kaudio.html.
40. Soames, Mary, *Clementine Churchill: The Biography of a Marriage*, Houghton Mifflin, 1979, p. 479.
41. Eisenhower, Dwight D., *Crusade in Europe*, pp. 296-97.
42. Perret, p. 308.
43. Eisenhower, John S. D., *General Ike: A Personal Reminiscence*, The Free Press, 2003, p. 156.
44. Eisenhower, John S. D., *General Ike: A Personal Reminiscence*, p. 156.
45. Eisenhower, John S. D., *General Ike: A Personal Reminiscence*, p. 197.
46. Ambrose, *World War II*, p. 488.
47. De Gaulle, Charles, *The Complete Memoirs*, Carroll & Graf Publishers, Inc., 1998, p. 647.
48. Eisenhower, Dwight D., *Crusade in Europe*, p. 298.
49. Meacham, p. 295.
50. Dear y Foot, p. 1252.
51. Gilbert, Martin, *Auschwitz and the Allies*, Henry Holt and Company, 1981, p. 341.
52. Beschloss, Michael, *The Conquerors: Roosevelt, Truman and the Destruction of Hitler's Germany, 1941-1945*, Simon & Schuster, 2002, p. 59.
53. Beschloss, *Conquerors*, p. 41.
54. Beschloss, *Conquerors*, p. 59.
55. Tomado de: http://www.townhall.com/columnists/SuzanneFields/2006/04/20/recycling_anti- semitism.
56. Gilbert, *Auschwitz*, p. 303.
57. Black, Conrad, *Franklin D. Roosevelt: Champion of Freedom*, Public Affairs, 2003, p. 974.
58. Witcover, Jules, *Party of the People: A History of the Democrats*, Random House, 2003, p. 404.
59. Witcover, p. 401.

60. Persico, Joseph E., *Roosevelt's Secret War: FDR and World War II Espionage*, Random House, 2001, p. 149.
61. Persico, p. 149.
62. Persico, p. 149.
63. Witcover, p. 404.
64. Witcover, p. 405.
65. McCullough, David, *Truman*, Simon & Schuster, 1992, p. 314.
66. McCullough, p. 308.
67. McCullough, p. 314.
68. McCullough, p. 314.
69. McCullough, p. 313.
70. Goodwin, Doris Kearns, *No Ordinary Time: Franklin and Eleanor Roosevelt, The Home Front in World War II*, Simon & Schuster, 1994, p. 532.
71. Goodwin, p. 532.
72. Goodwin, p. 532.
73. Barone, p. 176.
74. Powell, Jim, *FDR's Folly: How Roosevelt and His New Deal Prolonged the Great Depression*, Crown Forum, Random House, 2003, p. ix.
75. Powell, p. 33.
76. Barone, p. 177.
77. Barone, p. 177.
78. Gould, Lewis L., *Grand Old Party: A History of the Republicans*, Random House, 2003, pp. 297-298.
79. Barone, p. 178.
80. Paul Greenberg, «A General In Charge of the CIA?». Tomado de: Townhall.com, http://www.townhall.com/columnists/column.aspx?UrlTitle=a_general_in_charge_of_the_cia_shockin g!&ns=PaulGreenberg&dt=05/15/2006&page=1.
81. Pogue, p. 411.
82. Beschloss, *Conquerors*, p. 163.
83. Barone, p. 178.
84. Beschloss, Michael R., *Kennedy and Roosevelt: The Uneasy Alliance*, W.W. Norton & Company, 1980, p. 257.
85. Beschloss, *Kennedy and Roosevelt*, p. 259.
86. Gould, p. 299.
87. «Stalin, Man of the Year: 1939», revista *Time*, 1 enero 1940. Tomado de: http://www.time.com/time/special/moy/1939.html.
88. Ambrose, Stephen E., *The Victors: Eisenhower and His Boys: The Men of World War II*, Simon & Schuster, 1998, pp. 299-300.
89. Ambrose, *World War II*, pp. 300-301.
90. Leckie, p. 816.
91. Dear y Foot, p. 52.
92. Dear y Foot, p. 52.
93. Eisenhower, John S. D., *The Bitter Woods*, G. P. Putnam's Sons, 1969, p. 462.
94. Meacham, pp. 368-369.
95. Meacham, p. 369.
96. Brinkley, David, *Washington Goes to War*, Ballantine Books, 1988, p. 265.
97. Brinkley, p. 265.
98. Brinkley, p. 265.
99. Black, p. 1043.
100. Black, p. 1062.

101. McDougall, Walter A., *Promised Land, Crusader State: The American Encounter with the World Since 1776*, Houghton Mifflin, 1997, p. 156.
102. McDougall, *Promised Land, Crusader State*, p. 155.
103. Black, p. 1066.
104. Black, p. 1058.
105. Black, p. 1070.
106. Churchill, Winston, *The Gathering Storm: The Second World War*, Houghton Mifflin, 1948.
107. Meacham, p. 317.
108. Black, p. 1074.
109. Black, p. 1074.
110. Gilbert, *Churchill*, p. 796.
111. Nisbet, Robert, *Roosevelt and Stalin: The Failed Courtship*, Regnery Gateway, 1988.
112. Gaddis, John Lewis, *The Cold War: A New History*, Penguin Press, 2005, p. 22.
113. Weinstein, Allen y Alexander Vassiliev, *The Haunted Wood: Soviet Espionage in America—the Stalin Era*, Random House, 1999, p. 269.
114. Weinstein y Vassiliev, pp. 196-197.
115. Roosevelt, Franklin, D., «Address to Congress on the Yalta Conference», 1 marzo 1945. Tomado de: http://www.presidency.ucsb.edu/site/docs/pppus.php?admin=032&year=1945&id=16.
116. Roosevelt, «Yalta Address», 1 marzo 1945.
117. Dear y Foot, p. 642.
118. Bush, George H. W., «Forrestal Lecture», U.S. Naval Academy, Annapolis, Md., 4 de marzo de 2004.
119. Collier, Peter, y David Horowitz, *The Roosevelts: An American Saga*, Simon & Schuster, 1994, p. 430.
120. Collier y Horowitz, p. 430.
121. Collier y Horowitz, p. 432.
122. Tomado de: http://hnn.us/articles/1834.html.
123. Tomado de: http://www.history.navy.mil/cgi-bin/htsearch.
124. Black, p. 1112.
125. Black, p. 1112.
126. McCullough, p. 353.
127. Nicolson, Nigel, Ed., *Harold Nicolson Diaries, The War Years: 1939-1945*, Atheneum, 1967, p. 447.
128. Gilbert, *Churchill*, p. 836.
129. Collier y Horowitz, p. 442.
130. Black, p. 1119.
131. Black, p. 1119.
132. Ambrose, *World War II*, p. 457.
133. Ambrose, *World War II*, p. 80.
134. Neal, Steve, *Harry and Ike: The Partnership that Remade the Postwar World*, Scribner, 2001, p. 48.
135. Tomado de: http://www.eisenhower.archives.gov/guild.htm.
136. McCullough, pp. 375-376.
137. McCullough, p. 375.
138. Beschloss, *Conquerors*, p. 248.
139. Beschloss, *Conquerors*, p. 249.
140. Beschloss, *Conquerors*, p. 249.
141. Beschloss, *Conquerors*, p. 153.
142. Cooke, Alistair, *The American Home Front: 1941-1942*, Atlantic Monthly Press, 2006, p. xi.
143. Tomado de: http://news.bbc.co.uk/1/hi/world/europe/1939174.stm.

144. Beevor, Antony, *The Fall of Berlin: 1945*, Penguin Books, 2002, p. 29.
145. Beevor, p. 29.
146. Mee, Charles L., Jr., *Meeting at Potsdam*, M. Evans & Company, 1975, p. 224.
147. Gilbert, *Churchill*, p. 855.
148. McCullough, p. 442.
149. McCullough, p. 443.
150. Weinstein y Vassiliev, p. 209.
151. Weinstein y Vassiliev, p. 208.
152. Harmon, Christopher, «Are We Beasts? Churchill and the Moral Question of World War II "Area Bombing"», *Finest Hour* 76, Tomado de: http://www.winstonchurchill.org/i4a/pages/index.cfm?pageid=680.
153. Dear y Foot, p. 604.
154. Dear y Foot, p. 836.
155. Dear y Foot, p. 836.
156. Frank, Richard B., «Why Truman Dropped the Bomb», semanario, 8 agosto 2005.
157. Dear y Foot, p. 773.
158. Ambrose, *World War II*, p. 597.
159. Tomado de: http://www.johndilbeck.com/genealogy/orderofthegarter.html.

Capítulo 7

Truman defiende al mundo libre (1945-1953)

1. Beschloss, Michael, *The Conquerors: Roosevelt, Truman and the Destruction of Hitler's Germany, 1941-1945*, Simon & Schuster, 2002, p. 271.
2. Muller, James W., Ed., *Churchill's Iron Curtain Speech Fifty Years Later*, University of Missouri Press, 1999, p. 6.
3. Muller, p. 96.
4. Muller, p. 66.
5. Barone, Michael, *Our Country: The Shaping of America from Roosevelt to Reagan*, The Free Press, 1990, p. 187.
6. Muller, p. 79.
7. Muller, p. 102.
8. Graebner, Norman A., *Cold War Diplomacy, 1945-1960*, D. Van Norstrand Company, Inc., 1962, p. 28.
9. Barone, p. 206.
10. Graebner, p. 28.
11. Beschloss, *Conquerors*, p. 275.
12. Harris, Whitney R., *Tyranny on Trial*, Southern Methodist University Press, 1999, p. 497.
13. «Robert Jackson's Place in History», Chautauqua Institution, Chautauqua, New York, 13 junio 2003. Tomado de: http://robertjackson.org.
14. Tomado de: http://robertjackson.org.
15. Barone, p. 187.
16. Ferrell, Robert H., *Harry S. Truman: A Life*, University of Missouri Press, 1994, pp. 194-195.
17. Ferrell, p. 181.
18. Ferrell, p. 181.
19. Ferrell, p. 185.

20. Beschloss, *Conquerors*, p. 276.
21. Ferrell, p. 251.
22. Gaddis, John Lewis, *We Now Know: Rethinking Cold War History*, Oxford University Press, 1997, p. 14.
23. Gaddis, *We Now Know*, p. 15.
24. Ferrell, p. 253.
25. Barone, p. 192.
26. Morison, Samuel Eliot, Henry Steele Commager, y William E. Leuchtenberg, *A Concise History of the American Republic*, Oxford University Press, 1977, p. 676.
27. Barone, p. 193.
28. Radosh, Ronald, y Allis Radosh, *Red Star Over Hollywood: The Film Colony's Long Romance with the Left*, Encounter Books, 2005, p. 48.
29. Radosh y Radosh, p. 112.
30. Radosh y Radosh, p. 114.
31. Radosh y Radosh, p. 115.
32. Billingsley, Kenneth Lloyd, *Hollywood Party: How Communism Seduced the American Film Industry in the 1930s and 1940s*, Forum, 2000, p. 152.
33. Billingsley, p. 153.
34. Billingsley, p. 155.
35. Billingsley, p. 157.
36. Billingsley, p. 157.
37. Billingsley, p. 157.
38. Billingsley, p. 158.
39. Billingsley, p. 158.
40. Billingsley, p. 125.
41. Billingsley, p. 125.
42. Gilbert, Martin, *Israel: A History*, William Morrow and Company, Inc., 1997, p. 187.
43. Ferrell, p. 311.
44. Spalding, Elizabeth Edwards, *The First Cold Warrior: Harry Truman, Containment, and the Remaking of Liberal Internationalism*, University Press of Kentucky, 2006, p. 98.
45. Spalding, p. 96.
46. Spalding, p. 97.
47. Spalding, p. 96.
48. Ferrell, p. 311.
49. Ferrell, p. 311.
50. Gilbert, *Israel*, p. 191.
51. Clay, Lucius D., *Decision in Germany*, Doubleday & Company, Inc., 1950, p. 365.
52. Clay, p. 365.
53. Ferrell, p. 259.
54. Ferrell, p. 259.
55. Barone, p. 208.
56. Ferrell, p. 314.
57. Humphrey, Hubert H., *The Education of a Public Man: My Life and Politics*, Doubleday and Company, Inc., 1976, p. 111.
58. Ferrell, p. 295.
59. Ferrell, p. 295.
60. Ferrell, p. 297.
61. Gould, Louis L., *Grand Old Party: A History of the Republicans*, Random House: 2003, p. 316.
62. 62. Beschloss, Michael, *Eisenhower: A Centennial Life*, An Edward Burlingame Book, 1990, p. 94.

63. Ferrell, pp. 268-269.
64. Humphrey, p. 111.
65. Humphrey, p. 110.
66. McCullough, David, *Truman*, Simon & Schuster, 1992, p. 467.
67. McCullough, p. 467.
68. McCullough, p. 652.
69. McCullough, p. 652.
70. Gould, p. 315.
71. Gould, p. 315.
72. Barone, p. 219.
73. Barone, p. 214.
74. McCullough, p. 654.
75. Barone, p. 220.
76. Haynes, John Earl, y Harvey Klehr, *Venona: Decoding Soviet Espionage in America*, Yale University Press, 1999, p. 156.
77. Brands, H. W., *Cold Warriors: Eisenhower's Generation and American Foreign Policy*, Columbia University Press, 1988, p. 7.
78. Tomado de: http://www.americanrhetoric.com/speeches/eleanorrooseveltdeclarationhumanrights.htm.
79. Urquhart, Brian, *Ralph Bunche: An American Life*, W.W. Norton & Company, 1993, p. 179.
80. Urquhart, p. 37.
81. Urquhart, p. 193.
82. Urquhart, p. 193.
83. Ferrell, p. 253.
84. Tomado de: http://www.atomicarchive.com/Docs/SovietAB.shtml.
85. Tomado de: http://www.law.umkc.edu/faculty/projects/ftrials/hiss/hisschronology.html.
86. Weinstein, Allen, *Perjury: The Hiss-Chambers Case*, Alfred A. Knopf, 1978, p. 67.
87. Haynes y Klehr, *Venona*, p. 156.
88. Schweizer, Peter, *Reagan's War: The Epic Story of His Forty-Year Struggle and Final Triumph over Communism*, Random House, 2002, p. 16.
89. Schweizer, p. 16.
90. Janken, Kenneth Robert, *White: The Biography of Walter White, Mr. NAACP*, New Press, 2003, p. 320.
91. Janken, p. 320.
92. Janken, p. 320.
93. Janken, p. 322.
94. Barone, p. 237.
95. Leckie, Robert, *The Wars of America*, Harper & Row Publishers, Inc., 1981, p. 849.
96. Gaddis, John Lewis, *The End of the Cold War*, Penguin Press, 2005, p. 74.
97. Morison, Samuel Eliot, *The Oxford History of the American People, Volume Three: 1869 through the Death of John F. Kennedy, 1963*, The Penguin Group, 1994, p. 430.
98. Morison, *The Oxford History of the American People, Volume Three*, p. 430.
99. Leckie, p. 877.
100. Leckie, p. 878.
101. Leckie, p. 878.
102. Leckie, p. 881.
103. Leckie, p. 856.
104. Morison, *The Oxford History of the American People, Volume Three*, p. 436.
105. Gaddis, *The End of the Cold War*, p. 47.
106. Gaddis, *The End of the Cold War*, p. 47.

107. Morison, *The Oxford History of the American People, Volume Three*, p. 438.
108. Gaddis, *The End of the Cold War*, p. 55.
109. Morison, *The Oxford History of the American People, Volume Three*, p. 436.
110. Morison, *The Oxford History of the American People, Volume Three*, p. 439.
111. Gould, p. 322.
112. Morison, *The Oxford History of the American People, Volume Three*, p. 438.
113. Spalding, p. 217.
114. Spalding, p. 217.
115. Spalding, p. 217.
116. McCullough, p. 829.
117. Spalding, p. 228.
118. Spalding, p. 228.

Capítulo 8
Eisenhower y los días felices (1953-1961)

1. Beschloss, Michael R., *Eisenhower: A Centennial Life*, HarperCollins Publishers, 1990, p. 100.
2. Beschloss, *Eisenhower*, p. 106.
3. Beschloss, *Eisenhower*, p. 106.
4. Beschloss, *Eisenhower*, p. 108.
5. Tomado de: http://www.firstthings.com/ftissues/ft9411/reviews/briefly.html.
6. Beschloss, *Eisenhower*, p. 111.
7. Beschloss, *Eisenhower*, p. 111.
8. Barone, Michael, *Our Country: The Shaping of America from Roosevelt to Reagan*, The Free Press, 1990, p. 258.
9. Brands, H. W., *Cold Warriors: Eisenhower's Generation and American Foreign Policy*, Columbia University Press, 1988, p. 185.
10. Beschloss, *Eisenhower*, p. 115.
11. Hunt, John Gabriel, Ed., *The Inaugural Addresses of the Presidents*, Gramercy Books, 1995, p. 412.
12. Transcripción de America Online, 6 julio 1999, http://www.time.com/time/community/trans cripts/1999/070699grahamtime100.html.
13. Tomado de: http://www.fortunecity.com/tinpan/parton/2/julius.html.
14. Radosh, Ronald, *Commies*, Encounter Books, 2001, p. 46.
15. Barone, p. 267.
16. Gaddis, John Lewis, *The End of the Cold War*, Penguin Press, 2005, p. 50.
17. Gould, Lewis L., *The Grand Old Party: A History of the Republicans*, Random House, 2003, p. 336.
18. Beschloss, *Eisenhower*, p. 127.
19. Barone, p. 266.
20. Powers, Richard Gid, *Not Without Honor: The History of American Anticommunism*, The Free Press, 1995, p. 268.
21. Powers, p. 268.
22. Powers, p. 264.
23. Barone, p. 269.
24. Tomado de: http://itre.cis.upenn.edu/~myl/languagelog/archives/001036.html.
25. Ambrose, Stephen E., *Eisenhower: The President*, Simon & Schuster, 1984, p. 81.

26. Ambrose, *Eisenhower: The President*, p. 81.
27. Ambrose, *Eisenhower: The President*, p. 81.
28. Powers, p. 268.
29. Barone, p. 270.
30. Beschloss, *Eisenhower*, p. 128.
31. Barone, p. 269.
32. Barone, p. 271.
33. Eisenhower, Dwight D., *Crusade in Europe*, The Johns Hopkins University Press, 1997, p. 468.
34. Eisenhower, *Crusade in Europe*, p. 476.
35. Wicker, Tom, *Dwight D. Eisenhower*, Times Books, Henry Holt & Company, 2002, p. 47.
36. Wicker, p. 53.
37. Wicker, p. 50.
38. Frady, Marshall, *Martin Luther King, Jr.*, The Penguin Group, 2002, p. 35.
39. Frady, p. 42.
40. Frady, p. 35.
41. Frady, p. 49.
42. Frady, p. 50.
43. Frady, p. 48.
44. Frady, p. 52.
45. Beschloss, *Eisenhower*, p. 137.
46. Beschloss, *Eisenhower*, p. 140.
47. Beschloss, *Eisenhower*, p. 138.
48. Gaddis, *The End of the Cold War*, p. 109.
49. Gaddis, *The End of the Cold War*, pp. 111-112.
50. Beschloss, *Eisenhower*, p. 122.
51. Beschloss, *Eisenhower*, p. 126.
52. Beschloss, *Eisenhower*, p. 126.
53. Ambrose, *Eisenhower: The President*, p. 80.
54. Parrett, Geoffrey, *Eisenhower*, Random House, 1999, pp. 74-75.
55. Beschloss, *Eisenhower*, p. 126.
56. Barone, p. 299.
57. Wicker, p. 99.
58. Wicker, p. 99.
59. McDougall, Walter A., *The Heavens and the Earth: A Political History of the Space Age*, Basic Books, The Johns Hopkins University Press, 1985, p. 221.
60. Beschloss, *Eisenhower*, p. 153.
61. Duncan, Francis, *Rickover: The Struggle for Excellence*, Naval Institute Press, 2001.
62. Duncan, p. 5.
63. Duncan, p. 14.
64. Entrevista personal con el capitán John Gallis (USN Ret.), 17 julio 2006.
65. Gizzi, John, «Should the U.S. Have Overthrown Iran's Mossadegh?» [Debieran los Estados Unidos haber derrocado a Mossadegh de Irán?], *Human Events*, 13 octubre 2003.
66. Gilbert, Martin, *A History of the Twentieth Century: Volume Three—1952-1999*, William Morrow and Company, Inc., 1999, p. 222.
67. Bischof, Gunther y Stephen E. Ambrose, eds. *Eisenhower: A Centenary Assessment*, Louisiana State University Press, 1995, p. 100.
68. Taranto, James y Leonard Leo, *Presidential Leadership: Rating the Best and the Worst in the White House*, The Free Press, 2004, p. 164.
69. Ambrose, Stephen E., *Eisenhower: The President*, Simon & Schuster, 1984, p. 393.
70. Bischof and Ambrose, eds., p. 251.

Capítulo 9
Pasando la antorcha (1961-1969)

1. Barone, Michael, *Our Country: The Shaping of America from Roosevelt to Reagan*, The Free Press, 1990, p. 312.
2. Collier, Peter y David Horowitz, *The Kennedys: An American Drama*, Summit Books, 1984, p. 236.
3. Barone, p. 323.
4. Barone, p. 322.
5. Barone, p. 331.
6. Barone, p. 332.
7. Barone, p. 335.
8. Hunt, John Gabriel, Ed., *The Inaugural Addresses of the Presidents*, Gramercy Books, 1995, pp. 428, 431.
9. Beschloss, Michael R., *The Crisis Years: Kennedy and Khrushchev, 1960-1963*, HarperCollins Publishers, 1991, p. 465.
10. Gaddis, John Lewis, *The End of the Cold War*, Penguin Press, 2005, p. 71.
11. Reeves, Richard, *President Kennedy: Profile of Power*, Simon & Schuster, 1993, p. 171.
12. Reeves, p. 168.
13. Reeves, p. 168.
14. Reeves, p. 224.
15. Beschloss, *Crisis Years*, p. 211.
16. Reeves, p. 172.
17. Schefter, James, *The Race: The Uncensored Story of How America Beat Russia to the Moon*, Doubleday, 1999, p. 81.
18. McDougall, Walter A., *The Heavens and the Earth: A Political History of the Space Age*, Basic Books, The Johns Hopkins University Press, 1985, p. 318.
19. McDougall, *The Heavens and the Earth*, p. 391.
20. McDougall, *The Heavens and the Earth*, p. 392.
21. McDougall, *The Heavens and the Earth*, p. 400.
22. Glenn, John y Nick Taylor, *John Glenn: A Memoir*, Bantam, 1999, p. 253.
23. Glenn y Taylor, p. 255.
24. Glenn y Taylor, p. 255.
25. Glenn y Taylor, p. 255.
26. Glenn y Taylor, p. 255.
27. Glenn y Taylor, p. 288.
28. Glenn y Taylor, p. 289.
29. Reeves, p. 345.
30. Reeves, p. 345.
31. Gilbert, Martin, *A History of the Twentieth Century: Volume Three—1952-1999*, William Morrow and Company, Inc., 1999, p. 280.
32. LaCouture, Jean, *De Gaulle: The Ruler, 1945-1970*, W. W. Norton & Company, 1991, p. 375.
33. Reeves, p. 406.
34. Gilbert, *A History of the Twentieth Century: Volume Three*, p. 282.
35. Gilbert, *A History of the Twentieth Century: Volume Three*, p. 282.
36. Beschloss, *Crisis Years*, p. 543.
37. Barone, p. 346.
38. Beschloss, *Crisis Years*, p. 547.
39. Gilbert, *A History of the Twentieth Century: Volume Three*, p. 275.

40. Reeves, p. 327.
41. Barnes, John A., «John F. Kennedy on Leadership», citado en la columna de David Frum *National Review Online*, 29 agosto 2005. Tomado de: http://frum.nationalreview.com/post/?q =ZDYwYTZmZDFkYzQ2ZmY4MzAzY2VlO TRiYjdmODA1MDc=.
42. Tomado de: http://www.pbs.org/wgbh/amex/eyesontheprize/story/05_riders.html.
43. Gilbert, *A History of the Twentieth Century: Volume Three*, p. 301.
44. Gilbert, *A History of the Twentieth Century: Volume Three*, p. 301.
45. Tomado de: http://www.archives.state.al.us/govs_list/inauguralspeech.html.
46. Gilbert, *A History of the Twentieth Century: Volume Three*, p. 301.
47. Frady, Marshall, *Martin Luther King, Jr.*, The Penguin Group, 2002, p. 51.
48. Reeves, p. 522.
49. Reeves, p. 523.
50. Tomado de: http://almaz.com/nobel/peace/MLK-jail.html.
51. Humphrey, Hubert H., *The Education of a Public Man: My Life and Politics*, Doubleday and Company, Inc., 1976, p. 269.
52. Reeves, p. 581.
53. Reeves, p. 583.
54. Frady, p. 124.
55. Reeves, p. 585.
56. Reeves, p. 581.
57. Reeves, p. 581.
58. Reeves, pp. 320-321.
59. Tomado de: http://web.lconn.com/mysterease/connally.htm.
60. Beschloss, *Crisis Years*, p. 675.
61. Reeves, p. 74.
62. Humphrey, p. 273.
63. Humphrey, p. 274.
64. Humphrey, p. 278.
65. Humphrey, p. 284.
66. Humphrey, p. 284.
67. Tomado de: http://www.opinionjournal.com/diary/?id=110009275.
68. Humphrey, p. 285.
69. Edwards, Lee, *Goldwater: The Man Who Made a Revolution*, Regnery Publishing, Inc., 1995, p. 115.
70. Edwards, p. 150.
71. Edwards, p. 116.
72. Edwards, p. 123.
73. Edwards, p. 122.
74. Edwards, p. 274.
75. Tomado de: http://www.theatlantic.com/issues/95dec/conbook/conbook.htm.
76. Edwards, p. 275.
77. Edwards, p. 276.
78. Edwards, p. 277.
79. Edwards, p. 278.
80. Edwards, p. 317.
81. Barone, p. 376.
82. Edwards, p. 300.
83. Edwards, p. 242.
84. Edwards, p. 330.
85. Edwards, p. 279.

86. Edwards, p. 318.
87. Edwards, p. 319.
88. Barone, p. 376.
89. Edwards, p. 281.
90. Edwards, p. 332.
91. Beschloss, *Crisis Years*, p. 513.
92. Reeves, Richard, *President Kennedy*, pp. 475, 476.
93. Lukacs, John, *Churchill: Visionary, Statesman, Historian*, Yale University Press, 2002, p. 163.
94. The [British] National Archives, Tomado de:
    «Operation Hope Not», http://www.nationalarchives.gov.uk/news/stories/56.htm.
95. Eisenhower, John S. D., *General Ike: A Personal Reminiscence*, The Free Press, 2003, p. 215.
96. Lukacs, *Churchill*, p. 169.
97. Lukacs, *Churchill*, p. 185.
98. Lukacs, *Churchill*, p. 188.
99. Eisenhower, John S. D., *General Ike*, p. 216.
100. Frady, p. 163.
101. Frady, p. 163.
102. Frady, p. 164.
103. Frady, p. 165.
104. Bailey, Ronald, «Saint Ralph's Original Sin», *National Review Online*,
     http://www.nationalreview.com/comment/comment062800a.html.
105. Tomado de: http://www.presidency.ucsb.edu/ws/index.php?pid=13174.
106. Podhoretz, Norman, *Why We Were in Vietnam*, Simon and Schuster, 1982, p. 31.
107. Podhoretz, p. 32.
108. Podhoretz, p. 57.
109. Podhoretz, p. 60.
110. Reeves, p. 574.
111. Gilbert, *A History of the Twentieth Century: Volume Three*, p. 341.
112. Gilbert, *A History of the Twentieth Century: Volume Three*, p. 341.
113. Gilbert, *A History of the Twentieth Century: Volume Three*, p. 360.
114. Humphrey, p. 348.
115. Humphrey, pp. 348-349.
116. Gilbert, *A History of the Twentieth Century: Volume Three*, p. 354.
117. Gould, p. 371.
118. Gould, p. 370.
119. Gould, p. 372.
120. Podhoretz, p. 67.
121. Podhoretz, p. 84.
122. Podhoretz, p. 88.
123. Gilbert, *A History of the Twentieth Century: Volume Three*, p. 366.
124. Gilbert, *A History of the Twentieth Century: Volume Three*, p. 366.
125. Leckie, Robert, *The Wars of America*, Harper & Row, 1981, p. 1010.
126. Leckie, p. 1009.
127. Leckie, p. 1007.
128. Radosh, Ronald, y Allis Radosh, *Red Star Over Hollywood: The Film Colony's Long Romance with the Left*, Encounter Books, 2005, p. 90.
129. Podhoretz, p. 90.
130. Podhoretz, p. 91.
131. Frady, pp. 202-203.
132. Frady, p. 204.

133. Humphrey, p. 384.
134. Humphrey, p. 385.
135. Gilbert, *A History of the Twentieth Century: Volume Three*, p. 387.
136. Gilbert, *A History of the Twentieth Century: Volume Three*, p. 386.
137. http://www.hbci.com/~tgort/rfk.htm.
138. Gould, p. 380.
139. Gould, p. 374.
140. Gould, p. 379.
141. «The Race for the Moon», The American Experience [«Carrera a la luna», la experiencia estadounidense], PBS, 26 febrero 2007.
142. Chaikin, Andrew, *A Man on the Moon: The Voyage of the Apollo Astronauts*, Penguin Books, 1994, p. 121.
143. Chaikin, p. 121.
144. Chaikin, p. 134.

Capítulo 10
Es Nixon (1969-1974)

1. Cannato, Vincent J., *The Ungovernable City: John Lindsay and His Struggle to Save New York*, Basic Books, 2001, p. 206.
2. Cannato, p. 209.
3. Cannato, p. 210.
4. Cannato, p. 216.
5. Cannato, p. 217.
6. Cannato, p. 489.
7. Cannato, p. 489.
8. Cannato, p. 486.
9. Cannato, p. 486.
10. Cannato, p. 488.
11. Hansen, James R., *First Man: The Life of Neil A. Armstrong*, Simon & Schuster, 2005, p. 1.
12. Hansen, p. 3.
13. Hansen, p. 3.
14. Hansen, pp. 2-3.
15. Hansen, p. 3.
16. Chaikin, Andrew, *A Man on the Moon: The Voyages of the Apollo Astronauts*, Penguin Books, 1994, p. 189.
17. Chaikin, p. 199.
18. Hansen, p. 470.
19. Chaikin, p. 200.
20. Hansen, p. 474.
21. Chaikin, p. 200.
22. Chaikin, p. 213.
23. Tomado de: http://www.jfklibrary.org/jfk_san_antonio_11-21-63.html.
24. Chaikin, p. 24.
25. McDougall, Walter A., *The Heavens and the Earth: A Political History of the Space Age*, The Johns Hopkins University Press, 1985, p. 411.
26. McDougall, *The Heavens and the Earth*, p. 432.

27. McDougall, *The Heavens and the Earth*, p. 432.
28. McDougall, *The Heavens and the Earth*, p. 411.
29. McDougall, *The Heavens and the Earth*, p. 455.
30. Chaikin, p. 208.
31. Chaikin, p. 204.
32. Chaikin, p. 204.
33. Chaikin, p. 205.
34. McDougall, *The Heavens and the Earth*, p. 454.
35. McDougall, *The Heavens and the Earth*, p. 412.
36. Magnet, Myron, *The Dream and the Nightmare: The Sixties' Legacy to the Underclass*, Encounter Books, 2000, p. 169.
37. Magnet, p. 169.
38. Duberman, Martin Bauml, *Stonewall*, Penguin Books, 1994, p. 182.
39. Duberman, p. 182.
40. Duberman, p. 182.
41. Duberman, p. 208.
42. Duberman, p. 208.
43. Duberman, p. 180.
44. Chepesiuk, Ron, *Sixties Radicals, Then and Now: Candid Conversations with Those Who Shaped the Era*, McFarland Company, 1995, p. 211.
45. Barone, *Our Country: The Shaping of American from Roosevelt to Reagan*, The Free Press, 1990, p. 468.
46. Tomado de: http://www.wordiq.com/definition/Woodstock_festival.
47. Tomado de: http://www.wordiq.com/definition/Woodstock_festival.
48. Barone, 468.
49. Leckie, Robert, *The Wars of America*, Harper & Row Publishers, 1981, p. 1017.
50. Tomado de: http://www.law.umkc.edu/faculty/projects/ftrials/mylai/ Myl_pho.htm.
51. Tomado de: http://www.usatoday.com/news/index/jfk/jfk038.htm.
52. Barone, p. 470.
53. Barone, p. 472.
54. Barone, p. 471.
55. D'Souza, Dinesh, *Ronald Reagan: How an Ordinary Man Became an Extraordinary Leader*, The Free Press, 1997, p. 72.
56. D'Souza, p. 72.
57. D'Souza, p. 72.
58. Barone, p. 476.
59. Podhoretz, Norman, *Why We Were in Vietnam*, Simon and Schuster, 1982, p. 147.
60. Barone, p. 477.
61. Podhoretz, p. 147.
62. Podhoretz, p. 147.
63. Podhoretz, p. 149.
64. Tomado de: http://dept.kent.edu/sociology/lewis/lewihen.htm.
65. Tomado de: http://dept.kent.edu/sociology/lewis/lewihen.htm.
66. Haynes, John Earl, y Harvey Klehr, *Venona: Decoding Soviet Espionage in America*, Yale University Press, 1999, p. 248.
67. Barone, p. 476.
68. Kissinger, Henry, *White House Years*, Little, Brown, and Company, 1979, p. 733.
69. Kissinger, *White House Years*, p. 733.
70. Hayward, Steven F., *The Age of Reagan: The Fall of the Old Liberal Order, 1964-1980*, Random House, 2001, p. 278.

71. Hayward, p. 278.
72. Hayward, p. 258; Barone, p. 487.
73. Hayward, p. 260.
74. Barone, p. 492.
75. Barone, p. 493.
76. Barone, p. 487.
77. Frum, David, *How We Got Here: The 70s—The Decade That Brought You Modern Life (For Better or Worse)*, Basic Books, 2000, p. 298.
78. Barone, p. 473.
79. Barone, p. 478.
80. «Testimony of the United States Catholic Conference on Constitutional Amendments Protecting Unborn Human Life before the Subcommittee on Constitutional and Civil Rights of the House Committee on the Judiciary» [Testimonio de la conferencia católica de los Estados Unidos sobre las enmiendas constitucionales que protegen la vida humana por nacer ante el subcomité de derechos civiles y constitucionales del comité judicial de la Cámara], 24 marzo 1976.
81. Blake, Judith, «Abortion and Public Opinion: the 1960-1970 Decade», *Science*, Vol. 171, 12 de febrero de 1971, pp. 540-549.
82. Frum, p. 249.
83. Thompson, Kenneth W., Ed., *The Nixon Presidency: Twenty-Two Intimate Portraits of Richard M. Nixon*, University Press of America, 1987, p. 32.
84. Thompson, p. 9.
85. Germond, Jack W., *Fat Man in a Middle Seat: Forty Years of Covering Politics*, Random House, 1999, p. 245.
86. Barone, p. 489.
87. Frum, p. 263.
88. Ambrose, Stephen E., *Wild Blue: The Men and Boys Who Flew the B-24s Over Germany*, Simon & Schuster, 2001, p. 102.
89. Ambrose, *Wild Blue*, p. 214.
90. Barone, p. 506.
91. Barone, p. 506.
92. Tomado de: http://www.4president.org/speeches/mcgovern1972acceptance.htm.
93. Barone, p. 506.
94. Frum, p. 329.
95. Frum, p. 319.
96. Johnson, Scott W., «How Arafat Got Away with Morder», *Weekly Standard*, 29 enero 2007.
97. Barone, p. 479.
98. Thompson, p. 54.
99. Thompson, p. 189.
100. Thompson, p. 189.
101. Chaikin, p. 546.
102. Chaikin, p. 546.
103. Rempt, Rodney P., «Vice Admiral», *USNA Chapel Talk*, 1 agosto 2004.
104. Kissinger, Henry, *Ending the Vietnam War: A History of America's Involvement in and Extrication from the Vietnam War*, Simon & Schuster, 2003, p. 414.
105. Kissinger, *Ending the Vietnam War*, p. 415.
106. Woodward, Bob y Scott Armstrong, *The Brethren: Inside the Supreme Court*, Simon & Schuster, 1979, p. 172.
107. Woodward y Armstrong, p. 172.
108. Woodward y Armstrong, p. 173.
109. Woodward y Armstrong, p. 173.

110. Greenhouse, Linda, *Becoming Justice Blackmun: Harry Blackmun's Supreme Court Journey*, Henry Holt and Company, 2005, p. 135.
111. Frum, p. 18.
112. Thompson, p. 11.
113. Lader, Lawrence, *Abortion II: Making the Revolution*, Beacon Press, 1973, p. 223.
114. Thompson, p. 196.
115. Gilbert, Martin, *Israel: A History*, William Morrow and Company, Inc., 1998, p. 436.
116. Gilbert, *Israel: A History*, p. 445.
117. Gilbert, *Israel: A History*, p. 445.
118. Hayward, p. 418.
119. Barone, p. 520.
120. Barone, p. 517.
121. Germond, p. 119.
122. Frum, p. 26.
123. Germond, p. 114.
124. Edwards, Lee, *Goldwater: The Man Who Made a Revolution*, Regnery Publishing, Inc., 1995, p. 398.

Capítulo 11

Los años que se comieron las langostas (1974-1981)

1. Pearce, Joseph, *Solzhenitsyn: A Soul in Exile*, Baker Books, Grand Rapids, Mich., 2001, p. 187.
2. Thompson, Kenneth W., Ed., *The Nixon Presidency: Twenty-Two Intimate Portraits of Richard M. Nixon*, University Press of America, 1987, p. 64.
3. Barone, *Our Country: The Shaping of American from Roosevelt to Reagan*, The Free Press, 1990, p. 532.
4. Barone, p. 532.
5. Frum, David, *How We Got Here: The 70s—The Decade That Brought You Modern Life (For Better or Worse)*, Basic Books, 2000, p. 305.
6. Barone, p. 539.
7. Frum, p. 305.
8. Frum, p. 307.
9. Frum, p. 307.
10. Courtois, Stéphane, Nicolas Werth, Jean-Louis Panné, Andrezej Paszkowski, *The Black Book of Communism: Crimes, Terror, Repression*, Harvard University Press, 1999, pp. 590-591.
11. Pearce, p. 189.
12. Pearce, p. 215.
13. Pearce, p. 224.
14. Barone, p. 550.
15. Germond, Jack W., *Fat Man in a Middle Seat: Forty Years of Covering Politics*, Random House, 1999, p. 125.
16. Germond, p. 127.
17. Shirley, Craig, *Reagan's Revolution: The Untold Story of the Campaign That Started it All*, Nelson Current, 2005, p. 37.
18. Shirley, p. 163.
19. Shirley, p. 164.

20. Cannon, Lou, *Ronald Reagan: The Role of a Lifetime,* Public Affairs, 2000, pp. 457-458.
21. Shirley, p. 161.
22. Shirley, p. 161.
23. Shirley, p. 162.
24. Shirley, p. 162.
25. Tomado de: http://www.ford.utexas.edu/LIBRARY/speeches/listpres.htm.
26. D'Souza, Dinesh, *Ronald Reagan: How an Ordinary Man Became an Extraordinary Leader,* The Free Press, 1997, p. 78.
27. Barnes, Fred, «Comments on the Passing of President Ford» [Comentarios sobre la muerte del president Ford], *FOX News,* 30 diciembre 2006.
28. D'Souza, p. 79.
29. D'Souza, p. 79.
30. Hayward, Steven F., *The Age of Reagan: The Fall of the Old Liberal Order, 1964-1980,* Random House, 2001, p. 482.
31. Tomado de: http://www.nationalcenter.org/ReaganConvention1976.html.
32. Hayward, *Reagan,* p. 480.
33. Kengor, Paul, «A Pair for History», *National Review Online,* 27 diciembre 2006, http://article.nationalreview.com/?q=OWQ1NzJjZmViNTRkOWY3ZDZjMWQ5YzFj NjBiYjAyYzc=.
34. D'Souza, p. 79.
35. Barone, p. 543.
36. Reeves, Richard, *A Ford, not a Lincoln,* Harcourt Brace Jovanovich, 1975, p. 173.
37. Barone, p. 555.
38. Barone, p. 543.
39. Kristol, Bill, Comments on the Passing of President Ford, FOX News, 30 diciembre 2006.
40. Barone, p. 557.
41. Hunt, John Gabriel, Ed., *The Inaugural Addresses of the Presidents,* Gramercy Books, 1995, pp. 466, 465.
42. Tomado de: http://americanrhetoric.com/speeches/jimmycarter1976dnc.htm.
43. Hayward, Steven F., *The Real Jimmy Carter,* Regnery Gateway, Inc., 2004, p. 91.
44. Hayward, *Carter,* p. 91.
45. Drew, Elizabeth, *American Journal: The Events of 1976,* Random House, 1977, p. 20.
46. Frum, p. 312.
47. Frum, p. 313.
48. Frum, p. 327.
49. Discurso de Harry Jaffa, 30 noviembre 1990. Tomado de: http://www.winstonchurchill.org/i4a/pages/index.cfm?pageid=823.
50. Frum, p. 334.
51. Frum, p. 211.
52. Hayward, *Carter,* p. 111.
53. Hayward, *Carter,* p. 114.
54. Taranto, James y Leonard Leo, Eds., *Presidential Leadership: Rating the Best and the Worst in the White House,* The Free Press, 2004, p. 191.
55. Hayward, *Carter,* p. 114.
56. Hayward, *Carter,* p. 110.
57. Barone, p. 571.
58. Barone, p. 574.
59. Pearce, p. 234.
60. Pearce, p. 236.
61. Pearce, p. 236.
62. Pearce, p. 236.

63. Hayward, *Carter,* p. 117.
64. Hayward, *Carter,* p. 117.
65. Hayward, *Carter,* p. 117.
66. Hayward, *Carter,* p. 117.
67. Hayward, *Carter,* p. 117.
68. Frum, p. 273.
69. Barone, p. 583.
70. Germond, p. 137.
71. Germond, p. 137.
72. Barone, p. 580.
73. Hayward, *Carter,* pp. 162-163.
74. Barone, p. 587.
75. Barone, p. 585.
76. Entrevista del autor con William B. Weide, antiguo alumno de la Universidad de Washington, que asistió a la conferencia de Toon en 1982. Grabada el 7 enero 2007.
77. Entrevista del autor con Glenn Mills, 2 enero 2007.
78. Hayward, *Carter,* p. 141.
79. Frum, p. 343.
80. Frum, p. 343.
81. Barone, p. 592.
82. Germond, p. 187.
83. Germond, p. 158.
84. Germond, p. 158.
85. Germond, p. 159.
86. Hayward, *Carter,* p. 161.
87. Hayward, *Carter,* p. 182.
88. Haynes, John Earl y Harvey Klehr, *Venona: Decoding Soviet Espionage in America,* Yale University Press, 1999, p. 246.
89. Hayward, *Carter,* p. 186.
90. Hayward, *Carter,* p. 187.
91. Hayward, *Carter,* p. 187.
92. Hayward, *Reagan,* p. 712.
93. Hayward, *Reagan,* p. 712.
94. Barone, p. 593.
95. Frum, p. 327.

CAPÍTULO 12
REAGAN Y EL REAVIVAMIENTO (1981-1989)

1. Hunt, John Gabriel, Ed., *Inaugural Addresses of the Presidents,* Gramercy Books, 1995, p. 476.
2. D'Souza, Dinesh, *Ronald Reagan: How an Ordinary Man Became an Extraordinary Leader,* The Free Press, 1997, p. 89.
3. Laffer, Arthur B., «The Laffer Curve: Past Present, and Future», 1 junio 2004, http://www.heritage.org/Research/Taxes/bg1765.cfm.
4. Deaver, Michael K., *A Different Drummer: My Thirty Years with Ronald Reagan,* HarperCollins Publishers, Inc., 2001, p. 141.

5. Deaver, p. 146.

6. *Reagan: The American Experience*, PBS, 14-15 septiembre 2004.

7. *Reagan: The American Experience*.

8. Barone, Michael, *Our Country: The Shaping of America from Roosevelt to Reagan*, The Free Press, 1990, p. 615.

9. Deaver, p. 111.

10. *Reagan: The American Experience*.

11. *Reagan: The American Experience*.

12. Kramer, Michael, «How He Got There», *Time*, 18 septiembre 1996, http://www.time.com/time/magazine/article/0,9171,985159-2,00.html.

13. Stephen Moore, «Dole and Taxes» [Dole y los impuestos], *National Review*, 8 abril 1996.

14. *Reagan: The American Experience*.

15. *Reagan: The American Experience*.

16. Barone, Michael, *Our Country: The Shaping of America from Roosevelt to Reagan*, The Free Press, 1990, p. 617.

17. Barone, p. 617.

18. Schweizer, Peter, *Reagan's War: The Epic Story of His Forty-Year Struggle and Final Triumph Over Communism*, Doubleday, 2002, p. 215.

19. Mark Milleker (Vicepresidente de Relaciones Humanas, Computer Sciences Corporation) en una conversación con el autor el 30 enero 2008.

20. Barone, p. 620.

21. Reeves, Richard, *President Reagan: The Triumph of Imagination*, Simon & Schuster, 2005, p. 88.

22. Spector, Ronald H., *At War At Sea: Sailors and Naval Combat in the Twentieth Century*, Recorded Books, 2002, Disco 17.

23. Reeves, p. 108.

24. Reeves, pp. 108-109.

25. Reeves, p. 110.

26. Reeves, p. 110.

27. Reeves, p. 110.

28. Baker, James A., III, *Personal Reminiscence*, FOX News Channel, «Reporte Especial», 6 octubre 2006.

29. Entrevista del autor con el asistente William J. Wholean, antiguo director ejecutivo, Connecticut Catholic Conference, 6 de enero de 2007.

30. Barone, p. 614.

31. Deaver, p. 95.

32. Tomado de: http://news.bbc.co.uk/1/hi/world/americas/3228111.stm.

33. Schweizer, p. 209.

34. Gacek, Christopher M., *The Logic of Force: The Dilemma of Limited War in American Foreign Policy*, Columbia University Press, 1994, p. 260.

35. Schweizer, p. 196.

36. Cannon, Lou, *President Reagan: The Role of a Lifetime*, Simon & Schuster, 1991, p. 232.

37. Barone, p. 636.

38. Barone, p. 641.

39. Barone, p. 641.

40. Tomado de: http://www.reaganfoundation.org/reagan/speeches/dday_pdh.asp.

41. Barone, p. 640.

42. Neuhaus, Richard John, y Michael Cromartie, Eds., *Piety & Politics: Evangelicals and Fundamentalists Confront the World*, Ethics and Public Policy Center, 1987, p. 17.

43. *Reagan: The American Experience*.

44. *Reagan: The American Experience.*
45. Germond, Jack W., *Fat Man in a Middle Seat: Forty Years of Covering Politics,* Random House, 1999, p. 163.
46. *Reagan: The American Experience.*
47. Morris, Edmund, *Dutch: A Memoir of Ronald Reagan,* Random House, 1999, p. 514.
48. Deaver, pp. 104-105.
49. Deaver, p. 105.
50. Deaver, p. 106.
51. Deaver, pp. 106-108.
52. Carynnyk, Marco, «The Killing Fields of Kiev» [Los campos de la muerte de Kiev], *Commentary,* vol. 90, no. 4, octubre 1990.
53. *Reagan: The American Experience.*
54. *Reagan: The American Experience.*
55. Morris, Edmund, *Dutch: A Memoir of Ronald Reagan,* Random House, 1999, p. 586.
56. D'Souza, p. 9.
57. Barone, p. 661.
58. Schweizer, p. 106.
59. Morris, p. 600.
60. *Reagan: The American Experience.*
61. The John F. Kennedy School of Politics, Harvard University. Tomado de: http://www.ksgcase.harvard.edu/case.htm?PID=813.2.
62. *Reagan: The American Experience.*
63. *Reagan: The American Experience.*
64. *Reagan: The American Experience.*
65. Barone, p. 659.
66. *Reagan: The American Experience.*
67. *Reagan: The American Experience.*
68. Ochs, Stephen J., «Mr. Gorbachev, Tear Down This Wall!» [¡Sr. Gorbachev, derribe este muro!], *Georgetown Prep AlumNews,* verano de 2004, pp. 13-15.
69. Ochs, «Mr. Gorbachev, Tear Down This Wall!»
70. Ochs, «Mr. Gorbachev, Tear Down This Wall!»
71. Ochs, «Mr. Gorbachev, Tear Down This Wall!»
72. Robinson, Peter, «Tear Down This Wall», *Reader's Digest,* febrero 2004.
73. Robinson, «Tear Down This Wall».
74. Robinson, «Tear Down This Wall».
75. Ochs, «Mr. Gorbachev, Tear Down This Wall!»
76. Robinson, «Tear Down This Wall».
77. Robinson, «Tear Down This Wall»
78. Barone, p. 660.
79. Fund, John, «The "Borking" Begins». Tomado de: http://www.opinionjournal.com/diary/?id=85000412.
80. *Reagan: The American Experience.*
81. Reeves, Richard, *President Reagan: The Triumph of Imagination,* Simon & Schuster, 2005, p. 469.
82. Reeves, p. 469.
83. Morris, p. 633.
84. Morris, p. 634.
85. *Reagan: The American Experience.*
86. *Reagan: The American Experience.*
87. Schweizer, p. 272.

88. *Reagan: The American Experience.*
89. Schweizer, p. 275.
90. *Reagan: The American Experience.*
91. O'Sullivan, John, *The President, the Pope, and the Prime Minister,* Regnery Publishing, Inc., 2006, p. 303.
92. O'Sullivan, p. 303.
93. Gaddis, John Lewis, *The End of the Cold War,* Penguin Press, 2005, p. 117.

Indice

Acerca del autor

Dr. William J. Bennett es una de las voces más importantes, influyentes y respetadas de Estados Unidos sobre asuntos culturales, políticos y educativos. Oriundo de Brooklyn, Nueva York, estudió filosofía en Williams College (B.A.) y la Universidad de Texas (Ph.D.) y se graduó en derecho de Harvard. Él es un galardonado profesor en el mundo académico, habiendo enseñado en Boston University, la Universidad de Texas, y Harvard. Al trabajar con dos presidentes entre 1981 y 1990, él ha tenido dos posiciones en el gabinete, incluyendo Secretario de Educación de EE.UU. Es también ex presidente del National Endowment for the Humanities. Es el fundador y primer presidente de la compañía de educación por Internet, K-12, y el Washington Fellow del Claremont Institute. Presentador del programa radial considerado entre los diez más populares a nivel nacional, *Morning in America*, y un colaborador habitual de CNN, Dr. Bennett es el autor y editor de 18 libros, incluyendo dos #1 de gran éxito de ventas según el *New York Times*.

www.ingramcontent.com/pod-product-compliance
Ingram Content Group UK Ltd.
Pitfield, Milton Keynes, MK11 3LW, UK
UKHW020746190625
459797UK00014B/117

9 781602 552845